『拙藁千百』역주

역주자 고려대학교 한국사연구소 고려시대사연구실

세부 참여자:
이진한   고려대학교 한국사학과 교수(편자)
김선미   아세아연합신학대학교 한국사 강사
임형수   목원대학교 한국사 강사
오치훈   고려대학교 한국사학과 박사과정 수료
김규록   고려대학교 한국사학과 박사과정 수료
이바른   국립중앙박물관 연구원
최은규   고려대학교 한국사연구소 연구원
김윤지   고려대학교 한국사연구소 연구원
박수찬   고려대학교 한국사연구소 연구원
김대연   대전대학교 한국사 강사
김보광   고려대학교 BK21+ 한국사학미래인재양성사업단 연구교수

『拙藁千百』 역주

초판 1쇄 인쇄 ㅣ 2015년 8월 11일
초판 1쇄 발행 ㅣ 2015년 8월 18일

역주자 ㅣ 고려대학교 한국사연구소 고려시대사연구실
발행인 ㅣ 한정희
발행처 ㅣ 경인문화사
주 소 ㅣ 서울특별시 마포구 마포동 324-3
전화: 718-4831, 팩스: 703-9711
이메일: kyunginp@chol.com
홈페이지: http://kyungin.mkstudy.com
등록번호 ㅣ 제10-18호(1973. 11. 8)

ISBN : 978-89-499-1146-5　93910
정가 : 45,000원
*파본 및 훼손된 책은 교환해 드립니다.

『拙藁千百』 역주

이진한 편,
고려대학교 한국사연구소
고려시대사연구실 역주

景仁文化社

본서에 수록된 내용의 학술지 게재 권호와 연월

이진한·김보광·오치훈, 2012, 「『拙藁千百』 譯註(1)」, 『韓國史學報』 49.

이진한·김보광·임형수, 2013, 「『拙藁千百』 譯註(2)」, 『韓國史學報』 50.

이진한·김보광·김대연, 2013, 「『拙藁千百』 譯註(3)」, 『韓國史學報』 51.

이진한·김선미·김윤지, 2013, 「『拙藁千百』 譯註(4)」, 『韓國史學報』 52.

이진한·김규록·이재경, 2013, 「『拙藁千百』 譯註(5)」, 『韓國史學報』 53.

이진한·김보광·이바른, 2014, 「『拙藁千百』 譯註(6)」, 『韓國史學報』 54.

이진한·김보광·김규록, 2014, 「『拙藁千百』 譯註(7)」, 『韓國史學報』 55.

이진한·김보광·이바른, 2014, 「『拙藁千百』 譯註(8)」, 『韓國史學報』 56.

이진한·김선미·최은규, 2014, 「『拙藁千百』 譯註(9)」, 『韓國史學報』 57.

서문

『졸고천백』은 최해의 문집으로 서(序)·기(記)·묘지명(墓誌銘)·찬(贊)·제(題)·책(策)·서(序)·행장(行狀)·제문(祭文)·발(跋)·전(傳)·비문(碑文) 등 다양한 형식의 글이 실려 있다. 이 책에는 1권에 21편, 2권에 22편 등 총 43편이 수록되었는데, 이 가운데 『동문선』에 32편이 실려 있다는 것은 그의 글이 당대는 물론 후대에 문장의 전범이 되었다는 뜻이다. 아울러 이 책의 내용은 『고려사』와 『고려사절요』 등이 편찬될 때 인용될 만큼 고려시대사 연구에 중요한 문헌이다.

최해는 박인량·이규보·이승휴·이곡·이색·이숭인 등과 더불어 시와 문장에 능한 고려시대 대표적인 문장가의 한 사람으로 일컬어지고 있다. 그는 17세의 어린 나이에 과거에 급제하고, 成均學諭를 거쳐 藝文春秋檢閱이 되었다. 34세가 되던 1321년에 원의 과거인 制科에 합격하고 다음해에 遼陽路蓋州判官이 되었으나, 5개월 만에 병이 나서 사직하고 귀국하였다. 이후 고려에서 藝文應敎, 典儀副令 등을 거쳐 檢校成均館大司成·藝文提學·同知春秋館事에 이르렀지만, 40대에는 벼슬에서 물러나 한가롭게 지냈다. 문학적 재능이 뛰어나고 40세 무렵에 3품에 올랐는데도 재상이 되지 못한 것은 의아한 점이 있는데, 최해는 「예산은자전」에서 다음과 같이 설명하고 있다.

"이는 그의 성격이 남의 비위를 잘 맞추지 못하고 또 술을 좋아하여 몇 잔만 마시면 다른 사람의 선·악을 말하기 좋아하며, 무릇 귀로 들어간 것은 입에 담아 둘 줄 몰랐으므로 사람들로부터 아낌과 존중을 받지 못하여 문득 관직에 등용이 되었다가도 번번이 배척을 받아 쫓겨나곤 했다."

이 글은 자신의 처지를 약간 냉소적으로 서술한 것이다. 최해가 '곡학아세' 하지 못해 출세하지 못했지만 그의 삶은 본받을 만한 것이다. 실제로 최해는 동료가 마땅히 승진해야 하는데 못된 것에 대해 분개하는 시를 지을 만큼 의협심이 강했다. 그리고 혈통이 깨끗한 사족이며 고려의 과거에 급제한 것은 물론 원의 제과에 합격한 자신이 천한 신분으로 왕의 총애를 받아 권력을 잡고 있는 환자들에 대해 아첨하여 출세할 생각은 꿈에도 하지 않는 강직한 성격이었다.

최해는 재능을 인정받지 못하고 한창 활약해야할 40대에 벼슬에서 물러나 있는 것에 대해 한스러워 하면서 자신의 처지를 직계 조상인 최치원과 비교하며 위안을 받았던 것 같다. 최치원은 당의 과거에 급제하고 벼슬하면서 천하에 명성을 떨쳤으나 신라로 돌아와 벼슬을 포기하고 운둔하며 살았기 때문이다. 그래서 승진하지 못한 동료를 위로하며 더 불운했던 최치원을 떠올리라는 시를 짓기도 하였다.

하지만, 최해는 문장의 재능과 더불어 성격까지 물려준 최치원에 대해 고마워했다. 「동인지문」의 첫머리를 최치원부터 시작하는 것이나, 이곡에게 주는 글에서 역대 중국의 과거에 인물의 하나인 최치원에 대해 길게 서술한 것도 그러한 의식 상태를 반영하는 것이다. 아울러 자신이 신라의 최치원으로부터 시작되어 면면히 이어진 명문장가의 계보를 잇고 있다는 것을 자랑스럽게 생각하였다. 최해가 평소에 멸시하던 사원 승려의 토지를 빌려 어렵게 살고, 때때로 묘지명이나 기문을 써주며 어려운 생활을 이어나가면서도 늘 자신에게 당당하였고, 붓끝의 힘이 살아있었음은 『졸고천백』의 여러 글에서 잘 드러난다.

다음으로 『졸고천백』을 역주하게 된 경위를 설명해 보겠다. 고려대학교 대학원 고려시대사 전공자들은 오랫동안 『고려사』, 『고려사절요』와 같은 시대사 관련 문헌을 강독하고 토론하는 세미나 팀을 운영해왔다. 2000년 초에 박용운 선생님의 '사실에 근거하여' 고려시대를 잘 모르는 일반인들도 쉽게 이해할 수 있게 서술한 책을 만들어보자는 제안에 따라 정치생활, 경제·사회생활, 교육·사상 및 문화생활로 구성된『고려시대 사람들 이야기』1, 2, 3(신서원, 2001, 2002, 2003)을 펴냈다. 이어 고려시대사를 공부하는 학부 학생들을 대상으로 고려시대를 15개의 분야로 나누어 연구사를 정리하고 연구 방향을 제시한『고려시대사의 길잡이』(일지사, 2007)를 출판하였는데, 모두 독자들의 사랑을 받았다.

최근에는『譯註 元高麗紀事』(선인, 2010)과『破閑集 역주』(경인문화사, 2013) 등과 같은 역주서를 잇달아 냈다. 공동의 연구 성과를 출간하는 일은 학문 후속 세대인 대학원생의 학문적 자존감을 높이는데 큰 효과가 있는 것 같다. 다만, 대중들을 위한 글쓰기에서 문헌의 역주 작업으로 전환한 이유는 원사료를 직접 읽고, 다른 문헌과 대조하고, 교감하여 원문을 입력하고, 우리말로 풀어쓰고, 어려운 용어를 설명하는 모든 과정이 한국사 전공 대학원생에게 꼭 필요한 것이기 때문이다. 고전 한 권을 역주를 하게 되면 자연스럽게 한국사학자가 되기 위한 중요한 견습 과정을 거치는 셈인 것이다.

『졸고천백 역주』도 마찬가지였다. 지난 3년여 동안 각종 판본을 찾아 대조하고,『동문선』·『신증동국여지승람』,「묘지명」등 다른 문헌의 내용과 비교 검토하여 교감하였다. 원문을 번역하고 다른 번역서를 참조하여 더욱 가다듬었다. 아주 쉬운 한자 용어도 원칙적으로『대한화사전』등의 공구서를 찾아 그 의미가 정확한지 확인하였다. 인명이나 관직 등은 한국과 중국의 대표적인 연구 성과를 활용하여 설명하였고, 최신 연구 성과를 반영하기 위해 노력하였다. 이러한 모든 일을 역주자들이 했다. 편자는 몇 가지 번역과 주해의 잘

못 등을 지적해 고치도록 했을 뿐이다. 책에 대한 책임은 편자에게 있고, 잘된 점에 대한 칭찬은 역주자가 받아야할 것이다.

끝으로 역주를 맡은 한국사연구소 고려시대사 연구실의 팀장 김선미를 비롯한 대학원생들의 노고를 치하하고 싶다. 최해의 후손 최옥환 선생은 역주에 도움이 되는 자료를 제공하고 주해와 관련된 중요한 지적을 해주셨다. 경인문화사의 한정희 사장님은 출판을 흔쾌히 허락하셨고, 한명진 선생은 복잡한 편집을 깔끔하게 잘 해주었다. 책의 출간에 도움을 준 모든 분들께 감사드린다.

2015년 8월
역주자를 대신하여 이 진 한

목차

『拙藁千百』 卷1

역주

『拙藁千百』[1], 崔瀣[2]*

[解題]

1) 拙藁千百: 고려후기의 문인 崔瀣의 문집으로 모두 2권이다. 1340년(충혜왕 후1)에 최해가 사망한 뒤 10년이 넘도록 그의 원고가 빛을 보지 못하고 있다는 언급과 최해와 평소 친하던 閔思平이 全羅道按廉使 鄭國俓에게 『졸고천백』 등의 원고를 전해 판각하도록 했다는 기록을 李齊賢이 남기고 있어서 1350~1354년 사이에 간행되었을 것이다. 다만 현전하는 1354년(공민왕 3) 8월에 개판된 진주본이 첫 번째인지는 확인할 수 없다. 현전하는 판본은 1931년에 일본의 德育財團에 의해 영인, 출판되었으며, 이것은 다시 1973년에 『高麗名賢集』(성균관대 대동문화연구원)에 수록되었고, 1988년에는 『韓國文集叢刊』 3(민족문화추진회)에 수록, 출판되었다. 『졸고천백』에는 모두 43편의 글이 시간순으로 실려 있으며, 이 중 32편은 『東文選』에도 전하고 있다. 이 책은 고려에서 조선으로 넘어가는 漢文學의 과도기적 모습을 보여주는 중요한 자료이며, 고려후기 지배층의 교유관계, 고려-몽골(원) 관계, 고려후기의 銀所 등에 대한 많은 정보를 제공하고 있어 高麗史 연구에 매우 가치있는 자료이다.

今西龍, 1944, 「尊經閣叢刊 拙藁千百に就いて」, 『高麗史研究』, 近澤書店.

尹炳泰, 1978, 「崔瀣와 그의 『東人之文四六』」, 『東洋文化研究』 5.

高惠玲, 1994, 「崔瀣(1287~1340)의 생애와 사상」, 『李基白先生古稀紀

* 『拙藁千百』의 원문은 1354년에 晉州에서 간행한 목판본을 저본으로 표점한 韓國文集叢刊本을 사용하였다.

念 韓國史學論叢』(上), 一潮閣 ; 2001, 『高麗後期 士大夫와 性
理學 受容』, 一潮閣.

이구의, 1998, 「拙翁 崔瀣의 삶과 民族意識—그의 『拙藁千百』을 中心으
로—」, 『民族文化論叢』 18·19合.

具山祐, 1999, 「14세기 전반기 崔瀣의 저술 활동과 사상적 단면」, 『지역
과 역사』 5.

채상식, 2013, 『최해와 역주 『졸고천백』』, 혜안.

  2) 崔瀣: 1287~1340. 본관은 경주, 자는 彦明父 또는 壽翁, 호
는 拙翁, 猊山農隱이며, 시호는 文正이다. 아버지는 民部議郎을 지
낸 崔伯倫이다. 최해는 1303년(충렬왕 29)에 급제하여 成均學諭를
거쳐 藝文春秋檢閱이 되었다. 1320년(충숙왕 7) 원나라에 가서 제
과에 급제하여 1321년 遼陽路蓋州判官이 되었으나, 5개월 만에 병
을 핑계로 귀국하였다. 이후 고려에서 藝文應敎, 典儀副令을 거쳐
檢校成均館大司成·藝文提學·同知春秋館事까지 올랐다. 그러나 남
과 잘 어울리지 못하는 성격으로 인해 크게 현달하지 못하고 40세 정
도에 현직에서 물러나 1340년(충혜왕 후1)에 54세로 죽었다. 고려
에 훌륭한 詩文을 모은 책이 없음을 안타까워하여 이곡 등 문인과
교유하면서 고려의 名文을 모아 『東人之文』을 1338(충숙왕 후7)
년에 완성하였다. 문집으로 『拙藁千百』 2권이 있으며, 『東文選』에
도 시 33편이 전하고 있다. 그리고 이제현, 이곡, 최문도 등 당시의
儒者들과 교류하면서도 이들에 비해 불교에 가장 비판적인 태도를
보여서 고려말 斥佛論의 선구로 평가되기도 한다.

高惠玲, 1994, 「崔瀣(1287~1340)의 생애와 사상」, 『李基白先生古稀紀
念 韓國史學論叢』(上), 一潮閣 ; 2001, 『高麗後期 士大夫와 性
理學 受容』, 一潮閣.

朴漢男, 1997, 「崔瀣의 生涯와 仕宦」, 『成大史林』 12·13合.

朴漢男, 1997, 「崔瀣의〈東人之文四六〉 편찬과 사료적 가치」, 『大東文化
研究』 32.

이구의, 1998, 「拙翁 崔瀣의 삶과 民族意識—그의 『拙藁千百』을 中心으

로一」, 『民族文化論叢』 18·19合.

具山祐, 1999, 「14세기 전반기 崔瀣의 저술 활동과 사상적 단면」, 『지역과 역사』 5.

朴漢男, 2002, 「崔瀣의 〈東人之文五七〉 편찬과 사료적 가치」, 『史學研究』 67.

채상식, 2013, 『최해와 역주 『졸고천백』』, 혜안.

1. 送安梁州序

[原文]

送安梁州序

梁之州距予雞林故里百有餘里. 今年夏予旣除服, 自故里迴, 適竹屋相公出鎭合浦, 爲謁公往. 於是道過巘陽, 欲宿梁. 時方盛暑, 天且雨, 路人言, 若雨一夕, 梁河漲, 數日不可濟. 予念告限將滿, 行李不可緩, 不果入梁宿, 直過河而西. 望見官舍民居隱見於竹林叢薄之間, 人指爲州. 因訪風俗, 得[1]其一二者焉. 厥地俠, 厥民輕以肆, 厥田皆下濕, 歲旱則禾熟, 雨則水爲害, 其豐儉與他州異. 大抵 旱不年有, 而天豈爲一梁之民, 恒不雨哉. 是故豐年獨少, 而凶年相仍, 地然也. 家無男女 治竹爲用具, 貿易他物, 衣食租賦, 惟竹是仰. 而又無鉅商富民賴以取給者, 其於使華之往來, 館待亦草草, 事有不堪支應者, 卽皆竄匿竹林中 若驚麕駭鹿. 然東南諸州, 此州寂貧, 素稱難治. 及李元尹之貶守于此也, 公知其弊, 先相土田, 深其溝洫, 而使人必治荒田幾畝, 仍出力轉償. 又以故俗不閑於農, 皆晚出早罷, 隨其地分, 差人勸課, 每人十爲保, 每保作一簡, 先至者受之, 授次至者, 次次相授. 寂後者無所授, 帶簡而作, 至罷出帶簡者, 罰之以後至之罪. 方其時也, 日未辨色, 已在田間. 如是十日, 人爭爲之先, 梁之荒田闢之幾盡, 而簡亦不用之矣. 未及半年而公召還, 此時公惠未甚著, 而人安舊習. 向之耕者便不種, 而種者亦不樹也. 予之過梁也, 李

---

1) 得: 원본(韓國文集叢刊本, 이하 같음)에는 淂으로 되어 있으나 得과 통용되므로 得으로 교감하였다. 이하 같음.

公發軔纔月餘矣. 予於此, 有以見仁人君子不卑小官, 而以身先民事, 而知梁
民之貧, 不獨梁民之過, 而在爲政者之勤墮也. 今竹屋之子益之, 得梁之命,
因記予所聞於梁者 告之, 且勉之曰, 子第擧李公之政, 而勿以梁爲小, 則何患
乎梁民之不可治, 而梁民之貧, 不可以致富哉. 若夫富而敎之之術, 則子旣從
事於斯學者, 奚待予言哉. 少年讀書功用, 予見梁民之化於子也.

[譯文]

안목[1]을 양주[2]로 떠나보내며 쓴 서[3]

양주와 우리 고향 계림[4]은 백 여리 떨어져 있다. 올해 여름에 내
가 이미 상복을 벗고[5] 고향에서 돌아오다가 마침 죽옥[6] 상공이 합
포[7]의 진으로 나왔다기에 공을 뵈러 찾아갔다. 이에 도중에 헌양[8]
을 지나 양주에서 유숙하고자 하였다. 때는 바야흐로 더위가 한창이
었고 하늘에선 비까지 내렸다. 길을 가는 사람이 말하기를 "만일 밤
까지 비가 내린다면 양하[9]가 넘쳐 며칠 동안은 건널 수 없겠다"라
고 하였다. 내가 생각해보니 (복귀하여) 보고할 기한이 거의 되어
여정을 늦출 수가 없어 양주에 들러 유숙하지 못하고 곧바로 강을
건너 서쪽으로 갔다. 멀리 바라보니 대나무 숲 사이로 관사와 민가
사이에 숨어있는 듯 보였는데, 사람들이 가리키며 양주라고 하였다.
풍속을 탐문하여 한두 가지는 알 수 있었다. 그 지역은 협소하고 백
성은 경박하고 방자하였으며, 농토는 모두 저습하여 날씨가 가물면
벼가 익고 비가 오면 수해를 입어 풍흉이 다른 고을과는 달랐다. 대
개 가뭄은 해마다 있을 수 없으니 하늘이 어찌 일개의 양주 백성들
을 위해 항상 비가 오지 않게 하겠는가. 이 때문에 풍년은 매우 적
고 흉년은 해마다 이어지니, 지형이 그러해서이다. 집집마다 남녀를
가리지 않고 대나무로 용구 만드는 것을 익혀 다른 물건과 교환하였
고, 먹고 입는 것과 세금도 오직 대나무에 의지한다. 게다가 그것을
취급하여 이득을 본 거상이나 부유한 백성이 없다보니, 사신이 왕래

해도 객관의 대접 역시 초라하며, 그 일에 감당하기 어려운 접대라도 있으면 모두 대숲으로 달아나 숨어 버리니 마치 놀란 노루나 사슴과 같다. 그리하여 동남의 여러 주 가운데 양주가 가장 가난하고 평소에 다스리기 어렵기로 이름나 있다. 이원윤[10])께서 폄출되어 이곳의 수령이 되어서야, 공께서 그 폐단을 알게 되어 우선 농토를 살펴 도랑을 깊게 하고 사람들에게 반드시 황전 몇 이랑씩을 일구게 하여 각자 능력의 소출에 따라 포상해 주었다. 또 옛 습속 때문에 농사는 익숙하지 않아 모두 늦게 나와 일찍 끝내므로 땅을 나눈 것에 따라 사람을 차정하여 권장하였는데, 10명씩을 보로 삼고 보마다 하나의 대쪽을 만들어 먼저 온 사람이 받아서 다음에 온 사람에게 전해주게 하여 차례대로 주고받게 하였다. 가장 나중에 온 사람은 전해 줄 사람이 없게 되어 대쪽을 차고 작업을 하였다가 일이 끝나면 대쪽을 차고 있는 사람을 나오게 하여 늦게 온 죄를 벌주게 하였다. 바야흐로 그 때에는 날이 아직 밝지도 않았는데 공께서 이미 논두렁에 나와 있었다. 이와 같이 열흘을 반복하니 사람들은 앞서려고 다투었고, 양주의 묵은 농토가 거의 개간되어 대쪽도 무용지물이 되었다. 그러나 반년도 안 되어 공이 소환되었는데, 이때는 공의 혜택이 충분히 드러나지 않았고, 사람들은 (다시 이전의) 습속에 안주하였다. 지난번에 갈아 놓은 것에 파종을 하지 않았으며 파종한 것도 가꾸지 않았다. 내가 양주를 지나던 때는 이공이 떠나신 지 겨우 한 달 남짓 되었다. 나는 이것을 통해 어진 사람이나 군자가 작은 벼슬을 비루하게 여기지 않고 몸소 백성의 일에 앞장서는 것을 보았고, 양주 백성의 가난은 단지 양주 백성만의 잘못이 아니라 위정자의 것에 있다는 것을 알 수 있었다. 지금 죽옥의 아들 익지[11])가 양주로 발령을 받았기에 내가 양주에 대한 견문을 기록하여 일러주고[12) 또 권면하였으니, 다음과 같다. "그대가 만일 이공의 정사를 거행하고

양주가 작다고 여기지 않는다면, 어찌 양주 백성은 다스릴 수 없다
고 걱정하거나 양주 백성의 가난을 부유하게 만들 수 없다고 걱정하
겠는가. 대체로 백성을 부유하게 만들고 교화하는 방법은 그대가 이
미 유학에 종사하고 있으니 어찌 내 말을 기다리겠는가. 소싯적부터
책을 읽은 공력과 효험으로 그대에게서 양주 백성이 교화되는 것을
나는 보고자 하네."

[註解]

1) 安: 양주의 지방관이 된 安牧(?~1360)을 가리킨다. 본관은
順興이고, 자는 益之, 호는 謙齋이며 安于器의 둘째 아들이다. 과거
급제 후 충숙왕 때 判典校寺事를 지내고 密直提學, 密直副使 등을
거쳐 1348년(충목왕 4)에 經史都監提調를 역임하였다. 1352년(공
민왕 1)에는 書筵官을 지내고, 뒤에 政堂文學에 올랐으며, 順興君
에 봉해졌다. 시호는 文淑이다.

    『高麗史』 권105, 列傳18 安珦 附牧.

    金龍善 編著, 2012, 「安于器墓誌銘」·「金光載墓誌銘」·「朴允文妻金氏墓
      誌銘」, 『高麗墓誌銘集成(제5판)』, 한림대학교 출판부(이하에서
      별도의 제시가 없는 한 묘지명은 같은 책에서 인용하였다).

2) 梁州: 현재의 경상남도 양산시 일대이다. 665년(문무왕 5)에
上州와 下州를 분할하여 歃良州를 신설한 뒤 경덕왕이 良州로 개명
하여 9주의 하나로 정비되었다. 940년(태조 23)에 梁州로 고쳤고,
1018년(현종 9)에 防禦使를 두었으며, 원간섭기에 密城에 합쳐졌
다. 1304년(충렬왕 30)에 다시 원래대로 고쳤으며 宜春 또는 順正
으로도 불리었다.

    『高麗史』 권57, 志11 地理2 慶尙道 東京留守官慶州 梁州.

3) 序: 序는 詩文이나 敍事文의 앞부분에 인물이나 사실의 차
례·실마리·내력 등을 서술한 한문 형식의 하나이다. 序의 종류에는

序, 後序, 送序, 贈序, 賀序, 壽序 등이 있으며, 序의 시원적인 형태
는『毛詩』大序·小序와『尙書』書序에서 비롯된 것으로 이해된다.
따라서 序는 책의 전후에 배치되어 서술동기, 내력, 본서의 가치 등
이 언급되기 마련이다. 序·後序 등의 書序와는 달리 送序, 贈序, 賀
序 등의 경우는 각각 송별, 교훈·칭찬, 축하 등과 관련한 글들의 서
문으로 쓰여 졌는데, 본문의「送安梁州序」는 送序에 해당한다. 즉,
양주에 부임하는 안목에게 쓴 글의 서를 최해가 작성한 것으로 이해
된다.

　　諸橋轍次, 1984,「序」,『大漢和辭典』4, 大修館書店, 550쪽.
　　李福揆, 1990,「『東文選』·『麗韓十家文鈔』의 散文文體」,『語文研究』67,
　　　246쪽.

　4) 鷄林: 新羅 또는 신라의 수도인 慶州를 의미한다. 65년(탈해
왕 9) 3월에 왕이 金城 서쪽의 始林에서 닭이 우는 소리를 듣고 살
펴보게 하였더니, 흰 닭이 울고 있는 곳에 금빛 궤가 나뭇가지에 걸
려 있고 그 안에 金閼智가 있었다. 이로 인해 시림을 계림으로 고치
고 국호로 삼았다고 한다.

　　『三國史記』권1, 新羅本紀1 脫解尼師今.
　　『三國遺事』권1, 紀異1 新羅始祖 赫居世王.
　　『高麗史』권57, 志11 地理2 慶尙道 東京留守官慶州.

　5) 今年夏予旣除服: 작성시기가 명기되지 않아 금년이 언제인지
분명하지 않으며, 여기서 언급된 喪이 누구인지도 알기 어렵다. 다
만 崔瀣의 自傳詩인「二十一除夜」에 의하면 17세에 급제한 뒤, 20
세가 되던 해에 갑자기 어머니가 돌아가셨다고 밝히고 있는데, 당시
최해는 관직에 나아가기 전이었으므로 모친이 사망했다는 1306년
이후의 일인 것만은 분명하다. 따라서 이때는 부친상이었을 것이고,
이글의 작성 시기는 최해가 長沙監務로 폄직된 1309년에서 예문춘
추관주부로 복귀한 1320년 사이의 일로 추정하기도 한다. 또『拙藁
千百』의 세 번째 글이 延祐 연간에 작성되었다는 점에 착안하여 이

글도 비슷한 시기인 1317년 무렵에 작성된 것으로 파악하기도 한다.

『拙藁千百』 권2, 猊山隱者傳.

『東文選』 권4, 五言古詩 「二十一除夜」.

朴漢男, 1997, 「崔瀣의 生涯와 仕宦」『成大史林』 12·13合, 133·135쪽.

6) 竹屋: 安于器(1265~1329)를 가리킨다. 본관은 順興, 자는 虛中, 호는 竹屋 또는 竹屋子이며, 安珦의 아들이다. 1282년(충렬왕 8)에 급제하여 秘書翰林院을 제수받고 通禮門祗候가 되었다. 1301년에 國子祭酒로서 승보시를 주관하여 崔凝 등 150명의 생원을 뽑았으며, 1305년에는 右承旨로서 李文彦 등 진사 73명을 선발하였다. 1314년(충숙왕 1)에는 權溥·李瑱·趙簡 등과 성균관에서 박사 柳衍 등이 元 남경에서 새로 구입한 經籍 1만 800권을 검열하기도 하였다. 密直副使, 知密直司事, 大司憲, 檢校僉議評理 등을 거쳐 1329년에 檢校贊成事로 졸하였다. 순흥의 龍淵祠에 봉향되었으며, 시호는 文順이다.

『高麗史』 권105, 列傳18 安珦 附于器.

『高麗史』 권74, 志28 選擧2 科目2 國子監試 忠烈王 31년 3월·升補試 忠
　　烈王 27년.

『高麗史節要』 권24, 忠肅王 16년 9월.

『新增東國輿地勝覽』 권22, 慶尙道 梁山郡.

「安于器墓誌銘」.

張東翼, 1994, 「征東行省의 置廢와 그 運營 實態」, 『高麗後期 外交史研
　　究』, 一潮閣, 97·98쪽.

7) 合浦: 현재의 경상남도 창원시 마산합포구 일대이다. 신라의 骨浦縣이었는데 경덕왕 때 合浦縣으로 고쳐 義安郡의 영현으로 삼았다. 1018년(현종 9)에 金州에 소속시키고 뒤에 감무를 두었다. 1281년(충렬왕 7)에 원이 일본을 정벌할 때에 고려의 金方慶과 원의 힌두(忻都)—忽敦— 등이 이끄는 원정군이 합포에서 출발하였다. 합포현은 원정군의 집결지이자 출항지로써 협조한 공로가 인정되어 정벌이 끝난 뒤에 會原으로 개명되고, 현령관이 임명되었다.

별호는 還珠이고, 최치원이 머물렀다는 月影臺가 있다.

『高麗史』 권29, 世家29 忠烈王 7년 하4월 戊戌.

『高麗史』 권57, 志11 地理2 慶尙道 東京留守官慶州 金州.

『新增東國輿地勝覽』 권22, 慶尙道 昌原都護府.

김광철, 2004, 「고려시대 합포 지역사회」, 『한국중세사연구』 17.

8) 巘陽: 현재의 울산광역시 울주군 언양읍·상북면·삼남면·삼동면 일대이다. 『三國史記』와 『高麗史』 地理志에는 巘陽으로 표기되어 있으나, 『世宗實錄』 지리지에는 彦陽으로 되어 있다. 본래 신라의 居知火縣이었는데 경덕왕 때 巘陽으로 고쳐서 良州의 영현으로 삼았다. 1018년(현종 9)에 蔚州의 속현이 되었으며, 1143년(인종 21)에 비로소 감무를 두었고, 뒤에 彦陽으로 고쳤다.

『三國史記』 권34, 雜志3 地理1 新羅 良州.

『高麗史』 권57, 志11 地理2 慶尙道 東京留守官慶州 蔚州.

『世宗實錄』 권150, 地理志 慶尙道 慶州府 彦陽縣.

9) 梁河: 양하가 양주의 고유지명을 가리키는 것인지 말 그대로 양주의 하천을 의미하는 것인지는 분명하지 않다. 당시의 군현 명칭 중에 양하라는 지명이 찾아지지 않으며, 문맥상 梁河는 건너는[濟] 대상으로 보는 것이 자연스러우므로 양주의 강이나 하천을 가리킨다고 이해된다. 이와 관련하여 『高麗史』 地理志 慶尙道 梁州條의 黃山江이 주목된다. 『新增東國輿地勝覽』 慶尙道 梁山郡條에는 고을 서쪽 18리에 황산강이 있고, 경상도 김해도호부조에는 府의 동쪽에 황산강이 있다고 한다. 즉 양주에서 密陽·合浦 등의 고을로 가려면 황산강을 건너야 했던 것이다. 따라서 양하는 양주의 황산강을 지칭하였을 것이다. 나아가 『高麗史』·『高麗史節要』 등에는 왜적이 김해로부터 황산강을 따라 북상하였다거나 김해에서 황산강을 건너 경주에 이르렀다는 등의 기사가 찾아지므로 양하는 바로 낙동강의 지류 양산천을 가리킨 듯하다.

『高麗史』 권57, 志11 地理2 慶尙道 東京留守官慶州 金州·梁州.

『高麗史』 권116, 列傳29 朴葳.
『高麗史』 권126, 列傳39 曺敏修.
『高麗史節要』 권30, 辛禑 원년 11월·3년 하4월.
『新增東國輿地勝覽』 권22, 慶尙道 梁山郡.
『新增東國輿地勝覽』 권32, 慶尙道 金海都護府.

10) 李元尹: 생몰년 미상. 고려후기 異姓封君의 하나인 원윤(종2품)에 封君된 이원윤을 가리키는 듯하다. 최해가 과거를 회상하며 작성한 본문에서 이원윤을 李公으로 존칭하고 있는 것으로 보아 이원윤의 본직 여하는 파악되지 않지만, 원윤에 봉해지고 중앙에서 정치적 활동을 하다가 양주 수령으로 폄출되었던 듯하다. 그렇다면 이원윤은 봉군제가 시행된 1298년(충렬왕 24) 이후로 최해가 상을 마치고 돌아가는 1310년대에 원윤에 봉군되었다가 폄출된 인물로 추정되는데, 누구인지 구체적으로 알기는 어렵다.

한편 封君은 고려전기의 封爵에서 연원하며, 宗室이나 功을 세운 신하에게 수여되었다. 宗室封爵은 公·侯·伯·司徒·司空이 수여되었고, 異姓封爵의 경우는 國公·郡公·郡侯·縣侯·郡伯·縣伯·郡子·縣子·郡男·縣男이 수여되었다. 고려후기 충선왕대에 이르면 宗室과 異姓에 대한 封爵이 封君으로 통칭되고, 품계상의 고하가 있을 뿐 양자가 동일하게 大君―府院大君―·院君―府院君―·諸君·元尹·正尹으로 변화되었다. 대우에 있어서도 고려후기 봉군자의 경우 공훈과 무관하게 수여되기도 하였으며, 경제적 혜택은 물론 재신을 지낸 봉군에게는 녹봉이 지급되었고, 봉군호가 후손들에게 세습되기도 하였다. 관인으로서의 특권은 전직의 본품에 준하여 대우를 받았다.

『高麗史』 권77, 志31 百官2 宗室諸君·異姓諸君.
金基德, 1998, 「封爵制의 構成과 運營」, 『高麗時代 封爵制 硏究』, 청년사.
李鎭漢, 2007, 「高麗後期의 異姓封君」, 『史學硏究』 88.

11) 益之: 安牧의 字이다. 안목에 대해서는 앞의 주해 1) 참조.

12) 今竹屋之子益之 …… 告之: 이 구절을 통해 본문은 崔瀣가

양주로 부임하는 安牧에게 양주에 대한 견문을 소개하고 선정을 당부하는 뜻에서 작성한 글이라는 것을 알 수 있다.

2-(1). 海東後耆老會序

[原文]

海東後耆老會序

唐會昌中, 白樂天旣以太子少傳致仕, 居洛, 與賢而壽者六人, 同讌履道里宅, 爲尙齒之會. 曰胡杲, 前懷州司馬, 春秋八十九, 曰吉旼, 衛尉卿致仕, 春秋八十六, 曰鄭據, 前龍虎軍長史, 春秋八十四, 曰劉眞,[2) 前慈州刺史, 曰盧眞, 前侍御史, 春秋皆八十二, 曰張渾, 前永州刺史, 與樂天春秋並七十四. 秘書監狄兼謩河南尹盧貞, 下於七十, 與會而不及列. 樂天爲詩紀之, 後世傳爲洛中九老會. 至宋元豐中, 文潞公守洛, 亦與耆英, 約爲眞率會, 繪形妙覺僧舍, 凡一十三人. 富韓公弼, 七十九歲, 文潞公彦博及席郞中汝言, 七十七歲, 王朝議尙恭, 七十六歲, 趙大常丙劉秘監几馮防禦行己, 三人俱七十五歲, 楚待制建中, 七十三歲, 王朝議塡[3)言, 七十二歲, 王宣徽拱辰, 七十一歲, 張大中問張龍學燾,[4) 皆七十歲. 獨司馬溫公方六十四歲, 而用盧狄例預焉, 溫公爲之序.

[譯文]

해동후기로회[1)에 대한 서

당 회창[2) 연간에 백낙천[3)이 태자소부[4)로 치사하여 낙양[5)에 살았는데, 어질고 장수한 사람 여섯 명과 함께 이도리[6)의 집에서 연회를 열어 '연장자를 존경하는 모임'을 가졌다. (참여한 사람으로)

---

2) 眞: 원본에는 貞으로 되어 있으나 眞의 오각이므로, 眞으로 교감하였다.
3) 塡: 원본에는 愼으로 되어 있으나 塡의 오각이므로, 塡으로 교감하였다.
4) 燾: 원본에는 壽로 되어 있으나 燾의 오각이므로, 燾로 교감하였다.

호고[7]는 전 회주사마[8]로 89세, 길민[9]은 위위경치사[10] 86세, 정거
[11]는 전 용호군장사[12]로 84세, 유진[13]은 전 자주자사[14]이고 노진
[15]은 전 시어사[16]로 모두 82세, 장혼[17]은 전 영주자사[18]로 백낙천
과 함께 나란히 74세였다. 비서감[19] 적겸모[20]와 하남윤[21] 노정[22]
은 70보다 아래로 모임은 함께 하였으나 동렬에는 미치지 못하였다.
낙천이 시를 지어 기록하니 후세에 전하여 낙중구로회[23]라고 하였
다. 송 원풍[24] 연간에 문노공[25]이 낙양유수[26]였는데 역시 원로들과
약속하여 진솔회[27]를 만들었으며,[28] 묘각사[29] 건물에 (참여자의)
형상을 그려놓았으니 모두 13명이었다. 한공 부필[30]은 79세, 노공 문
언박과 낭중 석여언[31]은 77세, 조의 왕상공[32]은 76세, 태상 조병[33]·
비감 유궤[34]·방어 풍행기[35] 3명은 모두 75세, 대제 초건중[36]은 73
세, 조의 왕신언[37]은 72세, 선휘 왕신공[38]은 71세, 태중 장문[39]과
용학 장도[40]는 70세였다. 오직 사마온공[41]만 당시 64세였으나 노정
과 적겸모의 예에 따라 참여시키니, 온공이 기로회를 위하여 서문을
썼다.

[註解]

1) 海東後耆老會: 이 글에 나온 대로 최유엄 등이 해동기로회와
같은 취지로 결성한 모임이다. 1320년(충숙왕 7)에 결성되었으며
李瑱, 崔有渰 등이 구성원이었다. 정치적 입장을 띠지 않고 은퇴 후
노년을 즐기기 위한 목적이라고 하였지만, 이들은 주로 충선왕의 즉
위를 지지하였으면서도 복위 후 형성된 측근세력이나 충숙왕의 측
근세력과는 구분되는 정치적 성향이었다고 한다.
　　채웅석, 2011, 「고려 중·후기 기로회(耆老會)와 개경(開京) 사대부(士
　　　　大夫) 사회」, 『역사와 현실』 79, 92·93쪽.
2) 會昌: 唐 武宗의 연호로 841~846년 동안 사용되었다.
3) 白樂天: 白居易(772~846)를 말한다. 唐 華州 下邽―太原

一人으로 字는 樂天이고 號는 香山居士, 醉吟先生이다. 800년에
進士가 되었고 翰林學士, 左拾遺, 中書舍人, 刑部侍郎 등을 역임하
였다. 본문에는 太子少傅로 치사하였다고 기록되어 있으나『舊唐書』
나『新唐書』에는 太子少傅로 있다가 刑部尙書로 치사하였다고 되
어 있다. 이후 洛陽에 거주하면서 불교에 심취하고 시와 술을 즐겼
으며, 胡杲·吉旼·鄭據·劉眞·盧眞·張渾·狄兼謨·盧貞 등과 함께 九
老會를 맺어 교분을 나누기도 하였다. 그는 무수한 작품을 남겼으
며, 문집으로는『白氏長慶集』등이 있다.

　　『舊唐書』권166, 列傳116 白居易.
　　『新唐書』권119, 列傳44 白居易.
　　張撝之 외 주편, 1999,「白居易」,『中國歷代人名大辭典』上, 上海古籍出
　　　　版社, 447쪽.

　4) 太子少傅: 唐의 太子三少―少師·少傅·少保―의 하나이며,『舊
唐書』·『新唐書』·『通典』에는 모두 종2품 1인으로 되어 있고,『唐
六典』에는 정2품 1인으로 되어 있다. 皇太子의 輔導를 담당하였고
태자가 출입할 때 輅車를 타고 衛儀를 갖추어 뒤를 따랐으며 적합
한 인물이 없으면 자리를 비워두었다.

　　『唐六典』권26, 太子三少.
　　『舊唐書』권42, 志22 職官1 東宮官屬.
　　『新唐書』권49上, 志39上 百官4上 東宮官.
　　『通典』권40, 職官22 大唐官品.

　5) 洛: 지금의 중국 河南省 洛陽市이며 洛으로 약칭하기도 한다.
周代 이래로 여러 왕조의 도읍이 되었고 수차례 전란으로 황폐화되
었다가 재건되었다. 隋代에 북위의 낙양고성 서쪽에 새로운 성을 건
설하고 副都로 삼아 東都라고 불렀다. 唐代 初期에 洛州로 하였다
가 657년에 東都를 세웠고 742년에는 東京이 되었다. 당시 낙양은
경제도시로 대운하를 따라 수송되는 강남 물산의 집산지로 번영하
였다.

戴均良 외 주편, 2005, 「洛陽市」, 『中國古今地名大詞典』 下, 上海辭書出
版社, 2283쪽.

6) 履道里: 지금의 중국 河南省 洛陽市 洛龍區 安樂鎭 獅子橋
村이다. 隋·唐代에는 舊城의 서남쪽이자 皇城의 동남쪽에 위치하였
으며, 824년에 백거이가 이곳에 살면서 「履道春居」라는 시를 남기
기도 하였다.

戴均良 외 주편, 2005, 「洛陽市」, 『中國古今地名大詞典』 下, 上海辭書出
版社, 3247쪽.

7) 胡杲: 생몰년 미상. 唐 安定人이다. 會昌(841～846) 연간에
懷州司馬를 지냈고 89세로 사망하였다. 이 모임에 대해 읊은 7言排
律의 「七老會詩」를 남겼다.

『全唐詩』 권463 「七老會詩」.
張撝之 외 주편, 1999, 「胡杲」, 『中國歷代人名大辭典』 下, 上海古籍出版
社, 1686쪽.

8) 懷州司馬: 唐 懷州의 종5품하 관직으로 1인을 두었으며, 長
史·別駕와 함께 三官으로도 칭했으며, 모든 사무를 관리하고 각 曹
를 通判하는 일을 관장하였다. 懷州는 지금의 중국 河南省 沁陽市
이다. 唐代 初期에 회주로 하였다가 742년에 河內郡으로 고쳤고
758년에는 다시 회주로 하였다. 『舊唐書』에 의하면 낙양으로부터
140리의 거리에 있었으며, 758년에 河內·武德·修武·獲嘉·武陟·
溫·河陽·濟源·王屋 등 9개의 속현이 있었고 30,090戶 126,916口
로 기록되어 있다. 한편 唐代에는 州를 戶數에 따라 上·中·下의 세
등급으로 나누었고 아울러 6雄·10望·3補·別勅同上州都督·畿內州
는 上州와 동급으로 두었는데, 懷州는 雄州의 하나로서 上州와 동
일한 등급으로 관리를 배치하였다.

『唐會要』 권70, 量戶口定州縣等第例.
『唐六典』 권30, 三府督護州縣官吏.
『舊唐書』 권39, 志19 地理2 十道郡國2 河北道 懷州雄.

『舊唐書』권44, 志24 職官3 州縣官員.

戴均良 외 주편, 2005, 「懷州」, 『中國古今地名大詞典』中, 上海辭書出版
社, 1578쪽.

9) 吉旼: 760～?. 唐 同州 馮翊人으로 吉皎라고도 쓴다. 登封
令, 渭南令 등을 역임하고 衛尉卿으로 치사하였다.

張撝之 외 주편, 1999, 「吉皎」, 『中國歷代人名大辭典』上, 上海古籍出版
社, 500쪽.

10) 衛尉卿: 唐 衛尉寺의 장관으로 종3품 1인이 있었다. 器械와
文物을 관장하였으며, 武庫署·武器署·守宮署의 관속을 총괄하였다.

『唐六典』권16, 衛尉宗正寺.
『舊唐書』권44, 志24 職官3 衛尉寺.
『新唐書』권48, 志38 百官3 衛尉寺.

11) 鄭據: 760～?. 榮陽人으로 右龍武軍長史를 지냈으며 작품
으로는 「七老會詩」 등이 있다.

『全唐詩』권463, 「七老會詩」.

12) 龍虎軍長史: 龍武軍의 관직으로 정원은 1인이었다. 唐代에
는 龍虎軍이라는 武官名은 없고 대신에 左·右龍武軍이 있었는데,
아마 고려에서 2대 혜종의 이름인 武를 피하여 이렇게 기록하였다
고 생각된다.

『舊唐書』권44, 志24 職官3 武官 左右龍武軍.

13) 劉眞: 기록이 소략하여 자세한 내용을 알기 어렵다.

『新唐書』권119, 列傳44 白居易.

14) 慈州刺史: 慈州의 정4품하 관직으로 1인을 두었다. 唐代의
刺史는 州의 長官으로서 考覈官吏·宣布德化·撫和齊人·勸課農桑·
敦諭五敎 등의 업무를 관장하였으며, 매해 한번 屬縣을 순행하여
풍속과 백성을 감독하였다. 慈州는 지금의 山西省 吉縣이다. 唐代
初期에 汾州 또는 南汾州 등으로 칭하였고 758년에 慈州가 되었는
데, 부근에 慈烏戍가 있는 것으로 인해 그와 같은 명칭이 유래하였
다. 『舊唐書』에 의하면 낙양으로부터 727리의 거리에 있었으며,

758년에 吉昌·文城·昌寧·呂香·仵城 등 5개의 속현이 있었고 5,245戶 22,000口로 기록되어 있다.

『唐六典』 권30, 三府督護州縣官吏.

『舊唐書』 권39, 志19 地理2 十道郡國2 河東道 慈州下.

戴均良 외 주편, 2005,「慈州」,『中國古今地名大詞典』下, 上海辭書出版社, 3099쪽.

15) 盧眞: 764~?. 唐 幽州 范陽人으로 字는 子蒙이다. 侍御史 등을 역임하였고 만년에 낙양으로 퇴거하여 백거이와 함께 詩友로 지냈다.

張撝之 외 주편, 1999,「盧眞」,『中國歷代人名大辭典』上, 上海古籍出版社, 384쪽.

16) 侍御史: 唐 御史臺의 관직으로 종6품하 4인이 있었다. 백관을 감찰·탄핵하고 獄案과 訟事를 推鞫하는 일을 관장하였다.

『唐六典』 권13, 御史臺.

『舊唐書』 권44, 志24 職官3 御史臺.

『新唐書』 권48, 志38 百官3 御史臺.

17) 張渾: 772~?. 唐 淸河 東武城人으로 永州刺史를 지냈고 만년에는 치사하여 낙양에서 살았다.

張撝之 외 주편, 1999,「張渾」,『中國歷代人名大辭典』上, 上海古籍出版社, 1226쪽.

18) 永州刺史: 唐 永州의 정4품상 관직으로 1인을 두었다. 唐代의 刺史에 대한 자세한 설명은 앞의 주해 14) 참고. 永州는 지금의 湖南省 永州市이다. 唐代 初期에 영주로 하였다가 742년에 零陵郡으로 고쳤고 758년에는 다시 영주로 하였다.『舊唐書』에 의하면 낙양으로부터 3,665리의 거리에 있었으며, 758년에 湘源·祁陽·灌陽 등 3개의 속현이 있었고 6,348戶 27,583口로 기록되어 있다.

『舊唐書』 권44, 志24 職官3 州縣官員 京兆河南太原等府.

『舊唐書』 권40, 志20 地理3 十道郡國3 江南道 江南西道 永州中.

戴均良 외 주편, 2005,「永州」,『中國古今地名大詞典』上, 上海辭書出版

社, 986쪽.

19) 秘書監: 唐 祕書省의 장관으로 종3품 1인이 있었다. 국가의 經籍과 圖書의 일을 관장하였다.

> 『唐六典』 권10, 祕書省.
> 『舊唐書』 권43, 志23 職官2 祕書省.
> 『新唐書』 권47, 志37 百官2 祕書省.

20) 狄兼謩: 생몰년 미상. 唐 太原人으로 字는 汝諧이다. 左拾遺, 刑部郎中, 御史中丞, 東都留守 등을 역임하였다.

> 張撝之 외 주편, 1999, 「狄兼謩」, 『中國歷代人名大辭典』 上, 上海古籍出版社, 1226쪽.

21) 河南尹: 하남부의 장관으로 관내의 일을 총괄하였고 종3품 1인이었다. 河南은 河南府를 말하는 것으로 지금의 중국 河南省 洛陽市 지역에 해당한다.

> 『唐六典』 권13, 三府督護州縣官吏.
> 『舊唐書』 권44, 志24 職官3 州縣官員 京兆河南太原等府.
> 『新唐書』 권49下, 志39下 百官4下 外官 節度使副大使京兆河南牧.

22) 盧貞: 생몰년 미상. 唐 幽州 范陽人으로 號는 南郭子이다. 度支員外郎, 戶部郎中, 太常少卿 등을 역임하였으며 河南尹으로 있을 때에는 백거이와 친구로 지냈다.

> 張撝之 외 주편, 1999, 「盧貞」, 『中國歷代人名大辭典』 上, 上海古籍出版社, 381쪽.

23) 洛中九老會: 백거이가 854년 3월에 낙양에서 은퇴한 이들과 함께 만든 모임의 이름으로 70세 이상의 7명과 60대의 2명으로 구성되기에 '九老會'라고 하였다. 70세 이상만을 계산하여 '七老會'라고도 하였다. 실제로 한 번 모이면 구성원들이 詩賦를 지었는데, 「七老會詩」 등의 이름으로 전해지는 것들이 있다. 이것은 후대에 文彦博이 1082년 정월 10일에 낙양에서 결성한 모임의 이름으로도 사용되었다.

> 『新唐書』 권119, 列傳44 白居易.

『白居易集』.

劉馨珺, 2008, 「北宋洛陽耆英會」, 『國立政治大學歷史學報』 30.

張再林, 2011, 「白居易的"九老會"及其文學史意義—以宋人對"九老會"的
仿慕爲例—」, 『廣西社會科學』 2011-4(總190期).

盧燕新, 2012, 「白居易与洛陽"七老會"及"九老會"考論」, 『河南大學學報
(社會科學版)』 52-1.

24) 元豐: 宋 神宗의 연호로 1078~1085년 동안 사용되었다.

25) 文潞公: 文彦博(1006~1097)을 말한다. 宋 汾州 介休人으
로 字는 寬夫이다. 4朝 50년 동안 將相으로 있으면서 크게 명성을
떨쳤다. 1027년에 進士가 되었고, 殿中侍御史, 樞密副使, 叅知政事,
同中書門下平章事 등을 역임하였으며 1058년에 潞國公으로 봉해졌
다. 神宗이 王安石을 등용하여 新法을 추진하자 市易法에 반대하여
判河南府 등의 외직으로 나가게 되었고 太師로 치사하여 洛陽에 살
았다. 이후 哲宗이 즉위해 舊法을 채택하면서 平章軍國重事가 되었
고 얼마 되지 않아 다시 치사하였다. 시호는 忠烈이고 저서로 『潞
公集』이 있다.

『宋史』 권313, 列傳72 文彦博.

劉馨珺, 2008, 「北宋洛陽耆英會」, 『國立政治大學歷史學報』 30.

張撝之 외 주편, 1999, 「文彦博」, 『中國歷代人名大辭典』 上, 上海古籍出
版社, 304쪽.

26) 守洛: 洛陽의 守令이라는 뜻으로 西京留守를 말한다. 당시
낙양 지역은 西京·西都로 칭해졌으며, 「洛陽耆英會序」에도 문언박
은 '留守西都'로 기록되어 있다. 宋代의 留守는 서경·남경·북경에 각
1명이 있었고 관사에 머물면서 궁성의 수비와 수리를 관장하였다.

『溫公文集』 권65, 「洛陽耆英會序」.

『宋史』 권85, 志38 地理1 京西路 北路 河南府.

『宋史』 권313, 列傳72 文彦博.

27) 眞率會: 문언박이 1082년 정월 10일에 낙양에서 결성한 모
임으로, 洛中九老會, 洛陽耆英會라고도 하였다. 원래 11명으로, 가

장 연로한 富弼을 비롯해 문언박, 席汝言, 王尙恭, 趙丙, 劉几, 馮行己, 楚建中, 王愼言, 張問, 張燾가 그들이나, 뒤에 王拱辰, 司馬光을 더해 13명으로 확대되었다. 대부분 낙양을 본적으로 하면서 과거에 급제한 이들이었다. 또 문언박이 남긴 그림이 「文潞公耆英會圖」라는 이름으로 남아있다. 한편 진솔회와 낙양기영회는 활동시기가 비슷하고 구성원 중에 중복되는 인물들이 있어서 이 글을 비롯한 고려시대 이래 사람들은 대체로 양자가 동일한 것으로 이해하였지만, 기영회 속 별개의 작은 모임으로 파악하는 것이 옳다. 진솔회는 석여언, 왕상공, 범건중, 왕신언, 사마광 등이 구성원이었으며, 문언박, 장문 등은 '五老會'라는 별도 모임을 구성하기도 하였다. 다만 여기에서는 낙양기영회와 구분되는 진솔회가 아니라 최해가 양자를 동일한 것으로 이해하면서 기술한 내용이므로, 낙양기영회의 별칭으로 사용된 것이다.

　　『溫公文集』 권65, 「洛陽耆英會序」.

　　채웅석, 2011, 「고려 중·후기 기로회(耆老會)와 개경(開京) 사대부(士大夫) 사회」, 『역사와 현실』 79, 76·77쪽.

　　劉馨珺, 2008, 「北宋洛陽耆英會」, 『國立政治大學歷史學報』 30, 19쪽.

　28) 約爲眞率會: 司馬光의 「洛陽耆英會序」를 보면 '元豐五年正月壬辰'이라고 하여 1082년 정월 10일에 작성되었음이 명기되어 있는데, 글의 말미에 기록된 참여자의 관직과 나이 등이 위의 내용과 거의 일치하고 있으므로 해당 내용의 명확한 시기를 알 수 있다.

　　『溫公文集』 권65, 「洛陽耆英會序」.

　　劉馨珺, 2008, 「北宋洛陽耆英會」, 『國立政治大學歷史學報』 30.

　　채웅석, 2011, 「고려 중·후기 기로회(耆老會)와 개경(開京) 사대부(士大夫) 사회」, 『역사와 현실』 79, 76·77쪽.

　29) 妙覺僧舍: 북송대 洛陽 隆安坊에 있던 妙覺寺를 말한다. 태종의 7녀로, 출가한 陳國長公主를 위하여 1009년에 세운 사찰로 資聖院이라 하였다. 이후 문언박이 1080년에 이 절에서 기영회를

결성하면서 耆英堂이라 하였다가 사마광이 竚瞻堂이란 堂號를 쓰고 문언박의 소상을 만들었다. 한편 이 건물의 벽에는 바로 이 기로회를 그린 그림이 남아 있다.

徐松 輯, 『宋會要輯稿』(1976, 新文豊出版社), 道釋 2-14, 資聖院.

『溫公文集』 권66, 竚瞻堂

劉馨珺, 2008, 「北宋洛陽耆英會」, 『國立政治大學歷史學報』 30.

30) 富韓公弼: 富弼(1004~1083)을 말한다. 宋 洛陽人으로 字는 彦國이다. 1030년 茂才로 천거되어 作監丞, 知制誥, 樞密使, 中書門下平章事 등을 역임하였다. 1042년에 거란으로 사신을 가서 영토의 할양을 막는 대신 세폐를 늘리는 것으로 합의를 이끌어 냈으며, 神宗이 변방의 일을 물었을 때에는 20년간 兵事를 입에 담지 않도록 당부하였다고 한다[願二十年口不言兵]. 신종이 王安石을 등용하여 新法을 추진하자 判毫州 등의 외직으로 나가게 되었으며, 다시 靑苗法에 반대하여 탄핵을 받았고 韓國公으로 치사하였다. 시호는 文忠이고 저서로 『富鄭公詩集』이 있다.

『宋史』 권313, 列傳72 富弼.

劉馨珺, 2008, 「北宋洛陽耆英會」, 『國立政治大學歷史學報』 30.

張撝之 외 주편, 1999, 「富弼」, 『中國歷代人名大辭典』 下, 上海古籍出版社, 2367쪽.

31) 席郎中汝言: 席汝言(1006~?)을 말한다. 字는 君從으로 耆英會, 同甲會, 眞率會 등을 만들어 여러 문인들과 교유한 사실 외에는 알려진 바가 거의 없다. 그의 최종관직인 郎中은 尙書司封郎中을 말하는 것으로 종6품 1인이 있었고 吏部의 官封, 敍贈, 承襲 등을 관장하였다.

『宋史』 권163, 志116 職官3 吏部.

『宋史』 권168, 志121 職官8 合班之制 官品.

劉馨珺, 2008, 「北宋洛陽耆英會」, 『國立政治大學歷史學報』 30.

張撝之 외 주편, 1999, 「席汝言」, 『中國歷代人名大辭典』 下, 上海古籍出版社, 2367쪽.

32) 王朝議尙恭: 王尙恭(1007~1084)을 말한다. 字는 安之로
1034년에 進士科에 급제하였고 知河南府司錄, 知緱氏縣, 同判西京
國子監, 太常少卿 등을 역임하였다. 신종 초에 관제를 고치면서 정6
품 朝議大夫가 되었다.

　『溫公文集』권65, 「洛陽耆英會序」.
　『宋史』권168, 志121 職官8 合班之制 官品.
　　臺灣 中央研究院 歷史言語研究所 宋代史料研讀會 94年時程, 范淳仁, 「宋
　　　　故朝議大夫致仕王公墓誌銘」(http://www.ihp.sinica.edu.tw/~
　　　　twsung/ song/94/35.pdf).
　　劉馨珺, 2008, 「北宋洛陽耆英會」, 『國立政治大學歷史學報』30.

33) 趙大常丙: 趙丙(1008~?)을 말한다. 「洛陽耆英會序」에는
字가 南正이고 大常은 太常少卿으로 기록되어 있다. 進士科에 급제
한 사실은 확인되나 그 외 家系나 자세한 관력은 알 수 없다. 太常
少卿은 禮樂·郊廟·社稷·壇壝·陵寢을 관장한 太常寺의 次官으로
종5품 1인이 있었으며, 長官인 太常卿을 돕는 임무를 맡았다.

　『溫公文集』권65, 「洛陽耆英會序」·「朝議文藁序」.
　『宋史』권164, 志117 職官4 太常寺.
　『宋史』권168, 志121 職官8 合班之制 官品.
　　劉馨珺, 2008, 「北宋洛陽耆英會」, 『國立政治大學歷史學報』30.

34) 劉秘監几: 劉几(1008~1088)를 말한다. 宋 洛陽人으로 字
는 伯壽이고 號는 玉華庵主이다. 祖父 劉溫叟와 父 劉燁이 모두 고
관을 지낸 명문가 출신으로 진사에 급제하였고 通判邠州, 知寧州,
秦鳳總管 등을 역임하였다. 「洛陽耆英會序」에 의하면 秘監은 秘書
監으로 기록되어 있는데, 秘書監은 秘書省의 長官으로 정4품 1인을
두었으며 古今經籍圖書·國史實錄·天文曆數 등을 관장하였다.

　『溫公文集』권65, 「洛陽耆英會序」.
　『宋史』권164, 志117 職官4 秘書省.
　『宋史』권168, 志121 職官8 合班之制 官品.
　『宋史』권268, 列傳27 劉溫叟 附孫几.

劉馨珺, 2008, 「北宋洛陽耆英會」, 『國立政治大學歷史學報』 30.

35) 馮防禦行己: 馮行己(1008~1091)를 말한다. 宋 孟州 河陽人으로 字는 肅之이다. 부친 馮拯의 蔭補로 右侍禁에 임명되었고 知定州, 知代州, 西上閣門使, 大名府路馬步總管 등을 역임하였으며 衛州防禦使로 치사하였다. 「洛陽耆英會序」에 의하면 防禦는 바로 衛州防禦使를 말하는 것으로 종5품에 해당한다.

　　『溫公文集』 권65, 「洛陽耆英會序」.

　　『宋史』 권168, 志121 職官8 合班之制 官品.

　　『宋史』 권285, 列傳44 馮拯 子行己.

　　劉馨珺, 2008, 「北宋洛陽耆英會」, 『國立政治大學歷史學報』 30.

　　張撝之 외 주편, 1999, 「馮行己」, 『中國歷代人名大辭典』 上, 上海古籍出版社, 469쪽.

36) 楚待制建中: 楚建中(1010~1090)을 말한다. 宋 洛陽人으로 字는 正叔이다. 進士에 급제하여 知滎河縣, 鹽鐵判官, 度支副使, 天章閣待制 등을 역임하였고 正議大夫로 치사하였다. 「洛陽耆英會序」에 의하면 待制는 바로 天章閣待制를 말하는 것으로 1030년에 처음으로 설치되었고 종4품에 해당하였다.

　　『宋史』 권331, 列傳90 楚建中.

　　『宋史』 권168, 志121 職官8 合班之制 官品.

　　劉馨珺, 2008, 「北宋洛陽耆英會」, 『國立政治大學歷史學報』 30.

　　張撝之 외 주편, 1999, 「楚建中」, 『中國歷代人名大辭典』 下, 上海古籍出版社, 2394쪽.

37) 王朝議愼言: 王愼言(1011~1087)을 말한다. 朝議는 朝議大夫를 생략한 것이다. 그런데 「洛陽耆英會序」에는 字가 不疑인 점과 함께 본문의 朝議大夫가 아닌 司農少卿으로 치사하였다고 기록되어 있다. 司農少卿은 倉庫의 出納을 관장한 司農寺의 차관으로 司農卿을 돕는 임무를 맡았으며 정6품 1인을 두었다.

　　『溫公文集』 권65, 「洛陽耆英會序」.

　　『宋史』 권165, 志118 職官5 司農寺.

『宋史』권168, 志121 職官8 合班之制 官品.

『全宋文』권5993, 樓鑰94, 「朝議大夫秘閣修撰致仕王公墓誌銘」(曾棗莊·
劉琳 主編, 2006, 上海辭書出版社).

劉馨珺, 2008, 「北宋洛陽耆英會」, 『國立政治大學歷史學報』30.

38) 王宣徽拱辰: 王拱辰(1012~1085)을 말한다. 宋 開封 咸
平人으로 字는 君貺이고 원래 이름은 拱壽이다. 1030년에 進士科
壯元으로 급제하여 翰林學士, 御史中丞, 三司使 등을 역임하였다.
王安石과의 불화로 인해 知應天府로 나가게 되었고, 保甲法에 반대
하기도 하였다. 開府儀同三司에 추증되었고 시호는 懿恪이다. 宣徽
는 宣徽南院使를 말하는 것으로 檢校職에 있는 인물을 임명하였는
데, 당시 王拱辰은 檢校太尉에 있었다.

『宋史』권162, 志115 職官2 宣徽院 宣徽南院使.

『宋史』권318, 列傳77 王拱辰.

劉馨珺, 2008, 「北宋洛陽耆英會」, 『國立政治大學歷史學報』30.

張撝之 외 주편, 1999, 「王拱辰」, 『中國歷代人名大辭典』上, 上海古籍出
版社, 205쪽.

39) 張大中問: 張問(1013~1087)을 말한다. 宋 襄州 襄陽人으
로 字는 昌言이다. 進士에 급제하였고 茂才로 천거되어 大名府通
判, 河北轉運使, 知滄州 등을 역임하였다. 大中은 大中大夫를 말하
는 것으로 종4품에 해당한다.

『宋史』권168, 志121 職官8 合班之制 官品.

『宋史』권331, 列傳90 張問.

劉馨珺, 2008, 「北宋洛陽耆英會」, 『國立政治大學歷史學報』30.

張撝之 외 주편, 1999, 「張問」, 『中國歷代人名大辭典』上, 上海古籍出版
社, 1234쪽.

40) 張龍學燾: 張燾(1013~1082)를 말한다. 宋 臨濮人으로 字
는 景元이다. 進士에 급제하여 單州通判, 天章閣待制, 判太常寺 등
을 역임하였다. 龍學은 龍圖閣直學士를 말하는 것으로 종3품에 해
당한다.

『宋史』 권168, 志121 職官8 合班之制 官品.

『宋史』 권333, 列傳92 張燾.

劉馨珺, 2008,「北宋洛陽耆英會」,『國立政治大學歷史學報』30.

張撝之 외 주편, 1999,「張燾」,『中國歷代人名大辭典』上, 上海古籍出版
        社, 1208쪽.

41) 司馬溫公: 司馬光(1019~1086)을 말한다. 宋 陝州 夏縣
人으로 字는 君實이다. 1038년에 進士가 되고 翰林學士, 御史中丞
등을 역임하였다. 神宗이 王安石을 등용하여 新法을 추진하자 퇴거
하여 15년 동안 낙양에 살면서 『資治通鑑』을 저술하였다. 哲宗이
즉위하자 복귀하여 門下侍郎이 되었으며, 신법을 폐지하고 구법을
복구하였다. 太師 溫國公에 추증되었고 시호는 文正이다.

『宋史』 권336, 列傳95 司馬光.

劉馨珺, 2008,「北宋洛陽耆英會」,『國立政治大學歷史學報』30.

張撝之 외 주편, 1999,「司馬光」,『中國歷代人名大辭典』上, 上海古籍出
        版社, 480쪽.

2-(2).

[原文]

海東有國, 承平四百年, 人物風流蓋侔于中華. 神王戊午. 崔靖安公始解珪
組, 開雙明齋於靈昌里中, 癸亥集士大夫老而自逸者, 日以詩酒琴棊相娛. 好
事者傳畵, 爲海東耆老會圖, 趙通亦樂誌之. 及丙寅, 靖安公之弟文懿公年俯
七旬, 上章納政, 亦預斯會, 卽添入其像于圖中, 朴少卿仁碩誌之. 大僕卿寶
文閣直學士致仕張自牧, 其一也, 年七十八. 大尉平章集賢殿大學士致仕崔讜,
其二也, 年七十七. 司空左僕射致仕李俊昌, 其三也, 與大尉同年. 判秘省翰
林學士致仕白光臣, 其四也, 年七十四. 禮賓卿春宮侍讀學士致仕高瑩中, 其
五也, 與白同年. 司空左僕射寶文閣學士致仕李世長, 其六也, 年七十一. 戶
部尙書致仕玄德秀, 其七也, 與司空同年. 太師平章修文殿大學士致仕崔詵,

其八也, 年六十九. 軍器監趙通, 其九也, 年六十四, 通共九人. 時李眉叟翰林
依盧狄司馬故事, 甞從容諸老間, 著詩文百有餘首, 形容一會勝事詳矣, 有雙
明齋集傳于士林.

　[譯文]

　해동이 나라를 세워 태평을 400년[1]이나 이어가니 인물과 풍속이
대개 중화와 같게 되었다. 신왕[2] 무오년(1198)에 최정안공[3]이 비
로소 관직을 그만두고 영창리[4]에 쌍명재[5]를 지었고, 계해년(1203)
에 사대부로 연로하고 스스로 편안히 지내는 이들을 모아서 날마다
시, 술, 거문고, 바둑으로 서로 즐거워하였다. 호사가들이 그림으로
전하여 '해동기로회도'라고 하였으며 조통 역락[6]이 기록하였다. 병
인년(1206)에 정안공의 아우 문의공[7]이 칠순에 접어드니 글을 올
려 사직하고 역시 이 모임에 참여하였는데, 곧 그림 속에다 초상을
첨가해 넣었고 소경 박인석[8]이 기록하였다. 태복경[9] 보문각직학사
[10]로 치사한 장자목[11]이 첫 번째로 78세이다. 태위[12] 평장[13] 집현
전태학사[14]로 치사한 최당이 두 번째로 77세이다. 사공[15] 좌복야[16]
로 치사한 이준창[17]이 세 번째로 태위와 동년이다. 판비성[18] 한림
학사[19]로 치사한 백광신[20]이 네 번째로 74세이다. 예빈경[21] 춘궁시
독학사[22]로 치사한 고영중[23]이 다섯 번째로 백광신과 동년이다. 사
공 좌복야 보문각학사[24]로 치사한 이세장[25]이 여섯 번째로 71세이
다. 호부상서[26]로 치사한 현덕수[27]가 일곱 번째로 사공과 동년이다.
태사[28] 평장 수문전태학사[29]로 치사한 최선이 여덟 번째로 69세이
다. 군기감[30] 조통이 아홉 번째로 64세이니, 모두 아홉 사람이다.
당시 한림 이미수[31]가 노정, 적겸모, 사마온공의 고사에 의거하여
일찍이 여러 원로들 사이를 따라다니며 시문 100여 수를 지어 한때
모임의 일화를 상세히 형용하였는데, 『쌍명재집』[32]에 실려 사림에
전해지고 있다.

[註解]

1) 四百年: 본문은 1320년에 작성되었으므로 고려가 918년에 건국된 지 403년이 되는 시점이다.

2) 神王: 고려의 제20대 왕 神宗(1144~1204)을 말한다. 재위 기간 1197~1204년이다. 휘는 晫, 자는 至華이다. 인종과 恭睿太后 任氏의 다섯째 아들이자 의종과 명종의 동생이다. 江陵公 王溫의 딸인 宣靖王后 金氏와 혼인하여 희종을 비롯하여 2남 2녀를 두었다.

『高麗史』 권21, 世家21 神宗.

3) 崔靖安公: 崔讜(1135~1211)을 말한다. 본관은 鐵原이고 시호는 靖安이다. 1171년(명종 1)에 右正言·知制誥가 되었고 이후 吏部員外郎, 兵部侍郎, 尙書左丞, 叅知政事, 中書侍郎平章事 등을 역임하였다. 門下侍郎平章事로 치사하고 海東耆老會를 결성하였다. 이에 참여한 사람들은 모두 문재가 뛰어난 인물들로서 대부분 최충헌이 권력을 잡은 후에 고위직에 임명되었으며 국자감시와 예부시 등을 주관하였다.

『高麗史』 권19, 世家19 明宗 원년 9월 戊子.

『高麗史』 권21, 世家21 神宗 즉위년 동10월 乙亥·11월 癸巳·2년 6월 癸酉·熙宗 7년 9월 丁卯.

『高麗史』 권73, 志27 選擧1 科目1 凡選場 明宗 27년 5월.

「崔讜墓誌銘」.

朴龍雲, 1978, 「高麗時代의 定安任氏·鐵原崔氏·孔巖許氏 家門 分析─高麗貴族家門 研究(2)─」, 『韓國史論叢』 3 ; 2003, 『高麗社會와 門閥貴族家門』, 景仁文化社, 240·241쪽.

박종진, 2007, 「고려시기 해동기로회(海東耆老會)의 결성과 활동」, 『역사와 현실』 66, 310~312쪽.

오치훈, 2014, 「고려시대 海東耆老會의 성립과 '耆老'의 의미 변화」, 『史叢』 83.

4) 靈昌里: 개경 동북쪽의 성도문과 영창문의 사이에 있던 영창

방에 속한 지역으로 추정된다. 영창문이 병지 위숙군조에는 '靈昌門'
으로, 예지 길례 소사에는 '令昌門'으로 나와 양자가 같은 문으로 생
각되기 때문이다.

> 김창현, 2002, 「개경 행정구역의 편제와 그 이념」, 『고려개경의 구조와
> 그 이념』, 신서원, 122쪽.

5) 雙明齋: 개경 동북쪽 영창방의 한 지역으로 추정된다. 李仁老
의 「雙明齋記」에 의하면 최당이 崇文館 남쪽의 산봉우리 위에 있는
나무 한 그루를 사랑하여 그 옆에 집을 지었고, 學士 張自牧이 韓
退之와 杜子美의 고사를 인용하여 雙明이라고 명명한 일화가 전한
다(①). 또 이제현은 묘련사의 북쪽 수백보 떨어진 곳이라고 언급
하였다(②). 이에 대해서 개성 성균관 남쪽 백운동 서북의 구릉으
로 파악하기도 하나, 영창방에서 송악산이 보이는 구릉지역으로 생
각된다(③).

> ① 『東文選』 권65, 記 「雙明齋記」.
> ② 『東文選』 권69, 記 「妙蓮寺石池竈記」.
> ③ 高裕燮, 1979, 『松都의 古蹟』, 悅話堂, 108쪽.
> 　박종진, 2007, 「고려시기 해동기로회(海東耆老會)의 결성과 활동」,
> 　『역사와 현실』 66, 308·309쪽.

6) 趙通亦樂: 趙通(생몰년 미상)을 말한다. 본관은 玉果縣으로
字는 亦樂이다. 經·史·百家에 능통하였고 과거에 급제하여 考功郎
中·太子文學이 되었으며, 관직이 左諫議大夫·國子監大司成·翰林學
士에 이르렀다. 1197년(명종 27)에 金에 사신으로 갔다가 3년간
구류를 당하였으며, 1199년(신종 2)에는 경주에 도적을 무마하기
위해 파견되었고, 1200년 5월에는 晉州를 안무하였다. 李仁老, 吳世
才, 林椿, 李湛之, 咸淳, 皇甫抗과 함께 七賢의 교우를 맺기도 하였다.

> 『高麗史』 권21, 世家21 神宗 2년 2월·3년 5월.
> 『高麗史』 권102, 列傳15 李仁老 附趙通.
> 『高麗史節要』 권13, 明宗 27년 동10월.

李東歡, 1968, 「高麗 竹林高會 研究—傳記的 考察을 中心하여—」, 고려대학교 국어국문학과 석사학위논문.

박종진, 2007, 「고려시기 해동기로회(海東耆老會)의 결성과 활동」, 『역사와 현실』 66, 321·322쪽.

오치훈, 2014, 「고려시대 海東耆老會의 성립과 '耆老'의 의미 변화」, 『史叢』 83, 19~22쪽.

7) 文懿公: 崔詵(?~1209)을 말한다. 최당의 동생으로 右司諫, 判秘書省事, 叅知政事, 門下侍郎平章事 등을 역임하였다. 명종 때에 왕의 동생인 冲曦의 추행을 풍자한 일로 파직되었고, 두 차례 지공거로서 과거를 주관하였으며, 吏部尙書 鄭國儉과 함께 『續資治通鑑』과 『太平御覽』을 교정하였다. 희종의 묘정에 배향되었고 시호는 文懿이다.

『高麗史』 권99, 列傳12 崔惟清 附詵.

朴龍雲, 1978, 「高麗時代의 定安任氏·鐵原崔氏·孔巖許氏 家門 分析—高麗貴族家門 研究(2)—」, 『韓國史論叢』 3 ; 2003, 『高麗社會와 門閥貴族家門』, 景仁文化社, 243·244쪽.

박종진, 2007, 「고려시기 해동기로회(海東耆老會)의 결성과 활동」, 『역사와 현실』 66, 312~314쪽.

오치훈, 2014, 「고려시대 海東耆老會의 성립과 '耆老'의 의미 변화」, 『史叢』 83, 19~22쪽.

8) 朴少卿仁碩: 朴仁碩(1143~1212)을 말한다. 본관은 竹山이고 字는 壽山이며 號는 檜谷이다. 蔭補로 八關寶判官兼右軍錄事가 되었고 司宰監主簿를 지냈다. 명종 초에 벼슬을 버리고 北原에 은거하였으나 모함으로 죽을 고비를 넘기고 죽주에 유배되었다. 이후 1197년(명종 27)에 동래현령으로 등용되었고 監察御史, 刑部員外郎 등을 역임하였다. 경주에서 초적의 반란이 일어났을 때는 招討判官으로 大將軍 金陟侯를 따라 전공을 세웠으며, 금에 사신을 다녀오기도 하였다. 그가 大府少卿으로 三司副使를 겸한 일이 있으므로 少卿은 이를 말하는 것으로 생각된다. 大府少卿은 財貨와 廩藏을

관장하는 大府寺의 차관으로 종4품 2인을 두었다.

『高麗史』 권76, 志30 百官1 內府寺.

「朴仁碩墓誌銘」.

류창규, 1989, 「高麗 武人政權 時代의 문인 朴仁碩: 고문 존중·계승과 관련하여」, 『東亞硏究』 17.

박종진, 2007, 「고려시기 해동기로회(海東耆老會)의 결성과 활동」, 『역사와 현실』 66, 322~324쪽.

오치훈, 2014, 「고려시대 海東耆老會의 성립과 '耆老'의 의미 변화」, 『史叢』 83, 19~22쪽.

朴龍雲, 2005, 「『高麗史』 百官志 譯註(4)」, 『고려시대연구』 IX, 한국학중앙연구원 ; 2009, 『『高麗史』 百官志 譯註』, 신서원, 304~310쪽.

9) 大僕卿: 국왕이 타는 수레와 말을 비롯하여 그에 필요한 가축을 기르고 관리하는 업무를 관장한 太僕寺의 장관으로 종3품 1인을 두었다.

『高麗史』 권5, 世家5 顯宗 19년 11월 癸卯.

『高麗史』 권76, 志30 百官1 司僕寺.

朴龍雲, 2005, 「『高麗史』 百官志 譯註(4)」, 『고려시대연구』 IX, 한국학중앙연구원 ; 2009, 『『高麗史』 百官志 譯註』, 신서원, 288~290쪽.

10) 寶文閣直學士: 寶文閣은 經書 講論과 詞命 制撰을 비롯하여 중요 전적을 보관하는 업무를 관장하였으며, 學士·直學士·直閣·校勘 등의 관직을 두었다. 1116년(예종 11)에 궁궐 안에 淸燕閣—淸讌閣—을 짓고 경서를 강론하게 하였는데, 이후 궁궐 내에서 학사들의 숙직과 출입에 어려움이 있어 그 옆에 따로 閣을 두고 寶文閣으로 이름을 고쳤다. 여기에 선발된 인원들은 모두 당대의 名儒들이며, 그 중 直學士는 종4품에 해당하는 대우를 받았다.

『高麗史』 권76, 志30 百官1 寶文閣.

周藤吉之, 1979, 「高麗前期の寶文閣—宋の諸閣學士·待制などとの關連において—」, 『朝鮮學報』 90 ; 1979, 『高麗朝官僚制の研究』,

法政大學出版局.

崔濟淑, 1981, 「高麗翰林院考」, 『韓國史論叢』 4.

이정훈, 2009, 「고려전기 學士職과 국정운영」, 『한국중세사연구』 26.

11) 張自牧: 張允文(1139~1211)을 말한다. 自牧은 그의 字이다. 과거에 급제하였고 東都書記, 式目錄事, 監察御史, 起居舍人, 大僕卿·右諫議大夫·知制誥, 國子監大司成 등을 역임하였다. 1193 (명종 23)에 侍郞으로 李奎報와 교분을 나누었고, 1195년 6월에 禮部侍郞으로 國子監試를 주관하였다. 한편 「雙明齋記」에는 學士 張自拔로 잘못 기록되어 있다.

『高麗史』 권74, 志28 選擧2 科目2 凡國子試之額 明宗 25년 6월.

『東國李相國集』 年譜.

『東文選』 권65, 記 「雙明齋記」.

「張允文墓誌銘」.

박종진, 2007, 「고려시기 해동기로회(海東耆老會)의 결성과 활동」, 『역사와 현실』 66, 316·317쪽.

오치훈, 2014, 「고려시대 海東耆老會의 성립과 '耆老'의 의미 변화」, 『史叢』 83, 19~22쪽.

12) 大尉: 太尉로 司徒·司空과 함께 3公의 하나이다. 이들은 정 1품의 최고직으로 적임자가 없을 경우에는 임명하지 않고 비워두는 경우가 많았다. 하지만 宗室을 3공에 임명하여 祿俸을 주거나 左·右僕射에 재임하는 관원에게 각기 사도와 사공을 더해 반차를 올려주고 녹봉을 추가하기도 하였다. 이로 보아 3공은 종실과 고위 관료들에게 지위를 상승시키고 경제적 혜택도 부여하는 직위로 생각된다.

『高麗史』 권76, 志30 百官1 三師三公.

邊太燮, 1967, 「高麗宰相考—3省의 權力關係를 중심으로—」, 『歷史學報』 35·36合 ; 1971, 『高麗政治制度史研究』, 一潮閣, 59쪽.

李熙德, 1969, 「高麗時代 祿俸制의 研究」, 『李弘稙回甲紀念 韓國史學論叢』, 新丘文化社, 169쪽.

李鎭漢, 1999, 「高麗前期 樞密의 班次와 祿俸」, 『韓國學報』 96, 171·172쪽.

13) 平章: 中書門下省의 정2품 관직인 平章事이다. 唐에서의 본

래 명칭은 平章政事이고 정치를 공평히 다스런다는 의미를 갖고 있
는데, 고려에서는 平章事로 불렸다. 고려전기에는 門下侍郎平章事,
中書侍郎平章事(內史侍郎平章事), 門下侍郎同中書門下平章事, 中
書侍郎同中書門下平章事 각 1인씩을 두었는데, 실례를 보면 정원을
4인으로 정해 놓았어도 어느 한 직위를 복수로 임명하는 경우가 매
우 많아서 사정에 따라 탄력적으로 운영했던 것 같다. 中書門下省의
宰府에 속한 門下侍中·諸平章事·叅知政事·政堂文學·知門下省事를
宰臣 혹은 宰五라고 불렀는데, 평장사는 문하시중이 없는 경우 판이
부사를 겸하여 수상이 되기도 하였다.

　　『高麗史』 권76, 志30 百官1 門下府.
　　邊太燮, 1967, 「高麗宰相考―3省의 權力關係를 중심으로―」, 『歷史學報』
　　　　35·36合 ; 1971, 『高麗政治制度史研究』, 一潮閣, 65·66쪽.
　　朴龍雲, 2000, 「고려시대의 平章事」, 『고려시대 中書門下省宰臣 연구』,
　　　　一志社, 130~133·155쪽.

　14) 集賢殿大學士: 集賢殿은 崇文館·弘文館·修文殿 등과 함께
소위 諸館殿의 하나이며, 문신 가운데 재학이 뛰어난 사람들을 선발
하여 學士職을 兼帶시키고 국왕의 侍從에 대비하려는 목적으로 설
치되었다. 集賢殿의 전신은 景德殿과 延英殿이다. 고려 초에 경덕전
을 설치하였고, 1021년(현종 12)에 연영전으로 고쳤다. 문종대에
諸館殿의 大學士는 종2품, 學士는 정3품으로 정비되었고, 1136년
(인종 14)에 다시 집현전으로 고쳤다. 대학사는 품계 자체가 재상
급이었고 실제로 모두 재신들이 겸임하고 있었다.

　　『高麗史』 권76, 志30 百官1 諸館殿學士.
　　邊太燮, 1983, 「高麗의 文翰官」, 『金哲埈華甲紀念史學論叢』, 知識産業
　　　　社, 192쪽.
　　이정훈, 2009, 「고려전기 學士職과 국정운영」, 『한국중세사연구』 26.

　15) 司空: 太尉·司徒과 함께 3公의 하나이다. 이에 대한 자세한
설명은 앞의 주해 12) 참조.

16) 左僕射: 僕射는 尙書省의 정2품 관직으로 좌·우 각 1인을
두었다. 상서성은 『高麗史』 百官志에 의하면 廣評省의 후신으로 기
록되어 있으나, 실제로 광평성은 內史門下省과 계통을 같이하며 상
서성은 太祖代에 태봉의 제도를 이은 內奉省의 계통에 속한다. 982
년(성종 1)에 御事都省이 설치되고 995년에 尙書都省으로 개칭되
었으며, 문종대에 尙書令·左右僕射·知省事·左右丞·左右司郎中·左
右司貟外郎·都事 등의 관직이 정비되었다. 그 중 尙書令은 실무직
이 아니었으므로 尙書都省의 실질적인 장관은 左·右僕射인데, 실제
로는 정2품임에도 불구하고 관품이 낮은 중추원의 추밀보다 오히려
하위에 머물러 관품에 상응하는 대우를 받지 못하였다. 그러나 司徒
와 司空을 겸한 경우에는 6部의 判事를 겸직하는 등 宰相의 위치에
있었던 것은 분명하다.

李泰鎭, 1972,「高麗 宰府의 成立―그 制度史的 考察―」,『歷史學報』
56, 9쪽.

周藤吉之, 1975,「高麗初期の宰相, 左右僕射について」,『朝鮮學報』77 ;
1980,『高麗朝官僚制の研究』, 法政大學出版局, 103〜108쪽.

邊太燮, 1981,「高麗初期의 政治制度」,『韓㳂劤停年紀念 史學論叢』, 知
識產業社, 170·171쪽.

朴龍雲, 2000,「高麗時代의 尙書都省에 대한 檢討」,『高麗時代 尙書省
研究』, 景仁文化社, 19〜34쪽.

17) 李俊昌: 생몰년 미상. 명종 때에 형부시랑으로 있다가 남의
토지를 강탈한 일로 인해 투서로 무고를 당해 죽을 뻔 했으나 바로
사실이 밝혀져 풀려났다. 이후 太僕卿, 樞密院使 등을 역임하였는
데, 그는 본래 모친이 예종의 궁녀로서 관직이 7품까지 제한되었으
나 3품관이 되어도 대간들은 아무런 말도 못하였다고 전한다.

『高麗史』 권100, 列傳13 李俊昌.

박종진, 2007,「고려시기 해동기로회(海東耆老會)의 결성과 활동」,『역
사와 현실』 66, 318·319쪽.

18) 判秘省: 經籍과 祝疏文을 관장한 秘書省의 정3품 관직인

判秘書省事를 말한다. 이들 비서성 직관은 업무와도 관련하여 學識
과 文才가 뛰어난 인물들이 맡았다.

『高麗史』권76, 志30 百官1 典校寺.

朴龍雲, 2005, 「『高麗史』百官志 譯註(4)」, 『고려시대연구』IX, 한국학중앙
연구원 ; 2009, 『『高麗史』百官志 譯註』, 신서원, 252~255쪽.

19) 翰林學士: 국왕을 대신하여 詞命을 짓는 일을 관장한 翰林
院의 관직으로 1076년(문종 30)에 정4품 2인을 두었다. 한림원은
과거 급제자 중에 학식이 높은 인물들이 선발되기 마련이었고, 經筵
官과 考試官을 비롯하여 국왕을 侍從하는 등 다양한 업무를 담당하
였으며, 소속 관직은 모두 兼職으로 운영되었다.

『高麗史』권76, 志30 百官1 藝文館.

周藤吉之, 1980, 「高麗初期の翰林院と誥院―宋の翰林學士·知制誥との
關連において―」, 『東洋學報』58-3·4合 ; 1980, 『高麗朝官僚
制の硏究』, 法政大學出版局, 277~287쪽.

崔濟淑, 1981, 「高麗翰林院考」, 『韓國史論叢』4, 11쪽.

邊太燮, 1983, 「高麗의 文翰官」, 『金哲埈博士華甲紀念史學論叢』, 知識産
業社, 203쪽.

이정훈, 2009, 「고려전기 學士職과 국정운영」, 『한국중세사연구』26.

20) 白光臣: 생몰년 미상. 1200년(신종 3)에 同知貢擧로 과거
를 주관하여 조문발 등을 선발하였다. 1205년(희종 1)에는 崔忠獻
이 茅亭을 짓고 여러 문사들에게 문장을 겨루도록 하였는데, 여기에
초빙되어 심사를 맡기도 하였다. 海東耆老會 외의 기록은 거의 찾아
지지 않는다.

『高麗史』권73, 志27 選擧1 科目1 凡選場 神宗 3년.

『高麗史』권129, 列傳42 叛逆3 崔忠獻.

박종진, 2007, 「고려시기 해동기로회(海東耆老會)의 결성과 활동」, 『역
사와 현실』66, 317·318쪽.

21) 禮賓卿: 宋의 귀화인이나 女眞의 使臣과 酋長 및 耽羅王族
등에게 燕享을 비롯한 대우의 문제를 관장한 관청인 禮賓省의 장관

으로 1076년(문종 30)에 종3품 1인을 두었다.

『高麗史』 권76, 志30 百官1 司僕寺.

朴龍雲, 2005, 「『高麗史』 百官志 譯註(4)」, 『고려시대연구』 IX, 한국학
　　중앙연구원 ; 2009, 『『高麗史』 百官志 譯註』, 신서원, 294~
　　297쪽.

22) 春宮侍讀學士: 東宮侍讀學士를 말하며 1068년(문종 22)에
종4품 1인을 두었다. 東宮官은 직무에 따라 太子를 輔導하는 三師·
三少·賓客, 시종과 보좌를 하는 太子庶子, 太子府의 서무와 경제를
담당하는 詹事, 호위를 맡는 東宮侍衛와 諸率府 등 네 가지로 분류
되어 있는데, 그 중 東宮侍讀學士는 太子庶子의 계열에 속한다. 이
들 동궁관은 일반 문무직과 별도로 설정되어 제도상으로 갖추어져
있으면서도 태자가 책봉되었을 때 한시적으로 직무를 수행하였고
첨사부의 祭外職을 제외한 모든 직위가 겸직으로 운영되었다.

『高麗史』 권77, 志31 百官2 東宮官.

李鎭漢·洪完杓, 2000, 「고려시대 東宮 4品 이하 官職의 除授와 祿俸」, 『韓
　　京大論文集』 32, 57쪽.

李鎭漢, 2000, 「高麗時代 東宮 3品職의 除授와 祿俸」, 『震檀學報』 89,
　　31쪽.

23) 高瑩中: ?~1209. 본관은 沃溝로 字는 如晦이다. 1164년
(의종 18)에 급제하여 黃州牧使兼掌書記가 되었고 이후 國學學正,
四門博士, 直史館, 監察御史, 禮部員外郎, 吏部郎中·國子司業, 中
書舍人·知制誥, 兵部侍郎 등을 역임하였다. 1199년(신종 2)에 禮
賓卿이 되었고 이듬해에 國子監試를 주관하였다. 성품이 조용하고
욕심이 적었으며 고향 친척을 많이 돌보아 주었다고 한다.

『高麗史』 권74, 志28 選擧2 科目2 凡國子試之額 神宗 3년 윤2월.
「高瑩中墓誌銘」.
박종진, 2007, 「고려시기 해동기로회(海東耆老會)의 결성과 활동」, 『역
　　사와 현실』 66, 315·316쪽.

24) 寶文閣學士: 寶文閣은 寶文閣을 말한다. 이에 대한 자세한

설명은 앞의 주해 10) 참조. 寶文閣學士는 종3품에 해당하는 대우
를 받았던 것으로 보인다.

　　『高麗史』권76, 志30 百官1 寶文閣.
　　이정훈, 2009, 「고려전기 學士職과 국정운영」, 『한국중세사연구』 26.
　25) 李世長: 생몰년 미상. 1191년(명종 21) 2월에 司業으로 致
祭使가 되어 금으로 파견되었고, 右諫議大夫를 지냈다.

　　『高麗史』권20, 世家20 明宗 21년 2월 乙未.
　　『東國李相國前集』권8, 古律詩 「呈內省諸郞」.
　　박종진, 2007, 「고려시기 해동기로회(海東耆老會)의 결성과 활동」, 『역
　　　　사와 현실』 66, 320·321쪽.
　26) 戶部尙書: 戶口와 田地를 비롯하여 그에 근거한 徭役·貢
物·租稅 등을 관장한 관청인 戶部의 장관으로 1076년(문종 30)에
정3품 1인을 두었다.

　　『高麗史』권76, 志30 百官1 戶曹.
　　權寧國, 2005, 「고려전기의 戶部와 三司—당·송제도와의 비교—」, 『歷
　　　　史學報』 188, 72~79쪽.
　27) 玄德秀: ?~1215. 본관은 延州로 아버지는 延州都領 玄覃
胤이다. 어려서부터 총명하여 延州分道將軍 金稚圭가 서울로 데려
다가 공부를 시켰으나 여러 번 과거에 응시해도 급제하지 못하고 병
으로 귀향하였다. 1174년(명종 4)에 西京留守 趙位寵이 난을 일으
키자 절령 이북 40여 성이 모두 응했는데, 현덕수는 아버지를 설득
하여 연주성을 굳게 지켰다. 이에 서경의 군대가 여러 번에 걸쳐 성
을 포위 공격하였으나 모두 물리치고 많은 포로와 무기를 노획하였
다. 그 공으로 內侍祗候에 임명되었다가 다시 얼마 되지 않아 安南
都護府副使가 되었다. 이후 都官郞中, 兵部郞中, 司宰少卿, 殿中監
등을 역임하고 兵部尙書로 치사하였다.

　　『高麗史』권99, 列傳12 玄德秀.
　　박종진, 2007, 「고려시기 해동기로회(海東耆老會)의 결성과 활동」, 『역
　　　　사와 현실』 66, 319·320쪽.

28) 太師: 太師는 太傅·太保와 함께 3師의 하나이다. 이에 대한 대우는 3公과 같으며 자세한 설명은 앞의 주해 12) 참조.

29) 修文殿大學士: 修文殿의 종2품 관직이다. 修文殿의 전신은 文功殿과 文德殿이다. 고려 초에 문공전을 설치하였고, 1021년(현종 12)에 문덕전으로 고쳤다가 1136년(인종 14)에 다시 수문전으로 고쳤다. 大學士에 대해서는 앞의 주해 14) 참조.

『高麗史』 권76, 志30 百官1 諸館殿學士.

이정훈, 2009,「고려전기 學士職과 국정운영」,『한국중세사연구』 26.

30) 軍器監: 병기의 제작과 수리 등을 관장하는 관청인 軍器監의 장관으로 문종대에 정4품 1인을 두었다.

『高麗史』 권76, 志30 百官1 司僕寺.

朴龍雲, 2005,「『高麗史』百官志 譯註(4)」,『고려시대연구』 IX, 한국학중앙연구원 ; 2009,『『高麗史』百官志 譯註』, 신서원, 331·332쪽.

31) 李眉叟: 李仁老(1152~1220)를 말한다. 眉叟는 그의 字이다. 본관은 慶源으로 平章事 李頲의 증손이고 초명은 得玉이다. 1180년(명종 10)에 장원으로 급제하여 桂陽管記에 임명되었다가 直史館 등 史翰을 지냈다. 그는 吳世才·林椿·趙通·皇甫抗·咸淳·李湛之와 친우를 맺었으며 이들을 江左七賢이라고 하였다. 신종 때에 禮部員外郞을 거쳐 고종 초에 秘書監·右諫議大夫가 되었으며 69세로 졸하였다. 저서로는 『銀臺集』 20권, 『後集』 4권, 『雙明齋集』 3권, 『破閑集』 3권이 있다고 전해지나 현재는 『破閑集』만이 남아있다.

『高麗史』 권73, 志27 選擧1 科目1 凡選場 明宗 10년 6월.

『高麗史』 권102, 列傳15 李仁老.

32) 雙明齋集: 이인로가 해동기로회의 시문 100여 수를 3권으로 편집한 것이다. 서문은 이인로가 썼고 최당의 인척인 洪思胤이 興王寺에서 판각하고 간행하였다고 전한다. 1530년에 간행된 『新增東國輿地勝覽』에는 『銀臺集』, 『破閑集』과 함께 세상에 전한다는

기록이 있어서, 그때까지는 존재했던 것으로 생각되나 현재는 남아
있지 않다.

『東文選』 권65, 記 「雙明齋記」.
『高麗史』 권102, 列傳15 李仁老.
『新增東國輿地勝覽』 권9, 仁川都護府 人物.
徐首生, 1967, 「李仁老의 著述과 所傳詩文作品」, 『語文學』 16.
南潤秀, 1979, 「李仁老研究」, 『漢文叢書』 4.

2-(3).

[原文]

今則皇元宅上以至仁盛德, 涵養天下, 而王國由首出歸明, 世蒙釐降. 恪遵
侯度, 上下胥悅, 而三邊無小警, 連歲有大穰, 實可謂休明治安, 千載一時矣.
於是主上方礪精嚮學, 好賢樂善, 而有若大寧君而下庬臣碩輔, 爲國元龜, 而
莫不年至期頤, 謝事閑居, 共享安榮. 雖其偶會淸談雅笑, 無非一代規模, 豈
特平生完節大名, 足使三韓傾慕而已哉. 一日東菴老先生呼新進小生某, 與語
之曰, 近會諸老欲講洛社雙明故事, 尒爲諸老序之. 某辭以齒少而賤, 不足承
當諸相公意, 如何. 先生笑曰, 昔眉叟之見收雙明諸公, 亦豈以齒位論也, 尒
不可辭也. 某不獲命, 退而念曰, 噫諸相公功德之盛, 留於社稷, 布在公論, 非
某陋學所敢發揚. 至如古今爲會之顚末, 不可不述, 是用謹書之. 延祐庚申三
月旣望, 藝文春秋館注簿崔某序.

[譯文]

지금은 원나라가 지극한 인자함과 성대한 덕으로 천하를 길러 주
고 있는데, 우리나라는 제일 먼저 귀부한 것으로 말미암아 대대로
공주와 혼인하는 은혜를 입었다.[1] 제후의 도리를 삼가 지켜서 상하
가 서로 기뻐하고 3곳의 변경에 작은 경보도 없이 해마다 큰 풍년

이 있으니, 실로 태평성대[休明治安]라고 말할 수 있는 천년에 한 번 있을까 하는 시기이다. 이에 주상[2]이 바야흐로 정성을 다해 학문을 구하여 어진 이를 좋아하고 선을 즐겼으며, 대령군[3] 이하 재상들은 나라의 원귀(元龜)[4]가 되어 나이가 백 살[期頤]에 이르지 않음이 없고 관직을 사양하여 한가롭게 지내면서 함께 안락과 영화를 누리고 있다. 비록 그들이 우연히 모여 담소한다고 해도 일대의 모범이지 않은 것이 없으니, 평생의 절개와 명성을 삼한[5]만이 경모하게 하는 것으로 어찌 충분하겠는가. 하루는 동암 노선생[6]이 신진인 나를 불러 말씀하시기를, "근래 모인 여러 기로들이 낙사(洛社)와 쌍명재의 고사를 이어보고 싶어 하니 자네가 여러 기로들을 위해 서문을 지으시게."라고 하였다. 나는 사양하면서, "나이도 어리고 벼슬도 낮아 여러 상공의 뜻을 받아들이기에 부족하니 어찌하겠습니까?"라고 하였다. 선생은 웃으며 말하기를, "옛날에 미수가 쌍명재에 모인 여러 공들에게 거두어 들여진 것이 어찌 나이와 지위를 논해서였겠는가. 자네는 사양해서는 안되네."라고 하였다. 내가 (사양한 것에 대해) 허락을 받지 못하고 물러나서 생각하였다. 아, 여러 상공들의 공덕의 성대함이 사직에 남아있고 공론에 퍼져 있으니 나의 부족한 학문으로 감히 드러내어 선양할 바가 아니다. 심지어 고금에 있었던 모임의 전말 같은 것은 기술하지 않을 수가 없다. 이에 삼가 쓰노라. 연우 경신년(1320, 충숙왕 7) 3월 16일[旣望]에 예문춘추관주부[7] 최해[崔某]가 서문을 짓다.

[註解]

1) 王國由首出歸明世蒙釐降: 1259년(고종 46) 5월에 高宗은 오랜 대몽항쟁을 종식시키기 위해서 태자 佺—元宗—을 몽골로 보내 강화를 청하였다. 당시 몽골은 憲宗의 사망으로 황위계승분쟁이

예상되는 상황이었는데, 梁楚之郊에서 쿠빌라이(忽必烈)와 태자가
만나 강화를 맺음으로써 새롭게 외교 관계가 수립되었다. 하지만 본
문에서 왕국―고려―이 제일 먼저 귀부하였다는 기록은 이보다 훨
씬 앞서 1219년 정월의 강동성 전투 직후 고려와 몽골 사이에 맺어
진 '형제의 맹약'을 의미한다. 이것은 고려가 매우 일찍부터 몽골과
우호적인 관계에 있었음을 강조한 것으로, 고려의 귀부시기에 대한
쿠빌라이의 물음에 답한 鄭可臣의 발언을 비롯해 『稼亭集』 등 당시
의 기록에 자주 등장한다. 한편 대대로 공주와 혼인했다는 말은
1274년(원종 15) 5월에 세자 諶―忠烈王―이 쿠빌라이의 딸인 쿠
투루칼리미쉬(忽都魯揭里迷失)와 결혼한 이후 충선왕, 충숙왕, 충
혜왕 등이 몽골왕실과 혼인 관계를 맺은 사실을 말한다.

　　『高麗史』 권105, 列傳17 鄭可臣.
　　김호동, 2007, 『몽골제국과 고려』, 서울대학교출판부.
　　고명수, 2014, 「몽골의 '복속' 인식과 蒙麗관계」, 『韓國史學報』 55.

2) 主上: 고려의 제27대 왕인 忠肅王(1294~1339)을 말한다.
재위기간은 1313~1330년, 1332~1339년이다. 자는 宜孝이고 초
명은 燾이며, 휘는 卍이고 몽골식 이름은 아라트나시리(阿剌訥忒失
里)이다. 충선왕의 둘째 아들이고 어머니는 懿妃 예쉬진(也速眞)이
다. 妃는 濮國長公主―營王 에센테무르(也光帖木兒)의 女―, 曹國
長公主―魏王 아무가(阿木歌)의 女―, 慶華公主―蒙古人―, 明德
太后―南陽府院君 洪奎의 女―가 있다. 성품이 엄숙하고 총명하며,
屬文과 隷書를 잘하였다. 능은 毅陵이다.

　　『高麗史』 권34, 世家34 忠肅王.
　　이숙경, 2005, 「고려 충숙왕·충혜왕과 商人의 官界 진출」, 『韓國人物史
　　　　硏究』 3 ; 2015, 『고려의 국왕―帝王과 개인으로서의 삶』, 景
　　　　仁文化社.

3) 大寧君: 崔有渰(1239~1331)을 말한다. 본관은 海州로 平
章事를 지낸 崔滋의 아들이다. 본래 성품이 침착하고 겸손하여 명예

를 구하지 않았으므로 관직 생활 10년 동안 승진이 없었다. 충렬왕
이 오래 전부터 명성을 듣고 있다가 즉위하자 監察雜端으로 삼았고,
監察侍丞으로 있던 중에 올린 글이 왕의 비위를 건드려 大靑島에
유배되었다. 이후 承旨 趙仁規의 주청으로 복직되었고 右副承旨,
副知密直司事·監察大夫, 右常侍, 判三司事 등을 역임하였다. 충선
왕이 즉위한 이후부터 僉議中贊으로 수상이 되었고 1313년(충선왕
5)에는 大寧君에 봉해졌다. 특히 闊里吉思의 노비법 개혁 시도를
막았을 뿐만 아니라 고려를 원의 내지로 편입시키려는 入省策動도
저지시켰다. 그는 4대에 걸쳐 관직 생활을 하였고 국가 원로로서 많
은 존경을 받았다. 93세로 졸하였고 시호는 忠憲이다.

『高麗史』 권34, 世家34 忠宣王 5년 3월 丁酉.
『高麗史』 권110, 列傳23 崔有渰.

4) 元龜: 고대에 점을 칠 때 사용하는 큰 거북을 말하는데, 국가의
중대사를 결정할 때 중요한 역할을 하는 원로를 지칭하기도 한다.

諸橋轍次, 1984,「元龜」,『大漢和辭典』1, 大修館書店, 977쪽.

5) 三韓: 일반적으로 고대 한반도 중남부지방에 형성되어 있었
던 馬韓·辰韓·弁韓의 통칭이나, 고려시대에는 후삼국통일 이후 고
구려를 비롯해 백제와 신라 등 우리나라 전체 지역을 포괄하는 영역
적 개념으로 쓰였다. 이는 삼국의 항쟁적 요소를 해소시키고 一國家
를 지향하는 시대적 의지를 내포하고 있었다.

金光洙, 1986,「高麗建國期 一國家意識의 理念的 基礎」,『高麗史의 諸問
題』, 三英社, 487~489쪽.

6) 東菴老先生: 李瑱(1244~1321)을 말한다. 본관은 慶州로,
初名은 芳衍이며 字는 溫古이고 호는 東菴이다. 젊을 때부터 시를
잘하여 명성이 있었는데 혹자가 어려운 운자를 내어 시험하면 바로
시를 지어 마치 미리 지어놓은 것 같았다고 전한다. 과거에 급제하
여 廣州司錄에 임명되었고 이후 直翰林院, 起居舍人, 中書舍人, 右

司議大夫, 大司成, 典法判書, 政堂文學, 贊成事 등을 역임하였다.
충숙왕이 즉위한 뒤에는 檢校政丞의 관직과 臨海君의 봉군호를 받
았다. 그는 벼슬을 그만두고 한가롭게 지내면서 날마다 시와 술을
즐겼고 78세로 졸하였다. 시호는 文定이다.

　　『高麗史』권109, 列傳22 李瑱.
　　李起男, 1971,「忠宣王의 改革과 詞林院의 설치」,『歷史學報』52, 94～
　　　96쪽.
　7) 藝文春秋館注簿: 藝文春秋館의 정8품 관직으로 2인이 있었
다. 藝文春秋館은 1308년(충렬왕 34)에 忠宣王이 文翰署―翰林院
―와 史館―春秋館―을 합병하고 右文館―修文殿―·進賢館―集
賢殿―·書籍店도 함께 포함시켜서 만든 관부이다.

　　『高麗史』권76, 志30 百官1 藝文館.
　　朴龍雲, 2004,「『高麗史』百官志 譯註(3)」,『고려시대연구』Ⅶ, 한국정
　　　신문화연구원 ; 2009,『『高麗史』百官志 譯註』, 신서원, 206～
　　　217쪽.

3-(1). 頭陀山看藏庵重營記

[原文]

頭陀山看藏庵重營記

　至治三年秋, 李君德孺造于僕曰, 先動安先生, 在至元間, 事忠烈王爲諫官,
以言事不入, 去其職. 素愛外家三陟縣之風土, 遂往卜頭陀山下以終焉. 先生
自幼業儒, 於學盖無不究, 性好佛, 晩年事之愈謹. 於是別置墅, 命曰容安堂
以居就, 山之三和寺借浮屠藏經, 日繙閱, 其中十年而畢. 後以墅施僧, 易扁
曰看藏菴, 仍捨近田若干頃, 故爲常住資. 先生歿玆二十有四年. 予以薄宦僑
寓王京, 想念先躅寤寐何志. 予仲兄有出家學空者, 去年省母到故里, 見菴宇
閱, 年久腐且傾圮歎曰, 斯吾先子所留意而葺者. 而吾幸爲僧其可忍視. 因請
長兄, 謀以重新, 率其徒弟, 躬自經營. 而藝文辛侯藏雅稱好事, 適鎭關東, 聞

役之興, 符下本縣, 助其不逮, 未朞而功告訖. 初先生志尙敦朴, 事不欲文, 故
其結構粗禦風雨, 取陶淵明容膝易安之意名焉. 及是二兄以謂, 先子雖以儉德
自居, 今則旣爲仁祠, 盍增崇之. 迺相與張大制度, 軒檻閎豁, 丹碧玲瓏, 比舊
而侈. 落成之日, 二兄喜且曰, 菴已新矣, 宜揭文以識之. 以書屬予曰, 汝旣遠
游, 不克與吾二人從事, 於斯汝其謁當代文人. 如得一字, 有以發先子所以作
之而吾等所以述之之意, 使久而不泯則, 是汝不負父兄, 汝其圖之. 予念先事
不可無撰, 又兄之命其可忽諸. 子與予游, 知先事爲詳, 試爲予記之.

[譯文]

두타산[1] 간장암[2] 중영기

지치 3년(1323, 충숙왕 10) 가을에 이덕유[3]가 나에게 와서 다음과 같이 말하였다. "선친 동안선생[4]께서 지원 연간에 충렬왕[5]을 섬겨 간관[6]이 되셨는데, 간언한 것이 받아들여지지 않자 그 관직을 그만두셨네. 본디 외가인 삼척현[7]의 풍토를 좋아하시더니 마침내 두타산 아래로 가서 살다 돌아가졌지. 선생께서는 어려서부터 유학을 업(業)으로 삼아 학문에 있어서는 대개 궁구하지 않은 것이 없으셨고, 성품이 부처를 좋아하였으며 만년에는 섬기기를 더욱 부지런히 하셨네. 이에 별서[8]를 지어 용안당[9]이라 하고 거처하시면서 산중의 삼화사[10]에서 불교 경전을 빌려다가 날마다 반복해서 보시더니 10년 만에 마치셨지. 후에 별서를 스님에게 시주하면서 편액을 바꾸어 간장암이라 하고, 곧 근처의 토지 몇 경[11]을 회사하여 (암자) 상주의 밑천으로 삼아주셨네. 선생께서 돌아가신 지 이제 24년.[12] 내가 보잘 것 없는 관직으로 왕경에 와서 살고 있지만,[13] 선친의 자취를 생각하면 자나 깨나 어찌 잊겠는가. 나의 중형[14]이 출가하여 불법을 닦고 있는데, 지난해에 어머니를 뵈러 고향에 이르러 암자를 살펴보니 (지은) 해가 오래되어 썩고 또 기울어 무너져서, '이것은 나의 선친께서 뜻한 바가 있어 지으신 것이다. 내가 마침

중이 되었으니 어찌 차마 볼 수만 있겠는가.'라고 탄식하였네. 그래서 장형[15]에게 청해 중건을 하도록 하고, 제자들을 거느리고 몸소 작업을 하였네. 그리고 예문 신천후[16]는 역사(役事)를 좋아하는 것으로 유명했는데, 마침 관동[17]을 진무하던 중에 공역이 일어났다는 말을 듣고는 본현—삼척현—에 명령을 내려 모자라는 것을 돕게 하였으므로 1년도 안 되어 공사를 마치게 되었네. 처음에 선친께서는 돈독하고 소박한 것을 숭상함에 뜻을 두어서 꾸미려 하지 않으셨네. (그래서 별서를) 지을 때도 대강 비바람만 막게 하고 도연명[18]이 용슬이안(容膝易安)[19]이라 한 뜻에서 이름을 지으셨네. 이때에 두 형이 의논하기를, '선친께서 비록 검소한 덕으로 자처하셨지만 지금은 이미 절[仁祠][20]이 되었으니, 어찌 더 높이지 않을 수 있겠는가.'라고 하고는 이에 서로 도와 구조를 크게 하여 건물을 넓히고 단청을 찬란하게 하여 예전에 비해 호화롭게 되었네. 낙성하던 날에 두 형이 기뻐하면서 말하기를, '암자가 새로워 졌으니 마땅히 기문을 써서 알려야겠다.'라고 하고는 서신으로 나에게 부탁하기를, '네가 이미 멀리 있어 능히 우리 두 사람과 함께 일에 참여하지 못했으니, 이에 너는 당대의 문인을 찾아뵈어라. 만일 글 한 편을 얻어 선친께서 (별서를) 지으시고 우리들이 이어받은 뜻을 드러내어 오래도록 잊지 않게 한다면, 이는 네가 부형을 저버리지 않는 것이니 네가 해보아라.'라고 하셨네. 나는 선친께서 하신 일에 기록이 없어서는 안 된다고 생각하였으나, 또한 형님께서 명령하신 일이니 어찌 소홀히 할 수 있겠는가. 그대는 나와 교유하여 선친의 일을 상세히 알고 있으니, 한번 나를 위해 기문을 써 주게나."라고 하였다.

[註解]

1) 頭陀山: 강원도 동해시와 삼척시에 걸쳐 있는 산으로 높이는 1,353m이다. 『新增東國輿地勝覽』에는 江原道 三陟都護府에서 서

쪽으로 45리에 위치해 있다고 적혀 있다. 이승휴와 관련된 이야기가 전한다.

『新增東國輿地勝覽』 권44, 江原道 三陟都護府.

2) 看藏庵: 이승휴는 일찍이 두타산 중대동 계곡의 외가로부터 물려받은 땅에 직접 容安堂이란 집을 지었는데, 그 뒤인 1289년(충렬왕 15)에 葆光亭이란 정자를 세웠다. 이어 1294년 이전에 용안당이 간장사 혹은 간장암이라는 절로 바뀐 것이다. 그 위치와 소유한 토지 등의 규모에 대해서 『動安居士集』에 관련 記文이 남아 있어 대략을 알 수 있다. 최해가 지은 중창기는 『動安居士集』과 『東文選』에도 수록되어 있는데, 제목이 약간 다르다.

『動安居士集』 雜著一部 雜著 「葆光亭記」·「看藏寺記」·「頭陀山看藏庵重創記」.

『東文選』 권68, 記 「頭陀山看藏庵重營記」.

3) 李君德孺: 생몰년 미상. 李承休의 아들인 李衍宗으로 자는 德孺, 본관은 加利이다. 崔瀣와 함께 1303년(충렬왕 29)에 과거에 급제하였고, 관직은 密直使에 이르렀다.

『高麗史』 권106, 列傳19 李承休 附衍宗.

4) 動安先生: 李承休(1224~1300)를 말한다. 京山府 加利縣 사람이며 스스로 動安居士라 하였다. 1252년(고종 39)에 과거에 급제하였다가 이듬해 홀어머니가 계신 삼척현으로 갔는데, 마침 몽골의 침략으로 길이 막히자 두타산에서 농사를 지으며 어머니를 봉양하였다. 1263년(원종 4)에 李藏用·柳璥·兪千遇·元傳 등에게 求官詩를 지어 보내니 곧 천거를 받아 慶興府書記에 보임되었다. 이후 서장관으로 元에 몇 차례 다녀왔으며, 1280년(충렬왕 6)에는 殿中侍史로서 간언하다가 파직 당하였다. 그 뒤 다시 삼척으로 돌아가 용안당을 짓고 저술활동에 전념하였다. 충선왕이 개혁정치를 추진하면서 그를 중용하였으나 얼마 후 密直副使·監察大夫·詞林學士

承旨로 치사하였다. 저서로 『動安居士集』과 『帝王韻紀』가 전한다.

『高麗史』 권106, 列傳19 李承休.

劉璟娥, 1986, 「李承休의 生涯와 歷史認識—帝王韻紀를 中心으로—」, 『高麗史의 諸問題』, 三英社.

柳柱姬, 1994, 「李承休의 生涯」, 『李承休研究論叢』, 三陟市.

5) 忠烈王: 1236~1308. 고려의 25대 국왕으로 재위기간은 1274년 6월~1298년 1월, 1298년 8월~1308년 7월이다. 휘는 昛이고, 초명은 諶·賰이며, 원종의 장자로서 모친은 樞密副使 金若先의 女 順敬太后 金氏이고, 1260년(원종 1)에 태자에 책봉되었다. 1274년 5월에 齊國大長公主와 혼인하였고, 6월에 원종의 뒤를 이어 즉위하였다. 원 황실과의 혼인을 통해 국왕의 지위는 회복·강화되었으나 고려는 변발·호복 등 원의 풍속을 따르게 되었고, 기존의 관제도 원의 요구에 따라 격하되었으며, 원에 대한 충성을 뜻하는 '忠'자를 붙이게 되었다. 또한 원 세조의 강요로 일본 정벌에 東路軍을 파견하였으며, 1277년(충렬왕 3)에는 원의 병마를 사육하기 위해 제주도에 牧馬場을 설치했다. 1280년에 정동행중서성이 설치되고, 1281년에 김방경이 이끄는 고려군은 2차 일본정벌을 단행하여 대마도를 정벌했으나, 폭풍을 만나 실패하였다. 이로 인해 충렬왕을 비롯한 고려의 왕실은 원 부마국으로서의 지위가 한층 강화되었지만, 백성들의 피해는 극심하였다. 1290년에 카단(哈丹)이 내침하여 강화로 천도하였고, 元冲甲·韓希愈 등의 활약과 元의 지원으로 막아냈다. 1298년에 세자—충선왕—에게 선위하고 光文宣德의 존호를 받아 太上王이 되었으나, 동년 8월에 충선왕이 왕비 薊國大長公主의 무고로 폐위되고 원으로 소환되자 다시 왕위에 올랐다. 중조 이후 정사를 소홀히 하였고, 王惟紹·宋璘 등이 계국대장공주를 瑞興侯 琠에게 개가시키려는 음모에 동조하였다. 그러나 원에서도 황위계승분쟁이 발생하였는데 충선왕이 元 武宗의 옹립에 공을 세워

여원관계에서의 정치적 입지가 상승하자 충선왕에게 실권을 빼앗기
게 되었다.

『高麗史』 권28, 世家 28 忠烈王 序.

李益柱, 1988, 「高麗 忠烈王代의 政治狀況과 政治勢力의 性格」, 『韓國史
論』 18.

朴宰佑, 1993, 「高麗 忠宣王代 政治運營과 政治勢力 動向」, 『韓國史論』
29.

이정신, 2008, 「원 간섭기 원종·충렬왕의 정치적 행적―김방경의 삼별
초 정벌, 일본원정을 중심으로―」, 『韓國人物史研究』 10 :
2015, 『고려의 국왕―帝王과 개인으로서의 삶』, 景仁文化社.

　6) 諫官: 고려시대에는 中書門下省에 郎舍라고 하는 하부조직이
있었으며, 諫官은 그 구성원으로 諫諍과 封駁을 담당하였다(①).
그런데, 李承休는 殿中侍史로 있으면서 간언을 하다가 파직되었다
(②). 殿中侍史는 御史臺의 정6품 관직으로 전기의 殿中侍御史인
데, 1275년(충렬왕 1)에 官制를 개혁하면서 殿中侍史가 되었다
(③). 이처럼 御史臺의 臺官이었던 이승휴를 諫官이라 칭한 것을
보면, 고려시대에는 諫官과 臺官이 역할 수행과정에서 중첩되는 경
우가 많아(④) 자연스럽게 둘을 혼용한 것으로 생각된다.

① 邊太燮, 1967, 「高麗의 中書門下省에 대하여」, 『歷史敎育』 10 :
1971, 『高麗政治制度史研究』, 一潮閣, 38~41쪽.

朴龍雲, 1971, 「高麗朝의 臺諫制度」, 『歷史學報』 52 ; 1980, 『高麗
時代 臺諫制度 硏究』, 一志社, 65~72쪽.

② 『高麗史』 권106, 列傳19 李承休.

③ 『高麗史』 권76, 志30 百官1 司憲府.

④ 崔承熙, 1976, 「臺諫制度의 成立과 그 機能의 分析」, 『朝鮮初期 言
官·言論研究』, 韓國文化研究所, 41쪽.

朴龍雲, 1980, 「臺諫의 職制」, 『高麗時代 臺諫制度 硏究』, 一志社,
82~85쪽.

박재우, 2012, 「고려전기 臺諫의 조직과 기능」, 『韓國史學報』 49 :
2014, 『고려전기 대간제도 연구』, 107~109쪽.

7) 三陟縣: 지금의 강원도 삼척시 일대이다. 본래 悉直國이었
는데, 신라 파사왕 때 병합되고, 505년(지증왕 6)에 州가 되었으며,
경덕왕이 郡으로 고쳤다. 고려 현종 때 縣으로 강등되었다.

　　『高麗史』 권58, 志12 地理3 東界 安邊都護府登州 三陟縣.

　　『新增東國輿地勝覽』 권44, 江原道 三陟都護府.

　　金道賢, 1997, 「歷代 地理誌의 三陟郡 敍述에 대한 一考察」, 『江原文化
　　　史研究』 2.

8) 別置墅: 別墅는 본래 本第와는 구분되는 일정한 장소에 마련
된 건물을 의미하는 용어로 고려시대의 경우 田廬, 田舍, 田莊, 農
莊 등으로도 표현되고 있었다. 이것은 건물에 부속된 農耕地가 있다
는 공통점으로 말미암아 서로 혼용하게 된 때문이었다. 별서는 매입,
조상으로부터의 전래, 賜田을 통한 개간 등의 방법을 통해 조성되고
있었는데, 관료층의 私的 所有地이긴 하지만 사회 문제화할 정도의
대규모 토지소유의 집적은 아니었다. 이곳은 休養 혹은 賓客을 접대
하는 장소로써, 일종의 '別莊' 기능으로 이용되는 한편, 관직을 그만
둔 후 거주하는 생활공간으로도 기능하였다.

　　李正浩, 2007, 「高麗後期 別墅의 조성과 기능」, 『韓國史學報』 27.

9) 容安堂: 이승휴가 지은 別墅이자 불교사원인 간장암의 옛 이
름으로, 본문에 보이는 것처럼 陶淵明의 「歸去來辭」 중 '審容膝之
易安'이란 구절에서 따온 것이다. 그 뜻은 만족할 줄 알면 겨우 무
릎을 용납할 정도의 조그만 방이라도 편안하다는 것이다. 도연명이
관직을 버리고 고향으로 돌아오면서 세속과 결별하는 내용을 귀거
래사에 담은 것이다. 이승휴도 삼척에서 미련 없이 전원생활에 만족
하려는 의도에서 이와 같이 명명한 것으로 생각한다.

　　『古文眞寶』 後集 권1, 「歸去來辭」.

　　『動安居士集』 雜著一部 雜著 「葆光亭記」·「看藏寺記」.

　　『星湖僿說』 권29, 詩文門 易安.

10) 三和寺: 강원도 동해시 삼화동 두타산에 있는 사찰이다.

643년(선덕왕 12) 자장이 세우고 黑蓮臺라 하였으며, 864년(경문왕 4)에는 梵日이 절을 짓고 '三公'이라 이름하였다. 고려 태조가 三和寺라 칭했으며, 공민왕 때에 사찰이 크게 확장되었다. 임진왜란을 거치면서 소실되었다가 이후 재건 및 소실을 거듭하였다.

『新增東國輿地勝覽』 권44, 江原道 三陟都護府 佛宇.

方東仁, 1997, 「三和寺의 창건과 歷史性 검토」, 『文化史學』 8.

11) 頃: 토지의 면적을 나타내는 단위로, 1경은 100畝이다. 이처럼 頃과 畝를 통해 토지의 면적을 나타내는 방식을 頃畝法이라 한다. 원래 頃畝法은 단일한 基準尺을 이용하여 토지의 면적을 구하므로 良田과 陳田에 있어서도 토지의 면적이 동일하였다. 고려시대에는 이와 달리 경무법 외에 結과 負 단위를 쓴 結負法도 사용하였는데, 頃畝法과 달리 단위면적당 소출량을 기준으로 등급에 따라 다른 尺을 사용하였다[隨等異尺]. 그러므로 結負法에서 1結이라고 하면, 면적은 다르더라도 소출량이 모두 같은 것이다. 고려전기에는 표현만 다를 뿐 결부로 표시하면서도 頃畝法처럼 운영되었는데, 무신정권기 이후부터는 隨等異尺 방식으로 변화하였다.

金容燮, 1975, 「高麗時期의 量田制」, 『東方學志』 16 ; 2000, 『韓國中世農業史研究』, 知識産業社.

姜晋哲, 1980, 「田結制의 問題」, 『高麗土地制度史研究』, 高麗大學校 出版部.

呂恩暎, 1986, 「高麗時代의 量田制」, 『嶠南史學』 2.

兼若逸之, 1988, 「≪高麗史≫「方三十三步」 및 ≪高麗圖經≫「每一百五十步」의 面積에 대하여」, 『孫寶基博士停年紀念韓國史學論叢』, 知識産業社.

李宗峯, 1995, 「高麗前期의 結負制」, 『釜山史學』 29 ; 2001, 『韓國中世度量衡制研究』, 혜안.

金容燮, 2000, 「結負制의 展開過程」, 『韓國中世農業史研究』, 知識産業社.

12) 先生歿玆二十有四年: 李承休는 1300년(충렬왕 26)에 사망하였으므로 24년째는 1323년(충숙왕 10)이며, 본문 처음에 이덕유

가 '至治 3년(1323) 가을'에 이야기를 하는 것과 일치한다.

13) 予以薄宦僑寓王京: 1323년(충숙왕 10)에 李衍宗이 관직에 종사하기 위해 어머니 및 형과 떨어져 개경에 살고 있는 것을 뜻한다. 그는 1320년에 司憲糾正으로 元에 과거시험을 보러 갔으며, 1344년(충목왕 즉위)에는 右司議大夫로 서연에 참가했다는 사실이 확인된다. 또『動安居士集』편찬 당시인 1359년(공민왕 8)에는 前密直司使兼監察大夫라고 되어 있다. 참고로 고려후기의 司憲糾正은 종6품이며, 右司議大夫는 종4품, 密直司使는 종2품이다.

『高麗史』권35, 世家35 忠肅王 7년 동10월 丁巳.
『高麗史』권37, 世家37 忠穆王 즉위년 6월 乙卯.
『高麗史』권106, 列傳19 李承休 附衍宗.
『動安居士集』序.

14) 仲兄: 李衍宗의 둘째 형을 말한다. 출가하여 법명을 曇昱이라 했으며, 승과에 합격했다는 내용이 본문 아래쪽에 보인다.

15) 長兄: 李衍宗의 첫째 형인 李林宗(생몰년 미상)이다. 충렬왕대 과거에 급제한 것으로 보이며, 관직은 讜部散郎에 이르렀다. 본문에는 1322년(충숙왕 9)에 아우인 승려 曇昱과 함께 看藏庵을 중수했다고 한다.

朴龍雲, 1990,「〈資料〉: 科試 設行과 製述科 及第者」,『高麗時代 蔭敍制와 科擧制 硏究』, 一志社, 454쪽.

16) 藝文辛侯蒇: 辛蒇(?~1339)을 말한다. 본관은 靈山이며, 1294년(충렬왕 20)에 급제하였다. 1319년(충숙왕 6) 6월에 選部摠郎으로 반대 의견을 무릅쓰고 극력 주청하여 座主인 安珦을 文廟에 종사하게 하였으며 判密直司事까지 올랐다. 藝文은 藝文館―전기의 翰林院―을 뜻한다. 崔宰의 墓誌銘에는 辛蒇이 奉翊大夫 判密直司事·藝文館提學으로 치사하였다고 되어 있는데, 본문의 표현을 보아 看藏庵이 중영되는 1322년 즈음에는 藝文館의 관직을 갖고 있었을 것이다.

한편, 侯는 爵號의 하나로 고려시대에는 宗室 및 異姓에 대해 公·侯·伯 등의 爵號를 내려주는 封爵制가 있었다. 이에 따르면, 侯는 王子 및 妃父 혹은 功臣에게 주어지는 것이었다. 異姓封爵의 경우 주로 본관에 爵號가 붙여졌는데, 辛蔵의 본관이 靈山이므로 특별한 공로가 인정되어 靈山侯에 봉해졌을지도 모른다. 하지만, 1298년에 충선왕이 즉위하여 관제개편을 추진하면서 封爵制가 폐지되고 封君制가 시행되었고, 1356년(공민왕 5)에 가서야 封爵制가 복원되는 등 몇 차례 혼란이 있었다. 따라서, 辛蔵을 侯로 표현한 것을 封爵制로만 이해하기에는 어려움이 있다. 侯는 일찍이 중국 殷의 변방지역을 담당하는 관리의 명칭이었으며, 王城으로부터 500里의 지역을 일컫는 말이기도 하다. 이로 인해 邑侯라고 하는 등 지방관에 대한 존칭으로 사용되기도 하였으므로 여기서는 辛蔵이 關東의 수령으로 부임한 것과 관련하여 辛侯라고 표현한 것이라고 생각된다.

『高麗史』 권36, 世家36 忠惠王 복위년 12월 丙申.

『高麗史』 권74, 志28 選擧2 科目2 凡國子試之額 忠肅王 13년.

『高麗史節要』 권24, 忠肅王 6년 6월.

『新增東國輿地勝覽』 권27, 慶尙道 靈山縣 人物.

朴龍雲, 1990, 「〈資料〉: 科試 設行과 製述科 及第者」, 『高麗時代 蔭敍制와 科擧制 研究』, 一志社, 445쪽.

金基德, 1998, 『高麗時代 封爵制 研究』, 청년사.

張晋藩 주필, 2006, 『중국법제사』, 소나무, 74쪽.

諸橋轍次, 1984, 「侯」, 『大漢和辭典』 1, 大修館書店, 763쪽.

諸橋轍次, 1985, 「邑」, 『大漢和辭典』 11, 大修館書店, 211쪽.

17) 關東: 관동은 畿湖 지방의 동쪽 즉 강원도 지역을 말하는데, 좁게는 大關嶺의 동쪽 지역을 가리킨다(①). 995년(성종 14)에 전국을 10道로 나눌 때 楊州·廣州 등의 州縣은 關內道에 속하게 하였는데(②), 주로 관내도의 동쪽에 있는 강원도 동해안 지역을

關東이라 하였다. 또 '철령은 동쪽에 있는 요해지로, 한 사람이 關을 지키는데 만 명이 공격해도 함락할 수 없다는 곳이기 때문에 철령 동쪽의 江陵 등 여러 고을을 關東이라고 한다[鐵嶺國東之要害 所謂一夫當關 萬夫莫開者也 故嶺以東江陵諸州謂之關東]라는 기록도 있다(③). 따라서 여기서의 관동도 대체로 대관령, 철령의 동쪽 지역으로 보는 것이 타당하다.

① 한국고전용어사전편찬위원회, 2001, 「관동(關東)」, 『한국고전용어사전』1, 세종대왕기념사업회, 555쪽.

② 『高麗史』권56, 志10 地理1 楊廣道.

③ 『稼亭集』권5, 記「東遊記」.

18) 陶淵明: 365~427. 東晉과 南朝 宋代의 저명한 시인으로 본명은 潛이고, 자는 淵明 또는 元亮이다. 집에 버드나무 다섯 그루를 심고서 스스로 五柳先生이라고도 불렀다.

『晉書』권94, 列傳64 陶潛.

19) 容膝易安: 도연명의 歸去來辭 중에 '審容膝之易安'의 구절을 말한다. 무릎을 용납할 정도의 조그만 방이라도 편안하다는 뜻으로 그 내용에 대해서는 앞의 주해 9) 참고.

20) 仁祠: 절의 별칭이다. 부처의 漢譯이 能仁이므로 부처를 모신 사당이라는 뜻에서 仁祠는 곧 사찰을 일컫는다.

諸橋轍次, 1984, 「仁祠」, 『大漢和辭典』1, 大修館書店, 580쪽.

3-(2).

[原文]

僕竊見, 天下奉佛大過, 舟車所至, 塔廟相望, 其徒皆拊權擅富, 蠱毒斯民而奴視士夫. 故爲吾儒所不取焉. 是豈佛之過歟. 夫佛好爲善, 不好爲不善. 就其明心見性之說而觀之, 似亦祖吾儒而爲者. 達人君子有味其道, 樂而不捨

者, 亦有以夫. 洪惟, 先生行業, 家有傳, 國有史, 又布諸人口, 其出處大節已
自審矣. 至其屛居岩穴, 食息不忘君, 徵入朝端, 斯須不安位. 所趨苟義也, 勇
敢固無敵, 所見苟利也, 退怯如不能. 篤實之履, 終始不渝, 則又非矯飾自高
干名惑衆者可冀. 噫. 使得其用, 吾民之害可除而其福可致, 如其不用, 流風
餘韻, 尙足以敦薄起懦, 其有功於名敎, 豈淺淺哉. 由此而論, 今之所擧, 特其
閑中一時餘事, 未足多也. 雖然君子思親, 秋霜春露履之愴惕, 矧其居處之久,
志意所安, 獨使夷廢而不治也耶. 宜乎二子勤於修營, 而其弟之謁又勤勤也,
是可書已. 先生諱承休, 字休休, 動安其號也. 大德初召至, 懇乞故山, 以奉翊
大夫密直副使致仕. 長子曰林宗, 登科筮仕, 所至以廉能稱. 官至讞[5]部散郎,
謝官侍母故里. 次出家, 名曇昱. 赴曹溪僧選, 中上上科, 遂爲禪門宗師. 德孺
其季也, 名衍宗. 甞與僕同癸卯科, 今爲左思補知製敎. 人服其家學云. 儒巾
後人崔某記.

[譯文]

　내가 가만히 보건대, 천하가 부처를 받드는 것이 크게 지나쳐서
배나 수레가 이르는 곳이면 탑묘가 서로 마주하고 있으며, 그 무리
들이 모두 권력에 붙고 부를 독차지하여 해독을 백성들에게 끼치고
사대부들을 종 보듯이 한다. 때문에 우리 유자들이 (부처를) 받아들
이지 않는 것이다. (그러나) 이것이 어찌 부처의 잘못이겠는가. 무
릇 부처는 선한 일을 좋아하고 선하지 않은 일을 싫어한다. 마음을
밝게 하여 본성을 깨닫는다고 하는 설로써 보면, 또한 근본은 우리
유가가 하는 것과 같기도 하다. (따라서) 달인 군자가 그 도에 맛을
들여 즐기면서 버리지 못하는 데에도 그만한 이유가 있으리라.[1] 크
게 생각건대, 선생의 행적에 대해서는 집안에 전기가 있고 나라에
역사책이 있으며 또 사람들의 입에 퍼져 있으니, 출처의 큰 줄기는
이미 저절로 알려진 것이다. (선생께서는) 바위 굴 속에 은거할 때

---

　5) 讞: 원본에는 献으로 되어 있으나 내용상 讞이 옳으므로, 讞으로 교감하였다.

에 잠시도 임금을 잊지 않았고, 조정에 불려 들어가서는 잠시도 자리에 안주하지 않았다. 좇는 바가 진정 의로운 것이면 용감하여 진실로 대적할 사람이 없었으며, 보는 바가 이익에 관계된 것이라면 겁내고 물러나는 것이 능력 없는 사람과 같았다. 독실하게 행하여 시종 변하지 않은 점은 또한 거짓으로 꾸며서 자신을 높이고 명예를 구하여 사람들을 현혹시키는 자들에게는 바랄 수 있는 것이 아니다. 아! (공이) 등용되어서는 우리 백성들이 피해가 없이 복에 이를 수 있었고, 기용되지 않았을 때에도 (공의) 유풍과 여운[2)]이 오히려 경박한 사람을 돈후하게 하고 나약한 사람을 일어나게 하기에 충분했으니, 명교[3)]에 공을 세움이 어찌 얕다고 하겠는가. 이로부터 논하자면, 이번의 일은 다만 한가로운 중에 하는 한 때의 예사로운 일[餘事]이므로 자랑할 만한 것은 아니다. 비록 그렇지만, 군자가 부모를 생각하는 것은 가을 서리와 봄 이슬을 밟는 것처럼[4)] 슬픈 것인데, 하물며 오래도록 거처하면서 편안하게 생각하시던 곳을 홀로 부서지고 없어지게 하여 다스리지도 않음에랴. 마땅히 두 아들이 고쳐 짓는데 수고하고, 그 아우가 (글을) 부탁하는 것을 열심히 해야 하는 것이니 이것은 기록할 만하다. 선생의 휘는 승휴요, 자는 휴휴이며, 동안은 호이다. 대덕 초에 (왕의) 부름을 받아 상경하였으나 산으로 돌아가기를 간절히 청하여[5)] 봉익대부[6)] 밀직부사[7)]로 치사하였다. 장자는 임종인데 과거에 급제하여 사환하였으며, 부임하는 곳마다 청렴과 재능으로 칭송을 받았다. 관직이 언부산랑[8)]에 이르렀는데, 벼슬을 사양하고 고향에서 모친을 모시고 있다. 둘째는 출가하여 법명을 담욱이라 하였다. 조계승선[9)]에 응시하였는데, 상상과에 합격하여[10)] 마침내 선문의 종사가 되었다. 덕유는 막내아들로 이름은 연종이다. 일찍이 나와 함께 계묘년 과거에 합격하였는데,[11)] 지금 좌사보[12)] 지제교[13)]가 되어 있다. 사람들이 그의 가학에 탄복하

였다. 유가의 후학 최해[崔某]가 짓는다.[14]

　[註解]

　1) 僕竊見 …… 亦有以夫: 崔瀣가 佛敎에 대해 어떻게 평가하고 있는지를 보여주는 대목이다. 그는 동시대의 성리학자 가운데 가장 비판적인 佛敎觀을 가졌다. 崔瀣는 승려들과 교유하였고 性理學과 佛敎를 대립적으로 인식하지는 않았다. 하지만, 불교에 대한 혹신으로 인해 드러나는 폐해에 대해서는 직시하고 있었다. 이러한 면모는 『拙藁千百』 곳곳에 드러나 있다.

　　　宋昌漢, 1989, 「崔瀣의 斥佛論에 대하여―送僧禪智遊金剛山序를 중심으로―」, 『大丘史學』 38.

　　　高惠玲, 1994, 「崔瀣(1287~1340)의 생애와 사상」, 『李基白先生古稀紀念 韓國史學論叢』(上), 一潮閣 ; 2001, 『高麗後期 士大夫와 性理學 受容』, 一潮閣.

　　　具山祐, 1999, 「14세기 전반기 崔瀣의 저술 활동과 사상적 단면」, 『지역과 역사』 5.

　　　金仁昊, 2000, 「李奎報와 崔瀣의 佛敎認識과 批判論」, 『韓國史의 構造와 展開―河炫綱敎授定年紀念論叢―』, 혜안.

　　　高惠玲, 2001, 「崔瀣와 安軸」, 『高麗後期 士大夫와 性理學 受容』, 一潮閣, 258~262쪽.

　2) 流風餘韻: 流風은 先人이 남겨놓은 아름다운 기풍, 餘韻은 어떤 일이 끝난 뒤에 남아 있는 말 또는 마음 깊이 남아 잊을 수 없는 생각이나 가시지 않는 情을 말한다.

　　　諸橋轍次, 1985, 「流風」, 『大漢和辭典』 6, 大修館書店, 1135쪽.
　　　諸橋轍次, 1986, 「餘韻」, 『大漢和辭典』 12, 大修館書店, 405쪽.

　3) 名敎: 名分에 관해 이야기하는 敎를 뜻한다. 儒敎가 주로 君臣父子의 도리와 仁義禮智의 도덕을 말하므로 名敎는 곧 儒敎를 의미하게 되었다.

　　　諸橋轍次, 1984, 「名敎」, 『大漢和辭典』 2, 大修館書店, 827쪽.

4) 秋霜春露: 봄의 이슬은 만물을 윤택하게 하고 가을의 서리는
만물을 시들게 한다는 뜻으로 은택과 위엄을 의미하는데, 아버지를
생각하며 그리워함을 비유한 것이다.

　　『文心雕龍』 詔策.

5) 大德初召至 懇乞故山: 충선왕이 李承休를 부른 것은 1298년
(충선왕 즉위) 2월이었다. 그러나 李承休가 나이를 핑계로 은퇴를
청하였으므로 얼마 되지 않아서 곧 致仕하였다.

　　『高麗史』 권33, 世家33 忠宣王 즉위년 8월.

　　『高麗史』 권106, 列傳19 李承休.

　　『高麗史節要』 권22, 忠宣王 즉위년 2월.

6) 奉翊大夫: 고려의 文散階로 정3품에 해당한다. 1275년(충렬
왕 1)에 官制를 개혁하면서 처음 등장한 것으로 여겨지는데, 1310
년(충선왕 2)에는 종2품하가 되었다. 散階에는 文散階와 武散階가
있었으나, 고려시대에는 줄곧 文散階만이 관인의 지위를 나타내는
질서체계로 기능하였다. 한편, 奉翊大夫 이상은 視事·出外를 하지
않고, 처벌에 있어서도 3품 이하와는 달리 신중하게 처리하는 등 그
이하의 階層과는 차원을 달리하는 宰相의 官階로 이해된다.

　　『高麗史』 권77, 志31 百官2 文散階.

　　『高麗史』 권84, 志38 刑法1 公式 職制.

　　『高麗史』 권116, 列傳29 王康.

　　『高麗史』 권118, 列傳31 趙浚.

　　武田幸男, 1966, 「高麗初期の官階―高麗王朝確立過程の一考察―」, 『朝
　　　　鮮學報』 41.

　　朴龍雲, 1981, 「高麗時代의 文散階」, 『震檀學報』 52 : 1997, 『高麗時代
　　　　官階·官職 研究』, 고려대학교 출판부.

7) 密直副使: 고려후기 密直司의 정3품 관직으로 정원은 2인이
며, 전기의 中樞院副使에 해당한다. 중추원은 991년(성종 10)에 설
치되었고 왕명의 出納과 宿衛·軍機의 업무를 관장하였다. 문종대에
判院事 1인, 院使 2인, 知院事 1인, 同知院事 1인(이상 종2품), 副

使, 簽書院事 1인, 直學士 1인, 知奏事 1인, 左·右承宣 각 1인, 左·右副丞宣 각 1인(이상 정3품), 堂後官 2인(정7품)을 두었다. 1095년(헌종 1)에 樞密院으로 개칭하였다가 1275년(충렬왕 1)에 관제가 격하되면서 密直司로 바뀌었다.

『高麗史』 권76, 志30 百官1 密直司.

邊太燮, 1976, 「高麗의 中樞院」, 『震檀學報』 41.

朴龍雲, 1976, 「高麗의 中樞院 研究」, 『韓國史研究』 12 ; 2001, 『高麗時代 中樞院 研究』, 高麗大學校 民族文化研究院.

8) 讞部散郎: 고려후기 讞部의 정6품 관직으로 정원은 2인이며, 전기의 刑部員外郎에 해당한다. 刑部는 尙書6部의 하나로 법률제정과 재판, 처결 등의 업무를 관장하였으며 判事 1인, 尙書 1인(정3품), 知部事 1인, 侍郎 2인(정4품), 郎中 2인(정5품), 원외랑 2인(정6품), 律學博士 1인(종8품), 助教 2인(종9품)을 두었다. 1275년(충렬왕 1)에 典法司로 바뀌었다가 1298년에 世子로 있던 충선왕이 일시 즉위하여 관제를 고치면서 刑曹가 되었다. 1308년에는 元에 머물던 충선왕이 다시 讞部로 개칭하였는데, 이때 讞部에 監傳色과 都官·典獄署 등이 합병되었다.

『高麗史』 권76, 志30 百官1 刑曹.

朴龍雲, 2002, 「譯註 『高麗史』 百官志(1)」, 『고려시대연구』 V, 한국정신문화연구원 ; 2009, 『『高麗史』 百官志 譯註』, 신서원, 166~171쪽.

9) 曹溪僧選: 고려후기의 선종 승려를 대상으로 한 승과이다. 僧科는 教宗選과 禪宗選이 있었으며, 禪宗選은 大德·大師·重大師·三重大師·禪師·大禪師의 순서로 승진하도록 되어 있었다. 僧科는 대체로 예비고시와 최종고시로 나뉘었으며, 본문의 曹溪僧選은 최종고시로서 台宗選·天台選 등의 용례처럼 승려가 속한 종파에서 선발하였다는 의미로 여겨진다. 승과가 실시된 장소는 종파에 따라 달랐는데, 禪宗選의 경우는 廣明寺에서 열렸고 教宗選은 王輪寺에서 열렸다.

許興植, 1976, 「高麗時代의 僧科制度와 그 機能」, 『歷史敎育』 19 ; 2005, 『고려의 과거제도』, 일조각.

10) 中上上科: 上上科는 上上品·上品科라고도 하며, 僧科의 최종고시에서 우수한 성적을 얻었음을 의미한다. 이처럼 최종고시에 합격하면 敎宗選과 禪宗選 구분할 것 없이 大德을 제수받았다.

許興植, 1976, 「高麗時代의 僧科制度와 그 機能」, 『歷史敎育』 19 ; 2005, 『고려의 과거제도』, 일조각, 232쪽.

11) 嘗與僕同癸卯科: 계묘년은 1303년(충렬왕 29)으로, 이 해의 과거에는 知密直司事 金台鉉과 秘書尹 金祐가 知貢擧와 同知貢擧였다. 이때 李衍宗, 崔瀣를 비롯해 朴理, 許冠 등도 급제하였다.

『高麗史』 권73, 志27 選擧1 科目1 凡選場 忠烈王 29년 6월.
『牧隱文藁』 권8, 「賀竹溪安氏三子登科詩序」.
朴龍雲, 1990, 「〈資料〉: 科試 設行과 製述科 及第者」, 『高麗時代 蔭敍制와 科擧制 硏究』, 一志社, 448쪽.

12) 左思補: 고려후기 僉議府의 정6품 관직으로, 전기의 左拾遺에 해당한다. 원래 목종대에 左·右拾遺가 있다가 1116년(예종 11)에 正言으로 바뀌면서 종6품의 左·右 각 1인을 두었다. 이후 1308년(충렬왕 34)에 정6품의 思補가 되었다가 1356년(공민왕 5)에 다시 正言으로 바뀌었다. 그러나 충렬왕 이후 사보와 정언이 모두 사용된 기록이 찾아져서 관습적으로 병행된 듯하다. 이 관직도 諫官이 되는 中書門下省 郎舍의 하나였다.

『高麗史』 권76, 志30 百官1 門下府 正言.
朴龍雲, 1971, 「高麗朝의 臺諫制度」, 『歷史學報』 52 ; 1980, 『高麗時代 臺諫制度 硏究』, 一志社, 76쪽.

13) 知製敎: 고려후기 왕명을 제찬하는 관직이며 전기의 知制誥에 해당한다. 知制誥는 詞命의 制撰, 곧 王言을 대신하여 짓는 임무를 맡은 관직이다. 翰林院과는 별도의 관직이지만 誥院이 설치되기 전에는 한림원에서 일하였으며, 또한 翰林院의 관원들이 대개 지제고에 임명되어 관련이 깊다(①).

知制誥에는 內外의 구별이 있었다. 『高麗史』에는 寶文閣의 관원이 지제고를 겸하면 內制, 다른 관원이 겸하면 外制라고 되어 있는 반면, 崔滋의 『補閑集』에는 지제고가 省郞이면 內制, 誥院이면 外制라고 되어 있다. 이에 대해 대체로 당대인이며 文翰이었던 崔滋의 설명이 정확한 것으로 평가받아서 省郞으로 知制誥를 겸하면 郞舍에서 근무하여 內制[內知制誥]로, 他官으로 겸하면 誥院에서 근무하여 外制[外知制誥]로 불린 것으로 이해한다(②). 知制誥가 知製敎로 바뀐 것은 元의 압력에 의한 것으로 元과 同格의 용어 및 제도가 참람하다고 하여 制誥를 製敎로 수정한 것이다.

① 『高麗史』 권76, 志30 百官1 藝文館.
② 崔滋, 『補閑集』 中.
　　朴龍雲, 2004, 「『高麗史』 百官志 譯註(3)」, 『고려시대연구』 Ⅶ, 한국정신문화연구원 ; 2009, 『『高麗史』 百官志 譯註』, 신서원, 206~217쪽.

이에 대한 보다 자세한 내용은 다음 논문들이 참조된다.
　　周藤吉之, 1980, 「高麗初期の翰林院と誥院―宋の翰林學士・知制誥との關連において―」, 『東洋學報』 58-3・4合 ; 1980, 『高麗朝官僚制の研究』, 法政大學出版局.
　　崔濟淑, 1981, 「高麗翰林院考」, 『韓國史學論叢』 4.
　　邊太燮, 1983, 「高麗의 文翰官」, 『金哲埈華甲紀念史學論叢』, 知識産業社.

14) 儒㐂後人崔某記: 이 글은 『動安居士集』 雜著에도 「看藏庵重創記」라는 제목으로 실려 있다. 대체로 『拙藁千百』과 내용상 같으나, 『動安居士集』에는 '冬十月'이라는 작성 시기와 '勅授將仕郞遼陽路盖州判官 兼本國通直郞・成均館丞・藝文應敎・知製敎'라는 최해의 당시 관직까지 기록되어 있는 차이가 있다.
　　『動安居士集』 雜著 「看藏庵重創記」.

4. 李益齋後西征錄序

[原文]

李益齋後西征錄序

　益齋先生在延祐初, 奉使降香峨眉山, 有西征錄, 楚僧可茅屋序矣. 至至治末, 又迎大尉王, 行過臨洮至河州, 有後西征錄, 出示予俾序焉. 予惟不行万里地, 不讀万卷書, 不可看杜詩, 以予寡淺, 寓目盛編, 尙懼其僭, 題辭之命, 所不敢當. 然伏讀數過, 詞義沉玩, 本乎忠義充中, 遇物而發, 故勢有不得不然者. 其嫵言嫚語, 盖無一句, 至其懷古感事, 意又造微, 爬著前輩癢處多矣. 晦菴夫子甞稱歐公一聯云, 以詩言之, 是第一等詩, 以議論言之, 是第一等議論. 予於此亦有所感, 姑書以贖命云.

[譯文]

이익재의 「후서정록」서문[1]

　익재선생[2]이 연우 초에 사명을 받들어 아미산에 분향하고[3] 「서정록」[4]을 지었는데, 초승 가모옥[5]이 서를 지었다. 지치 말에 충선왕[太尉王][6]을 맞이하러 임조[7]를 지나 하주[8]까지 갔다 와서[9] 「후서정록」[10]을 짓고는, 꺼내어 나에게 보여주고 서문을 써달라고 하였다. 나는 만 리 땅을 가보지 못하고 만 권 책을 읽어보지 못하면 두보[11]의 시를 볼 수 없다는 것을[12] 생각하니, 나의 얕은 식견으로 성대한 글을 본다는 것이 오히려 참람될까 두려워서 글을 지어달라는 부탁을 감히 감당할 수 없었다. 그러나 조심스럽게 몇 번 읽어보니 글의 뜻이 침착하면서 노련하여 마음에서 충의가 그 속에 충만하다가 사물을 만나 발현되어, 뜻이 글에 드러나지 않을 수 없었다. 천박한 말은 한 구절도 없고 옛날의 감격스러운 일을 회상한 글에 이르러서는 의미가 더욱 정묘하여 선배들의 가려운 곳을 긁어주는 것이 많았다. 회암부자[13]가 일찍이 구공[14]의 (시) 한 연을 칭찬하기를, "시로 말해도 제1등 시요, 의론으로 말해도 제1등 의론이다."[15]라고 하였다. 내가 이 말에 느끼는 바가 있어 일단 (서문을) 써서 부탁에 답한다.

[註解]

1) 李益齋後西征錄序: 이 글은 『東文選』에도 전한다.

　　『東文選』 권84, 序「李益齋後西征錄序」.

2) 益齋先生: 李齊賢(1287～1367)을 말한다. 초명은 之公, 자는 仲思, 호는 益齋·櫟翁, 본관은 경주이다. 1301년(충렬왕 27)에 15세로 成均試에 합격하고 같은 해에 權永—權傅—과 趙簡이 주관한 과거에서 丙科로 급제하였다. 1308년에 藝文春秋館에 들어갔고, 糾正, 成均樂正, 三司判官 등의 관직을 거쳤다. 충선왕이 충숙왕에게 선위하고 元에 머물면서 萬卷堂을 세우자, 원에 가서 姚燧, 閻復, 元明善, 趙孟頫 등과 교유하였다. 1319년(충숙왕 6)에 충선왕이 浙江 寶陁山으로 降香하러 갈 때 시종하였다. 이듬해에 知密直司事가 되고 端誠翊贊功臣號를 받았으며, 知貢擧가 되어 과거를 주관하였다. 1323년에 柳淸臣과 吳潛이 원 중서성에 상서하여 고려에 省을 세워 원의 內地처럼 해줄 것을 청하자 立省論을 반대하는 글을 올렸다. 1339년 曹頔의 난 이후 충혜왕이 원에 잡혀가자 따라가서 충혜왕이 복위하는데 도움을 주었다. 1351년에 공민왕이 즉위하고 아직 고려로 돌아오기 전에 이제현을 右政丞으로 임명하여 임시로 征東省을 책임지게 하였다. 1354년에 지공거가 되어 李穡 등을 선발하고, 1357년에 門下侍中으로 치사하였으며, 1362년에 鷄林府院君에 봉해졌다. 그의 저술로 『益齋亂藁』 10권과 『櫟翁稗說』 2권이 있으며, 『編年綱目』을 증보하고 충렬왕·충선왕·충숙왕의 3조 실록을 편찬하였다.

　　『高麗史』 권34, 世家34 忠肅王 6년 3월.

『高麗史』권35, 世家35, 忠肅王 10년 춘정월 壬子.

『高麗史』권110, 列傳23 李齊賢.

『牧隱文藁』권16, 碑銘「鷄林府院君諡文忠李公墓誌銘」.

金庠基, 1964, 「李益齋의 在元 生涯에 對하여─忠宣王의 侍從의 臣으로
　　　　　서─」, 『大東文化硏究』1 ; 1974, 『東方史論叢』, 서울大學校出
　　　　　版部.

閔賢九, 1981, 「益齋 李齊賢의 政治活動─恭愍王代를 中心으로─」, 『震檀
　　　　　學報』51 ; 震檀學會 編, 1985, 『韓國古典심포지움』2, 一潮閣.

朱瑞平, 1996, 「益齋 李齊賢의 中國에서의 行跡과 元代 人士들과의 交
　　　　　遊에 대한 硏究」, 『南冥學硏究』6.

　3) 奉使降香峨眉山: 아미산은 지금의 중국 四川省 峨眉山市 서
남쪽에 위치한 산이다. 중국 불교 4대 명산 중 하나이며 普賢菩薩
顯靈說法 도량으로 알려져 있다(①). 『櫟翁稗說』에 의하면 이제현
은 1316년(충숙왕 3)에 奉命使臣이 되어 峨眉山으로 降香하러 갔
다. 그는 趙·魏·周·秦의 땅을 지나 岐山, 大散關, 褒城驛을 거쳐서
棧道를 건너 劍門에 들어가 成都에 이르렀고, 여기에서 배로 7일을
가서 아미산에 도착하였다고 한다. 『益齋亂藁』에는 8월 17일에 아
미산으로 출발하였다는 시와 아미산에 올랐다는 시가 전하고 있다
(②).

　　　① 戴均良 외 주편, 2005, 「峨眉山」, 『中國古今地名大詞典』下, 上海辭
　　　　　書出版社, 2424·2425쪽.

　　　② 『櫟翁稗說』後集1.
　　　　『益齋亂藁』권1, 詩「八月十七日放舟向峨眉山」·「登峨眉山」.

　4) 西征錄: 이제현이 峨眉山에 다녀오면서 지은 것인데, 현재 전
하지 않는다.

　5) 可茅屋: 기록이 소략하여 누구인지 자세히 알 수 없다.

　6) 大尉王: 충선왕을 가리킨다. 그는 재위기간 동안 주로 원에
머물러 있어서 고려 국내의 정치적 혼란을 초래하였을 뿐만 아니라
막대한 경비를 부담시켰기 때문에, 본국의 관리들은 그의 환국을 요

청하는 상소문을 올렸고 원의 황제도 귀국을 명하였다. 이에 자신에
대한 원의 귀국 종용을 회피하기 위한 하나의 방법으로써, 1313년
3월에 高麗國王位를 충숙왕에게 물려주고 다시 1316년 3월에는 조
카 暠에게 瀋王位를 물려주었다. 당시 충선왕은 원의 太尉職을 띠
고 있었으므로 太尉王으로 불리었다.

『高麗史』 권87, 年表2 忠肅王 3년 3월.

朴宰佑, 1993, 「高麗 忠宣王代 政治運營과 政治勢力 動向」, 『韓國史論』
29, 46~53쪽.

金塘澤, 1993, 「高麗 忠肅王代의 瀋王 옹립 운동」, 『歷史學硏究』 12 ;
1998, 『元干涉下의 高麗政治史』, 一潮閣, 74~76쪽.

金惠苑, 1999, 『高麗後期 瀋王 硏究』, 이화여자대학교 사학과 박사학위
논문, 54·55쪽.

7) 臨洮: 지금의 중국 甘肅省 中部 洮河 하류 지역이다. 秦代에
狄道를 설치하였고, 唐代에 臨洮라 하였고, 宋代에 熙州로 고쳤다가
金代에 臨洮府가 되었다. 元代에 臨洮府는 狄道縣과 渭源縣을 관할
하였다.

『元史』 권60, 志13 地理3 陝西等處行中書省 臨洮府.

戴均良 외 주편, 2005, 「臨洮」, 『中國古今地名大詞典』 中, 上海辭書出版
社, 2152쪽.

8) 河州: 지금의 중국 甘肅省 臨夏市이다. 唐代에 河州였고 762
년에 吐蕃의 땅이 되었다. 宋代에 復置되어 秦風路에 속하였다가
元代에는 河州路로 고쳤다.

戴均良 외 주편, 2005, 「河州」, 『中國古今地名大詞典』 中, 上海辭書出版
社, 1910쪽.

9) 又迎 …… 至河州: 元 英宗이 즉위하자 충선왕은 평소 사이
가 좋지 않은 宦者 임바얀퇴귀스(任伯顔禿古思)로부터 참소를 당
해 吐蕃 撒思結로 유배되었다. 이후 이제현은 柳淸臣, 吳潛 등의 入
省策動을 저지하는 과정에서 丞相 바이주(拜住)에게 글을 올려 유
배된 충선왕을 소환해줄 것을 요청하였는데, 바이주가 英宗에게 충

선왕의 量移를 주청하여 충선왕은 朶思麻—지금의 중국 甘肅省 臨
洮縣—로 量移되었다. 1323년(충숙왕 10) 4월 20일에 이제현은
선왕이자 上王인 충선왕을 뵙기 위해 京師—燕京—를 출발하였다.
당시 이제현이 도중에서 古蹟 풍경에 관하여 지어 읊은 수많은 시
가 『益齋亂藁』에 전하며, 이에 의하면 涿郡(河北 大興縣)—相州
(河南 靈璧縣)—鄴城(山西 保德縣)—孟津(河南 孟津縣)—崤陵
(河南 洛寧縣)—華州(陝西 華縣)—長安(陝西 西安)—邠州(陝西 邠
縣)—涇州(陝西 涇縣) 등지를 거쳐 朶思麻에 이른 것으로 확인된다.

　　『益齋亂藁』 권2·권3.
　　金庠基, 1964, 「李益齋의 在元 生涯에 對하여—忠宣王의 侍從의 臣으로
　　　　　서—」, 『大東文化研究』 1 ; 1974, 『東方史論叢』, 서울大學校出
　　　　　版部.
　　閔賢九, 1981, 「益齋 李齊賢의 政治活動—恭愍王代를 中心으로—」, 『震
　　　　　檀學報』 51 ; 震檀學會 編, 1985, 『韓國古典심포지움』 2, 一潮
　　　　　閣.
　　朱瑞平, 1996, 「益齋 李齊賢의 中國에서의 行跡과 元代 人士들과의 交
　　　　　遊에 대한 研究」, 『南冥學研究』 6.
　　김광철, 1996, 「14세기초 元의 政局動向과 忠宣王의 吐藩 유배」, 『한국
　　　　　중세사연구』 3.
　　金炯秀, 2000, 「충숙왕 초기 通制派와 國俗派의 대립」, 『慶尙史學』 15·
　　　　　16合 ; 2013, 『고려후기 정책과 정치』, 지성안.

　10) 後西征錄: 이제현이 충선왕을 만나기 위해 朶思麻에 다녀오
면서 지은 것으로, 현재 전하지 않아 자세한 내용은 알 수 없다. 『高
麗史』 李齊賢傳에는 이 때 지은 글에 忠憤이 많았다고 한다. 또 『櫟
翁稗說』에 이제현이 臨洮에 갈 때 乾州를 지나며 지은 시가 전한다.

　　『高麗史』 권110, 列傳23 李齊賢.
　　『櫟翁稗說』 後集1.

　11) 杜: 杜甫(712~770)를 말한다. 唐 襄陽 사람으로 字는 子
美, 號는 少陵이고 스스로를 杜陵布衣, 少陵野老라고 칭하였다. 天

寶(742~755) 초에 進士에 응시하였다가 낙제한 후로 유랑의 세
월을 보냈다. 이후 「三大禮賦」를 올려 京兆府兵曹參軍에 제수되었
다. 安祿山의 난 때에 肅宗을 배알한 공로로 右拾遺가 되었으나, 곧
華州司功參軍으로 좌천되었다. 관직을 버리고 成都에 정착하여 浣
花溪에 초당을 세웠다. 두보는 李白과 더불어 李杜라고 불리었고,
후세의 사람들은 두보를 詩聖이라 칭하였다. 또 시대상을 시로 읊은
것이 많아 그의 시를 詩史라 하였다. 그의 작품으로는 『杜工部集』
20권을 비롯하여 1,400여 편의 시와 소수의 산문이 전한다.

『舊唐書』 권190下, 列傳140下 文苑下 杜甫.

張撝之 외 주편, 1999,「杜甫」,『中國歷代人名大辭典』上, 上海古籍出版
社, 821쪽.

12) 不行万里地 不讀万卷書 不可看杜詩: 북송말 남송초의 사람
인 阮閱이 1123년에 편집한 詩評論集인 『詩話總龜』에 수록된 구
절로, 원래 구절은 '信乎 不行一萬里 不讀萬卷書 不可看老杜詩也'
이다. 이것은 일필휘지로 천재적인 시상을 읊은 李白에 비해 축적된
학문과 끊임없는 손질을 통해 표현된 두보의 시는 古今의 역사와
학문, 문학 등이 종합적으로 집대성되었다고 말한 것이다. 두보시를
제대로 이해하기 위해서는 '만 권'이라는 학문적 소양과 '만 리'라는
각지의 다양한 경험이 필요하다는 것이다. 실제 두보 자신이 만 권
의 책을 읽었다고 밝히기도 하였다. 杜詩에 대한 평가 중에 가장 유
명한 것 중 하나로 송대 문학계에 다양하게 인용되었다. 여기에서는
최해가 이제현의 글에 대한 서문을 쓰기에 자신의 학문적 깊이가 얕
다는 겸양의 표현으로 사용한 것이다.

阮閱, 『詩話總龜』,「王直方詩話」.

甲斐雄一, 2011,「陸游の入蜀とその同時代評価について-宋代杜甫詩
評を手がかりとして-」,『中國文學論集』40, 79·80쪽.

13) 晦菴夫子: 朱熹(1130~1200)를 말한다. 주희는 宋 徽州
婺源 사람으로 字는 元晦, 仲晦, 호는 晦菴, 晦翁, 遯翁 등이 있다.

1148년에 진사가 되어 同安縣注簿에 임명되었고 秘閣修撰, 煥章閣
待制 등을 역임하였다. 주희는 李侗에게 사사받고 周敦頤, 張載, 程
顥, 程頤 등의 학설을 받아들여 북송 이후의 理學을 집대성하였다.
저서로는 『四書章句集注』, 『名臣言行錄』, 『資治通鑑綱目』 등이 있다.

『宋史』 권429, 列傳188 道學3 朱熹.

張撝之 외 주편, 1999, 「朱熹」, 『中國歷代人名大辭典』 上, 上海古籍出版
社, 552쪽.

14) 歐公: 歐陽脩(1007~1072)를 말한다. 宋 廬陵 사람으로
字는 永叔, 號는 醉翁, 시호는 文忠이다. 1030년에 進士가 되었고
右正言, 知制誥, 翰林學士, 樞密副使, 叅知政事 등을 역임하였다.
宋 神宗 때에 王安石의 新法에 반대하여 관직에서 물러났다. 그는
唐宋八大家의 한 사람으로 많은 명문을 남겼는데, 문집으로는 『歐
陽文忠公集』이 있으며 『新唐書』, 『新五代史』를 편찬하였다.

『宋史』 권319, 列傳78 歐陽脩.

張撝之 외 주편, 1999, 「歐陽脩」, 『中國歷代人名大辭典』 下, 上海古籍出
版社, 1458쪽.

15) 以詩言之 …… 是第一等議論: 『朱子語類』에 나오는 말이
다. 주희는 구양수의 시 '玉顔自古爲身累 肉食何人爲國謀'에 대해
평하면서 '以詩言之 是第一等好詩 以議論言之 是第一等議論'이라고
하였다.

『朱子語類』 권139.

5. 送盤龍如大師序

[原文]

送盤龍如大師序

盤龍精舍予未之見, 少閱李眉叟詩, 詩中有與大叔闍梨往復之作, 無卷無

之, 稱其能收撫至有成立. 始未知闍梨是何人, 第奇身爲浮屠, 行誼之篤, 士
夫有不可及者. 後遇李氏宗人問之, 實盤龍開社僧統一公也. 社憫學佛者安於
自暴, 欲加策勵而作也, 又知用力於其學爲不少也. 其徒世守法不墜, 迄今爲
東方華嚴大道場. 泰定初, 元傳賢首敎觀大沙門諸講主, 因耆宿請, 咸以社無
主法, 推出法水堂頭覺海如公. 且諗都僉議使司而僉議亦允. 於是師不能峻[6]
辭, 將戒日以行, 予往與別. 客有分韻爲詩以贈者, 先屬予爲序. 予嘗謂, 知儒
而不知佛, 不害爲佛, 知佛而不知儒, 則不能爲佛. 而世之說佛者曰, 爲佛先
須弃絶親愛. 夫人道原於親親, 滅親無人, 誰爲佛者. 以是求佛, 竊所未喩. 若
一公之字孤, 卒大其門, 果其弃絶乎. 親親之心, 百行資始, 推而行之, 於儒於
佛, 亦何有哉. 顧其結社聚徒, 以闡眞乘, 愈久愈大者, 罔不由乎此矣. 如公妙
年披剃, 高步選佛場, 見知太尉上王, 崇緇秩授名刹. 而以親老不忍去左右,
湯藥必先嘗, 至于其歿, 尤友愛弟兄間. 盖孝悌發於性, 雖其學佛, 趣舍之間,
知有先後. 則今於一公道場, 重新香火, 大振法雷者, 非師而誰. 宜乎衆議推
師而無有異言也. 予所謂知佛知儒者, 二師庶幾矣. 故書予志而爲序, 其所未
及, 有諸公之作焉. 師東菴李文定公次子, 今王府斷事官國相益齋公之兄. 善
結交當代名勝, 貴公子如淮安君, 其弟昌原公, 皆敬愛師云.

[譯文]

여대사를 반룡정사로 떠나보내며 쓴 서문[1]

반룡정사[2]는 내가 보지 못했으나, 어려서 이미수[3]의 시를 살펴보
니 시 가운데 대숙 자리[4]와 더불어 주고받은 시가 없는 책이 없었
는데, (대숙이 이미수를) 거두고 어루만져서 홀로 설 수 있게 하였
음을[5] 칭송하는 내용이었다. 처음에는 자리가 어떤 사람인지 알지
못하였는데, 다만 기이하게도 몸소 불교[6]를 행하면서도 올바른 도
리를 행하는 것이 독실하여 사대부[士夫]도 미치지 못하는 바가 있
었다. 나중에 이씨 가문 사람을 만나 그에 대해 물으니, 사실은 반

---

6) 峻: 원본에는 峧로 되어 있으나 내용상 峻이 옳으므로, 峻으로 교감하였다.

룡에 사(社)를 연[7] 승통[8] 일공[9]이었다. 사는 부처를 배우는 자들이 자포자기하는 것을 걱정하여 (그들을) 채찍질하여 독려하고자 만든 것이라 하니, 또한 불교에 힘을 쏟는 것이 적지 않음을 알겠다. 그 제자들이 대대로 법을 지켜 실추시키지 아니하여 지금에 와서는 동방 화엄[10]의 큰 도량이 되었다. 태정 초에 원나라가 현수[11]의 화엄교학[教觀][12]을 대사문[13]의 여러 강주[14]들에게 전하였고 원로들이 모두들 사(社)에 주법[15]이 없다고 청하니, 법수사[16]의 당두[17] 각해 여공[18]을 추대하였다. 그리고 도첨의사사[19]에 고하니 도첨의사사 또한 허락을 하였다. 이에 대사가 크게 사양하지 못하고 장차 날을 잡아 떠나려 하였으므로 내가 찾아가서 작별을 하였다. 손님들 가운데 운을 나누어 시를 지어서 증정하려는 이가 있었는데, 먼저 나에게 서를 지어 줄 것을 부탁하였다. 내가 일찍이 말하기를, '유교를 알고 불교를 알지 못하면 부처가 되는데 해가 없지만, 불교만 알고 유교를 알지 못하면 부처가 될 수 없다.'라고 하였다. (그런데) 세상에서 불교에 대해서 말하는 사람들은 '부처가 되려면 먼저 마땅히 친애(親愛)를 끊어버려야 한다.'라고들 한다. 대개 사람이 지켜야 할 도리는 어버이를 사랑하는 것[親親][20]에서 근원하는데, 친속이 사라져 (세상에) 사람이 없어지면 그 누가 부처가 된단 말인가. 이런 방법으로 부처가 되기를 구하는 것은 이해하지 못할 바이다. 이에 일공이 고아[이인로]를 길러 마침내 그 가문을 크게 하였으니 과연 이것이 (친애를) 끊어버린 것이겠는가. 어버이를 사랑하는 마음은 모든 행동의 시작이니, (그것을) 받들어 행하는 데에 유교와 불교 (사이)에 (다른) 무엇이 있겠는가. 돌이켜 보건대 (일공이) 사(社)를 조직하고 승도를 모아[반룡정사] 불법의 진리를 널리 펴뜨려서 (반룡정사가) 더욱 장구해지고 더욱 커진 바는 모두 여기에서 말미암은 것이다. 여공은 젊은 나이에 머리를 깎고 (승복을) 걸

치고 뛰어난 실력[高步]으로 승과[選佛場][21]에 급제하였고 충선왕
[太尉上王][22]의 인정을 받아 승질(僧秩)이 높아지고 이름난 사찰
의 (직책을) 제수 받았다. 그러나 어버이가 연로하였기 때문에 차마
곁을 떠나지 못하고 탕약을 반드시 먼저 맛보았으며, (부모님이) 돌
아가신 후에는 더욱 형제간에 우애하였다. 대개 부모에 대한 효성과
형제간의 우애는 천성에서 나오는 것으로, 비록 불법을 배웠을 지라
도 나아가고 멈출 때에 선후가 있음을 알았던 것이다. 바로 지금 일
공의 도량에서 향불이 거듭 새로워지니, 불법을 크게 떨칠 사람이
대사가 아니라면 누가 있겠는가. 중론이 대사를 추대하는 데에 다른
말이 없었던 것은 당연한 일이로다. 내가 불교도 알고 유교도 아는
사람이라고 말할 만한 이는 두 대사가 (이에) 거의 가까울 것이다.
그렇기 때문에 내 뜻을 기록하여 서를 지으니, 여기에서 언급되지
못한 것은 여러 공의 시문에 있다. 대사는 동암 이문정공[23]의 둘째
아들이며, 지금 왕부단사관[24]인 국상 익재공[25]의 형이다. 당대의 명
사들과 교분을 잘 맺어 존귀한 공자들, 예를 들어 회안군[26]과 그 아
우 창원공[27]같은 이들이 모두 대사를 경애하였다.

　　[註解]
1) 送盤龍如大師序: 이 글은 『東文選』에도 전한다.
　　　『東文選』 권84, 序 「送盤龍如大師序」.
2) 盤龍精舍: 지금의 경상북도 고령군 쌍림면 용리 미숭산에 위
치하는 화엄종 계통의 절이다. 盤龍寺의 창건에 대해서는 802년(애
장왕 3)에 해인사와 함께 창건되었다는 설과 실제 개창한 인물은
고려시대 僧統 寥一이라는 설이 있다. 그런데 현재 남아있는 반룡사
소재의 유물과 문헌자료를 토대로 보면 반룡사의 조성 시기는 적어
도 요일이 활동한 시기를 전후했을 가능성이 크다. 이후 普照國師
知訥에 의해 중창되었고, 충숙왕 때에는 體元이 주지로 부임하였으

며, 공민왕 때에 惠勤에 의해 중건된 것으로 알려져 있다.

『新增東國輿地勝覽』권29, 慶尙道 高靈縣 佛宇.

채상식, 2008, 「고령의 반룡사와 체원(體元)의 화엄사상」, 『고령문화사
　　대계』, 가야박물관·경북대학교 퇴계연구소, 5~7쪽.

　3) 李眉叟: 李仁老를 말한다. 그에 대해서는 권1 2-(2), 주해
31) 참조.

　4) 大叔闍梨: 大叔은 나이가 아버지와 비슷하거나 약간 적은 사
람에 대한 존칭이고, 闍梨는 梵語 ācārya의 한역인 阿闍梨의 약칭
으로 승려를 두루 이르는 말이다.

許興植, 1986, 「佛敎界의 새로운 傾向」, 『高麗佛敎史硏究』, 一潮閣, 447쪽.

諸橋轍次, 1984, 「大叔」, 『大漢和辭典』 3, 大修館書店, 410쪽.

諸橋轍次, 1985, 「闍梨」, 『大漢和辭典』 11, 大修館書店, 763쪽.

　5) 浮屠: 梵語 Budda의 音譯으로, 佛敎 또는 불교의 승려를 의
미한다.

諸橋轍次, 1985, 「浮屠」, 『大漢和辭典』 6, 大修館書店, 1155쪽.

　6) 其能收撫至有成立: 1260년(원종 1)에 李仁老의 孽子인 閣
門祗候 李世黃이 쓴 『破閑集』의 跋文에 의하면, 이인로는 일찍이
부모를 여의고 숙부인 華嚴僧統 寥一에게 양육되었고 훌륭하게 성
장해서 장원급제하였다고 한다.

『破閑集』跋.

　7) 盤龍開社: 社는 結社를 의미한다. 이는 뜻을 같이하는 道伴
들이 이상적으로 생각하는 신앙을 수행하기 위하여 맺은 결집체라
는 의미로서, 이러한 모임의 사원은 寺가 아닌 社라고 불렀다. 그런
데 본문에서 寥一이 연 것으로 언급되는 盤龍社와 관련해서는 「送
盤龍如大師序」 이외에는 기록이 없어 정확한 내용은 알 수 없다.

蔡尙植, 1991, 「13세기 信仰結社의 성립과 사상적 경향」, 『高麗後期佛敎
　　史硏究』, 一潮閣, 22~30쪽.

　8) 僧統: 고려시대 敎宗 계통의 僧階 가운데 가장 높은 것으로,

禪宗 계통의 大禪師에 해당한다. 光宗代에 승계가 정비된 이후에는 대체로 승통과 대선사에서 王師 또는 國師를 임명하였으며, 특히 승통 중에서 특별한 영예를 주기 위해 소수를 선발해 都僧統으로 임명하기도 하였다.

許興植, 1986, 「佛敎界의 組織과 行政制度」, 『高麗佛敎史硏究』, 一潮閣, 325~327쪽.

朴胤珍, 2006, 「王師·國師의 자격과 대우」, 『歷史學報』 190 ; 2006, 『高麗時代 王師·國師 硏究』, 景仁文化社, 167~173쪽.

9) 一公: 寥一(생몰년 미상)을 말한다. 경원이씨 가문 출신으로, 화엄종 계통인 홍왕사의 승통이었다. 이인로의 대숙이라고 한 것으로 보아 그와 近親 관계였음을 짐작할 수 있는데, 실제로 이인로가 무신정변 중에 요일의 밑에서 승려가 되어 그의 학문과 보살핌을 받은 일이 『破閑集』의 跋文에 전한다(①). 요일은 1197년(명종 27)에 홍왕사의 佛像이 완성되어 그 축하연에 가려던 崔忠獻을 제거하려 했다는 혐의(②)로 유배되었던 듯하며, 경상도 고령에서 반룡사를 창건한 것으로 알려져 있다(③).

무신정권기 불교계의 동향은 왕실과 밀접한 관계에 있던 기존의 교종이 점차 쇠퇴하면서 정중부·최충헌 등 무신들의 후원에 힘입어 선종이 대두하였다. 이에 무신정변 이전 왕실의 비호 하에 불교계를 장악하고 있던 교종세력은 문신들과 결탁하여 무신정권에 대항하였다. 이로 인해 무신 정권하의 교종세력은 많은 인명이 희생되고 사원이 파괴되었으며, 결국 교종세력은 쇠퇴하고 조계종은 무신정권의 지지와 후원을 받게 되면서 불교계의 주류가 되었다(④).

① 『高麗史』 권102, 列傳15 李仁老.

『破閑集』 跋.

고려대학교 한국사연구소 고려시대사연구실, 2013, 『破閑集 역주』 경인문화사.

李萬烈, 1980, 「高麗 慶源李氏 家門의 展開過程」, 『韓國學報』 21, 24쪽.

許興植, 1986,「華嚴宗의 繼承과 所屬寺院」,『高麗佛教史硏究』, 一潮
閣, 199·200쪽.
② 『高麗史』 권129, 列傳42 叛逆3 崔忠獻.
『高麗史節要』 권13, 明宗 27년 9월.
③ 『東文選』 권84, 序「送盤龍如大師序」.
金晧東, 1986,「高麗 武臣政權時代 繪書에 나타난 文人知識層의 現
實認識論」,『慶大史論』 2 ; 2003,「文人知識層의 現實認識」,
『고려 무신정권시대 文人 知識層의 현실대응』, 景仁文化社,
278·279쪽.
채상식, 2008,「고령의 반룡사와 체원(體元)의 화엄사상」,『고령문
화사대계』, 가야박물관·경북대학교 퇴계연구소, 5~16쪽.
④ 진성규 외, 1996,「불교사상의 변화와 동향」,『한국사』 21, 국사편찬
위원회.
蔡尙植, 1991,「13세기 信仰結社의 성립과 사상적 경향」,『高麗後期
佛教史硏究』, 一潮閣, 15~22쪽.
　10) 華嚴: 華嚴宗을 말하는 것으로, 이는 신라통일 초기 義湘에
의해서 창립된 이래 신라말기까지 주류적인 위치를 지켜오던 宗派
였다. 華嚴의 教理는 大乘佛教의 二大潮流인 中觀派와 瑜伽派의
대립을 극복하면서 통합불교로 성립되었다.
崔柄憲, 1980,「高麗時代 華嚴學의 變遷―均如派와 義湘派의 對立을 중
심으로―」,『韓國史研究』 30.
許興植, 1986,「高麗中期 華嚴宗派의 繼承」,『高麗佛教史硏究』, 一潮閣.
　11) 賢首: 643~712. 唐代의 高僧 法藏을 말하며, 字는 賢首,
법호는 賢首大師이다. 중국 華嚴教學의 大盛者로 華嚴宗의 第三祖
이다.
張戒環, 1989,「法藏의 一乘思想」,『韓國佛教學』 14, 241·242쪽.
　12) 教觀: 教相과 觀心의 두 門이다. 교상은 이론이고, 관심은
실천이다. 여기서는 화엄종의 교학이라는 의미로 쓰였다.
諸橋轍次, 1984,「教觀」,『大漢和辭典』 5, 大修館書店, 504쪽.
　13) 大沙門: 沙門은 梵語 Sramana의 譯音으로, 娑門 또는 桑

門이라고도 한다. 출가하여 佛敎僧侶가 된 이를 말하며, 大沙門은
그들 가운데 가장 존귀한 인물인 부처나 큰스님에 대한 존칭이다.

諸橋轍次, 1985, 「沙門」, 『大漢和辭典』 6, 大修館書店, 1000쪽.

14) 講主: 講師, 講僧, 講士로도 불리며, 사원에 거주하며 승려
에 관한 일과 佛典을 강의하는 승려를 말한다.

諸橋轍次, 1985, 「講主」, 『大漢和辭典』 10, 大修館書店, 557쪽.

15) 主法: 법령을 主管하는 것을 말한다. 여기서는 盤龍社의 주
지라는 의미로 사용된 것이다.

漢語大辭典編纂委員會, 1990, 「主法」, 『漢語大辭典』 1, 漢語大辭典出版
社, 699쪽.

16) 法水: 法水寺를 말하는 것으로, 覺海大師 向如가 주지로 활
동하던 화엄종 계통의 사찰이다(①). 현재 법수사의 연혁과 관련해
서 정확하게 알려진 바는 없으나, 『新增東國輿地勝覽』에 의하면 경
상도 가야산 남쪽에 위치했던 것으로 전한다(②).

① 蔡尙植, 1991, 「14세기 전반기 佛敎界의 경향」, 『高麗後期佛敎史研
究』, 一潮閣, 197~202쪽.
韓基汶, 1998, 「寺院의 組織과 運營」, 『高麗寺院의 構造와 機能』, 民
族社, 164쪽.
② 『新增東國輿地勝覽』 권28, 慶尙道 星州牧 佛宇.

17) 堂頭: 住持와 같은 말로, 主老, 寺主라고도 한다. 원래 '敎
法을 住持한다'라는 의미에서 불교의 가르침을 알리고 그에 필요한
재산까지 관리하는 책임을 맡게 되면서 사원을 대표하게 되었다. 이
에 따라 사원 내 조직인 三綱의 인사를 장악하였다. 고려시대에 이
같은 주지의 책무에 따라 그 위상은 사원 내 승려를 통솔하는 명예
로운 자리였으며, 국가는 주지를 임명함으로써 사원을 통제하려고
하였다. 결국 주지는 사원과 승려의 성스러움을 유지하고 대표함과
동시에 국가와의 관계라는 현실을 조절하는 임무를 지닌 매우 중요
한 자리였다.

金映遂, 1944,「寺刹住持의 職務와 任免의 變遷」,『新佛教』67.

許興植, 1986,「佛教界의 組織과 行政制度」,『高麗佛教史研究』, 一潮閣.

韓基汶, 1998,「寺院의 組織과 運營」,『高麗寺院의 構造와 機能』, 民族社.

18) 覺海如公: 법명은 體元(생몰년 미상)이고 법호는 木庵, 向如이다. 본관은 慶州로, 李瑱의 둘째아들이며 李齊賢의 家兄이다. 20세를 전후하여 해인사로 출가하여 화엄종 승려가 되었다. 1320～1330년에는 법수사, 반룡사, 해인사 등지의 사찰을 거치면서 결사와 사경, 주해 등을 주도하였으며,「別行疏」,「知識品」,「功德疏經」등의 註解本이 전한다. 諡號는 覺海大師이다.

蔡尙植, 1991,「14세기 전반기 佛教界의 경향」,『高麗後期佛教史研究』, 一潮閣, 197～219쪽.

채상식, 2008,「고령의 반룡사와 체원(體元)의 화엄사상」,『고령문화사 대계』, 가야박물관·경북대학교 퇴계연구소, 16～21쪽.

19) 都僉議使司: 고려후기의 최고 정무 기관으로, 전기의 中書門下省과 尙書省을 합친 기구이다. 고려의 최고 정무기관으로, 여러 관부 또는 관원의 여러 업무를 관장하였으며, 이의 郎舍는 諫諍과 封駁을 관장하였다. 국초에는 內議省이라 하였는데, 982년(성종 1)에 內史門下省으로 고치고, 1061년(문종 15)에는 中書門下省으로 고쳤다. 1275년(충렬왕 1)에 元의 정치적 간섭을 받아 관제가 격하되면서 中書門下省과 尙書省을 합쳐 僉議府를 설치하였다. 이후 1279년에는 원에서 첨의부를 정4품의 官衙로 대우하다가, 1281년에 종3품으로 품질을 높였다. 1293년에는 원에서 첨의부의 명칭을 都僉議使司로 고치게 하고 또 종2품으로 올리게 하였다.

『高麗史』권76, 志30 百官1 門下府.

朴龍雲, 2002,「譯註『高麗史』百官志(1)」,『고려시대연구』V, 한국정신문 화연구원 ; 2009,『『高麗史』百官志 譯註』, 신서원, 67～71쪽.

20) 親親:『中庸』의 "仁者人也 親親爲大 義者宜也 尊賢爲大 親親之殺 尊賢之等 禮所生也"에서 나온 말이다. 여기서는 자기의

親屬을 사랑한다는 의미로 사용되었다.

    『中庸』 20章.

  21) 選佛場: 고려시대의 僧科를 말하는 것으로, 僧選, 大選 등의 용어로도 쓰였다. 고려시대의 승과에 대해서는 권1 3-(2), 주해 9) 참조.

    許興植, 1986,「佛敎界의 組織과 行政制度」,『高麗佛敎史硏究』, 323쪽.

  22) 太尉上王: 당시 고려국왕이 충숙왕이었으므로 퇴위한 충선왕을 太尉上王으로도 불렀다. 그에 대해서는 권1 4, 주해 6) 참조.

  23) 東菴李文定公: 李瑱을 말한다. 그에 대해서는 권1 2-(3), 주해 6) 참조.

  24) 王府斷事官: 斷事官은 자르구치(jarghuchi)의 漢譯으로, 札魯忽赤으로 표기하기도 한다. 몽골제국 초기에는 정복지 등에 대한 軍府·刑政·獄訟 등의 사무를 관장하기 위해 설치되었다. 여기에는 주로 칸의 怯薛 출신들이 임명되었다. 쿠빌라이 즉위 이후에는 농경민인 중국을 통치하기 위해 이들의 기능과 조직을 축소하여 司法 및 財政을 담당하는 관료로 大宗正府, 中書省 등에 제도화하였으며, 品秩은 정3품 등이다. 또한 몽골의 諸王들의 王府에도 두어졌다(①).

  한편 본문에 의하면 「送盤龍如大師序」가 작성될 당시에 이제현이 王府斷事官이었던 것으로 나오는데, 이제현은 1319년(충숙왕6)에 충선왕이 강남으로 降香하러 갈 때에 수행한 공로로, 충선왕이 몽골 황제에게 청하여 1320년 7월에 高麗王府斷事官으로 임명된 바 있다(②).

    ①『元史』 권87, 志37 百官3 大宗正府.

     『元史』 권85, 志35 百官1 中書省掾屬.

     李恩廷, 1992,「元朝成立期 자르구치(斷事官)의 役割變化와 그 性格」, 서울大學校 東洋史學科 碩士學位論文.

    ②『高麗史』 권110, 列傳23 李齊賢.

『益齋集』附錄 益齋先生年譜.

「李齊賢墓誌銘」.

안병우, 2008,「高麗 王府 斷事官과 高麗—元 관계」,『역대 중국의
　　판도 형성과 변강』, 한신대학교 출판부.

25) 國相益齋公: 李齊賢(1287～1367)을 말한다. 본문에는 해
당 서문을 쓴 泰定初(1324～1327)에 이제현이 國相, 즉 宰臣이었
던 것으로 나오는데, 태정 2년인 1325년(충숙왕 12)에 그는 政堂
文學에 임명되고 있다. 본 서문이 작성된 시기와 그가 재신으로 재
임한 시기가 대략 일치한다. 그에 대해서는 권1 4, 주해 2) 참조.

『高麗史』 권35, 世家35 忠肅王 12년 11월 庚午.

『益齋集』附錄 益齋先生年譜.

「李齊賢墓誌銘」.

26) 淮安君: 王珣(생몰년 미상)의 봉작호이다. 현종의 후손으로,
中原公 王昷의 첫째 아들이다. 1310년(충선왕 2)에 元尹이 되었으
며, 1318년(충숙왕 5)에 正尹이 되었다. 다시 1335년(충숙왕 후4)
에 회안부원군으로 진봉되었으며, 1344년(충목왕 즉위)에는 회안대
군으로 나타난다.

『高麗史』 권190, 列傳3 宗室1 平壤公基.

金基德, 1994,「封爵制의 變化와 封君制의 施行」,『建大史學』8 ; 1998,
　　『高麗時代 封爵制 研究』, 청년사, 159쪽.

27) 昌原公: 王瑀(생몰년 미상)로, 中原公 王昷의 둘째 아들이
다. 1310년(충선왕 2)에 원윤이 되고, 이후 어느 때 봉군되었다가
1337년(충숙왕 후6)에 창원부원대군으로 있었다.

『高麗史』 권190, 列傳3 宗室1 平壤公基.

金基德, 1994,「封爵制의 變化와 封君制의 施行」,『建大史學』8 ; 1998,
　　『高麗時代 封爵制 研究』, 청년사, 159·160쪽.

6-(1). 有元高麗國故重大匡僉議贊成事上護軍判摠部事致仕諡忠順閔公墓誌

[原文]

有元高麗國故重大匡僉議贊成事上護軍判摠部事致仕, 諡忠順閔公墓誌.

王國興於唐季, 始奠東方, 累仁積德, 歷世愈光, 至今凡四百有餘年. 士大夫皆世祿, 率以禮相尙焉. 驪興閔氏夙著其望, 號爲名臣之門. 至諱令謨, 相明王爲大師平章, 諡文景, 是爲公高大父也. 其曾大父諱公珪, 故大保平章諡定懿, 大父諱仁鈞, 故翰林學士, 父諱滉, 故戶部侍郎, 戶部公受室昌原崔氏, 封昌原郡夫人, 故平章諡文景諱璘之女, 爲公母也.

公生於忠憲王乙巳. 幼敏慧, 外大父愛之不置, 常曰令器. 甫十一就學通大義, 以門地選爲王子始陽府學友. 十九調淸道郡監務, 實忠敬王癸亥, 而皇元中統四年也. 淸道邑多大姓, 而監務秩卑, 俱與之亢禮, 素號難治. 而公少年未更事, 人始易之. 及其莅任, 不受請謁, 一切繩以法, 而無敢枝梧, 以克治聞. 罷秩補都兵馬錄事, 未幾移籍內侍, 除都染署丞. 尋換武資, 以興威衛別將, 差御牽龍行首.

[譯文]

유원·고려국의 고 중대광[1]·첨의찬성사[2]·상호군[3]·판총부사[4]로 치사하시고, 시호가 충순인 민공[5]의 묘지.

왕씨의 나라[王國]는 당 말기에 일어나 비로소 동방에 자리를 잡고, 인과 덕을 쌓아 대대로 더욱 빛을 발하였으니, 지금까지 대략 400여년에 이른다.[6] 사대부들은 모두 대대로 벼슬을 하며[世祿],[7] 대개 예로써 서로 숭상하였다. 여흥[8] 민씨는 일찍부터 명망을 드러내어 뛰어난 신하의 가문이라고 불리었다. 휘 영모[9]에 이르러서는 명왕[10]을 도와 태사[11]·평장[12]이 되었고 시호는 문경이니, 바로 공의 고조부이다. 증조부 휘 공규[13]는 고 태보[14]·평장으로 시호는 정의이다. 조부 휘 인균¹⁵⁾은 고 한림학사¹⁶⁾이며, 아버지 휘 황¹⁷⁾은 고
호부시랑¹⁸⁾이다. 호부공이 창원 최씨를 아내로 맞이하니, (부인은)
창원군부인에 봉해지고¹⁹⁾ 고 평장으로 시호가 문경인 휘 린²⁰⁾의 딸
이니, 공의 어머니가 된다.

공은 충헌왕²¹⁾ 을사년(1245)에 태어났다. 어려서 영민하고 지혜
로우니 외조부가 사랑하여 놓아두지 않았고, 항상 빼어난 아이[令
器]²²⁾라고 칭찬하였다. 겨우 11세에 학문에 나아가 대의를 깨달았
으며, 가문의 지위²³⁾로서 왕자 시양부²⁴⁾의 학우에 선발되었다. 19
세에 청도군²⁵⁾ 감무²⁶⁾에 임명되었으니, 실로 충경왕²⁷⁾ 계해년
(1263)이자 원의 중통 4년이다. 청도고을은 대성가문이 많고 감무
는 지위가 낮아 함께 대등하게 예를 행하니,²⁸⁾ 평소 다스리기 어렵
기로 이름이 나 있었다.²⁹⁾ 게다가 공은 나이가 어려 아직 세상 경험³⁰⁾
이 없었으므로 사람들이 처음부터 쉽게 여겼다. 그러나 부임한 뒤로
청탁과 방문을 받지 않았고 모든 일을 법에 따라 바로잡자, 감히 저
항하는 사람이 없게 되어 잘 다스린다는 소문이 나게 되었다. 임기
가 끝난 뒤에[罷秩] 도병마녹사³¹⁾에 임명되었고, 얼마 지나지 않아
내시³²⁾로 적을 옮겼으며 도염서승³³⁾에 제수되었다. 얼마 후 무반[武
資]으로 바꾸어 흥위위별장³⁴⁾으로서 어견룡항수³⁵⁾에 차임되었다.

[註解]

1) 重大匡: 고려의 文散階로 종1품에 해당한다. 1308년(충렬왕
34)에 忠宣王이 복위하여 신설하였다. 종1품 開府儀同三司, 정2품
特進에서 종5품하 朝散大夫까지에 걸쳐있던 문산계의 대부계가 정1
품에서 종4품으로 한 등급씩 상향되면서, 정1품의 三重大匡과 종1
품의 重大匡 등으로 명칭도 개정되었다. 충선왕대에 삼중대광과 중
대광에 잠시 동안 '壁上三韓'이 추가되어 壁上三韓重大匡으로 불리

기도 하였다.

『高麗史』 권77, 志31 百官2 文散階.

朴龍雲, 1981, 「高麗時代의 文散階」, 『震檀學報』 52 ; 1997, 『高麗時代 官階·官職 研究』, 고려대학교 출판부, 68~79쪽.

朴龍雲, 2009, 『『高麗史』 百官志 譯註』, 신서원, 754~756쪽.

이강한, 2012, 「고려후기 '충렬왕대 문산계(文散階)'의 구조와 운용—대부계(大夫階)에 대한 검토를 중심으로—」, 『震檀學報』 116.

2) 僉議贊成事: 고려후기 백관의 庶務를 관장하던 僉議府의 정2품 관직으로 정원은 4인이며 전기의 平章事이다. 1275년(충렬왕1)에 단행된 관제개혁에 따라 中書門下省과 尙書省이 僉議府로 병합되면서, 평장사도 僉議侍郎贊成事와 僉議贊成事로 개칭되었다. 諸贊成事는 첨의부에 흡수된 4司의 判事를 겸하여 국무를 총괄하였으며, 中贊—政丞—이 비었을 경우 判典理司事를 겸한 이가 首相·冢宰가 되었다.

『高麗史』 권76, 志30 百官1 門下府.

朴龍雲, 1995, 「高麗時代의 尙書都省에 대한 檢討」, 『國史館論叢』 61 ; 2000, 『高麗時代 尙書省 硏究』, 景仁文化社.

朴龍雲, 2000, 「고려시대의 平章事」, 『고려시대 中書門下省宰臣 연구』, 일지사.

3) 上護軍: 『高麗史』 百官志에 공민왕 때에 장군을 護軍으로 개칭했다는 기사가 있어 상호군도 상장군이 바뀐 명칭으로 짐작된다. 상장군은 고려시대 경군의 최고 지휘관인 정3품 관직으로 2군6위에 각각 1인을 두었다. 그러나 고려 전기에도 상호군을 지닌 인물들의 사례가 확인되고 있어 上柱國, 柱國 등과 같이 勳階의 의미로 사용되었다고 보기도 하며(①), 충렬왕이 측근세력의 양성과 왕권강화를 위해 상호군, 대호군, 호군 등의 직제를 설치한 것으로 보기도 한다(②). 한편 본문에서는 민종유가 치사 이후에 받은 관직이다.

① 『高麗史』 권77, 志31 百官2 西班 鷹揚軍.

呂恩映, 1989, 「高麗時代의 勳制」, 『慶尙史學』 4·5合, 26·43~47쪽.

박용운, 2009, 『『高麗史』百官志 譯註』, 신서원, 640쪽.

② 김현라, 2004, 「고려후기 護軍의 地位와 構成員」, 『지역과 역사』 14, 174쪽.

4) 判摠部事: 고려후기 武選, 軍務, 儀衛, 郵驛 등을 관장하던 摠部의 판사직으로 전기의 判兵部事에 해당하며 宰臣이 겸하였다. 고려후기의 관제개혁으로 兵部가 摠部로 바뀌자 判兵部事도 判摠部事가 되었다. 주로 亞相이 겸하였으며 관제개혁 이후에도 같았다.

『高麗史』 권76, 志30 百官1 兵曹.

邊太燮, 1967, 「高麗宰相考─3省의 權力關係를 중심으로─」, 『歷史學報』 35·36合 ; 1971, 『高麗政治制度史研究』, 一潮閣, 79~82쪽.

朴龍雲, 2000, 「高麗時代의 6部判事制에 대한 考察」, 『고려시대연구』 Ⅱ, 한국정신문화연구원 ; 2000, 『高麗時代 尙書省 研究』, 景仁文化社, 106·161쪽.

5) 閔公: 1245~1324. 이 묘지명의 주인인 閔宗儒를 말한다.

6) 王國興於唐季 …… 至今凡四百有餘年: 이 묘지명의 작성연대가 1324년(충숙왕 11)이므로 918년(태조 1)에 고려가 건국된 지 406년이 되는 시점이다. 이 구절은 고려의 연원을 들어 여흥민씨의 역사가 유구함을 설명하기 위한 것이라 하겠다.

7) 世祿: 자손대대로 국가의 祿을 받는 것 또는 祿 그 자체를 뜻하며, 대대로 벼슬살이하는 것으로 의미가 확대되기도 한다. 본문에서는 마지막의 의미로 생각된다.

諸橋轍次, 1984, 「世祿」, 『大漢和辭典』 1, 大修館書店, 276쪽.

8) 驪興: 현재의 경기도 여주시 일대이다. 여흥은 고구려의 骨乃斤縣이었던 것을 신라 경덕왕이 黃驍라고 고치고 沂川郡에 소속시켰다. 고려 초에 黃驪로 고쳤다가 1018년(현종 9)에 원주의 속현이 되었으며, 黃利縣이라고도 하였다. 그 후 감무를 두고, 1244년(고종 31)에 永義縣으로 개명되었다가 1305년(충렬왕 31)에는 충렬왕의 어머니 順敬王后 金氏의 內鄕이라 하여 驪興郡으로 승격되

었다. 1388년에 우왕이 여흥으로 유배되면서 잠시 황려부로 승격되었다가 1389년(공양왕 1)에 다시 여흥군이 되었다.

『高麗史』 권56, 志10 地理1 楊廣道 忠州牧 原州 黃驪縣.

『新增東國輿地勝覽』 권7, 京畿 驪州牧.

9) 閔令謨: 1115~1194. 민종유의 고조부이다. 1138년(인종 16)에 급제하고, 여러 관직을 거쳐 吏部員外郎이 되었다. 明宗이 잠저시에 꿈에서 본 재상과 닮았다고 하여 순차를 가리지 않고 樞密院副使에 임명하였다. 1175년(명종 5) 6월에 國子監試를 주관하였고, 같은 해 10월에는 樞密副使로서, 1180년 6월에는 門下平章事로서 과거를 주관하였다. 그는 명종의 총애를 받아 門下侍郎平章事·判吏部事·太子太師에 올랐으며, 절조와 실천이 부족하여 인사행정을 공평하게 처리하지 못하였다는 평을 들었다. 시호는 文景이다.

『高麗史』 권20, 世家20 明宗 9년 5월 丙寅.

『高麗史』 권73, 志27 選舉1 科目1 凡選場 明宗 5년 10월·10년 6월.

『高麗史』 권74, 志28 選舉2 科目2 凡國子試之額 明宗 5년 6월.

『高麗史』 권101, 列傳14 閔令謨.

『高麗史節要』 권13, 明宗 24년 3월.

許興植, 1981, 「高麗 禮部試 同年錄」, 『高麗科擧制度史硏究』, 一潮閣 ; 2005, 『고려의 과거제도』 일조각, 493·497쪽.

李樹建, 1984, 「高麗後期 支配勢力과 土姓」, 『韓國中世社會史硏究』, 一潮閣.

朴龍雲, 1990, 「〈資料〉: 科試 設行과 製述科 及第者」, 『高麗時代 蔭敍制와 科擧制 硏究』, 一志社, 374·388·390~393쪽.

정혜순, 2010, 「여말선초 여흥민씨 가문의 동향」, 『石堂論叢』 47.

10) 明王: 1131~1202. 고려의 제19대 왕 明宗으로, 재위기간은 28년(1170~1197)이다. 휘는 晧이고, 초명은 昕, 자는 之旦이다. 仁宗과 恭睿太后의 셋째 아들이며, 毅宗의 동생이다. 江陵公 王溫의 딸인 光靖太后 金氏와 혼인하여 1男 2女를 낳았다. 무신정변이후 혼란한 정치상황에서도 국왕으로서 무신들을 견제하고, 왕권을

강화하기 위해 측근정치를 추구하였으며 상업과 무역을 장려하기도
하였다.

『高麗史』권19, 世家19 明宗 序.

『高麗史節要』권12, 明宗 序.

이정신, 2006, 「고려시대 명종 연구」, 『韓國人物史硏究』6 ; 2015, 『고
　　　려의 국왕—帝王과 개인으로서의 삶』, 景仁文化社.

11) 大師: 太師와 통한다. 太傅·太保와 함께 3師의 하나로, 정1
품이다. 이에 대해서는 권1 2-(2), 주해 28) 참조.

12) 平章: 中書門下省의 정2품 관직인 平章事이다. 이에 대해서
는 권1 2-(2), 주해 13) 참조.

13) 閔公珪: 생몰년 미상. 민종유의 증조부이며 민영모의 아들이
다. 1177년(명종 7)에 급제하였고, 1197년에 左諫議大夫에 오른
뒤 簽書樞密院事, 門下平章事·判兵部事·太子少保 등의 관직을 역
임하였다. 1197년 5월, 1201년(신종 4) 5월, 1204년 10월에 과거
를 주관하였다. 安宗源의 세 아들이 모두 급제한 것을 축하하는 李
穡의 序에 따르면 민공규의 다섯 아들—康均, 迪均, 仁均, 良均, 光
均—이 모두 급제했다는 언급이 있다. 시호는 定懿이다.

『高麗史』권73, 志27 選擧1 科目1 凡選場 神宗 4년 5월·7년 10월.

『高麗史』권101, 列傳14 閔令謨.

『牧隱文藁』권8, 「賀竹溪安氏三子登科詩序」.

『氏族源流』驪興閔氏.

許興植, 1981, 「高麗 禮部試 同年錄」, 『高麗科擧制度史硏究』, 一潮閣 ;
　　　2005, 『고려의 과거제도』, 일조각, 500·504쪽.

朴龍雲, 1990, 「〈資料〉: 科試 設行과 製述科 及第者」, 『高麗時代 蔭敍制
　　　와 科擧制 硏究』, 一志社, 376·400~403쪽.

정혜순, 2010, 「여말선초 여흥민씨 가문의 동향」, 『石堂論叢』47, 185쪽.

14) 大保: 太保와 통한다. 太傅·太師와 함께 3師의 하나로 정1
품이다. 이에 대해서는 권1 2-(2), 주해 28) 참조.

15) 閔仁鈞: 생몰년 미상. 민종유의 조부이다. 翰林學士, 大司成,

太僕卿 등을 역임하였으며, 1242년(고종 29) 3월의 국자감시와
1248년 3월의 과거를 주관하였다.

> 『高麗史』 권73, 志27 選擧1 科目1 凡選場 高宗 35년 3월.
> 『高麗史』 권74, 志28 選擧2 科目2 凡國子試之額 高宗 29년 3월.
> 『高麗史』 권101, 列傳14 閔令謨.
> 정혜순, 2010, 「여말선초 여흥민씨 가문의 동향」, 『石堂論叢』 47, 185쪽.

16) 翰林學士: 국왕의 詞命을 짓는 일을 담당한 翰林院의 정4품
관직이다. 이에 대해서는 권1 2-(2), 주해 19) 참조.

17) 閔滉: 생몰년 미상. 閔宗儒의 아버지로, 1244년(고종 31)
에 급제하였다. 이 묘지명에는 그가 최린의 딸과 혼인하였으며, 戶
部侍郎에까지 올랐다고 한다.

> 『牧隱文藁』 권8, 「賀竹溪安氏三子登科詩序」.
> 『氏族源流』 驪興閔氏.
> 정혜순, 2010, 「여말선초 여흥민씨 가문의 동향」, 『石堂論叢』 47, 186쪽.

18) 戶部侍郎: 戶口와 田地를 총괄한 尙書戶部의 정4품 관직으
로 정원은 2인이다. 995년(성종 14)에 民官이 尙書戶部로 개칭되
면서 民官侍郎도 호부시랑으로 바뀌었다.

> 『高麗史』 권76, 志30 百官1 戶曹.
> 朴龍雲, 2000, 「高麗時代의 尙書6部에 대한 檢討」, 『高麗時代 尙書省 硏
> 究』, 景仁文化社, 235~238쪽.
> 權寧國, 2005, 「고려전기의 戶部와 三司―당·송제도와의 비교―」, 『歷
> 史學報』 188, 80~85쪽.

19) 昌原郡夫人: 郡夫人은 고려시대에 정4품 이상 관원의 배우
자에게 내려진 봉작호이다. 夫人의 칭호는 원래 왕실의 여성에게 부
여된 명칭으로 고려초에는 국왕의 배필을 의미하였으나, 현종대에
이르면 왕실 여성의 칭호가 后―夫人에서 后―妃體制로 개편되면
서 부인의 칭호는 관료의 배우자에게 주어지는 작위로 전환되었다.
민종유의 어머니가 철원최씨이므로 鐵原의 이칭인 창원군부인으로
봉해진 것이다.

『高麗史』 권75, 志29 選擧3 銓注 封爵之制.

『高麗史』 권77, 志31 百官2 內職.

김창현, 2009, 「신라왕실과 고려왕실의 칭호」, 『韓國古代史硏究』 55, 294～298쪽.

20) 崔璘: ?～1256. 민종유의 외조부이다. 본관은 鐵原이며, 尙書를 지낸 崔臣胤의 둘째 아들이다. 어려서부터 호탕하여 유희를 즐겼다고 하며, 강종 때에 급제하여 臺諫을 거쳐 1237년(고종 24)에 羅州副使가 되었다. 이때 原栗 사람 李延年 형제가 난을 일으켰는데 指揮使 金慶孫과 함께 진압하여 그 공으로 右副承宣에 올랐다. 1240년 5월에 右承宣으로서 동지공거를, 1246년 4월에는 樞密院副使로서 지공거를 지내기도 하였다. 1241년에 몽골에 볼모로 가는 永寧公 王綧을 수행하였으며, 1254년에는 僉知政事로서 陜州 丹溪縣에 주둔한 자릴타이(車羅大)의 병영에 찾아가 몽골군의 철병을 요구하였고, 이듬해에는 平章事로서 몽골에 파견되어 철병을 요청하였다. 시호는 文景이다.

『高麗史』 권23, 世家23 高宗 28년 하4월

『高麗史』 권24, 世家24 高宗 41년 동10월·42년 9월 丁未.

『高麗史』 권73, 志27 選擧1 科目1 凡選場 高宗 27년 5월·33년 4월.

『高麗史』 권99, 列傳12 崔惟淸 附璘.

朴龍雲, 1978, 「高麗時代의 定安任氏·鐵原崔氏·孔巖許氏 家門 分析—高麗 貴族家門 硏究(2)—」, 『韓國史論叢』 3 ; 2003, 『高麗社會와 門閥貴族家門』, 景仁文化社, 236～241쪽.

21) 忠憲王: 1192～1259. 고려의 제23대 왕인 高宗으로, 재위기간은 1213～1259년이다. 휘는 皥, 초명은 瞋 또는 晊이고, 자는 大命·天祐이다. 康宗과 元德太后 柳氏의 장남이며, 忠憲은 1310년(충선왕 2)에 元에서 추증한 시호이다. 熙宗의 딸 安惠太后 柳氏와 혼인하여 3子—2男 1女—를 낳았다. 1231년(고종 18)에는 몽골의 침입을 당하여 수도를 강화도로 천도하고 28년간 항쟁하였다. 1236년에는 佛力으로 몽골군대를 격퇴하고자 大藏都監을 설치하여 재조

대장경의 판각에 착수하였으며, 1259년에는 태자 倎을 몽골에 파견하여 강화를 요청하였다.

『高麗史』 권33, 世家33 忠宣王 2년 추7월 乙未.
『高麗史』 권88, 列傳1 后妃1 安惠太后柳氏.
『高麗史』 권129, 列傳42 崔忠獻.
『高麗史節要』 권14, 高宗 序.
이정신, 2005, 「고려시대 고종 연구―최이와의 관계를 중심으로―」, 『韓國人物史硏究』 3 ; 2015, 『고려의 국왕―帝王과 개인으로서의 삶』, 景仁文化社.

22) 令器: 좋은 그릇 또는 재물을 가리키며, 사람의 탁월한 재능을 은유적으로 표현할 때 사용되었다. 後漢 말에 孫策이 張昭와 張紘을 등용할 때 그들이 '文理意正'하여 세상 사람들이 '令器'로 여겼다고 하였으며, 후당의 북평왕 趙德鈞의 손자 趙贊은 7세에 『서경』 27권을 암송하여 '令器'라고 불렸다. 여기서는 민종유가 겨우 11세에 대의를 깨달았다고 하여 어려서부터 학문적인 자질을 갖추고 있음을 비유한 표현이다.

『三國志』 권53, 吳志8 張紘.
『晉書』 권33, 列傳3 石苞.
『宋史』 권254, 列傳13 趙贊.
諸橋轍次, 1984, 「令器」, 『大漢和辭典』 1, 大修館書店, 616쪽.

23) 門地: 문벌의 지위 또는 가문의 지위나 차례·정도를 의미한다. 『高麗史』에도 門地는 "門地單微", "不以門地驕人", "門地賤微" 등으로 표현되어 가문의 사회적 지위나 정도를 의미하였다. 여기에서는 민종유의 가문이 훌륭하여 그가 가문의 지위, 즉 蔭敍로 출사하였음을 의미한다.

『高麗史』 권96, 列傳9 崔思諏.
『高麗史』 권100, 列傳13 朴純弼.
『高麗史』 권124, 列傳37 申元弼.
諸橋轍次, 1984, 「門地」, 『大漢和辭典』 1, 大修館書店, 704쪽.

24) 始陽府: 원종이 아들 王琂를 위해 만든 관부로 종8품의 典
籤과 종9품의 錄事를 1명씩 두었다. 王琂는 원종과 慶昌宮主의 아
들로서 충렬왕의 異母弟인데, 1283년(충렬왕 9)에 始陽侯에 봉해
지고 있으므로 시양부도 그 무렵에 설치되었을 것이다. 한편, 王子
府는 문종대 정비되어 諸王과 관련된 행정적·재정적 제반업무를 관
장하였고, 府主의 호위와 훈도를 담당하였다. 諸王府의 관직은 여타
의 관서에 비해 府主와의 친밀도가 높은 직책이었으므로 府主와 僚
屬이 정치적 동반자가 되었으며, 공적 기관이면서도 府主와의 개별
적인 주종관계로 인해 '私的'으로 운영될 소지가 있었다. 이러한 특
이성으로 인해 당시 사람들은 후비부나 제왕부의 요속을 따로 '궁관'
이라고 호칭하였다.

『高麗史』 권77, 志31 百官2 諸王子府.

金基德, 1997, 「高麗의 諸王府와 皇帝國體制」, 『國史館論叢』 78.

이정란, 2006, 「고려시대 后妃府에 대한 기초적 검토」, 『한국중세사연구』
  20.

朴龍雲, 2009, 『『高麗史』 百官志 譯註』, 신서원, 501·502쪽.

이정란, 2010, 「고려·조선전기 王室府의 재정기구적 면모와 운영방식의
  변화」, 『韓國史學報』 40, 313~315쪽.

25) 淸道郡: 현재의 경상북도 청도군 일대이다. 고려 초에 신라
의 大城郡과 烏岳, 荊山, 蘇山 등 3개의 현을 합하여 郡으로 삼아
密城郡에 속하였으며, 道州라고 불리기도 하였다. 1109년(예종 4)
에 監務를 두었으며, 1343년(충혜왕 후4)에는 郡 사람 上護軍 金
善莊이 공이 있다고 하여 知郡事로 승격되었다가 이듬해에 다시 감
무가 파견되었다. 1356년(공민왕 5)에 이곳 출신의 金漢貴가 監察
大夫가 되자 다시 승격을 요청하여 지군사가 되었다.

『高麗史』 권41, 世家41 恭愍王 14년 하4월.

『高麗史』 권57, 志11 地理2 慶尙道 東京留守官慶州 密城郡.

朴宗基, 2005, 「『高麗史』 地理志 譯註(5)—蔚州·禮州·金州·梁州·密城郡

編一」, 『韓國學論叢』 27, 96~98쪽.

26) 監務: 고려시대에 지방관이 없던 屬郡·縣에 예종대부터 파견한 하급의 外官職이다. 고려의 지방행정단위는 지방관이 파견되는 主郡·縣과 그렇지 않은 屬郡·縣이 공존하였는데, 속군·현은 외관이 파견된 主郡·主縣의 행정적 통제를 받았다. 그러나 主縣을 통한 屬縣의 간접지배는 중앙 행정력의 한계성을 드러내어 수령의 탐학과 백성의 유망이 심화되었다. 이러한 문제점을 극복하기 위해 예종대에 속군·속현에도 감무를 파견하기 시작했다. 고려시대에 현령 이상의 주군·현에는 2인 이상의 외관이 있었으나 감무는 단독으로 부임하였고, 속관도 거느리지 않았다.

『高麗史』 권77, 志31 百官2 外職 諸縣.

河炫綱, 1962, 「高麗地方制度의 一研究(下)—道制를 중심으로—」, 『史學研究』 14 ; 1988, 『韓國中世史研究』, 一潮閣.

元昌愛, 1984, 「高麗 中·後期 監務增置와 地方制度의 變遷」, 『清溪史學』 1.

金東洙, 1989, 「고려 중·후기의 監務 파견」, 『全南史學』 3.

金秉仁, 1994, 「高麗 睿宗代 監務의 設置背景」, 『全南史學』 8 ; 2003, 『高麗 睿宗代 政治勢力 研究』, 景仁文化社.

尹京鎭, 2001, 「高麗 郡縣制의 운영원리와 主縣—屬縣 領屬關係의 성격」, 『한국중세사연구』 10.

朴龍雲, 2009, 『『高麗史』 百官志 譯註』, 신서원, 729~732쪽.

27) 忠敬王: 1219~1274. 고려의 제24대 王인 元宗으로, 재위기간은 1259~1274년이다. 휘는 鐿이고, 초명은 倎, 자는 日新이다. 高宗과 安惠太后 柳氏의 장남이며, 忠敬은 元에서 추증한 시호이다. 莊翼公 金若先의 딸인 靜順王后 金氏와 혼인하여 忠烈王을 낳았다. 1258년(고종 45) 3월에 柳璥, 金俊 등에 의해 崔竩가 살해되고 왕정복고가 이루어졌으며, 이듬해 강화를 요청하기 위해 몽골에 입조했다가 고종이 사망하자 귀국하여 왕위에 올랐다. 1268년(원종 9)에 개경환도를 추진하는 가운데 환도에 반대하는 林衍에

의해 폐위되었으나, 몽골의 후원으로 1269년 11월에 복위하여 출륙
환도를 단행하였다. 1270년에 三別抄가 왕실의 출륙환도에 반발하
자 원종은 삼별초를 해산하고 그 명부를 압수하였다. 이에 裵仲孫,
盧永禧 등이 대몽항전을 결의하고 承化侯 溫을 옹립하고 반란을 일
으키자 원종은 몽골과 연합하여 3년에 걸쳐 삼별초를 진압하였다.
1271년에 몽골이 국호를 元으로 개칭하고 일본정벌에 착수하자 막
대한 전쟁 물자를 제공해야 했으며, 1274년 3월에는 元의 요구에
따라 結婚都監을 설치하고 貢女를 색출하여 민간의 원성과 지탄을
받았다.

『高麗史』 권105, 列傳18 柳璥.
『高麗史』 권129, 列傳42 叛逆3 崔忠獻.
『高麗史』 권130, 列傳43 叛逆4 金俊·林衍·裵仲孫.
『高麗史節要』 권18, 元宗 序.
『高麗史節要』 권19, 元宗 15년 3월.
강성원, 1995, 「원종대의 권력구조와 정국의 변화」, 『역사와 현실』 17.
이정신, 2008, 「원 간섭기 원종·충렬왕의 정치적 행적—김방경의 삼별
　　　　초 정벌, 일본원정을 중심으로—」, 『韓國人物史硏究』 10 ;
　　　　2015, 『고려의 국왕—帝王과 개인으로서의 삶』, 景仁文化社.

28) 亢禮: 抗禮와 통한다. 抗禮는 상대와의 동등한 교제, 또는
대등한 예를 의미한다.

諸橋轍次, 1984, 「抗禮」, 『大漢和辭典』 5, 大修館書店, 142쪽.

29) 更事: 세상의 일을 경험한다는 뜻이며, 字意대로 일을 바꾼
다는 의미도 있다. 이 외에 자주 있는 일[事柄] 또는 일상적이거나
항상적인 일을 뜻하기도 한다. 여기서는 세상에 대한 경험이란 의미
로 사용되었다.

諸橋轍次, 1985, 「更事」, 『大漢和辭典』 9, 大修館書店, 163쪽.

30) 淸道邑多大姓 …… 素號難治: 대성은 청도의 토호세력을
의미하는데 여기서는 당시 청도의 대성가문이 제시되어 있지는 않
지만, 『新增東國輿地勝覽』 淸道條에는 申·金·白·李·曹氏와 함께

來姓으로 崔·孫氏가 있어 꽤 많은 土姓이 찾아진다. 대표적으로 元宗 때 政堂文學·吏部尙書에 오르고 守太傅·中書侍郎平章事로 치사한 金之岱가 있다. 본문의 일화는 청도가 토성세력이 강성하여 다스리기 어려운 고을임에도 민종유가 어린 나이에 감무가 되어 좋은 성과를 거두었다는 점을 강조하기 위한 것으로 생각된다. 한편 민종유는 청도감무 시절의 치적이 고과에 반영되어 이후 內侍로 발탁되었다.

『高麗史』 권77, 志31 百官2 外職 諸縣.

『高麗史』 권102, 列傳15 金之岱.

『新增東國輿地勝覽』 권26, 慶尙道 淸道郡.

李樹健, 1975, 「「土姓」研究(其一)」, 『東洋文化』 16 ; 1984, 『韓國中世社會史研究』, 一潮閣, 47쪽.

李鎭漢, 1997, 「高麗時代 初仕外官職의 운영과 녹봉」, 『韓國史學報』 2 ; 1999, 『고려시대 官職과 祿俸의 관계 연구』, 一志社.

이진한, 2002, 「고려시대 守令職의 제수 자격」, 『史叢』 55.

金甫桃, 2011, 『高麗 內侍 研究』, 고려대학교 한국사학과 박사학위논문, 217쪽.

31) 都兵馬錄事: 都兵馬使의 甲科 權務職으로 정원은 8인이다. 甲科 權務職으로서 田柴와 祿俸을 지급받았고, 품관직으로의 승진에 있어서도 우대를 받았다. 또한 1280년(충렬왕 6) 10월에 각도 指揮使의 判官과 錄事를 혁파하면서도 도평의사사의 녹사는 유임시키고 있어 도병마녹사에 대한 우대는 지속되었던 것으로 보인다.

『高麗史』 권29, 世家29 忠烈王 6년 동10월 丁亥.

『高麗史』 권77, 志31 百官2 諸司都監各色 都評議使司.

末松保和, 1956, 「高麗兵馬使考」, 『東洋學報』 39-1 ; 1965, 『靑兵史草』 1, 笠井出版社.

邊太燮, 1969, 「高麗都堂考」, 『歷史敎育』 11·12合 ; 1971, 『高麗政治制度史硏究』, 一潮閣.

金光洙, 1980, 「高麗時代의 權務職」, 『韓國史研究』 30.

金甲童, 1994, 「高麗時代의 都兵馬使」, 『歷史學報』 141 ; 2005, 『고려전

기 정치사』, 일지사.

李鎭漢, 1997, 「高麗時代 權務職의 地位와 祿俸」, 『民族文化硏究』 20 ；
 1999, 『고려시대 官職과 祿俸의 관계 연구』, 一志社.
金昌賢, 1997, 「高麗後期 都評議使司 體制의 성립과 발전」, 『史學硏究』 54.
박용운, 2008, 「고려시기 兵馬使와 都兵馬使 機構에 대한 몇 가지 문제
 ―兵馬判事와 都兵馬使 職位를 중심으로―」, 『韓國史硏究』 141
 ： 2010, 『고려시기 역사의 몇 가지 문제』, 일지사.

32) 內侍: 고려시대에 국왕을 가까이에서 侍奉하거나 호종하는
일을 맡은 近侍職을 말하며, 대체로 문반관인들을 대상으로 가문이
나 재능, 공로 등을 고려하여 선발하였다. 內侍制의 성립은 근시조
직이 정비되는 성종대에 그 기반이 마련되었으며, 1023년(현종
14)에 중추원이 개편되어 日直이 承宣으로 外朝化되는 정치적 상
황에서 내시제가 본격적으로 운영되었다. 내시는 內侍籍에 기재되어
관리되었으며, 국왕의 각종 使命 처리, 국왕과 外朝의 承宣 사이에
서 왕명의 전달, 국가 의례시 국왕의 보조 역할, 국가 재정을 담당
하는 각종 창고의 관리·감독 등 여러 역할을 수행하였다.

金昌洙, 1969, 「麗代 內侍의 身分」, 『東國史學』 11.
金載名, 2002, 「高麗時代의 內侍」, 『歷史敎育』 81.
김보광, 2010, 「고려시대 내시(內侍)의 운영과 문반관직」, 『역사와 현실』
 75.
金甫桄, 2011, 『高麗 內侍 硏究』, 고려대학교 한국사학과 박사학위논문.

33) 都染署丞: 염색 업무를 관장한 도염서의 정9품 관직으로 정
원은 2인이다.

『高麗史』 권77, 志31 百官2 都染署.

34) 興威衛別將: 별장은 무반의 정7품 관직으로, 홍위위에 별장
의 정원은 5員이었다. 興威衛는 고려시대 경군 조직인 2軍 6衛의
하나로, 左右衛·神虎衛와 더불어 6위의 전투부대 중에서도 京軍의 주
력부대를 이루었다. 保勝 7領과 精勇 5領의 단위부대로 구성되었다.

『高麗史』 권77, 志31 百官2 西班 興威衛.

李基白, 1960, 「高麗 二軍·六衛의 形成過程에 대한 再考」, 『黃義敦先生古稀
　　　　紀念史學論叢』 : 1968, 『高麗兵制史研究』, 一潮閣, 77〜79쪽.
35) 牽龍行首: 견룡은 국왕을 侍衛하거나 御駕 행차시의 호위·
의장, 궁성의 숙위, 왕자·공주 등의 왕실 호위 등을 담당하던 특별
부대이다. 이들은 대체로 무반에서 용맹성을 바탕으로 일정한 기준
에 따라 선발되었는데, 이들은 대정이나 산원, 별장과 같은 무반관
직을 지니면서 견룡직을 帶有하였다. 行首는 指諭―行首―牽龍으
로 이어지는 지휘체계를 구성하는 지휘관이다. '御'는 국왕을 의미하
는 것으로 왕자, 공주 등에게도 두어졌던 다른 견룡에 비해 국왕을
지킨다는 배속처를 특별히 드러내어 해당 견룡의 위상을 높이기 위
한 冠稱이다. 한편 견룡의 성립시기에 대해서는 성종대와 숙종대의
두 가지 견해가 있는데, 2군6위 체제의 부실화, 특히 2군의 국왕시
위기능의 약화와 붕괴, 이에 따른 숙종의 왕권강화 노력, 견룡직의
겸직운용방식 등을 고려하면 허설화된 기존의 시위 조직을 숙종대
에 재편성한 것으로 보는 편이 옳을 듯하다.

周藤吉之, 1976, 「高麗前期の鈐轄·巡檢と牽龍―宋の鈐轄·巡檢·牽攏官と
　　　　の關連において―」, 『東洋大學大學院紀要』 13 : 1980, 『高麗朝
　　　　官僚制の研究 ―宋制との關連において―」, 法政大學出版局.
金洛珍, 1995, 「牽龍軍과 武臣亂」, 『高麗武人政權研究』, 서강대출판부.
宋寅州, 1995, 「高麗時代의 牽龍軍」, 『大丘史學』 49 : 1996, 「高麗時代
　　　　의 禁軍」, 『한국중세사연구』 3 : 2007, 『고려시대 친위군 연구』,
　　　　일조각.
金洛珍, 2000, 「高麗時代 牽龍軍의 設置와 任務」, 『歷史學報』 165.
김보광, 2011, 「고려시대 牽龍의 운영과 무반관직」, 『歷史敎育』 117.

6-(2).

[原文]

忠烈王尙帝女齊國公主, 特立膺善府, 乙亥徙爲膺善府牽龍行首. 拜左右衛郎將, 轉右指諭, 尋借興威衛將軍. 癸未復文資爲朝顯大夫試少府尹, 賜紫金魚袋, 出副忠州牧. 戊子以典法摠郎知通禮門事爲東界安集使, 改典理摠郎. 己丑爲忠淸道按廉使, 遷大府大僕尹, 壬辰又出副東京留守. 尋以禮賓尹召, 改三司右尹兼世子宮門令. 累遷判通禮門選軍別監使. 階五轉至正獻大夫, 拜密直知申事知典理監察司事. 戊戌進授奉翊大夫密直副使, 明年以不苟合免. 丁未起授判密直司, 改監察大夫, 陞匡靖大夫, 遙授贊成事. 太尉王元年以僉議贊成事致仕, 今王己未授重大匡, 封復興君. 至治辛酉省非王氏而君者, 隨例去復興爵, 復以僉議贊成事上護軍判摠部事致仕. 至泰定改元甲子五月五日己丑卒于家, 享年八十.

[譯文]

충렬왕[1]이 황제의 딸 제국공주[2]에게 장가들어 특별히 (공주의) 응선부[3]를 세우니, 을해년(1275)에 옮겨서 응선부 견룡항수가 되었다. 좌우위낭장[4]에 임명되고 (견룡)우지유[5]로 전임되었으며, 얼마 후 차흥위위장군[6]에 제수되었다. 계미년(1283)에 문반[文資]으로 복귀하여 조현대부[7]·시소부윤[8]이 되고 자금어대[9]를 하사받았으며, 충주목부사[10]가 되어 나갔다. 무자년(1288)에 전법총랑[11]·지통례문사[12]로서 동계안집사[13]가 되었다가 전리총랑[14]으로 고쳤다. 기축년(1289)에는 충청도안렴사[15]가 되었고 대부윤[16]과 대복윤[17]을 지냈으며, 임진년(1292)에 또 동경부유수[18]로 나갔다. 얼마 후 예빈윤[19]으로 소환되고, 삼사우윤[20] 겸 세자궁문령[21]으로 고쳤다. (그 후) 여러 번 옮겨 판통례문[22]·선군별감사[23]가 되었다. 문산계가 다섯 번 바뀌어 정헌대부[24]에 이르렀고, 밀직지신사[25]·지전리[26]·

감찰사사[27]에 임명되었다. 무술년(1298)에 승진하여 봉익대부[28]·밀직부사[29]에 제수되었으나, 이듬해 구차하게 영합하지 않아 면직되었다.[30] 정미년(1307)에 기용되어 판밀직사[31]에 임명되었고, 감찰대부[32]로 고쳤으며, 문산계가 광정대부[33]로 오르고 (원에 있던) 충선왕으로부터 찬성사를 제수받았다.[34] 충선왕[太尉王][35] 원년(1309)에 첨의찬성사로 치사하였고, 충숙왕[今王][36] 기미년(1319)에 중대광을 제수받고 복흥군에 봉해졌다.[37] 지치 신유년(1321)에 왕실이 (왕씨가) 아니면서 봉군된 자를 줄이니 법규에 따라 복흥의 작을 없애고,[38] 다시 첨의찬성사·상호군·판총부사치사로 삼았다. 태정으로 연호를 고친 갑자년(1324) 5월 5일 기축일에 집에서 세상을 떠났으니, 향년 80세이다.

[註解]

1) 忠烈王: 1236~1308. 고려의 제25대 왕으로 재위기간은 1274.6~1298.1·1298.8~1308.7이다. 그에 대해서는 권1, 3-(1) 주해 5) 참조.

2) 齊國公主: 1259~1297. 고려 제 25대 충렬왕의 妃이다. 元世祖의 딸로 휘는 쿠투루칼리미쉬(忽都魯揭里迷失)이고, 충선왕의 어머니이다. 『東文選』·『益齋亂藁』·『海東繹史』 등에는 忽篤惻迷思라고 기록되었다. 1269년(원종 10)에 원종이 세조에게 양국 간의 혼인을 약속받았고, 1274년 5월에 혼인하였다. 그 해 원종이 훙거하자 즉위한 충렬왕을 따라서 고려에 들어와 1275년(충렬왕 1)에 元成公主가 되었으며, 뒤에 원의 成宗으로부터 安平公主에 봉해지고, 사후 武宗 때에 齊國大長公主로 추봉되었다. 그녀는 원의 대고려정책의 수행자로서, 충렬왕을 감시·독려하였으며, 남편의 측근세력을 비판하면서 자신의 정치적 입지를 확보하였다고 평가하기도

한다. 특히 그녀는 원 황실의 교역에 직접 참여함으로써 적극적인
殖利 활동을 펴기도 하였다.

『高麗史』 권89, 列傳2 后妃2 齊國大長公主.

『東文選』 권62, 書「上征東省書」.

『益齋亂藁』 권9上, 「有元贈敦信明義保節貞亮濟美翊順功臣太師開府儀同
    三司尙書右丞相上柱國忠憲王世家」.

金成俊, 1952, 「麗代 元公主出身 王妃의 政治的 位置에 대하여」, 『韓國
    女性文化論叢』 ; 1985, 『韓國中世政治法制史研究』, 一潮閣.

金惠苑, 1989, 「麗元王室通婚의 成立과 特徵—元公主出身王妃의 家系를
    중심으로—」, 『梨大史苑』 24·25合.

정용숙, 1992, 「元 公主 출신 왕비의 등장과 정치세력의 변화」, 『고려시
    대의 后妃』, 民音社.

李命美, 2003, 「高麗·元 王室通婚의 政治的 의미」, 『韓國史論』 49.

권순형, 2005, 「원 공주 출신 왕비의 정치권력 연구—충렬왕비 제국대
    장공주를 중심으로—」, 『史學研究』 77.

김현라, 2008, 「고려 충렬왕비 齊國大長公主의 위상과 역할」, 『지역과
    역사』 23.

이정란, 2012, 「忠烈王妃 齊國大長公主의 冊封과 그 의미」, 『韓國人物史
    研究』 19 ; 2015, 『고려의 왕비—내조자와 국모로서의 삶』, 景
    仁文化社.

  3) 膺善府: 충렬왕의 妃 제국대장공주를 위해 설치한 王妃府이
다. 고려는 왕실의 구성원들—국왕의 배우자나 자녀—을 위해 諸王
府나 后妃府를 설치하여 그들과 관련한 제반 업무를 관장하게 하였
다. 후비부의 경우 『高麗史』 食貨志 祿俸條에 따르면 妃主祿의 지
급대상이 된 妃主의 범주는 王妃 및 貴妃·淑妃 등의 諸妃와 宮主·
院主였으며, 妃主는 이들에 대한 총칭으로 사용되었다. 이때 모든
비주가 開府의 자격과 혜택을 받은 것은 아니었으며, 立殿置府할
수 있는 경우는 왕비의 소생자가 왕위에 올랐을 때 太后의 자격으
로 설치하는 것이 관례였다. 그러나 충렬왕 때부터 元의 公主는 태
후가 아니라도 원의 정치적 영향력 하에 왕비의 자격으로서 立府의

특혜를 받았으며, 후비 자신들의 왕실내 지위와 정치적 위상에 따라 立府의 규모에 차등이 두어졌다. 후비부의 屬官은 충렬왕 때에 무반직 위주로 증치되어 丞 1인, 指諭·行首 각 2인, 牽龍 4인, 侍衛軍 50인, 守護員 2인으로 구성되었다.

『高麗史』 권77, 志31 百官2 諸妃主府.

金基德, 1997, 「高麗의 諸王府와 皇帝國體制」, 『國史館論叢』 78.

김현라, 2008, 「고려 충렬왕비 齊國大長公主의 위상과 역할」, 『지역과
역사』 23.

이정란, 2010, 「고려·조선전기 王室府의 재정기구적 면모와 운영방식의
변화」, 『韓國史學報』 40.

4) 左右衛郞將: 고려시대 경군인 2軍 6衛 가운데 左右衛의 매 領의 정6품 무관직이다. 좌우위는 興威衛·神虎衛와 더불어 3위로 불리었으며, 수도 개경의 수비와 함께 出征·防守를 담당하였다. 좌우위는 保勝 10領과 精勇 3領의 단위부대로 구성되었으며, 문종 때 정6품 郞將의 정원은 매 領에 5인이었다. 1領이 1,000명으로 이루어졌으므로 낭장은 200명으로 조직된 부대의 지휘관이었을 것이다.

『高麗史』 권77, 志31 百官2 西班 左右衛.

李基白, 1956, 「高麗 京軍考」, 『李丙燾博士華甲紀念論叢』, 一潮閣 :
1968, 『高麗兵制史硏究』, 一潮閣, 73쪽.

李基白, 1960, 「高麗 二軍·六衛의 形成過程에 대한 再考」, 『黃義敦古稀
紀念 史學論叢』, 東國大學校 出版部 ; 1968, 『高麗兵制史硏究』,
一潮閣, 77~79쪽.

洪元基, 1990, 「高麗 二軍·六衛制의 性格」, 『韓國史硏究』 68 ; 2001, 『高
麗前期 軍制硏究』, 혜안.

鄭景鉉, 1992, 「高麗前期 二軍六衛制 硏究」, 서울대학교 국사학과 박사
학위논문.

洪承基, 1994, 「高麗初期 京軍의 二元的 構成論에 대하여」, 『李基白先生
古稀紀念 韓國史學論叢』(上), 一潮閣 ; 2001, 『高麗政治史硏究』,
一潮閣.

5) 右指諭: 고려시대에 散員에서 中郞將에 이르는 무반의 겸직으로

牽龍, 中禁 등 일선 부대의 지휘관이다. 여기에서 민종유는
견룡항수에서 자유로 전직하고 있다.

李基白, 1960, 「高麗 二軍·六衛의 形成過程에 대한 再考」, 『黃義敦古稀
　　紀念 史學論叢』, 東國大學校 出版部 ; 1968, 『高麗兵制史硏究』,
　　一潮閣.

송인주, 2007, 「금군의 군관조직과 병졸집단의 구성」, 『고려시대 친위군
　　연구』, 일조각, 92~107쪽.

　6) 借興威衛將軍: 興威衛의 정4품 借職이다. 借職은 權職과 함
께 정규적인 관직체계 내의 직위가 아니었고, 경제적인 혜택도 부여
되지는 않았지만, 현직 보다 매우 높은 직위가 제수되었고, 試·攝職
또는 眞職으로의 승진을 기대할 수 있는 직위였다. 여기서는 閔宗儒
가 郎將에서 中郎將을 거치지 않고 바로 장군이 되어 차직을 제수
한 것 같다.

李基白, 1956, 「高麗 京軍考」, 『李丙燾博士華甲紀念論叢』, 一潮閣 ;
　　1968, 『高麗兵制史硏究』, 一潮閣.

박용운, 1995, 「고려시대의 官職─試·攝·借·權職에 대한 검토─」, 『震
　　檀學報』 79 ; 1997, 『高麗時代 官階·官職 硏究』, 고려대학교
　　출판부.

朴龍雲, 2009, 『『高麗史』 百官志 譯註』, 신서원, 645·655쪽.

　7) 朝顯大夫: 1275년(충렬왕 1)의 관제 개혁에 의해 신설된 종
4품의 文散階로 얼마 후 폐지되었다. 최근 조현대부는 민종유와 같
이 3, 4품 정도의 관직에 대응되는 사례도 있지만 대체로 4품 이하
의 관직과 대응된다는 견해가 제시되었다.

『高麗史』 권77, 志31 百官2 文散階.

朴龍雲, 1981, 「高麗時代의 文散階」, 『震檀學報』 52 ; 1997, 『高麗時代
　　官階·官職 硏究』, 고려대학교 출판부, 37~43쪽.

李康漢, 2012, 「고려후기 '충렬왕대 문산계(文散階)'의 구조와 운용」, 『震
　　檀學報』 116, 40·41쪽.

　8) 試少府尹: 工技와 寶藏을 관장한 少府寺의 종3품 尹의 試職
이며, 전기의 少府監에 해당한다. 1298년(충렬왕 24)에 충선왕이

내부감이라 고치면서 판사를 혁파하고 소부감을 종3품으로 올렸다. 이후 1308년에 충선왕이 繕工司에 합쳤다가, 1331년(충혜왕 1)에 다시 설치하여 少府寺라 하였으며, 종3품의 尹을 두었다. 여기서 閔宗儒 1283년에 이미 시소부윤에 임명되고 있는 것으로 보아 소부감의 관제개혁은 1298년 이전인 1275년에 이루어졌을 것이다.

『高麗史』 권76, 志30 百官1 少府寺.

朴龍雲, 1995, 「고려시대의 官職―試·攝·借·權職에 대한 검토―」, 『震檀學報』 79 ; 1997, 『高麗時代 官階·官職 硏究』, 고려대학교출판부, 159·202쪽.

朴龍雲, 2005, 「『高麗史』 百官志 譯註(4)」, 『고려시대연구』 Ⅸ, 한국학중앙연구원 ; 2009, 『『高麗史』 百官志 譯註』, 신서원, 311~316쪽.

9) 紫金魚袋: 왕이 高官에게 하사하던 물품으로 허리띠에 차는 물고기 모양의 장식물을 넣은 주머니를 가리킨다. 魚袋는 관등에 따라 玉·金·銅으로 만든 魚符를 넣어 두던 주머니로 唐代부터 公服에 종속되는 장식물이 되었다(①). 고려의 공복제는 신라의 복색을 모방하여 紫·丹·靑·黃으로 구성되었고, 후삼국을 통일한 이후에는 紫·丹·緋·綠으로 개편되었으며, 신분제의 상징적인 기능을 하였다. 성종대에는 관제개혁과 더불어 공복제도 개편되어 丹衫이 사라지고, 魚袋에 있어서도 국초의 金·丹金(銀)·緋銀魚袋 가운데 丹衫層이 사라지면서 紫金·緋銀魚袋만이 사용되었다. 의종 때에 文官에 한정하여 4품 이상은 紫色 옷의 붉은 허리띠에 金魚를 차고, 6품 이상은 진홍색[緋紅] 옷의 붉은 허리띠에 銀魚를 착용하도록 詳定하였으며, 6품 이하의 관인이라도 국왕의 特賜가 있으면, 상정한 例에 구애받지 않게 하였다(②). 魚袋制가 紫色·緋色 등의 공복과 銀으로 된 어대의 합성어였다는 점에 주목하여 어대제가 관직과 관계의 불일치를 조정해 주는 광의의 行守制的 기능과 관인사회를 계층화시키는 역할을 하였을 것으로 추정한 견해도 있다(③).

① 『舊唐書』권45, 志25 輿服.

　『三國史記』권33, 雜志2 色服.

　黃善榮, 1987, 「高麗初期 公服制의 成立」, 『釜山史學』12 ; 2002, 『나
　　말여초 정치제도사 연구』, 국학자료원.

② 『高麗史』권72, 志26 輿服1 官服 公服.

③ 李賢淑, 1992, 「新羅末 魚袋制의 成立과 運用」, 『史學研究』43·44合,
　　54~57쪽.

　이현숙, 2014, 「금석문으로 본 고려후기 어대제의 변화」, 『역사와 현실』
　　91.

10) 副忠州牧 : 충주목의 副使를 말하며, 제수자격은 4품 이상이
다. 고려시대 수령의 품질은 겸대한 京職과 읍격의 여하에 따라 결
정되었는데, 대체로 제수자격보다 품계가 낮은 京職者가 임명되는
경우가 많았으며, 이때 경직 앞에 '借'자를 붙이도록 하였고, 반대의
경우 본품관직 앞에 '前'자를 쓰게 하였다. 한편 忠州牧은 지금의 충
청북도 충주시 일대이며, 983년(성종 2)에 전국의 중요 지역 12州
에 설치한 州牧의 하나이다. 995년에 節度使를 두고 忠州昌化軍으
로 개칭하였고, 1012년(현종 3)에는 節度使를 폐지하고 安撫使를
두었다가, 1018년에 忠州牧으로 바꾸고, 전국 8牧의 하나로 삼았다.
屬郡이 1, 屬縣이 5, 領知事郡이 1개이다.

　『高麗史』권77, 志31 百官2 外職.

　『高麗史』권56, 志10 地理1 楊廣道 忠州牧.

　이진한, 2002, 「고려시대 守令職의 제수 자격」, 『史叢』55.

　李鎭漢, 2003, 「高麗時代 守令의 京職 兼帶」, 『震檀學報』95.

11) 典法摠郎 : 고려후기 法律과 詞訟, 詳讞 등을 관장하던 典法
司의 정4품 관직으로 정원은 2인이며 전기의 刑部侍郎에 해당한다.
1275년(충렬왕 1)에 尙書刑部를 典法司로 고치면서 시랑도 총랑
으로 바뀌었다. 이후 1308년에 충선왕에 의해 전법사가 讞部로 바
뀌자 다시 議郎이라 하였다가 1356년(공민왕 5)에 다시 刑部로 개
칭되면서 시랑으로 바뀌는 등의 변화가 있었다.

『高麗史』 권76, 志30 百官1 刑曹.

12) 知通禮門事: 고려후기 朝會와 儀禮를 관장하던 通禮門의
他官이 겸직한 知事職으로, 전기의 知閣門事에 해당한다. 성종 때에
설치되었고, 1116년(예종 11)에 本品行頭職이 되었다. 1275년(충
렬왕 1)에 閣門이 통례문으로 개칭되었으며, 이후 閣門·通禮門으로
다시 고치는 등 여러 차례의 개편이 있었다.

『高麗史』 권76, 志30 百官1 通禮門.
朴龍雲, 2005, 「『高麗史』 百官志 譯註(4)」, 『고려시대연구』 IX, 한국학
중앙연구원 ; 2009, 『『高麗史』 百官志 譯註』, 신서원, 262～268
쪽.

13) 東界安集使: 東界에 파견되어 백성들의 安集을 담당하던 관
직이다. 995년(성종 14)에 지방제도를 개편하면서 전국에 10道를
설치할 때, 和州·溟州 등의 郡縣을 朔方道라 했다가 1036년(정종
2)에 東界라고 하였으며, 1047년(문종 1)에는 東北面으로 개칭되
었다. 東界에는 北界와 더불어 兵馬使를 두어 軍政과 民政을 총괄
하게 하였으며, 그 아래 州와 鎭이 설치되어 防禦使와 鎭將이 파견
되었다. 1178년(명종 8)에는 沿海溟州道로 개칭되었다. 몽골의 침
입 이후 동계 지역이 몽골로 넘어가면서 화주에 몽골의 雙城摠管府
가 설치되어 병마사의 파견이 어렵게 되자 임시적 성격의 東界安集
使가 파견되기도 하였다. 안집사는 사례상 안찰사(충렬왕 이후에는
안렴사)와 함께 나타나기도 하여 양자가 비슷한 업무를 담당했다고
보이나, 안집사는 필요에 따라 수시로 임명되어 백성의 안집, 지방
의 감찰 기능을 담당하여 정기적으로 임명되는 안렴사와는 차이가
있다.

『高麗史』 권58, 志12 地理3 東界.
『高麗史』 권77, 志31 百官2 外職 按廉使.
河炫綱, 1962, 「高麗 地方制度의 一研究(上)·(下)—道制를 중심으로—」,
『史學研究』 13·14合 ; 1977, 『高麗地方制度의 研究』, 韓國研究

院.

邊太燮, 1968, 「高麗按察使考」, 『歷史敎育』 40 ; 1971, 『高麗政治制度史
    研究』, 一潮閣, 157~165·172~180쪽.

박종진, 2003, 「고려시기 안찰사의 기능과 위상」, 『東方學志』 122, 224~
    240쪽.

朴龍雲, 2009, 『『高麗史』 百官志 譯註』, 신서원, 672~679쪽.

14) 典理摠郎: 고려후기 文選과 勳封을 관장하던 典理司의 정4
품 관직으로, 전기의 吏部侍郎에 해당한다. 1275년(충렬왕 1)에 尙
書吏部를 尙書禮部와 합하여 전리사로 개칭하면서 侍郎도 총랑으로
명칭이 바뀌었다.

    『高麗史』 권76, 志30 百官1 吏曹.

15) 忠淸道按廉使: 충청도에 파견되어 해당 지역을 순행하며 감
찰 기능을 담당했던 외관직이다. 1276년(충렬왕 2)에 안찰사가 안
렴사로 개칭되었고, 1298년에는 충선왕이 관제를 개혁하여 충청도
에 按廉副使를 증치하였다. 충청도는 현재의 충청남북도 일대이다.
995년(성종 14)에 전국을 10개의 道로 나눌 때 忠州와 淸州에 속
한 州·縣을 忠原道에 소속시켰으며, 1106년(예종 1)에 關內道와
河南道를 통합하여 楊廣忠淸州道라고 하였다. 1172년(명종 2)에
다시 2개의 道로 분할하였다가 1314년(충숙왕 1)에는 다시 합쳐
楊廣道로 하였으며, 1356년(공민왕 5)에 다시 忠淸道로 고치고, 1
개의 京과 3개의 牧, 2개의 府를 비롯하여 27개의 郡과 78개의 縣
을 관할하게 하였다.

    안찰사가 양계를 제외한 5도에 모두 설치된 것은 대체로 예종~
인종조를 전후한 것으로 보이며, 안찰사의 주요업무는 道內의 主縣
을 순회하면서 수령의 賢否를 살펴 黜陟하는 일을 비롯하여 民生
대책의 건의, 刑獄 업무의 감찰, 租賦 수납의 관여, 군사지휘 등의
일이었다.

    『高麗史』 권56, 志10 地理1 楊廣道.

『高麗史』 권77, 志31 百官2 外職 按廉使.

河炫綱, 1962, 「高麗 地方制度의 一研究(上)·(下)—道制를 중심으로—」, 『史學研究』 13·14合 ; 1977, 『高麗地方制度의 研究』, 韓國研究院 ; 1988, 『韓國中世史研究』, 一潮閣.

邊太燮, 1968, 「高麗按察使考」, 『歷史教育』 40 ; 1971, 『高麗政治制度史 研究』, 一潮閣, 157~165·172~180쪽.

박종진, 2003, 「고려시기 안찰사의 기능과 위상」, 『東方學志』 122, 224~ 240쪽.

朴龍雲, 2009, 『『高麗史』 百官志 譯註』, 신서원, 673·674쪽.

16) 大府尹: 大府와 太府는 통한다. 고려후기 財貨와 廩藏을 관장하던 太府寺의 종3품 관직으로 전기의 太府卿에 해당한다. 1298년(충렬왕 24)에 충선왕이 관제를 개혁하여 대부시를 外府寺로 개칭하면서 卿을 2인으로 증치하였다. 이후 충렬왕이 복위하면서 卿 대신 尹을 두었다. 그런데 이 묘지명에 따르면 민종유가 1289년에 이미 太府尹에 임명되고 있으며 1278년 2월에 東寧府에 파견된 太府少尹 趙瑜, 1281년 이전에 太府少尹에 임명된 蔡謨, 太府少尹 安戩의 사례 등이 더 찾아져서 백관지에 보이지는 않지만 1298년 이전에 卿을 尹으로 고치는 등의 태부시의 개편이 있었다고 하겠다. 아마도 1275년이 개편의 시점이었다고 생각된다.

『高麗史』 권28, 世家28 忠烈王 4년 2월 壬申.

『高麗史』 권76, 志30 百官1 內府寺.

『高麗史』 권104, 列傳17 金周鼎.

『高麗史』 권106, 列傳19 安戩.

朴龍雲, 2005, 「『高麗史』 百官志 譯註(4)」, 『고려시대연구』 IX, 한국학중앙연구원 ; 2009, 『『高麗史』 百官志 譯註』, 신서원, 305~ 310쪽.

17) 大僕尹: 大僕寺와 太僕寺는 통한다. 국왕의 輿馬와 廐牧 등을 담당하던 太僕寺의 종3품 관직으로, 전기의 太僕卿에 해당한다. 1298년(충렬왕 24)에 충선왕이 관제를 개혁하면서 判事를 혁파하고 卿을 2인으로 증치하였다. 그러나 이 묘지명의 민종유가 1289년

에 太僕尹에 임명되었던 사실과 1290년 3월에 太僕尹에 임명된 玄
元烈, 1292년 10월에 일본인 호송을 명령받은 太僕尹 金有成 등의
사례가 더 찾아져서 백관지에 보이지는 않지만 1298년 이전에 卿을
尹으로 고치는 등의 태복시의 개편이 있었다고 하겠다. 1275년(충
렬왕 1)이 개편의 시점이었다고 생각된다.

『高麗史』 권30, 世家30 忠烈王 16년 3월·18년 동10월 庚寅.
『高麗史』 권76, 志30 百官1 司僕寺.
『高麗史』 권123, 列傳36 朱印遠.
朴龍雲, 2005, 「『高麗史』 百官志 譯註(4)」, 『고려시대연구』 IX, 한국학
　　중앙연구원 ; 2009, 『『高麗史』 百官志 譯註』, 신서원, 288~292
　　쪽.

18) 副東京留守: 東京에 파견한 4품 이상의 副留守이다. 987년
(성종 6)에 慶州大都督府를 東京留守로 삼았으며, 995년에 留守使
를 설치하였다. 동경의 외관직은 3품 이상의 留守使 1인과 4품 이
상의 副留守, 6품 이상의 判官 1인, 7품 이상의 司錄叅軍事 1인과
掌書記 1인, 8품 이상의 法曹 1인, 9품직의 醫師 1인과 文師 1인으
로 구성되었다. 1116년(예종 11)에 判官을 少尹으로 개정하였으며,
1308년(충렬왕 34)에 鷄林府로 바꾸고, 尹·判官·司錄·法曹를 두
었다.

『高麗史』 권57, 志11 地理2 慶尙道 東京留守官慶州.
『高麗史』 권77, 志31 百官2 外職 東京留守官.
박용운, 1997, 「고려전기 慶州의 위상에 대한 고찰」, 『慶州史學』 16 ;
　　2002, 『高麗社會의 여러 歷史象』, 신서원, 104~107쪽.
박종기, 1997, 「고려시대의 지방관원들—속관(屬官)을 중심으로—」, 『역
　　사와 현실』 24 ; 2002, 『고려의 지방사회』, 푸른역사, 282~
　　285·298~302쪽.

19) 禮賓尹: 고려후기 賓客과 燕享을 관장하던 禮賓寺의 종3품
관직으로, 전기의 禮賓卿에 해당한다. 예빈시는 국초에 客省 또는
禮賓省으로 불리었으며, 1298년(충렬왕 24)에 典客寺로 개정하고

卿 2인을 두었다가 禮賓寺로 고치면서 卿을 尹으로 고쳤다. 한데
민종유가 1292년에 동경부유수를 거쳐 1298년에 知申事가 될 때까
지 禮賓尹, 三司右尹兼世子宮門令, 判通禮門·選軍別監使 등의 관
직을 역임하였고, 1290년 11월에 禮賓尹을 지낸 閔漬의 사례도 찾
을 수 있다. 따라서 1298년 이전에 예빈성의 개편이 있었음을 알
수 있으며, 아마도 그 시점은 1275년일 것이다.

『高麗史』 권30, 忠烈王 16년 11월 丁卯.
『高麗史』 권76, 志30 百官1 禮賓寺.
朴龍雲, 2005, 「『高麗史』 百官志 譯註(4)」, 『고려시대연구』 Ⅸ, 한국학
　　중앙연구원 ; 2009, 『『高麗史』 百官志 譯註』, 신서원, 293～
　　299쪽.

　　20) 三司右尹: 고려후기 중앙과 지방의 錢穀의 出納과 관계된
회계업무를 관장하던 三司의 관직으로, 전기의 三司使에 해당한다.
1116년(예종 11)에는 三司의 使와 知司事·副使가 本品行頭職이
되었다. 이후, 충렬왕 때에 左·右使를 두었고, 1308년(충렬왕 34)
에 民部에 흡수되고 1362년(공민왕 11)에 삼사로 복구되면서 尹
(종3품, 좌우 각1인)을 두었다고 한다. 그러나 민종유가 1298년 이
전에 三司右尹에 임명되고 1295년에 金恂, 1303년에 吳蕆, 1306
년에 蔡宗瑞, 1307년에 庾自惆, 1329년(충숙왕 16)에 李叔琪 등
이 三司右尹에 임명된 사례도 찾을 수 있다. 따라서 백관지에 보이
지는 않지만 1308년 이전에 左·右使로 증치하는 과정에서 左·右尹
을 설치하는 등의 개편도 있었던 것 같다.

『高麗史』 권76, 志30 百官1 三司.
『高麗史節要』 권30, 忠烈王 29년 11월.
「鄭仁卿墓誌銘」.
邊太燮, 1975, 「高麗의 三司」, 『歷史敎育』 17, 40～42쪽.
權寧國, 2005, 「고려전기의 戶部와 三司—당·송제도와의 비교—」, 『歷
　　史學報』 188.
　　21) 世子宮門令: 세자를 위해 설치된 관직으로, 아마도 동궁의

출입을 단속하는 것을 직임으로 하였으리라 추정된다. 문종 때 종6
품 1원이 설치되었던 宮門郎과 그 직임상의 관련이 있을 듯하나, 확
실하지 않다. 충렬왕 초에 태자가 세자로 바뀌는 등 왕실 용어가 격
하될 때 동궁의 관직들도 변화되었을 것인데, 궁문령도 그 과정에서
설치되었을 것이다. 이와 관련하여 閔宗儒의 아들 閔頔이 충렬왕 때
版圖正郎으로 世子宮門郎에 제수되어 金紫를 하사받았다는 기록과
崔惟淸의 증손 崔雍이 고종 때에 과거에 급제한 후 여러 관직을 거
쳐 충렬왕 때 國學典酒, 世子宮令 등을 역임하면서 특별한 왕의 총
애와 대우를 받았다는 기록으로 보아 국왕이나 왕자와 밀접한 관계
에 있었던 인물이 임명되었을 것이다.

『高麗史』권77, 志31 百官2 東宮官.

『高麗史』권99, 列傳12 崔惟淸 附雍.

『高麗史』권108, 列傳21 閔宗儒 附頔.

朴龍雲, 2007, 「『高麗史』百官志(二) 譯註(6-7)」, 『고려시대연구』 XIII,
　　한국학중앙연구원 ; 2009, 『『高麗史』百官志 譯註』, 신서원, 48
　　7·488쪽.

22) 判通禮門: 고려후기 通禮門의 判事로, 전기의 判閣門事에
해당한다. 통례문에 대해서는 앞의 6-(2), 주해 12) 참조.

23) 選軍別監使: 2군 6위의 京軍에 결원이 발생할 때 군인을 簡
選하여 보충하던 選軍의 담당자이다. 선군의 설치시기와 관제구성에
대해서는 자세히 알 수 없지만, 選軍을 담당하는 기구를 選軍 또는
選軍都監이라 했고, 그 책임자를 선군별감, 관사를 選軍廳이라 하였
다. 1041년(정종 7)에 이미 선군에 관한 기록이 등장하는 것으로
보아 고려의 병제가 완비되는 때와 비슷한 시기에 설치되었던 듯하
다. 1308년(충렬왕 34)에 吏部와 兵部·禮部를 합하여 選部를 설
치하였고, 選軍도 選部에 통합되었다.

『高麗史』권6, 世家6 靖宗 7년 9월 丁未.

『高麗史』권77, 志31 百官2 諸司都監各色 選軍.

李基白, 1960, 「高麗 軍人考」, 『震檀學報』 21 ; 1968 『高麗兵制史研究』, 一潮閣, 110~123쪽.

張東翼, 1986, 「高麗前期 選軍―京軍 構成의 이해를 위한 一試論―」, 『高麗史의 諸問題』, 三英社, 444~453쪽.

金鍾洙, 1999, 「高麗·朝鮮初期의 府兵」, 『歷史敎育』 69, 124~127쪽.

24) 正獻大夫: 고려후기 종3품의 문산계이다. 1076년(문종 30)에 정비된 29등급의 문산계 가운데 다섯 번째 등급인 종3품 광록대부가 1275년(충렬왕 1)에 정헌대부로 개정되었으며, 충선왕이 복위하는 1308년까지 사용되었다.

『高麗史』 권28, 世家28 忠烈王 원년 동10월.

『高麗史』 권77, 志31 百官2 文散階.

朴龍雲, 1981, 「高麗의 文散階」, 『震檀學報』 52 ; 1997, 『高麗時代 官階·官職 硏究』, 고려대학교 출판부, 37~43·68~78쪽.

이강한, 2012, 「고려후기 '충렬왕대 문산계(文散階)'의 구조와 운용―대부계(大夫階)에 대한 검토를 중심으로―」, 『震檀學報』 116.

25) 密直知申事: 고려후기 왕명출납, 軍機, 직숙을 관장하던 密直司의 정3품 관직으로, 전기의 中樞院知奏事에 해당한다. 知奏事·左右承宣·左右副承宣 등이 왕명의 출납을 담당하였는데, 이중 知奏事가 승선의 우두머리였다. 1275년(충렬왕 1)에 추밀원이 밀직사로 바뀌면서 지주사 역시 知申事로 개칭되었다.

『高麗史』 권76, 志30 百官1 密直司.

朴龍雲, 1976, 「高麗의 中樞院 硏究」, 『韓國史硏究』 12 ; 2001, 『高麗時代 中樞院 硏究』, 高麗大學校 民族文化硏究院.

邊太燮, 1976, 「高麗의 中樞院」, 『震檀學報』 41.

金炅希, 1990, 「高麗前期 中樞院 承宣硏究」, 『梨大史苑』 24·25合.

朴龍雲, 2001, 「고려시대 樞密에 대한 검토」, 『高麗時代 中樞院 硏究』, 高麗大學校 民族文化硏究院.

이정훈, 2006, 「고려전기 중추원의 설치와 職掌의 변화」, 『東方學志』 134.

류주희, 2009, 「고려전기 중추원의 설치와 그 성격」, 『역사와 현실』 73.

26) 知典理: 고려후기 文選과 勳封을 관장하던 典理司의 知事

로, 전기의 知吏部事에 해당한다. 1116년(예종 11)에 本品行頭職
이 되었다. 1275년(충렬왕 1)에 충렬왕이 관제를 개혁하여 尙書吏
部와 尙書禮部를 합하여 전리사로 개칭하면서 知部事도 知典理司
事로 바뀌었다(①). 고려전기에 知部事를 겸한 관직은 六部尙書와
侍郞, 中書門下省의 散騎常侍와 給事中, 國子監·禮賓省·殿中省·秘
書省·司宰寺·衛尉寺·太僕寺 등의 監·卿·少卿 등으로 정3품에서
종4품의 본품관직을 지닌 자가 임명되었다(②).

　　① 『高麗史』 권76, 志30 百官1 吏曹.
　　朴龍雲, 2002, 「譯註 『高麗史』 百官志(1)」, 『고려시대연구』 V, 한국정신
　　　　문화연구원 ; 2009, 『『高麗史』 百官志 譯註』, 신서원, 146~
　　　　150쪽.
　　② 權寧國, 2010, 「고려전기 상서 6부의 판사·지사제」, 『역사와 현실』
　　　　76.

　27) 監察司事: 고려후기 時政의 論執과 풍속의 교정 및 百官을
糾察·彈劾하는 업무를 담당하던 監察司의 知事로, 전기의 知御史臺
事에 해당한다. 監察司는 御史臺의 후신으로, 臺官은 中書門下省의
諫官과 함께 臺諫으로 불리어 言官으로서 諫爭·署經·封駁의 직임
을 수행하였다. 1275년(충렬왕 1)에 監察司로 고친 이후 知事는
보이지 않다가 1369년(공민왕 18)에 종3품의 知事가 신설된 듯이
백관지에 기록되어 있으나, 閔宗儒가 이때에 知監察司事로 임명되
고 있어 어사대가 감찰사로 개편되는 과정에서 지사가 없어지지 않
고 그대로 타관겸직으로 운용된 것으로 보인다.

　　『高麗史』 권76, 志30 百官1 司憲府.
　　崔承熙, 1976, 「臺諫制度의 成立과 그 機能의 分析」, 『朝鮮初期 言官·言
　　　　論研究』, 韓國文化研究所, 41쪽.
　　朴龍雲, 1980, 「臺諫의 職制」, 『高麗時代 臺諫制度 研究』, 一志社, 82~
　　　　85쪽.
　　박재우, 2012, 「고려전기 대간의 운영 방식」, 『역사와 현실』 86 ; 2014,
　　　　『고려전기 대간제도 연구』, 새문사.

28) 奉翊大夫: 1275년(충렬왕 1)에 개정된 문산계의 階號이다.
이에 대해서는 권1 3-(2), 주해 6) 참조.

29) 密直副使: 고려후기 密直司의 정3품 재상직으로, 전기의 中
樞副使에 해당한다. 이에 대해서는 권1 3-(2), 주해 7) 참조.

30) 明年以不苟合免: 1298년(충렬왕 24) 1월에 忠宣王이 즉위
하였으나 불과 7개월 만에 폐위되고, 忠烈王이 복위하는 혼란한 정
국의 상황에서 閔宗儒도 영향을 받아 면직되었음을 가리킨다. 재집
권에 성공한 충렬왕은 충선왕의 개혁 이전 상태로 복구하는 방식으
로 정치권력을 회복하고자 하였다. 이 과정에서 1299년 정월에 충
선왕을 지지하는 印侯, 金忻, 元卿 등에 의해 충렬왕의 측근 한희유
등이 충렬왕과 함께 모반을 도모했다는 이른바 '韓希愈誣告事件'을
일으켰다. 이 사건으로 충선왕이 등용했던 인물들은 대거 정치적으
로 실각하게 되었다. 민종유의 경우 '한희유무고사건' 등 충렬왕과
충선왕 측근세력들의 갈등 속에서 구체적인 행적이 보이지는 않는
다. 하지만 민종유가 충선왕에 의해 知申事에서 재상직인 密直副使
에 발탁되었던 점에서 그를 충선왕 세력으로 이해할 수 있다. 때문
에 충렬왕의 측근세력이 다시 부상하는 과정에서 그도 면직되었다
고 생각된다. 그의 면직 시점은 1299년 3월 초하루 임오일로 확인
된다.

金成俊, 1958,「麗代 元公主出身 王妃의 政治的 位置에 대하여」,『韓國
女性文化論叢』; 1985,『韓國中世政治法制史硏究』, 一潮閣, 161~
170쪽.
李益柱, 1988,「高麗 忠烈王代의 政治狀況과 政治勢力의 性格」,『韓國史
論』18.
정용숙, 1992,「원간섭기 고려 정국분열의 원인에 대한 일고찰—충렬·
충선왕 부자의 갈등관계를 중심으로—」,『西巖趙恒來敎授華甲
記念 韓國史學論叢』, 亞細亞文化社.
朴宰佑, 1993,「高麗 忠宣王代 政治運營과 政治勢力 動向」,『韓國史論』

29, 4~9쪽.

李命美, 2012, 「忠烈~忠惠王代 고려국왕위 관련 논란의 추이와 의미」, 『고려─몽골 관계와 고려국왕 위상의 변화』, 서울대학교 국사학과 박사학위논문, 126~141쪽.

31) 判密直司: 고려후기 密直司의 종2품 재상직으로, 전기의 判中樞院事에 해당한다. 숙종 때에 判樞密院事로 바뀌었다가 1275년(충렬왕 1)에 이루어진 관제개혁에 따라 判密直司事가 되었다.

『高麗史』 권76, 志30 百官1 密直司.

32) 監察大夫: 고려후기 監察司의 정3품 관직으로, 전기의 御史大夫에 해당한다. 1275년(충렬왕 1)에 監察司로 개정하면서 提憲으로 바뀌었다가 1298년에 司憲府로 개칭되자 司憲大夫가 되었으며, 얼마 뒤에 다시 監察司로 고치자 監察大夫가 되었다.

『高麗史』 권76, 志30 百官1 司憲府.

33) 匡靖大夫: 1275년(충렬왕 1)에 개정된 문산계 가운데 세 번째 등급의 階號이다. 문종 때에 정비된 29등급의 문산계에서 종2품의 金紫光祿大夫를 1275년에 匡靖大夫로 개정하였으며, 1308년에는 충선왕이 정1품 三重大匡을 신설하면서 정2품으로 높였다.

『高麗史』 권28, 世家28 忠烈王 원년 동10월.

『高麗史』 권77, 志31 百官2 文散階.

朴龍雲, 1981, 「高麗의 文散階」, 『震檀學報』 52 ; 1997, 『高麗時代 官階·官職 硏究』, 고려대학교 출판부, 68~78쪽.

이강한, 2012, 「고려후기 '충렬왕대 문산계(文散階)'의 구조와 운용 ─ 대부계(大夫階)에 대한 검토를 중심으로─」, 『震檀學報』 116.

34) 遙授贊成事: '遙授'는 멀리 떨어져 있는 자에게 관직을 除授한다는 뜻이다. 여기서는 충선왕이 元에 있으면서 고려에 있는 閔宗儒에게 贊成事를 제수하였다는 의미이다. 한편 충선왕은 1298년(충렬왕 24) 8월에 폐위되어 공주를 비롯한 시종들과 함께 元都로 들어가 10년 간 在元생활을 시작하였다. 그러다가 1307년(충렬왕 33)에 元 武宗의 옹립에 공을 세움으로써 瀋陽王으로 책봉되었으

며, 고려에서도 충렬왕과의 경쟁구도에서 정치적 우세를 점하게 되었다. 이러한 상황에서 민종유가 찬성사에 임명되었다는 것은 충선왕이 귀국하여 복위하기 전에 이미 인사권을 행사하고 있었음을 일러준다.

『高麗史』 권32, 世家32 忠烈王 32년 11월·33년 3월 辛卯·하4월 甲辰·추7월 乙亥·12월·34년 5월 丙戌·戊寅.

諸橋轍次, 1985, 「遙授」, 『大漢和辭典』 11, 大修館書店, 147쪽.

高柄翊, 1962, 「고려 忠宣王의 元 武宗擁立」, 『歷史學報』 17·18合 ; 1970, 『東亞交涉史의 硏究』, 서울大學校 出版部.

金光哲, 1986, 「高麗 忠宣王의 現實認識과 對元活動 ─忠烈王 24年 受禪以前을 중심으로─」, 『釜山史學』 11.

李昇漢, 1988, 「고려 忠宣王의 瀋陽王 被封과 在元 政治活動」, 『全南史學』 2.

朴宰佑, 1993, 「高麗 忠宣王代 政治運營과 政治勢力 動向」, 『韓國史論』 29.

張東翼, 1999, 「新資料를 통해 본 忠宣王의 在元活動」, 『歷史敎育論集』 23·24合.

민현구, 2004, 「元 干涉期 고려의 정치양태─國王 不在의 국정운영을 통해 본 王朝體制의 지속성─」, 『高麗政治史論』, 고려대학교 출판부.

35) 太尉王: 1275~1325. 고려의 제26대 왕인 忠宣王을 말하며, 재위기간은 1298, 1308~1313이다. 그에 대해서는 권1 4, 주해 6) 참조.

36) 今王: 1294~1339. 고려의 제27대 왕인 忠肅王을 말한다. 그에 대해서는 권1 2-(3), 주해 2) 참조.

37) 封復興君: 1319년(충숙왕 6)에 민종유가 復興君에 책봉되었음을 가리킨다. 『高麗史』 민종유전에는 福興君으로 되어 있다. 이성봉군에 대해서는 권1 1, 주해 10) 참조.

『高麗史』 권108, 列傳21 閔宗儒.

李鎭漢, 2006, 「『成化安東權氏世譜』에 기재된 고려후기의 官職」, 『韓國

史學報』22.

李鎭漢, 2007,「高麗後期 異姓封郡」,『史學硏究』88.

38）至治辛酉省非王氏而君者隨例去復興爵 …… 致仕: 1298년 (충렬왕 24)에 단행한 관제개혁에 의해 봉작제가 개정되어 종실과 이성에 대한 봉작을 봉군으로 통칭하였고, 1321년(충숙왕 8)에는 종실이 아닌 자에게 봉해진 봉군호를 회수하였다. 따라서 민종유의 경우 1319년에 받은 '復興'이란 봉작을 반납하게 되었다.

『高麗史』권108, 列傳21 閔宗儒.

6-(3).

[原文]

公諱宗儒, 資莊重美風度, 明識禮文, 優於吏幹. 內而刑曹憲府, 外而按部牧民, 所至咸稱其能. 至如主賓贊任喉舌, 則揖讓應對, 多副上旨, 而時輩自以不及. 蓋公旣以名家子, 爲崔文景所養, 長又托姻兪文度, 多有所聞熏. 故遇事優閑若自成者. 前後處二府雖不久, 卒能位列諸君, 完名保壽, 以令其終. 使之任政得專且久, 則所施爲當何如也. 平生不妄與人交, 而篤於宗族, 其於弟妹, 俱有恩. 自始仕登輔相, 退公便敀7)家, 少干謁媚於人. 治宅舍務淨潔, 常灑掃庭戶, 不留一塵. 性好馬, 聞人有良馬, 必購致之, 每繫置堂下, 朝夕愛賞忘倦. 晚年尤喜音, 所居雜藝花木, 日以絲竹, 自娛於其間, 不知老之將至. 年及耆艾, 登降尙健, 精爽不少衰.

[譯文]

공의 휘는 종유로, 성품이 장중하고 풍모와 몸가짐이 훌륭하였으며, 예문을 매우 잘 알았고 행정실무[吏幹]에 뛰어났다. 내직으로는

---

7) 敀: 歸의 이형자이다.

형조[1])와 헌부[2])에 있었고 외직으로는 안렴사와 목민관을 맡았는데, 가는 곳마다 모두 공의 능력을 칭찬하였다. 빈찬을 주관[3])하고 후설 직[4])을 맡았던 때에 이르러서는 머리를 숙이고 겸양하게 응대하여 왕의 뜻에 매우 부합하니 당시 무리들이 (공에게) 미치지 못함을 자인하였다. 아, 공은 이미 명가의 자제로서 최문경공[5])에게 양육되 고 자라서는 또 유문도[6])의 가문에 장가들어 의탁하였으니, 훈도 된 바가 많았을 것이다. 그러므로 일을 맡으면 여유롭게 처리하여 저절 로 이루어지는 것 같았다. 전후로 이부[7])를 맡은 기간이 비록 길지 않았어도 마침내 봉군의 반열에 올라 명성을 완성하고 천수를 지켜 서 그 마지막을 아름답게 하였다. (그러므로) 공이 정사를 맡아 오 래도록 전담할 수 있었다면, 베풀어졌을 바가 당연히도 어떠했겠는 가. 평생 다른 사람과 교제하면서 경솔하지 않았고, 친족[宗族]에게 는 돈독하였으며, 형제와 자매에 대해서도 모두 은혜를 베풀었다. 처음 입사할 때부터 재상에 오를 때까지 공사가 끝나면 곧바로 집으 로 돌아갔으며, 다른 사람에게 청탁하거나 아첨하는 일이 드물었다. 집을 돌볼 때는 정결함에 힘써서 항상 집을 쓸고 닦아 티끌 하나라 도 남겨두지 않았다. 천성이 말[馬]을 좋아하여 누군가 좋은 말 [馬]을 가지고 있다는 소문을 들으면, 반드시 어떻게든 구매하여 매양 대청 아래에 매어놓고 아침저녁으로 아끼고 감상하면서 지루 해하지 않았다.[8]) 만년에는 더욱 음악을 좋아하여 거처하는 곳에 각 종 꽃나무를 심어놓고 날마다 현·관악기를 연주하면서 스스로 그 안에서 즐거워하여 늙어가는 줄도 알지 못하였다. '기애'의 나이가 되어서도[9]) (계단을) 오르내리는데 오히려 강건하였고, 정신도 맑아 서 조금도 쇠약하지 않았다.

[註解]

1) 刑曹: 法律과 詞訟, 詳讞 등을 관장하는 尙書刑部의 이칭이다. 문종 때에 정비된 관제에 의하면 宰臣이 겸직한 判事 1인, 尙書 1인(정3품), 타관 겸직의 知部事 1인, 侍郎 2인(정4품), 郎中 2인(정5품), 貝外郞 2인(정6품), 律學博士 1인(8품), 助敎 2인(종9품)으로 구성되었다. 1275년(충렬왕 1)에 刑部를 典法司로 고치고 尙書를 判書라 하였으며, 1308년(충렬왕 34)에는 충선왕이 讞部로 개정하고 尙書를 典書라 하여 2인으로 늘렸다. 1356년(공민왕 5)에 다시 刑部로 개칭하였고, 이후에도 잦은 관제변화가 있었다. 閔宗儒는 1288년에 刑部의 후신인 典法司의 典法摠郞(정4품)에 임명된 바 있었다.

　『高麗史』권76, 志30 百官1 刑曹.

　朴龍雲, 2002,「譯註『高麗史』百官志(1)」,『고려시대연구』Ⅴ, 한국정신문화연구원 ; 2009,『『高麗史』百官志 譯註』, 신서원, 166~173쪽.

2) 憲府: 時政의 論執과 풍속의 교정 및 百官을 糾察·彈劾하는 업무를 담당하는 司憲府―御史臺―의 약칭이다. 이에 대해서는 권1 6-(2), 주해 27) 참조.

3) 主賓贊: 賓贊은 賓客과 贊善으로, 사신 등을 맞이하는 의례와 궁중에서의 각종 의례를 주관하는 것을 말하는데, 민종유가 禮賓寺의 장관을 비롯해 각문과 예빈시 등의 여러 관직을 지내었던 경력을 의미한다.

　諸橋轍次, 1985,「賓贊」,『大漢和辭典』10, 大修館書店, 765쪽.

4) 喉舌: 왕명의 出納과 宿衛, 軍機의 업무를 담당하는 中樞院―樞密院―의 承宣에 대한 별칭이다. 중추원의 知奏事에서 副承宣까지를 승선이라고 하였는데, 이들은 명령을 전달하였으므로 龍喉 또는 喉舌이라고도 불리었다. 민종유는 중추원의 후신인 密直司의

密直知申事와 密直副使를 지낸 바 있었다.

　　邊太燮, 1976, 「高麗의 中樞院」, 『震檀學報』 41.

　　朴龍雲, 1976, 「高麗의 中樞院 硏究」, 『韓國史硏究』 12 ; 2001, 『高麗時
　　　　　代 中樞院 硏究』, 高麗大學校 民族文化硏究院, 28～30·33～35
　　　　　쪽.

　　김경희, 1990, 「高麗前期 中樞院 承宣硏究」, 『梨大史苑』 24·25合.

　　5) 崔文景: 민종유의 외조부 崔璘을 말하며, 文景은 그의 시호
이다. 그에 대해서는 이에 대해서는 권1 6-(1), 주해 20) 참조.

　　6) 兪文度: 1209～1276. 兪千遇를 말하며, 文度는 그의 시호
이다. 본관은 務安, 초명은 亮·諮이고, 字는 之一이며, 호는 退思齋
이다. 1232년(고종 19)에 과거에 급제하여 內侍가 되었으며, 尙書
金敞의 천거로 崔瑀에게 추천되어 政房에 들어가 그의 문객이 되었
다. 吏部侍郎을 비롯하여 여러 관직을 지냈으며, 1264년(원종 5)에
知御史臺事가 되었고, 1269년에는 知門下省事, 政堂文學에 임명되
었다. 1275년(충렬왕 1)에 僉議贊成事에 올랐다. 그가 都兵馬使로
있었을 때 민종유가 都兵馬錄事에 보임되었는데, 민종유의 인물됨
을 보고 기특하게 여겨 사위로 삼았다고 한다.

　　『高麗史』 권73, 志27 選擧1 科目1 凡選場.

　　『高麗史』 권74, 志28 選擧2 科目2 國子試之額.

　　『高麗史』 권105, 列傳18 兪千遇.

　　『高麗史』 권108, 列傳21 閔宗儒.

　　정혜순, 2010, 「여말선초 여흥민씨 가문의 동향」, 『石堂論叢』 47.

　　7) 二府: 송대에는 중서성과 추밀원의 합칭으로 불렸으며, 고려
전기에는 中書門下省의 宰府와 中樞院—樞密院—의 樞府를 일컬
어 兩府라 하였다. 민종유가 中樞院의 후신인 密直司와 中書門下省
의 후신인 僉議府의 관직으로 각각 密直副使와 僉議贊成事를 지냈
으므로, 이 두 관서의 관직을 역임한 사실을 '二府'로 묶어 표현한
것이다.

『高麗史』권76, 志30 百官1 密直司.

諸橋轍次, 1984,「二府」,『大漢和辭典』1, 大修館書店, 446쪽.

邊太燮, 1976,「高麗의 中樞院」,『震檀學報』41.

朴龍雲, 1976,「高麗의 中樞院 研究」,『韓國史研究』12 ; 2001,『高麗時
代 中樞院 研究』, 高麗大學校 民族文化研究院, 57·58쪽.

8) 忘倦: 권태로운 것을 잊는다거나 언제까지라도 싫증내지 않
는다는 의미이다. 여기에서는 민종유가 좋은 말을 가까이에서 보는
것을 즐겨 지루해하지 않았다는 의미로 사용되었다.

諸橋轍次, 1984,「忘倦」,『大漢和辭典』4, 大修館書店, 963쪽.

9) 耆艾: 나이가 많은 연장자나 老人 또는 尊者나 師父를 의미
하였다.『禮記』曲禮上에 나이 50을 艾라 하고, 60을 耆라 하였으
며, 70을 老라고 하였다. 여기에서는 민종유가 치사한 이후를 말하
므로, 70세를 의미한다고 생각된다.

『禮記』曲禮上.

『前漢書』권6, 武帝紀6 하4월 己巳.

諸橋轍次, 1984,「耆艾」,『大漢和辭典』5, 大修館書店, 963쪽.

6-(4).

[原文]

至治中, 王朝元久留, 而喜事者聚黨, 逼人署名白狀, 謀在傾危國. 卿士庶
畏勢延合, 惟恐爲後. 間或詭避, 無敢斥言不是者. 有挾紙至門, 諷公署名, 則
公叱曰, 臣爲君隱, 直在其中, 至如欺謁, 是可忍歟. 吾年已老, 不爲若賣, 卻
而不署. 其人內媿而退, 是則可謂老而益強者矣.

國俗以端午日祭其先, 公至是日, 早起與浴, 致祭如常. 事畢若困而假寐,
家人怪久不寤, 視之已卒矣. 配長沙郡夫人兪氏 故大尉平章謚文度諱千遇之
女也. 初文度公爲都兵馬使, 公爲錄事, 見而器之, 遂以夫人故焉. 生子男二
女一, 男曰頔, 登至元乙酉第, 今爲通憲大夫前同知密直司事, 次曰舒, 檢校

神虎衛郎將, 女適承奉郎前典校署丞鞠譚. 孫男五人, 除舒生一男, 餘皆通憲
公所生, 曰平, 前興威衛別將, 登延祐乙卯科, 曰曲出篤, 曰金剛, 曰忙奇篤.
舒生幼未名.

[譯文]

지치 연간에 왕이 원에 입조하여 오래도록 머무르니,[1] 일을 만들기 좋아하는 자들이 무리를 모으고 사람들을 핍박하여 (원 중서성에 아뢰는) 소장[白狀]에 서명하게 하였는데, (그들의) 모의는 나라를 위태롭고 기울게 하는 것이었다. 공경과 사대부, 서인들이 (그들의) 세력을 두려워하여 영합하였으니,[2] 오직 뒷일을 두려워해서였다. 간혹 둘러대고 회피하는 자는 있어도, 감히 배척하여 옳지 않다고 말하는 자는 없었다. 어떤 이가 종이를 가지고 (집의) 문에 와서 공에게 서명할 것을 넌지시 말하자, 즉시 공이 꾸짖으며, "신하가 군주를 위해 (허물을) 숨겨주는 것은 곧음이 그 안에 있기 때문인데,[3] (신하가 왕을) 기만하고 속이는 상황에 이르렀으니, 이런 짓을 참을 수 있겠는가. 내가 이미 늙었지만, 너희들에게 팔리지 않을 것이다."라고 말하고는 물리치고 서명하지 않았다. 그 사람이 속으로 부끄러워하며 물러갔으니, 이것이 바로 늙을수록 더욱 강인해진다고 이를만한 것이다.

나라의 풍속에 단오일에 조상에게 제사를 올린다. 공은 이 날이 되자 일찍 일어나 목욕하고 제사 올리기를 여느 단오와 같이 하였다. 제사를 마치고는 피곤한 듯이 잠시 잠들었는데, 집안사람들이 (공이) 오래도록 일어나지 않아 이상하게 여겨 살펴보니 이미 돌아가셨다. 부인은 장사군부인 유씨[4]이며, 돌아가신 태위[5]·평장으로 시호가 문도, 휘 천우의 딸이다. 처음 문도공이 도병마사가 되었을 때 공은 녹사였는데, (유천우가 민종유를) 보고 큰 그릇이라 여겨서 마침내 부인을 시집보낸 것이다. 자녀로 2남 1녀를 두었는데, 장남 민적[6]은 지원 을유년(1285)에 등제하여[7] 지금은 통헌대부[8]·전 동지밀직사사[9]이며, 차남 민서[10]는 검교신호위낭장[11]이고, 딸은 승봉랑[12]·전 전교서승[13]인 국담[14]에게 시집갔다. 손자는 5남인데, 민서가 낳은 1남을 제외하면 나머지는 모두 통헌공 민적의 소생으로, 민평[15]은 전 홍위위별장이고 연우 을묘년(1315)의 과거에 등과하였으며,[16] (나머지는) 곡출독, 금강, 망가독이다.[17] 민서가 낳은 아들은 어려서 이름이 없다.

[註解]

1) 至治中王朝元久留: 1321년(충숙왕 8) 정월에 충숙왕이 瀋王 및 曹頔, 蔡河中 등의 참소에 의해 몽골에 소환되었다가 1324년에 國王印을 돌려받고 귀국하기까지 4년간의 재원생활을 가리킨다. 이에 대해서는 아래의 주해 6-(4), 주해 2) 참고.

2) 至治中 …… 卿士庶畏勢延合: 지치연간(1320~1323)에 발생한 소위 '瀋王擁立事件'을 가리킨다. 1321년(충숙왕 8) 정월에 충숙왕이 元에 소환되자, 忠宣王의 측근세력이었던 柳淸臣·吳潛·蔡河中 등은 瀋王 暠를 고려왕으로 옹립하려는 정치적 사건을 주동하였다. 이들은 충숙왕이 단행한 충선왕 측근세력에 대한 숙청에 불만을 가지고 있었고, 충선왕대의 정치적 경험을 바탕으로 몽골황제의 확고한 지지를 받고 있다고 인정되는 심왕을 고려왕으로 추대하고자 하였다. 이에 따라 權漢功 등은 심왕을 옹립하고자 하는 문서를 원 중서성에 올리기 위해 백관들의 서명을 받기에 이르렀다. 당시 고려 조정의 분위기는 심왕 쪽으로 기울고 있었으나, 閔宗儒, 尹宣佐, 金倫 등은 서명을 거부하였다. 한편 심왕옹립운동의 실패 요인으로는 몽골내의 정치적 상황과 관련하여 英宗의 권위가 상대적으로 미약하였고, 오히려 실권은 충선왕을 유배시킨 태후 荅己와 鐵木

迭兒가 장악하고 있었기 때문에 충선왕 측근들에 의해 이루어진 심왕옹립 청원이 받아들여지기 어려운 상황이었다.

『高麗史』 권91, 列傳4 宗室2 江陽公滋.

『高麗史』 권125, 列傳38 吳潛·柳淸臣·權漢功·蔡河中.

『高麗史節要』 권24, 忠肅王 8년 춘정월·하4월·8월·12월·9년 6월·9월·12월·9년 3월·9월·12월.

『元史』 권178, 列傳65 王約.

高柄翊, 1962, 「麗代 征東行省의 硏究(下)」, 『歷史學報』 19 ; 1970, 『東亞交涉史의 硏究』, 서울大學校出版部, 243～247쪽.

金塘澤, 1993, 「高麗 忠肅王代의 瀋王 擁立運動」, 『歷史學硏究』 12 ; 1998, 『元干涉下의 高麗政治史』, 一潮閣.

金惠苑, 1998, 「忠肅王 8年(1321)의 瀋王擁立運動과 그 性格」, 『梨大史苑』 21, 35～41쪽.

李益柱, 2000, 「14세기 전반 高麗·元關係와 政治勢力 동향—忠肅王代의 瀋王擁立運動을 중심으로—」, 『한국중세사연구』 9, 151～159쪽.

李範稷, 2002, 「원 간섭기 立省論과 柳淸臣」, 『歷史敎育』 81, 118～128쪽.

李命美, 2012, 『고려—몽골 관계와 고려국왕 위상의 변화』, 서울대학교 국사학과 박사학위논문, 165～175쪽.

3) 臣爲君隱直在其中: 『論語』 子路篇에서 孔子는 羊을 훔친 아버지를 고발한 躬이라는 사람에 대해 "아버지는 자식을 위해 숨겨주고, 자식은 아버지를 위해 숨겨주니, 정직은 그 가운데 있는 것이다[父爲子隱 子爲父隱 直在其中矣]"라고 하였다. 여기서는 민종유가 고사를 빗대어 국왕의 허물이 있어도 숨겨주는 것이 신하의 도리인데 국왕을 무고하는 행위는 결코 하지 않겠다는 의지를 표현한 것이다.

『論語』 子路.

4) 長沙郡夫人兪氏: 생몰년 미상. 閔宗儒의 부인이자 僉議贊成事를 지낸 兪千遇의 딸이다. 유씨가 郡夫人에 봉해진 시기는 알 수

없다.

『高麗史』 권77, 志31 百官2 內職.

『拙藁千百』 권2, 「故密直宰相閔公行狀」.

5) 大尉: 太尉와 통한다. 정1품으로, 司徒·司空과 함께 3公의 하나이다. 이에 대해서는 권1 2-(2), 주해 12) 참조.

6) (閔)頔: 1269~1335. 閔宗儒의 장남이다. 1285년(충렬왕 11)에 급제하였고, 東宮僚屬에서 僉議注書, 祕書郞을 거쳐 版圖正郞·世子宮門郞이 되었다. 1298년에 충선왕이 즉위하자 祕書少尹이 되었으나, 충렬왕이 복위하면서 면직되고, 이후 충선왕을 따라 燕京에 4년간 머물렀다. 귀국 후 羅州牧使가 되었고, 1308년에 충선왕이 복위하자 典儀副令, 選部議郞·知製敎, 密直承旨·司憲執義, 平壤尹 등을 역임하였다. 1313년 충숙왕이 즉위하자 選部典書·寶文閣提學, 密直副使를 거쳐, 檢校大司憲으로 正朝使가 되어 元에 다녀온 뒤, 1327년(충숙왕 14)에 驪興君에 봉해지고, 重大匡까지 올랐다. 1331년(충혜왕 1)에는 匡靖大夫로서 密直司事·進賢館大提學·知春秋館事에 제수되었다. 시호는 文順이다.

『高麗史』 권108, 列傳21 閔宗儒 附頔.

『拙藁千百』 권2, 「故密直宰相閔公行狀」.

「閔頔墓誌銘」.

7) 登至元乙酉第: 지원 연간의 乙酉年은 1285년(충렬왕 11)에 해당한다. 민적의 행장에도 지원 22년에 급제한 사실이 확인되며, 당시 지공거는 知僉議府事 薛公儉이고, 동지공거는 左承旨 崔守璜이었다. 同年으로는 郭麟, 李兆年 등이 있다.

『高麗史』 권73, 志28 選擧1 科目1 凡選場 忠烈王 11년 10월.

『拙藁千百』 권2, 「故密直宰相閔公行狀」.

8) 通憲大夫: 1308년(충렬왕 34)에 충선왕이 복위하여 개정한 문산계로 종2품에 해당한다. 1275년에 종래의 金紫光祿大夫(종2품)를 匡靖大夫로 개정하였으며, 1308년에 충선왕이 정1품계인 三

重大匡을 신설하면서 광정대부는 정2품계로 상향되었고, 종2품계에
통헌대부를 신설하였다.

『高麗史』 권28, 世家28 忠烈王 원년 동10월.

『高麗史』 권77, 志31 百官2 文散階.

『益齋亂藁』 권9上, 「有元贈敦信明義保節貞亮濟美翊順功臣太師開府儀同三
司尙書右丞相上柱國忠憲王世家」.

朴龍雲, 1981, 「高麗의 文散階」, 『震檀學報』 52 ; 1997, 『高麗時代 官
階·官職 研究』, 고려대학교 출판부, 37~43·68~78쪽.

이강한, 2012, 「고려후기 '충렬왕대 문산계(文散階)'의 구조와 운용 ―
대부계(大夫階)에 대한 검토를 중심으로―」, 『震檀學報』 116.

9) 同知密直司事: 고려후기 왕명출납, 軍機, 직숙을 관장하던 密
直司의 종2품 관직이며 정원은 3인으로, 전기의 同知中樞院事에 해
당한다. 중추원이 1275년(충렬왕 1)에 密直司로, 1298년에는 光政
院으로 바뀌었다가 다시 밀직사로 바뀌는 과정에서 이의 명칭도 同
知密直司事로 바뀌었다.

『高麗史』 권76, 志30 百官1 密直司.

邊太燮, 1976, 「高麗의 中樞院」, 『震檀學報』 41.

朴龍雲, 1976, 「高麗의 中樞院 研究」, 『韓國史研究』 12 ; 2001, 『高麗時
代 中樞院 研究』, 高麗大學校 民族文化研究院, 57·58쪽.

10) (閔)舒: 생몰년 미상. 민종유의 차남이다. 위의 기록 외에
다른 기록이 찾아지지 않아 구체적인 행적을 알기는 어렵다.

11) 檢校神虎衛郞將: 神虎衛郞將의 산직이다. 神虎衛郞將은 神
虎衛의 정6품 관직이다. 검교직은 일정한 직임이 부여되지 않은 散
職 또는 虛職으로 대체로 문반5품, 무반4품 이상에 설정되었으며,
官職의 앞 또는 뒤에 檢校라는 단어를 덧붙여 표시하였다. 그러나
후기로 가면서 검교직을 濫授하면서 하위 관직에도 검교가 설치되
는 현상이 나타났다.

『高麗史』 권77, 志31 百官2 西班 神虎衛.

朴龍雲, 1994, 「고려시대의 官職과 官階」, 『한국사』 13, 국사편찬위원회 ;

1997, 『高麗時代 官階·官職 硏究』, 고려대학교 출판부, 29~32쪽.

12) 承奉郎: 고려후기 문산계로 정6품에 해당한다. 문종대 종8품상으로 정하였는데, 1308년(충렬왕 34)에 복위한 충선왕은 관제를 개정하였을 때 정6품으로 올렸다. 이때 문산계의 경우 정1품계인 三重大匡이 신설되면서 4품 이상과 5품 이하로 각각 한 품계씩 상향되었고, 4품 이상을 大夫로 5품 이하를 郎으로 개정하였다.

『高麗史』 권77, 志31 百官2 文散階.

朴龍雲, 1981, 「高麗의 文散階」, 『震檀學報』 52 ; 1997, 『高麗時代 官階·官職 硏究』, 고려대학교 출판부, 39~42쪽.

13) 典校署丞: 고려후기 經籍과 祝疏를 관장하던 典校署의 정5품 관직으로, 전기의 秘書丞에 해당한다. 1298년(충렬왕 24)에 秘書省을 비서감으로 개칭하고 판사를 폐지하였으며, 1308년(충렬왕 34)에는 典校署로 바꾸었다가 뒤에 典校寺로 개칭했다.

『高麗史』 권76, 志30 百官1 典校寺.

朴龍雲, 2009, 『『高麗史』 百官志 譯註』, 신서원, 254~261쪽.

14) 鞠譚: 생몰년미상. 민종유의 사위로 承奉郎·前典校署丞이라는 위의 기록 외에 구체적인 행적을 알기는 어렵다.

15) (閔)平: 閔思平(1295~1359)이다. 閔頔의 아들로, 자는 坦夫이고 호는 及庵이다. 민사평묘지명에 의하면 다섯 살에 모친을 여의고 민종유에게 양육되었다. 1315년(충숙왕 2)에 급제하여 藝文春秋館修撰, 藝文應敎 등을 거쳐 成均大司成이 되었다. 묘지명에는 민사평이 1342년(충혜왕 후3)에 判典校寺事로서 成均試를 주관하여 金仁琯 등 93명을 선발한 것으로 되어 있으나, 『高麗史』 選擧志에는 金鷹 등 99인이 선발된 것으로 되어 있다. 1344년에 典理判書, 監察大夫를 역임하고 密直提學, 密直副使·知密直司事를 거쳐 驪興君에 봉해졌다. 1349년(충정왕 1)에는 元에 입조하는 忠定王을 수행한 공으로 僉議叅理·藝文館大提學·知春秋館事에 임명

되었고, 輪誠秉義協贊功臣에 책봉되었으며, 贊成事·商議會議都監
事에 올랐다. 시호는 文溫이다. 閔思平은 崔瀣와 절친한 사이로 최
해의 문집 간행에 큰 도움을 주었으며, 저서로는 『及菴先生詩集』이
전한다.

> 『高麗史』 권74, 志28 選擧2 科目2 凡國子試之額 忠惠王 후3년 .
> 『高麗史』 권108, 列傳21 閔宗儒 附思平.
> 「閔思平墓誌銘」.
> 朴龍雲, 2012, 『『高麗史』 選擧志 譯註』, 景仁文化社, 189·190쪽.

16) 登延祐乙卯科: 연우 연간의 乙卯年은 1315년(충숙왕 2)이
다. 민사평의 묘지명에도 같은 해에 급제한 사실이 확인되며, 당시
知貢擧—考試官—는 李瑱이고 同知貢擧—同考試官—는 尹奕이었
다. 동년으로는 장원한 朴仁幹이 있다.

> 『高麗史』 권73, 志27 選擧1 科目1 凡選場 忠肅王 2년 춘정월.
> 「閔思平墓誌銘」.
> 朴龍雲, 2012, 『『高麗史』 選擧志 譯註』, 景仁文化社, 189·190쪽.

17) 曲出篤 金剛 忙奇篤: 閔宗儒의 손자들로서, 민적의 처 원씨
소생이다. 민적의 소생에 대해서는 묘지명과 행장의 두 기록이 전해
지는데, 이름이 曲出篤·金剛·忙奇篤과 愉·抃·渙으로 각기 다르다.
아마 몽골식 이름과 한자식 이름 두 가지를 갖고 있었던 것 같다.
한편 민적의 행장에는 그가 2명의 부인으로부터 4남 3녀를 낳은 것
으로 되어 있어 한 명의 아들이 더 있었던 것 같으나 그에 대해서는
알 수 없다.

> 「閔思平墓誌銘」.
> 『拙藁千百』 권2, 「故密直宰相閔公行狀」.

6-(5).

[原文]

公卒之五日, 予往吊通憲公, 則受吊畢, 以墓文見屬. 予以卑陋, 不足發先德, 辭不獲命, 則以公方哀毀, 重傷公, 第唯而退. 後數日 公令男平, 錄其歷官顚末來徵銘. 復念先君子嘗游通憲公, 而予又與平善, 義不可負, 故謹拜受, 敍而銘之. 葬用是年六月六日庚申, 墓在某山之原, 距京有若干里. 有司依故事, 謚曰忠順.

銘曰, 爵列諸君齒八旬, 壯仕老退樂終身, 考之行實不媿人, 卜得新兆崇其阜, 公藏百世慶流後, 鑴石納窆詔永久.

[譯文]

공이 돌아가신지 5일째에 내가 가서 통헌공에게 조문하였는데, 조문을 마치자 묘지명을 부탁받았다. 내가 비루하여 돌아가신 분의 덕을 드러내기에는 부족하여 명을 받들지 못하겠다고 사양하였더니,[1] 통헌공이 바야흐로 슬퍼하고 상심하여 또다시 공에게 상처를 주게 되므로 다만 '예'하고 물러나왔다. 며칠 후에 공이 아들 평을 시켜 (선친이) 역임한 관직의 전말을 가져와 명문을 구하였다. 다시 생각해 보니 나의 선친[先君子][2]께서 일찍이 통헌공과 교유하였고 나도 평과 절친하니, 의리상 저버릴 수 없기 때문에 삼가 절하고 받아 (묘지를) 적고 명을 짓는다. 장례는 이해 6월 6일 경신일이고, 묘는 아무산[某山] 언덕에 있는데 서울과의 거리는 몇 리 정도 이다. 유사가 고사에 의거하여 시호를 충순이라 하였다. 명에 이른다.

관작의 반열은 제군이요 나이는 팔순이라,
젊어서 벼슬하고 늙어서는 물러나 종신토록 (여생을) 즐기었네.
행실을 살펴보니 남에게 부끄럽지 않았고,

점을 쳐 얻은 자리 그 언덕이 쌓였네.

공덕이 백세 동안에 간직되어 복은 후손에게 흘러가고,

돌에 새겨 무덤에 넣으니 공에 대한 기억 영원토록 이어지리.

[註解]

1) 辭不獲命: 『莊子』 外編에 魯의 君主가 蔣閭葂에게 가르침을 청하자 사양하였는데 魯君의 허락을 얻지 못하여 정치에 대해 말하게 되었다는 고사를 인용한 것이다. 즉 윗사람의 요청에 대해 거절의사를 밝혔지만, 동의를 얻지 못한 경우이다. 여기서도 최해가 묘지명 부탁을 거절하였으나, 민적의 동의를 얻지는 못하였음을 의미한다. 최해는 결국 상주 통헌공의 의사를 어기지 못하고 묘지명 작성을 허락하고 나올 수밖에 없었고, 며칠 뒤에 명문을 작성하게 되었다.

『莊子』 外編 天地.
『莊子口義』 권4, 外篇胠篋10.

2) 先君子: 생몰년 미상. 최해의 아버지 崔伯倫을 가리킨다. 1282년(충렬왕 8)에 장원급제하고, 1285년에 巡馬所에 배속되었으며, 1308년에는 務農使가 되었다. 구체적인 관력이 전해지지 않지만, 최해의 묘지명에는 元으로부터 高麗王京儒學敎授를 제수받고, 여러 관직을 거쳐 民部議郎을 지냈으며, 中顯大夫에 올랐다고 한다. 한편 최백륜은 아들 崔瀣가 성균학관으로 있을 때 學諭에 결원이 생겨 최유엄이 천거한 李守와 이 자리를 다투었는데, 崔有渷에게 불손하여 孤蘭島에 유배되기도 하였다.

『高麗史』 권29, 世家29 忠烈王 8년 11월 戊午.
『高麗史』 권81, 志35 兵1 兵制 忠烈王 11년 5월.
『高麗史』 권109, 列傳22 崔瀣.
高惠玲, 1994, 「崔瀣의 생애와 사상」, 『李基白先生古稀紀念 韓國史學論叢(上)』, 一潮閣 ; 2001, 『高麗後期 士大夫와 性理學 受容』, 一

潮閣.

具山祐, 1999,「14세기 전반기 崔瀣의 저술 활동과 사상적 단면」,『지역과 역사』5.

7-(1). 皇元高麗故通憲大夫知密直司事右常侍上護軍崔公墓誌銘

[原文]

皇元高麗故通憲大夫知密直司事右常侍上護軍崔公墓誌銘

公諱雲, 字蒙叟, 其先東州昌原縣人也. 十世祖諱俊邕, 仕國初有功, 爲大師三重大匡. 傳至曾孫諱奭, 爲開府儀同三司, 謚曰譽肅. 譽肅生金紫光祿大夫諱惟淸, 謚曰文淑. 文淑生門下平章諱詵, 謚曰文懿. 文懿生尙書左僕射諱宗梓, 僕射生中書平章諱昷, 謚曰文信. 文信生奉翊大夫諱文立, 奉翊公娶樞副洪公諱縉之女, 是生公. 世以忠顯, 珪組蟬聯, 門望藹然.

[譯文]

황원 고려 고 통헌대부[1]·지밀직사사[2]·우상시[3]·상호군[4] 최공[5] 묘지명[6]

공의 휘는 운이고 자는 몽수이며, 그 선조는 동주 창원현[7] 사람이다. 10세조 최준옹[8]은 국초에 벼슬하여 공을 세우고 태사[9]·삼중대광[10]이 되었다. 전하여 증손 최석[11]에 이르러 개부의동삼사[12]가 되었으니 시호는 예숙이다. 예숙이 금자광록대부[13] 최유청[14]을 낳으니 시호는 문숙이다. 문숙이 문하평장[15] 최선[16]을 낳으니 시호는 문의이다. 문의가 상서좌복야[17] 최종재[18]를 낳았고, 복야가 중서평장[19] 최온[20]을 낳으니 시호는 문신이다. 문신이 봉익대부[21] 최문립[22]을 낳았고, 봉익공이 추밀부사[23] 홍진[24]의 따님을 취하여 공을 낳았다. 대대로 충성으로 이름나고 관직[珪組][25]이 계속 이어지니

가문과 명망[門望]이 성대하였다.

[註解]

1) 通憲大夫: 1308년에 충선왕이 복위하여 개정한 종2품 문산
계이다. 이에 대해서는 권1 6-(4), 주해 8) 참조.

2) 知密直司事: 고려후기 王命의 出納과 宿衛, 軍機의 업무를
관장하던 密直司의 종2품 관직이다. 전기의 知中樞院事로, 정원은
1인이었다. 1275년(충렬왕 1) 관제가 격하되면서 추밀원이 밀직사
로 바뀌자 지추밀원사도 지밀직사사가 되었다.

> 『高麗史』 권76, 志30 百官1 密直司.
>
> 邊太燮, 1976, 「高麗의 中樞院」, 『震檀學報』 41.
>
> 朴龍雲, 1976, 「高麗의 中樞院 研究」, 『韓國史研究』 12 ; 2001, 『高麗時
> 代 中樞院 研究』, 高麗大學校 民族文化研究院.

3) 右常侍: 고려후기 僉議府의 관직으로 諫諍, 封駁, 署經, 百官
糾察 등의 업무를 맡아 諫官을 구성하던 郞舍의 일원이었다. 전기
의 右散騎常侍로 문종대에 1인을 두었고 품질은 정3품으로 하였으
며, 이후 어느 시기에 常侍로 개칭되었다. 1298년에 충선왕이 우산
기상시로 고쳤다가 얼마 후에 다시 우상시가 되었다.

> 『高麗史』 권76, 志30 百官1 常侍.
>
> 朴龍雲, 1980, 「臺諫의 職制」, 『高麗時代 臺諫制度 研究』, 一志社, 66·
> 67쪽.
>
> 박재우, 2012, 「고려전기 臺諫의 조직과 기능」, 『韓國史學報』 49, 170~
> 174쪽 ; 2014, 『고려전기 대간제도 연구』, 새문사.

4) 上護軍: 고려후기 정3품 무반직으로 전기의 上將軍에 해당한
다. 이에 대해서는 권1 6-(1), 주해 3) 참조.

5) 崔公: 본 묘지명의 주인공인 崔雲(1275~1325)을 가리킨다.
『高麗史』와 『高麗史節要』 등의 사서에는 崔雲에 대한 기록이 거의
없으며, 현재 『拙藁千百』에 남아 있는 그의 묘지명이 가장 많은 내

용을 전하고 있다.

6) 皇元高麗故通憲大夫知密直司事右常侍上護軍崔公墓誌銘: 동
일한 묘지명이 『東文選』에도 수록되어 있다.

> 『東文選』권123,「皇元高麗故通憲大夫知密直司事右常侍上護軍崔公墓誌
> 銘」.

7) 東州昌原縣: 지금의 강원도 철원군 일대이다. 본래 고구려의
鐵圓郡이었다가 신라 경덕왕이 鐵城郡으로 고쳤고 泰封의 도읍이
되기도 하였다. 고려가 건국되자 東州로 고쳤고 995년(성종 14)에
團練使를 두었으며 1018년(현종 9)에 知東州事로 삼았다. 1254년
(고종 41)에 縣으로 낮추었다가 후에 牧으로 승격시켰으나, 1310
년(충선왕 2)에 牧을 폐지하면서 鐵原府가 되었다. 동주는 昌原 또
는 陸昌이라고도 하였으며 속군 1개, 속현 7개가 있었다.

> 『高麗史』권58, 志12 地理3 交州道 東州.
> 『新增東國輿地勝覽』권47, 江原道 鐵原都護府.

8) 崔俊邕: 생몰년 미상. 『高麗史』에 태조를 도와 공신이 되었
다는 간략한 소개 외에는 별다른 설명이 없다(①). 東州崔氏―鐵
原崔氏―의 族譜에 그 선조는 신라 초기에 왕으로부터 賜姓 받은
高墟村長 蘇伐都利라고 하며, 그의 22세손인 桂陽聖의 증손자가 바
로 동주최씨의 시조가 되는 최준옹이라고 전한다(②). 『三國史記』
에 高墟部를 沙梁部로 개칭하고 최씨를 사성했다는 기록이 있는데,
아마도 이를 근거로 삼아 작성했을 것으로 추정된다. 다만 『三國遺
事』에는 소벌도리가 사량부 鄭氏의 조상이라고 기록되어 있어서 어
느 것이 맞는지는 알 수 없다(③).

한편 동주최씨는 開國功臣의 후예로 文筆的 傳統을 지닌 고려의
대표적인 門閥家門이다. 崔奭·崔惟淸 부자가 각기 首相과 亞相에
오름으로써 지위를 굳히게 되었고, 특히 武臣亂 이후에는 崔氏執政
내지는 權力家門과 인척관계를 맺으면서 더욱 번성하였다(④).

①『高麗史』 권99, 列傳12 崔惟淸.

② 東州崔氏大宗會 編, 1995,『東州崔氏大觀』, 東州崔氏大宗會.

③『三國史記』 권1, 新羅本紀1 儒理尼師今 9년.

　『三國遺事』 권1, 紀異1 新羅始祖 赫居世王.

④『高麗史』 권10, 世家10 宣宗 4년 12월 庚寅.

　『高麗史』 권99, 列傳12 崔惟淸.

　　朴龍雲, 1978, 「고려시대 定安任氏·鐵原崔氏·孔巖許氏 家門 분석」,
　　　　　『韓國史論叢』 3 ; 2003, 『高麗社會와 門閥貴族家門』, 景仁
　　　　　文化社, 249～252쪽.

　　李樹健, 1984, 「高麗後期 支配勢力과 土姓」, 『韓國中世社會史硏究』,
　　　　　一潮閣, 194·195·274쪽.

9) 大師: 太師와 통한다. 太師는 太傅·太保와 함께 三師의 하나
로 정1품이며, 처우는 三公과 같다. 이에 대해서는 권1 2-(2), 주
해 28) 참조.

10) 三重大匡: 936년(태조 19)에 태조가 후삼국의 통일을 계기
로 관계를 16등급으로 확대 정비할 때 가장 높은 1품에 해당하였고,
인물의 사후에 추증직으로 많이 제수되었다. 995년(성종 14)년에
중국식 문산계를 공식적으로 사용하면서 三重大匡은 사용되지 않았
다. 이후 1308년에 충선왕이 복위하여 관제를 개편할 때 정1품 문
산계로 다시 등장하였다.

　『高麗史』 권75, 志29 選擧3 鄕職.

　『高麗史』 권77, 志31 百官2 文散階.

　　武田幸男, 1966, 「高麗初期の官階―高麗王朝確立過程の一考察―」, 『朝
　　　　　鮮學報』 41.

　　朴龍雲, 1981, 「高麗時代의 文散階」, 『震檀學報』 52 ; 1999, 『高麗時代
　　　　　官階·官職 硏究』, 고려대학교 출판부.

11) 崔奭: 생몰년 미상. 초명은 錫이다. 1051년(문종 5)에 장원
으로 급제하였고 左拾遺, 左諫議大夫, 吏部尙書·叅知政事, 門下侍
郞平章事, 守太尉·判尙書吏部事·監修國史 등을 역임하였다. 1075
년에 禮部侍郞으로 賀天安節使가 되어 거란에 파견되었고, 1080년

에는 여진족이 소요를 일으키자 同知中樞院事로서 兵馬使가 되어
步騎 3만을 이끌고 출전하였다. 또한 1088년(선종 5)에 判尙書吏
部事로서 知貢擧가 되어 金富弼 등을 선발하였다.

　　『高麗史』 권7, 世家7 文宗 5년 하4월 辛巳.
　　『高麗史』 권8, 世家8 文宗 14년 8월 戊午.
　　『高麗史』 권9, 世家9 文宗 31년 12월 乙巳·34년 12월 己未.
　　『高麗史』 권10, 世家10 宣宗 3년 하4월 癸丑·4년 12월 庚寅.
　　『高麗史』 권73, 志27 選擧1 科目1 凡選場 宣宗 5년 3월.

　12)　開府儀同三司: 고려의 문산계로 종1품이다. 995년(성종
14)에 국초의 관계를 대신하여 중국식 문산계가 공적인 질서체계로
채택되었는데, 이때 大匡이 開府儀同三司로 개정되었다. 1076년(문
종 30)에 종1품이 되었으며, 1298년에 충선왕이 관계를 개정할 때
崇祿大夫로 바뀌었다.

　　『高麗史』 권77, 志31 百官2 文散階.
　　朴龍雲, 1981, 「高麗時代의 文散階」, 『震檀學報』 52 ; 1997, 『高麗時代
　　　　官階·官職 硏究』, 고려대학교 출판부.
　　朴龍雲, 2009, 『『高麗史』 百官志 譯註』, 신서원, 747·750쪽.

　13)　金紫光祿大夫: 고려의 문산계로 종2품이다. 995년(성종
14)에 국초의 관계를 대신하여 중국식 문산계가 공적인 질서체계로
채택되었는데, 이때 大丞이 興祿大夫로 개정되었다. 1076년(문종
30)에 종2품 金紫光祿大夫가 되었으며, 1275년(충렬왕 1)에 匡靖
大夫로 개정되었다.

　　『高麗史』 권77, 志31 百官2 文散階.
　　朴龍雲, 1981, 「高麗時代의 文散階」, 『震檀學報』 52 ; 1997, 『高麗時代
　　　　官階·官職 硏究』, 고려대학교 출판부.

　14)　崔惟淸: 1095~1174. 字는 直哉이다. 예종 때 과거에 급제
하였으나 공부가 미숙하다고 하여 관직을 구하지 않았으며, 후에 천
거를 받아 直翰林院이 되었다. 인종대에 臺諫職을 두루 역임하고
承宣이 되었다. 당시 이자겸이 반역을 꾀하여 당여가 되지 않는 자

들을 제거하거나 유배 보냈는데, 최유청의 매부 鄭克永이 平章事 韓安仁의 表弟였으므로 연루되어 실직되었다. 뒤에 복직하여 內侍가 되었고, 1144년(인종 22)에 同知貢擧가 되어 金敦中 등 26인을 선발하였다. 1150년(의종 4)에 中書侍郎同中書門下平章事·判兵部事에 임명되었다가, 이듬해에 매부인 鄭敍가 大寧侯와 함께 참소를 입은 사건에 연루되어 南京留守使로 폄출되었고 연이어 忠州와 廣州의 牧使로 옮겼다. 1159년에 소환되어 守司空·左僕射가 되었고, 1161년에 中書侍郎平章事로 치사하였다. 1170년에 武臣亂으로 많은 文臣이 화를 당하였지만 최유청의 집안은 이를 면하였고 명종이 즉위하면서 다시 기용되어 中書侍郎平章事에 임명되었다. 이후 金紫光祿大夫 守司空·集賢殿太學士·判禮部事로 치사하였으며, 시호는 文淑이다. 經史子集에 밝았을 뿐만 아니라 佛經에도 조예가 깊었다고 전한다.

『高麗史』 권99, 列傳12 崔惟淸.

「崔惟淸墓誌銘」.

朴龍雲, 1978, 「고려시대 定安任氏·鐵原崔氏·孔巖許氏 家門 분석」, 『韓國史論叢』 3 ; 2003, 『高麗社會와 門閥貴族家門』, 景仁文化社, 237~239쪽.

E. J. Shultz, 1983, 「韓安仁派의 登場과 그 役割—12世紀 高麗 政治史의 展開에 나타나는 몇 가지 特徵—」, 『歷史學報』 99·100合.

羅滿洙, 1990, 「高麗 明宗代 武人政權과 國王」, 『成大史林』 6.

朴漢男, 1991, 「崔惟淸의 生涯와 詩文分析—≪東人之文四六≫ 등에 수록된 詩文을 중심으로—」, 『國史館論叢』 24.

15) 門下平章: 中書門下省의 정2품 관직인 門下侍郎平章事를 말한다. 이에 대해서는 권1 2-(2), 주해 13) 참조.

16) 崔詵: ?~1209. 최유청의 5남이다. 그에 대해서는 권1 2-(2), 주해 7) 참조.

17) 尙書左僕射: 尙書省의 정2품 관직으로 좌·우 각 1인을 두

었다. 이에 대해서는 권1 2-(2), 주해 16) 참조.

18) 崔宗梓: 생몰년 미상. 최선의 3남이다. 1225년(고종 12)에 衛尉卿으로 同知貢擧가 되어 林長卿 등 33인을 선발하였으며, 1229년에는 東北面兵馬使로서 北邊人 前別將 銳爵 등 3인을 동여진으로 보내어 정탐하게 한 일이 문제가 되어 梁州副使로 좌천되었다. 이후 1236년에 右僕射로 임명되었다.

『高麗史』 권22, 世家22 高宗 16년 6월 辛亥·8월 庚戌.
『高麗史』 권23, 世家23 高宗 23년 12월 壬子.
『高麗史』 권73, 志27 選擧1 科目1 凡選場 高宗 12년 3월.
朴龍雲, 1978, 「고려시대 定安任氏·鐵原崔氏·孔巖許氏 家門 분석」, 『韓國史論叢』 3 ; 2003, 『高麗社會와 門閥貴族家門』, 景仁文化社, 244쪽.

19) 中書平章: 中書門下省의 정2품 관직인 中書侍郎平章事를 말한다. 이에 대해서는 권1 2-(2), 주해 13) 참조.

20) 崔昷: ?~1268. 기품이 웅대하고 성격이 활달하여 직언을 잘하였고 일을 처결할 때에는 과단성이 있었다고 전한다. 고종 때에 과거에 급제하였고 여러 벼슬을 거쳐 樞密院使가 되었다. 1258년(고종 45)에 金俊이 崔竩를 제거하고자 모의할 때에 최온과 상의하였는데, 최의를 살해한 뒤에 최온의 아들인 牽龍行首 崔文本이 최의에게 편지를 보내 모의를 누설한 사실이 발각되어 黑山島로 유배를 갔다. 원종 초에 소환되어 樞密院使, 守司空·左僕射·判工部事를 역임하였고 1263년에 守太傅·中書侍郎平章事로 치사하였다.

『高麗史』 권25, 世家25 元宗 원년 춘정월 戊寅·동10월 戊午·3년 12월 丁丑·4년 12월 丙寅.
『高麗史』 권99, 列傳12 崔惟淸 附昷.
『高麗史節要』 권16, 高宗 45년 3월·6월.
朴龍雲, 1978, 「고려시대 定安任氏·鐵原崔氏·孔巖許氏 家門 분석」, 『韓國史論叢』 3 ; 2003, 『高麗社會와 門閥貴族家門』, 景仁文化社, 246·247쪽.

21) 奉翊大夫: 고려후기의 문산계로 정3품이다. 이에 대해서는 권1 3-(2), 주해 6) 참조.

22) 崔文立: 생몰년 미상. 최온의 2남으로 관직이 三司使에 이르렀다.

『高麗史』 권99, 列傳12 崔惟淸 附㟁.

23) 樞副: 樞密院의 정3품 관직인 樞密院副使를 말한다. 이에 대해서는 권1 3-(2), 주해 7) 참조.

24) 洪公諱縉: ?~1266. 본관은 南陽으로, 아버지는 洪斯胤이고 아들은 洪奎이다. 1250년(고종 37)에 中書舍人으로 몽골에 파견된 일이 있으며, 원종대에는 尙書右僕射, 同知樞密院事 등을 역임하였다. 또한 1258년에 同知貢擧가 되어 張漢文 등을 선발하였고, 1266년에는 知貢擧가 되어 閔漬 등을 선발하였다.

『高麗史』 권23, 世家23 高宗 37년 2월 己未.

『高麗史』 권25, 世家25 元宗 4년 12월 丙寅.

『高麗史』 권73, 志27 選擧1 科目1 凡選場 高宗 45년 6월·元宗 7년 5월.

『高麗史』 권106, 列傳19 洪奎.

25) 珪組: 諸侯의 지위나 官位를 가리키는 말이다. 본래 珪는 瑞玉으로 제후가 지위의 상징으로 지녔던 의례용 옥기이고, 組는 그 것을 몸에 차기 위한 끈을 말한다.

諸橋轍次, 1985, 「珪組」·「瑞玉」, 『大漢和辭典』 7, 大修館書店, 914·949쪽.

7-(2).

[原文]

公生十五歲, 擧中司馬試, 實至元己丑也. 元貞丙申, 補都齋庫判官, 屬籍內侍. 大德己亥, 換武資, 以神虎衛別將, 別差牽龍行首, 庚子, 拜左右衛將軍. 壬寅, 復文資, 授朝顯大夫軍簿摠郎賜金紫, 俄改典理摠郎判司盈署事.

至大戊申, 又換武, 拜左右衛大護軍. 己酉, 出爲羅州牧使, 皇慶壬子, 徙知鐵
原府, 延祐甲寅, 移知公州, 秋復知鐵原府, 尋免. 丙辰, 復官拜正尹, 陞元尹,
至治辛酉, 省冗官, 隨例罷. 泰定乙丑四月, 起授通憲大夫知密直司事右常侍
上護軍, 至七月庚午, 以疾卒, 春秋五十一.

[譯文]

공은 15세에 사마시[1]에 합격하였는데, 이때가 지원 기축년
(1289, 충렬왕 15)이다.[2] 원정 병신년(1296)에 도재고판관[3]에
보임되었고 내시[4]에 소속되었다. 대덕 기해년(1299)에는 무반으로
바꾸어 신호위별장[5]으로서 특별히 견룡행수[6]에 차임되었다가 경자
년(1300)에 좌우위장군[7]으로 임명되었다. 임인년(1302)에 문반으
로 복귀하여 조현대부[8]·군부총랑[9]에 제수되어 금자어대[10]를 받았
고 얼마 후에 전리총랑[11]·판사영서사[12]로 개수되었다. 지대 무신년
(1308)에 다시 무반으로 바꾸어 좌우위대호군[13]에 제수되었다. 기
유년(1309, 충선왕 1)에는 나주목사[14]로 나갔다가 황경 임자년
(1312)에 지철원부사[15]로 옮겼으며, 연우 갑인년(1314, 충숙왕 1)
에는 지공주사[16]로 옮겼다가 가을에 다시 지철원부사가 되었으나
얼마 후 면직되었다. 병진년(1316)에 관직에 복귀하여 정윤에 제수
되었다가 원윤에 올랐는데,[17] 지치 신유년(1321)에 용관(冗官)을
줄이자 예에 따라 파직되었다. 태정 을축년(1325) 4월에 기용되어
통헌대부·지밀직사사·우상시·상호군에 제수되었다가, 7월 경오일
(23일)에 이르러 병으로 졸하니, 춘추가 51세였다.

[註解]

1) 司馬試: 고려시대 國子監試의 이칭이다. 『禮記』 王制에 의하
면 '大樂正이 士 중에서 우수한 자를 논하여 왕에게 고하고 司馬에
올리면 進士라고 한다.'는 데서 유래하였다(①). 국자감시에 대해서

는 본고시인 禮部試의 예비고시였다는 의견(②)과 국자감의 입학
자격시험이었다는 견해(③)가 제시되었는데, 고려말의 국자감시 同
年錄이 발견되었고 이를 분석한 결과 전자의 의견대로 예비고시였
다는 사실이 확인되었다(④).

① 曺佐鎬, 1969, 「李朝司馬試攷(上)」, 『成均館大 論文集』 14, 135쪽.
　　許興植, 1974, 「高麗 科擧制度의 檢討」, 『韓國史硏究』 10 ; 1981, 『高
　　麗科擧制度史硏究』, 一潮閣, 26쪽.
② 曺佐鎬, 1958, 「麗代의 科擧制度」, 『歷史學報』 10, 138쪽.
　　許興植, 1974, 「高麗 科擧制度의 檢討」, 『韓國史硏究』 10 ; 1981, 『
　　高麗科擧制度史硏究』, 一潮閣, 24쪽.
　　趙東元, 1974, 「麗代 科擧의 豫備考試와 本考試에 對한 考察」, 『圓
　　光大 論文集』 8, 224·225쪽.
　　朴龍雲, 1990, 「高麗時代 科擧의 考試와 體系에 대한 檢討」, 『高麗
　　時代 蔭敍制와 科擧制 硏究』, 一志社.
③ 宋俊浩, 1970, 『李朝生員進士試의 硏究』, 國會圖書館, 12쪽.
　　周藤吉之, 1975, 「高麗初期の科擧制と宰相との關係─宋の科擧制と
　　の關連において─」, 『江上波夫敎授古稀記念論集 歷史篇』,
　　山川出版社 ; 1980, 『高麗朝官僚制の硏究』, 法政大學出版
　　局, 72쪽.
　　李成茂, 1981, 「韓國의 科擧制와 그 特性─高麗 朝鮮初期를 中心으
　　로─」, 『科擧』, 一潮閣, 98쪽.
　　柳浩錫, 1984, 「高麗時代의 國子監試에 대한 再檢討」, 『歷史學報』
　　103.
④ 朴龍雲, 1990, 「高麗時代 科擧의 考試와 體系에 대한 檢討」, 『高麗時
　　代 蔭敍制와 科擧制 硏究』, 一志社.
　　許興植, 1996, 「1377년 國子監試 同年錄의 分析」, 『書誌學報』 17 ;
　　2005, 『고려의 과거제도』, 일조각.

2) 公生十五歲 …… 實至元己丑也: 『高麗史』 選擧志에 의하면
1289년(충렬왕 15) 10월에 右副承旨 李混이 金承印 등 70인을
뽑은 기록이 확인된다.

　　『高麗史』 권74, 志28 選擧2 科目2 凡國子試之額 忠烈王 15년 10월.

3) 都齋庫判官: 道教의 醮祭나 佛教行事에 필요한 물자를 공급하는 都齋庫의 乙科權務職이다. 都齋庫는 문종대에 使 1인(4품 이상)·副使 3인(6품 이상)·判官 2인 등의 관원이 설치되었다. 이 중 판관은 을과권무였으며 대략 9품에 준하거나 그보다 약간 아래의 班次에 위치하였다.

『高麗史』 권77, 志31 百官2 都齋庫.

文炯萬, 1986, 「膳官署와의 關聯官府」, 『高麗諸司都監各色硏究』, 第一文化社, 100쪽.

李鎭漢, 1997, 「高麗時代 權務職의 地位와 祿俸」, 『民族文化』 20 : 1999, 『고려전기 官職과 祿俸의 관계 연구』, 一志社, 95~104쪽.

4) 內侍: 국왕을 侍奉하거나 扈從하는 일을 맡은 近侍職이다. 이에 대해서는 권1 6-(1), 32) 참조.

5) 神虎衛別將: 고려시대 2軍 6衛 중 하나인 神虎衛의 정7품 관직이다. 신호위는 左右衛·興威衛와 함께 京軍의 주력부대로 개경의 수비와 出征, 防守를 주로 담당하였고 保勝 5領, 精勇 2領으로 구성되었다. 별장은 200명으로 조직된 부대의 지휘관인 낭장 다음의 지위였다.

李基白, 1956, 「高麗京軍考」, 『李丙燾博士華甲紀念論叢』, 一潮閣 ; 1968, 『高麗兵制史硏究』, 一潮閣, 69~74쪽.

朴龍雲, 2009, 『『高麗史』 百官志 譯註』, 신서원, 646~648쪽.

6) 牽龍行首: 국왕을 시위하는 친위부대인 牽龍의 군관직으로, 대체로 정7품의 別將이 취임하였다. 이에 대해서는 권1 6-(1), 주해 35) 참조.

7) 左右衛將軍: 고려시대 2軍 6衛의 하나인 左右衛의 정4품 관직이다. 좌우위에 대해서는 권1 6-(2), 주해 4) 참조.

8) 朝顯大夫: 1275년(충렬왕 1)의 관제 개혁에 의해 신설된 종4품 문산계이다. 1권 6-(2), 주해 7) 참조.

9) 軍簿摠郎: 고려후기 무반의 인사업무, 軍務, 儀衛, 郵驛 등을

담당한 軍簿司의 정4품 관직으로, 전기의 兵部侍郎에 해당한다. 1275년(충렬왕 1)에 원의 압력으로 상서6부가 4司로 축소 격하되면서, 상서병부는 軍簿司로 개칭되었고 侍郎은 摠郎으로 명칭이 바뀌었다.

『高麗史』 권76, 志30 百官1 兵曹.

朴龍雲, 2002, 「譯註 『高麗史』 百官志(1)」, 『고려시대연구』 V, 한국정신문화연구원 ; 2009, 『『高麗史』 百官志 譯註』, 신서원, 155~158쪽.

10) 賜金紫: 金紫는 金魚袋와 紫服을 말한다. 고려에서는 문반 4품 이상은 자색 옷의 붉은 허리띠에 金魚를 착용하도록 규정하였다. 이에 대해서는 권1 6-(2), 주해 9) 참조.

11) 典理摠郎: 고려후기 典理司의 정4품 관직으로, 전기의 吏部 侍郎에 해당한다. 이에 대해서는 권1 6-(2), 주해 14) 참조.

12) 判司盈署事:『高麗史』 百官志에 司盈署라고 하는 官署名은 찾아지지 않아 어떤 관서인지 정확히 알 수 없다. 다만 典理摠郎과 함께 제수된 것으로 보아 정4품급에 해당하는 관직이었을 것으로 추측된다. 한편, 司盈署와 명칭 상 유사한 것으로 大盈署라는 관청이 확인되나, 大盈署의 연혁은 상고할 수가 없다고 전하고 문종대에 令 1인(종7품), 丞 2인을 두었다고 기록되어 있어 두 관서의 관련성을 유추하기 어렵다.

『高麗史』 권77, 志31 百官2 大盈署.

朴龍雲, 2006, 「『高麗史』 百官志(二) 譯註(5)」, 『고려시대연구』, 한국학중앙연구원 ; 2009, 『『高麗史』 百官志 譯註』, 신서원, 419·420쪽.

13) 左右衛大護軍: 고려후기 2軍 6衛의 하나인 左右衛의 종3품 무반직으로, 전기의 大將軍에 해당한다. 좌우위에 대해서는 권1 6-(2), 주해 4) 참조.

14) 羅州牧使: 牧使는 1인으로 3품 이상을 임명하였다. 羅州는

지금의 전라남도 나주시 일대이다. 본래 백제의 發羅郡이었다가 신
라 경덕왕이 錦山郡으로 고쳤고 태조가 甄萱으로부터 빼앗아 羅州
로 만들었다. 995년(성종 14)에 鎭海軍節度使라고 불렀으며 海陽
道에 소속시켰다. 현종이 나주로 피난하였기 때문에 1018년(현종
9)에 牧으로 승격시켰다. 속군 5개, 속현 11개가 있었고, 知事府 1
개, 知事郡 4개, 縣令官 4개를 관할하였다.

　　『高麗史』 권57, 志11 地理2 全羅道 羅州牧.
　　『高麗史』 권77, 志31 百官2 外職 諸牧.

　15) 知鐵原府: 鐵原府는 지금의 강원도 철원군 일대로 앞의
7-(1) 주해 7) 참조. 知事는 5품 이상을 임명하였다.

　　『高麗史』 권77, 志31 百官2 外職 防禦鎭·知州郡.
　　朴龍雲, 2009, 『『高麗史』 百官志 譯註』, 신서원, 726~729쪽.

　16) 知公州: 知州郡은 1인으로 5품 이상이 임명되었다. 公州는
지금의 충청남도 공주시 지역이다. 본래 백제의 熊川으로 文周王이
漢城으로부터 천도하였고, 신라 경덕왕은 熊州로 고쳤다. 940년(태
조 23)에 공주로 고쳤고 983년(성종 2)에는 12牧의 하나였다가
995년에 安節軍節度使라고 불렀으며 河南道에 소속시켰다. 1014년
(현종 5)에 知州事로 낮추었으며 1341년(충혜왕 후2)에 元 平章
闊闊赤의 아내인 敬和翁主의 外鄕이라는 이유로 목으로 승격시켰
다. 공주에는 속군 4개, 속현 8개가 있었다.

　　『高麗史』 권56, 志10 地理1 楊廣道 淸州牧 公州.
　　『高麗史』 권77, 志31 百官2 外職 知州郡.

　17) 拜正尹陞元尹: 고려후기의 異姓封君號이다. 1298년에 忠宣
王이 즉위하여 封爵制를 封君制로 개편하여, 기존의 公·侯·伯이 府
院君(정1품)·諸君(종1품)·元尹(종2품)·正尹(정3품)으로 변경되
었다. 이는 종실의 것보다 품계가 조금 낮았을 뿐이고 명칭은 양자
가 동일하였다. 이에 대해서는 권1 1, 주해 10) 참조.

　　『高麗史』 권77, 志31 百官2 異姓諸君.

李鎭漢, 2007, 「高麗後期의 異姓封君」, 『史學研究』 88.

7-(3).

[原文]

公儀表甚偉, 性直且愿. 平生事佛, 謹念佛經佛菩薩名號, 日有常課, 未嘗
以他故暫廢. 處家嚴肅, 人莫有敢犯, 及其居官臨民, 若處家然. 大德癸卯, 以
世家子隨王琠, 宿衛闕庭, 號都魯花. 而琠因太尉王久遭讒譖, 有非覬心, 至
丁未春事發, 琠及黨與皆誅竄. 而公獨以不附拜大護軍. 至治中, 樂禍之徒謀
擾東社, 卿士畏勢, 從風而靡, 公又不與焉. 及下密直之命, 人咸以擧得其人.
然拜官數月, 病不能興, 嗚嘷, 豈非命也哉. 公娶故僉議宰相宋公諱玢之女,
早卒. 後娶大護軍任公諱綏之女, 封晉陽郡夫人. 以是年八月甲申, 葬于城東
大德山之艮原. 公無子, 任夫人於予爲姨母, 因嘗受恩, 葬不可闕文, 遂最績
而銘之.

銘曰, 善積福厚, 源深流長, 魁然而偉, 克傳芳兮, 何任不久, 厥施未光, 何
德不紹, 祚不昌兮, 孰尸此責, 悠悠上蒼, 漬筆臨窆, 涕滂滂兮.

[譯文]

공은 풍채가 매우 뛰어났으며 성품이 곧고 공손하였다. 평생 부처
를 섬겨 삼가 불경과 불보살의 이름을 염불하는 것을 일과로 삼아
서, 다른 일로 인해 잠시라도 그만둔 적이 없었다. 집안에 처했을
때에 엄숙하여 사람들이 감히 범접하지 못하였으며, 벼슬하고 수령
이 되었을 때에도 집안에 처했을 때처럼 하였다. 대덕 계묘년(1303,
충렬왕 29)에 누대 명망 있는 가문[世家]의 자제로서 왕전[1]을 따
라 (원의) 궁궐을 숙위하였으며[2] 이를 투르칵(都魯花)[3]이라고 하
였다. 왕전은 충선왕[太尉王][4]이 오랫동안 참소를 당해 (충렬왕

과) 틈이 생긴 것 때문에 그릇되이 넘겨보는 마음을 가졌는데, 정미
년(1307) 봄에 일이 발각되어 왕전과 당여들이 모두 주살되거나
귀양을 갔다.[5] 그러나 공만은 (그들에게) 붙지 않아서 대호군에 임
명되었다. 지치 연간에 화를 즐기는 무리들이 동방의 사직을 어지럽
히려고 모의하자 공경과 사대부들이 (그) 세력을 두려워하여 마치
바람에 따라 쓰러지듯 하였으나, 공은 또 관여하지 않았다.[6] 밀직에
임명한다는 명이 내려오니 사람들이 모두 적임자를 얻었다고 하였
다. 그러나 관직에 임명된 지 수개월 만에 병으로 일어날 수 없었으
니, 아아! 어찌 운명이 아니겠는가. 공은 고 첨의재상[7] 송분[8]의 따
님을 취하였으나, (부인은) 일찍 졸하였다. 후에 대호군 임수[9]의
따님을 취하였는데, (부인은) 진양군부인에 봉해졌다. 이해 8월 갑
신일(7일)에 도성 동쪽의 대덕산[10] 동북방[艮坐] 언덕에 장사를
지냈다. 공에게는 자식이 없다. 임 부인이 나에게 이모가 되어[11] 일
찍이 은혜를 입어왔고 장례에 글이 없으면 안 되므로 마침내 공적을
모아 명을 짓는다. 명에 이른다.

> 선행이 쌓인 집은 복이 후하고
> 근원이 깊은 물은 멀리까지 흐르네.[12]
> 우뚝하니 훤칠한 공의 모습이여
> 그 아름다움 후세에 전할 만하였네.
> 어찌하여 오래 살지 못하여
> 그 재능을 발휘하지 못하였는가.
> 어찌하여 선대의 덕이 이어지지 않아
> 후손이 창성하지 않았는가.
> 누가 이 일을 주관했는가,
> 저 아득한 하늘이로다.
> 가시는 길에 한 줄 적으려니
> 눈물이 펑펑 솟누나.

[註解]

1) 王琠: ?~1307. 西原侯 王瑛의 次子로 瑞興侯에 책봉되었
다. 그는 1301년(충렬왕 27)에 원에 入侍하였다. 당시 충선왕은 폐
위되어 원에 있었고 王惟紹와 宋邦英 등은 충렬왕과 충선왕 부자
사이를 이간하였다. 충렬왕은 충선왕과 사이가 좋지 못한 충선왕비
薊國大長公主를 왕전에게 改嫁시킴으로써 후사를 잇게 하고자 하였
으나, 崔有渰 등이 충렬왕에게 간곡히 간언하고 洪子藩 등이 元 中
書省에 나가 왕유소 등의 처벌을 요구함으로써 무산되었다(①). 이
때 서흥후가 선택된 이유에 대해서는 왕전이 충렬왕의 이복동생인
始陽侯의 養子였기 때문이라고 보거나(②), 혈연적 밀착성보다는
충렬왕과 그 측근세력에게 가장 협력하면서 공주의 마음을 사로잡
을 수 있는 외모를 갖추었으므로 가능했다고 보는 견해 등이 있다
(③).

  ①『高麗史』 권32, 世家32 忠烈王 27년 2월 丙申.
   『高麗史』 권91, 列傳4 宗室2 襄陽公恕.
   金成俊, 1985, 「高麗後期 元公主出身 王妃의 政治的 位置」, 『韓國中
       世政治法制史研究』, 一潮閣.
   이익주, 1992, 「충선왕 즉위년(1298) '개혁정치'의 성격─관제개편
       을 중심으로─」, 『역사와 현실』 7.
   정용숙, 1992, 「元公主 출신 왕비의 등장과 정치세력의 변화」, 『고
       려시대의 后妃』, 民音社.
   朴宰佑, 1993, 「高麗 忠宣王代 政治運營과 政治勢力 動向」, 『韓國史
       論』 29.
   이정란, 2008, 「忠烈王代 薊國大長公主의 改嫁運動」, 『韓國人物史研
       究』 9 ; 2015, 『고려의 왕비─내조자와 국모로서의 삶』, 景
       仁文化社.
  ② 金成俊, 1985, 「高麗後期 元公主出身 王妃의 政治的 位置」, 『韓國中
       世政治法制史研究』, 一潮閣.
  ③ 정용숙, 1992, 「元公主 출신 왕비의 등장과 정치세력의 변화」, 『고려
       시대의 后妃』, 民音社.

2) 大德癸卯 …… 宿衛闕: 본문에는 최운이 왕전을 따라 숙위한 시기가 大德 癸卯(1303, 충렬왕 29)로 기록되어 있는데, 『高麗史』世家에는 瑞興侯 王琠이 1301년에 入侍한 것으로 기록되었다(①). 이런 시차에 대해 후자의 기록을 오류로 보기도 하지만(②), 공주의 改嫁 상대로서 서흥후의 지위를 높이기 위해 2년 후에 최운을 추가로 파견했다고 보는 견해도 있다(③).

① 『高麗史』 권32, 世家32 忠烈王 27년 2월 丙申.

② 梁義淑, 1993, 「高麗 禿魯花에 대한 研究」, 『素軒南都泳博士古稀紀念 歷史學論叢』, 民族文化社.

③ 이정란, 2008, 「忠烈王代 薊國大長公主의 改嫁運動」, 『韓國人物史研究』 9 ; 2015, 『고려의 왕비―내조자와 국모로서의 삶』, 景仁文化社.

3) 都魯花: 몽골어로 質子를 의미하는 'turqaq'의 漢譯이다. 각종 문헌에서 禿魯花, 禿魯華, 都魯華, 圖魯格, 土兒合黑, 禿兒合黑 등으로도 표기된다. 白鳥庫吉은 『元史語解』 찬자들의 견해를 따라 禿魯花가 몽골어로 대신하다를 뜻하는 'tülüge'의 對音이라고 해석하였으나, Pelliot나 蕭啓慶은 『元史語解』 찬자들의 오류를 지적하고 투르크어 'turqaq'에서 파생된 말로 파악하였다. 몽골이 이민족을 지배하는 방식의 하나로 활용되었으며, 복속국의 왕족이나 귀족 자제를 禿魯花로 불러들여 볼모로 잡고 칸의 궁정에서 숙위하도록 하였다. 고려에서는 1241년(고종 28)에 永寧公 綧과 衣冠子弟 10명을 보낸 것을 시작으로 많은 고관 자제들이 몽골로 파송되었다.

白鳥庫吉, 1929, 「高麗史に見えたる蒙古語の解釋」, 『東洋學報』 18―2, 95·96쪽.

Paul Pelliot, 1930, "Les mots mongols dans le Koryesă," Journal Asiatique, vol. 217-2 ; 閔賢九 譯, 1968, 「高麗史에 실려 있는 蒙古語」, 『白山學報』 4, 242·243쪽.

Ch'i-ch'ing Hsiao(蕭啓慶), 1978, The Military Establishment of the Yuan Dynasty(元代軍事制度), Cambridge, Massachusetts and London, England: Harvard University Press, 149쪽.

梁義淑, 1993,「高麗 禿魯花에 대한 硏究」,『素軒南都泳博士古稀紀念 歷史學論叢』, 民族文化社.

森平雅彦, 2001,「元朝ケシク制度と高麗王家—高麗·元關係における禿魯花の意義に關聯して—」,『史學雜誌』110—2 ; 2013,『モンゴル覇權下の高麗 : 帝國秩序と王國の對應』, 名古屋大學出版會, 178쪽.

김호동, 2007,『몽골제국과 고려』, 서울대학교출판부, 13쪽.

4) 太尉王: 충선왕(1275~1325)을 말한다. 그에 대해서는 권14, 주해 6) 참조.

5) 至丁未春 …… 皆誅竄: 1307년(충렬왕 33) 4월 甲辰에 瑞興侯 王琠, 王惟紹, 宋邦英, 宋璘, 韓愼, 宋均, 金忠義, 崔涓 등이 伏誅된 사건을 말한다. 이에 대해서는 권1 7-(3), 주해 1) 참조.

『高麗史』권32, 世家32 忠烈王 33년 하4월 甲辰.

6) 至治中 …… 公又不與焉: 1321년(충숙왕 8) 정월에 충숙왕이 원에 소환되자, 충선왕의 측근세력이었던 柳淸臣·吳潛 등이 瀋王 王暠를 고려왕으로 옹립시키려고 한 정치적 사건을 말한다. 이에 대해서는 권1 6-(4), 주해 2) 참조.

7) 僉議宰相: 僉議府의 宰相職을 말한다. 고려시대에는 中書門下省의 2品 以上官을 宰臣이라고 하였는데, 中書令(종1품)·門下侍中(종1품), 諸平章事(정2품), 叅知政事(종2품), 政堂文學(종2품), 知門下省事(종2품) 등이 있었다. 이 가운데 중서령은 종실에게 명예직으로 수여되거나, 신료의 致仕職 혹은 贈職으로 이용되어 재상으로서의 임무를 하지 못하였다. 그리하여 문하시중 이하의 5직이 재신이 되었다. 이것이 고려후기에 中書門下省이 僉議府로 격하되면서 그 관직의 명칭이 中贊(政丞, 종1품), 贊成事(中護, 정2품), 僉議叅理(評理, 종2품), 政堂文學(叅文學事, 종2품), 知僉議府事(知都僉議司事, 종2품)로 바뀌었다. 이들은 중서문하성의 상층부를

이루는 宰府를 구성하였으며, 흔히 宰五, 宰臣, 宰相, 省宰 등으로
도 불렸다. 또한 中樞院의 判院事(종2품), 院使(종2품), 知院事
(종2품), 同知院事(종2품), 副使(정3품), 簽書院事(정3품), 直學
士(정3품)의 7職을 樞密, 樞七 등으로 부르면서 중서문하성의 재신
과 함께 宰樞, 兩府宰相이라고 합칭하거나 아예 구분하지도 않고
같은 宰相이라고 통칭하기도 하였다. 그런데 본문에서 밀직재상과
구분하여 첨의재상이라고 표현한 것은 밀직재상보다 높은 첨의재상
가문의 딸과 혼인한 것을 과시하기 위해서이다.

   『高麗史』권76, 志30 百官1 侍中·贊成事·評理·政堂文學·知門下省事·密
      直司.
   朴龍雲, 2000, 『고려시대 中書門下省宰臣 연구』, 一志社.

 8) 宋公諱玢: ?~1318. 본관은 礪山이고 시호는 良毅이다.
1270년(원종 11)에 부친인 宋松禮가 林惟茂를 주살할 때에 송분
은 衛士長으로서 공로를 세웠다. 이후 尙書左丞, 知申事, 同知密直,
知都僉議, 贊成事, 中贊 등을 역임하였고 推誠贊化安社功臣이 되었
으며 几杖을 하사받았다. 당시 權貴들이 賜牌를 받아 畿縣의 토지
를 많이 점유하였는데, 그 중에서도 송분의 토지가 가장 많았다고
한다. 또한 1290년(충렬왕 16)에 카단(哈丹)이 침입하였을 때에
왕이 강화로 피난하면서 송분을 開京留守에 임명하고 방비를 맡겼
으나 송분은 강화로 도망쳤다. 충렬왕의 측근세력으로서 薊國大長
公主를 왕전에게 改嫁시키는 일을 주도하였고, 일이 실패할 때를 대
비하여 원 황제 乳母의 아들을 막내사위로 삼았으나 결국 충선왕에
의해 가산 일체를 몰수당하고 유배되었다.

   『高麗史』권125, 列傳38 姦臣1 宋玢.
   김광철, 1993, 「충렬왕대 측근세력의 분화와 그 정치적 귀결」, 『考古歷
      史學誌』9, 305쪽.

 9) 任公諱綏: 『高麗史』와 『高麗史節要』 등의 사서에는 任綏에
대한 기록이 거의 없으며, 현재 『拙藁千百』에 남아 있는 그의 묘지

명이 거의 유일한 사료이다.

10) 大德山: 지금의 경기도 파주시 진서면에 있는 산으로 해발 237m이다.

　　　長湍郡民會 編, 2009, 『長湍郡誌』, 長湍郡民會.

11) 任夫人於予爲姨母: 이를 통해 최해의 외조부가 任綏임을 알 수 있다.

12) 源深流長: 唐의 白居易가 지은 「海州刺史裴君夫人李氏墓志銘」에 "무릇 근원이 깊은 물은 멀리 흐르고 뿌리가 깊은 나무는 가지가 무성하다[夫源遠者流長 根深者枝茂]"라고 하는 말에서 비롯하였다. 여기서는 백거이의 말을 인용하여 최운의 집안이 국초부터 당대까지 번성하였고 그 영광이 최운에게까지 미치고 있음을 표현하였다.

　　　『全唐文』 권680, 「海州刺史裴君夫人李氏墓志銘」.

8-(1). 問擧業諸生策二道

[原文]

問擧業諸生策二道【泰定丙寅】

問. 惟天生民, 民有秉彝. 天下之理, 一而已矣, 政而求道, 寔曰異端. 今夫以道, 敎人於東方者謂, 儒爲外, 盍共捨諸. 斯言一出, 和者日衆, 不唯其徒趣信, 至如自名以儒者, 從而惑焉. 昔秦任法愚民, 先去儒生, 道其所道者亦攻之尒. 然而將學其所以爲內者, 則綱常墜地, 天下無民矣. 韓子謂, 君子行己, 仰不媿天, 俯不媿人, 內不媿心 安得自毁其道, 以從於邪. 趣而信者, 固不足言, 從而惑焉者, 獨何心哉. 其有達識過於韓子乎. 抑信道未篤而見者小乎. 未可知也. 諸君讀書, 多所講明, 異日主上諮及是事, 將如何對之, 請問其說.

[譯文]

과거에 응시하는 학생들에게 묻는 책문[1] 2통【태정 병인(1326, 충숙왕 13)[2]】

묻노라. 생각건대 하늘이 백성을 낳으니 백성에게는 지켜야 할 상도[彝]가 있다. 천하의 이치는 하나일 뿐이니, 정사를 하면서 (다른) 도를 구하고 있다면, 이를 이단이라고 한다. 지금 대저 동방에서 사람들에게 도를 가르치는 자가 이르기를, '유학은 외적인 것을 위한 것인데 어찌 모두 버리지 않는가'라고 한다. 이 말이 한번 나오자 (이에) 호응하는 사람들이 날로 많아져서, 그 무리들만 좇아 신봉하는 것이 아니라 스스로 유자라고 이름하는 사람들까지도 좇아 현혹되고 있다. 옛날 진나라가 법가를 임명하여 백성을 어리석게 할 때에 먼저 유생을 제거하였고,[3] (도가의) 도를 도라고 말한 자들[4]도 역시 공격하였다. 그러나 그들이 내적인 것이라고 여기는 것을 장차 배운다면, 강상이 땅에 떨어지고 천하에 백성이 없어지게 될 것이다. 한자[韓子][5]가 말하기를, '군자는 몸을 움직임에 우러러 하늘에 부끄럽지 않고 굽어 사람들에게 부끄럽지 않고 안으로 마음에 부끄럽지 않아야 한다'라고 하였으니,[6] 어찌 스스로 도를 훼손하여 사학[邪]을 따르겠는가. 좇아 신봉하는 자들은 굳이 말할 필요가 없지만, 좇아 거기에 현혹되는 이들은 유독 어떤 마음에서 그러한가. 앎에 도달한 것이 한자[韓子]보다 뛰어나서인가? 아니면 도를 믿는 것이 도탑지 못하여 식견이 작아서인가? 알 수가 없다. 제군은 책을 읽어 익히고 밝힌 바가 많을 것이니, 훗날 주상께서 이 일에 대하여 물어보시면 어떻게 대답할 것인지 그 의견을 묻노라.

[註解]

1) 策: 考試科目 가운데 하나로 時務에 대한 계책을 묻는 시험

이다. 對策·策問이라고도 한다(①). 策은 '簡'과 같은 것으로, 그
이름은 말하는 바를 대나무에 쓴데서 유래하였다. 前漢 董仲舒의 「天
人策」이 가장 오래된 것이며, 당송대 이후에 주로 쓰였다. 보통 經
史나 政事에 대한 문제에 대한 견해를 진술하는 것으로, 흔히 奏議
類 문체로 분류한다. 科擧에서의 답안[試策]으로 사용되었기 때문
에, 관료층에게 중요한 문체였다. 虛頭(冒頭)―中頭―說幣―逐條
―救弊―篇終 등의 일정한 격식에 따라 3,000자 정도로 작성하였
다(②).

고려시대 과거는 製述業과 明經業을 兩大業이라고 하였으며, 특
히 제술업이 절대적 우위에 있어서 통상 과거라고 하면 제술업을 지
칭하였다. 제술업은 詩·賦·頌·時務策·論·經學 등의 과목을 三場으
로 구분하여 시험하였다. 이 중 고려전기에는 詩·賦가 주요 과목으
로 중시되다가 1320년(충숙왕 7)에 이르러 終場에서 策問을 과목
으로 채택하였다. 이는 詞章에서 經學·時務 중심으로 學風이 변화
했음을 뜻한다(③). 『東國李相國集』에는 이규보가 지은 책문이 전
하는데, 首望으로 制可되었다고 한다(④). 이것은 지공거 이규보가
순위를 정해 복수의 대책문을 왕에게 올렸고, 국왕이 그 가운데 첫
번째 것을 선택했다는 뜻이다. 이러한 절차 때문에 대책문이 마치
왕이 출제하는 것처럼 인식되었다.

한편, 본문의 책문은 실제 시험에 이용된 것이 아니라 모의출제용
이었다(⑤). 아래 두 번째 책문의 내용 중에 '제군은 모두 과거 공
부를 하여 앞으로 대과에 응시할 것이니…'라고 되어 있는 것은 이
때문이다.

① 檀國大學校 東洋學硏究所, 2007, 「策」, 『漢韓大辭典』 10, 檀國大學校
出版部, 951쪽.
② 李家源, 1960, 「漢文 文體의 分類的 硏究(2)」, 『亞細亞硏究』 3-2, 9쪽.
崔植, 2009, 「策文의 특징과 글쓰기」 『東方漢文學』 39.

③ 許興植, 1976,「高麗 禮部試의 諸業別 出題와 及第者의 進出」,『白山
　　學報』20 ; 2005,『고려의 과거제도』, 일조각, 126~135쪽.
　朴龍雲, 1990,「高麗時代의 科擧—製述科의 運營」,『高麗時代 蔭敍
　　制와 科擧制 研究』, 一志社, 247~254쪽.
④『東國李相國後集』권11,「甲午年禮部試策問」.
⑤ 李源明, 2000,「麗末鮮初 性理學 이해과정 연구—學風의 변화와 科
　　擧 策問을 중심으로—」,『國史館論叢』92, 273~283쪽.

2) 泰定丙寅: 泰定丙寅은 1326년(충숙왕 13)으로, 본문은 이
해의 예부시를 위한 모의시험용 책문이다. 책문을 쓴 최해(1287~
1340)는 당시 40세의 나이로 재직여부 및 어떤 관직에 있었는지
정확히 알 수 없다. 그의 이력을 감안할 때, 재직 중이었다면 藝文
館應教 또는 檢校成均館大司成이었을 것이다. 한편, 이 해의 예부
시에서 權準과 朴瑗이 崔元遇, 鄭誧, 李仁復 李挺 등을 선발하였다.

　「崔瀣墓誌銘」.
　『高麗史』권73, 志27 選擧1 科目1 凡選場 忠肅王 13년.
　『高麗史』권109, 列傳22 崔瀣.

3) 昔秦任法愚民 …… 道其所道者亦攻之尒: 秦 始皇의 焚書坑
儒를 뜻한다. 始皇帝는 법가사상을 신봉하여 李斯 등을 재상에 임
명하였는데, 당시 유생들과 유가적 입장에 선 관료들이 이러한 정책
을 비방하자 농서·의서 등을 제외한 모든 서적을 소각하고 460여
명의 유생들을 체포하여 생매장하였다.

　李春植, 1986,「古代帝國의 성립」,『中國古代史의 展開』, 藝文出版社,
　　210~212쪽.

4) 道其所道者: 唐 韓愈의「原道」에 나오는 말로 儒學이 아닌
老子의 道를 뜻한다.「原道」에, "노자가 인의를 하찮게 여긴 것은
인의를 폄훼한 것이 아니라 그의 식견이 작았기 때문이다. 우물 안
에 앉아서 하늘을 보고 하늘이 작다고 하는 것은 하늘이 작은 것이
아니다. 그는 자그마한 은혜를 인이라 여기고, 자그마한 선행을 의
라 여겼으니 그가 인의를 하찮게 여긴 것은 당연하다. 그가 말하는

도는 그가 도라고 말하는 도를 도라고 한 것이지 내가 말하는 도는
아니다. 그가 말하는 덕은 그가 덕이라고 여기는 바를 덕이라고 한
것이지 내가 말하는 덕은 아니다. 무릇 내가 말하는 도덕은 인과 의
를 합하여 말한 것으로 천하의 공언이다. 노자가 말하는 도덕은 인
과 의를 떠나 말한 것이고 한 사람의 사사로운 말이다[老子之小仁
義 非毀之也 其見者 小也 坐井而觀天曰天小者 非天小也 彼以煦煦
爲仁 孑孑爲義 其小之也 則宜 其所謂道 道其所道 非吾所謂道也
其所謂德 德其所德 非吾所謂德也 凡吾謂道德云者 合仁與義言之也
天下之公言也 老子之所謂道德云者 去仁與義言之也 一人之私言
也]."라고 하였다. 이는 유교와 구별되는 다른 도를 거론하여 유교
가 公言임을 강조한 것이다.

　　　『韓昌黎集』 권9, 「原道」.

　5)　韓子: 韓愈(768~824)를 말한다. 唐 昌黎 사람으로 字는
退之이고 시호는 文公이다. 792년에 進士가 되었고 四門博士, 監察
御史, 吏部侍郎, 京兆尹 등을 역임하였다. 그는 唐宋八大家의 한사
람으로 『昌黎先生集』 40권과 『外集』 10권 및 『遺文』 등의 저서를
남겼다. 특히 유학의 정통의식을 고취시키기 위하여 불교를 강력히
비판하였는데, 이러한 그의 사상은 「原道」, 「論佛骨表」, 「與孟簡尙
書書」에서 잘 드러난다.

　　　『舊唐書』 권160, 列傳110 韓愈.
　　　張撝之 외 주편, 1999, 「韓愈」, 『中國歷代人名大辭典』 下, 上海古籍出版
　　　　社, 2285쪽.

　6)　君子行己 …… 內不媿心: 韓愈가 지은 「與孟簡尙書書」에
나오는 말이다(①). 여기서 韓愈는 『論語』를 인용하면서 佛教를
비판하였는데, 본문의 異端도 같은 맥락에서 佛教를 의미하는 것으
로 생각된다. 그러므로 이 글을 지은 崔瀣는 儒教正統論에 따라 佛
教에 대해 비판적인 입장에 있었다고 여겨진다.

최해가 살았던 당시에는 원의 과거에 응시하는 고려인들에 의해
新儒學—性理學—이 급속도로 고려에 유입되었다. 이때 원의 과거
에서는 四書가 공통과목으로 채용되어 朱子의 성리학이 官學으로
정착되었다. 원 제과에 응시한 최해 역시 성리학을 공부하였다. 그
리하여 그는 성리학적인 실천윤리에 입각하여 불교에 대한 비판을
동시대 유학자에 비해 적극적으로 표명하였다(②).

① 『古文眞寶』 後集 권2, 「與孟簡尙書書」.
② 高惠玲, 1994, 「崔瀣(1287~1340)의 생애와 사상」, 『李基白先生古稀
　　紀念韓國史學論叢』 (上), 一潮閣 ; 2001, 『高麗後期 士大夫와
　　性理學 受容』, 一潮閣, 254~259쪽.
　　邊東明, 1995, 「性理學의 初期 受容者와 佛敎」, 『高麗後期 性理學受
　　容研究』, 一潮閣, 104~106·115쪽.
　　金仁昊, 1999, 「經世意識과 正統論의 형성」, 『高麗後期 士大夫의 經
　　世論 硏究』, 혜안, 167~170쪽.

8-(2).

[原文]

問. 夫修己治人, 自家而國, 儒者之學也. 孟子曰, 幼而學之, 壯而欲行之
也. 將責治效, 先自近者始. 諸君咸治擧業, 將應大科, 意者亦欲行其所學而
志在天下國家. 安能竊取一時之名, 以圖一己之榮而已哉. 本國自聖元應天啓
祚, 首迎王師, 剗平遼賊, 因結盟好, 歲述土賦, 于今百有餘年. 故得恭荷累朝
聖奬, 至蒙釐降, 亦且三世矣. 許王自署官僚, 國中風俗, 一切不革其舊. 天下
多方, 有民有社者, 唯一三韓. 而又四邊無警, 人老止戈, 聖德廣大, 天地莫喩.
然而比年土田盡闢, 而國無加入, 生齒漸繁, 而民無定居, 府竭其財, 官不足
俸. 士罕修於廉恥, 家爭效於兼幷, 俗旣混淆, 人懷怨讟, 雖有其冤, 伸之無處.
以時觀之, 雖使能者力爲之, 似不可朝夕矯正也. 然則任其咎者誰歟. 其卒莫
救之歟. 救之有術, 如何則可. 今欲遽起而謀之, 恐處鄙其肉食之嫌, 若久安

然坐視, 則同嫂⁸⁾溺不援之固, 且非仁人之心. 諸君方銳意於經濟者, 二者之
間, 何以處之. 願觀其志之所在.

[譯文]

묻노라. 대저 자기를 닦아 다른 사람을 다스리되 집에서 나라로
나아가는 것이 유자의 학문이다. 맹자¹⁾가 이르기를, "어려서 배우는
것은 장성하여 행하기 위한 것이다."²⁾라고 하였으니 장차 다스림의
효과를 보려면 먼저 가까운 데에서부터 시작해야 한다. 제군은 모두
과거 공부를 하여 앞으로 대과에 응시할 것이니, 그 생각은 또한 배
운 바를 실행하여 천하 국가에 뜻을 두는 것이다. 어찌 한때의 명성
을 훔쳐서 자기 한 몸의 영화로움만 도모할 뿐이겠는가. 본국은 성
스러운 원나라가 천명에 응하여 나라를 세운 뒤로 먼저 천자의 군대
를 맞이하여 거란의 적도[遼賊]를 평정하고 인하여 우호의 맹약을
맺어 해마다 공물을 바친 것이 지금까지 100여 년이다.³⁾ 그러므로
삼가 여러 대의 황제로부터 은혜를 입어 원나라 공주와 (고려 국왕
이) 혼인한 것이 또한 3세이다.⁴⁾ 왕 스스로 관서와 관료를 임명하
였으며, 나라 안의 풍속은 모두 옛 것을 일체 바꾸지 않았다. 천하
에 많은 지역이 있지만 백성이 있고, 종사가 있는 곳은 오직 삼한뿐
이다.⁵⁾ 또 사방 변경이 조용하여 사람이 늙도록 전쟁이 없으니 황
제의 덕이 넓고 커서 하늘과 땅으로도 비유할 수가 없다. 그러나 근
년에 토지가 다 개간되어 나라에 더할 수입이 없고, 인구는 점점 불
어나는데 백성들은 정해진 거처가 없으며, 관부에 재정이 고갈되어
관리들은 봉록이 부족하게 되었다. 사인으로 염치를 차리는 이가 드
물고 가문은 (토지) 겸병을 힘써 다투고,⁶⁾ 풍속은 어지러워졌으며
사람들이 원망을 품고 억울한 일이 있어도 풀어줄 방법이 없다. 이

---

8) 嫂: 원본에는 傁로 되어 있으나 내용상 嫂가 옳으므로, 嫂로 교감하였다.

러한 시류를 살펴볼 때, 비록 능력 있는 이로 하여금 힘써 노력하게
하더라도 하루 만에 바로잡을 수는 없을 것 같다. 그렇다면 그 허물
을 책임질 자가 누구인가. 끝내 구제할 수 없는 것인가. 구할 방법
이 있다면 어떻게 하면 되겠는가. 지금 갑자기 일어나 (폐단을 없애
려고) 도모한다면 아마도 고관대작[肉食]을 얕본다는 혐의를 받게
될 것이요, 만약 오래도록 편안히 앉아 지켜보기만 한다면 형수가
물에 빠졌는데도 돕지 않는 고루한 사람과 같을 것이니,[7) 또한 어
진 사람의 마음이 아니다. 제군은 바야흐로 경세제민[經濟]에 뜻이
절실할 것이니 두 가지 가운데 어느 곳에 처하겠는가. (그대들의)
뜻이 어디에 있는지 보기를 원한다.

[註解]

1) 孟子: 생몰년 미상. 이름은 軻, 자는 子輿 또는 子車이다.
齊·宋·騰 등의 나라를 주유하였지만 등용되지 못하였고, 고향으로
돌아와 유가의 저서들을 모았으며 孔子의 仁 사상을 발전시켜, 性善
說을 주장하였다. 유가 사상을 확립하여 亞聖이라 불린다.
　『史記』권47, 孔子世家17.

2) 幼而學之 壯而欲行之也: 『孟子』에 나오는 말로 어린 시절
배운 내용을 장성해서 행해야 함을 뜻한다.
　『孟子』梁惠王章句下.

3) 本國自聖元應天啓祚 …… 于今百有餘年: 고려와 몽골—元
—이 처음 접촉한 것은 1218년(고종 5) 12월이다. 당시 거란의 일
부가 고려로 도망하여 강동성에 웅거하자 고려 조정은 趙冲 등을
보내 토벌하게 하였는데, 카치운(哈眞) 등이 이끄는 몽골군과 만나
거란을 소탕하였다. 이 때 趙冲은 몽골군과 ‘兄弟盟約’을 맺어 이후
로 고려와 몽골의 관계가 이어지게 된다. 본문의 내용은 1218년부
터 이 글을 지은 1326년까지 약 100여 년이 지난 상황을 표현한

것이다.

『高麗史節要』 권15, 高宗 5년 12월.

高柄翊, 1969, 「蒙古·高麗의 兄弟盟約의 性格」, 『白山學報』 6 ; 1970, 『東亞交涉史의 研究』, 서울大學出版部.

姜晉哲, 1973, 「蒙古의 侵入에 대한 抗爭」, 『한국사』 7, 국사편찬위원회.

高柄翊, 1973, 「元과의 關係의 變遷」, 『한국사』 7, 국사편찬위원회.

丁善溶, 2002, 「趙冲의 對蒙交涉과 그 政治的 意味」, 『震檀學報』 93.

고명수, 2015, 「몽골—고려 형제맹약의 재검토」, 『歷史學報』 225.

4) 故得恭荷累朝聖獎 …… 亦且三世矣: 元의 공주가 고려국왕에게 시집을 오게 된 것을 말한다. 이러한 통혼관계를 통해 고려는 元의 駙馬國이 되었다. 三世는 충렬왕, 충선왕, 충숙왕을 가리킨다. 충렬왕은 世祖 쿠빌라이(忽必烈)의 딸인 齊國大長公主와 혼인하고, 충선왕은 晉王 카마라(甘麻刺)의 딸인 薊國大長公主와 혼인하고, 충숙왕은 營王 예센테무르(也先帖木兒)의 딸인 濮國長公主, 魏王 아무간(阿木哥)의 딸인 曹國長公主 및 가계가 미상인 慶華公主와 혼인하였다.

金成俊, 1958, 「麗代 元公主出身王妃의 政治的位置에 對하여」, 『韓國女性文化論叢』 ; 1985, 『韓國中世政治法制史研究』, 一潮閣.

金惠苑, 1989, 「麗元王室通婚의 成立과 特徵—元公主出身王妃의 家系를 중심으로—」, 『梨大史苑』 24·25合.

정용숙, 1992, 「元 公主 출신 왕비의 등장과 정치세력의 변화」, 『고려시대의 后妃』, 民音社.

森平雅彦, 2001, 「元朝ケシク制度と高麗王家—高麗·元關係における禿魯花の意義に關連して—」, 『史學雜誌』 110—2 ; 2013, 『モンゴル覇權下の高麗 ： 帝國秩序と王國の對應』, 名古屋大學出版會.

李命美, 2003, 「高麗·元 王室通婚의 政治的 의미」, 『韓國史論』 49.

森平雅彦, 2008, 「高麗王家とモンゴル皇族の通婚關係に關する覺書」, 『東洋史研究』 67-3 ; 2013, 『モンゴル覇權下の高麗 ： 帝國秩序と王國の對應』, 名古屋大學出版會.

5) 許王自署官僚 …… 唯一三韓: 元 지배 하에서도 고려가 나

라를 유지할 수 있었다는 내용을 말한다. 1260년(원종 1) 6월 元
世祖가 고려에 내린 조서를 통해 고려는 '不改土風'의 원칙을 보장
받았으며, 이것이 충렬왕 초에는 소위 '世祖舊制'의 원형 단계로써
고려가 國體를 유지할 수 있었던 중요한 요인이었다.

　　李益柱, 1996, 「高麗·元關係의 構造에 대한 硏究—소위 '世祖舊制'의 분
　　　석을 중심으로—」, 『韓國史論』 36.
　　김순자, 2006, 「고려, 원(元)의 영토정책, 인구정책 연구」, 『역사와 현실
　　　』 60, 261·262쪽.

　6) 家爭效於兼幷: 고려후기 토지제도의 문란을 보여주는 기록이
다. 고려시대 대표적인 토지제도는 田柴科이며, 이를 중심으로 한
토지지배관계를 田柴科體制라고 한다. 전시과체제는 관리들이 복무
의 대가로 수조지를 분급받고, 국가의 기관들도 토지를 배정받아 재
원을 확보하며, 백성들은 자기 소유지인 民田의 自家經營을 통해
조세를 납부하여 祿俸과 國用·軍需를 지탱하도록 한 것이다. 이러
한 체제는 12세기 초부터 붕괴하기 시작하여 무신정권이 들어서면
서 파탄에 이르게 되었다. 주목되는 점은 권력자들의 토지 겸병에
의해 農莊이라고 하는 대토지지배 양상이 확대된 것이었다. 그 가운
데 민전의 奪占 등 불법적·폭력적인 방식으로 형성되고 조세를 내
지 않는 농장의 확대는 국가재정에 심각한 타격을 주기 때문에, 농
장은 高麗末까지 줄곧 改革의 대상이 되었다. 하지만, 겸병이나 탈
점이 아닌 開墾이나 買得에 의해 형성된 농장도 있었다. 최근에는
이처럼 합법적으로 만들어진 농장에 주목을 하면서 고려후기의 농
장이 부정적인 것만은 아니며, 생산력과 농업기술의 발전 등으로 인
해 증가한 것이라는 긍정적인 논의도 있다.

　　周藤吉之, 1934, 「麗末·鮮初に於ける農莊に就いて」, 『靑丘學叢』 17.
　　宋炳基, 1969, 「高麗時代의 農莊—12世紀 以後를 中心으로—」, 『韓國史
　　　硏究』 3.
　　姜晋哲, 1975, 「高麗の農莊についての問題意識」, 『朝鮮學報』 74.

姜晋哲, 1980, 「田柴科體制의 崩壞」, 『高麗土地制度史研究』, 高麗大學校
    出版部.

浜中昇, 1982, 「高麗後期の賜給田について―農莊研究の一前提―」, 『朝
    鮮史研究會論文集』 19.

安秉佑, 1994, 「高麗後期 農業生產力의 發達과 農莊」, 『14세기 高麗의
    政治와 社會』, 民音社.

朴京安, 1996, 「田柴科體制의 動搖」, 『高麗後期 土地制度研究』, 혜안.

위은숙, 1998, 「사적 대토지소유와 경영형태」, 『高麗後期 農業經濟研究』,
    혜안.

신은제, 2010, 「고려후기 정치와 전장」, 『高麗時代 田莊의 構造와 經營』,
    景仁文化社.

한편, 農莊에 대해서는 다음과 같은 연구가 더 있다.

有井智德, 1969, 「高麗朝における土地奪占について」, 『歴史教育』 17-
    8 ; 1985, 『高麗李朝史の研究』, 國書刊行會.

林英正, 1976, 「麗末 農莊人口에 대한 一考察」, 『東國史學』 13.

浜中昇, 1976, 「高麗末期の田制改革について」, 『朝鮮史研究會論文集』
    13.

姜晋哲, 1980, 「高麗의 農莊에 대한 一研究―民田의 奪占에 의하여 형
    성된 權力型 農莊의 實體追求―」, 『史叢』 24 ; 1989, 『韓國中
    世土地所有研究』, 一潮閣.

姜晋哲, 1982, 「高麗時代의 地代에 대하여―특히 農莊과 地代問題를 중
    심으로―」, 『震檀學報』 53·54合 ; 1989, 『韓國中世土地所有研
    究』, 一潮閣.

李景植, 1983, 「高麗末期의 私田問題」, 『東方學志』 40 ; 1986, 『朝鮮前
    期土地制度研究』, 一潮閣.

이상국, 2000, 「고려후기 농장의 경영형태 연구―농장 경작인의 존재양
    상을 중심으로―」, 『역사와 현실』 36.

李正浩, 2007, 「高麗後期 別墅의 조성과 기능」, 『韓國史學報』 27.

李正浩, 2008, 「여말선초 京第·別墅·鄕第의 조성과 생활공간의 변화」,
    『한국중세사연구』 25.

李景植, 2012, 『高麗時期土地制度研究―土地稅役體系와 農業生產』, 지
    식산업사.

7) 則同傻溺不援之固: 『孟子』에 나오는 내용이다. 제나라의 淳

于髡이 맹자에게 "남녀 간에 주고받기를 직접하지 않는 것이 예입 니까?"라고 묻자 맹자가 그렇다고 대답하였다. "그런데 형수가 물 에 빠졌다면 손으로 잡아올려야 하겠지요?"라고 순우곤이 넌지시 반문하자, 맹자는 "형수가 물에 빠졌는데도 잡아 올리지 않는다면 이는 승냥이나 다름없다. 남녀 간에 주고받기를 직접하지 않는 것은 예에 해당되고, 형수가 물에 빠졌을 때 손으로 잡아 올리는 것은 權 道에 해당된다."라고 대답하였다. 형수가 물에 빠졌는데도 손으로 잡아 올리지 않는다는 말은 예의를 차리다가 도리어 인을 저버리는 고지식한 모습을 비유한 것이다. 한편, 본문에는 '傻溺不援之固'로 되어 있으나, 『孟子』에 의거하여 '嫂'로 바로잡아 번역하였다.

　　『孟子』離婁章句上.

9. 慶氏詩卷後題

[原文]

慶氏詩卷後題

　右卷是天東一時名勝爲慶氏子作也. 慶氏門戶旣大, 而子未成童, 迺能讀 書, 可知異日爲德器矣. 諸公奬與, 不是過當, 受之亦何讓乎. 然人有長幼之 分, 學有先後之序, 獨不可不知也. 今子已有成譽, 諸公咸以成人期之, 子及 壯, 將無以復加矣. 於虖, 古人不患無名, 惟思大早, 孰不有始, 鮮能厥終. 子 且雞鳴孜孜, 請所不請, 習所不習, 至於行無不究. 然後方謂子無負諸公之奬. 若夫軒冕之榮, 鍾鼎之養, 此迺家靑氈, 不足慮也. 復演是意, 爲之辭以勉之曰.

　木榮在植, 苗碩望收. 人不幼孝, 長無以修. 聖智燭遠, 嘗戒速成. 但貴有 實, 何患無名. 猗歟慶子, 口尙乳臭. 不飽以嬉, 惟孝之懋. 聲價四馳, 才華日 茂. 吾語小孝, 尒宜反復. 孝在爲己, 易失者時. 習而又習, 中夜以思. 天爵旣 立, 人爵隨之. 於虖慶子, 念玆在玆.

[譯文]

경씨시권후제

위 시권은 동방 당대의 명사[名勝]들이 경씨의 아들을 위해 지었다. 경씨 가문[1]은 이미 성대하고 그대는 아직 다 자란 아이[成童]가[2] 아닌데도 이미 글을 읽을 수 있으니, 훗날[異日] 훌륭한 인격[德器]을 갖추게 될 것임을 알 수 있다. 여러 공이 장려하고 칭찬함이 지나치지 않으니, (장려와 칭찬을) 받는 것을 역시 어찌 사양하겠는가. 그러나 사람에게는 장유의 구분이 있고, 배움에는 선후의 차례가 있음을 반드시 알아야만 한다. 지금 그대가 이미 명예를 이루었고 여러 공이 모두 학덕을 겸비한 인물[成人]이 될 것을 기대하니, 그대가 장성하면 다시 더할 것이 없을 것이다. 아아! 옛 사람은 이름나지 않는 것을 걱정하지 않고 오직 너무 이른 것을 두려워하였으니, 누구든지 시작이 없겠냐마는 그 끝을 잘 맺은 이는 드물다.[3] 그대는 또 닭이 울 때 (일어나) 부지런히 하여 청하지 않은 바를 청하고 익히지 않은 바를 익혀서, 행함에 이르러서는 궁구하지 않음이 없어야한다. 그런 후에 바야흐로 그대가 여러 공의 장려를 저버리지 않았다고 할 것이다. 또한 고관[軒冕][4]의 영화로움과 유서 깊은 집안[鐘鼎][5]의 가르침은 그대 집안의 보물[靑氈][6]이니, 염려할 것이 못된다. 이런 뜻을 부연하여 그대를 위하여 글을 지어 권면한다.

나무가 무성함은 심는데 달려있고 싹이 커야 수확을 기대하니, 사람이 어려서 배우지 않으면 자라서 수양할 것이 없다. 성인의 지혜를 멀리 비추되 빨리 이룸을 경계하고, 단지 내실 있음을 귀하게 여기고, 어찌 이름나지 않음을 근심하겠는가. 아아! 경씨의 아들은 입에서 아직 젖내 나는데도, 노는 것을 즐기지 않고 오직 배움에 힘쓰네. 소문이 사방으로 퍼지고 뛰어난 재주와 지혜[才華]가 날로 성

대해질 것이니, 내가 말하건대 소학⁷⁾을 너는 의당 반복하라. 배움은
자기를 위하는 데 있고,⁸⁾ 잃기 쉬운 것은 (배움의) 때이니, 익히고
또 익혀서 한밤중까지 생각하라. 천작이 이미 섰고 인작은 뒤따를
것이니,⁹⁾ 아아! 경씨의 아들아, 반드시 생각해 두어라.

[註解]

1) 慶氏門戶: 慶氏는 淸州를 단일본관으로 한다. 고려 의종~명
종대 인물인 慶珍이 시조이고, 그의 아들은 慶大升이다. 경대승 사
후에 청주경씨의 族勢는 그다지 번창하지 않았다. 고려후기에 청주
경씨로 유명한 인물로는 慶斯萬과 慶復興 부자가 있다. 『高麗史』에
경사만이 처음 등장하는 것은 1321년(충숙왕 8)이고 최해 역시 이
시기에 정치적으로 활동하였으므로, 이 글이 경사만의 아들인 경복
흥에게 준 것일 수도 있지만 확실하지 않다.

　　『高麗史』 권35, 世家35 忠肅王 8년 동10월 庚戌.
　　朴敬子, 1986, 「淸州豪族의 吏族化」, 『院友論叢』 4, 淑明女子大學校 大
　　　　學院.
　　李樹健, 1981 「高麗後期 「土姓」 研究」, 『東洋文化』 20·21合 ; 1984, 『韓
　　　　國中世社會史研究』, 一潮閣, 286·287쪽.

2) 成童: 나이가 찬 아이라는 뜻으로 8세 이상을 이르기도 하고
15세 이상을 가리키기도 한다. 본문에서는 전자의 의미로 쓰였다.

　　檀國大學校 東洋學研究所, 2002, 「成童」, 『漢韓大辭典』 5, 檀國大學校出
　　　　版部, 861쪽.

3) 孰不有始 鮮能厥終: 『詩經』 大雅 蕩 편 중 '하늘이 백성을
내시니, 그 명을 믿을 수 없도다. 처음이 있지 않은 것 없으나, 끝이
있음이 극히 적네[天生烝民 其命匪諶 靡不有初 鮮克有終].'에서 인
용한 것이다.

　　『詩經』 大雅.

4) 軒冕: 大夫 이상이 타는 수레와 冠을 뜻하는 말이다. 여기서

는 관작이 높은 것을 의미한다.

檀國大學校 東洋學硏究所, 2008,「軒冕」,『漢韓大辭典』13, 檀國大學校
出版部, 631쪽.

5) 鍾鼎: 유서 깊은 집안[鍾鼎之家]을 뜻하기도 하고(①) 종을
울려 식구를 모으고 솥을 늘어놓고 밥을 먹는다는 뜻[鐘鳴鼎食]으
로 부유한 것을 의미하기도 한다(②). 여기에서는 전자의 의미로
쓰였다.

① 諸橋轍次, 1985,「鐘鼎之家」,『大漢和辭典』11, 大修館書店, 633쪽.
② 檀國大學校 東洋學硏究所, 2008,「鍾鼎」,『漢韓大辭典』14, 檀國大學
校出版部, 400쪽.

6) 靑氈: 벼슬을 많이 한 집안에 내려오는 물건을 뜻한다. 전하
여 집안의 보물을 의미한다.

諸橋轍次, 1986,「靑氈」,『大漢和辭典』12, 大修館書店, 110쪽.
檀國大學校 東洋學硏究所, 2008,「靑氈」,『漢韓大辭典』14, 檀國大學校
出版部, 1325쪽.

7) 小學: 宋의 朱熹와 劉子澄이 편찬한 책으로 1187년에 완성
되었다. 內篇의 立敎, 明倫, 敬身, 稽古 4권과 外篇의 嘉言, 善行 2
권으로 구성되었고, 유학의 기본적인 도덕규범이 담겨있다. 고려후
기에 성리학의 도입과 함께 보급되었고, 조선시대에는 성리학의 入
門書·基本書로 유학 교육의 필수 학습서가 되었다.

李樹健, 1968,「李朝時代 ≪小學≫ 敎育에 대하여」,『論文集』2, 嶺南大
學校.
金駿錫, 1981,「朝鮮初期의 社會思想—≪小學≫의 社會的 機能 分析을
중심으로—」,『東方學志』29.

8) 學在爲己:『論語』憲問 중 '옛날의 배우는 자는 자신을 위해
하였는데, 지금의 배우는 자는 남을 위하여 한다[古之學者爲己 今
之學者爲人]'라는 말을 인용한 것으로, 학문은 남에게 인정받는 것
이 아니라 자신의 도를 얻는 것이 중요함을 의미하는 말이다.

『論語』憲問.

9) 天爵旣立 人爵隨之:『孟子』告子上에 仁義忠信를 행하고 善을 즐기고 게을리 하지 않는 것이 天爵이고 公卿大夫는 人爵이라고 하였다. 또 옛사람은 천작을 닦으면 인작이 뒤따랐는데, 지금 사람은 천작을 닦고 인작을 요구하여 인작을 얻은 후에는 천작을 버린다고 하였다. 최해는『孟子』의 내용을 인용하여 경씨의 아들이 천작을 이미 갖추었으니 이제 인작이 뒤따를 것임을 표현하였다.

　　『孟子』告子上.

10-(1). 故司憲持平金君墓誌銘

[原文]

故司憲持平金君墓誌銘

東方人性多慢, 又不力學以養氣. 故或圖隨世立身, 飽煖妻孥, 庸人是之, 而有乖於君子之論. 至如明義利審出處, 不以人之是非爲其榮辱者, 蓋無之也. 矧屬衰季, 士無定議, 順福逆禍, 入主出奴之際, 迺能中行獨復, 介然自處, 則不曰廉士哉. 若愚溪金君其近之矣.

君近代名學士鈍村公季子也. 初大尉王爲世子, 鈍村爲傅, 以其二子俱見, 王特愛君, 待之有殊禮. 後嗣位, 擢任監察史, 轉典符寺丞. 時以君舊臣且賢, 咸期大用, 適以事觸忤內竪之黠者, 因貶海島. 連年困躓, 勢不克堪, 而君夷然若甘心焉. 及故, 屛處家園, 時有賓客至, 則置酒鼓琴, 賦詩自娛, 不復以名宦爲慮, 如是者殆十五年.

[譯文]

고 사헌지평[1] 김군[2] 묘지명[3]

동방 사람들은 성품이 많이 거만하고 또 학문에 힘써 호연지기를 기르려 하지 않는다. 그러므로 혹 시세를 따라 입신하여 처자를 배부르게 하고 따뜻하게 할 것을 꾀하는데, 평범한 사람이라면 (이것이) 옳겠으나 군자의 논의에는 어긋남이 있다. 의로움과 이익을 분명히 하고 머물고 나아가는 것을 살피는 데에 이르면, 다른 사람의 옳고 그름을 그 영예와 치욕으로 삼지 않는 자가 거의 없다. 더구나 말세에 속하여 선비가 정해진 의논도 없이 복을 따르고 화를 거스르며 자신만 옳다 하고 남의 주장은 그르다[入主出奴]하는[4] 때에 중도를 행하는 것을 홀로 되풀이하며 굳건하게 스스로 처한다면 청렴한 선비라 하지 않겠는가. 우계 김군과 같은 이가 여기에 가깝다.

군은 근래에 이름난 학사 둔촌공[5]의 막내아들이다. 이전에 충선왕[太尉王]이 세자였을 때에[6] 둔촌이 동궁직[傅]을 받아[7] 두 아들과 함께 알현하였는데,[8] 왕이 특별히 군을 총애하여 대우함에 남다른 예가 있었다. 후에 왕위에 오르자 발탁하여 (군을) 감찰사[9]에 임명하였다가 전부시승[10]으로 옮기게 하였다. 당시 군이 구신인데다 또 어질었으므로 모두가 크게 쓰이리라 기대하였는데, 어떤 일로 내수 가운데 교활한 자의 마음을 거슬려 해도로 유배되었다.[11] 여러 해 동안 곤란을 겪어 상황이 견디기 어려웠으나,[12] 군은 태연히 있으면서 마치 달게 여기는 것 같았다. (유배에서) 돌아오자 집안에 머물러 있으면서 때때로 손님이 오면 술자리를 열고 거문고를 타며 시를 짓고 스스로 즐기면서 다시 명성과 관직을 생각하지 않았으니, 이와 같은 것이 거의 15년이었다.

[註解]

1) 司憲持平: 고려후기 司憲府의 정5품 관직으로, 전기의 정6품 殿中侍御史에 해당한다. 1275년(충렬왕 1)에 어사대를 監察司로 고쳤다가 1308년에 사헌부로 바꾸자, 전중시어사도 殿中侍史가 되었다가 사헌지평으로 바뀌었고, 품질은 정5품으로 올랐다. 司憲府에

대해서는 권1 6-(2), 주해 27) 참조.

『高麗史』권76, 志30 百官1 司憲府.

朴龍雲, 1980,「臺諫의 職制」,『高麗時代 臺諫制度 研究』, 一志社, 52~
61쪽.

2) 金君: 金開物(1273~1327)을 말한다. 본관은 義城, 초명은
瑞廷, 자는 元龜, 호는 愚溪이다. 아버지는 政堂文學을 지낸 金晅이
다. 여러 차례 과거에 응시하여 급제하지 못했으나, 세자 때부터 친
분이 있던 충선왕이 즉위하자 監察史로 발탁되었다가 곧 典符寺丞
으로 옮기게 하였다. 후에 內府令 姜融의 참소로 松加島에 유배되
었고, 풀려난 뒤 知陜州事에 임명되었으나 부임하지 않아 다시 紫
燕島에 유배되었다. 풀려난 이후 15년 동안 隱居하다가, 1325년(충
숙왕 12)에 司憲持平에 발탁되었으나 곧 병을 구실로 사직하였다.

『高麗史』권106, 列傳19 金晅 附開物.

「金開物墓誌銘」.

3) 故司憲持平金君墓誌銘: 본 묘지명은『東文選』에도 전한다.

『東文選』권123, 墓誌「故司憲持平金君墓誌銘」.

4) 入主出奴: 唐 韓愈의「原道」에 "도덕인의를 말하는 자는 양
가에 들어가지 않으면 묵가에 들어가고 노가에 들어가지 않으면 불
가에 들어간다. 저쪽에 들어가면 반드시 이쪽에선 나오게 되며 들어
가면 주인으로 섬기고 나오면 종으로 여긴다[其言道德仁義者 不入
於楊 則入於墨 不入於老 則入於佛 入於彼 必出於此 入者主之 出
者奴之]."라고 한 것에서 나온 말이다. 여기서는 당시 선비들이 자
신의 주장만 옳고 남의 주장은 그르다 여겨 배척하는 세태를 이와
같이 표현하였다.

『韓昌黎集』권9,「原道」.

5) 鈍村公: 金晅(1234~1305)을 말한다. 鈍村은 그의 호이다.
본관은 義城으로 金開物의 아버지이다. 1260년(원종 1)에 과거에
급제하여 務安監務, 直翰林院 등을 지냈다. 이후 金州副使를 거쳐

翰林侍講學士·知制誥, 政堂文學·寶文閣大學士를 역임하였다. 1295
년(충렬왕 21)에는 國子監試를 주관하여 李珤 등을 선발하기도 하
였다.

『高麗史』 권74, 志28 選擧2 凡國子試之額 忠烈王 21년 9월.

『高麗史』 권106, 列傳19 金晅.

「金晅墓誌銘」.

　6)　大尉王爲世子: 大尉王은 忠宣王을 말하는 것으로, 그는
1277년(충렬왕 3) 정월에 세자로 책봉되었다. 충선왕에 대해서는
권1 4, 주해 6) 참조.

『高麗史』 권28, 世家28 忠烈王 3년 춘정월 壬寅.

　7)　鈍村爲傅: 金晅은 1293년(충렬왕 19)에 賀正使로 元에 갔
다가 당시 원에 머물고 있던 세자—충선왕—의 春宮侍讀이 되었다.
본문은 김훤이 春宮侍讀으로서 세자를 隨從하였던 일을 이와 같이
표현하였다.

『高麗史』 권30, 世家30 忠烈王 19년 11월.

『高麗史』 권106, 列傳19 金晅.

「金晅墓誌銘」.

　8) 其二子俱見: 본문에서 충선왕을 알현했다는 金晅의 두 아들
은 金瑞卿과 金開物을 말한다.

『高麗史』 권106, 列傳19 金晅.

　9) 監察史: 고려후기 監察司의 종6품 관직이다. 전기의 御史臺
監察御史로, 정원은 10인이었다. 1275년(충렬왕 1)에 관제가 격하
되면서 어사대가 監察司로 바뀌자, 감찰어사도 監察史가 되었다.

『高麗史』 권76, 志30 百官1 司憲府.

朴龍雲, 1980,「臺諫의 職制」,『高麗時代 臺諫制度 研究』, 一志社, 52~
61쪽.

　10) 典符寺丞:『高麗史』百官志에 典符寺라는 관서명은 찾아지
지 않는다. 다만 다른 묘지명 기록에 提點典符司事, 典符令 등의 관
직명이 발견되므로(①), 典符寺 혹은 典符司라는 관청이 존재했고,

令, 丞, 提點의 직위가 설치되었던 것 같다(②). 아울러 典校署—
典校寺—, 典客寺—禮賓寺—, 內府司—內府寺—의 丞이 정5품 관
직이었던 것(③)으로 미루어 볼 때 典符寺丞 또한 정5품급에 해당
하는 관직이었을 것이다. 한편 典符寺는 王府의 印信을 관장했다고
하는 印符郞과 관련이 있다. 인부랑은 1298년(충렬왕 24)에 설치
되었다가 곧 혁파되는데, 그 기능이 전부시로 계승되었다. 그 후
1308년에 충선왕이 印信司를 설치할 때 전부시의 기능이 인신사로
흡수되었다가, 다시 인신사에서 인신 담당 기능만 독립하여 전부시
로 명칭이 회복되었다. 전부시 소속 관원은 인신 외에도 문서의 작
성을 담당하고 전주에 참여하기도 하였으며, 주로 왕이 총애하여 직
접 선발·임명한 자들이었다(④).

① 「李彦冲墓誌銘」·「元忠墓誌銘」·「金倫墓誌銘」.
② 文炯萬, 1986, 「三省六部와 關聯된 諸司都監各色」, 『高麗諸司都監各
　　色研究』, 第一文化社, 32쪽.
　　朴龍雲, 2007, 「『高麗史』 百官志(二) 譯註(6-7)」, 『고려시대연구』
　　　　　　XIII, 한국학중앙연구원 ; 2009, 『『高麗史』 百官志 譯註』,
　　　　　　신서원, 521·522쪽.
③ 『高麗史』 권76, 志30 百官1 典校寺·禮賓寺·內府寺.
④ 金昌賢, 1998, 「정방의 성격변화와 재상의 인사참여」, 『高麗後期 政
　　　　房 研究』, 高麗大學校 民族文化研究院, 109~111쪽.

11) 適以事觸忤內竪之點者因貶海島: 본문의 內竪는 元都에서
충선왕을 시종한 공으로 內府令에 임명된 姜融을 가리킨다. 金開物
이 典符寺丞으로 있을 때 內府令 姜融이 그에게 청탁을 하였으나
들어주지 않자, 화가 난 강융이 그를 구타하였다. 이에 김개물이 노
비 출신으로 사족을 욕보인다며 강융을 꾸짖자, 강융이 원한을 품고
김개물을 참소하였다. 이로 인해 김개물은 巡軍獄에 수감되어 국문
을 당하고 이어 松加島로 유배되었다. 본문은 이 사건을 간략하게
표현한 것이다.

『高麗史』 권106, 列傳19 金晅 附開物.

『高麗史節要』 권23, 忠宣王 원년 추7월.

洪承基, 1983, 「元의 干涉期에 있어서의 奴婢출신 인물들의 政治的 進
　　　出」, 『韓國史學』 4 ; 1983, 『高麗貴族社會와 奴婢』, 一潮閣,
　　　347쪽.

鄭希仙, 1990, 「高麗 忠肅王代 政治勢力의 性格」, 『史學硏究』 42, 33쪽.

12) 連年困躓 勢不克堪 : 金開物은 유배에서 돌아 온 뒤에 陝州
의 수령으로 제수되었으나, 이를 사양하고 부임하지 않아 다시 紫燕
島로 유배되었던 일이 있었다. 본문은 김개물이 연이어 두 차례의
유배를 당했던 일을 표현한 것이다.

『高麗史』 권106, 列傳19 金晅 附開物.

10-(2).

[原文]

至泰定乙丑, 今王回自都, 慨然有意反正, 授君通直郎司憲持平, 強起之,
視事數月, 士林有望肅淸焉. 適有炎客居中弄權, 蔑視東士, 至擅放憲府牢禁.
君對辨於王門, 語甚激烈, 反爲所擊. 遂移病不出, 家居如初. 於是受屈者不
得伸其冤, 而君子竊嘆其去矣.

去年秋, 忽遇疾患, 忘藥治之平, 至前月疾復作, 一日而卒, 嗚呼哀哉. 君性
資剛正, 詩與字畫, 俱有家法. 與人交一以信, 愈久而愈不可褻也. 人以君抱
志太高, 不能小貶, 迺至於此, 是俗子自論, 非所論於君也. 夫士生斯世, 有遇
有不遇. 遇則其道行, 蒙施博, 不遇則其身退, 自得者全. 然則遇不遇, 迺在於
人之幸不幸爾, 胡有損益於我哉.

君字元龜, 諱瑞庭, 後改爲開物. 嘗擧進士不第, 自號愚溪. 其先福州義城
縣人. 祖諱閎, 官至監察御史, 考則鈍村公諱晅, 官至政堂文學. 妣李氏, 御史
諱方衍之女也. 君再娶, 生一男五女. 男銛, 權知典校寺校勘, 女適某官某, 次
適某, 次適某, 二幼未有歸. 君生以至元癸酉十月庚戌, 卒以泰定丁卯二月戊

戌, 葬以是年三月壬寅, 卜兆于某山之原. 君不以俗士待我, 而命其子來學於
余. 故謹爲之銘.

　銘曰, 可能者學也行也, 不可能者位也年也, 惟君子然後取可能者而力爲
之, 舍不可能者而付之天也, 嗚呼愚溪, 尙何慊焉.

[譯文]

　태정 을축년(1325, 충숙왕 12)에 이르러 충숙왕[今王]이 황도에
서 돌아와 개연히 (정치를) 바로잡으려는 뜻이 있어[1] 군에게 통직
랑[2]·사헌지평을 제수하여 억지로 기용하니,[3] 일을 본 지 몇 달 만
에 사람들이 (정치가) 엄숙하고 청렴하게 되기를 기대하였다. 마침
염객(炎客)이 (고려의 조정) 안에 있어 권세를 제 마음대로 부리면
서 우리나라를 업신여겨 헌부의 감옥을 마음대로 열어주기에 이르
렀다. 군이 대궐[王門]에서 대면해 따졌는데 말이 매우 격렬하여
도리어 맞았다. 마침내 병을 핑계로 나가지 않고 이전과 같이 집에
머물렀다.[4] 이에 굴욕을 당한 자들이 그 원통함을 풀 수 없었고, 군
자들은 마음속으로 그가 떠남을 탄식하였다.

　지난해 가을에는 갑자기 병이 들었으나 약으로 다스리지 않아도
나았는데 지난달에 병이 다시 들어 하루 만에 돌아가시니, 아아 슬
프다. 군은 성품과 자질이 굳세고 바르며, 시와 글씨에 모두 가법
(家法)[5]이 있었다. 사람과 사귐에 한결같이 믿음으로 하여 오래되
어도 무람없지 않았다. 사람들은 군이 품은 뜻이 크고 높아서 작은
폄하도 할 수 없어 이에 이르렀다고 하는데, 이는 속인들이 그들끼
리 논한 것이지 군에 대하여 논할 바는 아니다. 무릇 선비는 이 세
상에 태어나서 (때를) 만날 수도 만나지 못할 수도 있다. (때를)
만나면 도를 행하여 널리 베풀어지는 것을 입었고, (때를) 만나지
못하면 그 자신이 물러나 스스로 얻은 것을 온전히 할 뿐이다. 그러
므로 (때를) 만나고 못 만나고는 다른 사람의 다행과 불행이지, 어

찌 나에게 손해나 이익이 있겠는가.

군의 자는 원귀요, 휘는 서정인데 후에 개물로 고쳤다. 일찍이 진
사에 응시하였으나 급제하지 못하자[6] 스스로 호를 우계라 하였다.
그의 선대는 복주 의성현[7] 사람이다. 조부 휘 광[8]은 관직이 감찰어
사에 이르렀으며, 부친 둔촌공 휘 훤은 관직이 정당문학[9]에 이르렀
다. 어머니 이씨는 어사 휘 방순[10]의 딸이다. 군은 두 번 장가들어
1남 5녀를 낳았다. 아들 섬[11]은 권지전교시교감[12]이며, 딸은 모관
모에게 시집갔고, 다음은 모에게 시집갔고, 다음은 모에게 시집갔으
며, (나머지) 둘은 어려서 아직 시집가지 않았다. 군은 지원 계유년
(1273) 10월 경술일에 태어나 태정 정묘(1327) 2월 무술일에 졸
하였으며, 이해 3월 임인일에 장사 지냈는데 어느 산의 언덕에 묘소
를 잡았다. 군은 나를 속된 선비로 대하지 않았으며 그 아들에게 명
하여 나에게 와서 배우도록 하였다. 이런 까닭에 삼가 그를 위해 명
을 짓는다. 명에 이른다.

> 할 수 있는 것은 배움과 실천이요
> 할 수 없는 것은 지위와 수명이니
> 오직 군자만이 할 수 있는 것에 힘써 그것을 행하고
> 할 수 없는 것은 버리고 하늘에 맡긴다
> 아아! 우계여
> 높도다 무엇이 부끄럽겠는가.

[註解]

1) 今王回自都 慨然有意反正: 元에 머물고 있던 충숙왕이 심왕
옹립 운동과 입성책동 등의 시련을 극복하고, 원으로부터 국왕의 印
璽을 돌려받아 왕권을 회복하여 고려에 환국한 것은 1325년(충숙
왕 12) 5월의 일이다. 이로부터 5개월 후인 10월에 31개 항목에

이르는 개혁안을 반포하였는데, 목표는 정치와 사회의 기강을 바로
잡고, 토지탈점의 방지 및 수취체제의 보완 등 각 방면에 걸치는 광
범위한 것이었다. 이를 통해 충숙왕은 왕이 元에 억류되어 있는 동
안 발생한 여러 사회혼란을 수습하고 자신의 정치세력을 부상시켜
정국의 주도권을 확보하고자 하였다. 충숙왕에 관해서는 권1 2-
(3), 주해 2) 참조.

    『高麗史』 권35, 世家35 忠肅王 12년 5월 辛酉·동10월 乙未.

    高柄翊, 1962, 「麗代 征東行省의 研究(下)」, 『歷史學報』 19 ; 1970, 『東
        亞交涉史의 研究』, 서울大學校出版部.

    金光哲, 1990, 「高麗 忠肅王 12年의 改革案과 그 性格」, 『考古歷史學志』
        5·6合.

    金塘澤, 1993, 「高麗 忠肅王代의 瀋王 옹립 운동」, 『歷史學研究』 12 ;
        1998, 『元干涉下의 高麗政治史』, 一潮閣.

    권영국, 1994, 「14세기 전반 개혁정치의 내용과 그 성격—사회경제면의
        개혁을 중심으로—」, 『14세기 고려의 정치와 사회』, 민음사.

    이영진, 1997, 「忠肅王代의 改革案과 그 性格」, 『北岳史論』 4.

    金惠苑, 1999, 「忠肅 忠惠王代의 瀋王擁立運動과 그 性格」, 『高麗後期
        瀋王 研究』, 이화여자대학교 사학과 박사학위논문.

    金炯秀, 2001, 「高麗 忠肅王 12年(1325) 教書의 再檢討」, 『慶北史學』
        24.

    李命美, 2012, 「忠烈~忠惠王代 고려국왕위 관련 논란의 추이와 의미」,
        『고려—몽골 관계와 고려국왕 위상의 변화』, 서울대학교 국사
        학과 박사학위논문.

  2) 通直郎: 고려후기의 문산계로 정5품에 해당한다. 通直郎은
1076년(문종 30)에 종6품으로 정하였는데, 1308년(충렬왕 34)에
충선왕이 관계를 개정할 때 정5품으로 올렸다.

    『高麗史』 권77, 志31 百官2 文散階.

    朴龍雲, 1981, 「高麗時代의 文散階」, 『震檀學報』 52 ; 1997, 『高麗時代
        官階·官職 研究』, 고려대학교 출판부.

  3) 授君通直郎司憲持平强起之: 1325년에 충숙왕은 개혁을 추진

하면서 閔祥正, 尹宣佐, 李兆年, 韓宗愈, 李齊賢, 申君平, 李凌幹, 金元軾, 金永煦, 閔思平, 金開物 등을 발탁하여 사회모순을 해결하고자 하였다. 특히 충숙왕은 언론기구를 중심으로 한 개혁을 추진하고자 하였고, 이 과정에서 당시 士林의 존경을 받고 있던 김개물을 사헌지평으로 임명하였다.

> 鄭希仙, 1990,「高麗 忠肅王代 政治勢力의 性格」,『史學硏究』42, 26~29쪽.
> 金光哲, 1991,「嬖幸集團의 形成과 世族」,『高麗後期世族層硏究』, 東亞大學校出版部, 190~193쪽.
> 이영진, 1997,「忠肅王代의 改革案과 그 性格」,『北岳史論』4, 156쪽.

4) 適有炎客居中弄權 …… 家居如初: 본문의 炎客은 南蠻人 王三錫(생몰년 미상)을 가리키는 것으로, 이는 1325년(충숙왕 12)에 司憲持平 金開物과 충숙왕의 폐행인 王三錫 사이에 있었던 사건을 말한다. 당시 散員 張世가 少尹 林俊卿의 말을 빼앗은 사건이 일어나 司憲府에서 조사하자, 장세가 김개물의 집에 와서 행패를 부렸다. 사헌부에서 장세를 옥에 가두고 죄주기를 청하였는데, 장세의 매형인 왕삼석이 김개물을 때리고 멋대로 장세를 풀어주었다. 이에 김개물이 掌令 金元軾, 持平 金永煦 등과 함께 장세의 처벌을 주청하였으나, 충숙왕은 왕삼석의 말을 듣고 오히려 사헌부의 관원을 구타하였다. 이로 인해 사헌부의 관원이 일을 보지 않자 충숙왕은 왕삼석과 장세를 처벌할 것이라고 설득하였으나, 김개물은 병을 구실로 사직하였다.

당시 충숙왕은 김개물, 김원식 등을 기용하여 정치개혁을 추진하고자 하였다. 그러나 왕 자신이 측근세력을 기반으로 하여 왕권을 유지·강화하고 있었으므로, 충숙왕의 폐행인 왕삼석과 같은 인물이 개혁의 대상이 되었을 때에는 오히려 이를 저지하는 개혁의 한계를 드러내었다.

『高麗史』 권106, 列傳19 金晅 附開物.

『高麗史』 권124, 列傳37 嬖幸2 王三錫.

『高麗史節要』 권24, 忠肅王 12년 추7월.

鄭希仙, 1990, 「高麗 忠肅王代 政治勢力의 性格」, 『史學研究』 42, 29쪽.

金光哲, 1991, 「嬖幸集團의 形成과 世族」, 『高麗後期世族層研究』, 東亞
　　大學校出版部, 190~193쪽.

金光哲, 1996, 「권문세족과 신진사대부」, 『한국사』 19, 국사편찬위원회,
　　129쪽.

5) 家法: 師弟 간에 전해지는 한 가문의 가르침을 이르기도 하
고 가문을 다스리는 예법을 가리키기도 한다. 여기서는 전자의 의미
로 쓰였다.

諸橋轍次, 1984, 「家法」, 『大漢和辭典』 3, 大修館書店, 1029쪽.

6) 舉進士不第: 進士는 製述業의 본고시에 급제한 사람에게 주
어지는 칭호이다. 본문은 김개물이 여러 차례 과거에 응시했으나 급
제하지 못하였음을 말한다.

『高麗史』 권106, 列傳19 金晅 附開物.

朴龍雲, 1988, 「高麗時代 科擧의 考試와 體系에 대한 檢討」, 『韓國史研
　　究』 61·62合 ; 1990, 『高麗時代 蔭敍制와 科擧制 研究』, 一志
　　社, 140쪽.

7) 福州義城縣: 福州는 지금의 경상북도 안동시 일대를 말하며
본래 신라의 古陁耶郡인데 경덕왕 때에 古昌郡이 되었다. 940년(태
조 23)에 安東府로 승격되었고, 995년(성종 14)에 吉州刺史를 두
었다. 1197년(명종 27)에는 大都護府로 승격되었으며, 1308년(충
렬왕 34)에 福州牧으로 고쳤다. 안동에는 屬郡 3개, 屬縣 11개가
있었다.

義城縣은 지금의 경상북도 의성군 일대를 말하며 본래 召文國이
었는데 경덕왕 때에 聞韶郡으로 고쳤다. 고려 초에는 義城府로 승
격시켰다가 1018년(현종 9)에 安東府에 이속되었고, 1143년(인종
21)에 縣令을 두었는데, 1199년(신종 2)에 경주일대에서 일어난

적도들에게 함락된 일을 이유로 監務로 낮추었다. 이후 충렬왕 때 大丘에 병합되었다가 다시 예전대로 안동부에 속하였다.

『高麗史』 권57, 志11 地理2 慶尙道 尙州牧 安東府·義城縣.

朴宗基, 2008,「『高麗史』 地理志 譯註(8)―京山府 安東府 編―」,『韓國 學論叢』 30, 554·555쪽.

윤경진, 2012,「외관 설치 및 영속관계 기사의 분석」,『高麗史 地理志의 分析과 補正』, 여유당, 433·434쪽.

8) 金閱: 생몰년 미상. 金開物의 祖父이다. 監察御史를 역임하였 다. 본 기록 외에 자세한 행적은 알 수 없다.

『高麗史』 권106, 列傳19 金晅 附開物.

9) 政堂文學: 고려후기 僉議府의 종2품 관직이다. 전기의 명칭 역시 정당문학이었으며, 中書門下省의 종2품 관직으로 정원은 1인 이었다. 1275년(충렬왕 1)에 중서문하성이 첨의부로 개편될 때 정 당문학도 僉文學事가 되었다가, 1290년에 본래의 명칭을 회복하였 다. 政堂文學은 宰府에서 문학을 주로하는 재신직으로 과거급제자 만이 임명되었고, 국왕과 함께 국정을 의논하였다. 한편 김훤이 정 당문학에 임명된 것은 1296년의 일이다.

『高麗史』 권76, 志30 百官1 門下府 政堂文學.

「金晅墓誌銘」.

朴龍雲, 1999,「고려시대의 政堂文學에 대한 검토」,『韓國史學報』 7 ;『고 려시대 中書門下省宰臣 연구』, 一志社, 334~375쪽.

10) 李方昫: 생몰년 미상. 金開物의 장인이다.

「金開物墓誌銘」.

11) 金銛: 생몰년 미상. 金開物의 아들로, 충숙왕대에 과거에 급 제하였고, 權知典校寺校勘을 지냈다.

『高麗史』 권106, 列傳19 金晅 附開物.

朴龍雲, 1990,「〈資料〉: 科試 設行과 製述科 及第者」,『高麗時代 蔭敍制 와 科擧制 硏究』, 一志社, 465쪽.

12) 權知典校寺校勘: 고려후기 典校寺의 정9품 관직이다. 전기

의 秘書省校勘으로 經籍과 祝疏文을 관장하였으며 정원은 2인이었다. 1298년(충렬왕 24)에 비서성을 秘書監으로 개칭할 때 留院官을 교감에 병합시켰다. 1308년에 비서감을 典校署로 바꾸면서 校勘을 정9품으로 올리고 정원을 1인으로 하였으며, 이와는 별도로 權知校勘 12인을 새로 설치하였다. 후에 典校寺로 개칭하면서 校勘의 품질을 다시 종9품으로 낮추었다.

『高麗史』 권76, 志30 百官1 典校寺.

朴龍雲, 2005, 「『高麗史』 百官志 譯註(4)」, 『고려시대연구』 IX, 한국학중앙연구원 ; 2009, 『『高麗史』 百官志 譯註』, 신서원, 250~261쪽.

11. 跋先書

[原文]

跋先書

此書三紙, 先大夫先生與周少監所往復也. 元貞大德間, 先生通判尙牧, 邑人少所與許. 予尙爲兒, 記周老一人扶杖往來, 先生特有敬色而不褻, 少監卽此人也. 泰定丁卯八月, 客過商山, 少監之男臣烈持此示予. 予敬讀之, 是先生去任後書也. 其曰十一月廿三, 則大德戊戌冬也, 曰二月十三日, 明年己亥春也, 曰八月廿七日, 五年辛丑秋也. 世久恐兩家子弟俱不記, 於是敬識, 而付臣烈藏之. 少監諱公梓, 有五子, 臣烈於行二. 爲人慷慨, 有父風云. 是月廿七日, 長男某, 書于旅次不勞亭.

[譯文]

발[1] 선서[2]

이 편지 세 통은 아버지[先大夫先生][3]께서 주소감[4]과 주고받은 것이다. 원정과 대덕 연간에 선생이 상주목[尙牧][5]의 통판[6]으로 계셨는데, 고을 사람들과 교유하거나 친분을 맺은[許與][7] 사람이

드물었다. 내가 아직 어렸을 때, 주씨 노인 한 분이 지팡이를 짚고
왕래하였고, 선생께서 특별히 공경하는 안색으로 함부로 대하지 않
았던 것이 기억나는데, 소감이 바로 그 분이다. 태정 정묘년(1327,
충숙왕 14) 8月에 내가[客] 상산[8]을 지나는데, 소감의 아들 신열[9]
이 이 편지를 가지고 와서 나에게 보여주었다. 내가 공손히 읽어보
니, 이는 선생께서 임지를 떠난 뒤에 (쓰신) 편지였다. 거기에 11월
23일이라는 것은 바로 대덕 무술년(1298, 충렬왕 24) 겨울이고, 2
월 13일이라는 것은 이듬해인 기해년(1299) 봄이며, 8월 27일이라
는 것은 (대덕) 5년 신축년(1301) 가을이다. 세월이 오래되어 두
집안 자제들이 (선대의 왕래를) 모두 기억하지 못할까 염려되어, 이
에 삼가 기록하고 신열에게 주어 간직하게 하였다. 소감의 휘는 공
재[10]이며, 다섯 아들이 있었는데 신열은 항렬에서 둘째이다. (그는)
사람됨이 강개하여 아버지의 풍모가 있었다. 이달 27일에 장남 모가
숙소[旅次][11] 불로정[12]에서 쓰다.

[註解]

1) 跋: 漢文 文體의 하나로 책의 마지막에 그 성립·전래·간행
경위·배포 등에 대한 내용을 적은 글을 말한다. 序·序文이 책의 처
음에 놓이게 되면서 跋·跋文은 책의 끝에 배치되었다. 이 글에서도
崔瀣는 周臣烈이 가져온 3통의 서신과 소장자에 대한 간략한 정보
를 써서 跋이라 하였다.

諸橋轍次, 1985, 「跋文」, 『大漢和辭典』 10, 大修館書店, 905쪽.
李福揆, 1990, 「『東文選』·『麗韓十家文鈔』의 散文文體」, 『語文硏究』 67.
陳必祥 지음, 沈慶昊 옮김, 1995, 『漢文文體論』, 以會文化社.
沈慶昊, 1997, 「退溪의 序跋文」, 『韓國의 哲學』 25.

2) 先書: 先親의 書信이란 뜻으로 여기서는 본문에 바로 이어지
는 '此書三紙'를 의미한다. 서간의 개인적인 성격상 그 내용은 실려

있지 않고 작성 연월일이 제시되어 있는데 최백륜이 尙州牧에서 通
判 재직시 교유하였던 고을 사람 周公梓와 주고받은 편지 3통을 뜻
한다.

3) 先大夫先生: 先大夫는 돌아가신 아버지를 뜻하거나, 글자 그
대로 이미 작고한 大夫를 의미하기도 한다. 여기서는 전자의 의미이
며, 崔瀣는 돌아가신 아버지 崔伯倫(생몰년 미상)에 대한 경칭의
뜻으로 先大夫先生이라 하였다. 또한 여기서의 先生은 모두 최백륜
을 가리킨다. 崔伯倫에 대해서는 권1 6-(5), 주해 2) 참조.

　　諸橋轍次, 1984, 「先大夫」, 『大漢和辭典』 1, 大修館書店, 1013쪽.

4) 少監: 고려후기 寺·監 등의 관청에 소속된 종4품 또는 정5품
관직이다. 周公梓의 소속 관청이 언급되어 있지 않았으므로 어느 관
청 소속의 少監인지 구체적으로 알기는 어렵다.

　　『高麗史』 권76, 志30 百官1 典校寺·宗簿寺·少府寺·繕工寺·軍器寺·書雲
　　　　觀·典醫寺.
　　朴龍雲, 2007, 「『高麗史』 百官志(二) 譯註(6-7)」, 『고려시대연구』 XIII,
　　　　한국학중앙연구원 : 2009, 『『高麗史』 百官志 譯註』, 신서원.

5) 尙牧: 尙州牧을 말하는 것으로, 지금의 경상북도 상주시 일대
이다. 尙州牧은 940년(태조 23)에 신라의 沙伐州를 尙州로 고치
고, 뒤에 安東都督府를 설치하였다. 성종 때 12州牧의 하나였으며,
이후 節度使가 설치되면서 歸德軍으로 고치고, 嶺南道에 소속되었
다. 1012년(현종 3)에 節度使를 폐지하고 安東大都護府를 설치하
였으며, 1014년에 安撫使를 두었다. 1018년에 尙州牧으로 바뀌어
전국 8牧의 하나가 되었으며, 고려후기까지 邑格이 유지되었다. 屬
郡은 7개이고, 屬縣이 17개이며, 2개의 知事府를 관할하였다. 別號
가 있는데 성종 때 上洛이라 하였으며, 또 商山이라고도 불리었다.

　　『高麗史』 권57, 志11 地理2 慶尙道 尙州牧.
　　朴宗基, 2007, 「『高麗史』 地理志 譯註(7)—尙州編—」, 『韓國學論叢』 29.

6) 通判: 고려후기 牧에 파견된 외관직이다. 1116년(예종 11)

에 牧의 判官은 通判으로 개칭되었으며, 제수자격은 6품 이상으로
되어 있다(①). 그러나 실제 임명 사례에 나타난 겸대 경직의 범위
는 6품에서 7품관이었으며, 대체로 判官의 品秩은 『高麗史』 백관지
에 규정된 지위보다는 낮았던 것으로 이해된다(②). 한편, 崔伯倫
이 尙州牧通判을 지낸 사실은 이 글에서만 확인이 되는데, 그가 元
貞에서 大德 연간인 1295년에서 1307년 사이에 통판을 지냈다고
하였고, 전직한 뒤 周公梓에게 쓴 가장 이른 시기의 편지가 1298년
(충렬왕 24)이므로, 최백륜이 尙州牧通判에 재직한 시기는 적어도
1295년에서 1298년 사이일 것이다.

    ① 『高麗史』 권77, 志31 百官2 外職.

    ② 이진한, 2002, 「고려시대 守令職의 제수 자격」, 『史叢』 55.

      李鎭漢, 2003, 「고려시대 守令의 京職 兼帶」, 『震檀學報』 95.

      朴龍雲, 2009, 『『高麗史』 百官志 譯註』, 신서원, 721~724쪽.

  7) 許與: 교제를 통해 친근한 사이로 발전하는 관계를 뜻하거나
칭송·칭찬을 의미하기도 한다. 여기서는 전자의 의미로 사용되었다.

    諸橋轍次, 1984, 「許與」, 『大漢和辭典』 1, 大修館書店, 414쪽.

  8) 商山: 尙州牧의 別號이다. 이에 대해서는 앞의 주해 5) 참조.

  9) (周)臣烈: 생몰년 미상. 周公梓의 둘째 아들인 周臣烈이다. 위의
기록 외에 다른 기록이 찾아지지 않아 자세한 내용은 알 수 없다.

  10) (周)公梓: 생몰년 미상. 崔伯倫이 상주목 통판 재직 시에
왕래가 있었던 周公梓라는 인물이다. 周少監으로 불리는 것으로 보
아 이전에 소감직을 지냈을 것이다.

  11) 旅次: 여행 중에 잠시 머무르는 지역이나 유숙하는 곳, 즉
旅泊, 旅宿을 의미한다.

    諸橋轍次, 1984, 「旅次」, 『大漢和辭典』 5, 大修館書店, 693쪽.

  12) 不勞亭: 최해가 尙州에서 周臣烈를 만나 유숙하게 되어 부
친의 편지 3통에 대한 跋文을 쓴 장소인데, 더 이상 자세한 것은 알
수 없다.

12. 禪源寺齋僧記

[原文]

禪源寺齋僧記

夫命於天地而有血氣者, 皆仰食以爲生, 雖聖賢且不異於人也. 食固出於農, 其不農而食者, 又各勞其心力, 交相養而無相厲也. 佛氏之法, 行乎中國已一千二百六十有四年矣. 其徒盖倍於四民, 而所至人爭好施, 有不召而自集者, 故能群居而暇食, 苟非大有陰德於天下, 疇克如是耶.

禪源在東方爲第二叢林, 食指常不下數千万. 近者松坡相君, 捨秔米壹佰伍拾苫, 永充常住. 歲滋其利分爲三, 每以七月三日亡孃卜韓夫人金氏之忌, 正月一日亡子讜部議郎文進之忌, 輒修一齋,9) 以賁冥禧, 又以正月十九日爲公生朝, 飯僧資福. 徵予爲文, 以詔後來, 俾久勿墜. 予惟佛敎芒乎昧10)乎, 人所不睹, 然苟以誠心樂施, 其得美報於冥冥, 理無疑也. 松坡推誠亮節功臣重大匡光陽君自號也, 名誠之, 姓崔氏. 亦嘗爲考妣, 葺天和禪寺, 作大道場, 其於報本追遠, 無有不盡. 若以佛語觀之, 所謂現宰官身行菩薩道矣. 時致和紀元七月朔旦.

[譯文]

선원사재승기

　무릇 천지에 태어나서 혈기(血氣)가 있는 것은 모두 먹는 것에 의지하여 살아가니, 비록 성현이라도 또한 다른 사람과 다르지 않다. 먹는 것은 진실로 농사에서 나오지만 농사를 짓지 않고 먹는 자도 각각 그 마음과 힘을 기울여 서로 길러주고 서로 괴롭히지 않는다. 불씨의 법이 중국에 행해진 지가 이미 1천 2백 64년이다.1) 그 무리가 대개 사민(四民)2)보다 배가 되는데, 가는 곳마다 사람들이 다투

---

9) 齋: 원본에는 齊로 되어 있으나 齋의 오각이므로, 齋로 교감하였다.
10) 昧: 원본에는 昩로 되어 있으나 내용상 昧가 옳으므로, 昧로 교감하였다.

어 보시하기를 좋아하고 부르지 않아도 스스로 모인다. 그러므로 무리지어 살면서 편안히 먹을 수 있으니, 참으로 천하에 크게 음덕이 있지 않다면 누가 이와 같이 할 수 있겠는가.

선원사[3]는 우리나라 제2의 총림[4]으로 식구가 항상 수천·수만 이하로 내려가지 않는다. 근자에 송파 재상(松坡相君)[5]께서 강미[6] 150섬을 희사하여 영원토록 상주하는데 충당하였다. 해마다 그 이익을 불려[7] 셋으로 나누어 매년 7월 3일 죽은 아내 변한부인 김씨[8]의 기일과, 정월 1일 죽은 아들 언부의랑[9] 문진[10]의 기일에 항상 각각 재를 올려서 명복을 드높이며, 또한 정월 19일은 공의 생일로 승려들에게 밥을 대접하여 복을 빈다. 나를 불러 글을 짓고 후대에 보여서 오래도록 사라지지 않게 하려 하였다. 내가 생각하건대 부처의 가르침은 아득히 어두워 사람이 보지 못하는 바이지만, 참으로 성심껏 보시하기를 즐긴다면 그 아름다운 보답을 어둠 속에서 얻는다는 이치에 의심이 없다. 송파는 추성양절공신 중대광[11] 광양군이 스스로 지은 호이며, 이름은 성지이고 성은 최씨이다. 역시 일찍이 돌아가신 부모를 위하여 천화선사[12]를 수리하고 큰 도량을 지었으니, 그 근본에 보답하고 먼 조상을 추모하는 데에 있어서 다하지 않음이 없다. 만약 부처의 말로 본다면 이른바 재관신으로 현신하여 보살도를 행한다[13]는 것이다. 치화 기원(1328, 충숙왕 15) 7월 초하루 아침에 쓰다.

[註解]

1) 佛氏之法 …… 有四年矣: 後漢 永平 연간(58~75)에 明帝가 郎中 蔡愔과 博士弟子 秦景 등을 天竺에 사신으로 보내어 불법을 받아오게 하였는데, 이들이 佛經 42章과 釋迦立像을 가지고 摩騰·竺法蘭과 함께 낙양으로 돌아온 것이 중국 불교 전래의 시작이

라고 전한다. 한편 『後漢書』에 의하면 영평 8년(65)에 명제의 異母弟인 楚王 英이 이미 불교를 신봉한 사실이 확인되고 있다. 이때를 중국에 불교가 전래된 시점이라고 기준 삼아 계산해본다면 1264년이 지난 시기는 위의 글이 작성된 1328년(충숙왕 15)이 된다.

『後漢書』 권42, 光武十王列傳32 楚王英.
『魏書』 권114, 釋老志10第20 釋.
鎌田茂雄, 1985, 『中國佛敎史』, 經書院, 31~33·35~37쪽.
任繼愈, 1993, 『中國佛敎史』 1, 中國社會科學出版社, 92~105쪽.

2) 四民: 인민의 네 계급으로 士·農·工·商民을 말한다. 『書經』 周官에 처음으로 四民이라는 말이 보이는데 『漢書』 食貨志에 의하면 공부해서 벼슬하는 이를 士, 땅을 경작하여 곡식을 심는 이를 農, 공교한 기물을 만드는 이를 工, 재물을 사고팔아 통하게 하는 이를 商이라고 한다[學以居位曰士 闢土殖穀曰農 作巧成器曰工 通財鬻貨曰商].

『書經』 周官.
『漢書』 권24上, 食貨志4上.
諸橋轍次, 1984, 「四民」, 『大漢和辭典』 3, 大修館書店, 43쪽.

3) 禪源: 지금의 인천광역시 강화군 선원면에 있었던 禪宗 闍崛山門의 사찰이다. 1245년(고종 32)에 崔瑀의 願堂으로 창건되었다. 당시 최우는 지방관의 賀表를 통해 강화정부의 합법성을 강조하고 대장경 조판을 통해 지방민을 결속하여 抗蒙態勢를 고취시켰다. 아울러 지방 불교의 대표적 존재인 修禪社와 白蓮社에 지원을 강화하여 그들의 협조를 얻으려고 하였다. 이러한 배경 하에 수선사의 分院으로 江都에 선원사를 창건하였고, 大藏都監에서 판각한 經板—再雕大藏經—을 선원사에 보관하도록 하였다. 이로써 당시 선원사는 국가의 대문화 사업에 관여하는 國刹로 기능하면서 대몽항쟁의 정신적인 구심점 역할을 하였다. 선원사의 초대 주지로는 眞明國師가 위촉되었고, 2대 圓悟國師, 3대 慈悟國師, 4대 圓明國師 등

당대의 신망 높은 고승들이 차례로 임명되었다. 松廣寺와 함께 2대
사찰로 손꼽혔으나 개경으로 환도한 후에는 차츰 쇠퇴하여 조선 초
기 이후에 폐찰된 것으로 추정된다.

黃壽永·文明大, 1977, 「高麗禪源寺址의 發見과 高麗大藏經의 由來」, 『江
華島學術調査報告書』 제1책, 東國大學校 江華島學術調査團.

金光植, 1995, 「崔氏武人政權의 寺院勢力 育成」, 『高麗武人政權과 佛教
界』, 民族社.

韓基汶, 1998, 「寺院의 創建과 重創」, 『高麗寺院의 構造와 機能』, 民族社.

채상식, 2009, 「江華 禪源寺의 위치에 대한 재검토」, 『한국민족문화』 34.

윤기엽, 2012, 「무인정권기의 사원 동향」, 『고려 후기의 불교—사원의
불교사적 고찰—』, 일조각.

4) 叢林: 僧徒가 모여 사는 곳으로 僧園 또는 寺院을 말한다. 많
은 比丘가 한 곳에 화합하여 사는 것을 僧伽라고 하는데, 비유하면
큰 나무들이 모여 숲을 이룬 것과 같으므로 叢林이라는 말을 얻게
되었다고 한다. 또한 일반 사원이 주재하는 법회를 가리켜 총림이라
고 부르기도 하였다. 한편 고려시대에 승려를 대상으로 하는 과거시
험인 僧科가 있었는데, 승과의 예비고시로 교종에서는 成福禪이 있
었고 선종에서는 기타 藜席, 叢林, 談禪法會로도 쓰였다고 한다.

「智度論」 3.

諸橋轍次, 1984, 「叢林」, 『大漢和辭典』 2, 大修館書店, 712쪽.

許興植, 1976, 「僧科制度와 그 機能」, 『歷史教育』 19 ; 1981, 『高麗科擧
制度史研究』, 一潮閣 ; 1986, 『高麗佛敎史研究』, 一潮閣, 370쪽.

5) 松坡相君: 崔誠之(1265~1330)를 말한다. 본관은 完山이고
이름을 모두 다섯 번이나 고쳐서 皐, 瑠, 琇, 實, 誠之 등이었다. 자
는 純夫이고 호는 松坡이며 시호는 文簡이다. 1284년(충렬왕 10)
에 급제하여 雞林管記가 되었고 史翰에 임명되었다가 春宮의 관리
로 선발되어 忠宣王을 따라 元에 가기도 하였다. 충선왕이 武宗을
옹립할 때에 측근에서 협력한 공으로 知監察司事에 임명되었으며,
이후 同知密直司事·大司憲, 僉議評理, 贊成事 등을 역임하였고 推

誠亮節功臣 光陽君에 봉해졌다. 1320년(충숙왕 7)에 충선왕이 吐
蕃으로 유배되었을 때 원에 있으면서도 왕을 시종하지 않아 비난을
받았으나, 1321년과 1322년에 吳潛과 柳淸臣 등이 일으킨 立省策
動에서 金廷美·李齊賢 등과 함께 원의 都省에 글을 올려 의논을 중
지시켰다. 그는 성품이 강직하고 그릇된 말을 하지 않았으며, 書法
과 詩에 능하였을 뿐만 아니라 陰陽과 天文에도 조예가 깊어서 충
선왕의 명으로 원의 授時曆을 배워오기도 하였다.

『高麗史』권108, 列傳21 崔誠之.

「崔誠之墓誌銘」.

6) 粃米: 粃은 의미상 糠 또는 穄으로 바꾸어 쓰기도 하는데, 겨
반지기라고 하여 잘 까부르지 못하고 겨가 많이 섞인 쌀을 말한다.

諸橋轍次, 1985,「穄」,『大漢和辭典』8, 大修館書店, 619쪽.

李武英, 2004,『現代韓中中韓詞典』, 外語教學與研究出版社, 71쪽.

고려대학교 민족문화연구원 국어사전편찬실 편, 2009,『(고려대)한국어
대사전』상, 고려대학교 민족문화연구원, 318쪽.

7) 歲滋其利: 고려후기의 사원은 중수와 중창을 거치면서 토지
와 노비를 후원자로부터 받음으로써 경제력을 확대하는 경우가 많
았다. 당시의 사원 경제기반으로는 토지와 노비가 가장 중요하였지
만, 짧은 기간 내의 높은 수입은 고리대의 운영으로 확보할 수 있었
다. 따라서 사원은 보시자들이 米布를 施納하면 그것을 자본으로 삼
아 寶를 설립하였으며, 원금을 손상시키지 않고 대부이식으로 필요
경비를 조달하는 子母法이라는 형태로써 운영되었다.『高麗史』食
貨志에서 公私 借貸의 이식율은 1/3을 恒式으로 삼고 있는데, 寶의
곡물을 대여하는 경우는 흉년 등의 돌발적 상황에서 비롯되었고 풍
년을 통해 상환되는 경우가 적었을 것이므로 관행을 무시한 이식율
의 가혹성도 나타나게 되었을 것으로 보인다.

사원내에서 보의 운영담당자로는 寶長, 色掌 등의 인원이 있었고
이들에 대한 인사 등 실질적 영향력을 행사할 수 있는 것은 住持였

다. 보를 기탁하는 시납자는 보의 지출과 명목을 명시한 恒規를 두
고 그들의 시납재물에 영향력을 행사하였다. 이로써 부호층은 재물
관리를 사원에 대행하게 하는 효과도 있었으며, 나아가 사원에 결정
적 보를 기탁하고 사원의 주지임명에 관여함으로써 해당 사원이 私
寺化되어가는 현상마저 나타나게 되었다.

『高麗史』 권79, 志33 食貨2 借貸.

韓基汶, 1990,「高麗時代 寺院寶의 設置와 運營」,『歷史敎育論集』 13·
        14合 ; 1998,『高麗寺院의 構造와 機能』, 民族社, 414~429쪽.

李炳熙, 2007,「高麗後期 寺院의 重修·重創과 經濟問題」,『文化史學』
        27 ; 2008,『高麗後期 寺院經濟 硏究』, 景仁文化社, 237쪽.

8) 卞韓夫人金氏:「崔誠之墓誌銘」에 의하면 崔誠之의 부인 金
氏는 贊成事 鈍村居士 金㫝의 딸로서 행실이 어질었으나 최성지보
다 3년 먼저 작고한 것으로 기록되어 있다. 夫人은 고려시대 정4품
이상 관원의 배우자에게 내려진 봉작호인데 이에 대해서는 권1
6-(1), 주해 19), 金㫝에 대해서는 권1 10-(1), 주해 5) 참조.

「崔誠之墓誌銘」.

9) 讞部議郞: 고려후기 언부의 종4품 관직으로, 전기의 정4품 刑部
侍郞에 해당한다. 언부에 대해서는 권1 3-(2) 주해 8) 참조.

10) (崔)文進: 생몰년 미상. 본문에 최성지의 아들로 기록되어
있는데,『高麗史』 崔誠之傳과「崔誠之墓誌銘」에는 최성지의 아들
로 崔文度만 기재되어 있을 뿐이다.『氏族源流』에 崔誠之는 金㫝의
女와 혼인하여 2남 1녀를 낳았으며, 최문도가 장남이고 최문진은
차남으로 기록되어 있다.

『高麗史』 권108, 列傳21 崔誠之.

「崔誠之墓誌銘」.

『氏族源流』 全州崔氏.

11) 重大匡: 고려후기 종1품 문산계로, 1308년(충렬왕 34)에
忠宣王이 복위하여 신설하였다. 이에 대해서는 권1 6-(1), 주해 1)

참조.

12) 天和禪寺: 예종과 의종이 行幸한 적이 있었던 長湍縣에 위치한 天和寺로 추정된다. 고려전기까지 규모가 큰 사원이었으나 몽골의 침입 시에 피해를 입었다. 고려 말에 曹溪宗에서 始興宗으로 예속되었고 조선시대에는 이미 폐사된 기록이 확인된다. 원간섭기에는 국왕을 수행하여 재원경력이 있거나 원의 내시로서 출세한 자들이 출신지에 사원을 중수함으로써 자신과 혈족의 원당을 마련하였다. 최성지의 경우 위에서처럼 돌아가신 부모를 위해 천화선사를 중수하였으며, 부인과 먼저 죽은 자식 및 자신의 축수를 위해 禪源寺에도 시납한 적이 있다.

『牧隱文藁』 권14, 碑銘 「廣通普濟禪寺碑銘」.

『新增東國輿地勝覽』 권12, 京畿 長湍都護府.

韓基汶, 1998, 「寺院의 願堂으로서 機能」, 『高麗寺院의 構造와 機能』, 民族社, 284·285쪽.

13) 現宰官身行菩薩道: 宰官身은 觀世音菩薩의 33化身 가운데 13번째로 관료를 말하며, 菩薩道는 보살이 중생을 제도하는 길을 이른다. 觀世音菩薩이 관직을 가진 몸으로 現身하여 설법을 통해 중생을 구제하는 일[應以宰官身 得度者 即現宰官身 以爲說法]을 말한 것이다. 여기에서는 최성지가 가족과 승려들에게 공덕을 쌓았던 일을 가리켜서 관세음보살이 중생을 구제하기 위하여 관료의 모습으로 현신한다는 말에 빗대어 평한 것이다.

『法華經』 觀世音菩薩普門品.

13-(1). 送僧禪智遊金剛山序

[原文]

送僧禪智遊金剛山序

深山窮谷, 人迹罕得至, 固宜有異物於玆萃焉. 故爲張道陵之學者, 以某山爲第幾洞天, 是某眞君所治. 於是慕道猒世鍊養而不粒食者, 往往栖息其中以志返[11]焉. 予雖惡其不近情也, 以有我介之殊, 亦不甚與之辨也.

極天之東濱海有山, 俗號楓岳, 僧徒謂之金剛山. 其說本諸華嚴之書, 書有海東菩薩住處名金剛山之文. 予未嘗讀是書, 未知其果此山耶. 近有以普德菴僧所撰金剛山記來示予者, 就讀之, 則皆不經誕說, 無一足信者. 於中云, 佛金像五十三軀自西域浮海, 以漢平元始四年甲子至山, 因而立寺. 夫佛法東流, 始於漢明永平八年乙丑. 而行東國, 又始梁武大通元年丁未, 其後乙丑, 有四百一年之久. 苟信彼說, 是中原寥寥未知有佛六十二年以前, 東人已爲佛立庿, 其寂可笑者, 他如是也. 雖然, 聞古學空之人, 入此山中, 勤勵志行而證其道者, 比比有之.

蓋始此山距人境不啻數百里之遠, 而岩嶂壁立, 所至皆千万仞懸崖絶壑, 無菴廬可以庇身, 無一席之土可以蒔菜果而食. 其居此則非窵嵌竇巢樹顚, 與鳥獸雜處, 草木充飢者, 不能一日留也. 釋氏之法, 使修其道, 必試之忍勞耐苦, 然後有得焉. 故其師有雪山六年之行, 然則若學是法, 有志勤修者, 不入于山, 亦無以有爲也.

[譯文]

금강산[1]으로 가는 승려 선지[2]를 보내는 서[3]

깊은 산 외진 골짜기로 인적이 드문 곳에 이르면, 진실로 마땅히 기이한 인물들이 여기에 모여든다. 그러므로 장도릉[4]의 학문을 하는 자들은 모 산을 제 몇 동천으로 삼고서 어느 신선[眞君]이 다스리는 곳이라 하였다.[5] 이에 도를 사모하고 세속에 싫증을 느껴 단련하고 수양하며 곡식을 먹지 않는 자들이 때때로 옮겨와 그 속에서

---

11) 志返: 원본에는 忘反으로 되어 있는데, 『東文選』 권84 「送僧禪智遊金剛山序」와 『新增東國輿地勝覽』 권47 江原道 淮陽都護府條에는 忘返으로 되어 있다. 내용상 忘返이 옳다고 생각되어 교감하였다.

살면서 돌아가는 것을 잊는다. 나는 비록 그들이 인정에 가깝지 않은 것을 싫어하지만 나와 저들은 다름이 있으므로 또한 심히 간여하여 따지지 않는다.

하늘 끝 동쪽 바닷가에 산이 있는데 세상은 풍악이라 부르고, 승도들은 금강산이라고 말한다. 그 설은 화엄경[華嚴之書][6]에 근거하는데, 책에 '해동에 보살이 사는 곳의 이름을 금강산이라고 한다.'는 문장이 있다.[7] 내가 일찍이 그 책을 읽어본 적이 없어 그것이 과연 이 산인지 알지 못하겠다. 근래 보덕암[8] 승려가 지었다는 금강산기[9]를 가져와 나에게 보여주는 자가 있기에 읽어보니, 모두 거짓된 이야기에 지나지 않고 믿을 만한 것이 하나도 없었다. 그 중에 '금 불상 53구가 서역으로부터 바다를 건너 한나라 평제 원시 4년 갑자(4)에 산에 이르렀는데 이로 인해 절을 세웠다.'[10]고 하였다. 무릇 불법이 동으로 유입된 것은 한나라 명제 영평 8년 을축(65)에 시작되었다.[11] 우리나라에서 (불법이) 행해진 것은 또 양 무제 대통 원년 정미(527)부터이니,[12] (불법이 유입된) 을축 이후에 401년의 오랜 세월이 있었다.[13] 진실로 그 설을 믿는다면, 이는 중원에서도 알려지지 않아 부처가 있는지도 모르던 62년 전에 우리나라 사람들이 이미 부처를 위해 절을 세운 것이니, 그것이 가장 우스운 부분이고, 다른 것도 이와 같다. 비록 그렇지만 옛날에 (부처를) 배우는 사람이 이 산 속에 들어와 뜻을 가다듬고 행실을 부지런히 하여 그 도를 깨닫는 자가 자주 있었다고 들었다.

대개 처음에는 이 산이 사람들이 사는 곳과 거리가 수백 리나 멀뿐 아니라 바위와 산봉우리가 벽처럼 서 있어 가는 곳마다 모두 천 길 만 길이나 되는 떨어지는 벼랑과 막다른 골짜기이고 몸을 의지할 만한 암자도 없으며, 채소나 과일을 심어 먹을 만한 한 떼기의 땅도 없었다. 그곳에서 살려면 동굴 속에 숨거나 나무 꼭대기에 둥지를 틀거나 하여 새나 짐승들과 섞여 살면서 초목으로 굶주림을 채우지 않으면 하루도 머무를 수 없었다. 불가의 법은 도를 닦게 하려면 반드시 노고를 인내하는 수행을 거친 연후에야 (깨달음을) 얻을 수 있다. 그러므로 석가[師]가 설산에서 6년의 고행을 하였던 것이니[14] 만약 법을 배워 뜻을 가지고 부지런히 닦으려는 자는 산에 들어가지 않고서는 또한 이룰 수가 없는 것이다.

[註解]
1) 金剛山: 지금의 강원도 금강군·고성군·통천군에 걸쳐 있는 산으로, 金剛, 皆骨, 涅槃, 楓嶽, 怾怛이라고도 부른다. 고려시대에는 長楊郡에 위치했는데 交州道—淮陽道—의 交州—淮州: 淮陽府—에 소속되어 있었다. 금강산은 담무갈—법기— 보살의 住處라는 담무갈 신앙이 고려 초중기 이래 점차 확산되어진 데다가, 무수한 봉우리가 솟아 있는 절경이 유명하여 중국에까지 알려져 있었다.『新增東國輿地勝覽』에는 산 안팎에 108개의 절이 있는데, 表訓寺·正陽寺·長安寺·摩訶衍·普德窟·楡岾寺 등이 가장 이름난 사찰이라고 하였다.

『高麗史』 권58, 志12 地理3 交州道 交州 長楊郡.
『新增東國輿地勝覽』 권47, 江原道 淮陽都護府.
김창현, 2012,「고려시대 금강산과 그 불교신앙」,『지역과 역사』 31.
2) 禪智: 생몰년 미상. 1329년(충숙왕 16)에 금강산으로 갔다는 본문의 내용 이외에 그에 대한 행적은 자세히 알 수 없다.
3) 送僧禪智遊金剛山序: 이 글은『東文選』과『新增東國輿地勝覽』에도 전한다. 이 글을 통해 최해의 불교 인식에 대해서 엿볼 수 있는데, 그의 비판적 불교관은 불교 자체에서 나온 폐단을 지적하여 이를 斥佛의 수단으로 인용하였을 뿐, 후에 여말의 척불론과는 매우 다른 미온적인 태도였다고 한다. 한편, 序는 詩文이나 敍事文의 앞

부분에 인물이나 사실의 순서·실마리·내력 등을 서술한 한문 형식
의 하나이다. 이에 대해서는 권1 1, 주해 3) 참조.

『東文選』 권84, 序 「送僧禪智遊金剛山序」.

『新增東國輿地勝覽』 권47, 江原道 淮陽都護府.

宋昌漢, 1989, 「崔瀣의 斥佛論에 대하여―送僧禪智遊金剛山序를 중심으
로―」, 『大丘史學』 38.

 4) 張道陵: 생몰년 미상. 後漢 沛郡 豊縣 사람으로, 본명은 陵이
고 자는 輔漢이다. 장도릉의 정확한 생존 시기는 분명하지 않으나,
대체로 그가 사망한 시기는 후한 靈帝 熹平(172~178) 말기로 추
정된다. 장도릉은 본래 태학에 들어가 五經에 두루 능통한 大儒였으
나, 만년에 '이것들은 수명을 늘리는 데 이로움이 없다'고 개탄하여
長生之道를 공부하였다고 한다. 후한 順帝(126~144) 때에 蜀에
들어가 鶴鳴山―또는 鵠鳴山―에서 修道하고, 道書 24편을 저술하
고 敎를 선포하여 天師道를 창시하였다. 천사도의 명칭은 다양한데,
장도릉이 태상노군에게 『正一盟威符籙』을 전수받아 처음에 '正一盟
威之道'라고 부르기도 하였다. 또 태상노군이 그를 '三天法師正一眞
人'으로 봉했기 때문에 그를 따르던 신도들이 '張天師'로 불렀으며
교의 이름도 '천사도'로 불렀다. 그리고 입교할 때 신도들에게 '五斗
米'를 받았기 때문에 '五斗米道'라고도 하였다. 천사도는 노자를 교
조로 『老子』를 주요 경전으로 삼았다. 장도릉이 122세 되던 해 鹿
堂治(현재 中國 四川 綿陽 일대)에서 천사의 지위를 아들 張衡에게
계승하고 더불어 역대 천사는 그의 嫡孫들에게 전승하도록 하였다.

『神仙傳』 권5, 張道陵.

趙宗誠, 1983, 「張陵」, 『宗敎學硏究』, 36쪽.

윤찬원, 2000, 「後漢時代 初期道敎哲學思想에 관한 연구 : 四川省〈五
斗米道〉를 중심으로」, 『道敎文化硏究』 14, 208~214쪽.

窪德忠 지음·이정환 옮김, 2004, 『도교의 신과 신선이야기』, 뿌리와이파
리, 80~84쪽.

張恩富 지음·김영진 옮김, 2008, 『한권으로 읽는 도교』, 산책자, 78~85
쪽.

5) 以某山爲第幾洞天是某眞君所治: 도교에서는 十洲, 三島, 十
大洞天, 三十六洞天, 七十二福地 등 지상에도 仙眞人이 사는 洞天
福地로 불리는 각종 낙원이 있다고 한다. 洞天은 도교에서 신선이
사는 곳을 말하고, 眞君은 신선을 높여서 부르는 것으로 眞人의 왕
위를 뜻한다. 十大洞天은 大地의 名山 속에 위치해 있으며, 上天이
신선을 내려 보내 다스리는 곳이라고 한다. 唐人 社光庭이 지었다고
하는 『洞天福地嶽瀆名山記』에는 十大洞天, 三十六洞天, 七十二福
地가 구분되어 각각 명산에 연결시켰다. 본문의 내용은 이러한 도교
의 사상에 의해 구분되는 동천과 진군의 개념을 최해가 이야기한 것
이다.

『云笈七籤』 권27, 洞天福地.
諸橋轍次, 1985, 「洞天」, 『大漢和辭典』 6, 大修館書店, 1100쪽.
諸橋轍次, 1985, 「眞君」, 『大漢和辭典』 8, 大修館書店, 199쪽.
二階堂善弘, 2009, 「道家·道敎·民間信仰と理想社會」, 『南道文化研究』
17, 75·76쪽.

6) 華嚴之書: 불교 경전의 하나인 『大方廣佛華嚴經』(이하 『華
嚴經』)을 뜻한다. 『華嚴經』은 420년에 佛陁跋陁羅가 한역한 60권
의 晋本華嚴經과 699년에 實叉難陀가 번역한 80권의 周本華嚴經,
795년에 般若三藏이 入法界品만을 번역한 40권의 貞元本華嚴經
등 3종이 전한다. 『화엄경』은 부처가 깨달은 내용을 그대로 표명한
경전인데, 처음부터 완전하게 결집된 것이 아니고 각 장이 독립된
경으로 따로 성립된 것을 뒤에 집대성한 것이다. 이를 전거로 하여
중국에서는 華嚴宗이 성립되었다.

김길상 편, 1998, 「大方廣佛華嚴經」, 『佛敎大辭典』 上, 弘法院, 427·428쪽.
柳富鉉, 2004, 「晋本 華嚴經 研究」, 『書誌學研究』 28, 181쪽.

7) 書有海東菩薩住處名金剛山之文: 금강산에 보살이 거처하고

있다는 내용은 『華嚴經』에 전하고 있는데, 『六十華嚴經』의 「菩薩住處品」과 『八十華嚴經』의 「諸菩薩住處品」에서 확인할 수 있다. 『八十華嚴經』에는 "바다 가운데 금강산이 있으니, 옛적부터 보살들이 거기 있었으며, 지금은 법기보살이 있는데 그의 권속 보살 일천이백과 함께 항상 그 가운데 있으면서 법을 연설한다[海中有處名金剛山 從昔已來 諸菩薩衆 於中止住 現有菩薩名曰法起 與其眷屬 諸菩薩衆 千二百人俱 常在其中 而演說法]."라는 구절이 전한다. 『六十華嚴經』에서는 담무갈보살이 그 권속 1만 2천과 함께 거한다고 하여 차이가 있지만, 금강산에 보살이 그 권속을 거느리고 주처한다는 내용은 동일하다. 금강산이 보살이 머무르는 신앙처로 형성된 것은 『華嚴經』 신앙이 널리 퍼지면서 정착된 것으로 추정된다. 아울러 금강산 '1만 2천 봉'이라는 표현은 금강산의 보살주처 신앙과 맞물려 '1만 2천'의 권속으로부터 비롯되었을 것으로 보인다.

『六十華嚴經』 菩薩住處品·諸菩薩住處品.

윤기엽, 2004, 「元干涉期 元皇室의 布施를 통해 中興된 高麗寺院」, 『普照思想』 22 : 2012, 『고려 후기의 불교―사원의 불교사적 고찰―』, 89~90쪽.

고영섭, 2010, 「금강산의 불교신앙과 수행전통 : 표훈사, 유점사, 신계사, 건봉사를 중심으로」, 『普照思想』 34, 310쪽.

김창현, 2012, 「고려시대 금강산과 그 불교신앙」, 『지역과 역사』 31, 210쪽.

8) 普德菴 : 지금의 강원도 금강군 금강산 萬瀑洞에 있으며, 普德窟이라고도 한다. 고구려 安原王 때 승려 普德이 자연굴을 이용하여 절을 창건하였고, 1115년(예종 10)에 懷正이 중창하였다.

『新增東國輿地勝覽』 권47, 江原道 淮陽都護府.

權相老, 1994, 「普德菴」, 『韓國寺刹事典』 上, 梨花文化出版社, 725쪽.

9) 金剛山記 : 기록이 전하지 않아 구체적인 내용은 알 수 없으나, 이 글로 보아 불교전래와 관련하여 53불의 연기설화에 대한 내

용이 기록되어 있었음을 짐작할 수 있다.

10) 佛金像五十三軀自西域浮海 …… 因而立寺: 보덕암 승려가 지은 「금강산기」에 전하는 내용으로, 이와 같은 내용이 민지의 「金剛山楡岾寺事蹟記」(이하 「유점사기」)에도 전하고 있어 참고가 된다. 현재까지 불교의 전파경로에 대해서는 '인도―중앙아시아―중국―한국―일본'으로 이어지는 북방불교, 즉 대승불교 계통과 '인도―실론섬―동남아시아 諸國'으로 이어지는 남방불교, 즉 소승불교 계통으로 크게 나누어 볼 수 있다. 우리나라에서는 일반적으로 북방 계통의 불교가 들어와서 발전을 했다는 것이 정설로 굳어진 상태이지만, 간혹 해로를 통한 남방불교의 전래 가능성이 제기되기도 하였다. 「駕洛國記」 등의 가야건국신화에 바탕을 둔 가야불교에 관한 학설 가운데 한반도에 최초로 전래된 불교가 해양을 통해 인도에서 직접 수입되었다는 것이 대표적이다. 이와 관련하여 민지의 「유점사기」에는 인도에서 부처를 보지 못한 3億家를 위해 불상을 조성하여 그중 잘 만들어진 53불을 골라 인연있는 곳에 닿아 머물도록 배를 띄웠는데, 이 불상은 月氏國을 비롯한 여러 나라를 거쳐 신라 남해왕 원년(4)에 금강산 동면의 안창현 포구에 도착하였다는 내용이 전한다. 이처럼 「유점사기」는 유점사 53불의 연기설화로, 전형적인 남방불교전래설이 수록되어 있다. 즉 인도에서 불상이 만들어져 해로를 통해 동남아 제국을 거쳐 결국 우리나라에 이르렀다는 것이고, 현재 일반적으로 받아들여지고 있는 고구려 불교전래시기보다 훨씬 앞서는 연대를 가지고 있다.

『新增東國輿地勝覽』 권45, 江原道 高城郡.

무함마드 깐수, 1989, 「韓國佛敎南來說 試考」, 『史學志』 22 ; 2002, 『문명교류사 연구』, 사계절.

이창국, 2001, 「元간섭기 閔漬의 現實認識 ―佛敎記錄을 中心으로―」, 『民族文化論叢』 24, 134~137쪽.

신종원, 2006, 「삼국의 불교 初傳者와 초기불교의 성격」, 『韓國古代史研究』44.

權珠賢, 2009, 「「王后寺」와 加耶의 佛敎傳來問題─加耶社會의 信仰體系와 관련하여─」, 『大丘史學』95.

11) 夫佛法東流始於漢明永平八年乙丑: 『後漢書』에 의하면, 永平 8년(65)에 명제의 異母弟인 楚王 英이 이미 불교를 신봉한 사실이 확인되고 있어, 이를 불교 전래의 시작으로 이해하기도 한다. 한편, '佛法東流'라는 말은 불교가 동쪽으로 전해졌다는 의미이며, 실제로 인도로부터 중국으로, 중국에서 우리나라나 일본으로 불교가 전해진 사실을 東流로 많이 표현하고 있다. 이에 대해서는 권1 12, 주해 1) 참조.

『後漢書』권42, 光武十王列傳32 楚王英.

朴胤珍, 2006, 「신라말 고려초의 '佛法東流說'」, 『한국중세사연구』21, 224쪽.

12) 而行東國又始梁武大通元年丁未: 우리나라에 불교가 전파된 시기는 고구려, 백제, 신라 등 삼국이 모두 다르고, 이에 대한 연구자들의 다양한 견해가 있다. 앞서 「금강산기」에 대한 부정적 태도를 보아 최해는 북방불교전래에 대한 관점을 견지하고 있었던 것으로 보인다. 다만, 본문을 통해 최해는 불교의 전파시기를 신라의 사례를 기준으로 삼고 있음을 알 수 있는데, 527년(법흥왕 14)에 異次頓이 순교한 시점을 우리나라에 불교가 전래된 시기로 보고 있는 것이다.

李基白, 1954, 「三國時代의 佛敎傳來와 그 社會的 性格」, 『歷史學報』6.

김두진, 1981, 「고대인의 신앙과 불교수용」, 『한국사』2, 국사편찬위원회.

崔光植, 1991, 「新羅의 佛敎 傳來, 受容 및 公認」, 『新羅文化財學術發表論文集』12 ; 2007, 『한국 고대의 토착신앙과 불교』, 고려대학교 출판부.

신종원, 2006, 「삼국의 불교 初傳者와 초기불교의 성격」, 『韓國古代史研究』44.

190 『拙藁千百』 역주

13) 其後乙丑有四百一年之久: 최해가 언급한 401년이라는 수치
는 간지를 계산하는 과정에서 한 甲子(60년)가 누락된 것으로 추정
된다. 최해는 중국에 불교가 유입된 65년으로부터 우리나라에 불교
가 전래된 527년의 기간을 401년이라고 표현하고 있다. 그런데 그
기간이 실제로는 최해가 인정한 불교 유입 시점으로 보았을 때, 401
년이 아니라 462년이 된다. 한나라 명제 때 蔡愔 등이 인도에서 불
교를 들여온 시점인 67년을 기준으로 하면 그 기간은 460년이 된다.

『魏書』 권114, 志10 釋老.

14) 故其師有雪山六年之行: 雪山은 히말라야산의 異稱이며, 석
가모니가 과거세에 보살도를 닦기 위해 고행하였던 곳으로 알려져
있다. 석가모니가 설산에서 고행하였기 때문에 雪山大士라 하며, 혹
은 雪山童子라고도 한다.

金吉祥 編, 1998, 「雪山」·「雪山大士」, 『佛敎大辭典』 上, 弘法院, 1339쪽.
趙明烈, 1999, 「童子像으로 表現된 佛敎信仰」, 『中央僧伽大學論文集』 8,
242쪽.

13-(2).

[原文]

邇年不然, 山中菴居, 歲增且百, 其大寺則有報德表訓長安寺等, 皆得官爲
營葺, 殿閣[12]穹窿, 彌漫山谷, 金碧輝煌, 眩奪人目. 至如常住經費, 典[13]財
有庫, 典寶有官, 負郭良田, 遍于州郡. 又以江陵淮陽二道年租, 入直于官, 盡
勒輸山, 雖値凶荒, 未見蠲減. 每遣使人, 歲支衣粮油塩之具, 必視無闕. 其僧

---

12) 閣: 원본에는 閤으로 되어 있으나 『東文選』 권84 「送僧禪智遊金剛山序」와 『新
增東國輿地勝覽』 권47 江原道 淮陽都護府條에는 閣으로 표기되어 있다. 閤과
閣은 통하는 글자인데, 후자를 따라 閣으로 교감하였다.
13) 典: 원본에는 與로 되어 있으나, 『新增東國輿地勝覽』 권47 江原道 淮陽都護府
條에는 典자로 표기되어 있다. 내용상 典이 옳으므로 교감하였다.

大抵不隷, 逃其役, 民避其徭, 常有數千万人, 安坐待哺, 而未聞一人有如雪
山勤修而得成道者. 復有甚者, 誑誘人云, 一覩是山, 死不墮惡道. 上自公卿,
下至士庶, 携妻挈子, 爭往禮之, 除氷雪沍寒夏潦淫溢, 路爲之阻, 遊山之徒,
絡繹於道. 兼有寡婦處女從而往者, 信宿山中, 醜聲時聞, 人不知恠. 或有近
侍函命, 馳驛降香, 歲時不絶, 而官吏畏勢, 奔走竢命, 供億之費, 動以万計.
並[14]山居民, 困於應接, 至有怒且詈曰, 山胡不在他境者. 噫, 人之愛此山者,
爲菩薩住此也, 而敬菩薩者, 爲能福人於冥冥也. 其冥冥之福, 旣不可識, 而
髡首者衒粥是山, 自圖溫飽, 而民受其害, 尙何言哉. 是故, 予見士夫有遊山
者, 雖力不能止之, 心竊鄙之. 今佛者禪智師有是山之行, 因書予素畜胷中而
未吐者贈之. 師旣爲浮屠, 何入山之晚耶. 山中如有人, 爲予謝之. 當必有是
吾言者矣. 天曆己巳三月甲申.

[譯文]

　근래에는 그렇지 않아서 산중에 암자가 해마다 늘어 거의 백 개
가 되며, 큰 절로는 보덕[1]·표훈[2]·장안사[3] 등이 있는데, 모두 관의
지원으로 세우고 고쳐 전각이 하늘로 휘어진 듯 하고 산골짜기에 가
득 차며, 금벽은 눈부시게 빛나 사람의 시선을 빼앗아 어지럽게 하
였다. 항상 들어가는 비용에 이르러서는 재물을 맡은 창고가 있으며,
보를 담당하는 관이 있고,[4] 외곽의 좋은 땅이 주군에 퍼져 있다.[5]
또 강릉과 회양[6] 두 도의 한해 조세[租]는 바로 관에 들여 모두 산
으로 보내는데, 비록 흉년이 들더라도 면제받는 것을 보지 못하였
다.[7] 매년 사자를 보내 한해의 필요한 의복, 양식, 기름, 소금 등의
물품을 헤아려 반드시 살펴 빠짐이 없게 하였다. 승려들은 대체로
예속되지 않아 역을 면하고, 백성들이 요역을 피해 항상 수천, 수만

---

14) 並: 원본에는 결락인데 『東文選』권84 「送僧禪智遊金剛山序」에는 並으로, 『新
　　增東國輿地勝覽』권47 江原道 淮陽都護府條에는 傍으로 되어 있다. 내용상 並
　　이 옳으므로 교감하였다.

으로 헤아리고 있었는데[8] 편안히 앉아서 먹기만을 기다릴 뿐 한 사람도 설산[釋迦牟尼]처럼 부지런히 수행하여 도를 이루었다는 자가 있다는 것을 듣지 못하였다. (이보다) 더 심한 자는 사람들을 속여 이르기를 "이 산을 한번 보면 죽어도 악도[9]에 떨어지지 않는다"라고 말한다. 위로는 공경으로부터 아래로 사·서인에 이르기까지 처자를 이끌고 다투어 가서 예를 올리는데 한 겨울에 눈이 오고 얼음이 얼거나 여름엔 장마로 물이 넘쳐 길이 막힐 때를 제외하고는 산으로 유람하는 무리들이 길 위에 끊이지 않았다. 아울러 과부나 처녀가 따라가는 일이 있는데, 산 중에 머물러 추한 소문이 때때로 들렸지만 사람들이 이상하게 여기지 않았다. 간혹 근시가 명령을 받들고 역마를 달려 향을 하사하는 일이 철마다 끊이지 않아서, 관리들은 위세를 두려워하여 분주하게 명을 기다리니, (그들을) 대접하는 비용이 수만으로 헤아렸다. 아울러 산에 사는 백성들도 접대하기에 지쳐 화가 나서 욕하며 말하길, "이 산은 어찌하여 다른 고을에 있지 않은가."라고 하기에 이르렀다. 아, 사람들이 이 산을 사랑하는 것은 보살이 여기에 머무르기 때문이요, 보살을 공경하는 것은 능히 어두운 가운데 사람들에게 복을 주기 때문이다. 어두운 가운데 주는 복은 이미 알 수 없는 일이지만, 머리 깎은 자들이 이 산을 팔아 자신들의 의식을 채우려고만 하고[溫飽], 백성은 그 해를 받고 있으니 더 이상 무슨 말을 하겠는가. 이 때문에 나는 사대부가 산을 유람하는 것을 보면, 비록 힘써 말리지는 못하지만 마음속으로는 비루하게 여긴다. 지금 불자 선지사가 이 산으로 가게 되었기에 내가 평소 가슴속에 담아두고 토로하지 못한 말들을 써서 주는 바이다. 사는 이미 승려가 되었는데 어찌 산에 들어가는 것이 늦었는가. 산중에서 사람을 만나거든 나의 말을 전해주길 바란다. 반드시 내 말을 옳게 여기는 자가 있을 것이다. 천력 기사(1329, 충숙왕 16) 3월 갑신

(27일).

[註解]

1) 報德: 普德菴과 같은 것으로 짐작된다. 조선시대까지 寺, 菴,
窟 등의 구분이 모호해 '寺'나 '菴'이 사원의 이름으로 혼용되는 경
우가 적지 않았기 때문이다(①). 한편, 報德寺는 普德菴이라기보다
원으로부터 '大報德壽聖寺'라 賜額받은 楡岾寺로 이해하기도 한다
(②). 普德菴에 대해서는 권1 13-(1), 주해 8) 참조.

　　① 고영섭, 2010, 「금강산의 불교신앙과 수행전통 : 표훈사, 유점사, 신
　　　계사, 건봉사를 중심으로」, 『普照思想』 34, 316쪽.
　　② 『圓齋集』 권上, 楡岾寺[皇元賜額大報德壽聖寺].
　　　김창현, 2012, 「고려시대 금강산과 그 불교신앙」, 『지역과 역사』 31,
　　　239쪽.

2) 表訓: 현재 강원도 금강군 금강산에 있는 사찰로, 신라의 승
려 能仁·神林·表訓 등이 창건하였다. 이후 표훈사가 크게 발전하기
시작한 시기는 忠肅王代, 곧 元 英宗代(1321～1323)였다. 1338
년(충숙왕 후7)에 건립된 「元皇帝紀功碑文」에 따르면, 표훈사가
英宗을 비롯하여 太皇太后와 皇后, 太子와 娘子, 大小臣僚 등으로
부터 供養과 銀布 등을 보시 받아 크게 중창되었다는 것을 전하고
있다. 영종은 至正 연호가 새겨진 은문동로와 향합 등을 하사했으며
표훈사를 중심으로 각종 법회와 반승 등을 베풀었다. 『新增東國輿
地勝覽』에도 '오래된 비석에 원나라 황제가 태황태후와 함께 돈과
명주를 시주하였다는 글이 있고, 절 문의 오른쪽에 원나라 梁載가
찬술한 「常住分粮記」가 돌에 새겨져 있는데, 이는 고려의 侍中 權
漢功의 글씨이다. 至元 4년 세우다.'라고 전하고 있다.

　　『新增東國輿地勝覽』 권47, 江原道 淮陽都護府.
　　權相老, 1994, 「表訓寺」, 『韓國寺刹事典』 下, 梨花文化出版社, 500～502쪽.

윤기엽, 2004, 「元干涉期 元皇室의 布施를 통해 中興된 高麗寺院」, 『普
照思想』 22 ; 2012, 『고려 후기의 불교―사원의 불교사적 고찰
―』, 일조각, 86·87쪽.

고영섭, 2010, 「금강산의 불교신앙과 수행전통 : 표훈사, 유점사, 신계
사, 건봉사를 중심으로」, 『普照思想』 34, 322·323쪽.

3) 長安: 현재 강원도 금강군 금강산에 있었던 절로, 표훈사 아
래에 위치하였다고 한다. 신라 법흥왕 때 창건되었고, 982년(성종
1)에 懷正이 중건하였다. 이후, 장안사는 원 順帝의 황후 기씨가 자
신이 낳은 皇太子 아유르시리다라(愛猷識理達臘)의 福을 빌고자
절의 중창을 후원하여 1343년(충혜왕 후4)에 다시 중건되었다. 이
때 중창은 비구 宏辨이 황후 기씨, 그녀의 측근인 고용보, 中政使
李忽篤帖木兒 등의 후원을 받아 완공할 수 있었다. 장안사는 120여
칸 규모로 여러 건축물과 佛像, 菩薩像 등 모든 것들이 극히 아름답
고 화려했으며, 또 모두 중국 기술자에 의해서 제작되었다고 한다.

『稼亭集』 권6, 「金剛山長安寺重興碑」.

『新增東國輿地勝覽』 권47, 江原道 淮陽都護府.

權相老, 1994, 「長安寺」, 『韓國寺刹事典』 下, 梨花文化出版社, 258~269쪽.

윤기엽, 2004, 「元干涉期 元皇室의 布施를 통해 中興된 高麗寺院」, 『普
照思想』 22 ; 2012, 『고려 후기의 불교―사원의 불교사적 고찰
―』, 일조각, 95~101쪽.

김창현, 2012, 「고려시대 금강산과 그 불교신앙」, 『지역과 역사』 31,
242쪽.

4) 至如常住經費 …… 典寶有官: 이 기록은 고려시대 사원의
재정운영과 관련하여 주목되었다. 고려시대 사원을 운영하는 관리조
직으로 초기부터 三剛이라는 표현이 있었는데, 고려 후기에 이르면
사원재정이 常住寶의 운영으로 변화되는 추세에 따라 사원 내에 재
정관리와 관련한 새로운 직명이 생겨났다. 그러한 예로 조선 초 백
양사에는 보의 운영을 담당한 寶長의 존재가 확인된다(②). 이 기
록의 '典寶'도 하나의 사례가 되며, 寶를 관리하는 데 있어 官의 비

호와 지원이 있음을 보여주는 것으로 파악되고 있다(①).

① 韓基汶, 1998,「寺院의 組織과 運營」,『高麗寺院의 構造와 機能』, 民族社, 199·200쪽.

② 李炳熙, 2009,「高麗時期 寺院의 財政運用」,『高麗時期 寺院經濟 研究』, 景仁文化社, 162~169쪽.

5) 負郭良田遍于州郡: 良田은 寺院田을 말한다. 사원전은 사원이 재정적 수요를 충당하거나 경제적 재화를 확대하기 위한 수단으로 소유 관장하고 있는 토지를 말한다. 고려시대 사원전의 규모는 방대하였던 것으로 이해되는데, 고려시기 전체 경지면적의 1/6을 차지하였을 정도로 컸다고 보기도 한다. 고려시대 사원전은 신라 이래의 사원 田地들이 고려에 들어와 田柴科가 성립되면서 일정하게 파악 정리되고, 이후 계속된 국가나 왕실의 賜給 및 일반 民들의 施納에 의해 형성되었다. 이와 같이 형성된 사원의 토지는 공간적인 분포 면에서 다양한 모습을 보였다. 여러 지역에 분산되어 있는 경우도 있었고 일정한 지역, 특히 사원 주위에 집중되어 있는 사례도 있다. 장안사의 경우는 전라도의 咸悅·仁義縣·扶寧과 황해도의 白州·平州 등지에 분산되어 있었다.

『稼亭集』권6,「金剛山長安寺重興碑」.
姜晋哲, 1980,『高麗土地制度史研究』, 高麗大學校 出版部, 142쪽.
裵象鉉, 1998,『高麗後期寺院田研究』, 國學資料院, 52·53쪽.
李炳熙, 2009,『高麗時期 寺院經濟 研究』, 景仁文化社, 31쪽.

6) 江陵淮陽: 현재의 강원도 일대이다. 원래 고구려의 옛 지역으로, 995년(성종 14)에 和州·溟州 등을 朔方道로 만들었고, 春州 등의 고을을 예속시켰다. 1178년(명종 8)에 삭방도를 沿海溟州道라 고쳐 부르고 춘주 등의 고을은 처음으로 春州道라 하였는데, 혹은 東州道라 부르기도 하였다. 1263년(원종 4)에 명주도는 江陵道로, 동주도는 交州道라 고쳤다. 1314년(충숙왕 1)에 교주도를 淮陽道라 고쳐 불렀다. 1356년(공민왕 5)에 강릉도를 강릉삭방도라 고

쳤다가 이듬해 다시 강릉도라 불렀다. 1360년에 강릉삭방도라 하고, 1366년에 다시 강릉도라 하였다. 1388년(우왕 14)에 강릉도에서 처음으로 삭방도를 가르고, 교주도와 합쳐서 交州江陵道라 하고, 忠州 관할 하에 있던 平昌郡을 소속시켰다. 이 글은 1329년에 작성되었으므로, 강릉도와 회양도가 존재하던 시기에 해당한다.

『高麗史』 권58, 志12 地理3 交州道·東界.
『新增東國輿地勝覽』 권44, 江原道.
『新增東國輿地勝覽』 권47, 江原道 淮陽都護府.

7) 又以江陵淮陽二道年租 …… 未見蠲減: 고려시대 사원전은 대개 본래부터 사원이 가지고 있던 田地와 왕실이나 지배층의 개인, 일반 민들에 의한 施納田 등으로 이루어졌다. 그리고 여기에 국가 분급의 收租地가 추가되어 지배되고 있었다. 결국, 사원전은 所有地와 收租地로 지배형태가 나누어져 있는 것이다. 본문에서 강릉과 회양의 두 도에서 거두어진 조세가 산으로 들어간다는 것은 금강산에 존재하는 사원에 분급된 수조지가 이 두 도에 설정되어 있어 조세를 관에서 거두어 수송해준 것으로 이해된다. 또 凶荒을 당해도 조세 감면의 혜택을 받지 못한다는 언급을 통해 사원의 수조지를 경작하는 농민들은 재해를 입어 조세 감면의 혜택을 받는 災免의 조치를 받지 못하는 일도 적지 않았을 것으로 이해된다.

姜晋哲, 1980, 「寺院田」, 『高麗土地制度史研究』, 高麗大學校 出版部.
裵象鉉, 1998, 『高麗後期寺院田研究』, 國學資料院, 52·53쪽.
李炳熙, 2009, 『高麗時期 寺院經濟 研究』, 景仁文化社, 35쪽.

8) 其僧大抵不隸 …… 常有數千万人: 승려는 고려전기부터 요역이 면제되는 대상이었다. 그리하여 사원에 의탁하여 요역을 면제받고자 하는 폐단이 발생하였는데, 본문의 내용은 그러한 사정을 보여준다. 한편, 역을 피하기 위해 승려가 된 민들은 具足戒를 받지 않고 沙彌戒를 지키는 존재로, '隨院僧徒'로 불리는 하급승려가 되었다. 일반백성층은 有妻僧도 있고, 가족을 이끌고 사원에 투탁하여

처음부터 구족계의 계율을 지킬 수 없는 존재이므로 수원승도화 된
것이다. 이처럼 避役民이 늘어 公役부담자가 감소하는 폐단이 생기
자, 국가에서는 출가를 제한 또는 금지하는 조처를 내리는 것과 동
시에 더불어 이들을 환속시켜 본래의 역을 부담하도록 하였으나, 그
폐단은 고려 말까지 지속되었다.

李相瑄, 1984,「高麗時代의 隨院僧徒에 대한 考察」,『崇實史學』2 ;
　　　　1998,『高麗時代 寺院의 社會經濟研究』, 誠信女大出版部.
韓基汶, 1998,『高麗寺院의 構造와 機能』, 民族社, 208～215쪽.
이정희, 2000,『고려시대 세제의 연구』, 國學資料院, 183·184쪽.
임영정, 2002,「高麗隨院僧徒再考」,『東國史學』37, 315～317쪽.
全暎俊, 2005,「高麗後期 供役僧과 寺院의 造營組織」,『韓國史學報』20.

　9)惡道: 불교에서 말하는 중생이 생전의 惡業 때문에 죽은 이
후 거처하는 장소로, 地獄·餓鬼·畜生의 道를 三惡道라고 하고, 또
修羅道를 더하여 四惡道라고 한다.

諸橋轍次, 1984,「惡道」,『大漢和辭典』4, 大修館書店, 1097쪽.

14-(1). 大元故征東都鎭撫高麗匡請大夫檢校 僉議評理元公墓誌銘

[原文]

　大元故征東都鎭撫高麗匡靖[15]大夫檢校僉議評理元公墓誌銘

　至順元年閏七月丙戌, 征東都鎭撫元昭信, 年五十, 以病卒. 將以九月甲申
葬, 葬不可無誌, 子壻等以夫人之命, 索文於雞林崔某.[16] 嗚呼, 東方故事,
位登二府者, 葬皆得銘. 矧公行實端方, 雅爲衆允. 某[17]敢以諛墓爲辭而不諾

15) 靖: 원본에는 請으로 되어있으나 靖이 옳으므로, 靖으로 교감하였다. 국립중앙박
　　물관 소장「元善之墓誌銘」원석(국립중앙박물관, 2006,『다시 보는 역사편지 高
　　麗墓誌銘』, 시월, 88～89쪽. 이하 같음)에도 靖으로 되어 있다.
16) 崔某: 국립중앙박물관 소장「元善之墓誌銘」원석에는 崔瀣로 기록되어 있다.

耶. 元氏故爲北原右族,18) 有諱克猷者,19) 佐神聖王定三韓, 號功臣, 官至正
議大夫.20) 厥後益大, 代有令聞.21) 正議22)生左僕射諱徵演, 僕射生兵部尙
書諱穎, 尙書生閤門祗候諱禹卿, 閤門生檢校少保諱德, 少保生監察御史諱深
夫, 御史生尙衣奉御諱禮, 奉御生左司諫諱承胤, 司諫生贈左僕射諱瑠, 僕射
生僉議中贊諱傅,23) 中贊24)生同知密直司事諱卿, 始受宣命, 帶金符爲武略
將軍征東行中書省都鎭撫. 武略公娶知僉議府洪公祿遵之女, 封開寧郡夫人.
是爲公考妣也.

[譯文]

대원고정동도진무[1] 고려광정대부[2] 검교첨의평리[3] 원공[4] 묘지명[5]

지순 원년(1330, 충혜왕 즉위) 윤7월 병술(7일)에 정동도진무
원소신[6]이 50세에 병들어 졸하였다. 9월 갑신(6일)에 장례를 지내
려는데 장례에는 묘지가 없으면 안 되어, 아들과 사위 등이 부인의
명을 받아 나[雞林崔某]에게 글을 부탁하였다. 아아, 동방의 고사에
지위가 재추[二府]에 오른 자[7]는 장례 때에 모두 명을 지을 수 있
다. 하물며 공은 행실이 단정하고 바르며, 평소에 사람들의 신뢰를
얻었다. 내가 감히 묘지를 짓는 것을[諛墓] 사양하며 승낙하지 않
겠는가. 원씨는 본래 북원[8]의 고귀한 집안[右族][9]으로 휘 극유[10]

---

17) 某: 국립중앙박물관 소장 「元善之墓誌銘」 원석에는 澄로 기록되어 있다.

18) 元氏故爲北原右族: 국립중앙박물관 소장 「元善之墓誌銘」 원석에는 籍出北原으
  로 기록되어 있다.

19) 者: 국립중앙박물관 소장 「元善之墓誌銘」 원석에는 者가 없다.

20) 官至正議大夫: 국립중앙박물관 소장 「元善之墓誌銘」 원석에는 官至正議大夫兵
  部令으로 기록되어 있다.

21) 代有令聞: 국립중앙박물관 소장 「元善之墓誌銘」 원석에는 代稱有人으로 기록되
  어 있다.

22) 正議: 국립중앙박물관 소장 「元善之墓誌銘」 원석에는 兵部로 기록되어있다.

23) 僉議中贊諱傅: 국립중앙박물관 소장 「元善之墓誌銘」 원석에는 僉議中贊文純公
  諱傅로 기록되어 있다.

24) 中贊: 국립중앙박물관 소장 「元善之墓誌銘」 원석에는 文純으로 기록되어 있다.

는 신성왕[11])의 삼한 평정을 도와 공신호를 받았고 관계가 정의대
부·병부령[12])에 이르렀다. 그 후에 더욱 번성하여 대대로 아름다운
명성이 있었다. 정의대부는 좌복야[13]) 휘 징연[14])을 낳고, 복야는 병
부상서[15]) 휘 영[16])을 낳고, 상서는 합문지후[17]) 휘 우경[18])을 낳고,
합문은 검교소보[19]) 휘 덕[20])을 낳고, 소보는 감찰어사[21]) 휘 심부[22])
를 낳고, 어사는 상의봉어[23]) 휘 예[24])를 낳고, 봉어는 좌사간[25]) 휘
승윤[26])을 낳고, 사간은 좌복야로 추증된 휘 진[27])을 낳고, 복야는 첨
의중찬[28]) 휘 부[29])를 낳고, 중찬은 동지밀직사사[30]) 휘 경[31])을 낳으
니, (원경은) 비로소 황제의 명을 받아 금부를 차고 무략장군[32])·정
동행중서성 도진무가 되었다. 무략공은 지첨의부[33]) 홍녹준공[34])의
딸에게 장가들었는데, (부인은) 개녕군부인[35])에 봉해졌다. 이 분들
이 공의 돌아가신 부모이다.

　[註解]
　1) 征東都鎭撫: 征東行省의 屬官 중 하나인 都鎭撫司의 관직이
다. 정동행성은 1280년(충렬왕 6)에 원이 일본정벌을 추진하기 위
해 고려에 세운 행성이다. 이후 몇 차례의 치폐를 거듭하다가 1287
년에 다시 설치되고 고려 말까지 존속하였다. 도진무사는 軍正司律
을 맡은 군인 통솔에 관련된 관서로 元帥의 전략을 諸將에게 연락
하는 동시에 訓練·派兵·巡羅 등을 관장하였다. 관원은 都鎭撫 1인
과 副都鎭撫 1인을 두었다.
　『元史』 권91, 志41上 百官7 行中書省.
　정동행성에 대해서는 다음의 논문을 참조.
　　池內宏, 1931, 「始建の征東行省と其の廢置とについて」, 『桑原博士還曆
　　　記念 東洋史論叢』, 弘文堂書房 ; 1963, 『滿鮮史硏究』 中世編 第
　　　3冊, 吉川弘文館.
　　高柄翊, 1961·1962, 「麗代 征東行省의 硏究(上)·(下)」, 『歷史學報』 14·

19 : 1970, 『東亞交涉史의 研究』, 서울大學校出版部.

北村秀人, 1964, 「高麗に於ける征東行省について」, 『朝鮮學報』 32.

張東翼, 1990, 「征東行省의 研究」, 『東方學志』 67 ; 1994, 『高麗後期外
交史研究』, 一潮閣.

2) 匡靖大夫: 고려후기 정2품 문산계이다. 이에 대해서는 권1
6-(2), 주해 33) 참조.

3) 檢校僉議評理: 僉議評理의 검교직이다. 僉議評理는 고려후기
僉議府의 종2품 관직으로, 전기의 叅知政事에 해당한다. 1275년(충
렬왕 1)에 中書門下省과 尙書省을 병합하여 첨의부로 개칭하면서
僉議叅理로 고쳤다가 1308년에 충선왕이 評理로 고쳤다. 檢校에
대해서는 권1 6-(4), 주해 11) 참조.

『高麗史』 권76, 志30 百官1 門下府.

朴龍雲, 2000, 『고려시대 中書門下省宰臣 연구』, 一志社, 242~333쪽.

朴龍雲, 2002, 「譯註 『高麗史』 百官志(1)」, 『고려시대연구』 V, 한국정
신문화연구원 ; 2009, 『『高麗史』 百官志 譯註』, 신서원, 85~
87쪽.

4) 元公: 元善之(1288~1337)를 가리킨다. 본관은 原州이고,
元傅의 손자이며 元卿의 아들이다. 음서로 西面都監判官에 임명되
었고 1308년에 攝左右衛護軍이 되었다. 1309년(충선왕 1)에 충선
왕의 부름으로 원에 가서 密直司右副代言·司僕正·知三司事가 되었
다. 충선왕을 모시고 귀국하려다가 임금의 뜻을 거스르게 되어 파직
되어 고려로 돌아왔다. 1314년(충숙왕 1)에 知洧州事가 되었고
1321년에 判繕工寺가 되었으며 이어서 大司憲, 判典儀寺를 역임하
였다. 1324년에 密直副使, 同知密直司事에 제수되었는데 충선왕이
원선지가 범법행위를 하여 벼슬에서 물러나게 하였는데도 공공연히
공무를 보고 있다며 파직할 것을 종용하여 관직에서 물러났다.

『高麗史』 권35, 世家35 忠肅王 11년 8월 甲子.

『高麗史』 권107, 列傳20 元傅 附善之.

『氏族源流』 原州元氏.

5) 大元故征東都鎭撫高麗匡請大夫檢校僉議評理元公墓誌銘: 현재 국립중앙박물관에 본 묘지명의 원석이 소장되어 있다(유물 번호 新收-005866-000).

국립중앙박물관, 2006, 『다시 보는 역사편지 高麗墓誌銘』, 시월, 88·89쪽.

6) 元昭信: 昭信은 元의 정6품 武散官인 昭信校尉를 의미한다. 본문에서 원선지를 元昭信이라고 한 것은 그가 원으로부터 昭信校尉를 제수받았기 때문이다.

『元史』권91, 志41上 百官7 武散官.

7) 位登二府者: 二府는 僉議府와 密直司를 의미한다. 원선지가 密直副使, 同知密直司事, 檢校僉議評理 등을 역임하여 密直 이상을 지냈기 때문에 이러한 표현을 하였다. 二府에 대해서는 권1 6-(3), 주해 7) 참조.

8) 北原: 현재 강원도 원주 일대이다. 고구려 때 平原郡이었고 신라 문무왕대에 北原小京으로 승격되었다. 940년(태조 23)에 원주로 고쳤고 1018년(현종 9)에 知州事가 되었다. 1259년(고종 46)에 왕명을 거역한 죄로 一新縣으로 강등되었다가 1260년(원종 1)에 다시 지주사로 고쳤으며, 1269년에 林惟茂의 외향이라는 이유로 靖原都護府로 승격되었다. 1291년(충렬왕 17)에 哈丹의 침입을 막은 공로로 益興都護府가 되었고, 1308년에 原州牧으로 승격되었다. 1310년(충선왕 2)에 牧을 폐지하자 成安府로 되었다가 1353년(공민왕 2)에 치악산에 왕의 태를 안치하여 다시 원주목으로 고쳤다.

『高麗史』권56, 志10 地理1 楊廣道 忠州牧 原州.

9) 元氏故爲北原右族: 右族은 당대의 뛰어난 세력을 가진 가문이라는 뜻으로, 원씨 집안의 성세를 나타내고 있다. 나말여초에 원주원씨는 원주 지역의 중심 세력이었는데, 이후 크게 세 집안으로 분화·발전한 것으로 추정된다. 중앙에서는 성종대에 左僕射 元徵衍

과 정종대 工部尙書 元穎 등이 현달하였으나 그들의 후손은 대개 6
품 이하의 하급 관직을 역임하는 정도에 그쳤다. 이후 元傅가 과거
를 통해 入仕하여 中贊에 오르면서 家勢가 크게 신장되었다. 한편
지방에서는 元休(智光國師 海麟의 父)와 같이 원주 邑司에서 활약
하거나 戶長 元克富처럼 향리직을 맡는 등 지위가 다른 두 집안으
로 분화하여 발전하였다.

『氏族源流』 原州元氏.

諸橋轍次, 1984, 「右族」, 『大漢和辭典』 2, 大修館書店, 773쪽.

李樹健, 1985, 『韓國中世社會史硏究』, 一潮閣, 197·297·298쪽.

金光哲, 1991, 「高麗後期 世族의 家系와 그 특징」, 『高麗後期 世族層硏
究』, 東亞大學校出版部, 80쪽.

李仁在, 1999, 「高麗末 元天錫의 生涯와 社會思想」, 『韓國思想史學』 12,
43~45쪽.

박진훈, 2009, 「여말선초 원주 지역에서의 통혼양태―原州元氏를 중심
으로―」, 『韓國史學報』 35.

10) (元)克猷: 생몰년 미상. 원선지의 11代祖로 태조를 도와 삼
한을 평정한 공으로 삼한공신에 책봉되었고 관직은 兵部令에 이르
렀다.

『高麗史』 권107, 列傳20 元傅.

『氏族源流』 原州元氏.

11) 神聖王: 고려를 건국한 太祖 王建(877~943)을 말한다.
자는 若天, 시호는 應運元明光烈大定睿德章孝威穆神聖大王이다. 아
버지는 王隆, 어머니는 威肅王后 韓氏이며, 재위 기간은 26년(918~
943)이다.

『高麗史』 권1, 世家1 太祖.

金甫桄, 2012, 「고려 태조의 政治觀과 國政 운영」, 『韓國人物史硏究』 17 ;
2015, 『고려의 국왕―帝王과 개인으로서의 삶』, 景仁文化社.

12) 正議大夫: 고려전기의 문산계로, 문종 때 정4품상으로 정하
였다.

　　『高麗史』권77, 志31 百官2 文散階.

　13) 左僕射: 僕射는 상서성의 정2품 관직으로 좌·우 각 1인을
두었다. 이에 대해서는 권1 2-(2), 주해 16) 참조.

　14) (元)徵演: 생몰년 미상. 元克猷의 아들이자 원선지의 10代
祖이며, 979년(경종 4)에 과거에 급제한 元徵衍과 동일인물로 보
인다.

　　『高麗史』권2, 世家2 景宗 4년 3월.
　　『氏族源流』原州元氏.
　　朴龍雲, 2000, 「〈資料〉: 科試 設行과 製述科 及第者」, 『高麗時代 蔭敍制
　　　　와 科擧制 硏究』, 一志社, 330쪽.

　15) 兵部尙書: 고려전기 兵部의 정3품 관직으로 정원은 1인이
다. 병부는 武選·軍務·儀衛·郵驛의 정사를 담당한 관청으로 判事·
尙書(정3품)·知事·侍郎(정4품)·郎中(정5품)·貝外郎(정6품) 등의
관원이 있었다. 918년(태조 1)에 병부를 설치하고 令·卿·郎中을
두었다. 982년(성종 1)에 상서성의 전신인 御事都省이 설치되고
그 하층조직으로 御事6官을 두면서, 장관의 명칭도 兵官御事로 고쳤
다. 995년에 관부명칭을 중국식으로 개칭하면서 兵部尙書가 되었다.

　　『高麗史』권76, 志30 百官1 兵曹.

　16) (元)穎: 생몰년 미상. 元徵演의 아들이자 원선지의 9代祖이
다. 1010년(현종 1) 거란의 2차 침입 시에 判官이 되어 通州로 가
서 방어하였고, 西京副留守·知分司戶部事, 春夏番西北路兵馬使, 工
部尙書 등을 역임하였다.

　　『高麗史』권5, 世家5 德宗 2년 11월 癸亥.
　　『高麗史』권6, 世家6 靖宗 5년 춘정월 丙午·6년 9월 乙卯.
　　『高麗史』권127, 列傳40 叛逆1 康兆.
　　『氏族源流』原州元氏.

　17) 閤門祗候: 朝會의 의례를 관장하는 閤門—閣門—의 정7품
직이다. 1076년(문종 30)에 祗候는 4인, 權知祗候는 6인을 두었

고, 1202년(신종 5)에 지후 중 文·吏 각 3인을 叅上의 品秩로 올려주었다.

『高麗史』 권76, 志30 百官1 通文館.

朴龍雲, 2005, 「『高麗史』百官志 譯註(4)」, 『고려시대연구』Ⅸ, 한국학중앙
연구원 ; 2009, 『『高麗史』百官志 譯註』, 신서원, 262~266쪽.

18) (元)禹卿: 생몰년 미상. 원선지의 8代祖이다.

『氏族源流』 原州元氏.

19) 檢校少保: 檢校太子少保를 의미한다. 태자소보는 태자를 輔導하는 관직으로 종2품 1인을 두었으며, 겸직으로 운영되었다.

『高麗史』 권77, 志31 百官2 東宮官.

李鎭漢, 1999, 「高麗時代 東宮 三師·三少의 除授와 祿俸」, 『民族文化』 22.

朴龍雲, 2009, 『『高麗史』百官志 譯註』, 신서원, 487~489쪽.

20) (元)德: 생몰년 미상. 원선지의 7代祖이다.

『氏族源流』 原州元氏.

21) 監察御史: 御史臺의 종6품 관직으로 문종대에 文·吏 각 5인씩 10인을 두었다. 백관의 규찰과 祭祀·朝會·錢穀의 출납을 감찰하는 직무를 담당하였고, 監察房을 두었으며 방 내의 일을 摠攝하는 房主監察과 동료의 非法을 규찰하는 有司監察 등의 조직을 갖추고 있었다. 1202년(신종 5)에 감찰어사 2인을 叅秩로 올려주었다.

『高麗史』 권76, 志30 百官1 司憲府.

朴龍雲, 1980, 「臺諫의 職制」, 『高麗時代 臺諫制度 研究』, 一志社, 59~
61쪽.

22) (元)深夫: 생몰년 미상. 원선지의 6代祖이다.

『氏族源流』 原州元氏.

23) 尙衣奉御: 御衣의 공급을 관장한 尙衣局 정6품 관직으로 정원은 1인이다.

『高麗史』 권77, 志31 百官2 掌服署.

24) (元)禮: 생몰년 미상. 원선지의 5代祖로, 尙衣奉御를 지냈다.

「元傅墓誌銘」.

『氏族源流』原州元氏.

25) 左司諫: 中書門下省 郎舍의 관직이다. 본래 左·右補闕 1인
을 두었다가 1116년(예종 11)에 左·右司諫로 고치고 품질을 정6
품으로 하였다.

『高麗史』권76, 志30 百官1 門下府.
朴龍雲, 1971,「高麗朝의 臺諫制度」,『歷史學報』52 ; 1980,『高麗時代
臺諫制度 研究』, 一志社, 76쪽.
朴龍雲, 2002,「譯註『高麗史』百官志(1)」,『고려시대연구』V, 한국정
신문화연구원 ; 2009,『『高麗史』百官志 譯註』, 신서원, 102·
103쪽.

26) (元)承胤: 생몰년 미상. 원선지의 고조부로, 左司諫·知制誥
를 지냈다.

「元傳墓誌銘」·「元瓘墓誌銘」.
『氏族源流』原州元氏.

27) (元)瑄: 생몰년 미상. 원선지의 증조부로, 都齋庫判官를 지
냈고, 1287년(충렬왕 13)에 작성된 「元傳墓誌銘」에 원부의 공으
로 禮賓卿으로 추증되었다고 나온다. 또 1316년(충숙왕 3)에 작성
된 「元瓘墓誌銘」에는 樞密院副使로, 1330년에 작성된 「元善之墓
誌銘」에는 左僕射로 추증된 것으로 기록되어 있다.

「元傳墓誌銘」·「元瓘墓誌銘」·「元善之墓誌銘」.
『氏族源流』原州元氏.

28) 僉議中贊: 고려후기 僉議府의 종1품 장관으로, 전기의 門下
侍中에 해당한다. 문하시중은 국왕과 다른 재상들과 함께 국정을 논
의하고 判吏部事를 겸임하여 상서이부의 행정을 총괄하였다. 1275
년(충렬왕 1)에 中書門下省과 尙書省을 합쳐 첨의부로 고치면서
문하시중도 첨의중찬으로 명칭을 바꾸고 좌·우 1인을 두었다. 첨의
부에 대해서는 권1 5, 주해 19) 참조.

『高麗史』권76, 志30 百官1 門下府.
朴龍雲, 2000,『고려시대 中書門下省宰臣 연구』, 一志社, 48~59쪽.

朴龍雲, 2002, 「譯註 『高麗史』 百官志(1)」, 『고려시대연구』 V, 한국정
　　　신문화연구원 ; 2009, 『『高麗史』 百官志 譯註』, 신서원, 75·76
　　　쪽.

29) (元)傅: 1220〜1287. 초명은 公植이고 자는 成之이며, 스
스로 足軒秀才라고 하였다. 1237년(고종 24)에 사마시에 합격하였
고 1241년에 과거에 급제하였다. 直史館, 權知閤門祗候, 戶部侍郎,
左副承宣 등을 거쳐 1269년(원종 10)에 樞密院副使에 올랐고
1270년에 政堂文學·吏部尙書가 되었으며, 1273년에 中書侍郎平章
事에 임명되었다. 1275년(충렬왕 1)에 僉議侍郎贊成事가 되었고
1277년에 柳璥, 金坵 등과 함께 『高宗實錄』을 편찬하였으며, 1284
년에는 『古今錄』을 지었다. 1285년에 僉議中贊으로 관직에서 물러
났다. 두 번 과거를 주관하여 金滉, 李伯琪 등을 선발하였다. 시호
는 文純이다.

　　『高麗史』 권27, 世家27 元宗 14년 춘정월 甲子.
　　『高麗史』 권28, 世家28 忠烈王 3년 5월 壬寅.
　　『高麗史』 권29, 世家29 忠烈王 10년 6월 丙子.
　　『高麗史』 권73, 志27 選擧1 科目1 凡選場 元宗 13년 9월·忠烈王 6년 4월.
　　『高麗史』 권107, 列傳20 元傅.
　　「元傅墓誌銘」.
　　『氏族源流』 原州元氏.

30) 同知密直司事: 고려후기 密直司의 종2품 관직으로, 전기의
同知中樞院事에 해당한다. 이에 대해서는 권1 6-(4), 주해 9) 참조.

31) (元)卿: ?〜1302. 1279년(충렬왕 5)에 慶尙道鷹坊使가
되었고 1283년에 鷹坊都監副使를 제수받았다. 1292년에 원 遼陽路
에 가서 1259년(고종 46) 이후에 잡혀간 인물을 추쇄하였다. 인후
가 재상이 되자 원경은 자신의 아들 元善長을 인후의 딸과 혼인시
켜서 인후의 당여가 되었다. 1295년에 左副承旨가 되었고 이듬해에
副知密直司事에 임명되었다. 1297년에는 제국대장공주의 喪을 원

에 알렸고, 1298년에 中京留守·果毅軍都指揮使, 同知密直司事·工
部判書를 역임하였다. 1299년에 印侯·金忻 등과 함께 韓希愈와 李
英柱가 반란을 모의하였다고 무고하였다가 파직되었다. 그는 어려서
몽골어를 배워서 왕을 따라 여러 번 원에 다녀왔고, 원 世祖가 그를
나린카라(納麟哈剌)라고 불렀는데, 응대하는 것이 세밀하고 민첩하
며 행동거지가 재빨라서 나린(納麟)이라고 하였고 수염이 아름답고
검었으므로 카라(哈剌)라고 하였다.

> 『高麗史』권29, 世家29 忠烈王 5년 3월 己未·9년 추7월 戊午.
> 『高麗史』권30, 世家30 忠烈王 18년 춘정월 丁酉.
> 『高麗史』권31, 世家31 忠烈王 21년 춘정월 己巳·22년 5월 己巳·23년
>   5월 癸未·25년 춘정월 丁酉·5월 戊戌.
> 『高麗史』권33, 世家33 忠宣王 즉위년 5월 辛卯·추7월 戊戌.
> 『高麗史』권124, 列傳37 嬖幸2 元卿.

  32) 武略將軍: 元의 종5품 武散官이다.

> 『元史』권91, 志41上 百官7 武散官.

  33) 知僉議府: 고려후기 첨의부의 종2품 관직인 知僉議府事를 말
하며, 전기의 知門下省事에 해당한다. 1275년(충렬왕 1)에 中書門下
省과 尙書省이 병합되어 첨의부가 되면서 지첨의부사로 바뀌었다.

> 『高麗史』권76, 志30 百官1 門下府.

  34) 洪公祿遵: 생몰년 미상. 元卿과 元瓘의 장인이다. 그런데 『氏
族源流』原州元氏條에 원관의 장인을 洪祿遵로 기록하고 있어 『고
려사』 등에 등장하는 洪祿遵와 동일인물로 보인다. 그의 본관은 開
寧이고, 아버지는 平章事 洪均이다. 1269년(원종 10)에 林衍이 원
종을 폐하고 安慶公 王淐을 왕으로 옹립하였는데, 왕창이 북방의 변
란을 우려하여 홍녹주를 西北面兵馬使로 삼았다. 그러나 그가 부임
한지 10일 만에 崔坦의 반란이 일어나 도망하여 개경으로 돌아왔다.
이후 1274년에 원에서 일본 정벌을 위해 선박을 만들 때 右僕射로
서 羅州道指揮使가 되어 天冠山에 가서 재목을 조달하였다. 1275

년(충렬왕 1)에 宰臣으로서 景靈殿에서 攝事하였고, 1277년에 世子調護가 되었다.

『高麗史』 권26, 世家26 元宗 10년 동10월 辛巳.

『高麗史』 권27, 世家27 元宗 15년 춘정월·2월 甲子·6월 辛酉.

『高麗史』 권28, 世家29 忠烈王 원년 5월 甲戌·3년 춘정월 甲午.

『高麗史』 권130, 列傳43 叛逆4 崔坦.

「元瓘墓誌銘」.

『氏族源流』 原州元氏.

35) 開寧郡夫人: 원선지의 어머니이다. 郡夫人은 정4품 이상 관원의 배우자에게 내려진 봉작호이다. 원선지 어머니의 본관이 開寧이므로 개녕군부인에 봉해졌다. 군부인에 대해서는 권1 6-(1), 주해 19) 참조.

14-(2).

[原文]

公諱善之. 生七歲, 以父任爲西面都監判官, 十七, 換武職爲散員, 廿[25]七, 拜郞將, 廿[26]八, 攝左右衛護軍, 帶奉善大夫. 明年, 德陵召至大都, 大見眷遇, 躐拜中顯大夫密直司右副代言司僕正知三司事. 又襲父職, 宣授昭信校尉征東都鎭撫. 是時, 德陵入侍聖朝久, 殊無東歸意, 國人遑遑, 罔知所出. 皇慶癸丑, 公與今政丞化平君告朝廷, 欲奉德陵就國, 忤德陵旨, 化平有臨洮之行, 而公罷故.[27] 延祐甲寅, 貶官, 以通直郞出知沔州, 未幾還. 至治辛酉, 起判繕工寺, 拜通憲大夫, 尋改大司憲, 移判典儀寺. 是年, 德陵西往吐蕃, 而上王入朝見留, 東人分曹, 流言多有詭隨, 而公守正不撓, 士論是之. 及泰定甲子, 入密直爲副使, 遷同知司事, 纔[28]一年罷. 爲匡靖大夫檢校僉議評理上護軍,

---

25) 廿: 국립중앙박물관 소장 「元善之墓誌銘」 원석에는 二十로 기록되어 있다.

26) 廿: 국립중앙박물관 소장 「元善之墓誌銘」 원석에는 二十로 기록되어 있다.

27) 故: 국립중앙박물관 소장 「元善之墓誌銘」 원석에는 歸로 기록되어 있다.

家居六年而終. 公通多能,29) 處事徐詳, 無不辦者, 琴與某妙絶一時. 甞以醫
可利人, 廣市良材, 依法修合, 丐藥者日踵門, 待之無慳容, 人多賴以活者. 娸
彦陽郡夫人金氏, 故國相30)文愼公諱賆之女, 生子男龜壽, 爲幬頭店錄事, 松
壽尙幼. 女適神虎衛郎將柳寶鉢, 次適濟危寶判官安靖糸.

　曰, 嗚呼, 爲善者福, 而仁者壽, 孰以宜福而不厚, 宜壽而不久耶, 彼蒼者
天, 此其何負吾意, 屈於前者伸其後, 天不終斬, 人無妄受, 告而子孫, 惟先人
之業是守.31)

[譯文]

　공의 휘는 선지이다. 7세에 부임으로 서면도감판관이 되었고,[1]
17세에 무관직으로 옮겨 산원[2]이 되었으며 27세에 낭장[3]에 임명되
고 28세에 섭좌우위호군[4]이 되고 봉선대부[5]를 띠었다. 다음해에
충선왕[德陵]이 불러 대도에 가서 크게 눈에 띄어[眷遇] 중현대부[6]·
밀직사우부대언[7]·사복정[8]·지삼사사[9]에 임명되었다. 또 아버지의
직을 이어받아 선수소신교위·정동도진무가 되었다.[10] 이때에 충선
왕이 원 조정에 입시한지 오래되고 그다지 고려로 돌아가려는 뜻이
없어서 나라 사람들이 당황하여 어찌할 바를 알지 못하였다. 황경
계축년(1313, 충선왕 5)에 공이 지금 정승인 화평군[11]과 함께
(원) 조정에 고하고 충선왕을 모시고 고려로 돌아오려고 하였는데,
충선왕의 뜻에 거슬러서 화평군은 임조[12]로 유배되고 공은 파직되
어 돌아왔다. 연우 갑인년(1314, 충숙왕 1)에 폄관되어 통직랑[13]으
로서 지면주사[14]로 나갔다가 얼마 되지 않아 돌아왔다. 지치 신유년

---

28) 纔: 국립중앙박물관 소장 「元善之墓誌銘」 원석에는 才로 기록되어 있다.
29) 公通多能: 국립중앙박물관 소장 「元善之墓誌銘」 원석에는 公通介多能으로 기록
　되어 있다.
30) 國相: 국립중앙박물관 소장 「元善之墓誌銘」 원석에는 相으로 기록되어 있다.
31) 曰 이하는 『拙藁千百』에는 원문이 없으나, 국립중앙박물관 소장 「元善之墓誌銘」
　원석의 내용을 참고하여 銘의 내용을 추가하였다.

(1321)에 판선공시[15]로 기용되어 통헌대부[16]가 되었고 얼마 후에 대사헌[17]으로 고쳤다가 판전의시[18]로 옮겼다. 이 해에 충선왕이 서쪽 토번으로 가고[19] 충숙왕[上王]이 원 조정에 들어갔다가 머무르게 되니 고려 사람들의 파가 나뉘고 근거 없는 말을 그대로 따르는 일이 많았는데,[20] 공이 바름을 지키고 흔들리지 않으니, 사론이 그를 옳게 여겼다. 태정 갑자년(1324)에 밀직사에 들어가 밀직부사가 되었고[21] 동지밀직사사로 옮겼다가 겨우 1년 만에 관직에서 물러났다. 광정대부·검교첨의평리·상호군[22]이 되어 집에서 6년 동안 머물다가 돌아가셨다. 공은 많은 재능이 있었고 일처리는 평온하고 상세하여 판별하지 못하는 것이 없었으며, 거문고와 바둑은 실력이 뛰어나 당대 제일이었다. 일찍이 의술이 사람을 이롭게 한다고 하여 널리 좋은 약재를 사다가 법대로 조제하였다.[23] 약을 구하는 사람이 날마다 문에 이르렀으나, 대함에 싫어하는 기색이 없었으니 많은 사람들이 도움을 받아 살 수 있었다. 부인은 언양군부인 김씨[24]이고 고 국상 문신공 휘 변[25]의 딸이다. 자식으로 아들 구수[26]는 복두점 녹사[27]이고, 송수[28]는 아직 어리다. 딸은 신호위낭장[29] 유보발[30]에게 시집갔고, 다음은 제위보판관[31] 안정계[32]에게 시집갔다. (명에) 이른다.

> 아아, 선한 자는 복이 있고 어진 자는 천수를 누리는데,
> 누구는 마땅히 복을 받아야하나 두텁지 않고, 마땅히 천수를 누려야하나 오래 살지 못하는구나.
> 저 창창한 하늘은 이 일로 어찌하여 우리의 뜻을 저버리는가.
> 앞에서 굽어진 것이 뒤에서 펴지고 하늘은 끝내 인색하지 않으며 사람은 헛되이 받음이 없으니,
> 자손에게 알려서 오직 선조의 업을 바르게 지키라.

[註解]

1) 以父任爲西面都監判官: 父任은 아버지의 음덕으로 벼슬에 임명되는 것을 말하므로, 이 구절은 원선지가 음서로 서면도감판관이 되었다는 말이다. 서면도감은 개경을 중심으로 동서남북 지역을 담당하던 관서인 四面都監 중의 하나로, 判官의 정원은 각 4인이고 갑과권무직이다(①).

음서는 父祖의 陰功에 의하여 그 자손을 관리로 서용하는 제도로, 고려에서는 보편적인 관인 임용 방법 중의 하나였다. 5품 이상 고위관료의 자손 및 祖宗의 苗裔, 공신의 후손이 음서의 혜택을 받았고, 고위관료의 경우 子·孫·弟·姪·女婿가 음서의 적용 대상이었다. 피음자는 10세 미만에 음직을 받은 경우도 있지만, 대략 10~15세를 전후로 음서를 받아 관직에 조기 진출하였으며, 음서출신자는 限職의 제한이 없었고 대부분 5품 이상관에 올라 음서를 통한 관직 전수가 가능하였다. 음서의 初蔭職은 同正職, 실무의 胥吏職, 權務職과 品官 實職을 주었는데, 전기에는 주로 동정직을 주었지만 후기에는 權務職과 무반의 품관직을 제수하였다. 이처럼 고려후기에는 초음직을 전기의 그것보다 상위직위를 제수하여서 음서출신자들이 품관 실직으로 진출하는 기간이 단축되었고, 권세가들은 음서제를 이용하여 자신의 자제를 보다 쉽게 상급직으로 진출시킬 수 있었다. 7세라는 어린 나이에 권무직인 서면도관판관을 음직으로 받은 원선지의 예는 고려후기 음서제도의 변화된 양상을 잘 보여주는 예이다(②).

① 文炯萬, 1986, 『高麗諸司都監各色研究』, 第一文化社, 64쪽.
朴龍雲, 2009, 『『高麗史』 百官志 譯註』, 신서원, 526·527쪽.

② 金毅圭, 1971, 「高麗朝蔭職小考」, 『柳洪烈博士 華甲紀念論叢』, 探求堂.
盧明鎬, 1983, 「高麗時期의 承蔭血族과 貴族層의 蔭敍機會」, 『金哲埈博士華甲紀念史學論叢』, 知識産業社.

金龍善, 1991, 『高麗蔭敍制度硏究』, 一潮閣.

朴龍雲, 1982, 「高麗時期 蔭敍制의 實際와 그 機能(上)·(下)」, 『韓
國史硏究』 36·37 ; 1990, 『高麗時代 蔭敍制와 科擧制 硏究』,
一志社.

2) 散員: 정8품의 무반직으로 매 領마다 5인을 두었고, 郎將과
別將을 보좌하였다.

李基白, 1956, 「高麗 京軍考」, 『李丙燾博士華甲紀念論叢』, 一潮閣 ;
1968, 『高麗兵制史硏究』, 一潮閣, 73쪽.

3) 郎將: 정6품 무반직으로 매 領마다 5인을 두었다. 이들은
200명으로 조직된 부대의 지휘관이었다.

李基白, 1956, 「高麗 京軍考」, 『李丙燾博士華甲紀念論叢』, 一潮閣 ;
1968, 『高麗兵制史硏究』, 一潮閣, 73쪽.

4) 攝左右衛護軍: 수도 개경의 수비와 出征·防守를 담당한 좌우
위의 정4품 攝職이다. 호군은 종래의 將軍이 고려후기에 개칭된 것
으로 領의 최고 지휘관이었다(①). 섭직은 의종 말년까지 주로 문
반직에 설치되다가 이후에는 무반직에 두었다. 고려후기의 무반 섭
직은 정규적인 관직체계 내의 직위로, 승진 과정상의 한 단계였다.
무반 품관은 上將軍부터 隊正까지 9단계로 운영하였다(②). 左右
衛에 대해서는 권1 6-(2), 주해 4) 참조.

① 李基白, 1956, 「高麗 京軍考」, 『李丙燾博士華甲紀念論叢』, 一潮閣 ;
1968, 『高麗兵制史硏究』, 一潮閣, 73쪽.

② 박용운, 1995, 「고려시대의 官職—試·攝·借·權職에 대한 검토」, 『震
檀學報』 79 ; 1997, 『高麗時代 官階·官職 硏究』, 고려대학교
출판부, 196~202쪽.

5) 奉善大夫: 1308년(충선왕 복위)에 개정된 종4품 문산계이다.

『高麗史』 권77, 志31 百官2 文散階.

6) 中顯大夫: 1308년(충선왕 복위)에 개정된 종3품하 문산계이다.

『高麗史』 권77, 志31 百官2 文散階.

7) 密直司右副代言: 고려후기 密直司의 정3품 관직으로 전기의

右副承宣에 해당한다. 왕명 출납이 본연의 임무였으며 近侍職으로 왕의 의사를 대변하였기 때문에 龍喉, 喉舌이라고도 불리었다. 승선은 1276년(충렬왕 2)에 承旨로, 1310년(충선왕 2)에 代言으로 바뀌었는데, 副承宣도 우부대언으로 개칭되었다.

『高麗史』 권76, 志30 百官1 密直司.

邊太燮, 1976,「高麗의 中樞院」,『震檀學報』41.

朴龍雲, 1976,「高麗의 中樞院 研究」,『韓國史研究』12 ; 2001,『高麗時代 中樞院 研究』, 高麗大學校 民族文化研究院, 17·28쪽.

8) 司僕正: 왕이 사용하는 수레와 말 및 말의 사육, 목장을 관장한 司僕寺의 정3품 관직으로, 정원은 2인이고 그 중 하나는 겸관이었다. 사복시는 본래 太僕寺였는데 1308년(충렬왕 34)에 사복시로 고치고 尙乘局·典牧司·諸牧監을 병합하였으며, 領事, 正, 副正, 丞, 直長 등을 두었다.

『高麗史』 권76, 志30 百官1 司僕寺.

9) 知三司事: 중앙과 지방 錢穀의 출납을 회계하는 사무를 총괄한 三司의 종4품 관직으로, 정원은 1인이다.

『高麗史』 권76, 志30 百官1 三司.

10) 又襲父職宣授昭信校尉征東都鎭撫: 원선지는 아버지 원경의 관직을 세습하여 정동행성도진무가 되었다. 이 관직은 정동행성 초기에는 合浦鎭邊萬戶府의 운영으로 어느 정도 기능하였지만 점차 유명무실화되어 元卿 가문의 세습직이 되어서, 원선지 외에도 원경의 조카 元忠, 원선지의 아들 元松壽가 도진무직를 이어받았다. 이처럼 元代의 軍權에 관련된 관직은 자손에게 세습되었는데, 萬戶 역시 그러하였다. 도진무사에 대해서는 권1 14-(1), 주해 1) 참조.

邊東明, 1989,「高麗 忠烈王代의 萬戶」,『歷史學報』121, 128~134쪽.

張東翼, 1990,「征東行省의 研究」,『東方學志』67 ; 1994,『高麗後期外交史研究』, 一潮閣.

11) 化平君: 金深(1262~1338)을 가리킨다. 본관은 光山이고

金周鼎의 아들이다. 15세에 문음으로 吏職에 보임되었고 1279년 (충렬왕 5)에 투르칵(禿魯花)으로 원에 들어가 입시하였다. 이후 知閣門事, 知申事, 同知密直司事, 都僉議叅理·判三司事, 都僉議贊 成事 등의 관직을 역임하였다. 1309년(충선왕 1)에 그의 딸 다마 시리(達麻實里)가 원 황제의 총애를 받아 高麗兵馬都元帥가 되었 고, 1310년에 화평군에 봉해졌다. 김심은 충선왕이 고려로 돌아가지 않고 원에 머무는 것이 權漢功, 崔誠之, 朴景亮 때문이라고 여겨서 1313년에 이들 3명을 원 휘정원에 고소하였다가, 충선왕의 노여움 을 사서 臨洮에 유배되었다. 1324년(충숙왕 11)에 守僉議政丞·判 摠部事에 임명되고, 1330년(충혜왕 즉위)에 都僉議中贊이 되었다.

　　『高麗史』 권33, 世家33 忠宣王 원년 3월 戊申·2년 9월 乙卯.

　　『高麗史』 권104, 列傳17 金周鼎 附深.

　　「金深墓誌銘」.

　12) 臨洮: 지금의 중국 甘肅省 定西市 臨洮縣 지역이다. 이에 대해서는 권1 4, 주해 7) 참조.

　13) 通直郎: 고려후기의 정5품 문산계이다. 이에 대해서는 권1 10-(2), 주해 2) 참조.

　　『高麗史』 권77, 志31 百官2 文散階.

　14) 知沔州: 면주는 지금의 충청남도 당진시 면천면 일대이고, 知事는 5품 이상이 임명되었다. 백제의 槥郡이었다가 신라 경덕왕 때 槥城郡으로 고쳤다. 1018년(현종 9)에 洪州에 소속시켰고 후에 監務를 두었다. 1293년(충렬왕 19)에 縣人 卜奎가 카단(哈丹)의 침공을 방어한 공로로 縣令으로 승격되었다가 다시 知沔州事로 승 격되었다.

　　『高麗史』 권56, 志10 地理1 楊廣道 淸州牧 洪州 槥城郡.

　15) 判繕工寺: 토목공사와 營繕의 업무를 관장한 繕工寺의 정3 품 관직으로, 정확한 명칭은 判繕工寺事이다. 1298년(충렬왕 24)

에 충선왕이 관제를 개혁하면서 繕工監으로 고쳤고, 1308년(충렬왕 34)에 다시 繕工司로 고치고 小府·宮闕都監·倉庫都監·燃燈都監· 國贐을 병합시켰으며 뒤에 선공시로 고쳤다.

　　『高麗史』 권77, 志31 百官2 繕工寺.

　　朴龍雲, 2005, 「『高麗史』 百官志 譯註(4)」, 『고려시대연구』 IX, 한국학중앙 연구원 ; 2009, 『『高麗史』 百官志 譯註』, 신서원, 318~323쪽.

　16) 通憲大夫: 고려의 종2품 문산계이다. 이에 대해서는 권1 6-(4), 주해 8) 참조.

　17) 大司憲: 고려후기 時政의 論執과 풍속의 교정 및 百官을 糾察·彈劾의 직임을 관장한 司憲府의 정3품 관직이다. 전기의 御史大夫에 해당하며 어사대의 실질적인 장관이었다. 1275년(충렬왕 1)에 어사대를 監察司로 고치면서, 提憲으로 고쳤고 1298년(충선왕 즉위)에 감찰사를 司憲府로 고치고 제헌도 司憲大夫로 개칭하였고 종2품으로 올렸다. 1308년(충선왕 복위)에는 사헌대부를 대사헌으로 고치고 정2품으로 올렸다가 1311년에 다시 정3품으로 내렸다.

　　『高麗史』 권76, 志30 百官1 司憲府.

　　宋春永, 1971, 「高麗 御史臺에 관한 一研究」, 『大丘史學』 3.

　　崔承熙, 1976, 「臺諫制度의 成立과 그 機能의 分析」, 『朝鮮初期 言官·言論研究』, 韓國文化研究所.

　　朴龍雲, 1980, 『高麗時代 臺諫制度 研究』, 一志社.

　18) 判典儀寺: 고려후기 祭祀와 贈諡의 업무를 관장한 典儀寺의 정3품 관직으로, 정확한 명칭은 判典儀寺事이다. 한편 太常府는 성종대 설치되고, 이것이 1298년(충렬왕 24)에 奉常寺로 개편되었다가 1308년에 典儀寺로 고치면서 정원과 품질을 領事 2인(겸관), 令 1인(정3품), 副令 2인(정4품), 丞 1인(정5품), 注簿 1인(정6품), 直長 2인(정7품), 錄事 2인(정9품)으로 개정하였다.

　　『高麗史』 권76, 志30 百官1 典儀寺.

　　朴龍雲, 2005, 「『高麗史』 百官志 譯註(4)」, 『고려시대연구』 IX, 한국학중앙연

구원 ; 2009,『『高麗史』 百官志 譯註』, 신서원, 268~275쪽.

19) 德陵西往吐蕃: 元 英宗이 즉위하자 충선왕이 宦者 임바얀퇴
귀스(任伯顔禿古思)로부터 참소를 당해 吐蕃 撒思結로 유배된 것
을 가리킨다. 이에 대해서는 권1 4, 주해 9) 참조.

20) 上王入朝見留 …… 流言多有詭隨: 상왕은 충숙왕을 가리킨다.
「元善之墓誌銘」이 작성된 시기가 충혜왕 즉위년이므로 충숙왕을 상왕
으로 표현한 것이다. 본문의 내용은 1321년에 충숙왕이 원에 입조한
후 5년 간 원에 머무르는 동안 일어난 심왕옹립사건을 표현한 말이다.
이에 대해서는 권1 6-(4), 주해 2) 참조.

21) 密直爲副使: 고려후기 密直司의 정3품 재상직이다. 이에 대
해서는 1권 3-(2), 주해 7) 참조.

22) 上護軍: 고려후기 정3품 무반직으로 종래의 上將軍을 개칭
한 것이다. 이에 대해서는 권1 6-(1), 주해 3) 참조.

23) 嘗以醫可利人廣市良材依法修合: 원선지가 약재를 모아 어
떤 '법'에 따라 약을 제조하여 많은 이들에게 도움이 되었다고 하는
데, 그 법은 病症에 대한 처방이었을 것이다. 고려는 이미 의종 때
에 『濟衆立效方』이란 의서가 찬집되어 있었고, 이 책의 처방 중 한
가지는 오늘날까지도 전해지고 있다. 또 1230~40년대 출간된 것
으로 추정되는 『備預百要方』도 『鄕藥救急方』에 여러 처방들이 인
용되고 있으며, 1226년(고종 13)에는 『御醫撮要方』이 편찬되었다.
이러한 의서들이 모여 14세기 전반에는 『鄕藥救急方』이 편찬될 수
있었다(①). 따라서 원선지가 따른 '법'도 구체적으로 어떤 증세에
대한 무슨 처방이고 그것이 무슨 의서에 근거한 것인지 알 수는 없
지만, 이들 의서에 수록된 처방을 가리키는 것으로 생각된다.

① 여인석·이현숙 등, 2012,「고려시대 의학체제와 의학」,『한국의학사』,
92~94쪽.

24) 彦陽郡夫人金氏: 원선지의 부인이다. 그녀의 본관이 언양이

므로 언양군부인에 봉해진 것이다. 군부인에 대해서는 권1 6-(1),
주해 19) 참조.

25) 文愼公諱㖡: 金㖡(1248~1301)을 가리킨다. 본관은 彦陽,
자는 損之, 시호는 文愼이며, 金就礪의 손자이다. 음서로 東面都監
判官에 임명되었고 1268년(원종 9)에 과거에 급제하였다. 1271년
에 세자─충렬왕─를 호종하여 원에 갔다가 1274년(충렬왕 즉위)
에 함께 귀국하였으며, 仁州, 開城, 安西 등의 지방관으로 나갔다.
1295년에 任翊과 함께 원 世祖의 事跡을 편찬하였으며, 이후 副知
密直司事, 西北面都指揮使, 監察大夫, 判三司事, 知都僉議司事, 僉
議叅理 등을 역임하였다.

> 『高麗史』 권31, 世家31 忠烈王 21년 3월 丁巳.
> 『高麗史』 권103, 列傳17 金就礪 附㖡.
> 「金㖡墓誌銘」.
> 李益柱, 2006, 「墓誌銘 자료를 통해 본 고려후기 官人의 생애─金㖡
>   (1248~1301)의 사례─」, 『韓國史學報』 23.

26) (元)龜壽: 생몰년 이상. 원선지의 아들이다. 그에 대한 기록
은 찾아지지 않아 자세히 알 수 없다.

27) 幞頭店錄事: 幞頭店에서 행정을 담당하던 관원으로 정원은
2인이고 乙科權務이다. 복두점은 복두의 제작과 보급을 관할하였다.

> 『高麗史』 권77, 志31 百官2 諸司都監各色 幞頭店.
> 朴龍雲, 2005, 「고려시기의 幞頭와 幞頭店」, 『韓國史學報』 19 ; 2010, 『고
>   려시기 역사의 몇 가지 문제』, 일지사.
> 朴龍雲, 2009, 『『高麗史』 百官志 譯註』, 신서원, 542·543쪽.

28) (元)松壽: 1324~1366. 원선지의 아들로, 과거에 급제하여
春秋館修撰이 되었다. 1344년(충혜왕 후5)에 安震과 李齊賢의 천
거로 書筵에 참여하였다. 이후 獻納이 되었고 1348년에 鄭天起를
탄핵하였다가 파직되었다. 1351(충정왕 3)에 西海道按廉使가 되었
고, 공민왕 때 內書舍人兼左副代言, 知奏事를 역임하였다. 홍건적의

침입으로 공민왕이 복주로 피난갔을 때 왕을 시종한 공으로 공신에
책봉되었다. 1365년에 政堂文學에 임명되었으나 신돈의 미움을 받
아 파직되었다.

『高麗史』 권37, 世家37 忠穆王 4년 8월 丙戌.
『高麗史』 권107, 列傳20 元傅 附松壽.
『高麗史節要』 권25, 忠穆王 즉위년 6월.

29) 神虎衛郞將: 고려의 경군 2군 6위 중 하나인 神虎衛의 정6
품 무반직이다. 신호위에 대해서는 권1 7-(2), 주해 5) 참조.

李基白, 1956, 「高麗 京軍考」, 『李丙燾博士華甲紀念論叢』, 一潮閣 ; 1968,
『高麗兵制史研究』, 一潮閣, 69~73쪽.

30) 柳寶鉢: 1304~1340. 柳甫發이라고도 한다. 본관은 儒州이
고, 증조부는 柳璥이며, 아버지는 同知密直司事를 지낸 柳仁奇이다.
음서로 興王都監判官이 되었고, 이후 郞將, 少府少尹, 通禮門副使,
密直代言兼監察執義 등을 역임하였다.

「柳甫發墓誌銘」.

31) 濟危寶判官: 제위보는 963년(광종 14)에 설치된 기관으로
貧民이나 饑民을 구제하기 위한 재원을 보관하고 이를 운용하는 일
을 담당한 구호기관이었고, 醫官을 두어 질병을 치료하기도 하였다.
『高麗史』 百官志에 제위보의 관원으로 副使 1인(7품 이상관)과 錄
事 1인(병과권무)을 두었다고 하고, 판관은 기록에 보이지 않는다.
八關寶의 판관이 갑과권무직이었던 것으로 볼 때, 제위보판관도 그
에 준하는 관직이었을 것으로 추정된다.

『高麗史』 권77, 志31 百官2 諸司都監各色 八關寶·濟危寶.
孫弘烈, 1981, 「高麗時代의 醫療制度」, 『歷史敎育』 29, 92·93쪽 ; 1988,
『韓國中世의 醫療制度研究』, 修書院.
朴仁純, 2010, 「高麗王朝의 保健醫療行政機構 및 施設」, 『제주한라대학
논문집』 33, 203~205쪽.
朴龍雲, 2009, 『『高麗史』 百官志 譯註』, 신서원, 554·555쪽.

32) 安靖系: 생몰년 미상. 그에 대한 기록은 찾아지지 않아 자세히

알 수 없다.

15-(1). 金文正公墓誌

[原文]

金文正公墓誌

公諱台鉉,32) 字不器. 金氏本光之望族, 自國初已入仕, 代不絶人. 大王父神虎衛中郎將諱光世, 贈尙書左僕射, 王父金吾衛大將軍諱鏡, 贈門下平章事, 父監察御史諱須, 累贈門下侍中. 侍中甞於忠憲王乙卯歲, 登進士第, 質貌偉麗, 膽畧過人, 從事中外, 以廉能稱. 至元己巳, 自御史出知靈光郡. 明年, 三別抄叛, 掠江都人物, 舟而南下, 志在先據耽羅. 本國遣將軍高汝霖追討, 又牒下全羅道, 選正官雅爲人所信服者, 領軍偕進. 侍中當其選, 不宿家遂行抄軍, 亟會汝霖于耽羅, 則賊猶保珍島未至. 於是晝夜築堡設械, 謀斷來道, 使無得入. 而守土者首鼠不爲力, 賊由他道至不覺. 侍中素以大義勵士卒, 人多感激, 有百其勇, 奮呼爭登, 殺賊先鋒殆盡. 然而士人資敵, 衆寡不侔, 竟與高將軍歿陣不還. 人冤之至今, 公年十歲而孤. 大夫人故禮賓卿高公諱挺之女也. 自靈光挈孤以歸, 敎之有法度, 而公能折節讀書. 甫十四, 從叔父故相文肅公學擧業, 文肅見其詞賦, 奇之曰, 大吾門者汝乎. 吾兄爲不亡矣. 十五, 一擧司馬試, 果中恩. 明年, 又赴禮闈, 第進士. 丁丑, 錄苑事, 後直江陰牧監, 俄錄詹事府事. 庚辰夏, 中殿試, 除左右衛叅軍兼直文翰署. 自此七年凡三更, 官至七品. 戊子, 由密直堂後官權知通禮門祗候, 尋除右正言知制誥, 歷右司諫, 服銀緋, 遷監察侍史, 賜金紫. 改起居郎, 由起居注, 拜僉議舍人, 改典法摠郎, 階朝顯大夫.

---

32) 台鉉: 원본에는 결락이나, 『光山金氏文簡公派世譜』에는 이름이 적혀있으므로 보충하였다.

[譯文]

김문정공[1]묘지[2]

공의 휘는 태현이고, 자는 불기이다. 김씨는 본래 광주[3]의 망족으로, 국초부터 이미 벼슬을 하여 대대로 인물이 끊이지 않았다. 증조[大王父] 신호위중랑장[4] 휘 광세[5]는 상서좌복야[6]에 추증되었고, 조부[王父] 금오위대장군[7] 휘 경[8]은 문하평장사[9]에 추증되었으며, 부 감찰어사[10] 휘 수[11]는 여러 번 추증되어 문하시중[12]이 되었다. 시중은 일찍이 고종[忠憲王][13] 을묘년(1255, 고종 42)에 진사시에 급제하였는데,[14] 성품과 용모가 훌륭하고 아름다웠으며 담력과 지략이 다른 사람보다 뛰어나 중앙과 지방에 종사하면서 청렴하고 유능하다는 명망이 있었다. 지원 기사년(1269, 원종 10)에 어사를 거쳐 지영광군[15]이 되어 나갔다. 이듬해에 삼별초가 반란을 일으켜[16] 강도의 사람과 물자를 노략질하고 배로 남하하며 탐라[17]를 앞서서 점거하려는 뜻이 있었다. 본국에서 장군 고여림[18]을 파견하여 쫓아가 토벌하도록 하고, 또 전라도[19]에 첩을 내려 정식 외관으로 뛰어나서 사람들이 믿고 따르는 자를 골라 군사를 이끌고 함께 나가도록 하였다. 시중이 그 선발에 뽑히자 집에서 머무르지 않고 드디어 초군[20]을 거느리고 탐라에서 고여림을 급히 만났는데, 적들이 여전히 진도[21]를 차지하고 있으면서 (탐라에는) 이르지 못하였다. 이에 밤낮으로 성을 쌓고 무기를 설치하여 (탐라로) 오는 길을 끊어 (삼별초가) 들어오지 못하도록 꾀하였다. 그러나 수령과 민[守土]들이 주저하고[首鼠] 힘이 되지 아니하여 적이 다른 길로 이르렀는데도 알아채지 못하였다. 시중이 평소 대의로 사졸을 격려하여 사람들이 많이 감격해 용기백배하였으므로 힘껏 소리치며 다투어 나가 적의 선봉을 거의 다 죽였다. 그러나 탐라인[土人]들이 적을 돕고[22] 중과부적[衆寡不侔]이어서 끝내 고장군과 함께 전투에서 죽어 돌아오지 못하였다. (그리하여) 사람들이 지금까지도 원통히 여기고, 공은 나이 10세에 부친을 잃었다. 대부인[23]은 돌아가신 예빈경[24] 고공 휘 정[25]의 따님이다. 영광에서 아비 잃은 아들을 이끌고 돌아와 법도에 맞게 가르치니, 공도 스스로를 절제하고[折節] 독서에 힘썼다. 14세가 되자 숙부인 돌아가신 재상 문숙공[26]을 따라가 과거 공부를 하였는데, 문숙공이 (공이 지은) 사부(詞賦)를 보고 기특하게 여겨 말하기를, "우리 가문을 키울 사람은 너로구나. 우리 형님은 돌아가시지 않았구나."라고 하였다. 15세에 사마시[27]에 한 번 응시하였는데 과연 합격의 은혜를 입었다.[28] 다음 해에 다시 예부시[禮闈][29]에 나가 진사에 급제하였다.[30] 정축년(1277, 충렬왕 3)에 원의 녹사[31]가 되었고 후에 강음목감직[32]이 되었다가 얼마 뒤에 첨사부녹사[33]가 되었다. 경진년(1280) 여름에 전시에 급제하여[34] 좌우위참군[35]·겸직문한서[36]에 제수되었다. 이로부터 7년 동안 모두 세 차례 고쳐 관직이 7품에 이르렀다. 무자년(1288)에 밀직당후관,[37] 권지통례문지후[38] 등을 거쳐 오래지 않아 우정언[39]·지제고[40]에 제수되었으며, 우사간[41]을 거치면서 은비를 입었고, 감찰시사[42]·사금자로 옮겼다. 기거랑[43]으로 고쳤다가 기거주[44]를 거쳐 첨의사인[45]에 제수되었으며, 전법총랑[46]으로 고치니 관계는 조현대부[47]였다.

[註解]

1) 金文正公: 金台鉉(1261~1330)을 말하며, 文正은 그의 시호이다.

『高麗史』권110, 列傳23 金台鉉.

邊東明, 2007, 「金台鉉의 『東國文鑑』 편찬」, 『震檀學報』103.

2) 金文正公墓誌: 본 묘지명은 1747년에 발견된 것으로 『光山金氏文簡公派世譜』에도 전하는데, 세부적인 표현에 있어서 약간의 차이가 있을 뿐이다.

金龍善, 1988, 「新資料 高麗 墓誌銘 17點」, 『歷史學報』 117, 147~150
쪽.

3) 光: 光州를 말하는 것으로, 지금의 광주광역시 일대이다. 본
래 백제의 武珍州로, 신라가 백제를 취한 후 都督을 두었고, 경덕왕
때에 武州로 고쳤다. 진성왕 때에는 견훤이 차지하였다. 이후 940년
(태조 23)에 光州라 하였으며, 995년(성종 14)에는 刺史로 강등
되었다가 다시 海陽縣令官으로 강등되었다. 1259년(고종 46)에 무
신집정 김인준의 외향이라 하여 知翼州事로 승격되었다가 뒤에 光
州牧으로 승격되었다. 1310년(충선왕 2)에 다시 化平府로 강등되
었다. 1362년(공민왕 11)에 茂珍府로 고쳤다가 1373년에 다시 光
州牧으로 하였다. 光山 또는 翼陽이라고도 불리었다.

『高麗史』 권57, 志11 地理2 全羅道 羅州牧 海陽縣.

4) 神虎衛中郎將: 고려시대 경군인 神虎衛의 정5품 무반직이다.
신호위에 대해서는 권1 7-(2), 주해 5) 참조.

5) (金)光世: 생몰년 미상. 金台鉉의 曾祖로, 관직은 神虎衛中
郎將을 지냈다. 한편 1290년에 작성된 「金周鼎墓誌銘」에는 그가
尙書右僕射로 추증되고, 1339년에 작성된 「金深墓誌銘」에는 神虎
衛大將軍으로 추증된 것으로 기록되어 있어, 김주정·김태현 등 후손의
현달에 따라 여러 차례 추증된 것을 확인할 수 있다.

「金周鼎墓誌銘」·「金深墓誌銘」.

6) 尙書左僕射: 고려전기 尙書省의 정2품 관직으로 좌·우 각 1
인을 두었다. 이에 대해서는 권1 2-(2), 주해 16) 참조.

7) 金吾衛大將軍: 고려시대 경군의 하나인 金吾衛의 종3품 무반
직이다. 금오위는 개경의 치안을 담당하였다.

『高麗史』 권77, 志31 百官2 西班 金吾衛.

李基白, 1956, 「高麗 京軍考」, 『李丙燾博士華甲紀念論叢』, 一潮閣 ;
1968, 『高麗兵制史研究』, 一潮閣, 69~74쪽.

이기백·김용선, 2011, 『『고려사』 병지 역주』, 일조각, 67쪽.

8) (金)鏡: 생몰년 미상. 金台鉉의 祖이다. 金吾衛大將軍을 지
냈고 門下平章事로 추중되었다. 한편「金周鼎墓誌銘」과「金深墓誌
銘」에는 이름이 鏡亮으로, 관직은 각각 金吾衛大將軍과 興威衛大將
軍으로 다르게 기재되어 있다.

　　「金周鼎墓誌銘」·「金深墓誌銘」.

9) 門下平章事: 고려전기 中書門下省의 정2품 관직인 門下侍郎
平章事를 말한다. 이에 대해서는 권1 2-(2), 주해 13) 참조.

10) 監察御史: 御史臺의 종6품 관직이다. 이에 대해서는 권1
14-(1), 주해 21) 참조.

11) (金)須: ?~1271. 金台鉉의 父이다. 1255년(고종 42)에
과거 급제하고 1270년(원종 11)에 監察御史를 거쳐 靈光副使로
임명되었다. 이 해에 진도에서 패한 삼별초의 남은 무리들이 제주로
들어가려 하자, 按察使 權㫜의 명에 따라 2백 명의 관군을 지휘해
제주를 지켰으나 패하여 전사하였다. 이 묘지명보다 3년 앞서 1327
년(충숙왕 14)에 작성된「金須妻高氏墓誌銘」에는 참지정사로 추증
되었다고 하므로 김태현의 현달에 따라 참지정사, 문하시중 순으로
추증되었을 것이다.

　　『高麗史節要』권18, 元宗 11년 11월.
　　『高麗史』권110, 列傳23 金台鉉.
　　「金須妻高氏墓誌銘」.

12) 門下侍中: 中書門下省의 종1품 관직으로 중서문하성의 실
질적인 장관이자 재신의 으뜸이었다. 이와 대해서는 권1 14-(1),
주해 28) 참조.

13) 忠憲王: 고려의 제23대 왕 高宗(1192~1259)으로, 재위기
간은 1213~1259년이다. 忠憲은 1310년(충선왕 2)에 元에서 추
증한 시호이다. 그에 대해서는 권1 6-(1), 주해 21) 참조.

14) 忠憲王乙卯歲 登進士第: 金須는 1255년(고종 42) 6월에

급제하였으며, 이때의 知貢擧는 樞密院副使 崔溫이고, 同知貢擧는
判司宰監事 金之岱이었다.

『高麗史』 권73, 志27 選擧1 科目1 凡選場 高宗 42년 6월.

朴龍雲, 1990, 「〈資料〉: 科試 設行과 製述科 及第者」, 『高麗時代 蔭敍制
와 科擧制연구』, 一志社, 418쪽.

15) 知靈光郡: 영광군의 수령을 의미하는데, 金須(?~1271)의
경우에는 靈光副使였다. 고려는 애초 지방의 수령으로 장관인 지사,
차관인 부사를 동시에 임명하지 않고 둘 중 하나만을 임명하여 수령
으로 삼았기 때문에, 김수는 부사임에도 '知靈光郡'이라 기록되었다.

靈光은 지금의 전라남도 영광군 일대이다. 본래 백제의 武尸伊郡
으로 신라 경덕왕 때에 武靈郡으로 고쳤으며, 고려에서 靈光郡으로
하였다. 영광군에는 屬郡 2개, 屬縣 8개가 있었다.

『高麗史』 권57, 志11 地理2 全羅道 羅州牧 靈光郡.

『高麗史』 권77, 志31 百官2 知州郡.

이진한, 2002, 「고려시대 守令職의 제수 자격」, 『史叢』 55, 33~38쪽.

16) 三別抄叛: 三別抄는 고려의 군사조직인 2군 6위가 제 역할
을 못하게 되면서 새롭게 만들어진 별도의 군사조직이다. 원래 무신
집정자 최우가 도적을 막기 위하여 설치한 夜別抄가 확대되면서
左·右로 나뉘었고, 몽골에 잡혀갔다 도망쳐 온 이들로 구성된 神義
軍을 만들어 이들을 모두 합하여 삼별초라고 하였다. 이들은 주로
치안유지, 도성의 수비 등 군사 활동을 전개하였으며, 특히 몽골과
의 전투에서 큰 공적을 남기기도 하였다. 그러나 1270년(원종 11)
에 고려조정이 개경환도를 단행하면서 5월에 삼별초를 해체하고 명
부를 압수하자, 그 명부가 몽골에 넘어갈 것을 우려한 삼별초가 6월
에 배중손 등의 지휘 하에 반란을 일으켜 진도와 제주도를 거점으로
1273년까지 항전하였다. 결국 1273년 4월에 김방경, 힌두(忻都)
등이 이끄는 연합군에 의해 평정되었다.

金庠基, 1938·1939, 「三別抄와 그의 亂에 就하야(一)·(二)」, 『震檀學報』

9·10 ； 1948, 『東方文化交流史論攷』, 乙酉文化社.

金塘澤, 1987, 「최씨정권과 그 군사적 기반―都房·夜別抄·神義軍 조직
의 정치적 배경―」, 『高麗武人政權研究』, 새문社 ； 1998, 『高麗
의 武人政權』, 國學資料院.

윤용혁, 2000, 「삼별초의 봉기와 南遷에 관하여」, 『고려 삼별초의 대몽
항쟁』, 일지사.

17) 耽羅 : 지금의 濟州特別自治道를 말한다. 濟州道의 古名으로
삼국시대에 국호를 耽羅라고 하였다. 고려 태조 때에 탐라의 태자가
來朝하였으므로 星主·王子의 작호를 내렸다. 이후 1105년(숙종
10)에 탐라군으로 고치고 고려의 郡縣으로 하였다. 1270년(원종
11)에 金通精이 珍島에서 패배한 삼별초를 이끌고 섬에 들어가 근
거지로 삼고 항전하였다. 이에 元이 麗蒙聯合軍을 파견하여 삼별초
를 평정하였고, 1277년(충렬왕 3)에는 元이 강점하여 牧馬場으로
만들었다.

『高麗史』 권57, 志11 地理2 全羅道 羅州牧 耽羅縣.

김일우, 1998, 「高麗時代 耽羅의 地方編制 시기와 그 單位의 형태」, 『韓
國史學報』 5 ； 2000, 『高麗時代 耽羅史 研究』, 신서원.

김창현, 1998, 「高麗의 耽羅에 대한 정책과 탐라의 동향」, 『韓國史學報』
5.

18) 高汝霖 : ？～1270. 1268년(원종 9)에 夜別抄指諭로서 金
俊의 휘하에 있었다. 1270년에 개경환도를 준비하는 과정에서 삼별
초가 반란을 일으켜 강화에서 진도로 근거를 옮겨가면서 대몽항전
을 계속하자, 같은 해 11월에 장군으로서 군사 70여 명을 이끌고
제주도에 들어가 방어하다 전사하였다.

『高麗史』 권26, 世家26 元宗 11년 9월 辛丑.

『高麗史節要』 권18, 元宗 9년 12월 丁酉·11년 11월.

19) 全羅道 : 지금의 전라북도, 전라남도 및 제주도 일대이다. 본
래 백제의 지역이었다. 신라 경덕왕 때에 전주와 무주의 두 都督府
로 나누었으며, 진성왕 때에 서면도통 견훤이 옛 지역을 모두 점거

하고 후백제왕을 칭하였으나, 936년(태조 19)에 왕이 친히 정벌하
여 승리하였다. 995년(성종 14)에는 全州·瀛州·淳州·馬州 등의
주현을 江南道로 삼았고, 羅州·光州·靜州·昇州·貝州·潭州·朗州
등의 주현으로 海陽道를 삼았다. 이후 1018년(현종 9)에 합하여
全羅道로 하고, 2개의 牧, 2개의 府, 18개의 郡과 82개의 縣을 관
할하게 하였다.

『高麗史』 권57, 志11 地理2 全羅道.

尹武炳, 1962, 「高麗時代 州府郡縣의 領屬關係와 界首官」, 『歷史學報』
17·18合, 314~320쪽.

20) 抄軍: 고려시대 지방 州縣軍의 정예부대인 精勇의 이칭으
로, 抄精勇이라고도 하였다.

李基白, 1968, 「高麗 兩界의 州鎭軍」, 『高麗兵制史研究』, 一潮閣, 245~
248쪽.

21) 珍島: 지금의 전라남도 진도군 일대이다. 본래 백제의 因珍
烏郡이다. 신라 경덕왕 때에 珍島縣으로 고치고 務安郡의 領縣으로
하였다. 고려 초에 羅州에 속하게 하였다가 후에 현령을 두었다.
1350년(충정왕 2)에 왜적의 침입으로 인하여 피해를 입었으므로
주민들을 내륙으로 옮겼다. 大津과 目只島가 있으며, 2개의 속현이
있었다.

『高麗史』 권57, 志11 地理2 全羅道 羅州牧 珍島縣.

22) 土人資敵: 1270년(원종 11) 11월에 삼별초군이 탐라에 진
입하자, 고려정부는 按察使 權㫜에게 지시하여 靈光副使 金須, 將
軍 高汝霖 등을 보내어 탐라를 지키게 하였다. 이에 金須 등이 탐라
에 성을 쌓고 지켰으나 李文京이 이끄는 삼별초 선발대에 패배하였
다. 이는 당시 탐라인들이 개경정부가 파견한 군대에 협력하기 보다
는 삼별초군을 지원하였기 때문이었다.

『高麗史』 권26, 世家26 元宗 11년 11월 己亥.

『高麗史節要』 권18, 元宗 11년 11월.

李貞信, 1991, 「濟州民의 抗爭」, 『高麗 武臣政權期 農民·賤民 抗爭 硏究』, 高麗大學校 民族文化硏究院, 151~155쪽.

윤용혁, 1994, 「고려 삼별초의 제주 항전」, 『濟州島硏究』 11 ; 2000, 『고려 삼별초의 대몽항쟁』, 일지사, 264·265쪽.

23) 大夫人: 1226~1327. 金台鉉의 母인 沃溝郡大夫人 高氏를 가리킨다. 全州 沃溝縣人 高瑩中(1133~1208)의 손녀이자, 高挺 (생몰년 미상)의 딸로, 金須와 혼인하여 슬하에 金台一과 金台鉉 두 아들을 두었다. 한편 郡大夫人은 고려시대에 정4품 이상 관원의 배우자에게 내려진 봉작호이며, 김태현 母의 본관이 옥구이므로 沃溝郡大夫人으로 봉해진 것이다.

　『高麗史』 권77, 志31 百官2 內職.
　「金須妻高氏墓誌銘」.

24) 禮賓卿: 禮賓省의 종3품 관직이다. 이에 대해서는 권12-(2), 주해 21) 참조.

25) (高)挺: 생몰년 미상. 金台鉉의 外祖이다. 그는 高瑩中 (1133~1208)의 5남으로 1209년(희종 5)에 唐津縣監務를 지냈으며, 禮賓卿으로 致仕하였다.

　「高瑩中墓誌銘」·「金須妻高氏墓誌銘」.

26) 文肅公: 金周鼎(1228~1290)을 말하는 것으로, 文肅은 그의 호이고, 본관은 光州이다. 김태현의 숙부이다. 그는 문음으로 1257년(고종 44)에 富城縣尉가 되었다. 1264년(원종 5)에 장원으로 급제하고 海陽府典籤이 되었다가 內侍에 배속되었다. 이후 閤門祗候, 刑部侍郎·國學直講, 國子司業·寶文閣待制·知制誥, 吏部侍郎 등을 역임하였다. 1278년(충렬왕 4)에 왕을 扈從하여 元에 들어가 이미 무고로 유배된 金方慶을 구제해줄 것 등을 건의하였다. 元에서 돌아와 右承旨에 임명되었고 이후 知僉議府事·寶文署太學士·世子貳傅가 되었다. 사마시와 예부시를 주관한 바 있다.

　『高麗史』 권73, 志27 選擧1 科目1 凡選場 元宗 5년 4월.

『高麗史』 권74, 志28 選擧2 科目2 凡國子試之額 忠烈王 3년.

『高麗史』 권104, 列傳17 金周鼎.

「金周鼎墓誌銘」.

27) 司馬試: 고려시대 國子監試의 이칭으로 進士試, 成均試, 南省試, 南宮試 등 다양한 명칭으로도 불렸다. 이에 대해서는 권17-(2), 주해 1) 참조.

28) 一擧司馬試 果中恩: 金台鉉은 1275년(충렬왕 1) 4월에 尙書右丞 李仁成이 주관한 司馬試에서 第一로 합격하였다.

『高麗史』 권74, 志28 選擧2 科目2 凡國子試之額 忠烈王 원년 4월.

29) 禮闈: 원래 예부에 소속되어 과거 업무를 처리하였던 貢院을 가리키는 말이었는데, 이후 과거를 주관한 관부가 尙書禮部인 것에 기인하여 과거시험을 의미하게 되었다. 禮闈 이외에 禮部試·春官試·春闈 등으로 불리기도 하였다.

許興植, 1974, 「高麗 科擧制度의 成立과 發展」, 『韓國史硏究』 10 ; 2005, 『고려의 과거제도』, 일조각, 42쪽.

朴龍雲, 1988, 「高麗時代 科擧의 考試와 體系에 대한 檢討」, 『韓國史硏究』 61·62合 ; 1990, 『高麗時代 蔭敍制와 科擧制 硏究』, 一志社, 133쪽.

30) 赴禮闈 第進士: 金台鉉은 1276년(충렬왕 2) 10월에 密直司使 許珙이 知貢擧를, 右副承宣 薛恭儉이 同知貢擧를 맡았던 예부시에서 李益邦, 禹天佑 등과 함께 급제하였다.

『高麗史』 권28, 世家28 忠烈王 2년 동10월 壬戌.

『高麗史』 권73, 選擧1 志27 科目1 凡選場 忠烈王 2년 10월.

朴龍雲, 1990, 「〈資料〉: 科試 設行과 製述科 及第者」, 『高麗時代 蔭敍制와 科擧制 硏究』, 一志社, 434쪽.

31) 錄苑事: 무슨 관서에 속한 관직인지 정확히 알 수 없다. 다만 錄苑事라고 한 것으로 볼 때 어느 苑의 錄事로 생각된다.

32) 江陰牧監直: 牧監直은 馬政을 전담한 牧監의 丙科權務職이다. 말은 군사 및 교통상의 필요로 인해 고려에서도 매우 중요시 되

어, 이를 전담하는 기구인 목감을 江陰·開城·黃州·東州 등 10여 곳에 두었다. 한편 권무직은 임시적인 직무를 맡은 관직으로 고려에서는 수시로 발생하는 사무를 처리하기 위해 이들을 따로 두었는데 곧 고정직화하였다. 권무직에는 상층의 品官權務와 하층의 甲科·乙科·丙科權務와 雜權務 등이 있었는데, 이들은 대략 8, 9품에 준하거나 이보다 약간 아래의 班次에 위치하였다.

江陰은 지금의 황해북도 금천군 일대이다. 본래 고구려의 屈押縣이었는데, 신라 경덕왕 때에 江陰으로 고치고 松岳郡의 領縣으로 삼았다. 이후 1018년(현종 9)에 開城縣의 屬縣으로 하였고 1062년(문종 16)에 開城府에 來屬시켰으며, 1143년(인종 21)에 監務를 두었다.

『高麗史』 권56, 志10 地理1 王京開城府 江陰縣.

『高麗史』 권77, 志31 百官2 諸司都監各色 諸牧監直.

金光洙, 1980, 「高麗前代의 權務職」, 『韓國史研究』 30, 50쪽.

李鎭漢, 1997, 「高麗時代 權務職의 地位와 祿俸」, 『民族文化』 20 : 1999, 『고려전기 官職과 祿俸의 관계 연구』, 一志社, 95~104쪽.

朴龍雲, 2010, 『『高麗史』 百官志 譯註』, 신서원, 630~632쪽.

33) 詹事府錄事: 東宮官의 하나이다. 太子와 관련된 서무와 경제를 담당하는 詹事府 소속으로, 문종대의 정9품 관직이며 정원은 1인이었다. 한편 충렬왕의 아들인 충선왕이 1277년(충렬왕 3)에 세자로 책봉되었으므로, 김태현은 세자이던 충선왕을 시종하기 위한 첨사부가 설치되자마자 그 관직으로 임명된 셈이다.

『高麗史』 권77, 志31 百官2 東宮官.

洪完杓·李鎭漢, 2000, 「高麗時代 東宮 4품 이하 官職의 除授와 祿俸」, 『韓京大論文集』 32, 57쪽.

34) 中殿試: 본문의 殿試는 禮部試 급제자를 대상으로 시행되던 시험으로, 親試·覆試라고도 하였다. 급제자들을 재시험하여 급제순위를 결정하는 것으로, 常設은 아니었다. 간혹 국왕이 직접 전시를

주관하기도 하였다. 한편 김태현은 1280년(충렬왕 6) 5월에 왕이 親試한 시험에서 趙簡, 權溥 등과 함께 급제하였는데, 이때 급제한 사람들을 '殿試門生'이라고 하였다. 충렬왕이 직접 좌주가 되어 문생을 선발하여 자신의 측근을 형성하고자 한 것으로, 이들을 정방에 임명하고 이를 통해 인사권을 장악코자 하였다. 전시문생은 충렬왕의 측근세력 재생산을 위한 조치라는 점에서 특기할 만하다.

『高麗史』 권73, 志27 選擧1 科目1 忠烈王 6년 5월.

『高麗史』 권107, 列傳20 權㫜 附溥.

『高麗史節要』 권20, 忠烈王 6년 5월.

柳浩錫, 1984, 「高麗時代의 覆試」, 『全北史學』 8, 22~24쪽.

朴龍雲, 1988, 「高麗時代 科擧의 考試와 體系에 대한 檢討」, 『韓國史硏究』 61·62合 ; 1990, 『高麗時代 蔭敍制와 科擧制 硏究』, 一志社, 199~201쪽.

李益柱, 1988, 「高麗 忠烈王代의 政治狀況과 政治勢力의 性格」, 『韓國史論』 18, 212쪽.

金昌賢, 1998, 「정방의 성격변화와 재상의 인사참여」, 『高麗後期 政房 硏究』, 高麗大學校 民族文化硏究院.

35) 左右衛叅軍: 고려시대 경군인 左右衛의 錄事叅軍事를 말하는 것으로, 품질은 정8품이었고 정원은 2인이었다. 좌우위에 대해서는 권1 6-(2), 주해 4) 참조.

36) 直文翰署: 고려후기 文翰署의 관직으로, 전기의 直翰林院에 해당하며 정원은 4인(2인 權務)이다. 翰林院에 대해서는 권1 2-(2), 주해 19) 참조.

37) 密直堂後官: 고려후기 密直司의 정7품 관직으로 정원은 2인이며, 전기의 中樞堂後官에 해당한다. 원래 宋에서는 中書省에 5房을 두고 각 방에 당후관을 설치하여 여러 행정실무를 맡겼었는데, 고려에서는 당후관을 중추원에 설치하였다. 당후관의 직임을 통해 중추원이 궁중 내부의 여러 일 뿐만 아니라 儀注·典章 등 예식에도 관여하여 禮司로서의 기능도 하였음을 알 수 있다. 특히 당후관은

문하녹사, 중서주서와 함께 役官制로 운영되었는데, 이는 私費로 소속관청에서 소요되는 경비를 부담하거나 일정한 액수를 내고 참상직으로의 진입을 보장받는 제도였다. 密直司에 대해서는 권1 3-(2), 주해 7) 참조.

『高麗史』권76, 志30 百官1 密直司.

邊太燮, 1976, 「高麗의 中樞院」, 『震壇學報』 41, 74·75쪽.

李鎭漢, 1997, 「高麗時代 參上·參外職의 區分과 祿俸」, 『韓國史研究』 99·100合 ; 1999, 『고려전기 官職과 祿俸의 관계 연구』, 一志社, 152·153쪽.

김난옥, 2011, 「고려시대 役官制의 운영과 성격」, 『韓國史研究』 152, 42~56쪽.

38) 權知通禮門祗候: 고려후기 通禮門의 정7품 관직으로, 전기의 權知閣門祗候에 해당하며 정원은 6인이었다. 通禮門에 관해서는 1권 6-(2), 주해 12) 참조.

39) 右正言: 고려후기 僉議府의 종6품 관직으로, 전기의 右拾遺에 해당한다. 正言에 대해서는 권1 3-(2), 주해 12) 참조.

40) 知制誥: 詞命의 制撰 임무를 맡은 관직이다. 三字 또는 知製教라고도 한다. 이에 대해서는 권1 3-(2), 주해 13) 참조.

41) 右司諫: 고려후기 僉議府의 정6품 관직으로, 전기의 右補闕에 해당한다. 원래 목종대에 左·右補闕 각 1인을 두었다가, 1116년(예종 11)에 左·右司諫으로 바뀌면서 정6품 좌·우 각 1인을 두었다. 이후 1308년(충렬왕 34)에 左·右獻納으로 고치고 품질을 정5품으로 올렸다가 1356년(공민왕 5)에 다시 左·右司諫으로 바꾸고 품질을 종5품으로 하였다.

『高麗史』권76, 志76 百官1 門下府 獻納.

朴龍雲, 1971, 「高麗朝의 臺諫制度」, 『歷史學報』 52 ; 1980, 『高麗時代 臺諫制度 研究』, 一志社, 76쪽.

42) 監察侍史: 고려후기 時政의 論執과 풍속의 교정 및 百官을

糾察·彈劾하는 업무를 담당하던 監察司의 종5품 관직으로, 전기의
侍御史에 해당한다. 1275년(충렬왕 1)에 御史臺가 감찰사로 개편
되자 侍御史도 侍史로 바뀌었고, 1308년(충선왕 복위)에 감찰사를
司憲府로 개편할 때에 掌令으로 바꾸고 종4품으로 올렸다.

『高麗史』 권76, 志76 百官1 司憲府.

43) 起居郎: 고려후기 僉議府의 종5품 관직으로, 전기의 명칭
역시 起居郎이다.

『高麗史』 권76, 志30 百官1 門下府 起居郎.

朴龍雲, 1971, 「高麗朝의 臺諫制度」, 『歷史學報』 52 ; 1980, 『高麗時代
臺諫制度 研究』, 一志社, 71쪽.

44) 起居注: 고려후기 僉議府의 종5품 관직으로, 전기의 명칭
역시 起居注이다.

『高麗史』 권76, 志30 百官1 門下府 起居注.

朴龍雲, 1971, 「高麗朝의 臺諫制度」, 『歷史學報』 52 ; 1980, 『高麗時代
臺諫制度 研究』, 一志社, 71·72쪽.

45) 僉議舍人: 고려후기 僉議府의 정4품 관직으로, 전기의 中書
舍人에 해당한다.

『高麗史』 권76, 志30 百官1 門下府 舍人.

朴龍雲, 1971, 「高麗朝의 臺諫制度」, 『歷史學報』 52 ; 1980, 『高麗時代
臺諫制度 研究』, 一志社, 69·70쪽.

46) 典法摠郎: 고려후기 典法司의 정4품 관직으로 정원은 2인이
며, 전기의 刑部侍郎에 해당한다. 이에 대해서는 권1 6-(2), 주해
11) 참조.

47) 朝顯大夫: 고려후기 문산계로 종4품에 해당한다. 이에 대해
서는 권1 6-(2), 주해 7) 참조.

15-(2).

[原文]

大德戊戌春, 德陵受內讓嗣王位, 以公過免. 秋, 德陵入侍闕庭, 忠烈王復位, 起爲版圖摠郎, 轉殿中尹. 累遷至密直右承旨判司宰寺文翰侍讀史館修撰知制誥知軍簿監察司, 加朝奉中列二大夫. 庚子, 拜奉翊大夫密直副使兼監察大夫, 辛丑, 奉王命入賀天壽聖節. 行至上都, 適成宗幸朔方, 留守省奉勅諸路使臣, 除軍情開緊, 一切停住. 公詣省云, 下國自事大來, 朝賀年節, 未嘗有闕, 今留不進, 實深恐懼. 遂得許北. 去上都, 過一十一站達行在, 値聖節, 具袍笏拜賀如儀. 起宴帳殿, 上以遠至, 特賜御食以寵之. 時車駕親征却敵, 公先奉喜音而回, 所至皆慶. 遷同知知司事, 帶文翰承旨, 又欽受宣命, 授承務郎征東行中書省左右司郎中. 遷密直司使, 帶大寶文, 轉匡靖大夫. 乙巳, 入僉議爲知司事. 丙午, 又入賀天壽節而回. 是時忠烈朝覲在都, 自戊戌復位之後, 國人分曹, 至使父子之情有所不通. 公周旋其間, 一以公正, 人無異言. 及丁未春, 德陵奉仁宗掃淸內難, 功高天下, 而本國之臣有懷貳于王者, 皆去之. 上自二府, 下逮庶僚, 或誅或流, 鏟革且盡, 獨留公復知密直司, 夏罷密直, 爲僉議贊成事.

[譯文]

대덕 무술년(1298, 충렬왕 24) 봄에 충선왕[德陵][1])이 양위[內讓]를 받아 왕위를 계승하자[2) 공의 허물로서 면직되었다. 가을에 충선왕[德陵]이 (원의) 조정에 들어가고 충렬왕이 복위하게 되자 (다시) 기용되어 판도총랑[3)이 되었다가[4) 전중윤[5)으로 옮겼다. 누차 옮겨 밀직우승지[6)·판사재시[7)·문한시독[8)·사관수찬[9)·지제고·지군부사·지감찰사사[10)가 되었으며, 조봉대부,[11) 중열대부[12)가 더해졌다. 경자년(1300)에 봉익대부[13)·밀직부사[14) 겸 감찰대부[15)가 되었으며, 신축년(1301)에 왕명을 받들고 천수성절을 하례하러 (원

에) 들어갔다.[16] 일행이 상도[17]에 도착하니 마침 성종[18]이 삭방[19]
에 행차하여, 유수성[20]이 칙명을 받들어 여러 로(路)의 사신들을
군사에 관련된 긴급한 일을 제외하고는 모두 (상도에) 머무르도록
하였다. 공이 유수성[省]에 나아가 말하기를, "고려[下國]가 (원
을) 섬긴 이래 해마다 성절에 하례하는 것을 일찍이 빠뜨린 일이
없는데, 지금 머물면서 나아가지 못하게 하니 진실로 매우 두렵습니
다."라고 하니, 마침내 북으로 가는 것을 허락받았다. 상도를 떠나
열한개의 (역)참을 지나 행재소에 도착하여[21] 성절을 맞이하니, (공
이) 포와 홀을 갖추고 예에 따라 하례를 드렸다. 황제의 장막[帳
殿]에서 연회를 열었는데 황제가 먼 곳에서 왔다 하여 특별히 어식
(御食)을 내려 총애하였다. 당시 황제가 친히 정벌하여 적을 물리
쳤는데, 공이 앞서 기쁜 소식을 받들고 돌아오니 이르는 곳마다 모
두 경하하였다. 동지밀직사사와 지밀직사사[22]를 지내며 문한승지[23]를
대유하고, 또 (원) 황제의 명을 받아 승무랑[24]·정동행중서성좌우사
낭중[25]에 제수되었다. 밀직사사[26]로 옮기고 대보문[27]을 대유하였으
며 광정대부[28]에 올랐다. 을사년(1305)에 도첨의사사에 들어가 지
사사가 되었다.[29] 병오년(1306)에 또 천수절을 하례하러 (원에)
들어갔다가 돌아왔다.[30] 이때 충렬왕이 (원의) 상도에 있으면서 황
제를 알현하고 있었는데, 무술년(1298)에 복위한 후부터 나라 사람
들이 파를 나누어[分曹] 부자의 정을 통하지 못하도록 하기에 이르
렀다. 공이 그 사이에서 주선(周旋)하였는데, 한결같이 공정하였으
므로 사람들이 다른 말이 없었다. 정미년(1307) 봄에 충선왕[德
陵]이 (원의) 인종[31]을 받들어 내란을 소탕하니 공이 천하에 높았
으므로,[32] 본국의 신하로서 왕에게 다른 마음을 품은 자는 모두 제
거되었다. 위로는 이부(二府)[33]로부터 아래로는 일반 관리에 이르
기까지 혹은 주살되고 혹은 유배되어 거의 정리되었는데, 홀로 공만

이 남아 다시 지밀직사가 되었다[34)]가 여름에 밀직사가 혁파되자[35)] 자의찬성사[36)]가 되었다.

[註解]

1) 德陵: 고려의 26대 忠宣王(1275～1325)을 말하는 것으로, 德陵은 陵號이다. 忠宣王에 대해서는 권1 4, 주해 6) 참조.

2) 德陵受內讓嗣王位: 충선왕은 1298년(충렬왕 24) 정월에 충렬왕의 선위를 받아 즉위하였다.

『高麗史』권31, 世家31 忠宣王 즉위년 춘정월 丙午.

3) 版圖摠郎: 고려후기 戶口와 田地의 파악 및 徭役·貢物·租稅의 수취를 관장하던 版圖司의 정4품 관직으로 정원은 2인이며, 전기의 戶部侍郎에 해당한다. 1275년(충렬왕 1)에 尙書戶部가 版圖司로 개칭되자 시랑도 총랑으로 바뀌었다.

『高麗史』권76, 志30 百官1 戶曹.

朴龍雲, 2002,「譯註『高麗史』百官志(1)」,『고려시대연구』V, 한국정신문화연구원 ; 2009,『『高麗史』百官志 譯註』, 신서원, 160～166쪽.

4) 德陵入侍闕庭 …… 起爲版圖摠郎: 충선왕은 1298년(충렬왕 24) 정월에 즉위하여 같은 해 8월에 퇴위하였다. 그는 즉위하여 정치·경제·사회 다방면에 걸쳐 개혁을 단행하였으나, 동년 5월에 발생한 趙妃誣告事件이 계기가 되어 퇴위하였다. 조비무고사건은 조인규의 딸로 충선왕비가 된 조비가 부다시린(寶塔實憐) 公主를 저주했다는 무고로 인해 발생한 사건이다. 이로 인해 충선왕은 원으로 소환되고 충렬왕이 복위하였으며, 충선왕에 의해 이루어졌던 모든 조치가 부정되면서 대대적인 정치세력의 개편이 진행되었는데 충선왕에게 배제되었던 인물들이 다시 기용되었다. 金台鉉 또한 版圖摠郎으로 재기용되었다.

『高麗史』 권31, 世家31 忠烈王 24년 8월 甲戌.

高柄翊, 1961, 「麗代 征東行省의 硏究(上)」, 『歷史學報』 14 ; 1970, 『東
亞交涉史의 硏究』, 서울大學校出版部, 200~202쪽.

李起男, 1971, 「忠宣王의 改革과 詞林院의 設置」, 『歷史學報』 52.

김광철, 1993, 「충렬왕대 측근세력의 분화와 그 정치적 귀결」, 『考古歷
史學志』 9.

李益柱, 1996, 『高麗·元關係의 構造와 高麗後期 政治體制』, 서울대학교
국사학과 박사학위논문, 120~122쪽.

5) 殿中尹: 고려후기 왕실의 족속들과 그들에 대한 譜牒을 관장
하던 殿中監의 종3품 관직으로 정원은 1인이며, 전기의 명칭 또한
殿中監이다. 1275년(충렬왕 1)에 殿中寺로 고치고 監을 尹으로 하
였으며, 1298년에 宗正寺로 고치고 尹을 卿으로 고쳤다가 후에 다
시 殿中監으로 고치면서 卿을 尹으로 하였다.

『高麗史』 권76, 志30 百官1 宗簿寺.

6) 密直右承旨: 고려후기 密直司의 정3품 관직으로 정원은 1인
이며, 전기의 右承宣에 해당한다. 1276년(충렬왕 2)에 중추원이 밀
직사로 바뀌면서 承宣도 承旨로 고쳤다. 密直司에 대해서는 권1
3-(2), 주해 7) 참조.

7) 判司宰寺: 고려후기 魚梁과 川澤을 관장하던 司宰寺의 정3품
관직으로, 전기의 判司宰寺事에 해당한다. 1298년(충렬왕 24)에
충선왕이 즉위하여 관서명을 司津監으로 고치고 判事를 혁파하였다
가 후에 다시 司宰寺로 고치면서 判事를 두었다.

『高麗史』 권76, 志30 百官1 司宰寺.

8) 文翰侍讀: 고려후기 文翰署의 정4품 관직으로 정원은 1인이
며, 전기의 翰林侍讀學士에 해당한다. 翰林院에 대해서는 권1 2-
(2), 주해 19) 참조.

9) 史館修撰: 고려후기 時政에 대한 기록을 관장하는 史館의 관
원으로 한림원의 3품 이하 관직이 겸하였다. 김태현도 文翰署—翰

林院—의 文翰侍讀(정4품)으로서 修撰官을 겸직한 것이다.

　·『高麗史』권76, 志30 百官1 春秋館.

　10) 知軍簿·監察司: 고려후기 武選, 軍務, 儀衛, 郵驛 등을 관장하는 軍簿司와 時政의 論執과 풍속의 교정 및 百官을 糾察·彈劾하는 업무를 담당하는 監察司의 두 知事를 연칭한 것이다.

　11) 朝奉大夫: 고려후기 문산계로 종4품에 해당한다. 1275년(충렬왕 1)에 관제를 개혁하면서 신설되었다.

　　『高麗史』권77, 志31 百官2 文散階.

　　朴龍雲, 1981, 「高麗時代의 文散階」, 『震檀學報』52 : 1997, 『高麗時代官階·官職 研究』, 고려대학교 출판부, 68~78쪽.

　　李康漢, 2012, 「고려후기 '충렬왕대 문산계(文散階)'의 구조와 운용」, 『震檀學報』116, 31~40쪽.

　12) 中列大夫: 고려후기 문산계로 정4품에 해당한다. 1275년(충렬왕 1)에 관제를 개혁하면서 신설되었다.

　　『高麗史』권77, 志31 百官2 文散階.

　　朴龍雲, 1981, 「高麗時代의 文散階」, 『震檀學報』52 : 1997, 『高麗時代官階·官職 研究』, 고려대학교 출판부, 68~78쪽.

　　李康漢, 2012, 「고려후기 '충렬왕대 문산계(文散階)'의 구조와 운용」, 『震檀學報』116, 31~37쪽.

　13) 奉翊大夫: 고려후기 문산계로 정3품에 해당한다. 이에 대해서는 권1 3-(2), 주해 6) 참조.

　14) 密直副使: 고려후기 密直司의 정3품 재상직으로, 전기의 中樞院副使에 해당한다. 이에 대해서는 권1 3-(2), 주해 7) 참조.

　15) 監察大夫: 고려후기 監察司의 정3품 관직으로, 전기의 御史大夫에 해당한다. 이에 대해서는 권1 6-(2), 주해 32) 참조.

　16) 奉王命入賀天壽聖節: 김태현이 元 황제의 생신인 聖節을 하례하기 위해 元에 使行 간 것은 1301년(충렬왕 27) 7월의 일이다.

　　『高麗史』권27, 世家27 忠烈王 27년 추7월 乙丑.

　　『高麗史』권110, 列傳23 金台鉉.

17) 上都: 지금의 중국 內蒙古自治區 多倫縣 일대이다. 쿠빌라이(忽必烈)가 즉위한 1260년에 開平府로 하였으며, 1264년에 궁궐을 두고 加號하여 上都라고 하였다. 이후 元의 황제들은 매년 여름이면 상도에서 체류하였다.

　　『元史』 권58, 志10 地理1 中書省 上都路.

　　陳高華·史衛民, 2010, 『元代大都上都研究』, 中國人民大學出版社.

　　조영헌, 2011, 「원·명·청 시대 首都 북경과 陪都의 변천」, 『歷史學報』
　　　　209.

18) 成宗: 1265~1307. 쿠빌라이 사후에 등극한 원의 2대 황제로, 재위 기간은 1294~1307이다. 이름은 테무르(鐵穆耳)이고 쿠빌라이의 황태자인 진킴(眞金)의 셋째 아들이다.

　　『元史』 권18, 本紀18 成宗1.

19) 朔方: 현재의 중국 內蒙古自治區 杭錦旗의 북쪽 일대를 가리킨다. 『高麗史』 金台鉉傳에 의하면 이때 元 成宗은 甘肅에 있던 것으로 되어 있다. 『元史』에는 성종이 1301년 2월에 上都로 행차하였다가 10월에 大都로 돌아왔다고만 하여, 감숙 지역에 행차한 기록은 보이지 않는다. 그러나 이즈음 성종은 오랫동안 元 조정에 대항하던 카이두(海都)를 정벌하기 위해 카이산(海山)을 파견한 바 있는데, 이로 인해 당시 성종이 카이두와의 분쟁 지역의 초입에 해당하는 감숙 지역까지 행차했던 것이 아닌가 생각된다.

　　『高麗史』 권110, 列傳23 金台鉉.

　　『元史』 권47, 本紀20 成宗 5년 2월 丁酉·10월 壬戌.

　　라시드 앗 딘 지음, 김호동 역주, 2005, 『칸의 후예들』, 사계절, 477~
　　　　480쪽.

20) 留守省: 당시 김태현은 上都로 사행을 갔는데, 상도는 중서성의 관할이었다. 또 『高麗史』 金台鉉傳에는 그가 中書省에 글을 올려 사행을 지속하게 해 줄 것을 요청한 것으로 되어 있다. 따라서 여기서의 留守省은 元의 중서성으로 이해된다.

『高麗史』권110, 列傳23 金台鉉.

『元史』권58, 志10 地理1 中書省 上都路.

21) 過一十一站達行在: 몽골제국은 1206년에 몽골을 통일한 이후 대외 정복을 진행하는 과정에서 지역 간 원활한 인적·물적 교류 및 정보 전달 등을 위해 대도—상도—카라코룸을 잇는 역참을 비롯하여 몽골 전역을 연결하는 많은 역참을 설치·운영하였다. 본문에서 김태현이 上都를 출발해 11개의 역참을 지나 甘肅에 위치하는 행재소에 도착했다는 것으로 볼 때 당시 상도에서 감숙성에 이르는 지역에는 11개 이상의 역참이 설치되어 기능하고 있었음을 알 수 있다.

羽田亨, 1957, 「蒙古驛傳考」·「元朝驛傳雜考」, 『羽田博士史學論文集』 上卷歷史篇, 東洋史硏究會.

陳得芝, 1977, 「元嶺北行省諸驛道考」, 『元史及北方民族史硏究集刊』 1 ; 2005, 『蒙元史硏究叢稿』, 人民出版社.

葉新民, 1989, 「元上都的驛站」, 『蒙古史硏究』 3.

默書民, 2004, 『蒙元郵驛硏究』, 暨南大學博士學位論文.

黨寶海, 2006, 『蒙元驛站交通硏究』, 崑崙出版社.

고명수, 2010, 「쿠빌라이 정부의 大都건설과 역참교통체계 구축」, 『中央아시아 硏究』 15.

沈昊成, 2012, 「몽골帝國期 東部 중앙아시아 驛站 교통로의 변천」, 『東洋史學硏究』 118.

22) 同知知司事: 문맥상 고려후기 密直司의 관직인 同知密直司事와 知密直司事를 연칭한 것이다. 전기의 同知中樞院事와 知中樞院事에 해당한다. 同知密直司事에 대해서는 권1 6-(4), 주해 9), 知密直司事에 대해서는 권1 7-(1), 주해 2) 참조.

23) 文翰承旨: 文翰學士承旨를 말한다. 고려후기 文翰署의 종2품 관직으로, 전기의 翰林學士承旨에 해당한다. 翰林院에 대해서는 권1 2-(2), 주해 19) 참조.

24) 承務郎: 元의 종6품 文散階이다.

『元史』권91, 志41上 百官7 文散階.

25) 征東行中書省左右司郎中: 征東行省 左右司의 관직으로 종5품이며, 左·右 각 1인을 두었다. 行省의 낭중은 고려왕의 추천을 받아 元 황제가 제수하였다. 征東行省에 대해서는 권1 14-(1), 주해 1) 참조.

> 『元史』 권91, 志41上 百官7 行中書省.
> 高柄翊, 1962, 「麗代 征東行省의 研究(下)」, 『歷史學報』 19 ; 1970, 『東亞交涉史의 研究』, 서울大學校出版部, 250~253쪽.
> 張東翼, 1990, 「征東行省의 研究」, 『東方學志』 67 ; 1994, 『高麗後期外交史研究』, 一潮閣, 63~68쪽.

26) 密直司使: 고려후기 密直司의 종2품 관직으로, 전기의 中樞院使에 해당한다. 密直司에 대해서는 권1 3-(2), 주해 7) 참조.

27) 大寶文: 『高麗史』 百官志에서 大寶文이라는 관직명은 확인되지 않는다. 經書 講論과 詞命 制撰을 비롯하여 중요 전적의 보관 업무를 관장하던 寶文閣大提學이었을 것이다. 고려말의 鄭思道(1318~1379)가 大寶文에 임명된 기록도 찾아 볼 수 있다.

> 『高麗史』 권76, 志30 百官1 寶文閣.
> 「鄭思道墓誌銘」.
> 朴龍雲, 2004, 「『高麗史』 百官志 譯註(3)」, 『고려시대연구』 Ⅶ, 한국정신문화연구원 ; 2009, 『『高麗史』 百官志 譯註』, 신서원, 225·226쪽.

28) 匡靖大夫: 고려후기 문산계로 종2품에 해당한다. 이에 대해서는 권1 6-(2), 주해 33) 참조.

29) 入僉議爲知司事: 知都僉議司事에 임명된 것을 말한다. 지도청의 사사는 고려후기 都僉議使司의 종2품 관직으로 정원은 1인이며, 전기의 知門下省事에 해당한다.

> 『高麗史』 권32, 世家32 忠烈王 31년 추7월 己巳.
> 『高麗史』 권76, 志30 百官1 門下府.

30) 丙午又入賀天壽節而回: 김태현이 聖節을 하례하기 위해 원에 간 것은 1306년(충렬왕 32) 8월 乙亥의 일이다.

『高麗史』권32, 世家32 忠烈王 32년 8월 乙亥.

31) 仁宗: 1285~1320. 元의 4대 황제로, 재위 기간은 1311~1320년이다. 이름은 아유르바르와다(愛育黎拔力八達)이고 武宗(1281~1311)의 동생이다.

『元史』권24, 本紀24 仁宗1.

32) 德陵奉仁宗掃淸內難 功高天下: 1307년에 元 成宗이 崩御하자, 仁宗은 그의 형 카이샨(海山)을 武宗으로 옹립하였다. 이 과정에서 충선왕이 도운 공이 커서, 충선왕은 1308년에 심양왕에 봉해졌으며 고려에서도 충렬왕과의 경쟁구도에서 정치적 우세를 점하게 되었다.

高柄翊, 1962,「高麗 忠宣王의 元 武宗擁立」,『歷史學報』17·18合 ; 1970,『東亞交涉史의 硏究』, 서울大學校出版部.

33) 二府: 고려후기 僉議府와 密直司를 의미한다. 이부에 대해서는 권1 6-(3), 주해 7) 참조.

34) 本國之臣有懷貳于王者 …… 獨留公復知密直司: 1307년에 武宗의 즉위를 도운 공로로 고려에서의 실권을 되찾은 충선왕이 元에 체류하면서 同知密直司事 金文衍과 上護軍 金儒를 고려에 보내어 宋玢 등 36인을 감옥에 가두고 재산을 몰수토록 하였다. 이때 金台鉉도 宰臣에서 知密直司事로 강직되었다.

『高麗史』권32, 世家32 忠烈王 33년 3월 辛卯.

高柄翊, 1962,「고려 忠宣王의 元 武宗擁立」,『歷史學報』17·18合 ; 1970,『東亞交涉史의 硏究』, 서울大學校出版部.

金光哲, 1986,「高麗 忠宣王의 現實認識과 對元活動―忠烈王 24년 受禪 以前을 중심으로―」,『釜山史學』11.

李昇漢, 1988,「高麗 忠宣王의 瀋陽王 被封과 在元 政治活動」,『全南史學』2.

朴宰佑, 1993,「高麗 忠宣王代 政治運營과 政治勢力 動向」,『韓國史論』29.

張東翼, 1999,「新資料를 통해 본 忠宣王의 在元活動」,『歷史敎育論集』23·24合.

閔賢九, 2004, 「元 干涉期 고려의 정치양태—國王 不在의 국정운영을
통해 본 王朝體制의 지속성—」, 『高麗政治史論』, 고려대학교
출판부.

35) 罷密直: 1308년에 충선왕이 밀직사를 일시 혁파하였다가
즉위하면서 다시 두었는데, 본문에서 밀직이 혁파되었다고 한 것은
이때의 일을 말한다.

『高麗史』 권76, 志30 百官1 密直司.

邊太燮, 1976, 「高麗의 中樞院」, 『震檀學報』 41.

朴龍雲, 1976, 「高麗의 中樞院 研究」, 『韓國史研究』 12 ; 2001, 『高麗時
代 中樞院 研究』, 高麗大學校 民族文化研究院.

36) 咨議贊成事: 咨議는 僉議府, 密直司의 관직 및 都評議司事
의 앞에 덧붙여 사용되었으나, 정확히 어떠한 직무 또는 기능을 하
였는지 알 수 없다. 다만 재상으로서 치사 또는 직무를 행할 수 없
는 경우에 이들에게 咨의 관직을 줌으로써 자문의 형태로 국정운영
에 참여하도록 한 것으로 파악하기도 한다. 贊成事는 고려후기 僉議
府의 정2품 관직으로, 전기의 平章事에 해당한다. 贊成事에 대해서
는 권1 6-(1), 주해 2) 참조.

『高麗史』 권68, 志22 禮10 嘉禮 兩府宰樞合坐儀 忠烈王 33년 6월 丙午.

李貞薰, 2013, 「원간섭기 商議 관직의 설치와 변화」, 『韓國史研究』 163,
116~124쪽.

15-(3).

[原文]

至大戊申, 忠烈上昇, 德陵卽位, 分遣大臣諸道, 計點民居, 欲成靑籍, 以公
爲楊廣水吉道計點使, 行水州牧使. 諸道牒報僉議司, 承受條畫, 僉議無所定
擬, 回文每曰, 當依楊廣水吉一道定體施行, 故皆遣僚佐來取法焉. 己酉夏,
復命判三司事, 居二年, 罷三司, 爲大匡商議贊成事. 辛亥, 又刪商議, 官隨例

罷. 自是閑居者十年. 辛酉, 起爲僉議評理, 尋判三司, 階重大匡. 延祐末, 德
陵有吐蕃之行, 至治初, 上王入朝見留, 國中黨論起. 時家宰從于王所, 而公
首居二府, 在下者反執國權, 不與一心, 故事皆扞格. 然終不至誤國者, 由有
公也. 泰定甲子, 上王得復政, 多所更改, 而欲罷公. 王曰, 此老終始無他, 不
宜去, 執政罔有贊者, 卒見罷. 明年, 王歸國, 以僉議政丞致仕. 是年, 大夫人
年百歲, 賜廩歲三十碩. 丁卯, 更革官號, 就以三重大匡僉議中贊修文館大提
學監春秋館事上護軍判典理司事, 仍致仕. 及是, 太夫人卒, 年百二歲, 特贈
卞韓國大夫人. 至順庚午春, 國王受嗣封之命, 朝廷遣客省使七十堅來取金印.
而命公權行省事, 公重違其命, 且起署事. 朝使以二月二日而回, 至卄九日,
時宰會坐巡軍所, 以前王命召公. 至則收丞相印于省府, 出公.[33] 听命, 故家
數月, 別無行遣, 四月, 挈家東游金剛山, 蓋避嫌也. 五月, 王使至自都, 責時
宰以擅收丞相印事而罷其左右司官, 皆停月俸, 遣宣使一人到山傳命, 公乘驛
還京, 復署省事, 非其好也. 七月, 氣疾作, 藥治不效, 至十月六日癸丑, 卒于
家, 享年七十.

[譯文]

　지대 무신년(1308, 충렬왕 34)에 충렬왕이 승하하고 충선왕[德
陵]이 즉위하자,[1] 대신들을 여러 도에 나누어 보내어 민호[民戶]를
점검하고 호적[靑籍]을 만들고자 공을 양광수길도[2] 계점사[3]·행수
주목사[4]에 임명하였다.[5] 여러 도에서 첨의사[6]에 첩을 올려 규정
[條畫]을 받들고자 하였으나, 첨의사에서는 정해진 바가 없어 회송
문에 매번 이르기를, "마땅히 양광수길도 한 곳에서 정한 법식에 따
라 시행하라."라고 하였으므로 모두 관리를 보내와 본받았다. 기유
년(1309, 충선왕 1) 여름에 다시 판삼사사[7]에 임명되어 2년간 있
다가 삼사에서 해직되고[8] 대광[9]·상의찬성사[10]가 되었다. 신해년
(1311)에 또 상의 관직을 없애니[11] 예에 따라 그만두었다. 이로부

---

33) 公: 원본에는 令으로 되어 있으나 내용상 公이 옳으므로, 公으로 교감하였다.

터 한가하게 지낸 것이 10년이었다. 신유년(1321, 충숙왕 8)에 기용되어 첨의평리[12]가 되었다가 얼마 후 판삼사가 되었으며, 관계는 중대광[13]에 이르렀다. 연우 말에 충선왕[德陵]이 토번으로 갔고,[14] 지치 초에 충숙왕[上王]이 (원에) 입조했다가 머무르게 되자 나라 안에서 당론이 발생했다.[15] 당시 총재[16]는 왕이 있는 곳에서 수행하였으므로 공이 이부의 으뜸이었는데[17] 아래에 있는 자가 오히려 나라의 권력을 쥐고 한마음이 되지 않았기 때문에 일이 모두 어그러졌다. 그러나 끝내 나라가 그릇되지 않은 것은 공이 있었기 때문이다. 태정 갑자년(1324)에 충숙왕[上王]이 정사에 복귀할 수 있게 되자 많은 것을 다시 바꾸고 공을 파면시키고자 하였다.[18] 왕이 말하기를, "이 노인은 시종 다른 마음이 없었으니 내쫓는 것은 마땅치 않다."라고 하였으나, 집정들이 찬동하지 않아 끝내 파직당하였다. 이듬해에 왕이 귀국하자[19] 첨의정승[20]으로 치사하였다. 이해에 대부인의 나이가 100세였으므로 (나라에서) 해마다 30석의 쌀을 하사하였다. 정묘년(1327)에 관호를 다시 고치자[21] 삼중대광[22]·첨의중찬·수문관대제학[23]·감춘추관사[24]·상호군[25]·판전리사사[26]가 되어 이내 치사하였다. 이때에 이르러 대부인이 졸하였는데, 나이가 102세였으므로 특별히 변한국대부인[27]으로 추증되었다. 지순 경오년(1330) 봄에 충혜왕[國王]이 왕위를 계승하라는 명을 받자 (원)조정에서 객성사 칠십견(七十堅)을 보내와 금인을 가져갔다.[28] 공을 권행성사에 임명하니 공이 거듭 명을 어기기 어려워 다시 일어나 일을 임시로 맡았다. (원)조정의 사자가 2월 2일에 돌아가고 29일이 되자 당시 재상들이 순군소[29]에 모여 충숙왕[前王]의 명으로 공을 불렀다. (공이) 이르자 곧 정동행성에서 승상인을 압수하고 공을 내쫓았다.[30] (공이) 명을 받고 집으로 돌아와 수개월 동안 달리 하는 일 없이 보내다가 4월에 가족을 데리고 동쪽 금강산[31]으로 유

람하였는데, 대개 의심을 피하기 위한 것이었다. 5월에 왕의 사신이
(원의) 상도로부터 도착하여 당시 재상들이 멋대로 승상인을 압수
한 일을 질책하고 좌우사[32]의 관원을 파직하여[33] 모두 월봉을 정지
시키고 사신 한 사람을 산으로 보내어 왕명을 전하였다. 공이 역마
를 타고 개경으로 돌아와 다시 성의 일을 보았으나, 그것이 좋아서
는 아니었다. 7월에 기력이 떨어져 병이 생겼고 약을 썼으나 효험이
없어 10월 6일 계축일에 이르러 집에서 졸하니, 향년 70세이다.

[註解]

1) 忠烈上昇 德陵卽位: 충렬왕은 1308년 7월 己巳에 薨하였고,
충선왕은 같은 해 8월에 복위하였다.

　　『高麗史』 권32, 世家32 忠烈王 33년 추7월 己巳.
　　『高麗史』 권33, 世家33 忠宣王 복위년 8월 甲寅.

2) 楊廣水吉道: 지금의 서울과 경기도 일대이다. 당시 계수관이던
南京·廣州·水州·吉州―樹州― 관내의 군현을 포함하는 지역이다.

　　『高麗史』 권56, 志10 地理1 楊廣道.

3) 計點使: 지방 諸道의 戶口를 파악하기 위해 파견하였던 관원
을 말하며, 여기에는 判官 2인과 錄事 2인을 두었다. 김태현이
1308년에 楊廣水吉道計點使에 임명된 것은 『高麗史』 金台鉉傳에
도 전한다.

　　『高麗史』 권77, 志31 百官2 外職 計點使.
　　『高麗史』 권110, 列傳23 金台鉉.

4) 行水州牧使: 3품 이상이 부임하는 水州의 牧使이다. 水州는
지금의 경기도 수원시 일대이다. 본래 고구려의 買忽郡이었던 것을
신라 경덕왕 때에 水城郡으로 고쳤다. 태조가 남쪽 지역을 정벌할
때 郡人 金七, 崔承珪 등이 귀순하여 도운 공로가 있어 水州로 승
격되었다. 995년(성종 14)에 都團練使를 두었다가, 1005년(목종

8)에 罷하였다. 1018년(현종 9)에 知州事로 회복시켰다. 1271년 (원종 12)에 水原都護府로 승격되었으며, 후에 다시 水州牧으로 승격되었다.

한편 이때 김태현이 임명된 行水州牧使는, 그가 재상을 지내고 3품 이상이 부임하는 목사직에 임명되었으므로, 실행관직이란 의미를 표현하기 위해 '行'을 붙인 것이라 이해하기도 한다.

『高麗史』 권56, 志10 地理1 楊廣道 南京留守官楊州 水州.

권영국, 2012, 「고려전기의 행직(行職)과 수직(守職)」, 『역사와 현실』 86.

5) 分遣大臣諸道 …… 行水州牧使: 『高麗史』 世家에 의하면 1308년에 충선왕이 복위하여 5部에 호구를 점검하도록 하고 또 복위교서에서 民田을 計點하도록 한 일이 있는데, 본문은 이를 가리킨다. 당시 충선왕은 몽골의 침입 이후 심화된 재정 악화 및 수취의 폐단 등을 극복하고자 전국적인 민전의 계점을 실시하여 조세와 부역을 공정히 함으로써 국가의 재정을 확보하고자 하였다.

『高麗史』 권33, 世家33 忠宣王 復位年: 복위년 동10월 己丑·11월 辛未.

朴鍾進, 1983, 「忠宣王代의 財政改革策과 그 性格」, 『韓國史論』 9, 69~85쪽.

朴京安, 1996, 「田制整正政策의 推進」, 『高麗後期 土地制度硏究―13·14 世紀 田制整備政策과 推移―』, 혜안, 178~190쪽.

이강한, 2012, 「1308~1310년 고려내 "牧·府 신설"의 내용과 의미―충 선왕대 지방제도[계수관제] 개편방향에 대한 검토―」, 『韓國史 硏究』 158, 70~73쪽.

6) 僉議司: 고려후기의 都僉議使司를 말하며, 문종대의 中書門下省과 尙書省을 합친 기구이다. 이에 대해서는 권1 5, 주해 19) 참조.

7) 判三司事: 중앙과 지방 錢穀의 출납을 회계하는 업무를 총괄한 三司의 관직으로, 정원은 1인이고, 재신이 겸하였다. 고려후기에는 판삼사사가 단독직으로 운영되면서, 僉議政丞―侍中―에 다음가

는 지위로 그 위상이 올라간다.

　　邊太燮, 1975, 「高麗의 三司」, 『歷史敎育』 17, 55·56쪽.

　8) 己酉夏 …… 罷三司: 본문에는 김태현이 1309년(충선왕 1)
에 判三司事에 임명되어 2년간 재임하다 파직되었다 한다. 반면 『高
麗史』 世家에는 그가 1309년 4월에 判三司事에 임명되고, 이듬해
9월에 三司左使가 되었다고 하여 본문과는 차이가 있다.

　　『高麗史』 권33, 世家33 忠宣王 원년 하4월 辛未·2년 9월 乙酉.

　9) 大匡: 고려후기 문산계로 정2품상에 해당한다. 국초 官階의
하나였으나, 성종대 이후 鄕職으로 바뀌었다. 그후 1308년(충렬왕
34)에 충선왕이 복위하여 정1품계인 三重大匡을 신설하면서 匡靖
大夫를 정2품계로 높였고, 1310년에는 大匡(정2품상)과 正匡(정2
품하)으로 개정하였다.

　　『高麗史』 권77, 志31 百官2 文散階.
　　朴龍雲, 1981, 「高麗의 文散階」, 『震檀學報』 52 ; 1997, 『高麗時代 官
　　　　階·官職 硏究』, 고려대학교 출판부, 78~82쪽.

　10) 商議贊成事: 충렬왕대의 관제 개편 이후에 치사 등으로 직
사를 수행하지 않는 재상들이 국정 운영에 참여할 수 있도록 재상직
에 '商議'를 더한 일종의 宰相職으로, 처음에는 재추회의에 참여는
하였으나 문서에 서명할 자격은 주어지지 않았다(①). 한편 商議를
商議會議都監事와 동일한 용어로 보고, 또 이때의 회의도감을 都評
議使司의 별칭으로 파악하는 견해(②)와 재상으로서 치사 또는 직
무를 행할 수 없는 경우에 이들에게 상의 관직을 줌으로써 자문의
형태로 국정운영에 참여하도록 한 것으로 보는 견해(③)가 있다.

　　① 朴龍雲, 2009, 『『高麗史』 百官志 譯註』, 신서원, 61쪽.
　　② 邊太燮, 1995, 「高麗의 會議都監」, 『國史館論叢』 61.
　　③ 李貞薰, 2013, 「원간섭기 商議 관직의 설치와 변화」, 『韓國史硏究』
　　　　163, 116~123쪽.

　11) 刪商議: 본문에는 상의를 없앤 것과 같이 표현되어 있으나,

이후에도 商議式目都監事 등의 사례가 찾아진다. 따라서 상의제 자체의 폐지가 아니라 상의 관직의 운영에 변화가 있었던 것으로 이해된다.

李貞薰, 2013, 「원간섭기 商議 관직의 설치와 변화」, 『韓國史硏究』163, 136·137쪽.

12) 僉議評理: 고려후기 僉議府의 종2품 관직으로, 전기의 叅知政事에 해당한다. 이에 대해서는 권1 14-(1), 주해 3) 참조.

13) 重大匡: 고려후기 문산계로 종1품에 해당한다. 이에 대해서는 권1 6-(1), 주해 1) 참조.

14) 德陵有吐蕃之行: 1320년(충숙왕 7) 12월에 충선왕이 고려 출신 환관 임바얀퇴귀스(任伯顔禿古思)의 참소로 인해 吐蕃 撤思結로 유배된 것을 말한다. 충선왕의 토번 유배에 대해서는 권1 4, 주해 9) 참조.

15) 至治初 …… 國中黨論起: 至治는 元 英宗의 연호로 1320~1323년간 사용되었다. 上王은 충숙왕을 가리킨다. 「金台鉉墓誌銘」이 작성된 시기가 1330년(충혜왕 즉위)의 일이므로 충숙왕을 상왕으로 표현한 것이다. 본문은 1321년(충숙왕 8)에 왕이 원 조정의 부름을 받고 입조했다가 瀋王 王暠 등의 참소를 받아 4년간 원에 머무르는 동안에 발생한 瀋王擁立事件을 가리킨다. 이에 대해서는 권1 6-(4), 주해 2) 참조.

16) 冢宰: 班次 제1의 재신을 말하는 것으로, 首相, 上宰, 大宰라고도 한다. 보통 전기에는 門下侍中, 후기에는 中贊·政丞을 지칭하며, 이들이 闕位인 때에는 반차 제1의 재신이 총재가 되었다.

邊太燮, 1967, 「高麗宰相考―3省의 權力關係를 중심으로―」, 『歷史學報』 35·36合 ; 1971, 『高麗政治制度史硏究』, 一潮閣, 79쪽.

朴龍雲, 1998, 「高麗時代의 門下侍中에 대한 검토」, 『震壇學報』85 ; 2000, 「고려시대의 門下侍中」, 『고려시대 中書門下省宰臣 연구』, 一志社, 50~54쪽.

17) 公首居二府: 守僉議政丞 柳淸臣과 僉議贊成事 吳潛 등이
왕을 호종하여 원에 가던 상황에서 당시 평리를 거쳐 判三司事이
던 김태현이 차순위로 가장 서열이 높은 재상이었음을 언급한 기록
이다. 이로 보아 판삼사사의 위상이 평리보다 높았음을 알 수 있다.
二府에 대해서는 권1 6-(3), 주해 7) 참조.

『高麗史』 권35, 世家35 忠肅王 8년 춘정월 甲辰·하4월 丁卯.

18) 泰定甲子 …… 而欲罷公: 泰定은 元 晉宗의 연호로 1324～
1327년 동안 사용되었으며, 泰定 연간의 甲子年은 1324년(충숙왕
11)에 해당한다. 본문의 내용은 충선왕이 태정제의 부름으로 유배
에서 풀려나 다시 정계에 복귀한 이후의 상황을 말한다. 김태현의
면직 과정을 통해 충선왕과 충숙왕 사이에 갈등이 있었음을 볼 수
있다.

이영진, 1997, 「忠肅王代의 改革案과 그 性格」, 『北岳史論』 4.

金炳秀, 2001, 「高麗 忠肅王 12년(1325) 敎書의 再檢討」, 『慶北史學』 24.

19) 明年王歸國: 충숙왕은 1321년(충숙왕 8)에 元에 입조하였
다가 瀋王 王暠 등의 참소로 인해 4년간 억류되었는데, 이후 元 황
제가 바뀌는 정세변화에 따라 1324년에 국왕인을 돌려받았고, 이듬
해인 1325년에 고려에 귀국하였다.

『高麗史』 권35, 世家35 忠肅王 11년 춘정월 甲寅·12년 5월 辛酉.

高柄翊, 1962, 「麗代 征東行省의 硏究(下)」, 『歷史學報』 19 ; 1970, 『東
　　亞交涉史의 硏究』, 서울大學校出版部.

金光哲, 1990, 「高麗 忠肅王 12年의 改革案과 그 性格」, 『考古歷史學志』
　　5·6合.

金塘澤, 1993, 「高麗 忠肅王代의 瀋王 옹립 운동」, 『歷史學硏究』 12 ;
　　1998, 『元干涉下의 高麗政治史』, 一潮閣.

金惠苑, 1999, 「忠肅 忠惠王代의 瀋王擁立運動과 그 性格」, 『高麗後期
　　瀋王 硏究』, 이화여자대학교 사학과 박사학위논문.

李命美, 2012, 「忠烈～忠惠王代 고려국왕위 관련 논란의 추이와 의미」,
　　『고려―몽골 관계와 고려국왕 위상의 변화』, 서울대학교 국사

학과·박사학위논문.

20) 僉議政丞: 고려후기 僉議府의 종1품 관직으로 정원은 1인이며, 전기의 門下侍中에 해당한다. 1275년(충렬왕 1)에 中書門下省을 첨의부로 개칭하면서 문하시중도 僉議中贊(左·右 각 1인)으로 바뀌었으며, 1298년에는 도첨의시중으로 고쳤다가 다시 중찬으로 하였다. 이후 1308년(충렬왕 34)에 충선왕이 정승으로 고쳤다.

『高麗史』 권76, 志30 百官1 門下府.

朴龍雲, 2000, 『고려시대 中書門下省宰臣 연구』, 一志社, 91～117쪽.

21) 丁卯更革官號: 丁卯는 1327년(충숙왕 14)이다. 본문에는 이 해에 관호를 고친 것으로 되어 있는데, 이외에는 기록이 없어 정확한 내용은 알기 어렵다.

22) 三重大匡: 고려후기 문산계로 정1품에 해당한다. 이에 대해서는 권1 7-(1), 주해 10) 참조.

23) 修文館大提學: 고려후기 修文館—文德殿—의 종2품 관직으로, 전기의 修文殿大學士에 해당한다. 이에 대해서는 권1 2-(2), 주해 14) 참조.

24) 監春秋館事: 고려후기 春秋館의 관직으로, 전기의 監修國史에 해당하며 재신이 예겸하였다. 1308년(충렬왕 34)에 충선왕이 文翰署—翰林院—와 史館—春秋館—을 합쳐 藝文春秋館으로 하였다가, 1325년(충숙왕 12)에 다시 藝文館과 春秋館으로 분리하였다.

『高麗史』 권76, 志30 百官1 春秋館.

25) 上護軍: 고려후기 정3품 무반직으로, 전기의 上將軍에 해당한다. 이에 대해서는 권1 6-(1), 주해 3) 참조.

26) 判典理司事: 고려후기 典理司의 판사직으로, 전기의 判吏部事에 해당하며 宰臣이 겸하였다. 1275년(충렬왕 1)에 尙書吏部와 尙書禮部를 합하여 전리사로 개칭하면서 判吏部事도 판전리사사로 바뀌었다. 1298년에 銓曹로 고치면서 判銓曹事라 하였고, 1308년

에 選部가 되자 判選部事라 하였다가 다시 典理司로 고치자 判典理
司事가 되었다.

『高麗史』 권76, 志30 百官1 吏曹.

27) 卞韓國大夫人: 金台鉉의 母인 高氏를 말한다. 國大夫人은
고려시대에 정3품 이상 관원의 배우자에게 내려진 봉작호인데, 실제
로는 朝鮮公 李資謙의 처 崔氏와 같이 최고위 관원의 배우자에게
주는 영예로운 것이었다.

『高麗史』 권77, 志31 百官2 內職.

28) 至順庚午春 …… 朝廷遣客省使七十堅來取金印: 至順은 元
文宗의 연호로 1330~1332년에 해당하며, 至順 연간의 庚午는
1330년(충숙왕 17)이다. 본문은 1329년에 충숙왕이 元에 金之鏡
을 보내 傳位를 청함에 따라 이듬해 元에서 世子 王禎을 왕―충혜
왕―으로 책봉하고 客省副使 七十堅을 보내어 國王印을 가져간 일
을 말한다.

『高麗史』 권35, 世家35 忠肅王 16년 동10월 庚戌·17년 2월 壬午.
金塘澤, 1994, 「高麗 忠惠王과 元의 갈등」, 『歷史學報』142 ; 1998, 『元
　　干涉下의 高麗政治史』, 一潮閣, 102~109쪽.
金光哲, 1995, 「고려 충혜왕의 왕위계승」, 『釜山史學』28.
이정신, 2010, 「고려 충혜왕의 행적과 정치적 입장」, 『韓國人物史研究』
　　13 ; 2015, 『고려의 국왕―帝王과 개인으로서의 삶』, 景仁文化
　　社.

29) 巡軍所: 고려후기 치안유지와 방수를 담당한 巡軍을 말한다.
충렬왕대에 元의 제도에 따라 치안유지와 방수를 목적으로 설치되
었다. 그러나 이후 본래의 임무뿐 아니라 왕권에 奉仕하여 嬖幸·權
臣에 이용되는 한편 元帝, 公主, 元使에 의해서도 이용되었다.

韓㳰劤, 1961, 「麗末 鮮初巡軍研究─麗初 巡檢制에서 起論하여 鮮初 義
　　禁府成立에까지 미침─」, 『震檀學報』22, 22~29쪽.

30) 命公權行省事 …… 至則收丞相印于省府: 1330년(충혜왕
즉위) 2월에 충혜왕이 김태현을 權征東行省事로 임명하여 임시로

행성의 일을 맡겼으나, 원 사신이 돌아가자 충숙왕이 곧 김태현을 소환하여 감옥에 가두고 鄭方吉로 하여금 權征東行省事를 대신하게 하였다. 征東行省에 대해서는 권1 14-(1), 주해 1) 참조.

『高麗史』 권35, 世家35 忠惠王 즉위년 2월 丁未·하4월 壬午.

『高麗史』 권110, 列傳23 金台鉉.

金塘澤, 1994, 「高麗 忠惠王과 元의 갈등」, 『歷史學報』 142 ; 1998, 『元干涉下의 高麗政治史』, 一潮閣, 102~109쪽.

31) 金剛山: 지금의 강원도 금강군·고성군·통천군에 걸쳐 있는 산으로, 金剛, 皆骨, 涅槃 등으로도 불리었다. 이에 대해서는 권1 13-(1), 주해 1) 참조.

32) 左右司: 征東行省 예하의 관서로, 宰屬署·佐幕으로도 불리며, 外廷의 謀議, 庶府의 稟承, 兵民의 號令 및 財賦의 회계 등 지방행정 전반을 총괄하였다.

『元史』 권91, 志41上 百官7 行中書省.

高柄翊, 1962, 「麗代 征東行省의 研究(下)」, 『歷史學報』 19 ; 1970, 『東亞交涉史의 研究』, 서울大學校出版部, 250~253쪽.

張東翼, 1990, 「征東行省의 研究」, 『東方學志』 67 ; 1994, 『高麗後期外交史研究』, 一潮閣, 39쪽.

33) 五月 …… 責時宰以擅收丞相印事而罷其左右司官: 본문은 충혜왕이 보낸 사자가 김태현으로부터 省印을 빼앗은 것을 꾸짖고 정동행성 左右司의 관원을 파직하였다는 것으로, 유사한 내용이 『高麗史』 金台鉉傳에도 있다.

『高麗史』 권110, 列傳23 金台鉉.

15-(4).

[原文]

公性資廉平, 儀表秀整, 言語擧止, 動循禮法. 人望之若不可犯, 及乎一接

聲氣, 又溫然而和, 莫知其有也. 其事大夫人孝, 待夫人以禮, 敎養子孫有方, 親媿克睦, 不言而和.34) 與人無妄交, 亦無與爲仇怨者. 其居二府, 至罷閑居, 賓客往來, 不爲之增減也. 平生, 無事必夙興夜寐, 晝不偃臥, 暑不袒裸, 雖處簾閣, 整襟危坐, 肅肅如也. 方其年少入內侍, 奉命監倉寺, 務繁愈辦, 老事者以爲不可及. 至叅臺諫, 所陳皆遠謀. 其出按忠淸慶尙二道, 安集東界, 獄訟歸于平, 興除利害, 若嗜欲然, 當時已以經濟期之. 歷事三王, 進退由禮, 未嘗有絲毫之失. 言歷代典故, 班班如昨日事, 每國有大疑, 就訪而是正焉. 其所著述, 詞敎得体, 詩淸艷可愛. 又手集東人之文, 號東國文鑑, 以擬配選粹. 自號快軒, 晩年又號雪庵. 嘗主成均試, 得李蒨等七十人, 闋禮闡, 得朴理等三十餘人, 一時聞士多入選中. 公娶左右衛郞將金儀之女, 早逝. 又娶神虎衛郞將王旦之女, 封開城郡大夫人, 賢而能家, 不以有無溷于公. 以三子皆登科, 食國廩歲二十石. 公子男四人女二人, 先夫人生一男, 餘皆後夫人生也. 光軾登甲午科, 官至摠部議郞, 先卒無子, 光轍登乙巳科, 今爲軍簿正郞進賢直提學. 光載登癸丑科, 今爲都官正郞, 光輅登丁巳科, 未娶而夭, 官止嘉安府錄事. 女適典校令藝文直提學安牧, 封翼陽郡夫人, 次適藝文供奉朴允文, 孫男二人. 曰某, 職爲別將, 次未名. 國王自幼素聞重名, 在初受封, 卽以省權任之, 蓋有復相意. 及就國, 公已病, 聞其卒, 爲之不懌, 吊賻加厚, 贈謚曰文正. 更命有司, 用十一35)月八日甲申, 葬于古德水縣東多草之原. 二孤以遺命, 屬門人崔某銘其墓. 某事公近三十年, 常懼無似有負知待. 至如譔德, 垂之不朽, 宜讓能者, 然公之治命, 不可辭也, 謹百拜泣而銘之.

銘曰, 嗚呼文正, 實國元龜, 今而忽喪, 于何質疑, 山頹梁毁, 哲人其萎, 匪獨賜也, 有感宣尼.

[譯文]

공은 타고난 성품과 자질이 청렴하고 공평하며 외모가 뛰어나고

---

34) 和: 원본에는 化로 되어 있으나 내용상 和가 옳으므로, 和로 교감하였다.
35) 一: 원본에는 결락이나, 『光山金氏文簡公派世譜』에는 一이 있으므로 보충하였다.

단정하였으며, 말하는 것과 행동하는 것이 예법에 맞았다. 사람들이 보기에는 가히 범접할 수 없는 듯하나 목소리와 기색을 한 번 접해 보면 또한 온화하고 순하니, (접하지 않고서는) 그러한 면이 있음을 알지 못하였다. 대부인을 섬김에 효로 하고 부인을 대하는 데에 예로 하였으며 자손을 가르치고 기르는 데에 방정하였고 친인척과 능히 화목하였으니, 말을 하지 않아도 화합하였다. 사람들과 더불어 함부로 사귀지 않아서 또 원한을 가진 사람도 없었다. 이부에 있을 때나 파직되어 한가롭게 지낼 때나 빈객의 왕래가 더하거나 줄어들지 않았다. 평생 일이 없어도 반드시 아침에 일찍 일어나고 밤늦게 잠이 들었으며, 낮에는 눕지 않았고 더워도 웃옷을 벗지 않았으며, 비록 문에 발을 친 곳에서도 옷깃을 가지런히 하고 위엄 있게 앉아 행동을 삼갔다. 바야흐로 어린 나이에 내시[1]에 들어가서는 명을 받아 창고와 관시를 감독하였는데, 일이 번다한데도 잘 처리하여서 경험이 많은 자도 미칠 수 없다고들 말하였다. 대간[2]이 되어서는 말하는 바가 모두 원대한 계책이었다. 충청·경상 두 도의 안렴사[3]와 동계 안집사[4]로 나가서는 송사를 공평하게 처리하여 이로운 것은 일으키고 해로운 것은 제거하니, 마치 즐기는 듯 있는 그대로 자연스러워 당시에 이미 경세제민[經濟]하리라 기대하였다. 차례로 세 왕을 섬기면서 예에 따라 나아가고 물러나니 일찍이 조금의 실수도 한 적이 없었다. 역대의 전고를 말하는 것이 마치 어제의 일처럼 명확하여 매번 나라에 큰 의혹이 있으면 (공을) 찾아가 바로잡곤 하였다. 그 저술한 바는 문장[詞]의 가르침이 격식[体]을 얻었고, 시는 맑고 고와 사랑할 만하였다. 또 손수 우리나라의 글을 모아 『동국문감』[5]이라 하였으니, (중국의) 『문선』과 『문수』[6]에 견줄만한 것이다. (공은) 스스로 호를 쾌헌이라 하였으며 만년에는 또 설암이라고도 하였다. 일찍이 성균시를 주관하여 이천[7]등 70명을 선발하였고,[8]

예위를 주관하여 박리[9] 등 30여 명을 선발하니[10] 당시의 이름난 선비들이 뽑힌 (인물) 중에 많이 들어 있었다. 공은 좌우위낭장[11] 김 의[12]의 딸에게 장가들었으나 (김씨 부인은) 일찍 죽었다. 다시 신 호위낭장[13] 왕단[14]의 딸에게 장가들었는데 개성군대부인[15]에 봉해 졌으며, 현명하게 집안을 다스려 (재물이) 있거나 없거나 공을 어지 럽게 하지 않았다. 세 아들이 모두 과거에 급제하여 나라에서 해마 다 20석의 쌀을 받았다.[16] 공의 자식은 아들 넷과 딸 둘이 있는데, 선부인이 아들 하나를 낳았고 나머지는 모두 후부인이 낳았다. 광식 은 갑오년(1294)에 과거에 급제하여[17] 관직이 총부의랑[18]에 올랐 으나 먼저 죽어서 자식이 없고, 광철은 을사년(1305)에 과거에 급 제하여[19] 지금 군부총랑[20]·진현직제학[21]으로 있다. 광재는 계축년 (1313)에 과거에 급제하여[22] 지금 도관정랑[23]으로 있으며, 광로는 정사년(1317)에 과거에 급제[24]하였으나 장가도 들지 못한 채 요절 하였고 관직은 가안부녹사[25]에 그쳤다. 딸은 전교령[26]·예문직제학 [27] 안목[28]에게 시집가서 익양군부인[29]에 봉해졌고, 그 다음은 예문 공봉[30] 박윤문[31]에게 시집갔다. 손자가 둘이 있는데, 모는 관직이 별장이며, 그 다음은 아직 이름을 짓지 못하였다. 국왕이 어릴 때부 터 평소 (공의) 큰 명성을 들었으므로 처음 왕에 봉해지자[受封] 곧 정동행성[省]의 (일을) 임시로 맡기니, 대개 재상으로 복귀시키 려는 뜻이 있어서였다. 본국에 돌아왔을 때는 공이 이미 병들었고, 졸하였다는 소식을 듣자 슬퍼하며 부의를 후하게 내리고 시호를 문 정이라 추증하였다. 다시 유사에게 명하여 11월 8일 갑신일[32]에 옛 덕수현[33]의 동쪽 풀 많은 언덕에 장사를 지내도록 하였다. 두 아들 이 유명으로 문인인 나[崔某]에게 묘지명을 부탁하였다. 나[某]는 근 30년 동안 공을 섬기면서 불초한 사람[無似]이 기대를 저버리고 있음을 항상 두려워하였다. 덕을 기록하여 드리워진 덕이 사라지지

않도록 글을 짓는 일은 마땅히 능력 있는 이에게 양보해야 할 것이
나 공께서 명하였으니 사양할 수 없어 삼가 백배하고 울면서 명을
짓는다. 명에 이른다.

> 아아! 문정공이여 실로 나라의 원로이신데
> 지금 갑자기 돌아가시니 (국사를) 어디에다 물어보겠는가
> 산이 무너지고 들보가 허물어지듯 어질고 밝은 분이 시들었으니
> 비단 은혜를 입기만 했을 뿐, 공자[宣尼]를 잃은 느낌이로다.

　　[註解]

　1) 內侍: 국왕을 侍奉하거나 호종하는 일을 맡은 近侍職을 말한
다. 이에 대해서는 권1 6-(1), 주해 32) 참조.

　2) 臺諫: 御史臺의 臺官과 中書門下省 郎舍의 諫官을 합하여
부르는 말로, 時政의 得失을 논하고 君主·百官의 과실에 대한 諫
爭·署經·封駁 등의 직임을 수행하였다. 여기서는 김태현이 右正言,
左司諫, 監察御史, 起居郎, 僉議舍人 등을 역임하였으므로 이처럼
표현하였다.

　　　朴龍雲, 1971, 「高麗朝의 臺諫制度」, 『歷史學報』 52 ; 1980, 『高麗時代
　　　　臺諫制度 研究』, 一志社, 77～99쪽.

　3) 按廉使: 고려후기에 한 道를 맡아 수령의 考課와 獄訟 등에
관한 일을 담당하였다. 1012년(현종 3)에 按察使를 두었다가 1276
년(충렬왕 2)에 按廉使로 고쳤다. 한편 『慶州先生案』에는 김태현
이 甲午年(1294) 秋冬에 경상도 안렴사를 지냈다고 한다.

　　　『高麗史』 권77, 志31 百官2 外職 按廉使.
　　　『慶州先生案』.
　　　邊太燮, 1968, 「高麗按察使考」, 『歷史敎育』 40 ; 1971, 『高麗政治制度史
　　　　研究』, 一潮閣, 172～175쪽.
　　　박종진, 2003, 「고려시기 안찰사의 기능과 위상」, 『東方學志』 122, 22
　　　　4～240쪽.

4) 安集東界: 東界安集使를 말한다. 東界安集使는 東界에 파견
되어 백성들의 安集과 지방의 감찰 기능 등을 담당하였다. 이에 대
해서는 권1 6-(2), 주해 13) 참조.

5) 東國文鑑: 金台鉉이 고대로부터 고려시대까지의 역대 시문을
모아 만든 우리나라 최초의 문선집으로, 현재 전하지 않는다. 『東國
文鑑』은 김태현이 한거하던 50세 이후인 1311(충선왕 3)～1321
년(충숙왕 8) 내지는 1324～1329년 사이에 편찬되어 고려 말에
이미 판각·간행되었던 것으로 추정된다. 이의 규모는 『東文選』序
에 "金台鉉作文鑑 失之疎略"이라고 한 것으로 보아 『東文選』에
비해 그리 크지 않았던 듯하다. 그러나 이 책은 현전하는 가장 오래
된 시문선집인 『東人之文』의 선편이자, 장차 한국 최대의 시문선집
인 『東文選』이 편찬될 수 있는 바탕이 되었다.

　　『東文選』東文選序.
　　金乾坤, 2004, 「高麗時代의 逸失 詩話·詩評集 考察 : 『雜書』, 『續破閑
　　　　集』, 『東國文鑑』을 중심으로」, 『정신문화연구』27.
　　邊東明, 2007, 「金台鉉의 『東國文鑑』 편찬」, 『震檀學報』103.

6) 選粹: 『文選』과 『文粹』를 말한다. 『文選』은 『昭明文選』이라
고도 하며 60권으로 구성되어 있다. 梁 武帝의 장자 昭明太子 蕭統
(501～531)이 東周 이래 梁代까지의 문학 작품을 모아 편찬하였
다. 여기에 수록된 작자는 130여 명이고, 작품은 800여 편에 이른
다. 『文粹』는 『唐文粹』라고도 하며 100권으로 구성되어 있다. 北
宋 姚鉉이 唐代의 훌륭한 시문을 선집한 것으로 1011년에 완성되
었다.

　　李春植 主編, 2003, 『中國學資料解題』, 신서원, 141·239쪽.

7) 李蒨: ?～1349. 본관은 慶州, 자는 君實이다. 충렬왕대에 과
거 급제하여 右思補, 政堂文學, 僉議祭理 등을 역임하였고, 月城君
에 봉해졌다. 1344년(충목왕 즉위) 11월에는 同知貢擧가 되어 知

貢擧 朴忠佐와 함께 河乙沚 등 33인을 선발하였다.

『高麗史』 권35, 世家35 忠肅王 8년 하4월 癸亥.

『高麗史』 권37, 世家37 忠穆王 즉위년 윤2월 壬申·동10월 甲子.

『高麗史』 권73, 志27 選擧1 科目1 凡選場 忠惠王 후5년 11월.

『高麗史』 권112, 列傳25 李達衷.

8) 嘗主成均試 得李蒨等七十人: 成均試는 고려시대 國子監試의 이칭으로, 司馬試, 進士試, 南省試, 南宮試 등으로도 불렸다. 김태현이 성균시를 주관한 것은 1299년(충렬왕 25) 9월의 일이며, 이때 李蒨 등 70인을 선발하였다. 國子監試에 대해서는 권1 7-(2), 주해 1) 참조.

『高麗史』 권74, 志28 選擧2 科目2 凡國子試之額 忠烈王 25년 9월.

『高麗史』 권110, 列傳23 金台鉉.

9) 朴理: 생몰년 미상. 본관은 咸陽, 父는 衛尉尹을 지낸 朴之彬이며, 1303년(충렬왕 29) 6월에 급제하였다.

『高麗史』 권32, 世家32 忠烈王 29년 8월 甲子.

『高麗史』 권73, 志27 選擧1 科目1 凡選場 忠烈王 29년 6월.

『高麗史』 권109, 列傳22 朴忠佐.

『牧隱文藁』 권8, 「賀竹溪安氏三子登科詩序」.

朴龍雲, 1990, 「〈資料〉: 科試 設行과 製述科 及第者」, 『高麗時代 蔭敍制 와 科擧制 硏究』, 一志社, 448쪽.

10) 闢禮闈 得朴理等三十餘人: 禮闈는 과거시험을 의미한다. 김태현이 지공거로서 과거를 주관한 것은 1303년(충렬왕 29) 6월의 일이며, 이때 朴理 등 33인을 선발하였다. 禮闈에 대해서는 권1 15-(1), 주해 29) 참조.

『高麗史』 권73, 志27 選擧1 科目1 凡選場 忠烈王 29년 6월.

『高麗史』 권110, 列傳23 金台鉉.

11) 左右衛郎將: 고려시대 경군인 左右衛의 정6품 무반직으로 매 領마다 5인을 두었다. 이에 대해서는 권1 6-(2), 주해 4) 참조.

12) 金儀: 생몰년 미상. 金台鉉의 장인이다. 본관은 淸道이다.

충렬왕 때에 낭장으로서 牽龍行首가 되었다.

　　　『高麗史』 권104, 列傳17 金周鼎.

　　13) 神虎衛郎將: 고려시대 경군인 神虎衛의 정6품 무반직으로 매 領마다 5인을 두었다. 신호위에 대해서는 권1 7-(2), 주해 5) 참조.

　　14) 王旦: 생몰년 미상. 김태현의 장인으로, 神虎衛郎將을 역임하였고, 銀靑光祿大夫·樞密院使·戶部尙書·翰林學士承旨에 추증되었다. 한편 「金台鉉妻王氏墓誌銘」에는 이름이 王丁朝로 되어 있고, 『光山金氏文簡公派世譜』 및 「金光轍墓誌銘」 등에는 王丁旦으로 되어 있다. 본래 그의 이름은 王旦인데, 朝鮮을 건국한 후 李成桂가 이름을 旦으로 고쳤기 때문에 조선시대 기록에서는 뜻이 비슷한 朝를 쓰거나 丁을 붙이는 방식으로 피휘한 것으로 생각된다.

　　　「金台鉉妻王氏墓誌銘」·「金光載墓誌銘」·「金光轍墓誌銘」.
　　　『光山金氏文簡公派世譜』.

　　15) 開城郡大夫人: 김태현의 처 王氏(?~1356)를 가리킨다. 祖는 禮賓卿으로 致仕한 王謹이다. 한편 郡大夫人은 고려시대에 정4품 이상 관원의 배우자에게 내려진 봉작호로, 김태현의 처 왕씨의 본관이 開城郡이므로 開城郡大夫人으로 봉해진 것이다.

　　　『高麗史』 권77, 志31 百官2 內職.
　　　「金台鉉妻王氏墓誌銘」.
　　　『光山金氏文簡公派世譜』.

　　16) 三子皆登科 食國廩歲二十石: 본문에는 김태현의 세 아들 金光澈·金光載·金光轍가 모두 과거에 급제하여 해마다 米 20석을 받은 것으로 되어 있다. 그런데 『高麗史』 선거지에 의하면, 고려에서는 세 아들이 登科하면 그 어머니에게 해마다 米 30석을 내려 포상하는 제도가 시행되고 있었으며, 이는 1097년(숙종 2) 9월에 金富軾 4형제가 모두 과거에 급제한 일을 계기로 상례화 되었다 한다. 또 「金光轍墓誌銘」에도 30석으로 되어 있다. 따라서 이 글의 20석

은 오류로 생각된다.

『高麗史』 권74, 志28 選擧2 科目2 凡崇獎之典 肅宗 2년.

『牧隱文藁』 권8, 「賀竹溪安氏三子登科詩序」.

「金台鉉妻王氏墓誌銘」·「金光轍墓誌銘」.

朴龍雲, 2012, 『『高麗史』 選擧志 譯註』, 景仁文化社, 230쪽.

17) 光軾登甲午科: 金光軾(생몰년 미상)은 김태현의 아들이다. 1294년(충렬왕 20)에 尹安庇 등과 함께 과거에 급제하였으며, 이 때의 知貢擧는 安珦, 同知貢擧는 閔漬이었다. 이후에 中使祗候, 摠部議郎을 지냈다.

『高麗史』 권73, 志27 選擧1 科目1 凡選場 忠烈王 20년 10월.

『東文選』 권68, 記 「靈鳳山龍巖寺重創記」.

18) 摠部議郎: 고려후기 摠部의 정4품 관직으로 정원은 2인이며, 전기의 兵部侍郎에 해당한다. 1308년(충렬왕 34)에 兵部와 吏部·禮部를 합하여 選部로 개편하면서 侍郎도 議郎으로 고치고 정원을 3인으로 늘렸다가 곧 병부만을 따로 분리하여 摠部로 고쳤다.

『高麗史』 권76, 志30 百官1 兵曹.

19) 光轍登乙巳科: 金光轍(?~1349)은 김태현의 아들로, 자는 仲由, 호는 鈍齋이다. 1305년(충렬왕 31)에 張子贇 등과 함께 과거에 급제하였으며, 이때의 知貢擧는 鄭瑎, 同知貢擧는 宋璘이었다. 이후 軍簿摠郎·進賢直提學, 知申事, 判密直司事 등을 역임하였으며, 化平君에 봉해졌다. 시호는 文敏이다.

『高麗史』 권37, 世家37 忠穆王 즉위년 6월 乙卯·忠定王 원년 6월 丙子.

『高麗史』 권73, 志27 選擧1 科目1 凡選場 忠烈王 31년 5월.

「金台鉉妻王氏墓誌銘」·「金光轍墓誌銘」.

20) 軍簿摠郎: 고려후기 軍簿司의 정4품 관직으로, 전기의 兵部侍郎에 해당한다. 이에 대해서는 권1 7-(2), 주해 9) 참조.

21) 進賢直提學: 고려후기 進賢館의 정4품 관직이다. 進賢館은 崇文館·弘文館·修文殿 등과 함께 諸館殿의 하나로, 문신 가운데

才學이 뛰어난 사람들을 선발하여 學士職을 兼帶시키고 국왕의 侍從에 대비하려는 목적으로 설치되었다.

『高麗史』 권76, 志30 百官1 諸館殿學士.

朴龍雲, 2004,「『高麗史』 百官志 譯註(3)」,『고려시대연구』 Ⅶ, 한국정신문화연구원 ; 2009,『『高麗史』 百官志 譯註』, 신서원, 232∼240쪽.

22) 光載登癸丑科: 金光載(1294∼1363)는 김태현의 아들이다. 자는 子興이고, 호는 松堂居士이다. 1313년(충선왕 5)에 과거 급제하였으며, 이때의 知貢擧는 權漢功, 同知貢擧는 崔誠之였다. 이후 成均學官, 司僕寺丞, 都官正郎, 軍簿摠郎, 判典校寺事, 右副代言, 知申事, 僉議評理, 三司右使·典理判書 등을 역임하였다. 1341년(충혜왕 후2) 9월에는 同知貢擧로서 知貢擧 李君侅와 함께 安元龍 등 33인을 선발하기도 하였다. 시호는 文簡이다.

『高麗史』 권73, 志27 選擧1 科目1 凡選場 忠宣王 5년 8월.

『高麗史』 권110, 列傳23 金台鉉 附光載.

『高麗史節要』 권27, 恭愍王 12년 3월.

「金光載墓誌銘」·「金台鉉妻王氏墓誌銘」.

23) 都官正郎: 고려후기 都官의 정5품 관직이다. 都官은 刑部의 속사로서, 노비 관계의 문서와 송사를 관장하였다. 문종 때에 尙書都官을 설치하고 정5품 郎中 2인을 두었다. 1275년에 郎中을 正郎으로 고쳤으며, 1298년에는 다시 郎中이 되었다. 1308년(충렬왕 34)에 충선왕이 관제를 개편하면서 讞部에 병합하였다가, 1310년(충선왕 2)에 다시 都官을 설치하고 正郎으로 고쳤다.

『高麗史』 권76, 志30 百官1 刑曹 都官.

朴龍雲, 2002,「譯註『高麗史』 百官志(1)」,『고려시대연구』 Ⅴ, 한국정신문화연구원 ; 2009,『『高麗史』 百官志 譯註』, 신서원, 173·174쪽.

24) 光軺登丁巳科: 金光軺(생몰년 미상)는 김태현의 아들이다. 1317년(충숙왕 4) 9월에 과거에 급제하였으며, 이때의 考試官은

朴全之, 同考試官은 白元恒이었다.

『高麗史』 권73, 志27 選擧1 科目1 凡選場 忠肅王 4년 9월.

「金台鉉妻王氏墓誌銘」.

25) 嘉安府錄事: 고려에서는 諸妃, 宮主, 諸王子 등이 封爵을 받은 경우 府를 설치하고, 여기에 僚屬을 두도록 하였다. 이로써 보면 嘉安府는 이와 유사한 府로 생각된다. 아울러 諸妃主府 및 諸王子府의 錄事가 정9품이었던 것으로 미루어 볼 때, 嘉安府錄事 역시 정9품급의 관직이었을 것이다.

『高麗史』 권77, 志31 百官2 諸妃主府 諸王子府.

이정란, 2006, 「고려시대 后妃府에 대한 기초적 검토」, 『한국중세사연구』 20.

朴龍雲, 2009, 『『高麗史』 百官志 譯註』, 신서원, 495~502쪽.

26) 典校令: 고려후기 典校寺의 종3품 관직으로, 전기의 秘書監에 해당한다. 典校寺에 대해서는 권1 6-(4), 주해 13) 참조.

27) 藝文直提學: 고려후기 藝文館의 정4품 관직으로, 전기의 翰林侍讀學士에 해당한다. 1275년(충렬왕 1)에 文翰侍讀學士라고 하였으며, 1298년에 잠시 詞林侍讀學士로 고쳤다. 1308년에 文翰署에 史館을 합병하여 藝文春秋館이라 하면서 정4품 直詞伯 2인을 두었으며, 1362년(공민왕 11)에 예문춘추관을 다시 예문관으로 고치고 直詞伯 또한 直提學으로 고쳤다.

『高麗史』 권76, 志30 百官1 藝文館.

朴龍雲, 2004, 「『高麗史』 百官志 譯註(3)」, 『고려시대연구』 Ⅶ, 한국정신문화연구원 ; 2009, 『『高麗史』 百官志 譯註』, 신서원, 206~217쪽.

28) 安牧: ?~1360. 본관은 順興으로 자는 益之이고, 호는 謙齋이며 安于器의 아들이다. 安牧에 대해서는 권1 1, 주해 1) 참조.

29) 翼陽郡夫人: 김태현의 딸로, 夫는 안목(?~1360)이다. 郡夫人은 고려시대에 정4품 이상의 관원의 배우자에게 내려진 봉작호

이다. 군부인에 대해서는 권1 6-(1), 주해 19) 참조.

30) 藝文供奉: 고려후기 藝文館의 정7품 관직으로 정원은 2인이다. 1308년(충렬왕 34)에 충선왕이 文翰署와 史館을 합쳐 藝文春秋館으로 개편하면서 供奉 2인을 두고 정6품이 겸하도록 하였다가 1325년(충숙왕 12)에 다시 藝文館과 春秋館을 분리하고 供奉의 품질을 정7품으로 낮췄다.

『高麗史』권76, 志30 百官1 藝文館.

朴龍雲, 2004, 「『高麗史』百官志 譯註(3)」, 『고려시대연구』Ⅶ, 한국정신문화연구원 ; 2009, 『『高麗史』百官志 譯註』, 신서원, 206~217쪽.

31) 朴允文: 생몰년 미상. 김태현의 사위이다. 起居注, 起居郎, 密直司右代言, 左司議大夫 등을 역임하였다.

「朴允文妻金氏墓誌銘」.

32) 十月八日甲申: 본문에는 1330년(충혜왕 즉위) 10월 8일 甲申으로 되어 있다. 그러나 1330년 10월 8일은 丙辰이고 甲申은 11월 8일이므로, 월 혹은 일자가 오류일 것이다.

33) 古德水縣: 지금의 황해북도 개풍군 일대이다. 본래 고구려의 德勿縣으로 신라 경덕왕 때에 덕수현으로 고쳤다. 1018년(현종 9)에 開城縣의 속현이 되었으며, 1056년(문종 10)에 흥왕사가 창건되면서 治所를 楊川으로 옮겼다가 1062년에 다시 개성현에 속하였다.

『高麗史』권56, 志10 地理1 王京開城府 德水縣.

16. 故相安竹屋像贊

[原文]

故相安竹屋像贊 【爲其子盆之作】

衣冠整肅, 狀貌端嚴. 律身寧儉而毋華, 臨事有勤而不迫. 進處論思之地,

足以福三韓, 退休空寂之鄕, 亦自高一世. 黃豫章離塵有髮, 謝康樂成佛在家.
人言風度肖先公, 我道典刑觀後嗣.

[譯文]

돌아가신 재상 안죽옥[1]의 초상에 대한 찬[2]【그 아들 익지[3]를
위해 짓다】

의관은 가지런하여 법도에 맞았으며 외모는 단정하고 위엄이 있
었다. 자신을 단속하여서는 편안하고 간명하며 화려하게 꾸미지 않
았고, 일에 임해서는 부지런하되 서두르지 않았다. (관직에) 나아가
논사의 자리[4]에 있어서는 삼한을 복되게 할 만하였고, 물러나 한적
한 시골에서 쉴 때에도 절로 한 세상에서 고매하였다. 황예장[5]은
속세를 떠났으나 머리를 길렀고, 사강락[6]은 성불하였으나 집에 있
었다.[7] 사람들은 (공의) 풍도가 선친[先公][8]을 닮았다고 하지만,
나는 (공의) 전형이 후손에게 보일만 하다고 말하노라.

[註解]

1) 安竹屋: 安于器(1265~1329)를 가리킨다. 그에 대해서는
권1 1, 주해 6)참조.

2) 故相安竹屋像贊: 본 글은 『東文選』에도 전한다. 한편, 像贊
은 사람의 얼굴을 그린 畵像에 덧붙여 쓴 贊辭를 말한다.

　　『東文選』 권51, 贊 「故相安竹屋像贊」.
　　諸橋轍次, 1984, 「像贊」, 『漢和大辭典』 1, 大修館書店, 920쪽.

3) 益之: 安牧(?~1360)을 말하며 益之는 그의 字이다. 安牧에
대해서는 권1 1, 주해 1)참조.

4) 論思之地: 論思는 論談과 思慮의 뜻으로 재상의 지위를 가리
키는 것이다. 고려 후기 문신 崔甫淳에게 金紫光祿大夫·叅知政事·
集賢殿大學士·同修國史·判禮部事를 제수하며 이를 '論思之地'라고

표현한 것이나, 고종대 활약한 淮安公에게 守太師·尙書令을 내리는
교서에서 '肆擢置論思之地'라고 쓴 내용이 있다. 그러므로 '論思之
地'는 叅知政事나 尙書令 등과 같이 재상의 지위를 나타낸 것이었
다. 안우기가 密直副使, 知密直司事, 檢校僉議評理, 檢校贊成事 등
을 역임한 사실과 관련이 있다.

『高麗史』 권105, 列傳18 安珦 附于器.

『東文選』 권26, 制誥 「淮安公爲守太師尙書令餘如故別宣麻教書」.

『東文選』 권30, 批答 「崔甫淳讓金紫光祿大夫叅知政事集賢殿大學士同修
　　　國史判禮部事不允教書」.

諸橋轍次, 1985, 「論思」, 『漢和大辭典』 10, 大修館書店, 520쪽.

한국고전용어사전편찬위원회, 2001, 「論思」, 『한국고전용어사전』 1, 세
　　　종대왕기념사업회, 1156쪽.

5) 黃豫章: 北宋代의 문인 黃庭堅(1045~1105)을 가리킨다.
洪州 分寧―지금의 中國 江西省 修水縣―사람으로 字는 魯直이고,
號는 山谷道人·涪翁이다. 豫章은 洪州에 속한 4현 가운데 하나로,
五代와 宋代를 거치면서 南昌府, 洪州, 隆興府 등의 명칭변화가 있
었다. 황정견을 황예장으로 불렀던 것은 이러한 본관의 명칭과 관련
이 있는 것으로 생각된다. 그는 詩·詞와 文章을 잘하였고, 蘇軾의
문하에서 수학하였으며, 蔡襄·蘇軾·米芾과 함께 宋四大家로 불리었
다. 저서로는 『山谷集』 등이 있다.

『舊唐書』 권40, 志24 地理3 十道郡國3 江南道 江南西道 洪州上都督府.

『宋史』 권444, 列傳203 文苑6 黃庭堅.

『元史』 권62, 志14 地理5 江西等處行中書省 龍興路.

6) 謝康樂: 東晋·宋의 문인 謝靈運(385~433)을 말한다. 陳郡
陽夏―지금의 中國 河南省 太康縣― 사람이다. 功臣 康樂公 謝玄
의 장손으로 부친 謝瑍이 일찍 죽자, 祖父를 襲封하여 三千戶의 食
邑을 물려받았기 때문에 謝康樂이라고도 불리었다. 그는 처음으로
산수경물을 심미대상으로 삼았으며, 山水詩의 宗主로 알려져 있다.

불경에도 조예가 깊어 『大般涅槃經』을 번역하였으며, 저서로는 『謝康樂集』 등이 있다.

『宋書』 권67, 列傳27 謝靈運.

張撝之 외 주편, 1999, 「謝靈運」, 『中國歷代人名大辭典』 下, 上海古籍出版社, 2380쪽.

7) 黃豫章離塵有髮 謝康樂成佛在家: '離塵有髮'은 黃庭堅이 자신의 초상을 보고 "중 같지만 머리털이 있고, 속물 같지만 티끌도 없구나[似僧有髮 似俗無塵]"라고 자찬한 글에서 나타나고, '成佛在家'라는 표현은 東晋·宋의 문인 謝靈運이 당시 부처를 신봉하던 會稽太守 孟顗를 경시하여 慧業文人인 자신이 먼저 成佛할 것[縣邑太守孟顗事佛精懇 而爲靈運所輕 嘗謂顗曰 得道應須慧業文人 生天當在靈運前 成佛必在靈運後 顗深恨此言]이라고 말한 일화에서 보인다. 황정견과 사령운은 각기 詩·書로써 一家를 이룬 인물들이었다. 安于器가 1314년(충숙왕 1)에는 知密直으로 經籍 10,800권을 검열하기도 하였으며 「安于器墓誌銘」에 '父業을 이어 훌륭한 문장으로 이름을 떨쳤다[繼父業以文雅顯名]'라는 등의 기록들이 있다. 황정견과 사령운의 일화를 인용해 안우기의 문학적 재능과 고매한 성품을 강조한 것이다.

『高麗史』 권105, 列傳18 安珦 附于器.

『高麗史節要』 권24, 忠肅王 16년 9월.

「安于器墓誌銘」.

『宋書』 권67, 列傳27 謝靈運.

『宋史』 권444, 列傳203 文苑6 黃庭堅.

『山谷集』 권14, 「寫眞自贊五首」.

『山谷集』 권21, 「文二十八首 發願文」.

『山谷年譜』 권17, 元豐 7년 甲子.

8) 先公: 安牧의 조부인 安珦(1243~1306)을 가리킨다. 본관은 興州─順興─이고 자는 士蘊, 호는 晦軒 또는 晦庵이며, 安孚의 아들이다. 초명은 裕이며 뒤에 珦으로 바꾸었다. 1260년(원종 1)에

급제하였고 1288년(충렬왕 14)에 左承旨로서 同知貢擧가 되어 尹
宣佐 등 33명을 선발하였다. 1289년에는 정동행성의 員外郞, 左右
司郞中을 거쳐 高麗儒學提擧가 되었다. 같은 해에 忠烈王을 호종하
여 元에 들어가 朱子書를 필사하여 이듬해에 귀국하였는데, 대체로
주자성리학의 전래 시기를 이때로 보고 있다. 1290년에 副知密直司
事가 되었으며, 이후 匡靖大夫·贊成事, 僉議侍郞贊成事·判版圖司
事, 都僉議中贊 등을 역임하였다. 시호는 文成이다.

> 『高麗史』 권105, 列傳18 安珦.
> 『高麗史』 권73, 志27 選擧1 科目1 凡選場 忠烈王 14년 9월.
> 閔丙河, 1973, 「安珦」, 『韓國의 人間像』 4, 新丘文化社.
> 文暻鉉, 1980, 「麗末 性理學派의 形成」, 『韓國의 哲學』 9, 131쪽.
> 李炳赫, 1983, 「程朱學 傳來와 麗末 漢文學」, 『東方學志』 36·37合, 37
> 　　9~383쪽.
> 李楠福, 1990, 「高麗後期 朱子學의 受容 展開와 安珦의 位置」, 『釜山史
> 　　學』 18.
> 邊東明, 1995, 「高麗後期 性理學의 受容과 그 主導階層」, 『高麗後期 性
> 　　理學 受容 硏究』, 一潮閣, 24~27쪽.
> 장동익, 2009, 「安珦의 生涯와 行蹟」, 『退溪學과 韓國文化』 44.

17. 安當之關東錄後題

[原文]

安當之關東錄後題

　近閱金無迹集, 集多關東紀行, 予謂登臨之賦備極無餘. 今觀當之此錄, 詞
意精妙, 自成一家, 皆無迹所未道也. 予又拊卷歎賞者久之. 至順辛未孟冬拙
翁題.

[譯文]

안당지[1]의 관동록[2] 후제[3]

근래에 『김무적집』[4]을 열람하니 문집에 관동[5]을 기행한 것이 많았는데, 나는 산에 오르고 물가에 임하여 지은 부[登臨之賦]가 군더더기 없이 매우 잘 갖추어져 있다고 생각하였다. 이번에 당지의 이 관동록을 보니 말과 뜻이 정묘하여 스스로 일가를 이루었고 모두 무적이 말하지 않은 것이었다. 나는 거듭 책을 어루만지면서 감탄하고 감상하기를 오래도록 하였다. 지순 신미(1331, 충혜왕 1) 10월 [孟冬]에 최해[拙翁]가 짓다.

[註解]

1) 安當之: 安軸(1282~1348)을 말하며 當之는 그의 字이다. 본관은 順興으로 호는 謹齋이다. 과거에 급제하여 金州司錄과 司憲糾正 등을 지냈고, 1324년(충숙왕 11)에는 원의 制科에 급제하여 遼陽路蓋州判官에 임명되었으나 부임하지 않았다. 이후 成均樂正, 右司議大夫, 典法判書, 監察大夫, 密直副使, 僉議贊成事 등을 거쳐 興寧君에 봉해졌다. 1346년(충목왕 2)에 監春秋館事가 되어 李齊賢 등과 함께 閔漬의 『本朝編年綱目』을 중수하여 『增補編年綱目』을 개찬하였다. 忠烈·忠宣·忠肅 3朝의 실록편찬에 참여하였으며, 1347년에는 判整治都監事로서 量田을 감독하였다. 그는 공정하고 검소한 성품이었으며 景幾體歌인 「關東別曲」과 「竹溪別曲」을 지어 文名이 높았다. 시호는 文貞이다.

　　『高麗史』 권109, 列傳22 安軸.
　　『謹齋集』 권4, 附錄.
　　「安軸墓誌銘」.

2) 關東錄: 안축의 문집인 『謹齋集』에 수록된 「關東瓦注」를 말한다. 안축이 1330년 5월부터 1331년 9월까지 江原道存撫使로 재

임하는 동안 관동지방을 다니며 보고 느낀 바를 적은 일종의 기행문이다. 안축 사후 1364년(공민왕 13)에 사위인 鄭良生이 청주에서 판각하였다고 전한다.

김동욱, 1988, 「≪關東瓦注≫와 安軸의 詩文學」, 『論文集』 22, 祥明女子大學校.

金宗鎭, 1993, 「安軸의 시세계—「關東瓦注」 소재 漢詩를 중심으로—」, 『泰東古典研究』 10.

金豊起, 1998, 「謹齋 安軸의 詩文에 나타난 江原道論—「關東瓦注」를 중심으로—」, 『江原文化研究』 17.

3) 後題: 동일한 글이 『謹齋集』에도 실려 있다. 일부 글자에 차이가 있으나 내용은 다르지 않다[近閱金無迹集 集多關東紀行 余謂登臨之賦備極無餘矣 今觀當之此錄 詞意精妙 自成一家 皆無迹所不道也 余於是拊卷歎賞者久之 至順辛未孟冬崔瀣謹題]. 한편, 題는 한문 문체의 하나로, 序跋類에 속한다. 시나 책의 앞이나 뒤에 붙어 해당 작품에 대한 감상이나 소개를 한다.

『謹齋集』 권1, 關東瓦注 跋 「關東錄後題」.

심경호, 2009, 「문자와 매체 : 조선선비의 문자생활과 지적 교류」, 『국학연구』 14.

4) 金無迹集: 현재 기록이 없어서 김무적이 어떠한 인물인지 알 수 없고, 그의 문집으로 생각되는 『金無迹集』도 현전하지 않는다. 『東文選』에 吳世才(1133~?)가 金無迹이 준 시에 차운하여 지은 시가 전하므로 대략 명종대에 활동한 인물임이 확인된다.

『東文選』 권13, 七言律詩 「次韻金無迹見贈」.

5) 關東: 관동은 畿湖 지방의 동쪽, 강원도 지역을 가리키는데 좁게는 大關嶺의 동쪽 지역을 말한다. 이에 대해서는 권1 3-(1), 주해 17) 참조.

18. 永嘉郡夫人權氏墓誌銘

[原文]

永嘉郡夫人權氏墓誌銘

至順三年三月, 高麗國匡靖大夫前政堂文學李公齊賢之妻, 永嘉郡夫人權氏感疾, 以是月廿八日丁酉, 卒于楊堤坊之第. 謀所以藏, 卜日得四月己未吉, 其兆古臨津縣北章和寺之南原又吉. 於是李公泣謂同郡人崔某曰, 嗟予不幸遽喪良媲, 顧無以慰藉其魂. 子知予寙久且詳, 盍爲我銘其藏. 某不敢辭, 退撫其實而叙之曰,

夫人生於至元戊子至今壬申, 年四十有五. 曾大父諱蹈, 故翰林學士, 大父諱旵, 故僉議政丞, 謚文淸公. 父名溥, 今三重大匡永嘉府院君. 君受室始寧柳氏, 封卞韓國夫人, 故知僉議諱陞之女也. 是生夫人. 權氏實永嘉之望, 親媚列位, 旣貴且盛.

夫人在室, 以柔婉聰慧, 爲父母所鍾愛. 年十五擇其歸適李氏, 李公自延祐初, 從大尉先王, 居都下往來, 不在家者, 有十餘年之久. 而夫人事夫家盡婦道, 逮舅姑之終, 甚得其懽心焉. 其承上御下, 制資用奉賓客, 必謹必飭, 俱有常法. 平生無故足不至堂, 處於閤中, 未嘗一日捨紅而嬉. 其待宗戚, 雖克敦雍睦, 亦不與之相狎. 盖其閨門嚴內外之別, 自有受之, 非强之也.

李公自少年從仕, 至登政府, 不以家事爲累, 專其學問, 爲國名臣者, 由內助致之焉耳. 嗚呼, 爲善者未必受福, 爲惡者不必及禍. 天之任此, 責其有矣. 孰以夫人之令, 年不克永而止於此耶. 其不可知也已. 凡生子男三人, 長曰瑞種, 通直郎前弘福都監判官, 次曰達尊, 承奉郎奉車署令, 季未周歲, 夫人病, 乳哺失節, 後十日而亡. 女四人, 一適左右衛護軍任德秀, 三處且幼.

銘曰, 生盛族配名家, 積世德董閨門, 有禮法順女則, 嗟若夫人兮獨靳年, 討之無所兮惟漠然.

[譯文]

영가군부인 권씨[1] 묘지명

지순 3년(1332, 충숙왕 후1) 3월 고려국 광정대부[2] 전 정당문
학[3] 이제현[4]의 처 영가군부인 권씨가 병이 나서, 같은 달 28일 정
유일에 양제방[5]의 댁에서 돌아가셨다. 점을 쳤더니, (장사 지낼)
날짜는 4월 기미(20일)을 길일로 얻었고, 장지는 옛 임진현[6] 북쪽
장화사[7]의 남쪽 언덕이 또 길하다고 하였다. 이에 이공이 눈물을
흘리며 같은 고을 사람인 나[崔某][8]에게 말하기를, "아, 내가 불행
히도 갑자기 어진 아내를 잃었는데 돌아보아도 그 혼령을 위로할 수
없네. 그대는 나를 안지가 매우 오래되어서 잘 알고 있으니, 나를
위해 묘에 묻을 명을 지어주지 않겠나"라고 하였다. 나는 감히 사양
하지 못하고 물러 나와 사실을 모아서 다음과 같이 짓는다.

부인은 지원 무자년(1288, 충렬왕 14)에 태어나서 지금 임신년
(1332, 충숙왕 후1)에 이르렀으니, 나이는 45세이다. 증조부 휘 위[9]
는 고 한림학사[10]이며, 조부 휘 단[11]은 고 첨의정승[12]으로 시호는
문청공이다. 아버지의 이름은 부[13]이고 지금 삼중대광[14] 영가부원
군[15]이다. 부원군은 시녕 유씨[16]를 부인으로 맞았는데, (부인은)
변한국부인[17]에 봉해졌고 고 지첨의부사[18] 휘 승[19]의 딸이다. 이분
이 부인을 낳았다. 권씨는 실로 안동[永嘉]의 망족으로, 친인척이
높은 자리에 올랐으니 (그 가문이) 귀하고 또한 번성하였다.[20]

부인은 집에 있을 적에는 유순하고 총명하고 슬기 있어 부모로부
터 매우 사랑을 받았다. 15세에 배필을 골라 이씨에게 시집을 왔는
데, 이공은 연우 초부터 충선왕[太尉先王][21]을 따라 연경[都下]에
거처하면서 오가느라 집에 있지 않은 것이 10년이 넘도록 오래되었
다.[22] 부인은 남편의 집안을 모시면서 며느리의 도리를 다하여 시부
모가 돌아가실 때까지 그 마음을 매우 기쁘게 하였다. 윗사람을 받
들고 아랫사람을 부리며 재물을 다스리고 손님을 대접함에, 반드시
신중하고 조심하여 모두 상도(常道)가 있었다. 평생 까닭 없이 당

에 이르지 않았으며, 규방[閨]에 있으면서 하루도 길쌈을 손에서 놓고 노는 일이 없었다. 친족을 모실 때에는 비록 돈독하고 화목하게 하면서도 또한 너무 친하게 어울리지는 않았다. 대개 그 집안은 내외의 구별을 엄격히 하였는데 (부인은 이것을) 스스로 받아들인 것이지 억지로 한 것이 아니었다.

이공이 젊은 나이부터 벼슬살이를 하여 정부[23]에 오르기까지 집안일에 얽매이지 않고 학문에 전념하여 나라의 이름난 신하가 된 것은 내조로 말미암았을 따름이다. 아아, 선한 일을 한 사람이 반드시 복을 받는 것도 아니고, 악한 일을 한 사람에게 반드시 화가 미치는 것도 아니다.[24] 하늘이 이것을 맡았으니 책임도 하늘에 있다. 누가 부인으로 하여금 수명이 오래 가지 못하고 여기서 그치게 했는가. 그것을 알 수 없을 뿐이다. 무릇 낳은 자식으로는 아들이 셋인데, 장남 서종[25]은 통직랑[26] 전 홍복도감판관[27]이고 차남 달존[28]은 승봉랑[29] 봉거서령[30]이고, 막내는 돌도 못 되어 부인이 병이 나서 젖먹일 때를 놓쳐 열흘 만에 죽었다. 딸은 넷인데, 첫째는 좌우위호군[31] 임덕수[32]에게 시집갔고 셋은 어리다.[33] 명에 이른다.

> 훌륭한 집안에 태어나 이름난 가문에 시집가서
> 대대로 내려온 덕을 쌓고 규문을 잘 다스리며
> 예법을 간직하고 여자의 도리를 따랐네.
> 아, 부인 같은 분이 홀로 일찍 돌아가시니
> 하소연할 곳 없어 막연하기만 하네.

[註解]

1) 永嘉郡夫人權氏: 永嘉郡夫人은 본 묘지명의 주인공인 권씨가 받은 봉작호이다. 永嘉는 지금의 경상북도 안동시 일대를 말한다. 본래 신라의 古陁耶郡이었는데, 경덕왕이 古昌郡으로 고쳤다. 고려

와 후백제의 고창전투에 고을 사람 金宣平·金幸—權幸—·張吉이
전공이 있어 安東府로 삼았다가, 뒤에 永嘉郡으로 고쳤다. 郡夫人은
종4품 이상 관인의 배우자에게 주는 봉작인데, 당시 이제현이 종2품
의 政堂文學이었다. 군부인에 대해서는 권1 6-(1), 주해 19) 참조.
    『高麗史』권57, 志11 地理2 慶尙道 尙州牧 安東府.

2) 匡靖大夫: 고려후기 정2품 문산계이다. 이에 대해서는 권1
6-(2), 주해 33) 참조.

3) 政堂文學: 고려후기 僉議府의 종2품 관직이다. 이에 대해서
는 권1 10-(2), 주해 9) 참조.

4) 李公齊賢: 李齊賢(1287~1367)을 말한다. 이에 대해서는
권1 4, 주해 2) 참조.

5) 楊堤坊: 開京의 행정구역명으로, 5部 가운데 東部에 속한다.
『高麗史』地理志 王京開城府에는 1024년(현종 15)에 京城 五部
坊里가 정해졌다고 되어 있으나, 실제로는 987년(성종 6)에 이미
이러한 조처가 시행되었다고 한다. 楊堤坊의 구체적인 위치는 '楊堤
(물가의 제방에 버들을 심었다)'라는 명칭상 개경 동쪽 부흥산에서
내려오는 물이 선죽교 방면으로 향하는 곳의 제방 부근으로 추정된다.
    『高麗史』권56, 志10 地理1 王京開城府.
    朴龍雲, 1996,「開京의 部坊里制」,『고려시대 開京 연구』,一志社, 93~
    95쪽.
    김창현, 2002,「개경 행정구역의 편제와 그 이념」,『고려 개경의 구조와
    그 이념』, 신서원, 123쪽.

6) 古臨津縣: 지금의 경기도 파주시 진동면 일대이다. 본래 고구
려의 津臨城縣이었는데, 신라 경덕왕이 臨津縣이라 하였다. 1018년
(현종 9) 開城府가 폐지되면서 長湍縣에 속하였다가, 1062년(문종
16) 다시 開城府가 설치되면서 開城府의 관할이 되었다. 여기서
'古'라고 한 것은 읍치의 이동과 관련되었을 것이다.
    『高麗史』권56, 志10 地理1 王京開城府 臨津縣.

7) 章和寺: 臨津縣 북쪽에 있던 사찰이라는 본문의 내용 외에 다른 기록이 없다. 한편, 『新增東國輿地勝覽』 京畿 長湍都護府 佛宇條에는 華藏寺와 昌化寺라는 사찰이 있다고 전한다. 章和寺와 華藏寺를 혼동했거나 昌化寺를 비슷한 음의 한자로 적은 것인지 여부는 불확실하지만, 참고로 적어둔다.

『新增東國輿地勝覽』 권12, 京畿 長湍都護府 佛宇.

8) 同郡人崔某: 崔某는 본 墓誌銘을 쓴 崔瀣를 말한다. 李齊賢과 崔瀣의 본관이 모두 慶州이므로 同郡人으로 표현한 것이다.

9) (權)𧗱: 생몰년 미상. 본관은 安東으로 아버지는 權守平이며, 1240년(고종 27)에 御史로 몽골에 다녀왔다. 翰林學士를 지냈으며, 武臣執政 崔沆에게 禮를 가르쳤다고 한다.

『高麗史』 권23, 世家23 高宗 27년 12월.
『高麗史』 권102, 列傳15 權守平.
『高麗史』 권129, 列傳42 叛逆3 崔忠獻 附沆.

10) 翰林學士: 고려후기 翰林院의 정4품 관직이다. 이에 대해서는 권1 2-(2), 주해 19) 참조.

11) (權)㫜: 1228~1311. 자는 晦之, 부친은 한림학사 權𧗱이다. 일찍이 숨어 살 뜻을 가졌으나, 아버지의 강권에 의하여 門下錄事가 되었다가 재상 柳璥의 권유로 과거에 나아가 급제하였다. 여러 관직을 거치고 정승으로 치사하였다. 성품이 청렴하며 겸손하였다. 불교를 독신하여 만년에는 禪興寺에 들어가 머리를 깎고 중이 되어 일생을 마쳤다. 시호는 文淸이다.

『高麗史』 권107, 列傳20 權㫜.
「權㫜墓誌銘」.

12) 僉議政丞: 고려후기 僉議府의 종1품 관직으로, 전기의 門下侍中에 해당한다. 이에 대해서는 권1 15-(3), 주해 20) 참조.

13) (權)溥: 1262~1346. 초명은 永이다. 자는 齊滿, 호는 菊齊이다. 1279년(충렬왕 5)에 18세로 과거에 급제했으며, 이듬해

詹事府錄事에 보임되었다. 秘書監, 右副承旨·判禮賓寺事 등을 거쳐 修文殿大提學·領都僉議使司事에 이르렀다. 일찍이 1298년에 충선왕이 즉위하여 詞林院을 설치하여 개혁을 시도할 때 侍講學士가 되어, 朴全之·吳漢卿·李瑱과 함께 왕의 자문에 응하기도 하였다. 『四書集註』의 간행을 건의하였다. 『銀臺集』 20권을 주석하였고, 아들 權準 및 사위 李齊賢과 함께 역대 효자 64명의 행적을 기린 『孝行錄』을 편찬하였다.

　　『高麗史』 권107, 列傳20 權呾 附溥.

　　「權溥墓誌銘」.

　　이남복, 1998,「高麗後期의 性理學 受容과 權溥의 思想」,『民族文化論叢』 18·19合 ; 2004,『高麗後期 新興士族의 研究』, 景仁文化社.

14) 三重大匡: 高麗의 정1품 文散階이다. 이에 대해서는 권17-(1), 주해 10) 참조.

15) 永嘉府院君: 權溥가 받은 封君號이다. 封君에 대해서는 권11, 주해 10) 참조.

16) 始寧柳氏: 文化(儒州) 柳氏를 말한다. 始寧은 文化縣의 別號이다. 문화 유씨는 柳公權 이후 누대에 재상을 배출한 문벌이다.

　　『高麗史』 권58, 志12 地理3 西海道 安西大都護府 海州·豊州·儒州.

　　朴龍雲, 2006,「儒州(始寧·文化)柳氏의 사례를 통해 본 高麗社會의 一斷面—'嘉靖譜'를 참고로 하여—」『韓國史學報』24 ; 2010,『고려시기 역사의 몇 가지 문제』, 일지사.

17) 卞韓國夫人: 권씨의 어머니인 柳氏가 받은 봉작호이다.

18) 知僉議: 고려후기 첨의부의 종2품 관직인 知僉議府事를 말한다. 이에 대해서는 권1 14-(1), 주해 33) 참조.

19) (柳)陞: 1248~1298. 자는 希元, 부친은 僉議中贊을 지낸 柳璥이다. 閣門에 오래 있으면서 당시 산일된 禮文을 모아 『新儀』를 편찬하였다. 1269년(원종 10)에 林衍이 실권을 잡아 아버지가 흑산도로 유배되자 연좌되어 海島로 유배되었다. 이후 유배에서 풀

려나 左副承旨, 知密直司事를 역임하고 都僉議祭理에 이르렀다. 시
호는 貞愼이다.

『高麗史』 권26, 世家26 元宗 10년 하4월 壬辰.
『高麗史』 권30, 世家30 忠烈王 13년 2월 庚申·17년 9월.
『高麗史』 권105, 列傳18 柳璥 附陞.

20) 權氏實永嘉之望 旣貴且盛: 望은 望族을 뜻하는 말로 鄕黨
에 推重되는 명망있는 가문을 의미한다. 여기서는 안동권씨 집안의
성세를 이와 같이 표현한 것이다. 안동권씨는 태조 왕건으로부터 賜
姓을 받은 權幸을 시조로 하는 가문으로 고려전기에는 주로 지방세
력으로 머물러 있었으나 무신정권기를 거치면서 上京從士하여 중앙
에 진출하였다. 본 묘지명에 언급된 權守平, 權韙, 權晅, 權溥가 바
로 이러한 안동권씨 가문을 성세로 이끈 장본인들이다.

諸橋轍次, 1984, 「望族」, 『大漢和辭典』 5, 大修館書店, 1052쪽.
李樹建, 1984, 「高麗後期 支配勢力과 土姓」, 『韓國中世社會史硏究』, 一
潮閣, 305·306쪽.
金光哲, 1991, 「高麗後期 世族의 家系와 그 특징」, 『高麗後期世族層硏究』,
東亞大學校出版部, 73·74쪽.
朴龍雲, 2005, 「安東權氏의 사례를 통해 본 高麗社會의 一斷面―'成化
譜'를 참고로 하여―」, 『歷史敎育』 94 ; 2010, 『고려시기 역
사의 몇 가지 문제』, 일지사.

21) 大尉先王: 충선왕(1275~1325)을 말한다. 이에 대해서는
권1 4, 주해 6) 참조.

22) 李公自延祐初 …… 有十餘年之久: 李齊賢은 28세인 1314
년(충숙왕 1)에 충선왕이 元에서 萬卷堂을 짓자 그곳의 학자들과
교류할 인물로 뽑혀 갔다. 그는 1320년에 귀국하기까지 주로 元에
머물면서 학문교류의 시간을 보냈으며, 이후 충선왕의 유배·입성책
동 등 각종 정치사건이 있을 때마다 高麗와 元을 오갔다. 본문의 내
용은 이러한 李齊賢의 在元生活을 표현한 것이다.

「李齊賢墓誌銘」.

『益齋集』益齋先生年譜.

萬卷堂에 대해서는 다음의 논저를 참조.

周采赫, 1988,「元 萬卷堂의 設置와 高麗 儒者」,『孫寶基博士停年紀念韓
國史學論叢』, 知識産業社.

高惠玲, 1990,「稼亭 李穀과 元 士大夫와의 交游」,『民族史의 展開와 그
文化』上, 창작과 비평사 ; 2001,『高麗後期 士大夫와 性理學
受容』, 一潮閣.

李亨雨, 1993,「萬卷堂에 대한 일고찰─고려의 性理學 수용에 끼친 영향을
생각하며」,『元代 性理學』, 포은사상 연구원.

李玠奭, 2004,「『高麗史』元宗·忠烈王·忠宣王世家 중 元朝關係記事의
註釋研究」,『東洋史學研究』88.

劉中玉, 2008,「万卷堂, 濟美基德堂考辨」,『전북사학』32.

김도영, 2011,「萬卷堂과 濟美基德堂에 대한 재검토」,『歷史學報』210.

23) 政府: 宰相이 모여서 國政을 의논하는 곳을 말한다. 여기서
는 구체적으로 都僉議使司─高麗前期의 中書門下省─를 뜻한다.
李齊賢은 1325년(충숙왕 12)에 僉議評理, 政堂文學 등 都僉議使
司의 宰相職을 역임하였다.

『高麗史』권76, 志30 百官1 門下府.

「李齊賢墓誌銘」.

24) 爲善者未必受福 爲惡者不必及禍: 孔子가 말한 "선을 행하
는 자에게는 하늘이 복으로써 갚으며, 선하지 못한 일을 한 자에게
는 하늘이 이를 화로써 갚는다[爲善者天報之以福 爲不善者天報之
以禍]"를 인용한 것이다. 그러나 본문에서는 이와는 달리 '선을 행
한 자에게도 반드시 복을 내려준다고 할 수는 없다'라고 하였다. 이
는 묘지의 작성자인 최해가 고인이 된 권씨가 남편을 위해 내조를
열심히 하고 집안을 잘 다스렸음에도 더 오래 살지 못한 것을 안타
까워하면서 하늘을 원망하는 뜻을 담아서 표현한 것이다.

『史記』권106, 吳王濞列傳46.

『荀子』宥坐.

25) (李)瑞種: 생몰년 미상. 李齊賢의 장남으로 奉常大夫 宗簿

副令을 지냈고, 密直使兼監察大夫 洪侃의 딸과 혼인하여 아들 李寶
林을 낳았다는 단편적인 내용만 확인된다.

「李齊賢墓誌銘」.

26) 通直郎: 고려후기 정5품 文散階이다. 이에 대해서는 권1
10-(2), 주해 2) 참조.

27) 弘福都監判官: 弘福都監은 『高麗史』 百官志에 의하면 공민
왕대에 정해진 것으로 되어 있으나, 본문에 보이는 것처럼 충숙왕대
에 이미 확인되며, 그 역할은 寺院을 지원하기 위한 것으로 추정된
다. 判官은 百官志 공민왕대 설치 기사에는 종5품으로 되어 있다.

『高麗史』 권77, 志31 百官2 諸司都監各色 弘福都監.
文炯萬, 1986, 「三省六部 밖의 重要官府와 關聯된 諸司都監各色」, 『高麗
　　諸司都監各色研究』, 第一文化社, 71쪽.
朴龍雲, 2009, 『『高麗史』 百官志 譯註』, 신서원, 604·605쪽.
朴胤珍, 2012, 「高麗時代 佛事 담당 '都監'의 조직과 특징」, 『歷史教育』
　　121, 104·107쪽.

28) (李)達尊: 1313~1340. 李齊賢의 차남으로 자는 天覺이
다. 처음에 음보로 別將이 되었으나, 1330년(충혜왕 즉위)에 과거
에 급제하여 獻納, 監察掌令, 典儀副令을 역임하였다. 1339년(충숙
왕 후8)에 충혜왕이 원나라에 잡혀갈 때 부친 이제현과 함께 따라
갔다가, 충혜왕이 복위하자 典理摠郎이 되어 이듬해 왕과 함께 귀국
하는 도중에 졸하였다.

『高麗史』 권110, 列傳23 李齊賢 附達尊.
「李達尊墓誌銘」.

29) 承奉郎: 고려후기 정6품 문산계이다. 이에 대해서는 권1
6-(4), 주해 12) 참조.

30) 奉車署令: 고려후기의 궁궐 內廏를 담당하는 奉車署의 정6
품 관직이다. 목종때 尚乘局을 두었으며, 문종때 奉御 1인(정6품)
과 直長 2인(정7품)을 두었다. 1310년(충선왕 2)에 奉車署라 고

치고 奉御는 令이라 하였다.

　　『高麗史』 권77, 志31 百官2 奉車署.

　31) 左右衛護軍: 고려후기 경군인 左右衛의 정4품 관직이다. 좌우위에 대해서는 권1 6-(2), 주해 4) 참조.

　32) 任德秀: 李齊賢의 사위로 본관은 豊川이다. 正順大夫·判司僕寺事에 있었으며, 슬하에 2남 4녀를 두었다는 간략한 내용만 전한다. 한편 『씨족원류』에는 任德壽로 기록되어 있다.

　　「李齊賢墓誌銘」.
　　『氏族源流』 豊川任氏.

　33) 三處且幼: 이 묘지명에는 네 딸 중 셋이 어리다고 하였다. 1367년(공민왕 16)에 작성된 「李齊賢墓誌銘」에는 슬하 자녀가 2남 3녀로 기록되어 있어 한 명이 이제현이 졸하기 이전에 사망한 것 같다. 또 任德壽에게 시집간 장녀 이외에 2녀는 中正大夫·典農正 李係孫에게 시집갔으며, 3녀는 銀靑光祿大夫·簽書樞密院事·翰林院大學士 金希祖에게 시집가서 義和宅主로 봉해졌다.

　　「李齊賢墓誌銘」.

19. 春軒壺記

　[原文]

　春軒壺記

　予少時始讀經傳, 則知投壺之禮君子所以節賓主之樂而作之者, 而未究其制焉. 及見司馬文正公圖序, 則雖得其大槩, 又無師友可以問而質之. 每恨生長海隅, 不得與中原士夫相接, 而擁矢請益身習之也. 在至治辛酉春, 予濫與計偕, 朝于帝京, 入對明廷. 勅且未下時, 與遼陽洪仲宜輩, 同寓文明之東邸, 閑居無以消日, 則從仲宜族父家, 借壺矢而試爲之, 予心甚樂也. 自受勅東歸, 赴官盖牟, 奔走屑屑, 未暇及也. 今予病退于家, 有十餘年之久. 性不喜博奕,

又不解琴瑟, 看書之餘, 嘿課他藝, 無足爲悅者. 唯此壺事, 未嘗不日往來於
胷中. 豈其庶幾治心觀德而不可以廢哉. 然家旣無壺, 而國中之士, 又未有畜
之者, 則予雖好之, 無能爲已.

春軒崔侯, 學古孝悌人也. 病子弟汎學無師, 未有以正之者, 則廣收程朱氏
之書, 與之講習焉. 又懼其張而不弛, 無以休焉, 則以壺不可無, 遠購而置之.
時召願學而未能者, 按圖而敎之, 藹然庭院有春風沂上之氣象. 非好之之篤求
之之勤, 其得如是乎. 異日見東方後進藏36)脩游息, 日習其所未習, 而有蔚然
豹變者, 則知未必不由吾崔侯化之矣. 於戱, 可不美之哉. 益齋李相與謹齋安
君, 旣銘而賦之矣, 予復措何辭於其間耶. 聊書予有好壺之意, 而崔侯置壺之
由, 而爲之記. 至順癸酉五月庚申.

[譯文]
춘헌호기

내가 어린 시절 처음 경·전을 읽었을 때에는 투호의 예1)가 군자
가 빈객과 주인의 즐거움을 조절하려고 만들었다는 것은 알았으나
그 제도에 대해서는 탐구하지 못하였다. 사마문정공2)의 글과 그림3)
을 보고 나서야 비록 큰 원칙을 알게 되었으나, 또 스승이나 벗에게
묻고 대답할 수 없었다. 바다 끝에서 태어나 자라서 중원의 사대부
들과 서로 만나 화살을 가지고 청하여 몸소 익힐 수 없음을 매양 한
스러워 하였다. 지치 신유년(1321, 충숙왕 8) 봄에 내가 외람되이
제과[計偕]를 보러 연경[帝京]에 입조하여4) 궁궐[明廷]에서 과거
에 응시하였다[入對].5) (합격의) 칙서가 아직 내려오지 않았을 때
에 요양의 홍중희6) 무리와 함께 문명의 동저7)에서 만나 한가로이
지내면서 소일할 일이 없어서, 홍중희의 족부(族父) 집에 따라가
투호 항아리와 화살을 빌려와 시험 삼아 해보았는데 내 마음이 매우

---

36) 藏: 원본에는 莊으로 되어있으나 내용상 藏이 옳으므로, 藏으로 교감하였다.

즐거웠다. 칙서를 받고 동쪽으로 돌아가 개모에 부임하여[8] 분주히 애쓰다보니 (투호를 할) 겨를이 없었다. 지금 내가 병들어 집으로 돌아온 지 10년이 넘도록 오래되었다. 천성이 장기와 바둑을 좋아하지 않고 또 거문고와 비파도 연주하지 못하여, 책을 보는 여가에 조용히 다른 기예를 익혀보았으나 낙으로 삼을만한 것이 없었다. 오직 이 투호라는 것이 일찍이 하루도 마음속에서 생각나지 않는 적이 없었다. 아마도 투호가 마음을 다스리고 덕을 관찰하는 것이기에 폐할 수 없는 것인가. 그러나 집에 투호가 없고 나라 안의 선비 중 또 가지고 있는 자가 없어서, 내가 비록 좋아하지만 할 수 없었다.

춘헌 최문도[崔侯][9]는 옛것을 배워 효성스럽고 우애있는 사람이다. 자제들이 가벼이 배우고 스승이 없어서 아직 바로잡지 못하는 것을 안타까워하여, 널리 정주씨[10]의 저술을 수집하여 자제들과 함께 익혔다. 또 긴장하고 풀지 않아서 쉬지 못함을 염려하니 투호가 없을 수 없다고 여겨, 멀리서 사다가 두었다. 때때로 배우기를 원하지만 할 수 없었던 자를 불러다가 그림을 살펴보며 가르치니, 물씬 정원에 봄바람 쐬는 기수 가의 기상이 있었다.[11] 투호를 좋아함이 독실하고 구함이 부지런하지 않았다면 어찌 이와 같을 수 있겠는가. 훗날 우리나라의 후학들이 바르게 닦고 물러나 쉬면서 날마다 익히지 않은 것을 익혀서 완연하게 달라지는 자가 있게 된다면, 반드시 우리 최후의 교화에서 비롯되지 않았다면 이르지 못하였을 것임을 알아야 한다. 아아, (이를) 아름답지 않다고 할 수 있겠는가. 익재 이상[12]과 근재 안군[13]이 이미 명과 부를 지었는데,[14] 내가 다시 그 사이에서 무슨 말을 하겠는가. 내가 투호를 좋아하는 뜻과 최후가 투호를 둔 이유를 이어 써서 기[記]로 삼는다. 지순 계유년(1333, 충숙왕 후2) 5월 경신(28일).

[註解]

1) 投壺之禮: 투호는 일정한 거리에 항아리를 놓고 화살을 던져 넣어 승부를 결정짓는 놀이로, 이미 『禮記』에 그 예법이 전할 만큼 유래가 길다. 투호는 주인과 빈객이 연회에서 才藝를 강론하는 예이자, 함께 즐기는 놀이였다. 고려에서는 1116년(예종 11)에 왕이 『禮記』의 투호편을 강론한 뒤, 송 황제가 보낸 투호 기구를 시험해보고자 하여 投壺儀를 정하고 그림을 그려 올릴 것을 명한 기록이 있다. 또한 고려시대의 문집에서 투호를 하였다는 글이 있지만, 널리 행해지지 않았다.

특히 투호는 공부에 전념하는 때에 긴장을 풀어주는 역할을 하고 화살을 던져 넣는 간단한 움직임을 통해 건강을 유지하면서도 목표에 집어넣기 위한 집중력 개발과 함께 즐기는 예의를 마련하려는 의미를 지녔다. 이 때문에 성리학에서 투호를 중요시하였으며, 이에 조선에서는 사대부들의 호기를 북돋는 유희로 자리잡게 되었다.

『禮記注疏』 권58, 「投壺」.

『高麗史』 권14, 世家14 睿宗 11년 12월 壬午.

『牧隱詩藁』 권22, 「柳南京來訪絢」.

『東文選』 권21, 七言絶句 「天壽寺追和崔斯立韻」.

林榮茂, 1996, 「체육」, 『한국사』 21, 국사편찬위원회, 515·516쪽.

고혜령, 2005, 「원 간섭기 성리학 수용의 일 단면―崔文度를 중심으로―」 『한국중세사연구』 18, 162~164쪽.

권상우, 2010, 「퇴계의 여가활동과 도덕교육」, 『東洋社會思想』 22.

김광섭, 2010, 「이만수의 『投壺集圖』를 통해 본 조선 후기 投壺遊戲 양상」, 『민족문화연구』 53.

金光燮, 2013, 「朝鮮後期의 변화된 投壺格과 餘暇趣味 양상 연구」, 『大東文化研究』 84.

2) 司馬文正公: 司馬光(1019~1086)을 가리킨다. 그에 대해서는 권1 2-(1), 주해 41) 참조.

3) 司馬文正公圖序: 사마광이 지은 『投壺新格』을 가리킨다. 사

마광은 투호의 오락성이 강조되자 투호의 기능을 治心, 修身, 爲國, 觀人에서 찾고, 투호의 명칭과 규칙을 古禮에 근거해 예의 관점에서 개정하여 『투호신격』을 저술하였다. 이 책은 1072년에 완성되었고 『雪堂韻史』, 『居家必要』 등에 수록되어있다.

　　『投壺新格』.
　　이춘식 주편, 2003, 『中國學資料解題』, 신서원, 747쪽.
　　金光燮, 2013, 「朝鮮後期의 변화된 投壺格과 餘暇趣味 양상 연구」, 『大
　　　　東文化研究』 84, 239쪽.

　4) 予濫與計偕朝于帝京: 計偕는 擧人이 會試에 응시하려고 상경하는 것을 의미한다(①). 여기서는 최해가 元 制科에 응시하러원 수도인 연경에 간 것을 뜻한다. 최해는 1320년(충숙왕 7)에 安軸, 李衍宗과 함께 제과에 응시하기 위해 원에 갔고 이듬해에 21등으로 합격하였다(②).

　　① 諸橋轍次, 1985, 「計偕」, 『大漢和辭典』 11, 大修館書店, 387쪽.
　　②『高麗史』 권74, 志28 選擧2 科目2 制科 忠肅王 7년 10월.
　　　『拙藁千百』 권2, 「送奉使李中父還朝序」.
　　　裵淑姬, 2008, 「元代 科擧制와 高麗進士의 應擧 및 授官」, 『東洋史
　　　　學研究』 104, 132·133쪽.

　5) 入對: 신하가 황궁에 들어가 황제가 낸 문제나 질문에 답한다는 의미로, 여기에서는 안축이 제과에 응시했다는 뜻이다.

　　諸橋轍次, 1984, 「入對」, 『大漢和辭典』 1, 大修館書店, 1037쪽.

　6) 遼陽洪仲宜: 요양은 현재 중국 遼寧省 遼陽市로, 元代에 行中書省이 설치된 곳이다. 요양 지역은 고려에서 귀화한 남양 홍씨 일가의 영향력이 미치던 곳이었다. 본문의 '요양홍중의'라고 한 것에서 홍복원의 후손이었다고 생각된다.

　　『元史』 권59, 志11 地理2 遼陽等處行中書省.
　　『元史』 권154, 列傳41 洪福源.
　　周采赫, 1974, 「洪福源一家와 麗·元關係(一)」, 『史學研究』 24 ; 2009,
　　　『몽·려전쟁기의 살리타이와 홍복원』, 혜안.

7) 文明之東邸: 본문의 문명은 연경 황궁의 文明門을 가리킨다. 문명문은 황궁의 남쪽 문인 麗正門의 왼쪽에 위치한다.

『元史』 권58, 志10 地理1 中書省 大都路.

8) 赴官盖牟: 최해가 遼陽路盖州判官에 임명된 것을 말한다. 盖牟는 본래 고구려의 개모성이 있던 곳으로, 현재 중국 요녕성 무순시의 서남쪽이며 大連市의 북쪽 부근이다. 최해는 1321년(충숙왕 8)에 이 관직에 임명되었으나, 부임한 곳이 벽지이고 직무 또한 어려워서 5개월 만에 병을 칭탁하고 고려로 돌아왔다.

『高麗史』 권109, 列傳22 崔瀣.

9) 春軒崔侯: 崔文度(1292~1345)를 가리킨다. 자는 義民, 호는 春軒이며 崔誠之의 아들이다. 원에 가서 숙위하였고, 충선왕이 토번에 유배되었을 때 아버지와 함께 충선왕을 배알하였다. 이후 典法判書, 僉議叅理 등의 관직을 역임하였다. 周敦頤, 程顥와 程頤, 朱熹의 서적을 즐겨 읽었고 효성이 지극하였다고 한다.

『高麗史』 권108, 列傳21 崔誠之 附文度.

「崔文度墓誌銘」.

고혜령, 2005, 「원 간섭기 성리학 수용의 일 단면—崔文度를 중심으로—」 『한국중세사연구』 18.

10) 程朱氏: 程顥·程頤 형제와 朱熹를 가리킨다. 정호(1032~1085)의 자는 伯淳, 호는 明道, 宋 洛陽 사람이다. 神宗 때 太子中允·監察御史裏行이 되었다. 王安石과 화합하지 못하여 簽書鎭寧軍判官이 되었다가, 哲宗이 즉위한 후에 宗正丞에 임명되었지만 부임하기 전에 졸하였다. 정이(1033~1107)의 자는 正叔, 호는 伊川이다. 哲宗 초에 司馬光과 呂公著의 천거로 崇政殿說書가 되었고 管句西京國子監을 지냈다. 이후 涪州로 유배되었다가 복직되었으며 崇寧 연간에 치사하였다. 정호와 정이 형제는 어렸을 적에 周敦頤 밑에서 수학하였고 북송 理學의 창시자로 알려졌으며, 그들을 아울러 二程이라고 부른다. 주희(1130~1200)에 대해서는 권1 4, 주

해 13) 참조.

　　　『宋史』권255, 列傳186 道學1 程顥·程頤.

　11) 藹然庭院有春風沂上之氣象: '春風沂上之氣象'은 『論語』선
진편에 나오는 말로, 공자가 제자들에게 자신의 뜻을 밝혀보라고 하
자, 曾點이 늦봄에 봄옷이 완성되면 冠禮를 치른 자들, 童子들과 함
께 沂水에서 목욕하고 舞雩에서 바람 쐬고 노래하면서 돌아오겠다
고 한 구절을 인용한 것이다[莫春者 春服旣成 冠者五六人 童子六
七人 浴乎沂 風乎舞雩 詠而歸]. 이곡은 春軒記에서 최문도가 마음
속이 유연하여 자기를 대하고 남을 접할 때에 속에 쌓이고 밖으로
발현되는 것에 화기가 아닌 것이 없어, 기수에서 목욕하고 바람 쐬
며 노래하는 풍류가 있다고 하였다[余知主人胸次悠然 凡持己接物
積中發外者 無非和氣也 盖浴沂風詠之流乎]. 그리고 이것이 최문도
가 春軒이라는 호를 지은 참뜻이라고 하였다. 최해 역시 후학을 위
하여 투호의 예를 가르치는 최문도의 성품을 기수 가의 기상에 빗대
어 표현한 것이다.

　　　『論語』先進.

　12) 益齋李相: 李齊賢(1287~1367)을 말한다. 益齋는 그의 호
이다. 이제현에 대해서는 권1 4, 주해 2) 참조.

　13) 謹齋安君: 安軸(1287~1348)을 가리킨다. 謹齋는 그의 호
이다. 안축에 대해서는 권1 17, 주해 1) 참조.

　14) 益齋李相與謹齋安君旣銘而賦之矣: 『益齋亂藁』에 이제현이
지은 崔春軒壺矢銘이 전한다. 하지만 안축이 지은 賦는 전하지 않
는다. 이제현이 지은 銘의 내용은 다음과 같다.

　　항아리는 그 속이 비었고, 화살은 그 본성이 곧다. 곧지 않고 비
지 않으면, 항아리가 아니고 화살도 아니구나. 반드시 삼가야 반드
시 맞추니, 틀을 놓을 것 같이 생각하라. 속여서 10마리를 잡아도
이김이 기롱을 갚지 못하네. 세차게 던져 떨어뜨리지 말고, 돌려 넣

어 기울이지 말라. 군자의 놀이이며 군자의 법규로다[壺虛其心 矢直其理 匪直匪虛 匪壺匪矢 必愼必中 若虞張機 詭遇獲十 勝不償譏 勿激而墜 勿旋而倚 君子之嬉 君子之規].

『益齋亂藁』 권9下, 論頌銘眞贊箴 「崔春軒壺矢銘」.

20-(1). 軍簿司重新廳事記

[原文]

軍簿司重新廳事記

本國越自古昔, 知尊中國, 然於宮府署額, 多倣中國而爲之, 未嘗有嫌也. 今夫軍簿司者, 寔尙書兵部, 而周官大司馬之職也, 其亦倣而置焉. 逮于皇元受命, 首出臣之, 至元十二年始避朝制, 易之以今名. 至大二年改爲摠部, 泰定三年復之. 所謂判書摠郎正郎佐郎等官, 又因尙書侍郎郎中員外郎而易之者也. 昔者國相分判六曹, 而大宰主東曹, 亞相主西曹, 西曹實掌武選. 在後尊用武人, 必以其長爲貳而領之, 式至今不替, 蓋重其權也. 凡軍校名籍兵衛器仗命將出師之事皆隷, 而三軍六衛四十二都府日趨而聽命焉, 則其公衙且非宏壯, 無以鎭壓之也.

[譯文]

군부사[1] 중신청사기[2]

우리나라는 오랜 옛날부터 중국을 높일 줄 알았으나 궁궐과 관서[府署]의 명칭은 중국을 많이 모방하여 사용하였고 일찍이 거리낌이 없었다. 지금의 무릇 군부사라는 것은 상서병부로 주(周)의 관직인 대사마의 직임이니,[3] 그 또한 (중국을) 모방하여 설치하였다. 원나라가 천명을 받음에 이르러 먼저 나아가 신하가 되었고,[4] 지원 12년(1275, 충렬왕 1)에 비로소 (원)조정의 제도를 피하여 지금의 명칭으로 바꾸었다. 지대 2년(1309, 충선왕 1)에 고쳐서 총부라고 하였고 태정 3년(1326, 충숙왕 13)에 복구하였다.[5] 이른바 판서, 총랑, 정랑, 좌랑 등의 관직은 또 상서, 시랑, 낭중, 원외랑이 바뀐 것이다. 예전에는 국상이 육조를 나누어 맡아 수상[大宰][6]은 동조를 주관하고 아상은 서조를 주관하였는데, 서조는 실상 무관의 인사를 맡았다.[7] 이후 무인을 중용하게 되어 반드시 그 수장을 상서[貳][8]로 삼아 통솔하게 하였는데,[9] 법이 지금까지 바뀌지 않은 것은 대개 그 권한이 중요하기 때문이다. 모든 군인·장교의 명부와 호위·병장 및 장수에게 명하여 군대를 출동시키는 일이 모두 예속되어,[10] 3군 6위[11] 42도부[12]가 날마다 달려와 명령을 들으니, 그 관청[公衙]이 또 크고 웅장하지 않으면 진압할 수 없다.

[註解]

1) 軍簿司: 고려후기에 武選, 軍務, 儀衛, 郵驛의 업무를 담당한 관부로, 고려전기의 尙書兵部에 해당한다. 918년(태조 1)에 처음 설치되었고, 982년(성종 1)에 御事6官을 설치하면서 兵官이 되었다가, 995년에 尙書兵部가 되었다. 문종대에 判事(宰臣兼職, 1인), 尙書(정3품, 1인), 知部事(他官兼職, 1인), 侍郎(정4품, 2인), 郎中(정5품, 2인), 員外郎(정6품, 2인) 등을 두었다. 1275년(충렬왕 1)에 元의 압력으로 軍簿司로 개칭되었으며, 이의 직관도 尙書는 判書, 侍郎은 摠郎, 郎中은 正郎, 員外郎은 佐郎으로 바뀌었다. 이후 1298년에 충선왕이 兵曹로 고치면서 尙書를 2인으로 늘리고 그 중 하나를 班主가 겸하도록 하였으며 侍郎, 郎中, 員外郎도 각각 3인으로 늘렸다. 1308년에는 吏部·兵部·禮部를 합하여 選部를 설치하였다가 곧 병부만을 분리하여 摠部라 칭하였으며 후에 다시 軍簿司로 고쳤다.

한편, 고려초 병부의 연혁과 관련하여 태조 이래의 병부는 泰封의
제도를 계승한 것인 반면 병관은 唐의 제도를 수용한 것이므로 둘
의 연혁을 직선적으로 연결하는 데는 무리가 있다. 또한 고려초의
병부는 광평성, 내봉성 등과 함께 병렬적인 위치에 있었으나 성종
때에 당의 3성6부를 중심으로 하는 6典制가 수용되면서 그 지위가
격하되어 상서성 아래 6部의 하나로 편제되었다. 고려에서 병부는
당과는 달리 吏部 다음 가는 관서였는데, 병부가 차지하는 정치적
비중이 반영된 것이다.

『高麗史』 권76, 志30 百官1 兵曹.

邊太燮, 1970, 「高麗時代 中央政治機構의 行政體系—中書省 機構를 중
심으로—」, 『歷史學報』 47 ; 1971, 『高麗政治制度史研究』, 一
潮閣, 5~8쪽.

李泰鎭, 1972, 「高麗 宰府의 成立—그 制度史的 考察—」, 『歷史學報』
56, 3~8쪽.

李益柱, 1992, 「충선왕 즉위년(1298) '개혁정치'의 성격—관제(官制)개
편을 중심으로—」, 『역사와 현실』 7.

朴龍雲, 2000, 「高麗時代의 尙書6部에 대한 檢討」, 『高麗時代 尙書省 研
究』, 景仁文化社, 220~223쪽.

권영국, 2007, 「고려 초기 兵部의 기능과 지위」, 『史學研究』 88, 477~
480·489~494쪽.

2) 軍簿司重新廳事記: 記는 사물에 대한 객관적인 사실이나 관
찰 내용 등을 서술한 글을 말한다. 대개 절이나 누각, 서재 등 특정
건축물의 조성 경위와 내력을 기록한 경우가 많으며 이외에도 건축
물의 이름이 지니는 의미에 대하여 간단하게 서술한 記 등이 있다.
분문의 「軍簿司重新廳事記」도 군부사의 연혁과 重建 경위 등을 서
술한 記에 해당한다. 동일한 내용이 『東文選』에도 전한다.

『東文選』 권68, 記 「軍簿司重新廳事記」.

檀國大學校 東洋學研究所, 2007, 「記」, 『漢韓大辭典』 12, 檀國大學校出
版部, 703쪽.

李福揆, 1989, 「韓國漢文學 散文文體의 硏究(Ⅰ)」, 『國際大學 論文集』 17, 11쪽.

3) 而周官大司馬之職也: 중국 周代의 통치조직은 天官, 地官, 春官, 夏官, 秋官, 冬官의 6官으로 구성되어 있었으며, 이중 夏官의 장관이 大司馬이고 군사와 관련된 일을 주로 담당하였다.

　　『周禮』夏官 大司馬.

4) 逮于皇元受命 首出臣之: 본문은 고려가 원─몽골─에 가장 먼저 귀부하였음을 표현한 것이다. 고려는 장기간 지속된 대몽전쟁을 종식시키기 위하여 1259년 5월에 태자 王倎─원종─을 몽골로 보내 강화를 맺고 원과의 외교관계를 수립하였다. 이에 대해서는 권1 2-(3), 주해 1) 참조.

5) 至大二年改爲摠部 泰定三年復之: 至大는 元 武宗의 연호로, 至大 2년은 1309년(충선왕 1)에 해당한다. 泰定은 元 晋宗의 연호로, 泰定 3년은 1326년(충숙왕 13)에 해당한다. 『高麗史』 백관지에 의하면, 고려전기의 상서병부는 1275년(충렬왕 1)에 元의 압력으로 상서6부가 4司로 축소·격하되면서 軍簿司로 개편된 이래 여러 차례 관제가 변하여 兵部, 選部, 摠部, 軍簿司 순으로 개편되었다. 하지만 그 시기는 구체적으로 명시되지 않았다. 이에 기존의 연구에서는 1325년에 選部가 典理司로 바뀔 때에 총부 역시 군부사로 개칭된 것으로 파악하였다. 그런데 본문에 '지대 2년(1309)에 총부로 고쳤다가 태정 3년(1326)에 복구'하였다고 기술되어있다. 이를 통해 1308년에 충선왕이 복위한 후에 관제를 개편하면서 이부·병부·예부를 합하여 선부를 설치하였다가 이듬해에 선부에서 병부만을 분리하여 총부로 개편하였으며, 다시 1326년에 군부사로 개칭하였음을 확인할 수 있어, 선부, 총부, 군부사로의 변천 시기에 대한 이해에 참고가 된다.

　　『高麗史』 권76, 志30 百官1 兵曹.

朴龍雲, 2000, 「高麗時代의 6部判事制에 대한 考察」, 『고려시대연구』
　　　　Ⅱ, 한국정신문화연구원 ; 2000, 『高麗時代 尙書省 研究』, 景仁
　　　　文化社, 106쪽.

6) 大宰: 班次 제1의 재신을 말하는 것으로, 冢宰, 首相, 上宰라
고도 하였다. 이에 대해서는 권1 15-(3), 주해 16) 참조.

7) 昔者國相分判六曹 …… 西曹實掌武選: 漢代에 동조와 서조
는 太尉의 屬官으로, 동조는 2000石 長史의 인사와 軍史를 관장하
고 서조는 府史의 임용을 관장하였다. 또 서조는 兵曹와 刑曹의 이
칭을 뜻하기도 하였다.

본문에서 동조는 吏部, 서조는 兵部의 의미로 사용되었다. 東曹와
西曹는 조정의 조회나 제반 의식 때에 北座南面하는 국왕을 향하여
동쪽에 서는 반열을 동조—동반—, 서쪽에 서는 반열을 서조—서반
—이라 한데서 비롯하였다. 또 동조는 정치를 담당하는 문관들의 반
열이었으므로 문반이라고도 하였고, 서조는 군사를 담당하는 무관들
의 반열이었으므로 무반이라고도 칭하였다.

한편, 고려시대에는 재신이 尙書6部의 판사를 겸대하는 제도가
있어서, 班次 제1위 재신이 首相이 되어 判吏部事를 겸임하고 관리
의 인사권을 관장하였고, 반차 제2위 재신이 亞相이 되어 判兵部事
를 겸임하고 무반의 인사권을 맡았다.

『後漢書』志24 百官1 太尉.
邊太燮, 1961, 「高麗朝의 文班과 武班」, 『史學研究』11 ; 1971, 『高麗政
　　　治制度史研究』, 一潮閣, 277쪽.
邊太燮, 1967, 「高麗宰相考—3省의 權力關係를 중심으로—」, 『歷史學報』
　　　35·36合 ; 1971, 『高麗政治制度史研究』, 一潮閣, 79~82쪽.
朴龍雲, 2000, 「高麗時代의 6部判事制에 대한 考察」, 『고려시대연구』
　　　Ⅱ, 한국정신문화연구원 ; 2000, 『高麗時代 尙書省 研究』, 景仁
　　　文化社, 108·115·161쪽.
諸橋轍次, 1985, 「東曹」, 『大漢和辭典』6, 大修館書店, 184쪽.
諸橋轍次, 1985, 「西曹」, 『大漢和辭典』10, 大修館書店, 290쪽.

8) 貳: 貳는 副職을 뜻하는데, 여기서는 兵部尙書―軍簿判書, 軍簿典書―를 의미한다. 병부상서는 상서병부의 장관이나 그 위에 宰臣이 겸하는 판병부사가 있으므로, 병부상서를 貳로 표현한 것이다.

諸橋轍次, 1985, 「貳」, 『大漢和辭典』 10, 大修館書店, 725쪽.

9) 在後尊用武人 必以其長爲貳而領之: 본문은 무인이 중용된 이후에 鷹揚軍上將軍이 병부―군부사―의 상서를 겸하여 통령하게 하였다는 것을 뜻한다. 응양군상장군으로 병부상서를 겸한 자를 班主라고 하는데, 1217년(고종 4)에 崔元世가 병부상서·응양군상장군에 임명된 사례가 기록상 반주의 첫 사례이며, 반주라는 용어가 처음 등장하는 것은 1268년(원종 9)의 일이다. 무신정권이 성립한 이후 重房이 강화되어 합좌기구가 되었고, 그 수장인 응양군상장군이 중방 회의의 의장을 맡는 한편 병부상서를 겸임하여 무반의 인사권을 포함한 군정을 총괄하게 되었다. 이러한 반주제는 무신집정 최충헌이 집권하고 있던 1204년(희종 즉위)부터 1217년 이전에 성립되었을 것으로 추정된다. 그런데 1275년(충렬왕 1)부터 군부판서의 정원이 2인이 되고 문반이 함께 임명되면서 그 위상이 약화되었다.

『高麗史』 권22, 世家22 高宗 4년 5월 乙未.
『高麗史』 권76, 志30 百官1 兵曹.
『高麗史』 권77, 志31 百官2 西班 鷹揚軍.
『高麗史』 권104, 列傳17 金方慶.
李基白, 1956, 「高麗 京軍考」, 『李丙燾博士華甲紀念論叢』, 一潮閣 ; 1968, 『高麗兵制史硏究』, 一潮閣, 69~71쪽.
閔賢九, 1985, 「高麗後期의 班主制」, 『千寬宇還曆紀念 韓國史學論叢』, 正音文化社, 403~406쪽.

10) 凡軍校名籍兵衛器仗命將出師之事皆隷: 본문은 군부사가 담당한 업무를 설명한 것이다. 『高麗史』 百官志 兵曹條에 의하면, 군부사는 무반에 대한 인사[武選], 군사와 관련된 일반 서무[軍務], 국왕 등에 대한 儀仗과 保衛[儀衛] 및 站驛에 관계된 업무[郵驛]

를 담당하였다고 한다. 본문은 『고려사』 백관지의 내용을 구체적으
로 설명해주고 있다. 즉, 군인과 장교의 명부와 관련된 일은 무반의
인사를 말한다. 호위와 그와 관계된 병위·기장은 軍務나 儀衛와 관
련된다. 또 군부사가 유사시 군대의 출동과 관련된 업무도 담당하였
음을 본문에서 나타내고 있다.

『高麗史』 권76, 志30 百官1 兵曹.

朴龍雲, 2000, 「高麗時代의 尙書6部에 대한 檢討」, 『高麗時代 尙書省 硏
究』, 景仁文化社, 233~235쪽.

11) 三軍六衛: 고려시대 경군의 편제는 2軍6衛 체제로서, 여기
에는 왕의 시위를 담당하는 鷹揚軍·龍虎軍의 2군과 개경의 수비와
변경의 防戍, 의식에서의 의장, 궁성 문의 수비 등을 담당하는 左右
衛·神虎衛·興威衛·金吾衛·千牛衛·監門衛의 6위가 있었다. 그런데
본문에서는 2군이 아닌 3군이라 기록되어 있는데, 이에 대한 정확한
내용은 알기 어렵다.

『高麗史』 권81, 志35 兵1 兵制 二軍·六衛.

李基白, 1956, 「高麗 京軍考」, 『李丙燾博士華甲紀念論叢』, 一潮閣 ;
1968, 『高麗兵制史硏究』, 一潮閣, 69~74쪽.

朴龍雲, 2002, 「譯註 『高麗史』 百官志(1)」, 『고려시대연구』 Ⅴ, 한국정
신문화연구원 ; 2009, 『『高麗史』 百官志 譯註』, 신서원, 634~
638쪽.

이기백·김용선, 2011, 『『고려사』 병지 역주』, 일조각, 66~68쪽.

12) 四十二都府: 현재 四十二都府의 구성 및 성격 등에 관한 정
확한 내용은 알 수 없다. 다만 『增補文獻備考』에 都府의 수와 고려
시대 경군인 6위에 편제되었던 領의 수가 동일하게 42인 것을 근거
로 都府와 領이 通稱되는 것으로 보는 견해가 있다. 한편 都府라는
용어는 공민왕대 이후에만 사용된 것으로 이해하기도 하나, 본문에
의하면 都府가 충숙왕대에 이미 사용되고 있었음이 확인된다.

『高麗史』 권81, 志35 兵1 兵制 恭讓王 원년 12월.

『增補文獻備考』 권116, 兵考 衛兵.

李基白, 1960,「高麗 軍人考」,『震檀學報』21 ; 1968,『高麗兵制史研究』,
　　一潮閣, 96～98쪽.
末松保和, 1965,「高麗の四十二都府について」,『靑丘史草』1, 笠井出版社.

20-(2).

[原文]

舊有廡宇在王宮之東, 自權臣擁主卷入江華以後, 宮室官廬同爲瓦礫蓁莽
之墟者三十有九年. 至元庚午克仗皇靈, 獲復舊京. 時有部貳奇公洪碩, 治其
故地而重營之. 自此至天曆己巳, 又閱六十年之久, 其間未有紹繼而能繕理者,
則棟橑欄楹, 胡得不腐敗摧折而日就傾圮哉. 鷹揚上將金侯就起適貳于司, 始
莅之日, 郎署官吏軍衛將士以次進賀而退. 侯復進之, 顧視廳事, 而喟然謂郎
署曰, 諸君到此, 各有幾年, 公宇有責, 誰任之者. 又謂軍衛曰, 此非若輩日聚
會稟號令之所乎. 頹壞至此, 若輩豈不羞耶. 諸人苟不拒者, 盍撤而改爲之乎.
郎及將士皆面赧[37]背汗而言曰, 惟侯命. 於是出令新之, 仍委佐郎金君玩董其
役. 金君乃出公庫羡財, 先市材瓦. 凡所指畫, 皆出至誠, 故軍卒樂其赴, 不督
而自辦. 經始於翌年庚午二月, 至五月而功告訖, 堂宇比舊頗寬敞, 崇庳損益,
俱有制度, 可以永久.

金君謁予文, 欲記之, 予嬾因循不遽喏, 而君俄罷去. 後二年君再入爲正郎,
恨前事未見書, 又來請之者再. 故予未果辭, 遂告之曰, 今之安於養望, 不官
其官者, 東方卿大夫皆然, 不獨前任軍簿一司者而已. 如金侯與君, 有唱斯和,
擧多年人所不以意者, 而成此巨麗, 令其改觀, 可謂能矣. 然官中廢而不擧者
非止一事. 君旣脩已擧者矣, 又當次次而思得其可擧者, 隨毀隨治, 亦若廡宇
之營, 則人豈以瘵官譏之哉. 旣告之, 俾歸書以爲觀者之規. 若夫工費之多少
司必置簿, 此不具述焉. 元統二年歲在甲戌二月甲子.

---

37) 赧:『東文選』권68「軍簿司重新廳事記」에는 報으로 되어 있다.

[譯文]

옛날에는 관아 건물[廨宇]이 왕궁의 동쪽에 있었으며,[1] 권신이 왕을 끼고 급히 강화로 들어간 이후에 궁실과 관사 모두 기와가 부서지고 풀이 무성한 폐허가 된 지 39년이었다.[2] 지원 경오년(1270, 원종 11)에 원 황제의 명에 의지하여 옛 수도로 돌아가게 되었다.[3] 이때에 군부판서[部貳]로 있던 기공 홍석[4]이 그 옛터를 닦아 중영하였다.[5] 이로부터 천력 기사년(1329, 충숙왕 16)까지 또 60년의 기간이 지났는데, 그 사이에 계속 이어서 고치고 수리할 수 있는 자가 없었으니, 대들보와 서까래, 추녀와 기둥이 어찌 썩고 부서져서 날이 갈수록 기울고 무너지지 않을 수 있었겠는가. 응양군상장군[6] 김후 취기[7]가 마침 군부사의 판서[貳于司]가 되어 처음 부임하는 날에 낭서의 관리[8]와 군위의 장사[9]들이 차례로 나와 하례하고 물러났다. 후—김취기—가 다시 나와서 청사를 돌아보고 탄식하며 낭서들에게 말하기를, "그대들이 이곳에 온 지 각기 몇 년이고, 관사[公宇]에 허물이 있으면 누구의 책임인가."라고 하였다. 또 군위들에게 말하기를, "이곳은 너희들이 날마다 모여 군령을 받는 곳이 아닌가. 무너져서 이 지경에 이르렀는데, 너희들은 어찌하여 부끄러워하지 않는가. 여러 사람들이 진실로 반대하지 않는데 왜 철거하고 고치지 않았느냐."라고 하였다. 낭관들과 장사들이 모두 얼굴이 붉어지고 등에 땀을 흘리며 말하기를, "예, 후의 명대로 하겠습니다."라고 하였다. 이에 명령을 내려 새로 고치게 하고, 이어 좌랑 김군완[10]에게 맡겨 그 역을 감독하게 하였다. 김군—김완—은 곧 관아의 창고에서 여분의 재화를 내어 먼저 목재와 기와를 사들였다. 무릇 지시하고 계획하는 바가 모두 지극한 정성에서 나왔으므로, 군졸들도 즐거이 달려들어 독려하지 않아도 스스로 힘써 일하였다. 공사가 이듬해 경오년(1330, 충혜왕 즉위) 2월에 시작되어 5월에 이르러 공사가 마침을 고하였으니, 관청이 예전에 비해 자못 넓어졌으며 (건물을) 높이고 낮추며 덜고 더한 것이 모두 제도에 맞아 오래 갈 만 하였다.

김군이 나에게 글을 청하여 이를 기록하고자 하였으나, 내가 게을러 미적거리다 바로 응낙하지 못하였더니 군이 얼마 후에 파직되어 떠났다. 2년 후에 군이 다시 들어와 정랑이 되었는데, 전의 일이 기록되지 못한 것을 한스럽게 여겨 다시 와서 청한 것이 두 번이었다. 그래서 내가 끝내 사양하지 못하고 마침내 말하기를, "지금 명망을 기르는 데에 안주하여 그 관직의 임무를 수행하지 않음이 우리나라의 경·대부가 모두 그러하니 유독 전에 군부 한 관사를 맡았던 자뿐만이 아니다. 김후와 자네는 앞서 노래하면 이에 화답하듯이 하여 여러 해 동안 사람들이 생각지도 못했던 일을 일으켜 이처럼 크고 아름답게 완성하여 (사람들로) 하여금 (관청을) 다시 보게 하였으니, 유능하다 말할 수 있다. 그러나 관의 업무 중에는 폐하여져서 시행되지 않는 것이 한 가지가 아니다. 군은 이미 고쳐서 시행하였으니, 또 마땅히 차례차례 시행할 수 있는 것을 생각하여 훼손되는 대로 즉시 고치기를 또한 (군부사의) 관청을 중영한 것처럼 한다면 사람들이 어찌 게으른 관리라고 나무라겠는가."라고 하였다. 이미 (청사의 완성을) 고하였으니, 글을 보내어 보는 자의 모범으로 삼게 하였다. 대저 공사비용의 다소는 군부사에 반드시 장부를 갖추었을 것이니, 여기에는 구체적으로 기술하지 않는다. 원통 2년 갑술년 (1334, 충숙왕 후3) 2월 갑자(6일).

　[註解]
　1) 舊有廨宇在王宮之東: 『高麗圖經』에 따르면, 병부는 광화문 밖 官道의 남쪽에 있었다고 한다. 황성의 정문인 광화문은 東門이므

로, 병부는 궁성을 기준으로 동쪽에 위치하였다.

『高麗圖經』 권16, 官府 臺省.

김창현, 2002, 「개경의 황성과 황성문」, 『고려 개경의 구조와 그 이념』, 신서원, 154쪽.

  2) 自權臣擁主卷入江華以後 …… 三十有九年: 1232년(고종 19) 6월에 武臣執政者인 崔瑀의 주도하에 江華로 遷都한 것을 가리킨다. 1219년에 고려와 몽골이 兄弟盟約을 맺은 이후 몽골의 무리한 공물요구와 사신의 무례한 행동 등으로 인해 고려 조정은 불만을 갖게 되었는데, 이러한 상황에서 본국으로 돌아가던 몽골사신 著古與가 鴨綠江 가에서 살해되는 사건이 발생하였다. 몽골이 이 일을 빌미로 고려에 침공하자 崔瑀와 그의 추종자들은 몽골에 강경대응을 결의하고 강화천도를 단행하여 39년 동안 머물렀다.

『高麗史』 권23, 世家 高宗 19년 6월 乙丑.

『高麗史節要』 권18, 元宗 11년 5월.

金潤坤, 1978, 「江華遷都의 背景에 關해서」, 『大丘史學』 15·16合.

尹龍爀, 1991, 「崔氏政權의 江華 遷都」, 『高麗對蒙抗爭史硏究』, 一志社.

강재광, 2011, 『蒙古侵入에 대한 崔氏政權의 外交的 對應』, 景仁文化社.

  3) 至元庚午克仗皇靈 獲復舊京: 고려조정이 1260년(원종 1) 4월에 元 황제 쿠빌라이의 출륙요구를 받은 이후 10년 만인 1270년 5월에 개경으로 還都한 일을 말한다.

『高麗史』 권25, 世家25 元宗 원년 하4월 丙午.

『高麗史節要』 권18, 元宗 11년 5월.

金塘澤, 1994, 「林衍政權과 高麗의 開京還都」, 『李基白先生古稀紀念 韓國史學論叢』(上), 一潮閣 ; 1997, 『林衍·林衍政權 硏究』, 忠北大學校 出版部.

  4) 奇公洪碩: 奇洪碩(생몰년 미상)을 가리킨다. 본관은 幸州이고, 부친은 門下侍郎平章事 奇允肅이다. 기홍석은 金若先의 아들 金敉가 崔沆을 살해하고자 한 일이 발각되었을 때에, 김미를 최우의 후계자로 삼을 것을 劉鼎, 閔景咸 등과 함께 서명하였던 일로 유배

되었다. 1258년(고종 45)에 최씨정권이 몰락함에 따라 유배에서
풀려났다. 이후 1275년(충렬왕 1)에 軍簿判書·鷹揚軍上將軍에 임
명되었고, 1278년에는 征東都元帥 洪茶丘의 추천으로 密直副使에
임명되었다가, 이듬해에 同知密直司事·監察提憲이 되었다.

　　　『高麗史』 권28, 世家28 忠烈王 원년 12월 庚申·4년 2월 丁卯·5년 2월
　　　　丙午.

　　　『高麗史』 권101, 列傳14 金台瑞 附枚.

　 5) 時有部貳奇公洪碩 治其故地而重營之: 奇洪碩은 1275년(충
렬왕 1) 12월에 軍簿判書·鷹揚軍上將軍으로 임명되었다. 이를 통
해 보면 1270년 5월에 개경으로 환도한 이후 1275년까지 군부사의
청사가 마련되지 못하다가, 기홍석이 軍簿判書로 부임하자마자 바로
청사를 중영하도록 하였음을 알 수 있다.

　　　『高麗史』 권28, 世家28 忠烈王 원년 12월 庚申.

　 6) 鷹揚上將: 鷹揚軍上將軍을 말한다. 고려시대 경군인 鷹揚軍
의 정3품 관직이다. 鷹揚軍은 龍虎軍과 더불어 2군으로 불리며, 왕
을 호위하는 近仗部隊의 임무를 하였다. 특히 응양군은 2군 중에서
도 용호군보다 상위에 있어서, 그 지휘관인 상장군은 2군 6위의 상
장군과 대장군으로 구성되는 重房會議의 의장을 담당하였다.

　　　『高麗史』 권77, 志31 百官2 西班 鷹揚軍.

　　　『高麗史』 권81, 志35 兵1 兵制 二軍·六衛.

　　　李基白, 1956, 「高麗 京軍考」, 『李丙燾博士華甲紀念論叢』, 一潮閣 ;
　　　　1968, 『高麗兵制史研究』, 一潮閣, 69~74쪽.

　　　이기백·김용선, 2011, 『『고려사』 병지 역주』, 일조각, 66~68쪽.

　 7) 金侯就起: 金就起(생몰년 미상)를 가리킨다. 본관은 兎山이
고, 아버지는 都僉議贊成事를 지낸 金富允이다. 護軍을 지냈으며
원에 갔다가 1306년(충렬왕 32)에 충렬왕의 批判을 가지고 고려로
돌아왔다. 이후 1328년(충숙왕 15)에 軍簿判書·鷹揚軍上護軍에
임명되었다.

『高麗史』 권32, 世家32 忠烈王 32년 윤정월 己丑.

『高麗史』 권35, 世家35 忠肅王 15년 8월 甲寅.

『高麗史』 권107, 列傳20 金富允.

8) 郎署官吏: 고려후기 軍簿司에 소속되어 있는 摠郎(정4품),
正郎(정5품), 佐郎(정6품) 등의 낭관을 가리킨다.

『高麗史』 권76, 志30 百官1 兵曹.

9) 軍衛將士: 고려시대 2軍6衛 소속의 上將軍(정3품), 大將軍
(종3품), 將軍(정4품), 中郎將(정5품), 郎將(정6품), 別將(정7
품), 散員(정8품) 등을 말한다.

『高麗史』 권77, 志31 百官2 西班 鷹揚軍·龍虎軍·左右衛·神虎衛·興威
衛·金吾衛·千牛衛·監門衛.

10) 金君玩: 金玩(생몰년 미상)을 가리킨다. 충숙왕대에 군부사
의 佐郎, 正郎 등을 지낸 인물이다.

21. 送盧教授西歸序

[原文]

送盧教授西歸序【欽】

天子以東國首先嚮化, 世許尙主, 委王省權, 而其幕屬, 皆從辟置, 非自朝
廷選授之也. 然則中原子弟, 末由致之, 而又素賁丘園, 不肯屑就者, 其可得
而籠絡哉. 凡仕於此者, 率是自衒之輩, 始焉搖尾, 懼不見容, 終則飽颺, 反憎
其主者, 比比有之. 是以東人見客, 雖貌相敬, 其心未必有所同也.

大寧盧伯敬, 以王京學官始至, 予自病退, 雖里人少與之通, 伯敬之來, 又
久而後聞之. 意欲一往求見, 而伯敬先辱訪予. 予驚遽延之, 與語, 詞溫色和,
其中樂易, 可謂自任而不苟者也. 自此屢相過從, 問其家世, 則爲今瀋陽節推
達齋君之子, 而故河東山西廉訪知事東菴公之孫. 予聞慮東菴爲北方學者所宗
師, 伯敬逮事先生, 故於學得之爲有來矣.

予以東方學政弛而不脩者久矣, 幸伯敬之至, 必能率勱而振起之也. 未幾,
伯敬迫於改秩, 詞滿告歸, 則其諸生終安自暴, 而無以進於道矣. 非惟諸生如
是. 伯敬在此且未一朞, 其學盖畧不見效, 東人豈盡知伯敬眞師儒者哉. 雖然
進難退易, 固是君子之幾, 而自能審處, 在於伯敬, 有何損益乎. 第恨未有一
人能安子思而使之無歸焉. 旣不得留, 則以斯文之契, 未果嘿然, 欲請所相識
者各爲詩以寵慰之. 恐未知伯敬者汎以客待之, 故先之以自衒者之說, 而俾知
伯敬吾儒且名家子非其輩云尒. 元統甲戌二月辛未.

[譯文]

서쪽으로 돌아가는 노교수[1]를 보내는 서[2]【흠】

천자께서는 우리나라가 가장 먼저 나아가 귀향하였으므로 대대로
원 공주에게 장가듦을 허락하고[3] 국왕에게 행성의 권한을 맡겨서,
막료와 부속은 모두 국왕이 두는 대로[辟置] 따르고 원 조정에서
선발하여 제수하지 않았다.[4] 그리하여 중원의 자제들이 (고려로)
올 이유가 없었으니, 하물며 본래 전원을 가꾸며 기꺼이 나오려고
애쓰지 않는 자들을 나오게 하여 마음대로 부릴[籠絡] 수 있었겠는
가. 무릇 이곳에서 벼슬하던 자들은 대개 자기를 과시하는 무리로,
처음에는 꼬리를 흔들며 받아들여지지 않을까 염려하다가 마지막에
배부르고 (이름을) 드날리면[飽颺] 도리어 주인을 미워하는 일이
흔히 있었다. 이 때문에 우리나라 사람들이 (원에서 온) 손님을 만
나면 비록 겉으로는 서로 공경하여도 그 속마음이 반드시 같은 것만
은 아니었다.

대녕[5] 노백경이 왕경의 학관으로 처음 왔을 때에[6] 나는 병으로
물러나 비록 같은 마을 사람이라 하더라도 왕래가 적어서 백경이 오
고 또 오래된 후에 들었다. 한번 가서 뵙기를 청해야겠다고 생각하
였는데, 백경이 황송하게도 먼저 나를 찾아왔다. 나는 놀라서 급히
그를 맞아들여 함께 이야기하였는데, (노백경의) 말과 낯빛이 온화

하여 그 마음이 즐겁고 편안하니, 가히 자임(自任)하여도 구차하지 않는다고 할 만 하였다. 이로부터 여러 번 서로 방문하며, 가계를 물으니 지금의 심양절추[7] 달재군[8]의 아들이며, 돌아가신 하동산서 염방지사[9] 동암공[10]의 손자였다. 내가 듣기로 노동암은 북방 학자들이 종사(宗師)로 모시던 분이었는데, 백경이 선생을 좇아 섬겼으므로 학문에서 깨달음을 얻게 된 유래일 것이다.

나는 우리나라의 학정이 느슨해져 정비되지 못한 지 오래되었는데 다행히 백경이 왔으니 반드시 이끌고 권면하여 떨쳐 일어나게 할 수 있으리라 여겼다. (그런데) 얼마 되지 않아 백경이 관직이 바뀔 시기[改秩]가 임박하여 (임기가) 다 찼음을 말하고 돌아갈 것을 고하니, 여러 학생들이 마침내 자신의 능력을 믿지 못해 도에 나아가지 못할 것이다. 오직 여러 학생들만 이와 같은 것이 아니다. 백경이 이곳에 있은 지 아직 1년이 안되어 학문이 대체로 효험을 드러내지 못하였으니, 우리나라 사람들이 어찌 전부 백경이 참된 스승이고 유학자임을 잘 알았겠는가. 비록 그러하기는 하지만 나아가기를 어렵게 하고 물러나기를 쉽게 하는 것은 진실로 군자의 기틀인데, 스스로 능히 처한 곳을 잘 살펴 대처하였으니[審處] 백경에게 무슨 손익이 있겠는가. 다만 한 사람이라도 자사[11]를 편안하게 하여 그로 하여금 돌아가지 못하게 하는 자가 없음이 한스럽다.[12] 이미 머무르게 할 수 없다면 유학자[斯文][13]의 정리(情理)로써 끝내 묵묵히 있을 수 없어 서로 아는 자들에게 청하여 각자 시를 지어 은혜하고 위로하고자 한다. 백경을 알지 못하는 자가 가벼이 과객으로 대할까 염려되어, 먼저 자기를 과시하는 자의 이야기를 하여 백경은 우리와 같은 유학자이자 또한 명가의 자제로 그러한 무리가 아님을 알게 하고자 하였다. 원통 갑술년(1334, 충숙왕 후3) 2월 신미(13일).

[註解]

1) 盧敎授: 생몰년 미상. 본관은 大寧으로, 이름은 欽이다. 본문을 통해 노흠이 儒學敎授로서 일 년 남짓 고려에 왔다 간 사실을 알 수 있다.

2) 送盧敎授西歸序: 『東文選』에도 같은 내용이 수록되어 있다.

『東文選』 권84, 「送盧敎授西歸序」.

3) 天子以東國首先嚮化 世許尙主: 1259년(고종 46) 5월에 고종은 태자 王倎—원종—을 대몽항쟁의 종식을 위해 몽골에 보냈는데, 이 때 쿠빌라이(忽必烈)를 만나 강화를 맺음으로써 고려와 몽골은 새로운 외교관계가 수립되었다. 가장 먼저 귀향하였다는 것은 이러한 사실을 말한다. 또한 대대로 공주와 혼인하였다는 것은 忠烈王이 쿠빌라이의 딸인 쿠투루칼리미쉬(忽都魯揭里迷失)와 결혼한 이후 뒤이은 忠宣王, 忠肅王, 忠惠王 등이 몽골왕실과 혼인 관계를 맺은 사실을 뜻한다. 이에 대해서는 권1 2-(3), 주해 1) 참조.

4) 委王省權 …… 非自朝廷選授之也: 1280년(충렬왕 6) 8월에 고려에는 일본 정벌을 위해 征東行省이 설치되었고 같은 해 12월에 충렬왕은 中書左丞相行中書省事에 보임되었다. 이후, 원으로부터 받은 고려국왕의 位號는 '開府儀同三司征東行省(左·右)丞相駙馬高麗國王'이 되었다. 원이 일본원정을 중단한 이후에도 고려국왕은 '국왕'에 책봉되면 정동행성승상에 임명되었다. 그리고 정동행성의 관리들은 승상인 고려국왕의 천거를 받은 인물들이 임명되는 것이 원칙이었다. 한편, 고려의 관료체제와 관제는 원 간섭기에 접어들면서 격하되기는 하였으나, 본문의 내용은 원에서 고려국왕이 정동행성승상직을 겸하며 고려의 관료조직을 운용해갔던 독자성을 인정해주었음을 나타낸 것이다.

『高麗史』 권29, 世家29 忠烈王 6년 12월 辛卯.

高柄翊, 1961·1962, 「麗代 征東行省의 硏究(上)·(下)」, 『歷史學報』 14·

19 : 1970, 『東亞交涉史의 硏究』, 서울大學校出版部.

張東翼, 1994, 「後期征東行省의 存在 形態와 運營 實態」, 『高麗後期外交
史硏究』, 一潮閣, 42쪽.

李命美, 2012, 『고려―몽골 관계와 고려국왕 위상의 변화』, 서울대 국사
학과 박사학위논문, 60~124쪽.

5) 大寧: 지금의 중국 內蒙古自治區 赤峰市에 있는 寧城縣이다.
원대 지방 행정 구역인 대녕로는 본래 奚 부족의 땅으로, 당 초기에
營州에 속하였다. 貞觀 연간에 奚 추장 可度가 內附하여 饒樂郡을
설치하였다. 遼代에는 中京 大定府였으며 金에서도 그대로 따랐다.
元 초에 北京路總管府로 삼아 興中府와 義州·瑞州·興州 등을 관할
하게 하였다. 1270년에 북경로총관부를 고쳐 大寧路라고 하였다.
1288년에 武平路라 고쳤다가 다시 大寧路로 하였다.

　　『元史』 권59 志11 地理2 遼陽等處行中書省 大寧路.

6) 以王京學官始至: 王京學官이란 征東行省의 屬官 중 하나인
儒學提擧司의 敎授職을 말한다. 정동행성은 1280년(충렬왕 6)에
원에서 일본정벌을 추진하기 위해 고려에 세운 행성으로, 몇 차례의
치폐를 거듭하다가 1287년에 다시 설치된 이후 고려 말까지 존속하
였다. 유학제거사는 學校·祭祀·敎養 등의 학교사무를 담당하였는
데, 고려에는 1289년에 설치되었으며 提擧, 副題擧, 敎授 등을 두
었다. 노흠이 교수로 고려에 왔을 시기에 유학제거사의 관원으로 임
명된 인물들은 周長孺, 朱德潤, 洪陽坡, 白雲賓, 王三錫 등 대부분
元人이었다. 이들은 고려의 유학진흥을 위하여 원으로부터 서적을
수입하거나 고려 諸生을 모아놓고 詩書禮樂 등을 교육하였다. 노흠
역시 1333년(충숙왕 후2) 무렵에 유학교수로 고려에 와서 1년 여 동
안 제생의 교육 및 고려 학자들과 교류하다가 다시 원으로 돌아갔다.

　　『高麗史』 권109, 列傳22 崔瀣.

　　『元史』 권63, 志15 地理6 征東等處行中書省.

　　高柄翊, 1961·1962, 「麗代 征東行省의 硏究(上)·(下)」, 『歷史學報』 14·

19 : 1970,『東亞交涉史의 硏究』서울大學校出版部, 256·257쪽.
張東翼, 1990,「征東行省의 硏究」,『東方學志』67 : 1994,『高麗後期外
交史硏究』, 一潮閣, 76·98쪽.

7)『瀋陽節推: 節推는 元代 지방의 諸路總管府에 설치되었던 속
관인 推官을 말하며 刑獄을 관장하였다. 瀋陽은 지금의 중국 遼寧
省의 省都이다. 漢代에는 遼東郡에 속했고, 뒤에 高句麗의 영토에
속해 있다가 다시 唐의 지배하에 들어가서 瀋州가 되었다. 그 후 渤
海에 속했다가 遼·金代에는 東京路가 설치되었다. 元이 요동을 평
정하고, 뒤에 고려의 洪福源이 來歸하자 高麗軍民萬戶를 제수하여
심양 지역에 살고 있는 고려인들을 통치하게 하였다. 1261년에 安
撫高麗軍民總管府로 하여 諸路總管府가 되었다.

심양지역은 고려와 원을 연결하는 교통로이고 군사상의 주요 요
충지였다. 때문에 몽골이 고려를 침입한 초기부터 고려말까지 이 지
역에는 수많은 고려인이 거주하였다. 그들은 대체로 몽골에 자진 항
복한 投降民·流民·戰爭被擄人 등이었고, 집단적으로 거주하여 독자
적인 세력을 형성하기도 하였다. 몽골은 군사적·경제적인 필요성에
의해 고려인의 투항을 적극적으로 흡수하여 遼瀋 일대에 이주·정착
시켜 토지를 개간하고 농경에 종사하도록 하였다.

또한 1307년(충렬왕 33)에 원은 忠宣王을 瀋陽王으로 책봉하였
고, 충선왕의 조카인 王暠와 王暠의 손자인 脫脫不花가 심왕위에
올랐다. 이러한 원의 심왕 책봉은 遼瀋 일대의 대규모 고려인들에
대한 통치를 보다 효과적으로 수행하기 위한 방책인 동시에 심왕과
고려왕위를 원의 전통적인 諸王 체제 속에 포함시켜 원을 중심으로
포섭하려는 對高麗 支配政策으로 이해되기도 한다. 그러나 1321년
(충숙왕 8)부터 공민왕대까지 심왕을 고려국왕으로 옹립하려는 정
치적 문제가 야기되기도 하였다.

『元史』권59, 志11 地理2 遼陽等處行中書省 瀋陽路.

『元史』 권91, 志41上 百官7 諸路總管府.

李昇漢, 1988, 「高麗 忠宣王의 瀋陽王 被封과 在元 政治活動」, 『全南史學』 2.

金庚來, 1988, 「瀋陽王에 對한 一考察」, 『誠信史學』 6.

金惠苑, 1993, 「高麗後期 瀋(陽)王의 政治·經濟的 基盤」, 『國史館論叢』 49.

梁義淑, 1996, 「元 간섭기 遼瀋地域 高麗人의 동향」, 『東國歷史敎育』 4.

金惠苑, 1998, 「忠肅王 8年(1321)의 瀋王擁立運動과 그 性格」, 『梨大史苑』 31.

8) 達齋君: 생몰년 미상. 盧欽의 아버지이다.

9) 河東山西廉訪知事: 河東은 山西의 별칭으로도 사용되며 지금의 중국 山西省이다. 漢代에는 이 지방에 幷州를 두었고, 唐代에 나누어 河東道를 설치하였다. 宋代에는 河東路를, 금대에는 河東·西京의 兩路를 두었다. 원대에 들어 河東·山西道를 설치하였고 中書省에 속하게 하였다. 한편, 廉訪知事는 肅政廉訪司의 정8품의 관직이다. 元 국초에 提刑按察司를 두었는데, 1291년에 肅政廉訪司로 명칭을 고쳤다. 여기에는 道廉訪使(정3품) 2인, 副使(정4품) 2인, 僉事(정5품) 4인, 經歷(종7품) 1인, 知事(정8품) 1인, 照磨兼管勾(정9품) 1인, 書吏 16인, 譯史·通事 각1인, 奏差 5인, 典吏 2인을 두었다.

『元史』 권86, 志36 百官2 肅政廉訪司.

戴均良, 2005, 「河東」, 『中國古今地名大詞典』 中, 上海辭書出版社, 1910쪽.

10) 東菴公: 생몰년 미상. 盧欽의 祖父이다.

11) 子思: B.C. 483~B.C. 402. 孔子의 손자인 孔伋을 말하며, 자사는 그의 字이다. 전국시대 魯나라 陬邑人으로, 아버지는 孔鯉이다. 『子思子』를 지었다고 하나 전하지 않으며, 『中庸』을 저술하여 후세에 述聖이라고 칭해졌다. 孟子가 그의 문인이다.

『史記』 권47, 孔子世家17.

『史記』 권74, 孟子列傳14.

12) 第恨未有一人 …… 而使之無歸焉: 『孟子』 公孫丑下에 전하는 내용으로, 최해는 노나라 목공이 子思를 존경하고 예우하여 항상 사람에게 목공을 모시게 하였다는 고사를 빗대어서 노흠을 붙잡고자 진심으로 예우하는 이가 없음을 말한 것이다.

『孟子』公孫丑下.

13) 斯文: 儒學의 道義를 가리키는 말로, 『論語』 子罕編에 공자가 "文王이 이미 돌아가셨으니 그 文이 이 몸에 있지 않겠는가? 하늘이 장차 이 文을 없애셨다면 후에 죽는 사람이 이 文에 참여하지 못하였을 것이다. 그러나 하늘이 이 文을 없애려 하지 않으셨으니 匡 사람들이 나를 어떻게 하겠는가[曰 文王旣沒 文不在玆乎 天之將喪斯文也 後死者不得與於斯文也 天之未喪斯文也 匡人其如予何]."라고 한데서 나온 말이다. 그 뜻이 전이되어 유학자라는 의미로도 쓰인다. 본문에서는 최해가 노흠이 자신과 같은 유학자임을 드러내기 위해 쓴 말이다.

『論語』子罕.

諸橋轍次, 1984, 「斯文」, 『大漢和辭典』 5, 大修館書店, 627쪽.

『拙藁千百』 卷2

역주

1. 送鄭仲孚書狀官序

[原文]

送鄭仲孚書狀官序

三韓古與中國通, 文軌未嘗不同. 然其朝聘不以歲時, 故寵待有出於常夷, 盖所以來遠人也. 每遣人使, 必自愼, 簡官屬, 其帶行或至三五百人, 少亦不下於一百. 使始至中國, 遣朝官接之境上, 所經州府, 輒以天子之命致禮餼, 至郊亭, 又迎勞, 到館撫問. 除日支豐腆, 自參至辭, 錫讌內殿, 設食禮賓, 御札特賜茶香酒果[1]衣襲器玩鞍馬禮物, 便蕃不絶. 而隨事皆以表若狀, 稱陪臣伸謝, 而其私覿宰執, 又多啓箚往復. 故書記之任, 非通才, 號難能. 中古國相若朴寅亮金富軾輩, 皆嘗經此任, 而爲中國所稱道者. 自臣附皇元以來, 以舅甥之好, 視同一家, 事敦情實, 禮省節文. 苟有奏槀, 一个乘傳, 直達帝所, 歲無虛月. 故使不復擇人, 恩至渥也. 獨於年節, 例以表賀, 而且有貢献. 故國卿充其使副, 而粗如舊貫焉. 書記之名亦苟存, 其而翰墨無所責也. 是以邇年, 僥倖無恥者, 往往冒利而爭爲之. 故行人將校, 至不以淸望待之. 噫, 書記之任, 雖無時用, 而其名猶在, 豈若人所妄處, 而若輩所輕視哉.

今年四月十七日, 爲天壽聖節, 當遣使入賀, 而王親選在僚, 任蔡密直以使事. 又以書記近非其人, 命密直自擧, 乃以典儀寺直長鄭誧仲孚應焉. 仲孚於是, 騰裝將就道, 以予爲老友見過, 且告以行. 予語之曰, 士生用弧矢, 匏繫不食, 又非君子之志. 矧今天下一姓, 薄海內外, 梯險航深, 輻湊輦下, 而奉邦君之命, 參盛禮於明廷, 士之慶幸, 孰大於此. 昔蘇穎濱讀百氏之書, 不足激其志氣, 捨去遊京師, 觀宮闕倉廩府庫城池苑囿之大, 見歐陽公, 聽議論之宏辯, 而又見韓太尉, 願承光耀, 以盡天下之大觀而無憾也. 仲孚旣朝京闕, 其巨麗之觀, 當不讓於穎濱矣. 第未知得謁今之豪傑偉人, 如韓歐二公者, 有以激發

---

1) 果: 원본에는 喿로 되어 있으나 『東文選』 권84 「送鄭仲孚書狀官序」에는 果로 되어 있다. 문맥상 '술과 다과[酒果]'라는 의미로 이해되므로 果로 교감하였다.

而成就之乎. 他日歸來, 必有異於今日所見矣. 士別三日, 刮目相待, 豈虛言
也哉. 其書記之責, 與古昔不同, 又不足爲吾仲孚道也. 雖然, 予非仲孚, 亦不
能發斯言矣, 仲孚其忽諸. 元統二年三月旣望.

[譯文]

정중부[1]를 서장관[2]으로 떠나보내며 쓴 서[3]

삼한이 예로부터 중국과 통교하여 (양국의) 문물제도가 일찍이
같지 않은 적이 없었다. 그러나 그 조빙을 세시(歲時)에 맞추어 행
하지 않았으므로 총애와 대우가 여느 민족[常夷]들보다 출중하였으
니, 대개 먼 지역 사람들이 내조했기 때문이다.[4] 매번 사신들을 보
낼 때에는 반드시 스스로 삼가서 관속들을 가려 뽑았는데 늘어선 행
렬은 혹 300에서 500인에 이르거나 적어도 100인에서 내려가지는
않았다. 사신들이 처음 중국에 다다르면 조정의 관리를 보내 경계에
서 맞이하였고, 주(州)와 부(府)를 지날 때에는 번번이 천자의 명
으로 예물을 전해주고, 교정(郊亭)에 이르면 거듭 영접하고 위로하
였으며 객관에 당도해서도 위문하였다. 날마다 풍성하고 넉넉하게
제공해주는 것 외에도 (조회에) 참여해서부터 물러날 때까지 내전
에서 연회를 열어주고 음식을 베풀어 빈객으로 예우하였고, 어찰[5]
을 특별히 내려 차, 향, 술, 과일, 의복, 그릇, 안마 등의 예물을 주
었는데 편리하고 풍족하여 끊이지 않았다. 일에 따라 모두 표나 장
계를 올려 배신을 칭하며 사은하였고, 사사로이 재상들을 만나게 될
때에도 또한 계차(啓箚)[6]를 주고받는 경우가 많았다. 그러므로 서
기의 직임은 글재주에 달통하지 않으면 잘하기 어렵다고 일컬어진
다. 중고기[中古]에 국상을 지낸 박인량[7]이나 김부식[8] 같은 이들
은 모두 일찍이 이 직임을 지내면서 중국에서 칭찬의 말을 들었던
자들이다. (고려가) 원에 신속된 이래로 장인과 사위의 우호로써 한
집안과 같이 여겼으니,[9] 일은 실정에 돈독하였고, 예는 규정[節文]

을 살폈다. 실제로 (원에) 품달할 일이 있으면 일개 역마로 전달하
여 곧장 황제가 계신 곳에 아뢰었으니 한 해에 빠지는 달이 없었다.
사신을 다시 가려 뽑지 않았으니, 황은이 지극히 두터운 것이다. 오
직 연절(年節)[10]에 대해서만 의례적으로 표문으로써 하례하였고,
또한 공헌물이 있었다. 그러므로 나라의 대신[國卿]을 정사와 부사
로 충원하여 대략 옛 관례와 같게 하였다. 서기의 이름도 겨우 남아
있어서 문한과 필묵을 책임지는 바는 없었다. 이로써 근년에는 요행
을 바라는 염치없는 자들이 왕왕 이익을 탐하면서 다투어 서기가 되
고자하였다. 그리하여 사신단이나 (그들을 호위하는) 장교들도 (서
기를) 맑고 명망이 높은 자리로 대우하지 않기에 이르렀다. 아, 서
기의 임무가 비록 세상에 쓰이지 않는다 해도 그 이름은 오히려 남
아 있으니, 어찌 그런 자들이 마음대로 차지하게 되어 그런 무리들
에게 경시를 당할 것인가.

금년(1334) 4월 17일은 천수성절[11]이니 마땅히 사신들을 보내
입조하고 하례해야하기에 왕께서 친히 신료들 가운데서 선발하여
채밀직[12]이 정사의 일을 맡게 하였다. 또한 근래의 서기는 적임자가
아니었으므로 밀직에게 스스로 천거하도록 명하였으니, 이에 전의시
직장[13] 정포 중부로 응하였다. 중부가 이에 행장을 꾸려 장차 길을
떠나면서 나를 오랜 스승[老友][14]으로 여겨 방문해 주었고, 또 여
정을 고하였다. 내가 말해 주기를, "선비로 태어났다면 활과 화살을
사용하되, 매달려 있는 박은 먹지 않는다면[15] 또한 군자의 뜻이 아
니다. 하물며 지금은 천하가 한집안으로 나라[薄海] 안팎에 험한
곳은 사다리를 놓아 넘고, 깊은 곳은 배를 타고 건너 황성으로 몰려
들고 있는데, 국왕의 명을 받들어 밝은 조정에서 열리는 성대한 예
식에 참여하게 되었으니 선비의 경사와 행운이 이보다 큰 것이 무엇
이겠는가. 옛날에 소영빈[16]은 제자백가의 서적[百氏之書]을 읽고도

충분히 자신의 의지와 기개를 드러내지 못하자, (제자백가의 서적을) 내버리고 황도에 가서 궁궐·창름·부고·성지·원유의 장대함을 관찰하였고, 구양공[17]을 만나 뵙고 의논의 웅대함[宏辯]을 들었으며, 또 한태위[18]를 뵈어서는 빛나는 가르침[光耀]을 받들 것을 원하여 천하를 크게 다 보고 나서야 유감이 없었다. 중부가 기왕 황궁에 입조하게 되었으니, 그 크고 아름다운 경험이 마땅히 소영빈보다 못지않을 것이다. 지금의 호걸과 위인들을 뵐 수 있을지 모르겠지만, (그들이) 만일 한기와 구양수 두 공과 같은 자들이라면 (지기가) 격발되어 성취할 수 있을 것이다. 나중에 돌아오면 반드시 오늘의 소견과는 차이가 있을 터이니, '선비가 사흘을 떨어져 있었다면 눈을 비비고 서로 응대한다'[19]라는 말이 어찌 빈 말이겠는가. 서기의 책임은 옛날과 같지 않고, 더욱이 우리 중부를 위해서 말할 거리도 못된다. 또한 나는 중부가 아니었다면 역시 내가 이러한 말을 꺼낼 수 없었을 것이니, 중부가 이에 대해 소홀히 여기겠는가."라고 하였다. 원통 2년(1334, 충숙왕 후3) 3월 16일[旣望].

[註解]

1) 鄭仲孚: 鄭誧(1309~1345)를 말한다. 본관은 淸州, 자는 仲孚, 호는 西原·雪谷이다. 判繕工寺事 鄭儇의 아들이며, 崔文度의 사위이다. 1326년(충숙왕 13)에 과거에 급제하였고 충혜왕 때 典理摠郎을 거쳐 左司議大夫·藝文館直提學·知製敎를 지냈다. 당시 정치를 비판하는 상소를 올렸다가 파직 당하였고, 그가 元으로 망명한다는 참언에 의해 외관으로 폄출되기도 하였다. 崔瀣의 문인으로 李穀 등과 교유하였으며 시문과 글씨에 뛰어났으나 37세의 나이로 죽었다. 사후에 아들 鄭樞가 遺稿를 편집하여 『雪谷詩藁』를 간행했다. 이제현과 이색이 쓴 「雪谷詩藁序」와 李邦翰이 쓴 跋文이 전한다.

『高麗史』권106, 列傳19 鄭瑎 附誧.

「朴遠墓誌銘」.

2) 書狀官: 외국에 파견되는 使節의 일원으로서 正使·副使와 함께 三節이라고도 칭해지며, 정사와 부사를 보좌하며 사행에 관련한 기록과 사절의 감찰 등을 담당하였다. 고려의 사신은 중국의 황제나 고위 관료들을 접견할 때 서신을 주고받으며 소통하는 경우가 많았으므로 서장관은 주로 文才가 뛰어난 인물들이 선발되었다. 그런데 본문의 내용에 따르면 기존의 송과 달리 원과의 관계에서는 서장관의 중요성이 떨어졌던 것 같다.

『高麗史』권46, 世家46 恭讓王 3년 9월 庚戌.

朴龍雲, 1996, 「高麗·宋 交聘의 목적과 使節에 대한 考察(下)」, 『韓國學報』82 ; 2002, 『高麗社會의 여러 歷史像』, 신서원, 181·182쪽.

金曤綠, 2000, 「朝鮮初期 對明外交와 外交節次」, 『韓國史論』44, 28~30쪽.

豊島悠果, 2009, 「1116年入宋高麗使節의 體驗—外交·文化交流의 現場—」, 『朝鮮學報』210.

3) 送鄭仲孚書狀官序: 정포를 서장관으로 떠나보내며 지은 글들의 序文을 崔瀣가 작성한 것이다. 『東文選』에도 같은 내용이 수록되어 있다. 序에 대해서는 권1 1, 주해 3) 참조.

『東文選』권84, 序「送鄭仲孚書狀官序」.

4) 然其朝聘 …… 來遠人也: 중국의 후한 대우가 멀리 바다를 건너 사신을 보내온 것에 대한 보상이라는 의미이다. 933년(태조 16)에 고려 태조가 後唐으로부터 特進·檢校太保·使持節·玄菟州都督·上柱國·充大義軍使·高麗國王으로 책봉 받은 이후로 고려의 국왕들은 국제정세의 변화에 따라 後晋·後周·宋·遼·金·元·明 등 여러 왕조와 조공책봉 관계를 유지하였다.

『高麗史』권1, 世家1 太祖 16년 3월 辛巳.

全海宗, 1977, 『韓中關係史硏究』, 一潮閣.

沈載錫, 2002, 『高麗國王 冊封 硏究』, 혜안.

5) 御札: 황제나 제왕의 서간을 가리킨다.

諸橋轍次, 1984, 「御札」, 『大漢和辭典』 4, 大修館書店, 891쪽.

6) 啓箚: 국왕이나 상급자에게 올리는 간단한 서식을 갖춘 문서를 뜻한다.

諸橋轍次, 1984, 「啓箚」, 『大漢和辭典』 2, 大修館書店, 1062쪽.

7) 朴寅亮: ?~1096. 본관은 竹州이고 자는 代天이며 개국공신 朴守卿의 현손이다. 1051년(문종 5) 4월에 급제하였고, 여러 관직을 거쳐 右副承宣·禮部侍郎에 올랐다. 1075년에 遼에 보내는 외교문서를 작성하여 保州城 설치 계획을 중단시켰다. 1080년에는 宋에 謝恩使로 파견되어 天牘·表·狀·詩 등 여러 편을 지었는데 당시 동행했던 金覲의 시문과 함께 『小華集』이라는 이름으로 宋에서 간행되었다. 1089년(선종 6)에 同知中樞院事에 오르고 이어서 右僕射·叅知政事를 지내다 졸하니, 시호를 文烈이라 하였다. 박인량은 李仁老의 『破閑集』과 崔滋의 『補閑集』에서 중국에 알려진 우리나라의 대표적인 문인으로 崔致遠과 함께 거론되고 있다. 저서로는 『古今錄』 10권과 『殊異傳』이 있다고 하나 현전하지 않는다. 한편 박인량이 서장관에 임명되어 사행한 사실은 『高麗史』에 전하지 않고 있지만, 북송의 王闢之가 편찬한 『澠水燕談錄』에 의하면 熙寧 4년(1071)의 북송 사행에 民官侍郎 金悌와 동행하였다는 기록을 통하여 그 시기를 알 수 있다.

『高麗史』 권9, 世家9 文宗 30년 동10월 己丑·34년 3월.

『高麗史』 권10, 世家10 宣宗 6년 6월 庚申.

『高麗史』 권95, 列傳8 朴寅亮.

鄭墡謨, 2010, 「北宋使行을 통해서 본 朴寅亮의 문학사적 위상」, 『韓國漢文學研究』 46, 17·18쪽.

8) 金富軾: 1075~1151. 본관은 慶州이고 字는 立之, 號는 雷川이다. 1096년(숙종 1)에 급제하여 安西大都護府 司錄叅軍事, 直翰林院 등을 역임하였다. 1124년(인종 2)에 兵部侍郎으로서 同知貢擧가 되어 高孝沖 등 37인을 선발하였고, 1130년에는 政堂文學

으로서 知貢擧가 되어 朴東柱 등 32인을 선발하였으며, 1139년에
는 平章事로서 知貢擧가 되어 崔伋 등 20인을 선발하였다. 한편 김
부식은 세 차례 송에 파견되었는데, 1116년(예종 11) 7월에 宋이
大晟樂을 보내준 것에 대한 사의를 표할 때 尙書 李資諒과 함께 사
행을 다녀왔다. 1135년(인종 13)에 '妙淸의 亂'이 일어나자 이를
진압하였고, 그 공으로 檢校太保·守太尉·門下侍中·判吏部事가 되
었다. 『宣和奉使高麗圖經』을 지은 서긍은 당시 接伴使였던 김부식
이 作文에 능하고 사람됨이 훌륭하다고 여겨 인물조에 편제하였다.
1148년(의종 2)에 守太保·樂浪郡開國侯에 봉해졌으며, 1153년
(의종 7)에는 中書令에 추증되었으며, 仁宗 廟廷에 配享되었다. 『三
國史記』, 『睿宗實錄』, 『仁宗實錄』 등을 찬술하였으며, 시호는 文烈
이다.

> 『高麗史』 권73, 志27 選擧1 科目1 凡選場 仁宗 2년 4월·8년 4월·17년
> 6월.
> 『高麗史』 권98, 列傳11 金富軾.
> 『宣和奉使高麗圖經』 권8, 人物 同接伴通奉大夫尙書禮部侍郎上護軍賜紫
> 金魚袋金富軾.
> 鄭求福, 1991, 「金富軾」, 『한국사시민강좌』 9, 일조각 ; 2001, 「김부식
> 의 생애와 업적」, 『精神文化研究』 82.
> 鄭瑄謨, 2010, 「北宋使行을 통해서 본 朴寅亮의 문학사적 위상」, 『韓國
> 漢文學研究』 46, 15쪽.

9) 自臣附 …… 視同一家: 고려는 1259년(고종 46) 5월에 太
子 王倎―원종―이 입조하여 쿠빌라이와 강화를 맺었으며, 1274년
(원종 15) 5월에 태자 王諶―충렬왕―이 元 世祖의 딸인 쿠투루
칼리미쉬(忽都魯揭里迷失)와 혼인하면서 양국의 王室通婚 관계가
성립되었다.

> 『高麗史』 권24, 世家24 高宗 46년 하4월 甲午.
> 『高麗史』 권27, 世家27 元宗 15년 5월 丙戌.
> 金惠苑, 1990, 「麗元王室通婚의 成立과 特徵―元公主出身王妃의 家系를

중심으로―」, 『梨大史苑』 24·25合.

李命美, 2003, 「高麗·元 王室通婚의 政治的 의미」, 『韓國史論』 49.

10) 年節: 보통 한 해의 첫 달인 정월을 가리키는데, 절기상으로 는 12월 20일경[年末]부터 다음해 정월 20일경[年始]까지이다. 그 런데 본문을 보면 원에 품달할 일이 있을 경우 驛站을 통해 전달하 고 황제의 생일에는 사신을 보냈다는 내용이 있기 때문에, 연절은 정월 같은 절기를 비롯하여 황제나 황후의 생일인 節日도 포함되었 을 것이다.

諸橋轍次, 1984, 「年節」, 『大漢和辭典』 4, 大修館書店, 517쪽.

11) 天壽聖節: 원 황제의 생일을 뜻한다. 『元史』에 따르면 1271년(至元 8) 8월에 황제의 생일을 천수성절로 호칭하였다.

『元史』 권67, 志18 禮樂1 制朝儀始末.

12) 蔡密直: 蔡河中(?~1357)을 가리키는 듯하다. 이 글이 지 어진 1334년(충숙왕 후3) 이전에 蔡氏로서 密直司使에 임명된 사 례는 蔡河中이 있는데, 1332년 6월에 密直司使에 임명되었다. 따라 서 蔡密直은 蔡河中을 가리킨다고 생각된다. 그의 본관은 平康, 몽 골식 이름은 카라테무르(哈剌帖木兒)이며, 아버지는 蔡洪哲이다. 일찍이 元의 궁궐에서 숙위하여 太傅府咨議叅軍에 선발되었고, 고 려와 원의 사절로서 양국을 여러 차례 왕래하였다. 1321년(충숙왕 8) 정월에 忠肅王이 元에 소환되자, 忠宣王의 측근세력이었던 柳淸 臣·吳潛 등과 함께 瀋王 暠를 고려왕으로 옹립하려는 정치적 사건 을 주동하기도 하였다. 1357년(공민왕 6) 8월에 全贊 등과 역모사 건에 연루되어 스스로 목을 매었다고 한다. '심왕옹립사건'에 대해서 는 권1 6-(4), 주해 2) 참조.

『高麗史』 권35, 世家35 忠肅王 후원년 6월.

『高麗史』 권125, 列傳38 蔡河中.

「蔡洪哲墓誌銘」.

朴龍雲, 2001, 『高麗時代 中樞院 硏究』, 高麗大學校 民族文化硏究院,

278쪽.

13) 典儀寺直長: 고려후기 여러 종류의 祭祀와 贈諡를 올리는 일을 관장하던 典儀寺의 정7품 관직으로 정원은 2인이며, 전기의 太常府直長에 해당한다.

『高麗史』권76, 志30 百官1 典儀寺.

朴龍雲, 2005, 「『高麗史』百官志 譯註(4)」, 『고려시대연구』 IX, 한국학 중앙연구원 ; 2009, 『『高麗史』百官志 譯註』, 신서원, 268~274쪽.

14) 老友: 老年의 벗이나 노년에 이르기까지의 스승을 뜻한다. 崔瀣의 문인이었던 鄭誧가 스승을 오래 사귄 친구 정도로 여기지는 않았을 것이다. 여기서는 최해가 無官인 자신에게 하직인사를 올리기 위해 찾아온 제자 정포에 대한 고마움의 표현 내지는 謙稱의 의미로 이해된다.

諸橋轍次, 1985, 「老友」, 『大漢和辭典』 9, 大修館書店, 143쪽.

15) 匏繫不食: 『論語』 陽貨篇에서 孔子가 子路에게 한 말을 인용한 것 같다. 공자가 晉의 大夫 趙簡子의 家臣으로서 반란을 일으킨 佛肸의 초빙에 응하려 하였는데 자로가 만류하자 공자는 "내가 어찌 뒤웅박과 같아서 걸려만 있고 먹히지 않겠는가[吾豈匏瓜也哉 焉能繫而不食]."라고 하였다. 이는 뒤웅박이 줄기에 매여만 있어서 먹히지 못하는 모습과 비교하여 자신이 세상에 쓰이게 되었음을 나타낸 것이다. 본문에서도 마찬가지로 鄭誧가 한 곳에 매인 뒤웅박과 달리 서장관으로서 元이라는 더 넓은 세상으로 나아가게 된 것을 축하하는 표현으로 생각된다.

『論語』 陽貨.

16) 蘇穎濱: 蘇轍(1039~1112)을 말한다. 宋 眉州 眉山 사람으로 字는 子由 또는 同叔, 號는 穎濱遺老이며, 송대의 문장가 蘇洵(1009~1066)의 아들이자, 蘇軾(1037~1101)의 아우이다. 1057년에 급제하였으며, 여러 관직을 거쳐 尙書戶部侍郞, 翰林學士, 吏部尙書, 御史中丞 등의 관직을 역임하였다. 王安石의 新法에

반대하여 귀양에 처해지기도 하였으며, 사면 후에는 潁昌으로 은퇴하여 문필에 종사하였다. 唐宋八大家의 한 사람으로서 많은 詩文과 注釋書를 남겼으며, 저서로는 『欒城集』·『欒城應詔集』·『詩傳』·『春秋集傳』·『古史』 등이 있다. 시호는 文定이다.

『宋史』 권339, 列傳98 蘇轍.

김종섭, 1997, 「唐宋八大家의 形成 背景에 대한 一考察」, 『中國文學』 28.

17) 歐陽公: 歐陽脩(1007~1072)를 말한다. 그에 대해서는 권 1 4, 주해 14) 참조.

18) 韓太尉: 韓琦(1008~1075)를 말한다. 宋 相州 安陽 사람으로 字는 稚圭, 號는 贛叟이다. 1027년에 급제하였으며 右司諫, 樞密直學士, 樞密副使, 樞密使, 同中書門下平章事, 右僕射 등의 관직을 지냈다. 范仲淹과 함께 오랫동안 서북 변경의 일을 맡으면서 '韓范'으로 칭해졌고 西河의 침입을 격퇴하는 등 문무에 걸쳐 명성이 높았다. 神宗이 즉위하여 王安石과 함께 新法을 추진하자 이를 반대하다가 사퇴하였다. 魏國公에 봉해졌고 시호는 忠獻이며 英宗의 묘정에 배향되었다.

『宋史』 권312, 列傳71 韓琦.

19) 士別三日 刮目相待: 중국 삼국시대 呂蒙의 고사를 인용한 것이다. 선비가 사흘을 헤어져 있다가 만나게 되면 학문적으로 성장하여 달라진 모습에 눈을 비비고 마주 대해야 할 정도라는 의미이다.

『三國志』 권54, 吳書9 呂蒙.

2. 平原郡夫人元氏墓誌

[原文]

平原郡夫人元氏墓誌

高麗有大臣諱恒者, 在世祖皇帝時, 相太師忠烈王, 姓朴氏, 位僉議贊成事,
諡曰文懿. 有子曰光挺, 始以本國子弟被選, 宿衛闕庭, 受天子之命, 帶金符
爲昭信校尉高麗西京等處水手軍副万戶兼匡靖大夫平壤府尹而卒.　其子正尹
居實, 孫禿滿能世襲其職, 階皆昭信. 故平原郡大夫人元氏, 實正尹公之妻, 於
禿滿爲母. 其十一代祖諱克猷, 仕國初爲正議大夫, 華冑蟬聯, 益顯以大. 祖
諱傅, 故僉議中贊諡文純, 父諱瓘, 故僉議贊成事, 母金氏, 封樂浪郡大夫人,
故密直承旨諱信之女也.

其子男二人, 女五人. 男長卽禿滿, 次長命, 未仕. 女適中政院長史瀋陽洪
義孫, 先歿. 次適興威衛郎將金之庚, 次適重大匡樂浪君王琇, 與國同宗. 次
適宣授王府斷事官匡靖大夫前政堂文學李齊賢.

夫人生有淑質, 性柔且慧, 父母愛之. 年十三, 擇所從配朴氏, 入門承舅姑,
愛如其父母而禮待過之. 未幾, 匡靖公下世, 姑鄭氏在堂, 正尹公替父充宿衛
住輦下, 而夫人左右鄭氏, 奉養無違, 以善事得其終焉. 後正尹公又逝, 男女
未冠笄者有五人, 夫人主家未九年, 俱選其對以昏嫁之. 元家弟妹皆貴顯, 太
夫人尙無恙, 宗姻日盛而夫人早寡, 處於其間, 所以奉承接遇, 盡其恭順, 而
以禮自守, 一門多稱之.

家故足貲, 正尹公不以爲問, 夫人制之有法度. 撫御婢僕且數百, 不聞有人
出一言以負且怨者. 元統二年甲戌十二月甲戌, 以疾卒, 年四十又七. 嗚呼,
夫人其賢而不壽者乎. 子壻治喪, 卜以明年乙亥二月己未, 葬于某地之原, 問
銘於予. 予於洪長史, 爲同年友, 又受知李匡靖爲不淺, 銘其敢拒而已耶. 銘
曰. 女承而親, 婦信而身, 母慈而子, 維時維均. 賢不克壽, 嗟嗟夫人.

[譯文]

평원군부인 원씨[1] 묘지

고려의 대신 휘 항[2]이라는 분은 세조황제[3] 때 태사 충렬왕[4]의
재상으로 성은 박씨이고 지위는 첨의찬성사[5]이며 시호는 문의였다.
아들은 광정[6]인데 비로소 본국의 자제로서 선발되어 원 황실[闕庭]

을 숙위하고[7] 천자의 명을 받아 금부를 차고 소신교위[8]·고려서경
등처수수군부만호[9]·겸광정대부[10]·평양부윤[11]이 되었다가 돌아가셨
다. 그 아들 정윤[12] 거실[13]과 손자 독만[14]은 그 직을 세습하였고
계가 모두 소신교위였다.[15] 돌아가신 평원군부인 원씨는 바로 정윤
공의 아내이자 독만에게는 어머니가 된다. 11대조 휘 극유[16]는 국
초에 출사하여 정의대부[17]가 되었으니 고귀한 자손[華胄]이 끊이지
않으면서 (가문이) 더욱 현달하고 번성해졌다.[18] 조부 휘 부[19]는
고 첨의중찬[20]으로 시호는 문순이고 부친 휘 관[21]은 고 첨의찬성사
이며 모친 김씨는 낙랑군대부인[22]으로 봉해졌는데 고 밀직승지[23]
휘 신[24]의 딸이다.

　자식으로 아들은 2명이고 딸은 5명이다. 장남은 곧 독만이고 다
음은 장명[25]인데 아직 입사하지 않았다. 딸은 중정원장사[26] 심양
홍의손[27]에게 시집갔는데 (원씨 부인보다) 먼저 죽었다. 다음은 홍
위위낭장[28] 김지경[29]에게 시집갔고 다음은 중대광[30]·낙랑군 왕수
[31]에게 시집갔는데 (왕수는) 종실이다. 다음은 선수 왕부단사관[32]·
광정대부·전정당문학[33] 이제현[34]에게 시집갔다.

　부인은 나면서부터 선량한 자질을 지녔고 성품은 부드러우면서
또 지혜로워 부모가 아꼈다. 나이 13세에 선택되어 박씨 집안에 시
집왔는데 가문에 들어와 시부모 모시기를 마치 친정부모에게 하듯
이 사랑하면서도 예의로 대하는 것을 더하였다. (시집 온 지) 얼마
지나지 않아 광정공이 돌아가시고 시어머니 정씨[35]만 계셨는데 정
윤공이 아버지를 이어서 숙위에 충당되어 황궁에 있게 되자[住輦
下] 부인이 정씨를 곁에서 모셨는데 봉양함에 어긋남이 없이 잘 섬
겨서 편히 돌아가실 수 있었다. 후에 정윤공이 또 돌아가시고 아들,
딸로 미혼자가 다섯이 있었는데 부인이 집을 주관한지 9년이 안되
어 모두 그 배우자를 택해서 혼인하게 되었다. 원씨 가문의 형제·자

매들은 모두 귀하고 현달하며 태부인 또한 병이 없고 종친·인척이
날로 번성하였는데, 부인이 일찍 과부가 되어 그 사이에 처신하면서
도 웃어른을 받들고 손님을 대접함에 공손을 다하며 예로써 스스로
지켰으므로 온 집안이 크게 칭송하였다.

집안에 본래 재물이 넉넉하였는데 정윤공은 이에 대해 묻지 않았
고 부인이 법도에 맞게 처리하였다. 거느리는 비복이 또 수백이었는
데 한 마디라도 거스르거나 원망하는 말을 하는 사람이 있다는 것을
듣지 못했다. 원통 2년 갑술년(1334, 충숙왕 후3) 12월 갑술(20
일)에 병으로 졸하니 나이는 47세였다. 아아, 부인은 어질었으나 오
래 살지 못하셨구나. 아들, 사위가 상을 치르면서 다음해 을해년
(1335) 2월 기미(6일)로 날을 잡아 모 처의 언덕에 장례를 지내기
로 하고 나에게 명을 부탁하였다. 나는 홍장사와는 동년의 친구이고
또 이광정과 알고 지낸 지 적지 않으니 명을 감히 거절할 수 있겠는
가. 명에 이른다.

> 딸로서 부모를 잘 받들고, 부인으로서 자신을 잘 지켰으며
> 어머니로서는 자식에게 자애로웠으니, 때에 맞고 고르도다.
> 어질지만 오래 살지 못하였으니, 슬프도다 부인이여.

[註解]

1) 平原郡夫人元氏: 1288~1334. 본관은 원주이다. 부친은 元
瓘, 모친은 경주 김씨, 남편은 朴居實이다. 13세에 박거실에게 시집
을 가서 朴禿滿·朴長命 등 2남 5녀를 두었다. 한편 원씨의 셋째 딸
은 樂浪君 王琇에게 시집을 갔는데 원씨는 사위인 왕수의 이모이기
도 하다. 平原郡은 지금의 강원도 원주인데 원씨의 본관이 원주이므
로 平原郡夫人이라고 한 것이다.

「壽寧翁主金氏墓誌」.

『高麗史』 권56, 志10 地理1 楊廣道 忠州牧 原州.

2) (朴)恒: 1227~1281. 본관은 春州, 초명은 東甫이고 字는 革之이다. 본래 春州의 향리였는데 고종때 과거에 급제하였다. 몽골군이 춘주를 함락할 때 박항은 개경에 있던 탓에 화를 면했으나 부친은 죽고 모친은 연경에 포로로 끌려가게 되었다. 박항은 그 소식을 듣고 어머니를 찾으려고 했으나 뜻을 이루지 못하였다. 한림원에 있다가 忠州의 수령이 되어 치적을 인정받아 右正言에 보임되었고, 경상도와 전라도에 안렴사로 파견되어 성적을 거두었다. 충렬왕 초에는 承宣에 임명되어 銓注를 관장했다. 1277년(충렬왕 3)에 密直副使가 되었으며, 그 해 성절사로 元에 다녀왔다. 이듬해에 同知密直司事가 되었고, 왕과 공주를 수행해 元에 갔다가 귀국한 후 僉文學事가 되었다. 金周鼎·廉承益·李之氐 등과 함께 必闍赤가 되어 궐내에서 기무처리에 참여했고, 1279년에는 贊成事로 知貢擧가 되었다. 문장에 뛰어났으며 마음이 너그러워 사람들을 잘 접대하고 부지런히 공무를 보아 수령으로서 치적이 있었다. 시호는 文懿이다.

『高麗史』 권73, 志27 選擧1 科目1 凡選場 忠烈王 5년 6월.

『高麗史』 권106, 列傳19 朴恒.

김태욱, 2010, 「고려 후기 지배세력의 존재 모습—춘천박씨를 중심으로—」, 『아시아문화』 25.

한성주, 2010, 「고려시대 朴恒의 生涯와 活動에 대하여」, 『전북사학』 37, 7~14쪽.

3) 世祖皇帝: 1215~1294. 재위기간은 1260~1294년이다. 몽골의 5대 황제이며 이름은 쿠빌라이(忽必烈)이다. 태조 칭기즈칸(成吉思汗)의 막내 아들인 톨루이(拖雷)의 둘째 아들이다. 형인 헌종 뭉케(夢哥)가 1259년에 남송 원정을 단행하던 중에 죽자 동생인 아릭부케(阿里不哥)와 칸 자리를 두고 다투다가 1260년에 즉위하였다. 1264년 아릭부케의 항복을 받았으며, 1271년에는 국호를 大元이라고 하여 원제국의 초대 황제가 되었다.

『元史』권4, 本紀4 世祖.

　　라시드 앗 딘, 김호동 譯, 2005, 「쿠빌라이 카안紀」, 『라시드 앗 딘의
　　　　집사(3) : 칸의 후예들』, 사계절.

　4) 太師忠烈王: 1236∼1308. 고려의 제 25대 국왕으로 재위기
간은 1274∼1298년 1월, 1298년 8월∼1308년이다. 충렬왕은
1310년(충선왕 2)에 純誠守正推忠宣力定遠保節寅亮弘化奉慶功
臣·太師·開府儀同三司·尙書右丞相·上柱國·駙馬高麗國王에 추증되
면서 太師의 직함과 忠烈의 시호를 받았다. 그에 대해서는 권1
3-(1), 주해 5) 참조.

『高麗史』권33, 世家33 忠宣王 2년 7월 乙未.

　5) 僉議贊成事: 고려후기 僉議府의 정2품 관직으로, 전기의 平
章事에 해당한다. 이에 대해서는 권1 6-(1), 주해 2) 참조.

　6) (朴)光挺: 생몰년 미상. 본관은 春州이고 초명은 元滋이며
박항의 아들이다. 1279년(충렬왕 5)에 투르칵(禿魯花)에 선발되어
원 황실에서 숙위하고 金符를 하사받아 昭信校尉·高麗西京等處水
手軍副萬戶를 지냈다.

『高麗史』권29, 世家29 忠烈王 5년 3월 丁巳.

『高麗史』권106, 列傳19 朴恒.

　　김태욱, 2010, 「고려 후기 지배세력의 존재 모습―춘천박씨를 중심으로―」,
　　　　『아시아문화』 25.

　　한성주, 2010, 「고려시대 朴恒의 生涯와 活動에 대하여」, 『전북사학』
　　　　37.

　7) 始以本國子弟被選宿衛闕庭: 1279년(충렬왕 5)에 고관자제
25명이 투르칵(禿魯花)에 선발되어 원 황실에서 숙위한 사실을 가
리킨다. 이 때 帶方公 王澂을 위시하여 金方慶의 아들 金忻, 元傅
의 아들 元貞―元瓘―, 朴恒의 아들 朴元滋―朴光挺―, 許珙의 아
들 許評, 洪子藩의 아들 洪順, 韓康의 아들 韓射奇, 薛公儉의 아들
薛之沖, 李尊庇의 아들 李瑀, 金周鼎의 아들 金深이 투르칵이 되었

다. 투르칵은 고려조정이 원 황실의 숙위를 위해 왕족·고위 관료의
자제를 선발하여 보낸 질자를 말한다. 양국 간의 화친관계가 확립되
는 초기인 충렬왕대에 집중 시행되었으나, 이후에는 형식적인 형태
로 변질되어 계속되지 않았고, 숫자 역시 제한적이었으며, 임무도
대개 원의 궁중에서 숙위를 맡다가 돌아오는 것에 그쳤다. 이에 따
라 1290년의 세자 입시를 기점으로 투르칵의 인질적 성격은 흐려지
고 숙위 중심으로 변화되었다. 이는 고려와 元 양국관계의 변화에
따라 투르칵의 운영도 호혜적인 방식으로 바뀌었음을 보여준다.

『高麗史』 권29, 世家29 忠烈王 5년 3월 丁巳.

金惠苑, 1986,「忠烈王 入元行績의 性格」,『高麗史의 諸問題』, 三英社.

梁義淑, 1993,「麗·元 宿衛考―新羅의 對唐 宿衛外交와의 比較를 중심
   으로―」,『東國史學』27.

梁義淑, 1993,「高麗 禿魯花에 대한 研究」,『素軒南都泳博士古稀紀念歷
   史學論叢』, 民族文化社.

森平雅彦, 2001,「元朝ケシク制度と高麗王家-高麗·元關係における禿
   魯花の意義に關聯して-」,『史學雜誌』110-2 : 2013,『モンゴ
   ル覇權下の高麗 : 帝國秩序と王國の對應』, 名古屋大學出版會.

林亨洙, 2009,「高麗後期 禿魯花의 性格變化 研究」, 고려대 한국사학과
   석사학위논문.

8) 昭信校尉: 元의 정6품 武散官이다.

『元史』 권91, 志41上 百官7 散官 武散官.

9) 西京等處水手軍副萬戶: 충렬왕대 세워진 5개의 만호부―金
州萬戶府·巡軍萬戶府·全羅萬戶府·耽羅萬戶府·西京萬戶府― 중 서
경만호부의 부만호직이다. 서경만호부는 1293년(충렬왕 19)에 金
廷壽를 武德將軍·西京等處水手軍萬戶府副萬戶에 임명되었던 사실
을 통해 적어도 그 이전에 설치된 것으로 여겨지며 水手軍의 명칭
을 통해 船軍 養成 및 船舶 製造 등의 업무를 담당했던 것임을 알
수 있다. 고려에서 만호 및 부만호의 임명은 원 황제가 牌符―虎
符·金牌―를 하사하거나 고려 국왕이 원 황제를 대신하여 牌符를

내려주는 절차를 거쳐 이루어졌다. 이는 만호 및 부만호의 임명에 원 황제가 연결되어 있었음을 의미한다. 한편 만호직은 자손에게 세습되어 고려 내에서 정치적 권위를 유지시키는 수단으로도 이용되었다.

『高麗史』 권30, 世家30 忠烈王 19년 6월 甲寅.

崔根成, 1988, 「高麗 萬戶府制에 관한 硏究」, 『關東史學』 3, 61쪽.

邊東明, 1989, 「高麗 忠烈王代의 萬戶」, 『歷史學報』 121, 122·128~130쪽.

10) 匡靖大夫: 고려후기 종2품상에 해당하는 문산계이다. 이에 대해서는 권1 6-(2), 주해 33) 참조.

11) 平壤府尹: 고려후기 平壤府—고려전기의 西京留守官—의 종2품 외관직이다. 918년(태조 1)에 북방 이민족을 대비한 국방상의 목적으로 平壤大都護府가 설치되었다. 이것이 995년(성종 14)에 西京留守官으로 개편되면서 장관으로 知西京留守事를 두었으며 품질은 3품 이상으로 하였다. 1298년(충선왕 즉위)에 관제를 고치면서 서경유수관이 평양부로 재차 개편되어 지서경유수사는 平壤府尹으로 고쳐졌고 품질은 종2품으로 정해졌다.

『高麗史』 권77, 志31 百官2 外職 西京留守官.

12) 正尹: 고려후기의 封君號로, 異姓封君으로는 정3품, 宗室封君으로는 종2품에 해당한다. 여기서 正尹은 박거실에게 수여된 것이므로 정3품 이성봉군이다. 封君에 대해서는 권1 1, 주해 10) 참조.

13) (朴)居實: 생몰년 미상. 박항의 손자이자 박광정의 아들이다. 부친 박광정의 金牌와 부만호직을 세습하였다. 1316년(충숙왕 3)에 西原水軍萬戶 □□衛保勝護軍을 지냈으며, 최종관직은 西京等處萬戶府副萬戶·中顯大夫·司僕寺正이다.

「元瓘墓誌銘」·「李齊賢墓誌銘」.

14) (朴)禿滿: 생몰년 미상. 박거실의 장남이으로, 부친의 원나라 지위를 세습하였다.

15) 世襲其職階皆昭信: 박거실과 박독만이 박광정의 昭信校尉와 西京萬戶府副萬戶를 세습했음을 나타내는 구절이다. 고려후기에 萬戶職 등 軍權에 관련된 관직은 자손에게 세습하였는데 이에 대해서는 권1 14-(2), 주해 10) 참조.

16) (元)克猷: 생몰년 미상. 본관은 原州이다. 太祖代의 三韓功臣이며 兵部令을 지냈다. 이에 대해서는 권1 14-(1), 주해 10) 참조.

17) 正議大夫: 고려전기의 문산계로 문종 때 정4품상으로 정했다. 이에 대해서는 권1 14-(1), 주해 12) 참조.

18) 華冑蟬聯益顯以大: 사전적으로 華冑는 귀족의 자손을 뜻하며, 蟬聯은 매미소리가 끊어지지 않듯이 계속해서 이어지는 것을 의미한다. 여기서는 원주 원씨 가문이 고귀한 귀족 집안으로 자손이 대대로 이어지는 것을 이처럼 표현한 것이다. 원주 원씨에 대해서는 권1 14-(1), 주해 9) 참조.

諸橋轍次, 1985, 「華冑」, 『大漢和辭典』 9, 大修館書店, 717쪽.
諸橋轍次, 1985, 「蟬聯」, 『大漢和辭典』 10, 大修館書店, 93쪽.

19) (元)傳: ?~1287. 본관은 原州이고 초명은 公植이며 字는 成之, 시호는 文純이다. 원극유의 9대손으로 僉議中贊을 지냈다. 그에 대해서는 권1 14-(1), 주해 29) 참조.

20) 僉議中贊: 고려후기 僉議府의 종1품 관직으로, 전기의 門下侍中에 해당한다. 이에 대해서는 권1 14-(1), 주해 28) 참조.

21) (元)瓘: 1247~1316. 본관은 原州이고 초명은 貞이며 字는 退翁이다. 元傳의 아들이다. 1263년(원종 4)에 門蔭으로 출사하여 知江華郡判官을 거쳐 寫經院判官에 임명되었다. 1266년에 丙科及第하여 國學學錄, 監察御史, 大府少尹, 淸州牧副使 등을 역임하였다. 1279년(충렬왕 5)에 金忻·朴元滋 등과 함께 투르칵(禿魯花)이 되어 원 조정에 入侍하였다가 1287년에 부친상을 당해 귀국한 후 正獻大夫·典法判書·文翰學士·知詹事府事가 되었고 다음해

에 물러났다가 1289년에 判禮賓寺事·寶文閣學士·知制誥로 다시
보임되었다. 1290년에 開京留守萬戶로서 哈丹賊의 침입을 막아낸
공으로 版圖判書에 임명되었고, 1293년에 西海道指揮使로서 일본
정벌을 준비하기도 하였다. 이후 三司使, 知密直司事, 都僉議侍郎贊
成事, 僉議中護를 지내고 匡靖大夫·僉議贊成事·進賢館大提學·判
摠部事로 치사하였다. 치사 후에는 九龍山 舍那寺를 중창하고, 중국
杭州 惠因寺―高麗寺―에 소장되었던 『華嚴經』을 구입하여 1316
년(충숙왕 3)에 銀字로 옮겨 적는 일을 하였다. 원주 원씨에 대해
서는 권1 14-(1), 주해 9) 참조.

　　『高麗史』 권29, 世家29 忠烈王 5년 3월 丁巳.
　　『高麗史』 권107, 列傳20 元傅.
　　「元瓘墓誌銘」.

　22) 母金氏封樂浪郡大夫人: 元瓘의 세 번째 부인 金氏(생몰년
미상)를 가리킨다. 元瓘은 처음에 知僉議府事·判三司事 洪祿遒의
딸과 결혼하였는데 부인이 자녀 없이 일찍 사망하였고, 다시 同知密
直司事·典理判書 郭汝弼의 딸과 결혼하여 1남 1녀를 낳았으나 아
들이 관례를 올리기도 전에 사망하였고 부인도 남편보다 먼저 사망
하였다. 세 번째로 맞이한 부인이 左承旨 金信의 딸이고 2남 3녀를
낳았는데, 장남이 바로 원충이고 차남은 일찍 사망하였다. 한편 큰
딸은 西原水軍萬戶 朴居實, 둘째 딸은 同知密直司事·民部典書 閔
頔, 셋째 딸은 右思補·知製敎 金光轍에게 시집갔다. 한편 郡大夫人
은 고려시대에 정4품 이상 관원의 배우자에게 내려진 봉작호로, 김
씨의 본관이 경주이므로 樂浪郡大夫人으로 봉해진 것이다.

　　『高麗史』 권77, 志31 百官2 內職.
　　「元瓘墓誌銘」.
　　『氏族原流』 慶州金氏.
　　金成煥, 2000, 「高麗時代 墓誌銘 新例―元瓘墓誌銘―」, 『韓國文化』 25.

　23) 密直承旨: 고려후기 密直司의 정3품 관직으로, 전기의 中樞

院 承宣에 해당한다. 1276년(충렬왕 2)에 承宣을 承旨로 고쳤다. 密直司에 대해서는 권1 3-(2), 주해 7) 참조.

24) (金)信: 생몰년 미상. 본관은 慶州이다. 崔瑀 집권기에 樞密院知奏事를 역임했던 金慶孫의 아들이고 평원군부인 원씨의 외조부이며 王昷의 妻 壽寧翁主의 아버지이다. 『高麗史』 金慶孫傳에는 그의 아들로 金琿만이 언급되어 있으나 『氏族原流』에는 正順大夫·密直司右承旨를 지낸 金信도 기록되어 있다.

> 『高麗史』 권103, 列傳16 金慶孫.
> 「王昷妻壽寧翁主金氏墓誌銘」.
> 『氏族原流』 慶州金氏.

25) (朴)長命: 생몰년 미상. 이외에 기록이 소략하여 자세히 알 수 없다.

26) 中政院長史: 원 황후전의 재물관리·건물조영·물자공급을 담당한 중정원의 정6품 관직으로 정원은 2인이었다. 中政院의 전신은 1296년에 설치된 中御府이며, 1300년에 중정원으로 승격했다. 이후 1311년에 典內院에 병합되었다가 1313년에 復置되었다.

> 『元史』 권88, 志38 百官4 中政院.

27) 瀋陽洪義孫: 생몰년 미상. 李穡이 원에 있을 때 지은 시에 洪義孫이라는 동명의 인물이 등장하는데, 이에 따르면 洪義孫의 字는 仲誼이며 監察御使, 左司都事를 거쳐 江西省員外郎이 되었다가 임지에서 졸하였다. 崔瀣가 지은 「春軒壺記」에도 遼陽 洪仲宜라는 인물이 보이는데 본 묘지명의 홍의손과 동일인물인지는 정확히 알 수 없다. 遼陽 洪仲宜에 대해서는 권1 19, 주해 6) 참조.

> 『牧隱詩藁』 권2, 詩 「謁洪仲誼博士」.
> 『拙藁千百』 권1, 「春軒壺記」.

28) 興威衛郎將: 興威衛의 정6품 관직으로 정원은 5인이었다. 興威衛에 대해서는 권1 6-(1), 주해 34) 참조.

29) 金之庚: 생몰년 미상. 彦陽 사람으로 金就礪의 4대손이다.

박거실의 사위이며 判書를 역임했다.

　　『氏族原流』彦陽金氏.

　30) 重大匡: 고려후기 종1품의 문산계이다. 이에 대해서는 권1 6-(1), 주해 1) 참조.

　31) 王琇: 생몰년 미상. 平壤公 王基의 7대손으로 아버지는 中原公 王昷, 어머니는 壽寧翁主 金氏이며 박거실의 딸과 혼인하였다. 樂浪君에 봉해졌으며 1310년(충선왕 2)에 正尹이 되었다.

　　『高麗史』권33, 世家33 忠宣王 2년 9월 己卯.
　　『高麗史』권90, 列傳3 宗室1 平壤公基.
　　「王昷妻壽寧翁主金氏墓誌銘」.

　32) 王府斷事官: 斷事官은 자르구치(札魯忽赤)를 가리키며 원 황제를 비롯한 諸王의 王府에 소속되어 司法 및 財政을 담당하였다. 李齊賢이 왕부단사관에 임명된 것에 대해서는 권1 5, 주해 24) 참조.

　33) 政堂文學: 고려후기 僉議府의 종2품 관직이다. 이에 대해서는 권1 10-(2), 주해 9) 참조.

　34) 李齊賢: 1287~1367. 본관은 慶州, 字는 仲思, 號는 益齋·櫟翁, 諡號는 文忠이다. 그에 대해서는 권1 4, 주해 2) 참조.

　35) 鄭氏: 생몰년 미상. 본관은 羅州이고 충렬왕대에 僉議中贊을 지낸 鄭可臣의 딸이며 朴光挺의 妻이다.

　　『高麗史』권105, 列傳18 鄭可臣.
　　『氏族原流』春川朴氏·羅州鄭氏.

3. 送奉使李中父還朝序

[原文]

送奉使李中父還朝序

翰林李中父奉使征東, 已事將還, 過辭予, 因語之曰, 進士取人, 本盛於唐, 長慶初, 有金雲卿者, 始以新羅賓貢, 題名杜師禮牓. 由此以至天祐終, 凡登賓貢科者五十有八人, 五代梁唐, 又三十有二人, 盖除渤海十數人, 餘盡東士. 逮我高麗, 亦嘗貢士於宋, 淳化孫何牓有王彬崔罕, 咸平孫僅牓有金成績, 景祐張唐卿牓有康撫民. 政和中又親試, 權適金端等四人, 特賜上舍及第, 擧是可見東方代不乏才矣. 然所謂賓貢科者, 每自別試, 附名牓尾, 不得與諸人齒. 所除多卑冗, 或便放歸.

欽惟聖元, 一視同仁, 立賢無方, 東士故與中原俊秀竝擧, 列名金牓, 已有六人焉. 中父雖後出, 迺擢高科, 除官禁省, 施及二親, 俱霑恩命. 光捧詔書, 來使故國, 謁母高堂, 焚黃先壠, 爲存歿榮, 得志還鄕, 不獨長卿翁子夸于蜀越矣. 吾家文昌公, 年十二西游, 十八登咸通十五年第, 歷尉中山, 佐淮南高侍中幕, 官至侍御史內供奉. 二十八奉使歸國, 鄕人至今傳以爲美談. 當是時也, 屬於唐季, 四海兵興, 而公以羈旅孤跡, 寄食于藩鎭, 雖授憲秩, 職非其眞. 及乎東歸, 國又大亂, 道梗不果復命. 論其平生, 可謂勞勤而其榮無足多者. 曷若吾中父遇世休明, 致身華近, 而且年方强壯, 志愈謙光, 其前途有未易量者. 則顯榮家國, 豈止此一時. 必見富貴苦逼, 功名滿天下, 晝錦之堂, 將大作於東韓, 未識後來視中父與昔東人爲何如也. 復記, 在至治元年, 亦自猥濫與計而偕, 是年, 擧子尙未滿額, 登左牓者, 纔四十三人. 予幸忝第二十一名, 拜盖牟別駕, 赴官數月, 以病求免, 今玆退安里巷十有三年. 壯志日消, 無復飛騰之勢矣. 比見中父, 益知予之終於自棄而無成也. 慚負聖明, 又奚言哉. 中父尙勉旃, 毋以一簣進止, 而虧九仞之高也. 予與中父厚, 旣美其行, 且訟予拙, 而復勖之云. 元統乙亥三月初吉.

　　[譯文]

사명을 받들고 왔다가 (원) 조정으로 돌아가는 이중보[1]를 떠나보내는 서[2]

한림[3] 이중보가 사명을 받들고 정동행성[4]에 왔다가 일을 마치고 장차 돌아가며[5] 나에게 들러 (작별)인사를 하기에 이에 그에게 이르기를, "진사로 인재를 뽑는 것은 본래 당나라에서 성행하였는데[6] 장경[7] 초에 김운경[8]이란 사람이 처음으로 신라의 빈공[9]으로서 두 사례[10]의 방목[11]에 이름을 올렸다. 이때부터 천우[12] 말까지 무릇 빈공과에 합격한 사람이 58인이었으며,[13] 오대의 양·당에 또 32인이었는데, 대개 발해의 10여 인을 제외하고 나머지는 모두 동방의 선비들이었다.[14] 우리 고려에 이르러 또한 일찍이 송나라에 (빈공과) 응시자를 보내어[貢士], 순화[15] 연간 손하[16]의 방목에 왕빈[17]과 최한[18]이 있었고, 함평[19] 연간 손근[20]의 방목에 김성적[21]이 있었고, 경우[22] 연간 장당경[23]의 방목에 강무민[24]이 있었다. 정화[25] 연간에 또 친시[26]로 권적,[27] 김단[28] 등 4인에게 특별히 상사급제를 내려주었으니,[29] 이를 통해 동방에 대대로 인재가 부족하지 않았음을 알 수 있다. 그러나 이른바 빈공과라는 것은 매번 별도의 시험에서 이름을 방목의 말미에 덧붙인 것으로, 다른 급제자들과는 동급일 수 없다. 제수 받은 것이 비천하거나 변변치 못함이 많았고, 혹은 곧 돌려보내기도 하였다.[30]

오직 원나라에 와서는 모두 똑같이 어질다고 여겨[31] 어진 이를 세우는 데 제한이 없어[無方][32] 동방의 선비들이 중원의 뛰어난 수재들과 나란히 응시하여 금방에 이름을 나란히 하니 이미 6인이나 있다.[33] 중보는 비록 후에 나왔으나 곧 고과로 발탁되어 금성의 관직에 제수되었고,[34] (그 은혜가) 어버이에게까지 미쳐 모두 황제의 은택[恩命]를 받았다. 조서를 받들고 사신이 되어 고국에 돌아와 모친을 높은 대청에서 뵙고 선영에 향을 살라서[焚黃], 살아 계신 분도 돌아가신 분도 영예롭게 하였으니, 뜻을 성취하여 고향으로 돌아옴이 오직 장경과 옹자만이 촉과 월에서 (출세를) 과시한 것만은 아니었다.[35] 우리 가문의 문창공[36]은 나이 12세에 당나라[西]에 유학하여, 18세에 함통[37] 15년(874, 당 희종 1, 신라 경문왕 14)의 과거에 등제하였고, 중산위[38]를 거쳐 회남 고시중[39]의 막하에서 보좌하여 관직이 시어사내공봉[40]에 이르렀다. 28세에 사명을 받들고 귀국했으니, 고향 사람들이 지금까지 전하여 미담으로 여긴다. 당시는 당나라 말기에 속하여 사방에서 전쟁이 일어났는데, 공은 객지살이하는 외로운 몸으로 번진[41]에 얹혀살았으며[寄食], 비록 법사의 관직[憲秩]을 제수받기는 하였으나 직위는 진직이 아니었다.[42] 동방에 돌아오니 나라에 또한 큰 난리가 있어 길이 막혀서 끝내 복명하지 못하였다.[43] 그의 평생을 논하자면 고달프고 괴로웠음에도 그 영예는 충분하지 못함이 많았던 사람이라 할 만하다. 우리 중보가 만난 세상은 아름답고 밝으니 황제의 곁에 있는 영화로운 관직에 올랐으며[44] 또 나이는 바야흐로 장년[强壯]이고 뜻은 더욱 겸손하고도 빛나니, 그 앞길에 쉽게 헤아리지 못할 것이 있겠는가. 즉 가문을 드러내고 나라를 영예롭게 함이 어찌 이 한 번에 그치겠는가. 반드시 부귀는 계속해서 몰려들고[45] 공명은 천하에 가득함을 볼 것이니, 주금당[畵錦之堂][46]이 장차 동방 삼한에 크게 지어질 것인데, 후대에는 중보와 옛 동방의 인물들을 보고 어떠할지 모르겠다. 다시 기억하건대 지치 원년(1321, 충숙왕 8)에 나 또한 외람되이 연경에 가서 회시를 보았었는데[與計而偕][47] 이해에는 응시자가 오히려 정원을 채우지 못해 좌방[48]에 오른 자가 겨우 43인이었다. 나는 다행히 황송하게도 21등이 되어 개모별가에 임명되었으나, 부임한 지 몇 달 만에 병을 이유로 면직을 청하였으니,[49] 지금은 고향 마을로 물러나 안거한 지 13년이 되었다. 웅장했던 뜻은 나날이 사그라져 다시 솟아오르는 기세가 없었다. 이번에 중보를 보고 나는 스스로 포기하여 이루지 못한 것에 대해 더욱 잘 알게 되었다. 부끄럽게도 성명(聖明)을 저버렸으니 또 무슨 말을 하겠는가. 중보는 오히려 더욱 힘써, 한 삼태기의 흙을 붓지 않아서 아홉 길의 높은 산을 이루지 못하는 데 이르지 말도록 하라."[50]라고 하였다. 나는 중보와 절친한지라, 먼저 그의 행실을 칭송하고 또 나의 옹졸함을 꾸짖어, 그를 더욱 힘쓰게 하는 바이다. 원통 을해년(1335, 충숙왕 후4) 3월 초하루[初吉].

[註解]

1) 李中父: 李穀(1298~1351)을 말하며, 中父는 그의 字이다. 본관은 韓山이고 호는 稼亭이다. 父는 韓山郡吏 李自成이다. 1320년(충숙왕 7)에 禮部試에 登第하여 福州司錄參軍에 임명되었다. 그 후 1326년에 征東省 鄕試에 응시하여 제3명으로 합격하였으나 이듬해 大都에 가서 응시한 회시에서는 급제하지 못하였다. 다시 1332년(충숙왕 후1)에 征東省 鄕試에서 제1명으로 합격하여 이듬해 회시에서 제2甲 제2명에 올랐다. 이 때 그의 답안이 높이 평가되어 元 宰相의 추천을 받아 翰林國史院檢閱官이 되었다. 1334년에 興學詔를 받들고 귀국하였는데 고려로부터 試典儀副令·直寶文閣에 제수되었다. 다음 해에 다시 大都로 돌아갔으며 같은 해 12월에는 元이 고려의 童女를 징발하려하자 이곡이 반대하는 글을 작성하였고 그의 요구가 받아들여져 징발이 철회되었다. 1336년에는 원에서 徽政院管勾兼承發架閣庫에 제수되었고 다음해에는 征東行中書省左右司員外郞이 되었다. 귀국 후 成均祭酒·藝文館提學·知製敎, 密直副使, 同知密直司事, 政堂文學·進賢館提學·知春秋館事·上護軍 등을 역임하였다. 1348년에는 都僉議贊成事·右文館大提學·監春秋館事·上護軍에 이르렀다. 李齊賢, 安軸 등과 함께 『編年綱目』을 증수한 바 있으며, 忠烈·忠宣·忠肅 3朝의 실록을 찬수하였다. 저서로는 『稼亭集』20권이 전한다. 시호는 文孝이다.

『高麗史』 권109, 列傳22 李穀.

『稼亭集』, 稼亭先生年譜.

高惠玲, 1988, 「稼亭 李穀(1298-1351)에 대하여—官職活動과 政治觀을 중심으로—」, 『梨花史學硏究』 17·18合, 353~364쪽.

韓永愚, 1998, 「稼亭 李穀의 生涯와 思想」, 『韓國史論』 40, 1~12쪽.

馬宗樂, 2008, 「稼亭 李穀의 生涯와 思想」, 『한국사상사학』 31, 199~207쪽.

2) 送奉使李中父還朝序: 이 글은 최해가 1334년(충숙왕 후3)에 이곡이 원 황제의 興學詔를 받들고 고려에 왔다가 이듬해 다시 원나라로 돌아갈 때 쓴 글이다. 동일한 내용의 글이 『稼亭集』과 『東文選』에도 전한다. 한편, 序는 詩文이나 敍事文의 앞부분에 인물이나 사실의 차례·실마리·내력 등을 서술한 한문 형식의 하나이다. 이에 대해서는 권1 1, 주해 3) 참조.

『稼亭集』 雜錄, 「送李中父使征東行省序」.

『東文選』 권84, 序 「送奉使李中父還朝序」.

3) 翰林: 이곡이 元 制科 급제 이후 제수 받은 翰林國史院檢閱官을 가리킨다. 한림국사검열관은 원의 翰林兼國史院의 屬官으로, 정8품이며 정원은 4인이다.

『元史』 권87, 志37 百官3 翰林兼國史院.

4) 征東: 征東行省을 가리킨다. 이에 대해서는 권1 14-(1), 주해 1) 참조.

5) 翰林李中父奉使征東 已事將還: 이곡은 1334년(충숙왕 후3)에 고려의 學校를 진흥시키라는 元 順帝의 詔書를 가지고 귀국하였다. 그는 고려에 있는 동안 각처의 學校를 시찰하고 교육의 진흥을 촉구하여 성리학 수용에 큰 역할을 하였고 이듬해 원으로 돌아갔다.

高惠玲, 1988, 「稼亭 李穀(1298-1351)에 대하여—官職活動과 政治觀을 중심으로—」, 『梨花史學硏究』 17·18合, 359쪽.

韓永愚, 1998, 「稼亭 李穀의 生涯와 思想」, 『韓國史論』 40, 8쪽.

6) 進士取人 本盛於唐: 본래 進士는 천거를 받은 인재를 나타내

는 말로, 唐代 이후 최종 殿試에 급제한 자를 의미하기 때문에 과거를 進士試라고 부르기도 하였다. 隋 文帝 때부터 과거에서 進士라는 과목이 분리되었으며, 唐의 進士는 高宗代 制擧와 분리된 常擧의 한 科目으로 등장하였다. 처음에는 秀才科나 明經科와 같은 전통적 권위를 갖지 못하여 관인선발제도에서 차지한 위상은 미미했으나, 進士科 출신자들 간의 유대관계를 통해 점차 위상이 높아졌다. 唐 후기에 들어서면 初任官은 높지 않더라도 入仕 후 빠른 승진이 가능하게 되었으며, 문학적 소양을 검증받은 士로서 높은 사회적 권위를 누릴 수 있게 되었다.

　　『新唐書』 권44, 志34 選擧上.
　　諸橋轍次, 1985, 「進士」, 『大漢和辭典』 11, 大修館書店, 92쪽.
　　하원수, 2010, 「唐代 進士科의 登場과 그 變遷―科擧制度의 歷史的 意義 再考―」, 『사림』 36.

　7) 長慶: 唐 穆宗의 연호로 821～824년에 해당한다.

　8) 金雲卿: 생몰년 미상. 김운경은 821년(헌덕왕 13)에 신라의 宿衛學生으로써 처음으로 당나라의 賓貢科에 합격한 인물이다. 그는 唐에서 右監門衛率府·兵曹叅軍으로 복무하다가 824～825년경 당 사절단의 副使로 일시 귀국하였다. 그 뒤 당에서 袞州都督府司馬, 淄州長史 등을 역임하였고 841년에는 文聖王을 책봉하는 당의 사절로 귀국하였다(①). 한편, 金雲卿에 대해서는 普照禪師塔碑에 보이는 金彦卿과 음이 비슷하여 동일인물로 보는 견해가 있는데 (②) 양자를 동일인물로 볼 경우 당나라에서의 관직을 지낸 시기와 신라에서 관직을 보낸 시기가 모순되므로 다른 인물로 보는 견해도 있다(③).

　　① 『玉海』 권116, 選擧3 咸平賓貢.
　　이기동, 2010, 「중국 진사과 및 제과에 합격한 한국인들」, 『한국사 시민강좌』 46, 일조각, 64·65쪽.
　　裵淑姬, 2006, 「中國科擧制度下朝鮮半島士人」, 『國際中國學研究』 9,

207쪽.

② 申瀅植, 1969, 「宿衛學生考—羅末麗初의 知識人의 動向에 對한 一齣—」, 『歷史敎育』 11·12合, 71~82쪽.

③ 李基東, 1978, 「羅末麗初의 近侍機構와 文翰機構의 擴張」, 『歷史學報』 77 ; 1984, 『新羅骨品制社會와 花郎徒』, 一潮閣, 258·259쪽.

9) 賓貢: 과거제도에서 '賓貢'이란 단어는 隋 文帝때부터 사용되었다. 그는 즉위 후 '또 전법을 고치며 진사 등의 과목을 설치하였다[又變前法 置進士等科]'라고 하여 賓貢科를 '進士'와 '俊士' 두 개의 시험 과목으로 분리하고 빈공과를 직접 진사과로 개칭하면서 준사과와 별도로 설치하였다. 즉, 수대의 빈공은 '進士科'의 전신이라고 할 수 있다. 이후 과거 제도상에 '賓貢'이라는 명칭은 唐 穆宗 長慶 원년(821)에 이르러서야 다시 설치되었으며 이때 설치된 빈공과는 수대의 그것과 성격을 달리 하는 것으로 이해된다. 당의 '賓貢'은 대외개방 정책을 통해 주변 국가의 자제들을 불러들여 외국 학생들을 우대하는 조처로 설치된 과목이었다. 빈공과의 설치시기는 정확히 알 수 없으나 지금까지는 신라 金雲卿을 최초 급제자로 보고 있다. 그러므로 신라, 발해 등 외국인이 賓貢이라는 신분으로 당에 유학하였고 이들 중 등제한 자를 '賓貢進士'라고 하였다(①). 한편, '賓貢'이라는 용어는 있지만 '賓貢科'라는 용례는 없으며 빈공진사는 唐代 진사의 일종의 別稱이고 과거 과목이 아니라고 보는 견해도 있다(②). 즉, 빈공은 과거의 과목이 아니라 省試에 참여할 수 있는 자격을 의미한다는 것이다. 본문에서 최해는 '賓貢'을 외국인에게 주어지는 별도의 시험 분야로 이해하고 있다.

諸橋轍次, 1985, 「賓貢」, 『大漢和辭典』 10, 大修館書店, 765쪽.

① 이성무, 1997, 「賓貢科와 制科」, 『한국과거제도사』, 민음사, 90~121쪽.
　　이기동, 2010, 「중국 진사과 및 제과에 합격한 한국인들」, 『한국사 시민강좌』 46, 일조각, 79쪽.

② 党銀平, 2002, 「唐代有無'賓貢科'新論」, 『社會科學戰線』 2002-1 ;

2007,『唐與新羅文化關係硏究』, 中華書局.

裵淑姬, 2003,「宋代 高麗의 賓貢進士」,『宋遼金元史硏究』8, 73~
75쪽.

당은평, 2009,「당대 빈공(賓貢)과 빈공과(賓貢科) 고찰」,『중국의
최치원 연구』, 심산.

10) 杜師禮: 생몰년 미상.『新唐書』襄陽杜氏 宰相世系에 杜師
禮가 기록되어 있다.

『新唐書』권72, 表12上 宰相世系2上 杜氏 襄陽杜氏.

11) 牓: '榜'과 통용되며, 告示를 하기위한 榜文을 뜻한다. 그리
고 과거 급제자 명단을 글로 써서 표찰을 게시한 것을 '放榜'이라고
하므로, 榜은 과거시험 급제자 명단을 가리키기도 한다.

諸橋轍次, 1985,「榜文」·「放榜」,『大漢和辭典』6, 大修館書店, 482쪽.

12) 天祐: 唐 哀帝의 연호로 904~907년에 해당한다.

13) 由此以至天祐終 凡登賓貢科者五十有八人: 신라 聖德王 때
부터는 唐과의 우호관계가 회복함에 따라 중국 유학의 문호가 크게
열렸고 신라 유학생이 唐 國學에 입학하는 것이 허가되었다. 唐은
進仕科에서 외국 유학생들에게 賓貢 자격을 부여하여 일종의 別試
처럼 뽑아 官職을 주었는데 본문에 언급된 58명은 다른 나라와 비
교할 때 압도적으로 많은 숫자이다. 등제 사실이 확인되는 인물은
15명 내외로, 본문에 언급된 인물 외에도 金立之, 金可紀, 李同, 朴
仁範, 崔承祐, 崔匡裕, 崔彦撝 등이 있다.

李基東, 1979,「新羅下代 賓貢及第者의 出現과 羅·唐文人의 交換」,『全
海宗博士華甲紀念史學論叢』, 一潮閣 ; 1984,『新羅 骨品制社會
와 花郎徒』, 一潮閣, 280~304쪽.

이기동, 2010,「중국 진사과 및 제과에 합격한 한국인들」,『한국사시민
강좌』46, 일조각, 60~72쪽.

14) 五代梁唐 …… 餘盡東士: 梁·唐은 곧 5대의 後梁과 後唐
을 말한다. 중국은 907년에 당이 멸망한 후 5대 10국의 분열상태가
70년 이상 계속되었다. 960년에 조광윤이 중원을 평정하고 송을 건

국하였으나, 중국을 통일한 것은 979년의 일이었다. 그 기간 동안 고려는 중원의 역대 왕조를 비롯하여 강남지방의 吳越, 閩, 南唐 등 여러 나라와 관계를 맺었다. 본문의 내용을 통해, 이 때 중국에 간 유학생들 중에 과거시험에 합격한 이들이 있었음을 알 수 있는데, 이들이 모두 고려인이라고 할 수는 없다. 신라가 932년까지 몇 차례 후당에 사신을 보냈고, 그 밖에 오월 등과도 수교하였기 때문이다. 현재 기록에 남아 이 시기 남중국 국가에서 과거에 합격한 자로 확인되는 이들로는 後晋에 유학하여 빈공진사가 되었던 崔光胤과 오월에 유학하였던 崔行歸가 있다. 그런데 10국 왕조의 급제는 5대에 비해 격이 떨어졌던 것으로 이해된다.

　　이기동, 2010, 「중국 진사과 및 제과에 합격한 한국인들」, 『한국사시민강좌』 46, 일조각, 73·74쪽.

　15) 淳化: 宋 太宗의 연호로 990∼994년 동안 사용되었다.

　16) 孫何: 961∼1004. 송나라 蔡州 汝陽 사람으로 자는 漢公이다. 992년(宋 太宗 3)에 甲科로 급제하였으며 이후 누차 관직을 옮기어 右司諫이 되었다. 眞宗代에는 權戶部判官, 東西轉運副使, 判太常禮院, 知制誥 등을 역임하였다. 저서로는 『兩晋名臣贊』, 『春秋意』, 『駁史通』 등이 있다.

　　『宋史』 권306, 列傳65 孫何.
　　張撝之 외 주편, 1999, 「孫何」, 『中國歷代人名大辭典』 上, 上海古籍出版社, 769쪽.

　17) 王彬: 964∼?. 『高麗史』에는 王琳으로 되어있다. 그는 986년(성종 5)에 崔罕과 함께 송나라 국자감에 입학하여 992년(성종 11)에 賓貢科에 합격하고 秘書郎에 임명되어 귀국하였다. 『宋史』 王彬傳에 따르면 그의 조부 王彦英이 890년대 閩 지방의 절도사였던 王潮의 미움을 사서 일가족을 끌고 신라로 망명하였고 王彬은 18세에 빈공으로 송의 태학에 입학하여 992년에 진사 급제하고 雍

邱尉에 제수되었다(①). 그런데 『고려사』에는 1031년(현종 22)에
는 王琳이 檢校右僕射·羅州牧使로 임명된 사실이 확인되어 이를
통해 본문의 王彬은 王琳이며 『宋史』에 기록된 王彬과는 다른 인
물로 보기도 한다(②).『宋史』에는 귀국하고 얼마 안 되어 다시 중
국으로 돌아와 知撫州, 京西轉運使, 太常少卿 등을 역임하였다고
한다(③).

  ①『高麗史』권74, 志28 選擧2 科目2 制科.
    『宋史』권304, 列傳63 王彬.
  ② 裵淑姬, 2003,「宋代 高麗의 賓貢進士」,『宋遼金元史硏究』8.
  ③ 이기동, 2010,「중국 진사과 및 제과에 합격한 한국인들」,『한국사시
    민강좌』46, 일조각, 75쪽.

  18) 崔罕: 생몰년 미상. 986년(성종 5)에 王彬과 함께 송나라
에 보내져 국자감에 입학하여 992년(성종 11)에 賓貢科에 합격하
고 秘書郎에 임명되었다.

  『高麗史』권74, 志28 選擧2 科目2 制科.
  裵淑姬, 2003,「宋代 高麗의 賓貢進士」,『宋遼金元史硏究』8.
  이기동, 2010,「중국 진사과 및 제과에 합격한 한국인들」,『한국사시민
    강좌』46, 일조각, 75쪽.

  19) 咸平: 宋 眞宗의 연호로 998~1003년 동안 사용되었다.

  20) 孫僅: 969~1017. 자는 鄰幾이며, 孫何의 弟이다. 어려서
학문에 힘써 孫何와 함께 이름을 날렸으며 998년(宋 眞宗 1)에 甲
科 급제하였다. 景德 초에 太子中允, 開封府推官에 배임되었고 右
正言, 知制誥, 同知審官院을 역임하였다. 京府를 보좌하여 民政을
잘 알았고 知永興軍府에 임명되었다. 大中祥符 초에는 知審刑院이
되었고 누차 승진하여 給事中이 되었다. 성품이 단정하였고 유학에
조예가 깊었다. 저서로는 『甘棠文集』이 있다.

  『宋史』권306, 列傳65 孫何 附僅.
  張撝之 외 주편, 1999,「孫何」,『中國歷代人名大辭典』上, 上海古籍出版
    社, 766쪽.

21) 金成績: 생몰년 미상. 998년(목종 1) 2월 戊申일에 宋에서 賓貢進士로 급제하였다. 『高麗史』에는 金成積으로 되어 있는데 내용이 동일하므로 같은 인물이다.

『高麗史』 권74, 志28 選擧2 科目2 制科.

『高麗史節要』 권2, 穆宗 원년 12월.

『玉海』 권116, 選擧3 咸平賓貢.

裵淑姬, 2003, 「宋代 高麗의 賓貢進士」, 『宋遼金元史硏究』 8.

22) 景祐: 宋 仁宗의 연호로 1034~1037년 동안 사용되었다.

23) 張唐卿: 생몰년 미상. 자는 希元이고 靑州 사람이다. 『宋史』에는 孫唐卿으로 되어 있는데 『宋史』의 校注에 의하면 다른 기록에는 張唐卿으로 되어 있고 孫은 張의 誤記로 보인다고 부기되어 있다. 어려서부터 학문이 밝았고 景祐 연간에 장원으로 進士가 되어 명성을 날렸다. 그는 陝州의 通判이 되었는데 吏事에 능하였다. 어느 백성이 어머니가 재가하였다가 죽었는데, 그 아버지 장례에 이르러 합장할 수 없음이 한스러워 어머니의 喪을 훔쳐 합장한 일이 있었다. 그가 처벌당하게 되자 장당경이 "효가 있는 것은 알았으나 법이 있는 것을 몰랐을 뿐이다."라고 하며 풀어주었다는 짧은 일화가 전한다.

『宋史』 권443, 列傳202 文苑5 孫唐卿.

24) 康撫民: 생몰년 미상. 강무민은 1034년에 고려 빈공진사로 舍人院에서 시험을 보고 4월 3일에 同出身을 받았다.

『玉海』 권116, 選擧3 咸平賓貢.

裵淑姬, 2003, 「宋代 高麗의 賓貢進士」, 『宋遼金元史硏究』 8.

25) 政和: 宋 徽宗의 연호로 1111~1117년 동안 사용되었다.

26) 親試: 황제가 주관하는 시험으로 殿試를 말한다. 송대의 과거는 發解試, 省試, 殿試 등의 3단계로 나뉘어 실시되었다. 殿試는 그 마지막 단계로, 일정한 달에 실시하였지만 날짜가 정해져 있지는 않았다. 주된 시험관은 명의상 황제가 맡아 試題를 선정하거나 상위

10명이 순위를 심사, 결정하였다.

裵淑姬, 2001, 「科擧制의 實施와 官僚制」, 『宋代科擧制度와 官僚社會』, 三知院, 48∼50쪽.

申採湜, 2008, 『宋代官僚制硏究』, 한국학술정보, 220∼242쪽.

27) 權適: 1094∼1146. 본관은 安東이고 字는 得正이며 權廸 이라고도 한다. 祖父는 正朝에 추봉된 佐暹이며 父는 檢校大子詹事 德輿이다. 1112년(예종 7)의 과거에서 賦를 지어 합격하였으나 부 친상으로 인해 論場을 치르지 못하였는데도 지공거 吳延寵에 의해 丙第로 뽑혔다. 이후 1115년에는 金端, 趙奭, 甄惟底, 康就正 등과 함께 송 太學에 입학하였다. 1117년 3월 庚寅일에 崇政殿에서 송 황제가 親試하여 上舍及第하여 承事郎이 되어 특별히 중국의 貫籍 을 받고 귀국하였으며, 左右衛錄事·承務郎에 임명되었다. 1125년 (인종 3)에는 右正言·知制誥가 되었고 1140년에 試尙書禮部侍郎· 翰林侍講學士·知制誥로 옮겼다. 이듬해에 금나라에 사신으로 파견 되었는데 국경에서 제지되었다가 6개월 뒤 다시 파견되어 사명을 달성했다. 1142년에는 동지공거가 되었고 1144년에는 東北面兵馬 副使로 나갔다. 이후 試國子祭酒·翰林學士·寶文閣學士·知制誥, 西 北面兵馬使 등을 역임하였고, 檢校太子太保에 이르렀다.

『高麗史』 권14, 世家14 睿宗 10년 추7월 戊子·12년 5월 丁巳.

『高麗史』 권17, 世家17 仁宗 19년 하4월 癸酉·毅宗 즉위년 12월 乙卯.

『高麗史』 권74, 志28 選擧2 科目2 制科 睿宗 10년 7월.

『高麗史』 권96, 列傳9 尹瓘 附彦頤.

『山堂考索』 後集 권30, 士門.

「權適墓誌銘」.

裵淑姬, 2003, 「宋代 高麗의 賓貢進士」, 『宋遼金元史硏究』 8.

이기동, 2010, 「중국 진사과 및 제과에 합격한 한국인들」, 『한국사시민 강좌』 46, 일조각, 76·77쪽.

28) 金端: 생몰년 미상. 본관은 水州이다. 1115년(예종 10)에 甄惟底, 趙奭, 康就正, 權適 등과 함께 송 太學에 입학하였으며

1117년에 송 휘종으로부터 특별히 上舍及第를 받고 文林郞을 제수
받았다. 귀국한 이후 朝散郞·秘書丞이 되었고, 1123년(인종 1)에
송 사신 서긍이 고려에 왔을 때 迎接의 일원으로 私覿, 送遺의 예를
행하였다. 1130년에는 左司郞中으로 국경지대의 분쟁을 해결하기
위해 금나라에 파견되기도 하였으며 1135년에 金 태종이 사망하자
弔慰使가 되었다. 1139년에는 同知貢擧가 되어 金富軾과 함께 과
거를 주관한 바 있다. 1149년(의종 3)에는 左散騎常侍가 되었고
戶部尙書, 守司空·尙書右僕射 등을 역임하였다.

> 『高麗史』 권14, 世家14 睿宗 10년 추7월 戊子·12년 5월 丁巳.
> 『高麗史』 권16, 世家16 仁宗 8년 12월 乙酉·13년 윤2월 乙卯·20년 2월
>   己卯.
> 『高麗史』 권17, 世家17 毅宗 3년 12월 壬申·5년 하4월 丙辰.
> 『高麗史』 권74, 志28 選擧2 科目2 制科 睿宗 10년 7월.
> 『高麗圖經』 권8, 人物.
> 『山堂考索』 後集 권30, 士門.
> 裵淑姬, 2003, 「宋代 高麗의 賓貢進士」, 『宋遼金元史硏究』 8.
> 이기동, 2010, 「중국 진사과 및 제과에 합격한 한국인들」, 『한국사시민
>   강좌』 46, 일조각, 76·77쪽.

　29) 權適金端等四人 特賜上舍及第: 고려에서는 1115년(예종
10) 7월에 權適, 金端, 趙奭, 甄惟底, 康就正 등 5인을 송나라에
보냈다. 예종대에 송이 고려와 연합하여 요를 제압하려는 정책에 따
라 고려의 사신을 우대하고 특별히 대성악을 하사하는 등 우호적인
태도를 보였으며, 예종도 이에 호응하여 활발하게 사신을 왕래하였
으며 학생들을 송에 보내기도 하였던 것이다. 이들은 宋 太學에 들
어가 수학하였으며, 1117년 3월에 宋 徽宗이 이들을 集英殿에서
親試하여 급제를 내렸는데, 이때 權適, 金端, 趙奭, 甄惟底에게 上
舍及第를 주었다. 같은 해 5월에 權適, 金端, 趙奭 등은 귀국하였으
며 견유저와 강취정은 송에서 사망하였다.

한편, 宋에서는 1071년에 太學 三舍法이 실시되었다. 이는 태학
의 학생을 外舍·內舍·上舍 즉 三舍로 나누고 학생의 학업성적, 품
행을 기준으로 하여 점차 승급시켜 후에 官位를 받을 수 있게 한 것
이었다. 신입생은 먼저 外舍에 입학하여 점차 진급해 나갔다. 1102
년에는 太學의 규모가 확대되었고 매년 전체 太學生을 한꺼번에 시
험하여 성적을 上, 中, 下로 나누었다. 시험성적과 年度 評定을 기
준으로 上等上舍生으로 졸업하거나 또는 上舍에 나가 학습하여 殿
試를 보았다. 권적, 김단 등은 太學에 입학하여 3년째 되던 해에 송
휘종이 이들에 대하여 上舍及第를 준 것은 고려와의 외교를 염두에
둔 특별한 우대였다.

> 『高麗史』 권14, 世家14 睿宗 10년 추7월 戊子·12년 5월 丁巳.
>
> 『宋史』 권157, 志117 選擧3 宗學.
>
> 何懷宏, 1999, 「中國의 儒學傳統과 太學(國子監)」, 『成均館大學校 大東
> 文化研究院』 34, 78·79쪽.
>
> 裵淑姬, 2001, 『宋代科擧制度와 官僚社會』, 三知院, 182~185쪽.
>
> 裵淑姬, 2003, 「宋代 高麗의 賓貢進士」, 『宋遼金元史研究』 8.
>
> 이기동, 2010, 「중국 진사과 및 제과에 합격한 한국인들」, 『한국사시민
> 강좌』 46, 일조각, 76·77쪽.

30) 所除多卑冗 或便放歸: 당 이래로 중국의 과거에 급제한 신
라, 고려인 등이 받은 관직과 그 행적이 미비하였음을 나타낸 것이
다. 당에서는 외국인의 유학 기간을 10년으로 제한하여 실제로 840
년 4월에는 만기된 신라 유학생 105명이 한꺼번에 추방되어 귀국하
기도 하였다. 송대에 와서도 과거에 합격한 이후 송에서 관직생활은
한 인물로는 金行成, 王彬 정도이고, 이 외 인물들은 대부분 고려로
돌아오고 있어 이러한 상황을 말한 것이다. 이상의 언급은 그에 반
해 조상인 최치원의 행적 및 최해 자신의 원 제과 합격 등에 대한
자부심을 표출하고 이곡에 대한 칭찬을 극대화하기 위한 목적이 있
었던 것이다.

裵淑姫, 2003, 「宋代 高麗의 賓貢進士」, 『宋遼金元史研究』 8.

이기동, 2010, 「중국 진사과 및 제과에 합격한 한국인들」, 『한국사시민
　　강좌』 46, 일조각, 76·77쪽.

31) 一視同仁: 唐의 문장가 韓愈(768~824)는 「原人」에서 '사
람은 夷狄, 禽獸의 주인인데, 사납게 대하면 주인의 도를 얻지 못할
것이니, 聖人이라면 모든 것을 동일하게 보고 다같이 仁으로 대하
여, 가까운 것을 도탑게 하고 멀리 있는 것을 함께 하는 것이라고
하였다[人者夷狄禽獸之主也 主而暴之 不得其爲主之道矣 是故聖人
一視而同仁 篤近而擧遠].'라고 하였다. 여기에서는 예전 중국이 東
方의 인재들을 과거에 합격시켰어도 이들을 정식 급제자와 동등하
게 대우하지 않았던 것과 달리, 원은 과거에서 인재를 동등하게 대
우한다는 점을 강조하여 이를 聖人으로 표현하였다.

　　『古文眞寶』 後集 권2, 「原人」.

32) 立賢無方: 『孟子』 離婁下에는 '우왕은 맛있는 술을 싫어하
고 착한 말을 좋아했으며, 탕왕은 중정의 도를 견지하여, 현명한 이
를 기용할 때 정해진 법이 없었다[禹惡旨酒而好善言 湯執中立賢無
方].'라는 구절이 있다. 여기에서는 원이 과거를 통해 인재를 등용하
면서 외국인에 대하여 따로 과목을 설정하지 않고, 동일한 과거 방
식 속에서 시험을 진행하였음을 나타낸 것이다.

　　『孟子』 離婁下.

33) 已有六人焉: 이 글이 작성된 1335년(충숙왕 후4)의 시점까
지 원 제과에 합격한 고려인이 6인이었음을 말한다. 1318년(충숙왕
5)에 安震, 1321년에 崔瀣, 1324년에 安軸, 1327년에 趙廉, 1330
년에 賓于光이 합격하여 모두 5명이고 李穀이 1333년에 합격하여
6번째가 된다. 이후에 원 제과에 합격한 인물로는 辛裔, 李承慶, 李
仁復, 安輔, 李穡, 李舒 등이 있다.

　　高惠玲, 1991, 「高麗 士大夫와 元 制科」, 『國史館論叢』 24 ; 2001, 『高
　　　麗後期 士大夫와 性理學 受容』, 一潮閣, 121~131쪽.

裴淑姬, 2008,「元代 科擧制와 高麗進士의 應擧 및 授官」,『東洋史學研究』104, 124~131쪽.

34) 迺擢高科 除官禁省: 高科는 우수한 성적으로 과거에 급제하는 것으로, 여기서는 이곡이 원 制科에서 2등으로 뽑혀 재상의 추천을 받아 翰林國史院檢閱官에 임명된 것을 말한다.

『高麗史』권109, 列傳22 李穀.

『稼亭集』稼亭先生年譜.

諸橋轍次, 1986,「高科」,『大漢和辭典』12, 大修館書店, 595쪽.

35) 不獨長卿 翁子夸于蜀越矣: 長卿과 翁子는 각각 司馬相如 (B.C.179~B.C.117)와 朱買臣(?~B.C.115)을 가리킨다. 사마상여가 中郞將이 되어 고향인 蜀에 사신으로 갔을 때 蜀郡太守 이하가 모두 마중 나와 맞이하였는데 縣令이 弩矢를 등에 지고 앞서 달림으로써 존경을 표했다는 고사가 전한다. 주매신은 오나라 사람으로 만년에 영달하여 會稽太守로 부임하였다. 이때 백성들이 길을 치우는데 동원되었는데 과거 주매신이 가난했던 시절에 그가 책만 읽는다고 하여 그를 버렸던 아내와 그녀의 새남편도 거기에 끼어 있었다는 고사가 전한다. 이곡이 출세하여 금의환향한 것을 고사의 두 인물에 빗대어 표현한 것이다.

『史記』권117, 司馬相如列傳57.

『漢書』권64上, 嚴朱吾丘主父徐嚴終王賈傳34上 朱買臣.

36) 文昌公: 崔致遠(857~?)을 가리킨다. 자는 孤雲이고 신라 沙梁部 사람으로, 최해의 직계 조상이다. 868년(경문왕 8)에 당에 유학을 갔으며 874년에 禮部侍郞 裴瓚이 주관한 과거에서 급제하였고 宣州 溧水縣尉가 되었지만 1년 만에 관직을 내놓았다. 이후 880년경에는 회남절도사 高騈에게 투탁하여 종사관으로 서기의 임무를 맡았다. 881년 7월에는 황소 토벌의 격문인「討黃巢檄文」을 지은 공로로 高騈의 추천을 받아 侍御史·內供奉이라는 명예직을 받았다. 이후 그는 885년(헌강왕 11)에 귀국하였는데 헌강왕의 후대

를 받으며 侍讀兼翰林學士·守兵部侍郎·知瑞書監事가 되었다. 그러
나 헌강왕 사후 太山郡太守로 전임되었으며 893년(진성왕 7)에는
진성왕으로부터 당나라 賀正使로 임명되었으나 길이 막혀 사명을
달성하지는 못하였다. 894년에는 시무 10여 조를 올려 이에 阿飡이
되었지만 시무책이 실현되지는 못하였다. 이후 관직을 떠나 경주 남
산, 지리산 쌍계사 등을 逍遙하다가 가야산 해인사에 가족을 이끌고
들어가 은거하였다. 그가 908년 10월에 쓴 「新羅壽昌郡護國城八角
燈樓記」를 미루어 적어도 50대 초반까지는 생존하였을 것으로 보이
며 세상을 떠난 정확한 연대는 알 수 없다. 1020년(현종 11)에 그
를 內史令으로 추증하고 先聖廟庭에 배향하였으며 1023년에는 文
昌侯로 추증하였다. 저서로는 『桂苑筆耕集』, 『中山覆簣集』, 『文集』,
『帝王年代曆』, 『法藏和尙傳』, 『釋利貞傳』, 『四山碑銘』 등이 있는
데 현재 『桂苑筆耕集』, 『四山碑銘』, 『法藏和尙傳』 등이 전한다.

　　『三國史記』 권11, 新羅本紀11 眞聖王 8년 2월.

　　『三國史記』 권46, 列傳6 崔致遠.

　　『高麗史』 권4, 世家4 顯宗 11년 8월 丁亥.

　　『高麗史』 권5, 世家5 顯宗 14년 2월 丙午.

　　『東文選』 권64, 記 「新羅壽昌郡護國城八角燈樓記」.

　　『桂苑筆耕集』 序.

　　崔敬淑, 1981, 「崔致遠 硏究」, 『역사와 경계』 5, 13~24쪽.

　　조범환, 2006, 「崔致遠의 在唐 活動과 歸國」, 『梨花史學硏究』 33.

　　이기동, 2010, 「중국 진사과 및 제과에 합격한 한국인들」, 『한국사시민
　　강좌』 46, 일조각, 67·68쪽.

37) 咸通: 唐 懿宗의 연호로 860~873년 동안 사용되었다.

38) 尉中山: 최치원이 江南道 宣州 溧水縣尉가 된 것을 말한다.
당에서 縣尉는 上縣에 2인, 中·下縣에 1인씩을 두어서 직무를 보는
종9품에 해당하는 관직이었다.

　　『新唐書』 권49下, 志39下 百官4下 外官 縣.

　　崔敬淑, 1981, 「崔致遠 硏究」, 『역사와 경계』 5, 13~15쪽.

39) 淮南 高侍中: 高騈(?~887)을 말한다. 자는 千里이고 唐
幽州 사람이다. 어려서부터 학문을 좋아하여 儒者들과 교유하였다.
877년에는 諸道兵馬都統·江淮鹽鐵轉運使가 되었고 879년에 황소
의 난을 진압하는 임무를 띠고 淮南節度副大使知節度事가 되었다.
880년에 諸道行營兵馬都統에 올랐지만 황소의 난을 진압하는 과정
에서 출병하고자 하는 의지가 없다고 하여 882년에 諸道行營兵馬
都統의 직이 파해졌다. 희종은 고변의 위세를 두려워하여 그에게 시
중을 더하고 渤海郡王을 봉하였으나 병권을 잃게 된 고변은 황제에
게 불손한 글을 올려 황제를 격분시켰다. 그는 이후 회남 관할 하의
장수들이 반란을 일으키자 군무를 呂用之에게 맡기고 도교에 심취
하였으며 후에 畢師鐸에게 죽임을 당하였다. 한편 최치원이 고변의
막하에 들어갔을 당시는 황소의 난이 일어나고 있던 시기였다. 879
년에 고변이 淮南節度副大使에 임명되었을 때 성곽과 보루를 수축
하고 널리 군사와 문객을 모집하였는데 이때 최치원이 응모했던 것
으로 생각된다.

『舊唐書』 권182, 列傳132 高騈.
『新唐書』 권224下, 列傳149下 叛臣下 高騈.
黃善榮, 2000,「新羅末期 崔致遠의 官階와 官職에 대하여」,『한국중세사
　　연구』 9, 8쪽.

40) 侍御史內供奉: 侍御史는 당나라 御史臺의 관직으로, 百官을
糾察, 彈劾하고 獄案과 訟事를 推鞫하는 일을 관장하였다. 內供奉
은 종6품下에 해당되며 4인을 두었다. 供奉은 황제의 좌우에서 봉
사하는 관직을 의미하는데 대개 다른 官銜을 가지고 임무를 수행하
지만, 바로 그 官銜의 정식 관직은 아니고 또한 그 官銜의 직무만을
수행하는 것도 아니었다. 따라서 侍御史·內供奉은 侍御史라는 관함
을 띠지만 정식 侍御史가 아니고 직무만을 수행하는 것도 아니었으
므로 진직을 지내지 않았다고 한 것이다.

『舊唐書』 권44, 志24 職官3 御史臺.

『唐六典』 권13, 御史臺.

김택민 주편, 2005, 『譯註 唐六典』 中, 신서원, 318쪽.

41) 藩鎭: 唐 중기 이후 국가의 주요 군사조직으로, 본래 변경지역에 설치되어 이민족의 침입으로부터 변경을 방어하였다. 그러나 安史의 亂이 평정되는 과정에서 중원 각지에 藩鎭이 설치되어 군사 요충지를 방어하였고, 중앙의 통제력이 약화되자 군사력이 확대된 각지의 藩鎭이 할거하기 시작하여 지방분권적인 반독립적 경향을 초래하였다. 藩鎭은 亂이 평정된 뒤에도 內地에까지 확대 설치되었고 조직상의 문제가 발생하면서 본래의 책무를 상실한 채 중앙정부와 대립을 가져왔다.

金善昱, 1973, 「唐代藩鎭에 關한 考察 : 拔扈過程을 中心으로」, 『忠南大學校 論文集 人文科學編』 12.

姜敬中, 2005, 「唐代 藩鎭의 軍組織考」, 『역사와 담론』 41, 195~200쪽.

42) 雖授憲秩 職非其眞.: 憲秩은 法司의 관직이란 뜻으로, 최치원이 받은 侍御史가 속한 어사대가 백관을 규찰하는 법사에 해당한다. 『舊唐書』에는 御史들이 憲秩에 거하고 있다고 칭한 용례가 보여, 憲秩이 御史의 직위를 뜻하였음을 알 수 있다. 최치원과 같은 번진막료의 경우, 수여받은 侍御史·內供奉 등의 관직은 實職이 아니었고 檢校官의 형태를 띤 것이었다. 즉, 최치원이 憲秩을 받았으나 그것이 眞職은 아니었음을 드러내고 있다. 이러한 언급은 조상 최치원의 행적에 대한 자부심을 나타냄과 동시에 이곡이 원에서 받은 관직의 의미를 더욱 높이고자 한 것이다.

『舊唐書』 권179, 列傳129 孔緯.

崔敬淑, 1981, 「崔致遠 研究」, 『역사와경계』 5, 15~18쪽.

43) 國又大亂 道梗不果復命: 본문의 내용은 최치원이 당에 하정사로 결국 가지 못한 상황을 나타낸 것이다. 최치원은 893년(진성왕 7)에 당나라로 가는 賀正使로 임명되었으나 당시 전국 도처에

발생한 농민반란의 혼란함으로 인해 길이 막혀 사명을 달성할 수 없었다. 신라 말 중앙정부의 권위가 위축되는 반면 지방에서는 城主·將軍 등 호족세력이 대두하고 독자적인 세력을 형성하였으며 농민층의 불만 축적에 따라 전국 규모의 반란이 나타나게 되었다.

趙仁成, 1994, 「新羅末 農民反亂의 背景에 대한 一試論—農民들의 世界觀과 관련하여—」, 『韓國古代史硏究』 7.

이기동, 2004, 「최치원」, 『韓國史市民講座』 35, 124쪽.

李基東, 2006, 「후삼국시대의 전개와 新羅의 終焉—內亂期 신라 朝廷의 내부사정—」, 『新羅文化』 27.

신호철, 2008, 「신라의 멸망원인」, 『韓國古代史硏究』 50.

44) 致身華近: 李穀이 元 制科에서 2등으로 뽑혀 재상의 추천으로 翰林國史院檢閱官에 임명된 것을 말한다. 이에 대해서는 앞의 주해 1) 참조.

45) 必見富貴苦逼: 北周의 武帝가 文詞에 뛰어난 楊素를 가상히 여기며, 富貴하지 못할 것을 걱정하지 말라고 했을 때, 楊素는 "신은 다만 부귀가 신에게 절로 오는 것을 염려할 뿐이요, 부귀를 도모할 마음은 없습니다[臣但恐富貴來逼臣 臣無心圖富貴]." 라고 대답하였다. 즉 富貴를 바라지 않는데 오히려 그것이 저절로 오게 될까 걱정하는 것으로, 여기에서는 이곡이 富貴를 바라지 않아도 그에게 富貴가 가득할 것임을 표현하였다.

『隋書』 권48, 列傳13 楊素.

46) 晝錦之堂: 晝錦은 비단옷을 입고 낮에 다닌다는 뜻으로, 출세하여 고향으로 돌아간다는 것, 즉 금의환향을 뜻한다. 晝錦堂은 魏國公 韓琦가 출세하여 비단옷을 입고 낮에 고향에 돌아오자 그에 연유하여 사람들이 그의 고택에 붙여준 이름이다. 동시대의 문장가인 歐陽脩가 한기를 위해 지은 「相州晝錦堂記」가 전해지는데, 선비가 곤궁하였을 때는 멸시받지만 高科로 발탁되고 높은 자리에 올라 고향에 돌아오니 세상 사람들이 흠모하는 영광이 있었다는 내용을

담고 있다.

『古文眞寶』 後集 권6, 「相州晝錦堂記」.

諸橋轍次, 1984, 「晝錦」, 『大漢和辭典』 5, 大修館書店, 879쪽.

47) 在至治元年 亦自猥濫與計而偕: 崔瀣는 1321년(충숙왕 8)에 元 制科에 합격하였다.

『高麗史』 권109, 列傳22 崔瀣.

48) 左牓: 元에서 擧人과 進士에 합격한 사람 가운데, 漢人과 南人의 합격자를 모아 왼쪽에 붙인 牓目을 이르는 말이다. 오른쪽에는 蒙古人과 色目人으로서 합격한 사람의 牓目을 붙였다.

『元史』 권81, 志31 選擧1 科目.

諸橋轍次, 1984, 「左牓」, 『大漢和辭典』 4, 大修館書店, 360쪽.

49) 予幸忝第二十一名 …… 以病求免: 최해는 1321년(충숙왕 8)에 遼陽路蓋州判官에 임명되는데 부임한 곳이 벽지이고 직무 또한 어려워 5개월 만에 병을 칭탁하고 고려로 돌아왔다. 이에 대해서는 권1 19, 주해 8) 참조.

50) 毋以一簣進止 而虧九仞之高也: 『尙書』에는 "사소한 일이라 하여 신중히 하지 않으면 큰 덕에 누를 끼치게 될 것이니 아홉 길의 산을 쌓으면서 한 삼태기의 흙이 모자라 완성하지 못할 수도 있다[不矜細行 終累大德 爲山九仞 功虧一簣]"는 내용이 있다. 즉 조금 모자라서 일을 그르치지 말라는 의미로, 여기에서는 최해가 이곡이 더욱 힘써 더 큰 공을 이루길 당부하는 것이다.

『尙書』 「周書」 旅獒.

4. 壽寧翁主金氏墓誌

[原文]

壽寧翁主金氏墓誌

金氏爲貴族, 盖起新羅之初. 俗傳金橫降之自天, 取以爲姓, 又言自以小昊金天之後, 因氏焉. 子孫享國久, 至敬順王傅, 遇本國神聖王誕興, 知天命有歸, 納土自附. 其宗屬多內徙, 蒙恩被位, 代著忠勤, 愈遠而愈大以盛. 近有國相諱鳳毛, 門下平章, 生門下平章諱台瑞. 平章生樞密副使諱慶孫, 樞副生密直承旨諱信. 承旨受尹氏女, 父諱瑤, 判大府監. 故壽寧翁主其季女也.

年十四, 以右姓而賢, 嬪于王氏諱㻱. 故蘂城府院大君, 寔顯王第四子, 文王之母弟, 平壤公諱基十世孫也. 世附近屬, 克襲公侯伯. 父帶方公諱瀓, 在世祖皇帝時, 率國子弟宿衛于內, 天子嘉其勞, 寵賚歲至累百. 翁主年未三十已寡, 而三子一女稚且幼, 旣皆教育成立, 至于抱孫. 長珣, 淮安府院君, 次瑀, 昌原府院大君, 次琇, 樂浪君. 孫有八人, 曰証, 爲保寧君, 曰讘, 曰誚, 爲正尹, 曰詗, 曰邇, 餘俱幼.

延祐至治間, 有旨索王氏女, 而女入其選, 今適河南等處行中書省左丞室烈問, 封靖安翁主. 酒所鍾愛, 當其遠送, 憂懣成疾. 自後時已時作, 至元統三年, 病殆藥不效. 越九月乙酉卒, 年五十五. 先此, 東人子女被刮西去無虛年, 雖王親之貴, 不得匿. 母子一離, 杳無會期, 痛入骨髓, 至於感疾隕謝者非止一二. 天下孰有至冤過是哉. 今天子用御史言制禁之, 一方老幼喜際仁明, 不知手舞足蹈者. 獨恨翁主未及而至於斯也, 嗚呼悲夫.

用是月甲辰, 葬大德原, 祔大君也. 其襄事, 王命有司官庇之, 而淮安昌原二君, 執喪如禮, 其季在都下不及焉. 二君好書愛客, 有承平貴公子之風. 且習家國禮文典故, 王氏取宗法者故之, 豈非慈訓有方而致之然耶. 皇慶二年, 王始受封, 卽位之日, 淮安君陪侍左右, 禮無違者. 覃恩及親, 於是錫壽寧之號, 繼命趁月供支視長翁主, 亦特恩也. 士議金氏旣嬪大君, 其稱謂不宜與宗女同, 其必有能辨之者. 予客長君久, 而性又魯, 於其徽銘, 無敢辭, 直敍氏族顚末, 而及其士議, 無有隱也.

銘曰. 山壯其址, 水美其濱, 有吉者兆, 有安者墳. 執藏執祔, 維主維君. 千載之下, 尙考斯文.

[譯文]

수령옹주김씨[1]묘지[2]

김씨가 귀족이 된 것은 대개 신라 초부터 시작되었다. 세속에 전하기를, 금궤가 하늘에서 내려와 (그것을) 취하여 성으로 삼았다고 하고[3] 또 말하기를 스스로 소호금천의 후예라 하여 인하여 (김을) 씨로 하였다고도 한다.[4] 자손들이 오래도록 왕위를 이어가다[享國] 경순왕 부[5]에 이르러 우리나라 신성왕[6]이 크게 일어나심을 만나 천명이 (신성왕에게) 돌아갔음을 알고 땅을 바치고 스스로 귀부하였다.[7] 그 일족[宗屬]이 많이 고려로 옮겨와 은혜를 입어 지위를 받아 대대로 충성스럽고 근면하다고 알려졌으며 (세월이) 갈수록 더욱 크게 번성하였다.[8] 근래에는 국상 휘 봉모[9]가 있었으니 (관직은) 문하평장[10]이었으며, 문하평장 휘 태서[11]를 낳았다. 평장은 추밀부사[12] 휘 경손[13]을 낳았고, 추밀부사는 밀직승지[14] 휘 신[15]을 낳았다. 승지는 윤씨의 딸과 혼인하였는데, (윤씨의) 아버지는 휘 번[16]이고 판태부감[17]이었다. 돌아가신 수령옹주는 그 막내딸이다.

나이 열넷에 명망 있는 가문[右姓]으로서 현명하여 왕씨 휘 온[18]에게 시집갔다. 돌아가신 예성부원대군[19]은 현종[顯王][20]의 넷째 아들이자 문종[文王][21]의 동모제인 평양공 휘 기[22]의 10세 손이다. 대대로 (왕실의) 가까운 친족으로서 공·후·백을 이어받을 수 있었다.[23] 아버지 대방공 휘 징[24]은 세조황제[25] 때에 나라의 자제들을 이끌고 (원에) 들어가 궐내에서 숙위하였으며,[26] 천자가 그 노고를 가상히 여겨 총애하여 내려준 물건이 해마다 수백에 이르렀다.[27] 옹주는 나이 서른이 되기도 전에[28] 이미 과부가 되었는데 아들 셋과 딸 하나가 어리고 또 미숙하였으나 이미 모두 가르치고 길러 성인이 되어[成立] 손자를 보기[抱孫]에 이르렀다. 장남 순[29]은 회안부원군이고, 다음 우[30]는 창원부원대군이며, (그) 다음 수[31]는 낙랑군이다. 손자가 8명이 있는데, 증[32]은 보령군이 되었고, 당[33]과 서[34]는 정윤이 되었으며, 동[35]과 정[36]이 있고 나머지는 모두 어리다.[37]

연우와 지치 연간에 왕씨의 여자를 찾으라는 황제의 명이 있자,[38] 딸이 이에 뽑혀 들어가 지금 하남등처행중서성좌승[39] 실열문[40]에게 시집가서 정안옹주로 봉해졌다. 이에 깊이 사랑하는 딸[鍾愛]을 그 먼 곳으로 보내게 되자, (옹주가) 근심과 번민으로 병이 들었다. 이 후로부터 (병이) 때로는 낫고 때로는 심하여졌으며, 원통 3년 (1335, 충숙왕 후4)에 이르러 병세가 위태로워 약도 효험이 없었다. 지난 9월 을유(6일)에 졸하니 나이 55세였다. 이보다 앞서 우리나라[東人]의 자녀들을 잡아서 서쪽으로 가는 것을 거르는 해가 없었는데,[41] 비록 왕실의 친척과 같이 귀한 집안도 (자식을) 숨길 수 없었다. 어머니와 자식이 한 번 헤어지면 아득히 만날 기약이 없어, 슬픔이 골수에 사무쳐 병에 걸려 죽음[隕謝]에 이르는 사람이 한둘에 그치지 않았다. 천하에 이보다 더 지극한 원통함이 어디에 있겠는가. 지금 천자께서 어사의 말을 들어 이 제도를 금하도록 하시니,[42] 온 나라 사람들[一方老幼]이 어진 사랑과 밝은 보살핌[仁明]을 만난 것을 기뻐하여 손발이 춤추는 것을 알지 못하였다. 오직 한스럽게도 옹주에게만 (이 은혜가) 미치지 못하고 여기에 이르렀으니 아아 슬프도다.

이달 갑진(25일)을 택하여 대덕산[43] 언덕에 장사지내어 대군과 합장하였다. 그 장사지내는 일[襄事]은 왕이 담당 관원[有司官]에게 명하여 이를 돕도록 하였으며, 회안·창원 두 군이 예에 따라 상을 집행하였으나, 막내는 연경[都下]에 있어 이르지 못하였다. 두 군이 글을 좋아하고 손님을 아껴 태평시대[承平] 귀공자의 풍모가 있었다. 또 집안과 국가의 예법·전례·고사를 익혀 왕씨의 종법을 따르는 자들이 모여 들었으니, 어찌 어머니의 가르침[慈訓]이 도리가

있어 (이에) 이른 것이 아니겠는가. 황경 2년(1313, 충숙왕 즉위)
에 왕이 비로소 봉해져 즉위하는 날에 회안군이 곁에서 모시기를 예
에 어긋나는 것이 없었다. (그리하여) 큰 은혜가 부모에게도 이르러
이에 수령이라는 호를 하사하고 이어서 매달 공물을 지급함에 왕의
큰 공주[長翁主]와 같이 하도록 명하였으니 또한 특별한 은혜였다.
선비들이 의논하기를 "김씨는 이미 대군과 결혼하였으니 그 칭호를
종실의 여인과 같이 하는 것은 마땅하지 않으므로, 능히 따지려는
자가 반드시 있을 것이다."[44)]라고 하였다. 나는 오랫동안 회안군[長
君]의 문객이었으며 성품이 또한 노둔하여 그 명을 청하는 것을 감
히 사양할 수 없어 가계[氏族]의 전말과 그 선비들의 논의에 이르
기까지를 그대로 서술하여 숨김이 없었다. 명에 이른다.

　　　산은 터가 웅장하고, 물은 휘감겨 흘러 아름답네.
　　　상서로움이 있는 묏자리요, 편안함이 있는 무덤이구나.
　　　누가 묻히고 누가 합장되었는가, 옹주와 대군이라네.
　　　천년이 지난 뒤에도, 이 글을 살펴보리라.

　　[註解]
　1) 壽寧翁主金氏: 1281～1335. 본관은 慶州이고, 密直承旨를
지낸 金信의 딸이자 中原公 王琔의 부인이다. 한편 김씨가 봉해진
翁主는 1308년(충선왕 복위) 9월에 정해진 내직의 하나로, 원래는
왕의 후비나 궁주에게 경제적인 혜택을 행사하는 것과 관련하여 내
려지는 작호였다. 그러나 원 간섭기 이후 옹주는 宗室의 妻, 宮人
출신, 일반신료의 부인 등에게도 사용되었다. 본문의 김씨 역시 종
실인 中原公 王琔의 처로서 옹주에 봉해진 경우이며, 이 외에 金深
(1262～1338)의 딸이 丹陽府院君 王珛와 혼인하여 福安翁主에
봉해진 사례도 있다.

『高麗史』 권33, 世家33 忠宣王 복위년 9월 己卯.

『高麗史』 권77, 志31 百官2 內職.

『高麗史』 권88, 列傳1 后妃.

「金深墓誌銘」.

『氏族源流』 慶州金氏.

李貞蘭, 1996, 「高麗 后妃의 號稱에 관한 考察」, 『典農史論』 2, 187～192쪽.

2) 壽寧翁主金氏墓誌: 본 묘지명은 국립중앙박물관에 소장(유물 번호 新收-005874-000)되어 있으며, 『東文選』에도 전한다.

『東文選』 권123, 墓誌 「壽寧翁主金氏墓誌」.

國立中央博物館, 2005, 『National Museum of Korea』, 솔, 134쪽.

3) 俗傳金樻降之自天 取以爲姓: 본문은 김알지 설화의 내용을 빌어 金氏 성의 연원을 설명한 것이다. 그러나 연구에 의하면 김씨 성은 대중국외교관계의 필요에 의해서 6～7세기에야 비로소 사용되었다고 한다(①). 한편 김알지가 금궤에서 나온 점에 주목하여 이를 북방세력의 진출과 관련이 있는 것으로 보는 견해가 있다(②).

　① 李純根, 1981, 「新羅時代 姓氏取得과 그 意味」, 『韓國史論』 6.

　　김기흥, 2011, 「신라 왕실 삼성(三姓)의 연원」, 『韓國古代史硏究』 64.

　② 최광식, 1997, 「신라의 건국신화와 시조신화」, 『한국사』 7, 국사편찬위원회.

4) 又言自以小昊金天之後 因氏焉: 少昊는 중국 전설상의 인물로 少嶂라고도 하며, 기록에 따라 화하부락 연맹의 수령 또는 동이족의 수령 등으로도 전한다. 김씨가 소호금천씨 출자설을 표방했던 것은 신라 중대 이후의 일로 이전의 김알지 설화에 입각한 시조 인식을 부정하며 이루어진 것이었다. 이는 성골 관념에 의해 정통성을 보장받았던 중고기 왕실과의 차별성을 부각시키는 한편 나름의 정통성을 확립하여 왕으로서의 지배를 합리화하려는 중대 왕실의 정치적 의도에서 이루어진 것으로 이해된다.

張撝之 외 주편, 1999, 「少昊」, 『中國歷代人名大辭典』上, 上海古籍出版
社, 270쪽.

이문기, 1999, 「新羅 金氏 王室의 少昊金天氏 出自 觀念의 標榜과 그 變
化」, 『歷史敎育論集』 22·23合.

김기흥, 2011, 「신라 왕실 삼성(三姓)의 연원」, 『韓國古代史硏究』 64.

5) 敬順王傅: 신라의 56대 왕(?~978)으로, 재위기간은 9년
(927~935)이다. 文聖大王의 후손이자 이찬 金孝宗의 아들이며,
어머니는 桂娥太后이다. 927년(태조 10)에 경애왕이 견훤의 습격
을 받아 시해된 뒤 견훤에 의해 왕으로 옹립되었다. 935년에 고려
에 귀부하자, 太祖가 장녀인 樂浪公主—神鸞公主—와 혼인하게 하
고 경주의 사심관으로 삼았다. 시호는 敬順이다.

> 『高麗史』 권2, 世家2 太祖 18년 11월 甲午·癸丑·12월 壬申.
> 『三國史記』 권12, 新羅本紀12 敬順王.
> 『三國遺事』 권2, 紀異2 金傅大王.
> 申虎澈, 1989, 「신라의 멸망과 甄萱」, 『忠北史學』 2, 34~40쪽.
> 음선혁, 1997, 「新羅 敬順王의 卽位와 高麗 歸附의 政治的 性格」, 『歷史
> 學硏究』 11.

6) 神聖王: 神聖은 고려 太祖 王建(877~943)의 시호이다. 이
에 대해서는 권1 14-(1), 주해 11) 참조.

7) 知天命有歸 納土自附: 935년(태조 18)에 新羅 敬順王이 高
麗에 귀부한 것을 의미한다. 이와 관련하여 태조가 신라 왕경에 들
어갔을 때에 경순왕이 이미 자발적으로 귀부를 약속한 것으로 보는
가 하면(①), 경순왕의 귀부가 지연되다가 견훤의 귀부를 계기로 5
년 만에 최종적으로 항복했다고 보는 견해가 있다(②). 반면에 경
순왕이 두 차례에 걸쳐 태조를 만난 신라 왕실의 존속을 약속받으려
하였으나, 태조가 신라 왕경 부근의 고려군을 통해 지속적으로 압력
을 넣은 결과 마침내 귀부를 받아낸 것으로 보는 견해도 있다(③).

> ① 文暻鉉, 1987, 『高麗太祖의 後三國統一硏究』, 螢雪出版社, 144~146
> 쪽.

② 全基雄, 1993, 「高麗初期의 新羅係勢力과 그 動向」, 『釜山史學』 17, 139·140쪽.

　황선영, 2003, 「敬順王의 歸附와 高麗初期 新羅系勢力의 基盤」, 『한국중세사연구』 14.

③ 정선용, 2010, 『高麗太祖의 新羅政策 硏究』, 서강대학교 사학과 박사학위논문.

8) 愈遠而愈大以盛: 경순왕의 귀부 이후 경주김씨 가문이 크게 번성하였음을 말한 것이다. 고려시대의 경주김씨는 金景庸으로 대표되는 元聖王系와 金富軾의 魏英系, 그리고 敬順王系의 세 가문이 있었는데, 수령옹주 김씨는 경순왕계에 속하였다. 경순왕계의 김씨는 경순왕의 백부인 金億廉의 딸이 태조의 비가 된 이래 경종·목종대에도 연이어 후비를 배출하였다. 그러나 목종이 폐위된 이후 한동안 왕비를 배출하지 못하다가 원종대에 다시 왕비를 배출하기 시작하였으며 충렬왕의 모후 역시 경주 김씨인 順敬太后였다. 아울러 충선왕이 정한 宰相之宗 가운데 '신라왕손'으로 표명되는 등 경주김씨는 최해가 활동하던 시기에도 번성하였다.

　『高麗史』 권88, 列傳1 后妃1 太祖·景宗·穆宗·元宗.

　김연옥, 1982, 「高麗時代 慶州金氏의 家系」, 『淑大史論』 11·12合.

　金塘澤, 1991, 「忠宣王의 復位敎書에 보이는 '宰相之宗'에 대하여 : 소위 '權門世族'의 구성분자와 관련하여」, 『歷史學報』 131 ; 1998, 『元干涉下의 高麗政治史』, 一潮閣, 46·47쪽.

　정용숙, 1992, 「고려 중기 異姓后妃와 귀족가문」, 『고려시대의 后妃』, 民音社, 137~144쪽.

9) (金)鳳毛: ?~1209. 본관은 慶州이고, 부친은 尙書左僕射를 지낸 金世麟이며 수령옹주의 고조부이다. 1155년(의종 9)에 문음으로 벼슬길에 올랐으며, 明宗이 즉위하자 내시에 속하였다. 1173년(명종 3)에 김보당이 난을 일으킨 후 張純錫 등을 보내 전 왕의 거처를 경주로 옮겼을 때에 임금의 명을 받고 종군하여 공을 세웠다. 1177년에 明福宮錄事로 발탁되었으며 春坊通事舍人을 거쳐 監

察御史에 임명되었다. 여러 차례 관직을 옮겨 大府卿으로서 東北面
知兵馬使가 되어 나아갔다. 성품이 신중하고 부지런하였으며 외국의
방언과 속언에 이르기까지 훤하게 통하지 않는 것이 없었다. 이러한
능력을 바탕으로 금과 典禮 등을 둘러싸고 외교적 갈등이 있었을
때에 이를 중재하였으며, 1198년(신종 1)에 금의 宣問使가 도착해
前王 명종의 일을 물을 때에도 크게 활약하였다. 1203년에 樞密院
副使·刑部尙書에 임명되었으며, 叅知政事·判工部事를 거쳐 1207
년(희종 3)에 中書侍郞平章事·大子大傅에 임명되었다가 이듬해에
同中書門下平章事로 치사하였다. 시호는 靖平이다.

『高麗史』 권21, 世家21 神宗 6년 12월 戊午·熙宗 5년 6월 辛卯.
『高麗史』 권101, 列傳14 金台瑞.
「金鳳毛墓誌銘」.

10) 門下平章: 中書門下省의 정2품 관직인 平章事를 말한다. 이
에 대해서는 권1 2-(2), 주해 13) 참조.

11) (金)台瑞: ?~1257. 본관은 경주이고, 부친은 金鳳毛이며
수령옹주의 조부이다. 과거에 급제하였으며, 1232년(고종 19) 5월
翰林學士 재임 중에 동지공거로서 지공거 金仁鏡과 함께 과거를 관
장하였다. 그는 과거에 급제하였으나 글을 좋아하지 않았다. 탐욕스
럽고 비루하여 남의 토지와 전답을 강탈하여 원망을 받았으나 아들
金若先이 崔瑀의 사위였으므로 해당기관에서 감히 탄핵하지 못하였
다. 明宗·神宗·熙宗·康宗·高宗 등의 다섯 왕을 섬겼으며 守太保·
門下侍郞平章事로 치사하였다. 시호는 文莊이다.

『高麗史』 권73, 志27 選擧1 科目1 凡選場 高宗 19년 5월.
『高麗史』 권101, 列傳14 金台瑞.

12) 樞密副使: 樞密院의 정3품 재상직으로 정원은 2인이다. 이
에 대해서는 권1 3-(2), 주해 7) 참조.

13) (金)慶孫: ?~1251. 본관은 경주이고, 初名은 雲來이며,

아버지는 金台瑞이다. 음보로 관직에 나아갔다. 1231년(고종 18)
에 靜州分道將軍으로 있을 때에 몽골군에 맞서 열두 명의 결사대를
이끌고 싸웠으나 이기지 못하자 龜州에 가서 朴犀 등과 함께 성을
지켜냈다. 1233년에 大將軍·知御史臺事가 되었고, 1237년에는 全
羅道指揮使로서 草賊 李延年의 난을 진압하였다. 김경손이 다시 내
직으로 들어와 樞密院知奏事가 되었을 때 어떤 사람이 崔怡에게 그
를 참소하였는데 사실이 아님이 밝혀져 참소한 자는 죽임을 당하였
다. 1249년에 그가 많은 인망을 얻고 있음을 시기한 崔沆에 의해
백령도로 유배되었다. 1251년에 최항이 金若先의 아들인 金敳를 지
지하던 繼母 大氏와 그녀의 전남편의 아들 吳承績을 제거할 때에
김경손 또한 그의 인척이라 하여 바다에 빠뜨려 죽임을 당하였다.

　　　『高麗史』 권23, 世家23 高宗 20년 5월·24년 春.

　　　『高麗史』 권103, 列傳16 金慶孫.

　　　金塘澤, 1999,『高麗의 武人政權』, 國學資料院, 339∼347쪽.

　　14) 密直承旨: 고려후기 密直司의 정3품 관직으로, 전기의 承宣
에 해당한다. 이에 대해서는 권2 2, 주해 23) 참조.

　　15) (金)信: 생몰년 미상. 본관은 慶州이다. 金慶孫의 아들이자
壽寧翁主의 아버지이다. 그에 대해서는 권2 2, 주해 24) 참조.

　　16) (尹)璠: 생몰년 미상. 判大府監事를 지낸 인물이다.

　　17) 判大府監: 大府와 太府는 통한다. 고려후기 왕실에 공급되
는 財貨와 廩藏 등을 관장한 太府寺의 정3품 관직이다. 문종 때에
判事를 두었으나, 고려전기에는 監이 장관이었고, 판사는 他官이 겸
하거나 致仕할 나이가 되지 못한 재상들에게 특별히 제수되기도 하
였다. 1298년(충렬왕 24)에 충선왕이 관제를 개혁하면서 外府寺로
개칭하고 판사를 혁파하였다가 후에 다시 판사를 두었다.

　　　『高麗史』 권76, 志30 百官1 內府寺.

　　　金載名, 1998,「高麗時代 寺·監 官司와 國家財政—大府寺와 將作監을

중심으로—」, 『淸溪史學』 14, 52~59쪽.

朴龍雲, 2005, 「『高麗史』 百官志 譯註(4)」, 『고려시대연구』 IX, 한국학
중앙연구원 ; 2009, 『『高麗史』 百官志 譯註』, 신서원, 304~
310쪽.

18) (王)昷: 생몰년 미상. 현종의 11세손이자 帶方公 王澂의 아
들이며 壽寧翁主의 남편이다. 1289년(충렬왕 15)에 大將軍 朴義와
함께 元에 가서 고니 고기를 바쳤다. 1298년 9월에 충렬왕이 복위
하자 大將軍 金天錫과 함께 왕의 복위를 사의하는 표를 올리기 위
해 元에 파견되었다. 후에 中原公으로 책봉되었다.

『高麗史』 권30, 世家30 忠烈王 15년 12월 庚寅.
『高麗史』 권31, 世家31 忠烈王 24년 9월 丙申.
『高麗史』 권90, 列傳3 宗室1 平壤公基.

19) 藥城府院大君: 王昷의 봉군호이다. 封君에 대해서는 권1 1,
주해 9) 참조.

20) 顯王: 고려의 제8대 왕 顯宗(992~1031)을 말한다. 재위
기간은 1009~1031이다. 諱는 詢이고, 자는 安世이다. 父는 太祖
의 여덟 째 아들인 安宗 郁이며 母는 景宗의 妃인 孝肅王后 皇甫
氏이다. 시중 金殷傅의 세 딸을 맞이했는데, 元城太后 金氏와의 사
이에서 德宗과 靖宗을 두었고, 元惠太后 金氏와의 사이에서 文宗과
平壤公 王基를 두었다.

『高麗史』 권4, 世家4 顯宗 序.
『高麗史節要』 권3, 顯宗元文大王 序.
김갑동, 2011, 「고려 현종의 혼인과 김은부」, 『韓國人物史硏究』 15 ;
2015, 『고려의 국왕—帝王과 개인으로서의 삶』, 景仁文化社.

21) 文王: 고려의 제11대 왕 文宗(1019~1083)을 말한다. 재
위기간은 1046~1083년이다. 초명은 緖이고, 휘는 徽이며, 자는 燭
幽이다. 顯宗의 셋째 아들로, 어머니는 金殷傅의 딸 元惠太后 金氏
이다. 仁平王后 金氏, 仁睿太后 李氏, 仁敬賢妃 李氏, 仁節賢妃 李
氏, 仁穆德妃 金氏 등과 혼인하였으며, 仁睿太后와의 사이에서 順

宗, 宣宗, 肅宗, 大覺國師 義天 등을 두었다.

　　『高麗史』 권7, 世家7 文宗 序.

　　『高麗史節要』 권4, 文宗仁孝大王 序.

　　김당택, 2001, 「고려 文宗～仁宗朝 仁州李氏의 정치적 역할」, 『韓國中
　　　　世社會의 諸問題』, 韓國中世史學會, 181～186쪽.

　　홍기표, 2007, 「高麗 文宗의 국정 운영—文宗代 詔書를 중심으로—」, 『韓
　　　　國人物史研究』 7 ; 2015, 『고려의 국왕—帝王과 개인으로서의
　　　　삶』, 景仁文化社.

　22) (王)基: 1021～1069. 顯宗의 아들로, 文宗의 同母弟이다.
1031년(현종 22)에 弘引崇孝光德功臣·守太尉兼尙書令·開城國公
이 되었으며, 이후 平壤公으로 고쳐 봉해졌다. 1034년(정종 즉위)
에 守太保가 되었고, 1037년에는 守太師가 되었다. 1049년(문종
3)에 守太師兼內史令이 되었으며, 1061년에는 中書令으로 고쳐 임
명되었다. 1069년에 졸하자 靖簡王에 추봉되었다. 왕기가 졸한 뒤
에 校尉 巨身 등이 문종을 폐위하고 그를 왕으로 추대하려 했던 일
이 張善에 의해 고변되었다. 그러나 당시에는 왕기가 이미 사망한
뒤였으므로 그의 아들 王璡을 해남으로 유배하였다.(①) 한편 이
역모에 平章事 王懋崇 등이 연루되어 제거되었는데, 이를 군인을
비롯한 피지배층의 불만으로 인해 일어났던 것으로 보는 견해가 있
다(②).

　　①『高麗史』 권6, 世家6 靖宗 즉위년 12월 己巳·3년 8월 壬午.
　　　『高麗史』 권7, 世家7 文宗 3년 2월 甲申.
　　　『高麗史』 권8, 世家8 文宗 15년 6월 己卯·23년 윤11월 丁酉.
　　　『高麗史』 권90, 列傳3 宗室1 平壤公基.

　　② 채웅석, 1998, 「고려 문종대 관료의 사회적 위상과 정치운영」, 『역사
　　　　와 현실』 27.

　23) 世附近屬 克襲公侯伯: 平壤公 王基의 후손이 종실로서 公·
侯·伯의 爵號가 대대로 이어졌음을 의미한다. 고려시대에는 宗室
및 異姓에 대해 爵號를 내려주는 封爵制가 있었다. 이 중 宗室封爵

은 현종대에 본격적으로 시행되었으며 문종대에 이르러 그 제도가 정착되었다. 여기에는 공·후·백이 있었는데, 이는 당대에 한할 뿐 상속되지 못했고, 子와 女婿에게는 최고 관직인 司徒 또는 司空이 명예직으로 수여될 뿐이었다. 그러나 고려왕실의 近親婚으로 인해 다음 대에도 왕의 사위나 妃父가 나옴에 따라 봉작이 계속되는 경우가 많았다. 이러한 대표적인 예가 본 묘지명에 등장하는 平壤公 王基이다. 그의 계보에서는 5명의 后妃와 15명의 駙馬가 계속 배출됨에 따라 그 후손들의 지위는 고려말까지 지속되었다.

> 金基德, 1988, 「封爵制의 成立科程」, 『高麗時代 封爵制 研究』, 청년사, 23~25·47~49·63~111·150쪽.
>
> 정용숙, 1988, 「公主의 婚姻關係를 통해 본 王室婚의 實狀」, 『高麗王室 族內婚研究』, 새문社, 150쪽.

24) (王)澂: ?~1292. 顯宗의 9대손으로, 父는 新陽公 王珒이고 母는 高宗의 딸인 壽興宮主이다. 帶方公으로 봉해졌다. 1273년(원종 14)에 諫議大夫 郭汝弼과 함께 元에 파견되어 세자—忠烈王—의 혼인을 허락하여 준 것을 사례하였다. 이후 1275년(충렬왕 1)·1279년 및 1284년에 의관자제들을 거느리고 원에 들어가 투르칵(禿魯花)이 되었다.

> 『高麗史』 권27, 世家27 元宗 14년 춘정월 癸亥.
> 『高麗史』 권28, 世家28 忠烈王 원년 12월 丁未.
> 『高麗史』 권29, 世家29 忠烈王 5년 3월 丁巳·10년 하4월 甲辰.
> 『高麗史』 권90, 列傳3 宗室1 平壤公基.

25) 世祖皇帝: 元의 5대 황제 쿠빌라이(忽必烈)를 말한다. 이에 대해서는 권2 2, 주해 2) 참조.

26) 率國子弟宿衛于內: 王澂이 여러 차례 의관자제를 거느리고 원에 들어가 투르칵(禿魯花)이 된 것을 말한다. 투르칵은 1275년(충렬왕 1)에 10명—『元史』의 경우에는 20명—, 1279년에 金方慶의 아들 金忻, 元傅의 아들 元貞, 朴恒의 아들 朴元滋 등 25명,

1284년에도 다수가 원에 파송되었다. 투르칵에 대해서는 권2 2, 주
해 6) 참조.

『高麗史』권28, 世家28 忠烈王 원년 12월 丁未.

『元史』권208, 列傳95 外夷1 高麗 世祖 中統 12년 11월.

27) 天子嘉其勞 寵賚歲至累百: 천자가 숙위의 대가로 상당한 재
물을 주고 있음을 말한다. 원은 인질의 확보라는 일차적인 목적이
달성되자 인질을 지속적으로 유지하기 위해 투르칵에 대한 대우를
높여주었다. 이는 본래 투르칵이 인질의 성격뿐만 아니라 자제를 숙
위에 참가시키고 이를 승습함으로써 세대를 거듭하여 주종관계를
돈독히 하고 지배층의 일원으로 훈도한다는 목적도 있었기 때문이
다. 원은 이러한 대우를 통해 고려의 신료들에 대해 충성을 보장 받
는 것은 물론 귀국한 투르칵 출신 관료를 통해 여원관계가 강화되는
효과도 얻을 수 있었다.

梁義淑, 1993, 「高麗 禿魯花에 대한 硏究」, 『素軒南都泳博士古稀紀念 歷
　　史學論叢』, 民族文化社.

森平雅彦, 2001, 「元朝ケシク制度と高麗王家-高麗·元關係における禿
　　魯花の意義に關聯して-」, 『史學雜誌』110-2 ; 2013, 『モンゴ
　　ル覇權下の高麗 : 帝國秩序と王國の對應』, 名古屋大學出版會.

林亨洙, 2008, 「高麗後期 禿魯花의 性格變化 硏究」, 고려대 한국사학과
　　석사학위논문.

28) 翁主年未三十已寡: 국립중앙박물관에 소장된 묘지명 에 따
르면 수령옹주가 과부가 된 것은 29세이다.

「王昷妻壽寧翁主金氏墓誌銘」.

29) (王)珝: 생몰년 미상. 中原公 王昷의 아들이다. 그에 대해
서는 권1 5, 주해 26) 참조.

30) (王)瑀: 생몰년 미상. 中原公 王昷의 아들이다. 그에 대해
서는 권1 5, 주해 27) 참조.

31) (王)琇: 생몰년 미상. 中原公 王昷의 아들이다. 그에 대해

서는 권2 2, 주해 31) 참조.

32) (王)証: 생몰년 미상. 淮安君 王珣의 아들이다. 元尹이 되었으며, 후에 保寧君으로 진봉되었다.

　　『高麗史』 권90, 列傳3 宗室1 平壤公基.

33) (王)譓: 생몰년 미상. 淮安君 王珣의 아들이다. 正尹이 되었다. 『高麗史』에는 기록이 전하지 않는다는 언급만 있다.

　　『高麗史』 권90, 列傳3 宗室1 平壤公基.

34) (王)謵: 생몰년 미상. 王珣의 아들이다. 正尹이 되었으며, 후에 益城府院君으로 진봉되었다.

　　『高麗史』 권90, 列傳3 宗室1 平壤公基.

35) (王)詞: 생몰년 미상. 淮安君 王珣의 아들로 昌寧君에 봉군되었다. 『高麗史』에는 王詗으로 기록되어 있다.

　　『高麗史』 권90, 列傳3 宗室1 平壤公基.

36) (王)頌: 생몰년 미상. 淮安君 王珣의 아들이다.

37) 餘俱幼: 『高麗史』에 따르면 樂浪君 王琇의 아들인 順安君 王昉이 있다. 그는 1389년(공양왕 1)에 왕의 즉위를 알리기 위해 同知密直司事 趙胖과 함께 明에 파견되었다. 그 외의 손자들은 자세히 알 수 없다.

　　『高麗史』 권90, 列傳3 宗室1 平壤公基.

38) 延祐至治間 有旨索王氏女: 延祐(1314~1320)와 至治(1321~1323)는 元 仁宗과 英宗의 연호이다. 본문은 연우와 지치 연간에 원이 고려에 童女 즉 공녀를 요구한 일이 있었음을 말한다. 『高麗史』에 의하면 이 기간 동안 고려는 원의 요구에 의해 수차례에 걸쳐 원에 동녀를 헌납한 사실이 확인된다. 이를 통해 보면 수령옹주의 딸 역시 이 시기에 원에 보내진 듯하다.

　　『高麗史』 권34, 世家34 忠肅王 2년 2월 丙午·4년 춘정월 戊午·3월 甲午.

　　『高麗史』 권35, 世家35 忠肅王 7년 8월 庚戌·동10월 壬辰·8년 춘정월

乙酉.

39) 河南等處行中書省左丞: 行中書省은 성의 서무와 군현의 통치를 담당하는 지방행정기관으로, 그 중 하남등처행중서성은 오늘날의 중국 하남성 일대를 담당하고 있었으며 12路와 7府를 관리하였다. 여기에 소속된 左丞은 정2품 관직으로 정원은 1인이었다.

『元史』 권59, 志11 地理2 河南江北等處行中書省.
『元史』 권91, 志41上 百官7 行中書省.

40) 室烈問: 생몰년 미상. 元의 河南等處行中書省左丞을 지낸 인물로, 수령옹주 김씨의 딸과 혼인하였다.

41) 東人子女被刮西去無盧年: 元이 고려에 빈번하게 공녀를 요구한 사실을 말한다. 원은 1275년(충렬왕 1)에 고려에 조서를 보내 처음으로 공녀를 요구하였다. 이후 1355년(공민왕 4)에 공녀의 선발이 완전히 사라지기까지 약 80년 동안 50여 회에 걸쳐 공녀를 요구하였다. 공녀를 선발하라는 명이 내려지면 왕의 호위부대들이 민가를 뒤져 처녀의 징발에 힘을 쏟았으며 寡婦處女推考別監이라는 임시관청이 설치되기도 하였다. 공녀 요구에 따라 혼인을 금지하기도 하고 백성들은 이를 피해 조혼을 시키는 등 사회적 폐해가 심각하였다.

柳洪烈, 1957, 「高麗의 元에 대한 貢女」, 『震檀學報』 18.
張東翼, 1990, 「元에 진출한 高麗人」, 『民族文化論叢』 11 ; 1994, 『高麗後期外交史研究』, 一潮閣.
金渭顯, 1994, 「麗元間의 人的 交流考」, 『關東史學』, 5·6合.
이정신, 2010, 「공녀를 통해 본 고려와 원과의 관계」, 『동아시아 국제관계사』, 아연출판부.
박경자, 2010, 「貢女출신 高麗女人들의 삶」, 『역사와 담론』 55.

42) 今天子用御史言制禁之: 李穀이 1335년(충숙왕 후4)에 「代言官請罷取童女書」를 지어 원의 어사대에 상소한 사실을 말한다. 이곡은 원이 고려에 와서 童女를 취하는 것이 극심한 사회적 폐단

을 가져온다는 것을 간절히 호소하며 童女를 취하는 것을 중단하라는 상소를 올렸다. 이와 같은 이곡의 상소가 받아들여져 1337년에 元 順帝의 승인을 받아 동녀를 취하는 것이 중단되었다. 그러나 이러한 노력에도 불구하고 공녀의 징발은 완전히 중지되지 못하여 1355년(공민왕 4)까지 貢女의 요구는 계속되었다.

> 『稼亭集』 권8, 「代言官請罷取童女書」.
> 박경자, 2010, 「貢女출신 高麗女人들의 삶」, 『역사와 담론』 55.
> 이정신, 2010, 「공녀를 통해 본 고려와 원과의 관계」, 『동아시아 국제관계사』, 아연출판부.

43) 大德: 지금의 경기도 파주시 진서면에 위치한 大德山을 말한다. 이에 대해서는 권1 7-(3), 주해 10) 참조.

44) 金氏旣媲大君 …… 其必有能辨之者: 宗室의 妻인 김씨를 翁主로 봉한 것에 대한 비판이 있었음을 말한다. 옹주는 충선왕 때에 정해진 내직의 하나로 왕의 후비나 딸에게 경제적인 혜택으로써 내려지는 것이 상례였다. 그러나 후대에 이르면 옹주는 諸妃뿐 아니라 종실의 처를 비롯하여 宮人 출신, 일반신료의 부인, 賤系에게도 주어지는 등 제도가 문란해졌다.

> 『高麗史』 권77, 志31 百官2 內職.
> 李貞蘭, 1996, 「高麗 后妃의 號稱에 관한 考察」, 『典農史論』 2, 191·192쪽.

5-(1). 故密直宰相閔公行狀

[原文]

故密直宰相閔公行狀

曾祖仁鈞故正議大夫翰林學士史館修撰知制誥, □妣□氏封□郡夫人,[2] 祖

---

2) □妣□氏封□郡夫人: 원본에 글자가 빠져있는 부분은 □로 표기하였다.

滉故朝散大夫戶部侍郎, □妣崔氏封昌原郡夫人. 父宗儒故重大匡僉議贊成
事上護軍致仕, 妣兪氏封長沙郡夫人. 公諱頔, 字樂全, 姓閔氏. 其先忠州黃
驪郡人, 盖自國初入仕. 九代而上家, 失譜牒不可考. 其八代祖諱稱道, 仕至
尙衣奉御. 奉御生監察御史諱世衡, 御史生戶部員外郎諱愍. 戶部生大師門下
平章監修國史諱令謨, 實相明王以致中興, 年八十卒, 謚曰文景. 文景又生太保
平章大集賢謚定懿諱公珪, 爲公高祖也. 代以文雅致位高顯, 爲東國世族之冠.

公以至元七年庚午生, 生而相不類凡. 外大父諱千遇, 位宰相, 謚文度, 號
知人, 見而奇之曰, 兒他日貴矣. 姨夫故相金公頵聞其言, 固請養之, 故長其
家. 東方故俗, 男子幼年, 必從僧習句讀, 有首面姸好者, 僧與俗皆奉之, 號曰
仚郎, 聚徒或至於百千, 其風流起自新羅時. 公十歲出就僧舍學, 性敏悟, 受
書旋通其義. 眉宇如畫, 風儀秀雅, 見者皆愛之, 馬首所至, 鶴盖成陰. 忠烈王
聞之, 引見宮中, 目爲國仙, 亦猶一邦豪傑稱國士焉.

至元廿二年, 擧進士及第. 時太尉王爲世子, 選以爲屬. 俄權秘書校書, 移
寶文閣3)校勘, 累轉僉議注書, 以禮賓丞, 權通禮門祗候, 改秘書郎. 大德元年,
試軍簿正郎, 賜服銀緋, 尋改版圖, 兼世子宮門郎, 又賜金紫服. 二年, 大尉王
受封嗣國, 除朝散大夫秘書小尹知制誥, 秋王召入闕庭, 隨例免. 明年, 赴都
留衛王邸, 四年而歸. 自是閑居凡五年. 至十一年丁未, 起爲羅州牧. 至大元
年, 忠烈王薨, 大尉王又襲位, 以奉常大夫典儀副令召, 改選部議郎知製教.
明年, 拜奉順大夫密直右承旨典儀令兼司憲執義知選部事. 冬出行平壤尹, 未
幾見罷, 以通憲大夫檢校大司憲, 家居者又四年.

[譯文]

고 밀직재상 민공1) 행장2)

중조 인균3)은 고 정의대부4)·한림학사5)·사관수찬6)·지제고7)이
고, 중조모 □씨는 □군부인에 봉해졌으며,8) 조부 황9)은 고 조산대
부10)·호부시랑11)이고, 조모 최씨12)는 창원군부인에 봉해졌다. 아버

---

3) 閣: 원본에는 閤으로 되어 있으나 閤과 閣은 통용되므로 閣으로 교감하였다.

지 종유[13]는 고 중대광[14]·첨의찬성사[15]·상호군[16]으로 치사했고, 어머니 유씨는 장사군부인에 봉해졌다.[17] 공의 휘는 적이고, 자는 낙전, 성은 민씨이다. 선대는 충주 황려군[18] 사람으로, 대개 국초부터 벼슬하였다. 9대 이상의 가계는 보첩[19]을 분실하여 자세히 알 수 없다. 8대조 휘 칭도[20]는 벼슬이 상의봉어[21]에 이르렀다. 봉어는 감찰어사[22] 휘 세형[23]을 낳았고, 어사는 호부원외랑[24] 휘 경[25]을 낳았다. 호부는 태사[26]·문하평장[27]·감수국사[28] 휘 영모[29]를 낳으니, 마침내 명종[明王][30]을 도와서 (고려 왕실의) 중흥을 이루었으며[31] 80세에 졸하니 시호를 문경이라 하였다. 문경은 또 태보[32]·평장[33]·대집현[34]으로 시호가 정의인 휘 공규[35]를 낳으니, (이분이) 공의 고조이다. 대대로 뛰어난 문사[文雅]로 지위가 높고 현달함에 이르렀고 우리나라 세족의 으뜸이 되었다.[36]

공은 지원 7년 경오년(1270, 원종 11)에 태어났는데, 나면서부터 모습이 범상치 않았다. 외조부는 휘 천우[37]로, 지위가 재상이고 시호가 문도이며 사람을 잘 알아보기로 알려졌는데 (공을) 보고 기이하게 여겨 말하기를, "아이가 훗날 귀하게 될 것이다."라고 하였다. 이모부인 고 재상 김공 군[38]이 그 말을 듣고 간곡히 (아이를) 기르겠다고 청하였으므로 그의 집안에서 성장하였다. 동방의 옛 풍속에 남자는 어린 나이에 반드시 승려를 따라 절에 모여 구두를 익혔는데, 얼굴이 아름다운 사람이 있으면 승인과 속인이 모두 그를 받들어 선랑(仙郎)이라 불렀으며 모여든 무리가 혹은 수백 수천에 이르렀으니, 그러한 풍류는 신라 때부터 비롯하였다.[39] 공은 10세에 절에 가서 공부하였는데 천성이 민첩하고 총명하여 글을 배우면 바로 그 뜻에 통달하였다. 짙은 눈썹[眉宇]은 그린 것과 같고 풍모[風儀]도 빼어나고 아름다워서 보는 이들이 모두 사랑하였으니, (공의) 말머리가 이르는 곳마다 수레 덮개[鶴盖]가 음지를 이루는

듯하였다.[40) 충렬왕[41)이 이를 듣고 (공을) 궁 안으로 불러와 보고
는 지목하여 국선으로 삼았으니, (이는) 또한 한 나라의 호걸을 국
사(國士)라고 칭했던 것과 같다.

지원 22년(1285, 충렬왕 11)에 진사시에 응시하여 급제하였
다.[42) 당시에 충선왕[太尉王][43)이 세자였는데 (공을) 뽑아 요속으
로 삼았다. 얼마 후 권비서교서[44)로 있다가 보문각교감[45)으로 옮겼
으며 여러 번 옮겨 첨의주서[46)가 되었고, 예빈승[47)으로서 권통례문
지후[48)를 맡았다가 비서랑[49)으로 고쳤다. 대덕 원년(1297)에 시군
부정랑에 임명되어[50) 은비어대를 받았으며, 얼마 후 판도정랑[51)으
로 고치고 세자궁문랑[52)을 겸하였으며 또 금자어대를 받았다. (대
덕) 2년(1298)에 충선왕[太尉王]이 나라를 계승하게 되자 조산대
부·비서소윤[53)·지제고에 제수되었고, 가을에 왕이 (원) 조정으로
불려 가니 예에 따라 면직되었다. 이듬해 연경에 가 충선왕의 사저
[王邸]에서 숙위하다가 4년 만에 돌아왔다. 이로부터 한가롭게 지
내기가 무릇 5년이었다. (대덕) 11년 정미년(1307)에 이르러 기용
되어 나주목사[54)가 되었다. 지대 원년(1308)에 충렬왕이 훙서하고
충선왕[太尉王]이 다시 왕위를 이어받자 (공을) 봉상대부[55)·전의
부령[56)으로 불렀다가 선부의랑[57)·지제교로 자리를 바꾸었다. 이듬
해에 봉순대부[58)·밀직우승지[59)·전의령[60)겸사헌집의[61)·지선부사[62)에
임명되었다. 겨울에 나가 평양윤[63)이 되었으나 얼마 지나지 않아 파직
되었고, 통헌대부[64)·검교대사헌[65)으로 집에 있은 것이 또 4년이다.

[註解]

1) 閔公: 이 행장의 주인인 閔頔(1269~1335)을 말한다. 그에
대해서는 권1 6-(4), 주해 6) 참조.

2) 行狀: 죽은 사람의 문생이나 친구, 옛 동료 등이 죽은 이의

世系, 姓名, 字號, 貫鄕, 官爵, 壽年 등을 자세히 적은 한문의 문체로, 죽은 자의 행실을 적어 이를 보는 자들이 죽은 이에 대해 알 수 있도록 한 것이다. 그리고 이것으로 시호를 논의하게 하거나 후에 史館에 보내 역사에 수록해 주기를 청하기도 하였으며 죽은 이의 묘지, 묘비, 묘표를 청하는 데 사용되었다. 행장은 漢 丞相倉曹 傳幹이 楊原伯의 행장을 지은 데서 비롯되었다고 한다.

한편, 국립중앙박물관에는 李齊賢이 작성한 「閔頔墓誌銘」이 소장되어 있다. 민적의 행장과 묘지명의 내용을 비교해보면, 묘지명은 4대조까지 기록하였으나 행장에는 8대조까지 기록하여 행장에 민적의 가계에 관한 상세한 내용이 전하고, 묘지명보다 행장에 자세한 관력이 기록되어있다. 이처럼 민적의 행장은 그의 가계와 정치적 활동을 확인하는데 중요한 자료이다.

「閔頔墓誌銘」.
徐師曾, 『文體明辯』 序說.
박완식 편역, 2001, 『한문 문체의 이해』, 전주대학교 출판부, 135·136쪽.
심경호, 2013, 『한문산문미학』, 고려대학교 출판부, 293~298쪽.
3) (閔)仁鈞: 생몰년 미상. 閔頔의 증조부이다. 그에 대해서는 권1 6-(1), 주해 15) 참조.
4) 正議大夫: 고려전기의 문산계로 정4품상에 해당한다. 이에 대해서는 권1 14-(1), 주해 12) 참조.
5) 翰林學士: 翰林院의 정4품 관직이다. 이에 대해서는 권1 2-(2), 주해 19) 참조.
6) 史館修撰: 時政에 대한 기록을 담당한 史館의 관직으로, 한림원의 3품 이하관이 겸임하도록 되어 있어 한림학사 등이 겸직하기도 하였으나, 6부의 尙書와 侍郞을 비롯하여 여러 관서의 관원들이 겸임하기도 하였다. 사관은 1308년(충렬왕 34)에 충선왕이 文翰署와 병합하여 藝文春秋館이라 하였으며, 다시 1325년(충숙왕

12)에 이를 藝文과 春秋館으로 분리하였다.

『高麗史』권76, 志30 百官1 春秋館.

周藤吉之, 1980, 「宋代의 三館·秘閣と高麗前期의 三館とくに史館」, 『高麗朝官僚制の研究』, 法政大學 出版局.

鄭求福, 1984, 「高麗朝 史館과 史官의 史論」, 『제3회 精文研國際會議論文集』 ; 1999, 『韓國中世史學史』(Ⅰ), 集文堂.

申守楨, 1988, 「高麗前期의 史館制度」, 『誠信史學』 6.

朴龍雲, 2004, 「『高麗史』 百官志 譯註(3)」, 『고려시대연구』 Ⅶ, 한국정신문화연구원 ; 2009, 『『高麗史』 百官志 譯註』, 신서원, 217∼222쪽.

7) 知制誥: 詞命을 制撰하는 관직이다. 이에 대해서는 권13-(2), 주해 13) 참조.

8) 妣□氏封□郡夫人: 생몰년 미상. 閔仁鈞의 부인이고, 閔頔의 증조모이다. 본관은 江陵이고, 僉議贊成事로 치사한 崔守璜의 딸이다.

『氏族源流』 驪興閔氏.

9) (閔)滉: 閔頔의 조부이다. 그에 대해서는 권1 6-(1), 주해 17) 참조.

10) 朝散大夫: 고려전기의 문산계로 문종 때 종5품下로 정하였다.

『高麗史』권77, 志31 百官2 文散階.

11) 戶部侍郎: 고려전기 尙書戶部의 정4품 관직이다. 이에 대해서는 권1 6-(1), 주해 18) 참조.

12) 崔氏: 생몰년 미상. 閔頔의 조모이다. 본관은 철원이며, 崔璘(?∼1256)의 딸이다.

『氏族源流』 驪興閔氏.

13) (閔)宗儒: 閔頔의 아버지이다. 그의 묘지명이 권1 6에 해당하므로, 이를 참조.

14) 重大匡: 1308년(충렬왕 34)에 忠宣王이 복위하여 신설한 종1품의 문산계이다. 이에 대해서는 권1 6-(1), 주해 1) 참조.

15) 僉議贊成事: 고려후기 僉議府의 정2품 관직으로, 전기의 平

章事에 해당한다. 권1 6-(1), 주해 2) 참조.

16) 上護軍: 고려후기에 종래의 上將軍을 개칭한 무관직이다. 이에 대해서는 권1 6-(1), 주해 3) 참조.

17) 姚兪氏封長沙郡夫人: 閔頔의 어머니이다. 그에 대해서는 권1 6-(4), 주해 4) 참조.

18) 忠州黃驪郡: 현재의 경기도 여주시 일대이다. 이에 대해서는 권1 6-(1), 주해 8) 참조.

19) 譜牒: 고려시대 가계기록물에 관한 용어로, 家錄, 世譜, 家譜, 家記, 家狀 등의 용어도 고려시기 기록 가운데 자주 등장한다. 고려시대에 만들어진 가계기록의 실물은 현재 남아 있지 않으나, 묘지명이나 행장을 지을 때에 그 가문에서 전해지는 가록 등을 참고하였다는 내용이 다수 전하고 있어 일정한 형태를 갖춘 가계기록이 존재하였다는 사실은 분명하다.

   김용선, 1999, 「족보 이전의 가계기록」, 『한국사시민강좌』 24, 일조각, 13~18쪽.

20) (閔)稱道: 생몰년 미상. 閔頔의 8대조이다.

21) 尙衣奉御: 고려전기 尙衣局의 정6품 관직이다. 이에 대해서는 권1 14-(1), 주해 23) 참조.

22) 監察御史: 고려전기 御史臺의 종6품 관직이다. 이에 대해서는 권1 14-(1), 주해 21) 참조.

23) (閔)世衡: 생몰년 미상. 閔頔의 7대조로, 檢校太子少保·監察御史를 지냈다.

   『氏族源流』 驪興閔氏.

24) 戶部員外郎: 고려전기 戶部의 정6품 관직이다.

   『高麗史』 권76, 志30 百官1 戶曹.

25) (閔)慇: 생몰년 미상. 閔頔의 6대조로, 閔令謨의 아버지이다. 戶部員外郎을 지냈고, 尙書左僕射로 추봉되었다. 본문에서는 그

의 휘가 懲으로 되어 있으나, 『高麗史』 閔令謨傳 및 『氏族源流』 모두 閔懿로 되어 있어, 懲으로 기록된 것은 懿의 착오로 보인다.

『高麗史』 권101, 列傳14 閔令謨.

『氏族源流』 驪興閔氏.

26) 大師: 太傅·太保와 함께 三師의 하나로, 문종 때 각각 1인으로 정하고 모두 정1품으로 하였다. 이에 대해서는 권1 2-(2), 주해 28) 참조.

27) 門下平章: 고려전기 中書門下省의 정2품 관직인 門下侍郎平章事를 말한다. 이에 대해서는 권1 2-(2), 주해 13) 참조.

28) 監修國史: 시정에 대한 기록을 관장하는 史館을 총괄하는 직위이다. 『高麗史』 百官志에는 시중이 겸임한다는 규정이 있으나 이는 조선 초에 이르러 확립된 것으로 고려 시대의 상황과는 맞지 않았다. 고려시대의 監修國史는 2품 이상의 재상들이 겸직한 사례를 많이 발견할 수 있으며, 이에 임명되는 데에는 뛰어난 문장력과 학문이 크게 작용한 것으로 짐작된다.

『高麗史』 권76, 志30 百官1 春秋館.

鄭求福, 1999, 「高麗朝 史館과 史官의 史論」, 『韓國中世史學史』 (Ⅰ), 98~100쪽.

29) (閔)令謨: 閔頔의 5대조이다. 그에 대해서는 권1 6-(1), 주해 9) 참조.

30) 明王: 고려의 제19대 왕인 明宗을 말하며, 재위기간은 1170~1197년이다. 그에 대해서는 권1 6-(1), 주해 10) 참조.

31) 實相明王以致中興: 고려시기 여흥민씨 가문이 명문으로 도약한 것은 閔令謨 때부터이다. 민영모의 아버지인 閔懿는 戶部員外郎을 역임하여서 전기에 이미 관인이 되었으나 가세가 높았던 것은 아니었다. 민영모가 인종대 등제하여 吏部員外郎을 거쳐 門下侍郎平章事·判吏部事·太子太師에 이르렀다. 본문의 내용은 민영모가

무신정권 하에서 수상이 되고 명종의 정치를 도와 왕통을 이어나가고 고려 왕실을 중흥시키는데 일조하였다고 지적하여, 이것이 민씨 가문의 자랑이 되었음을 드러낸 것이다.

金光哲, 1991, 「高麗後記 世族의 家系와 그 특징」, 『高麗後期世族層研究』, 東亞大學校出版部, 66·67쪽.

정혜순, 2010, 「여말선초 여흥민씨 가문의 동향」, 『石堂論叢』 47, 183~ 188쪽.

32) 太保: 太師·太傅와 함께 三師의 하나로 정1품이다. 이에 대해서는 권1 6-(1), 주해 14) 참조.

33) 平章: 中書門下省의 정2품 관직인 平章事이다. 이에 대해서는 권1 2-(2), 주해 13) 참조.

34) 大集賢: 集賢殿大學士를 말한다. 이에 대해서는 권1 2-(2), 주해 14) 참조.

35) (閔)公珪: 閔頔의 증조부이다. 그에 대해서는 권1 6-(1), 주해 13) 참조.

36) 爲東國世族之冠: 世族은 대를 이어서 고위 관원을 배출한 집안 및 그 구성원들을 일컫는 말로, 世家라고도 하며 동양사회에서 일찍부터 사용되어 왔다. 고려전기 사회에서 정치적 사회적 지배세력은 흔히 名家·大族 또는 貴族·望族·名族·大族·甲族 등으로 불렸고, 世家·世族도 그와 유사한 의미로 쓰였다. 한편, 고려 후·말기 世族層은 여러 대에 걸쳐 고위 관원을 배출한 존재였고, 그를 위해 科擧와 蔭敍를 함께 이용하였으며, 그 지위를 대를 이어가며 계승하여 門閥을 형성하였다. 나아가 왕실 또는 같은 閥族과 중첩되는 혼인을 맺어 혈연의 범위를 한정시켜 가면서 가문의 중요성을 내세우기도 하였다. 여흥 민씨 가계는 민영모 이후 무인집권기에도 계속하여 재상을 배출함으로써 행장이 쓰인 시기에 이미 世族으로서의 기반을 갖추고 있었다. 특히 현달한 선조가 많았는데도 후손들의 대부

분이 음서보다 과거를 통해 입사하고 있는 것이 특징이다.

　　金光哲, 1991,「高麗後記 世族의 家系와 그 특징」,『高麗後期世族層研究』,
　　　　東亞大學校出版部.

　　朴龍雲, 2003,「고려후기 權門과 世族 및 士大夫·士類의 用例」,『高麗社
　　　　會와 門閥貴族家門』, 景仁文化社, 125·126쪽.

　　정혜순, 2010,「여말선초 여흥민씨 가문의 동향」,『石堂論叢』 47.

　37)（兪)千遇: 閔頔의 외조부이다. 그에 대해서는 권1 6-(3),
주해 6) 참조.

　38）金公頧: ?~1299. 閔頔의 姨夫인 金頧을 말한다. 본관은
彦陽이고, 조부는 金就礪이며, 아버지는 金佺이다. 1281년(충렬왕
7)에 왕이 여원연합군의 일본 동정을 독려하기 위해 경상도에 가서
안동에 들렀을 때 安東府使로 있었다. 이후 典法判書, 副知密直司
事 등을 역임하였으며, 都僉議叅理로 치사하였다(①). 본문의 내용
을 통해 유천우의 딸과 혼인한 것을 알 수 있으며, 김군은 족보에
후사가 기록되지 않은 것으로 보아 자식을 대신하여 민적을 길렀던
것으로 짐작된다(②).

　　①『高麗史』 권29, 世家29 忠烈王 7년 8월 丁丑.
　　　『高麗史』 권30, 世家30 忠烈王 14년 추7월 乙未.
　　　『高麗史』 권31, 世家31 忠烈王 22년 2월 甲辰.
　　　「金㫆墓誌銘」.

　　② 김호동, 2011,「고려·조선초 언양김씨 가문의 관계진출과 정치적 위
　　　　상」,『13세기 고려와 김취려의 활약』, 혜안, 117·118쪽.

　39）東方故俗 …… 其風流起自新羅時: 1123년(인종 1)에 고
려에 온 송 사신 徐兢은 驅使에 대해 설명하면서 “仙郎과 비슷한데
모두 아직 장가들지 않은 자들로, 귀한 집에 있는 자제들이 있으면
선랑이라고 칭하였다[與仙郎相類 大抵皆未娶之人 在貴家子弟 則稱
仙郎]”라고 하였다. 즉, 仙郎은 장가들지 않은 귀한 집의 자제들을
지칭하는 것이었다. 이러한 선랑에 대해서는 팔관회에 舞童으로 참
여하는 등의 활동을 통해 新羅의 仙風을 진작시키고자 한 노력의

일환으로 파악하거나, 화랑에 대한 고려시대의 도가적 이해라고 보기도 한다.

『高麗圖經』 권21, 皁隷 驅使.

李基東, 1988, 「花郞像의 變遷에 관한 覺書」, 『新羅文化』 5.

金相鉉, 1989, 「高麗時代의 花郞 認識」, 『新羅文化祭學術發表會論文集』 10.

40) 鶴盖成陰: 鶴盖는 학 날개 모양의 수레 덮개를 의미한다. 본문에서 학 날개 같은 수레 덮개가 음지를 이루는 것 같았다는 말로, 민적을 보려고 모여든 사람들로 북적이는 모양을 나타낸 것이다.

諸橋轍次, 1986, 「鶴蓋」, 『大漢和辭典』 12, 大修館書店, 858쪽.

41) 忠烈王: 고려의 제25대 왕으로, 재위기간은 1274년 6월~1298년 1월·1298년 8월~1308년 7월이다. 그에 대해서는 권13-(1), 주해 5) 참조.

42) 至元廿二年 …… 擧進士及第: 민적이 과거에 급제한 것은 1285년(충렬왕 11) 10월이다. 이 때 지공거는 知僉議府事 薛公儉이었고, 동지공거는 左承旨 崔守璜이었으며 당시 과거에 급제한 인물로는 郭麟과 李兆年 등이 있다.

『高麗史』 권74, 志28 選擧1 科目1 忠烈王 11년 10월.

「李兆年墓誌銘」.

朴龍雲, 1990, 「〈資料〉: 科試 設行과 製述科 及第者」, 『高麗時代 蔭敍制와 科擧制研究』, 一志社, 438쪽.

43) 太尉王: 고려의 제26대 왕인 忠宣王을 말하며, 원에서 太尉職을 띠고 있어서 太尉王이라고 불렀다. 그에 대해서는 권1 4, 주해 6) 참조.

44) 權秘書校書: 고려후기 經籍과 祝疏를 관장한 秘書監―전기의 秘書省―의 정9품 秘書校書郞의 權職을 말한다.

『高麗史』 권76, 志30 百官1 典校寺.

45) 寶文閣校勘: 고려후기 寶文閣의 관직이다. 1116년(예종

11)에 4인을 두었는데, 그 중 2인은 御書院의 교감으로 충당하고, 2인은 職事官이 겸임하도록 하였으며, 1151년(의종 5)에는 보문각에 文牒所를 설치하고 文士 14인과 보문각교감이 그 일을 전담하여 관장토록 하였다. 보문각에 대해서는 권1 2-(2), 10) 참조.

『高麗史』 권76, 志30 百官1 寶文閣.

周藤吉之, 1979, 「高麗前期の宝文閣」, 『朝鮮學報』 90 ; 1980, 『高麗朝官僚制の研究』, 法政大學出版局, 346·347쪽.

朴龍雲, 2004, 「『高麗史』 百官志 譯註(3)」, 『고려시대연구』 Ⅶ, 한국정신문화연구원 ; 2009, 『『高麗史』 百官志 譯註』, 신서원, 226~229쪽.

46) 僉議注書 : 고려후기 僉議府의 정7품 관직으로, 전기의 中書注書(종7품)에 해당한다. 1275년(충렬왕 1)에 中書門下省과 尙書省을 합쳐 僉議府로 개편하면서 中書注書도 僉議注書가 되었고, 1298년에 都僉議注書로 고치고 정7품으로 올렸다. 첨의부에 관해서는 1권 6-(1), 주해 2) 참조.

『高麗史』 권76, 志30 百官1 門下府.

47) 禮賓丞 : 고려후기 禮賓寺의 종6품 관직으로, 정원은 2인이다. 禮賓寺에 대해서는 권1 6-(2), 주해 19) 참조.

48) 權通禮門祗候 : 고려후기 通禮門의 관직으로, 전기의 權知閤門祗候에 해당한다. 1294년(충렬왕 1)에 閤門을 通禮門으로 개칭하면서 權通禮門祗候가 되었다. 통례문에 관해서는 1권 6-(2), 주해 12) 참조.

『高麗史』 권76, 志30 百官1 通禮門.

49) 秘書郎 : 고려후기 秘書監의 종6품 관직으로, 정원은 1인이다.

『高麗史』 권76, 志30 百官1 典校寺.

50) 試軍簿正郎 : 군부정랑은 고려후기 軍簿司의 정5품 관직으로, 전기의 兵部郎中에 해당한다. 『高麗史』 閔頔傳에는 군부정랑의 임명에 '遷軍簿正郎'이라고 기록되어 있는 반면, 행장의 기록에서는

'試'가 붙어있어 기록에 차이가 있다. 시직은 관직명 앞에 '試'자를 덧붙여 眞職의 일을 하면서 녹봉을 조금 적게 받는 직위로, 고려시기에 정규적인 관직체계의 한 단계로 작용하였다. 군부사에 관해서는 1권 7-(2), 주해 9) 참조.

『高麗史』 권108, 列傳21 閔宗儒 附頔.

朴龍雲, 1995, 「고려시대의 官職-試·攝·借·權職에 대한 검토」, 『震檀學報』
79 ; 1997, 『高麗時代 官階·官職 研究』, 고려대학교 출판부, 189·195쪽.

51) 版圖: 고려후기 版圖司의 정5품 관직인 版圖正郎으로, 전기의 戶部郎中에 해당한다. 1275년(충렬왕 1)에 원의 압력에 의해 尙書6部가 4司로 축소·격하되어 尙書戶部가 版圖司로 개칭되면서, 낭중도 정랑으로 개칭되었다.

『高麗史』 권76, 志30 百官1 戶曹.

52) 世子宮門郎: 세자궁의 출입을 단속하고 近侍·宿衛를 관장하던 관직이다. 이에 대해서는 권1 6-(2), 주해 21) 참조.

53) 秘書小尹: 『高麗史』 百官志에는 비서소윤의 관직이 기록되어 있지 않아 품질과 정원을 명확히 알 수 없다. 다만, 1298년(충렬왕 24)에 충선왕이 秘書省을 秘書監으로 고치면서 관제가 개편되는데 판사를 없애고 승은 종6품, 낭은 종7품으로 내리고 留院官을 교서감에 병합하였다. 이러한 과정에서 문종대 이후의 종래 관직명도 약간의 변화가 이루어진 것으로 보이며 민적의 승진과정을 고려할 때 종래의 종4품 少監이 少尹으로 나타난 것이다. 이와 유사한 사례로, 1298년에 예빈성이 典客寺로 고쳐지면서 판사가 혁파되고 경은 늘려 2인으로 승은 줄여 1인으로 하였고 얼마 있다가 예빈시라 고치고 경은 윤으로 소경은 소윤으로 고쳤다. 이를 통해 볼 때 기존의 卿이나 監은 尹으로, 少卿이나 少監은 少尹으로 바뀌었음을 알 수 있다.

『高麗史』 권76, 志30 百官1 典校寺・禮賓寺.

朴龍雲, 2005, 「『高麗史』 百官志 譯註(4)」, 『고려시대연구』 IX, 한국학
　　　중앙연구원 ; 2009, 『『高麗史』 百官志 譯註』, 신서원, 297쪽.

54) 羅州牧: 羅州牧使를 말한다. 牧使는 1인으로 3품 이상을 임
명하였다. 羅州는 현재의 전라남도 나주시 일대이다. 나주목사에 관
해서는 1권 7-(2), 주해 14) 참조.

55) 奉常大夫: 고려후기의 문산계로 정4품에 해당한다.

『高麗史』 권77, 志31 百官2 文散階.

56) 典儀副令: 고려후기 典儀寺의 정4품 관직으로, 전기의 太常
少卿에 해당한다. 1298년(충렬왕 24)에 太常府를 奉常寺로 개편할
때에, 少卿은 정4품, 정원 1인으로 정하였다. 1308년에 봉상시가 전
의시로 개칭될 때 少卿도 副令으로 고치고 정원을 2인으로 늘렸다.

『高麗史』 권76, 志30 百官1 典儀寺.

朴龍雲, 2005, 「『高麗史』 百官志 譯註(4)」, 『고려시대연구』 IX, 한국학
　　　중앙연구원 ; 2009, 『『高麗史』 百官志 譯註』, 신서원, 268～
　　　275쪽.

57) 選部議郎: 고려후기 選部의 정4품 관직으로 정원은 3인이
다. 1275년(충렬왕 1)에 吏部와 禮部를 병합하여 典理司로 개편할
때, 시랑도 摠郎으로 개칭하였다. 1298년에 전리사를 銓曹로 바꿀
때, 다시 시랑이 되고 정원은 3인으로 늘렸으며, 1308년(충렬왕
34)에 실권을 장악한 충선왕이 吏部와 兵部・禮部를 병합하여 選部
로 개편할 때, 시랑은 의랑으로 개칭되었다.

『高麗史』 卷76, 志30 百官1 吏曹.

朴龍雲, 2002, 「譯註 『高麗史』 百官志(1)」, 『고려시대연구』 V, 한국정
　　　신문화연구원 ; 2009, 『『高麗史』 百官志 譯註』, 신서원, 144～
　　　151쪽.

58) 奉順大夫: 고려후기의 문산계로 정3품下에 해당한다.

『高麗史』 권77, 志31 百官2 文散階.

59) 密直右承旨: 고려후기 密直司의 정3품 관직으로, 전기의 右

承宣에 해당한다. 1275년(충렬왕 1)에 추밀원을 밀직사로 고치고, 1276년에는 승선을 승지로 고쳤다. 密直司에 대해서는 권1 6-(2), 주해 27) 참조.

『高麗史』 권76, 志30 百官1 密直司.

60) 典儀令: 고려후기 典儀寺의 정3품 관직으로, 전기의 太常卿에 해당한다. 1275년(충렬왕 1)에 太常府를 奉常寺로 개편하면서 卿은 정3품, 정원 2인으로 정하였다. 1308년(충렬왕 34)에 충선왕이 봉상시를 전의시로 바꾸면서 卿을 令이라 고치고 정원은 1인으로 줄였다. 그 뒤에 정3품의 判事를 두고, 令은 종3품으로 내렸다.

『高麗史』 권76, 志30 百官1 典儀寺.

61) 司憲執義: 고려후기 司憲府의 정3품 관직으로, 전기의 종4품 御史中丞에 해당한다. 1275년(충렬왕 1)에 어사대를 監察司로 고쳤을 때 중승은 侍丞이라 하였다가, 1308년에 사헌부로 바꾸자 다시 시승을 중승으로 고치고, 정원은 2인으로 늘리고 종3품으로 올렸다. 1308년에 다시 집의로 바꾸고 정3품으로 올렸다. 사헌부에 대해서는 권1 6-(3), 주해 2) 참조.

『高麗史』 권76, 志30 百官1 司憲府.
朴龍雲, 1980, 「臺諫의 職制」, 『高麗時代 臺諫制度 研究』, 一志社.
박재우, 2012, 「고려전기 대간의 운영 방식」, 『역사와현실』 86 ; 2014, 『고려전기 대간제도 연구』, 새문사.

62) 知選部事: 문종 때 정해진 관제에서 知部事는 1인으로 他官이 겸하도록 되어 있다. 『高麗史』 백관지에는 지부사에 대한 개편 내용이 없어 문종대 정해진 원칙이 지속되었다고 생각된다. 閔頔 역시 奉順大夫·密直右承旨·典儀令에 겸하여 지선부사가 제수되고 있다.

『高麗史』 권76, 志30 百官1 吏曹.

63) 平壤尹: 고려후기 平壤府의 장관으로 종2품이며, 전기의 西京留守官에 해당한다. 이에 대해서는 권2 2, 주해 11) 참조.

64) 通憲大夫: 1308년(충렬왕 34)에 충선왕이 복위하여 개정한

종2품의 문산계이다. 이에 대해서는 권1 6-(4), 주해 8) 참조.

65) 檢校大司憲: 고려후기 大司憲의 檢校職이다. 검교직에 대해서는 권1 6-(4), 주해 11) 참조. 대사헌에 관해서는 1권 14-(2), 주해 17) 참조.

5-(2).

[原文]

今王新嗣位, 除選部典書, 尋改讞部典書, 皆帶寶文閣提學. 讞部古廷尉, 詞訟且繁, 而人稱其平. 延祐三年, 入密直爲副使, 改民部典書大司憲, 皆同知密直司事. 五年, 奉使賀年, 宸所不失禮. 時大尉王在都, 以公舊僚, 待遇非他使比. 至治元年, 罷, 至泰定四年, 封驪興君, 階重大匡. 至順二年, 改授匡靖大夫密直司使進賢館大提學知春秋館事上護軍, 壬申, 復罷. 元統元年癸酉, 忽患風疾轉劇, 人懼其不能興, 逾年乃平, 懼者皆喜. 後至元乙亥冬, 又遘他疾, 至丙子正月廿二日己巳卒, 年六十有七.

公兩娶. 先夫人金氏, 封永嘉郡, 故宣授鎭國上將軍管高麗軍万戶本國重大匡上洛君諱昕之女. 生一男子夷, 登乙卯科, 今爲奉善大夫衛尉少尹知製敎. 後夫人元氏, 封平原郡, 故僉議贊成事諱瓘之女. 生三男三女, 曰愉, 爲左右衛別將, 曰扶與愉, 同登辛未科, 曰渙, 司醞令同正. 女適通直郎版圖正郎朴仁龍, 次適中顯大夫前備巡衛大護軍尹繼宗, 次適令同正劉允吉. 孫二人皆幼.

公質貌俱美, 望若神人, 坐立言動, 無不可觀聽者, 盖其所稟得全, 冲粹之氣浹中發外, 故不待自强而人已服之矣. 其學因其世業而修之, 且自少與游者皆老成人, 積有漸化. 用是早結君主之知, 備歷華要, 官登右府, 爵至諸君, 實可謂一方賢大夫矣. 所恨位未究而壽未極, 遽止於此, 其可不歎息也哉.

嘗卜地王京巽隅作宅, 園林邃靜可愛, 以芸齋寓其號. 其好賢樂善, 又出誠心, 待孤寒晚進, 尤有情禮, 每花時, 召客置酒, 聯詩句以爲樂. 某與子夷相厚,

而先子又爲公故人, 蒙許忘年之契, 故得公平生爲熟. 今卜葬有日, 敢述世家
歷任行迹之大略, 以告當代秉筆者, 圖有以光于隧道, 而因致予勤焉, 謹狀.
至元二年丙子二月戊寅朔.

[譯文]

충숙왕[今王]이 새로 왕위를 계승하자 선부전서[1]에 제수되었고
얼마 후에 언부전서[2]로 바뀌었으며, 모두 보문각제학[3]을 대유하였
다. 언부는 옛날 정위[4]로 송사가 또한 번다하였으나 사람들은 그의
공평함을 칭송하였다. 연우 3년(1316, 충숙왕 3)에 밀직사에 들어
가 부사가 되었고,[5] 민부전서[6]·대사헌[7]으로 옮겼는데, 모두 동지
밀직사사[8]를 겸하였다. (연우) 5년(1318)에 사명을 받들고 신년을
하례하러 갔으며[9] 황제가 계신 곳[宸所]에서 예를 잃지 않았다. 이
때 태위왕이 연경에 있었는데, 공이 옛 신료이므로 대우함이 다른
사신에 비할 바 아니었다.[10] 지치 원년(1321)에 파직되었다가, 태
정 4년(1327)에 이르러 여흥군[11]에 봉해지니, 관계가 중대광이었
다. 지순 2년(1331, 충혜왕 1)에 자리를 바꾸어 광정대부[12]·밀직
사사[13]·진현관대제학[14]·지춘추관사[15]·상호군에 제수되었고, 임신
년(1332, 충숙왕 후1)에 다시 파직되었다. 원통 원년 계유(1333)
에 갑자기 중풍에 걸려 병이 더욱 심해지므로 사람들이 일어나지 못
할까 두려워하였으나, 다음 해 편안해지니 걱정했던 자들이 모두 기
뻐하였다. 후지원 을해년(1335) 겨울에 또 다른 병에 걸려 병자년
(1336) 정월 22일 기사에 졸하니, 향년 67세이다.

공은 두 번 장가들었다. 선부인 김씨[16]는 영가군부인에 봉해졌으
며, 고 선수진국상장군[17]·관고려군만호[18]·본국 중대광·상락군[19]
휘 혼[20]의 딸이다. 1남 자이[21]를 낳으니, (자이는) 을묘과에 급제
하여[22] 지금 봉선대부[23]·위위소윤[24]·지제교이다. 후부인 원씨[25]는
평원군부인에 봉해졌으며, 고 첨의찬성사 휘 관[26]의 딸이다. 3남 3

녀를 낳았으니, 유[27)]는 좌우위별장[28)]이고, 변[29)]과 유는 신묘과에 함께 급제하였으며,[30)] 환[31)]은 사온령동정[32)]이다. 딸은 통직랑[33)]·판도정랑[34)] 박인룡[35)]에게 시집갔고, 다음은 중현대부[36)]·전 비순위대호군[37)] 윤계종[38)]에게 시집갔으며, 다음은 영동정[39)] 유윤길[40)]에게 시집갔다. 손자 2명은 모두 어리다.

공은 품성과 외모가 모두 아름다워 바라보면 신인 같았으며, 언동이 보고 들을 만하지 않은 것이 없었으니, 대개 타고난 기품이 온전하여 온화하고 순수한 기운이 안으로 두루 미처 밖으로 나타났기 때문에 스스로 노력하지 않아도 사람들이 모두 따랐다. 그의 학문은 (가문에서) 대대로 업으로 삼은 것으로 인하여 닦았으며, 또 어릴 때부터 교유한 사람들이 모두 노성한 사람들이라 쌓여서 점차 교화된 것이다. 이로 인해 일찍이 임금이 알게 되어 화요직[41)]을 두루 역임하고 관직은 추밀원[右府]에 올랐으며 작위는 제군에 이르렀으니, 실로 한 나라의 어진 대부라 이를 만하다. 유감스러운 바는 지위가 최고에 이르지 못하고 수를 다 누리지 못하여 갑자기 이에 그치고 만 것이니, 탄식하지 않을 수 있겠는가.

일찍이 왕경의 동남쪽[巽隅]에 터를 잡아 집을 지었는데, 원림이 깊고도 조용하여 아낄만하므로 운재(芸齋)로 그 이름을 붙였다.[42)] (공은) 어진 이를 좋아하고 선을 좋아함이 또한 진정한 마음에서 나왔고 고독하고 빈한한 후진을 대할 때에는 더욱더 다정하면서도 예의 있게 하였으며, 매번 꽃이 필 때면 손님들을 불러 술상을 차려놓고 시구를 잇는 것을 즐거움으로 삼았다. 나[某]와 자이가 서로 돈독하고[43)] 나의 선친[44)] 또한 공과 오랜 친구여서, 공은 나이 차도 잊고서 나를 대해주었으므로 공의 평소 행적에 대하여 매우 잘 안다. 지금 장례일을 잡았다기에 감히 가문과 관력, 행적의 대략을 서술하여 당대의 붓을 잡은 이들에게 알려서 저승길을 빛나게 하고자

나의 힘을 다하여 삼가 행장을 쓴다. 지원 2년 병자(1336) 2월 무
인일 초하루에 쓰다.

[註解]

1) 選部典書: 고려후기 選部의 정3품 관직으로, 전기의 吏部尙
書에 해당한다. 이부에 대해서는 권1 6-(3), 주해 7) 참조.
  『高麗史』 권76, 志30 百官1 吏曹.

2) 讞部典書: 고려후기 讞部의 정3품 관직으로, 전기의 刑部尙
書에 해당한다. 언부에 대해서는 권1 3-(2), 주해 8) 참조.

3) 寶文閣提學: 寶文閣은 寶文閣을 말하며, 제학은 정3품 관원
이다. 보문각에 대해서는 권1 2-(2), 주해 10) 참조.

4) 廷尉: 秦代 처음 설치된 九卿의 하나로 刑政을 관장하였다.
漢代에도 진의 제도를 받아들여 廷尉를 설치하였다. B.C.144년에
大理로 고쳤다가 B.C.137년에 다시 정위로 되돌렸다. 刑獄을 담당
하는 정위와 같은 관원은 고려후기에 언부의 관원이 해당된다.
  『高麗史』 권76, 志30 百官1 刑曹.
  『唐六典』 권18, 大理寺.
  諸橋轍次, 1984, 「廷尉」, 『大漢和辭典』 4, 大修館書店, 649쪽.

5) 入密直爲副使: 고려후기 密直司의 정3품 관직인 密直副使로,
전기의 中樞副使에 해당한다. 이에 대해서는 권1 3-(2), 주해 7)
참조.

6) 民部典書: 고려후기 民部의 정3품 관직으로, 전기의 戶部尙
書에 해당한다. 1275년(충렬왕 1)에 호부상서가 版圖司로 개편되
자 상서는 判書가 되었고, 1298년에 판도사를 民曹로 고칠 때 다시
상서로 개칭되었다. 1308년 관제개편 때에 민조가 民部가 되자, 尙
書도 典書로 개칭되고 정원을 3인으로 늘어났다.
  『高麗史』 권76, 志30 百官1 戶曹.

7) 大司憲: 고려후기 司憲府의 정3품 관직으로, 전기의 御史大夫에 해당한다. 이에 대해서는 1권 14-(2), 주해 17) 참조.

8) 同知密直司事: 고려후기 密直司의 종2품 관직으로 정원은 3인이며, 전기의 同知中樞院事에 해당한다. 이에 대해서는 권1 6-(4), 주해 9) 참조.

9) 五年奉使賀年: 『高麗史』에도 1318년(충숙왕 5) 12월에 大司憲 閔頔을 원에 보내 신년을 하례하게 하였다는 기록이 전한다.

『高麗史』 권34, 世家34 忠肅王 5년 12월 己丑.

10) 時大尉王在都 …… 待遇非他使比: 「閔頔墓誌銘」에는 민적이 하정사로 연경에 왔을 때 '충선왕이 불러서 만나보고 함께 이야기를 나누면서 자리를 앞으로 당겨 무릎을 마주하여 마치 布衣之交와 같았다'는 내용이 전하여, 충선왕과 민적의 사이가 친밀하였음을 알려준다.

「閔頔墓誌銘」.

11) 驪興君: 閔頔이 받은 封君號이다. 이와 같이 宗室이 아닌 異姓에게 봉군하는 것을 異姓封君이라고 한다. 이성봉군에 대해서는 권1 1, 주해 10) 참조.

12) 匡靖大夫: 1275년(충렬왕 1)에 개정된 문산계 가운데 세 번째 등급의 階號이다. 이에 대해서는 권1 6-(2), 주해 33) 참조.

13) 密直司使: 고려후기 密直司의 종2품 관직으로 정원은 1인이며, 전기의 中樞院使에 해당한다. 이에 대해서는 권1 15-(2), 주해 26) 참조.

14) 進賢館大提學: 進賢館의 종2품의 관직이다. 1303년(충렬왕 29)에 集賢殿이 進賢館으로 바뀌었다가 1308년에 右文館과 함께 문한서에 합병되고 얼마 뒤 다시 설치되어 종2품의 대제학 등을 두었다. 집현전에 대해서는 권1 2-(2), 주해 14) 참조.

15) 知春秋館事: 고려후기 春秋館의 관직으로, 재상 가운데 임

명되었다. 춘추관에 대해서는 권1 15-(3), 주해 24) 참조.

『高麗史』 권76, 志30 百官1 春秋館.

16) 金氏: ?~1299. 민적의 부인으로, 상락군 金忻의 딸이다.
영가군부인에 봉해졌으며 아들은 민사평이다.

「閔思平墓誌銘」.

17) 鎭國上將軍: 원의 종2품 무산계이다.

『元史』 권91, 志41上 百官7 散官 武散官.

18) 管高麗軍万戶: 김흔이 아버지 金方慶의 만호직을 세습받은
것으로, 이는 그것이 의미하는 높은 정치적 지위까지 포함된 것이었
다. 김흔의 만호직은 이후 조카인 金承用에게 다시 세습되고 있다.
萬戶에 대해서는 권2 2, 주해 9) 참조.

19) 上洛君: 김흔이 받은 봉군호이며, 아버지 김방경으로부터 이
어 받았다.

20) (金)昕: 1251~1308. 본관은 安東이고 金方慶의 아들이다.
『高麗史』 世家와 列傳에는 金昕의 휘가 忻으로 되어 있다. 門蔭으
로 删定都監判官이 되었다가 세 차례 전임되어 장군이 되었다.
1272년(원종 13)에 아버지를 따라 耽羅에 들어가 三別抄를 토벌
하고, 大將軍에 임명되었다가 司宰卿으로 옮겼다. 또 일본 정벌에
종군하고 돌아와 晉州牧使를 지내고, 1279년(충렬왕 5)에 투르카
(禿魯花)으로 元에 갔다. 후에 아버지의 원 관직을 계승하여 昭勇
大將軍·管高麗軍萬戶가 되었으며 鎭國上將軍의 관계를 받았다. 누
차 관직이 올라 僉議叅里가 되었다. 1290년에 哈丹이 쳐들어오자
나머지 적들을 소탕하여 그 공으로 判三司事로 임명되었다가 곧이
어 知都僉議司事에 이르렀다. 승려 日英이 韓希愈가 반역을 꾀한다
는 무고를 믿고 印侯와 함께 한희유 등을 제거하고자 했으나 실패
로 돌아갔다. 이후 한희유가 재상이 되었기 때문에 귀국하지 않았고
7년간 연경에서 지냈다. 한희유가 죽자 김흔은 贊成事·咨議都僉議

司事로 임명되고 三重大匡으로 올랐으며 上洛公을 습봉하였다. 이후 고려로 돌아와 만호를 조카 김승용에게 물려주었다.

『高麗史』권33, 世家33 忠宣王 원년 추7월 辛巳.

『高麗史』권140, 列傳17 金方慶 附忻.

「金方慶墓誌銘」.

21) 子夷: 閔頔의 장남인 閔思平(1295~1359)을 말한다. 민사평에 대해서는 권1 6-(4), 주해 15) 참조.

22) 登乙卯科: 閔思平이 과거에 급제한 것은 1315년(충숙왕 2) 정월이다. 이 때 考試官은 李瑱이고, 同考試官이 尹奕이었으며, 과거에서 뽑힌 인물로는 朴仁幹, 趙廉, 安牧 등이 있다.

『高麗史』권73, 志27 選擧1 科目1 凡選場 忠肅王 2년 정월.

「閔思平墓誌銘」.

朴龍雲, 1990, 「〈資料〉: 科試 設行과 製述科 及第者」, 『高麗時代 蔭敍制와 科擧制 硏究』, 一志社, 458·459쪽.

23) 奉善大夫: 고려의 문산계로 종4품에 해당한다.

『高麗史』권77, 志31 百官2 文散階.

24) 衛尉少尹: 고려후기 儀仗에 사용하는 물품과 기구를 관장하는 衛尉寺의 종4품 관직으로 정원은 1인이며, 전기의 衛尉少卿이다. 1298년(충렬왕 24)에 위위소경이 위위소윤으로 바뀌었다. 1308년에 위위시가 이부에 병합되었다가 1331년(충혜왕 1)에 위위시가 다시 설치되면서 위위소경을 종4품으로 정하였다.

『高麗史』권76, 志30 百官1 衛尉寺.

25) 元氏: 생몰년 미상. 민적의 부인으로, 본관은 원주이다. 아버지는 元瓘이고, 어머니는 金信의 딸이다.

「元瓘墓誌銘」.

26) (元)瓘: 민적의 장인이다. 그에 대해서는 권2 2, 주해 21) 참조.

27) (閔)愉: 생몰년 미상. 閔頔의 아들로 金台鉉의 外孫女에게

장가들었다. 左右衛別將, 奉翊大夫·右常侍 등을 역임하였다.

「金台鉉妻王氏墓誌銘」.

28) 左右衛別將: 고려시대 경군 2군 6위 가운데 左右衛의 정7품 관직이다. 左右衛에 대해서는 권1 6-(2), 주해 4) 참조.

29) (閔)抃: ?~1377. 閔頔의 아들로, 1331년(충혜왕 1)에 급제하였고, 여러 관직을 거쳐 左司議大夫가 되었다가 1349년(충정왕 1)에 左副代言으로 임명되었다. 공민왕 때 驪興君에 봉군되었다.

『高麗史』 권37, 世家37 忠定王 원년 동10월 戊子.
『高麗史』 권108, 列傳21 閔宗儒 附抃.

30) 曰抃與愉同登辛未科: 閔愉와 閔抃이 과거에 급제한 것은 1331년(충혜왕 1) 4월이다. 이 때 지공거는 密直提學 韓宗愈이고, 동지공거는 右代言 李君侅였으며, 과거에 급제한 인물은 周贇, 崔璟, 朴仁祉 등이 있다.

『高麗史』 권73, 志27 選擧1 科目1 凡選場 忠惠王 원년 4월.
朴龍雲, 1990,「〈資料〉: 科試 設行과 製述科 及第者」,『高麗時代 蔭敍制와 科擧制 硏究』, 一志社, 463·464쪽.

31) (閔)渙: ?~1362. 閔頔의 아들로, 충혜왕 때 벼슬이 여러 차례 올라 代言이 되었다. 嬖人 韓夫金이 職稅를 징수할 것을 건의하였을 때 민환이 곁에서 부추겨 각 도에 嬖人을 파견하여 직세를 징수하였다. 또 배가 없는 사람에게도 船稅를 받았고 惡少輩들을 각 도에 보내 각종 세금을 징수하여 백성의 고통이 컸다. 問民疾苦使 康允忠이 악소배들을 잡아들여 보고하니 왕이 노하여 민환을 축출하였지만 곧 소환하여 다시 총애하였다. 1343년(충혜왕 후4)에 왕이 원으로 잡혀 갈 때 민환 등도 압송되어 辰州路에 유배되었다. 후에 귀국해서 同知密直司事가 되었으며, 紅巾賊의 난 때 원수가 되었는데, 摠兵官 鄭世雲의 살해에 참여하여 李芳實 등과 함께 처형당했다.

『高麗史』 권124, 列傳37 嬖幸2 閔渙.

32) 司醞令同正: 同正職으로서의 司醞令을 말한다. 사온령은 酒醴의 공급에 관한 일을 관장하는 司醞署의 관직이다. 1308년(충렬왕 34)에 충선왕에 의해 관제가 개편되었을 때, 令은 2인으로 하나는 겸관으로 하고 정5품으로 올렸다. 그런데, 뒤에 다시 영은 정6품으로 품계를 낮추었다고 하는데 정확한 시기를 알 수 없어 이 때 閔渙이 지니고 있던 사온령의 품계를 확언할 수 없다.

한편, 고려시대에는 일정한 직임을 부여하지 않은 散職 또는 虛職으로, 상층부에는 檢校職과 하층부에는 동정직을 설치하였다. 본직의 뒤에 동정을 덧붙여 표시하였으며, 문반 6품·무반 5품 이하에 해당하는 관직에는 동정직이 설정되어 하나의 산직체계를 이루고 있었다. 특히, 동정직은 관직의 초직으로 기능하였고, 양온령동정은 음서의 초직으로 많이 제수되었다.

『高麗史』 권75, 志29 選擧3 銓注 蔭敍 仁宗 12년 6월.

『高麗史』 권77, 志31 百官2 司醞署.

金光洙, 1969, 「高麗時代의 同正職」, 『歷史敎育』 11·12合.

朴龍雲, 1982, 「高麗時代 蔭敍制의 實際와 그 機能(上)·(下)」, 『韓國史研究』 36·37 ; 1990, 『高麗時代 蔭敍制와 科擧制 硏究』, 一志社, 53쪽.

33) 通直郎: 고려후기의 문산계로 정5품에 해당한다. 이에 대해서는 권1 10-(2), 주해 2) 참조.

34) 版圖正郎: 고려후기 版圖司의 정5품 관직으로, 전기의 戶部郎中에 해당한다. 이에 대해서는 앞의 (1), 주해 51) 참조.

35) 朴仁龍: 생몰년 미상. 閔頔의 사위로, 아버지는 朴遠이다. 通直郎·版圖正郎를 역임하였다. 1336년 11월에 기재된 「朴遠妻洪氏墓誌銘」에 仁龍은 이미 졸하였다고 기록되어 있다.

「朴遠妻洪氏墓誌銘」.

36) 中顯大夫: 고려후기 문산계로 종3품下에 해당한다. 이에 대해서는 권1 14-(2), 주해 6) 참조.

37) 備巡衛大護軍: 고려후기 備巡衛의 종3품 관직으로, 전기의 大將軍에 해당한다. 비순위는 고려시대 경군의 2군 6위 가운데 金吾衛가 충선왕 때 개칭된 것으로, 수도의 치안을 책임지고 있는 경찰부대였던 것으로 생각된다. 금오위의 정용은 6령이고, 역령은 1령이다.

『高麗史』 권77, 志31 百官2 西班 金吾衛.

李基白, 1956,「高麗 京軍考」,『李丙燾博士華甲紀念論叢』, 一潮閣 ; 1968,『高麗兵制史研究』, 一潮閣, 70쪽.

洪元基, 2001,「六衛의 成立과 그 性格」,『高麗前期 軍制研究』, 혜안, 97·98쪽.

朴龍雲, 2009,『『高麗史』 百官志 譯註』, 신서원, 649~651쪽.

38) 尹繼宗: ?~1346. 본관은 坡平이고, 閔頔의 사위이다. 충혜왕비인 禧妃의 아버지이며, 忠定王의 외조부이다. 1339년에 충혜왕이 충숙왕비인 慶華公主를 능욕한 일이 벌어져 경화공주가 원으로 돌아가고자 말을 사려고 할 때 왕명을 받고 李儼 등과 함께 말을 매매하지 못하게 하였다. 또한 충목왕대 整治都監이 설치되어 각 도의 규찰을 강화할 때 理問으로 公田을 뇌물로 받은 것이 드러났다. 관직은 찬성사에 이르렀다.

『高麗史』 권37, 世家37 忠穆王 2년 동10월.

『高麗史』 권89, 列傳2 后妃2 禧妃尹氏.

『高麗史』 권110, 列傳23 王煦.

39) 令同正: 소속된 관청이 기록되지 않아 정확한 직명을 알 수 없다. 동정직에 대해서는 권2 5-(2), 주해 32) 참조.

40) 劉允吉: 생몰년 미상. 閔頔의 사위이다.

41) 華要: 淸要·淸切·淸望·淸顯 등과 함께 淸要職을 의미하는 말로 쓰였다. 청요직은 '깨끗하면서 중요한 관직'이라는 의미를 지니며, 주로 국왕과 직접 관련되거나 유교정치이념의 구현과 연관된 업무를 담당하였다. 청요직으로 대우받는 직위는 御史臺와 中書門下

省 郞舍 소속의 臺諫職, 政曹인 吏部와 兵部의 관원, 翰林院官과 誥院의 知制誥, 寶文閣과 史館의 관원, 國子監의 祭酒와 中樞院의 承宣 등이었다. 閔頔이 역임한 관직들 또한 이러한 청요직의 범위에 들고 있음이 확인된다.

　　朴龍雲, 1997,「고려시대의 淸要職에 대한 고찰」,『高麗時代 官階·官職 研究』, 고려대학교 출판부.

　42) 嘗卜地王京巽隅作宅 …… 以芸齋寓其號: 李齊賢이 쓴「閔 頔墓誌銘」에 의하면 그가 '집에서 쉴 때에는 스스로 芸齋居士라고 부르면서 손님들에게 거문고를 타고 술을 대접하는 것을 즐기며 서로 기뻐함을 다하고 한번도 말과 안색을 낮추어 權貴들을 따르지 않아 선비들이 더욱 중하게 여겼다'고 한다.

　　「閔頔墓誌銘」.

　43) 某與子夷相厚: 최해는 자신과 민적의 장남인 자이―민사평 ―와의 교유관계가 두터움을 밝히고 있다. 이들의 친분에 대해서는 「閔思平墓誌銘」에 그가 拙齋 崔先生―최해―과 특히 가깝게 지내면서 그의 글을 좋아하여 힘을 다해 문집을 간행해 주었다고 밝히고 있다. 또한, 최해가 민사평의 조부인 閔宗儒의 墓誌와 아버지 민적의 행장을 쓴 것도 이들의 밀접한 관계 때문이라고 이해된다.

　　「閔思平墓誌銘」.
　　具山祐, 1999,「14세기 전반기 崔瀣의 저술 활동과 사상적 단면」,『지역 과 역사』 5.

　44) 先子: 崔瀣의 아버지인 崔伯倫을 말한다. 그에 대해서는 권 1 6-(5), 주해 2) 참조.

6. 東人之文序

[原文]

東人之文序

東方遠自箕子始受封于周, 人知有中國之尊. 在昔新羅全盛時, 恒遣子弟于唐, 置宿衛院以肄[4]業焉. 故唐進士有賓貢科, 牓無闕名. 以逮神聖開國, 三韓敀一, 衣冠典禮, 寔襲新羅之舊, 傳之十六七王, 世修仁義, 益慕華風, 西朝于宋, 北事遼金, 熏陶漸漬, 人才日盛, 粲然文章, 咸有可觀者焉. 然而俗尚惇庬, 凡有家集, 多自手寫, 少以板行, 愈久愈失, 難於傳廣. 而又中葉失御武人, 變起所忽, 昆岡玉石, 遽及俱焚之禍. 介後三四世, 雖號中興, 禮文不足, 因而繼有權臣擅國, 脅君悶民, 曠棄城居, 竄匿島嶼, 不暇相保, 國家書籍, 委諸泥塗, 無能收之. 由玆已降, 學者失其師友淵源, 又與中國絶不相通, 皆泥寡聞, 流于浮妄. 當時豈曰無秉筆者, 其視承平作者, 規模盖不相侔矣. 幸遇天啓皇元, 列聖繼作天下文明, 設科取士已七擧矣. 德化丕冒, 文軌不異, 顧以予之踈淺, 亦嘗濫竊掛名金牓, 而與中原俊士得相接也. 間有求見東人文字者, 予直以未有成書對, 退且耻焉. 於是始有撰類書集之志, 東歸十年, 未嘗忘也. 今則搜出家藏文集, 其所無者, 徧[5]從人借, 裒會採掇, 校厥異同. 起於新羅崔孤雲, 以至忠烈王時, 凡名家者, 得詩若干首, 題曰五七, 文若干首, 題曰千百, 騈儷之文若干首, 題曰四六, 揔而題其目曰東人之文. 於戲, 是編本自得之兵塵煨燼之末蠹簡抄錄之餘, 未敢自謂集成之書. 然欲觀東方作文體製, 不可捨此而他求也. 又嘗語之曰, 言出乎口而成其文, 華人之學, 因其固有而進之, 不至多費精神, 而其高世之才, 可坐數也. 若吾東人, 言語旣有華夷之別, 天資苟非明銳而致力千百, 其於學也, 胡得有成乎. 尙賴一心之妙, 通乎天地四方, 無毫末之差, 至其得意, 尙何自屈而多讓乎彼哉. 觀此書者, 先知其如是而已.

---

4) 肄: 원본에는 隸로 되어 있으나 내용상 肄가 옳으므로, 肄로 교감하였다.
5) 徧: 원본에는 偏으로 되어 있으나 내용상 徧이 옳으므로, 徧으로 교감하였다.

[譯文]

동인지문[1] 서

동방은 오래전 기자[2]가 처음으로 주에게 봉함을 받고부터 사람들이 중국의 존귀함이 있음을 알게 되었다. 옛날 신라의 전성기에는 항상 자제들을 당나라에 보내어 숙위원[3]에 머물며 학업을 익히게 하였다.[4] 그러므로 당의 진사에 빈공과[5]가 있으면 방에서 이름이 빠진 적이 없었다.[6] 태조[神聖][7]께서 나라를 세우고 삼한이 통일됨에 미쳐서도 의관과 전례는 신라의 옛것을 그대로 따랐으며[8] 16·17대 왕들에게 전해지도록 대대로 인의를 닦아 더욱 중화를 사모하였다. 서쪽으로 송에 조회하고 북쪽으로는 요와 금을 섬기니 교화하고 훈도하는 것이 점차 이루어져[熏陶漸漬] 인재가 날로 성하고 문장이 아름다워 모두 가히 볼 만한 것이 있었다. 그러나 풍속은 순박하여 무릇 집에 소장한 문집은 자기 손으로 베낀 것이 많고 판본으로 간행한 것은 적어서 오래될수록 점점 잃어버리니 널리 전하기 어려웠다. 또 중엽에는 무인을 제어하지 못해 변란이 홀연히 일어나[9] 곤강(昆岡)의 옥과 돌이 갑자기 모두 불에 타는 화를 입게 되었다.[10] 이후 3·4대에 비록 중흥했다 일컬어졌으나 예문(禮文)이 부족하였고, 잇달아 권신이 나라를 천단하여 국왕을 협박하고 백성을 기망하다 성과 거처를 비워버리고 섬으로 달아나 숨느라[11] 서로 지킬 겨를이 없어, 나라의 서적은 진흙 속에 내버려져 거두어들일 수 없었다. 이로 말미암아 이후로 학자들은 그 사우(師友)의 연원을 잃었고 게다가 중국과 단절되어 서로 통하지 못하니, 모두 흐려지고 듣는 바가 적어 (문풍이) 망령된 곳으로 흐르게 되었다. 당시에 어찌 붓을 쥔 자가 없었다고 하겠는가만, 나라가 태평한 때의 작자에 견주어보면 규모가 대개 서로 같지 않다. 다행히 하늘이 내린 황원(皇元)을 만나 여러 황제가 천하의 문명을 잇달아 일으키고, 과거를 설치하여 선비를 뽑은 것이 벌써 일곱 번째이다.[12] 덕화가 크게 미쳐서 문물[文軌]이 다르지 않으니 돌아보건대 나의 거칠고 얕은 문장[疎賤]으로도 또한 일찍이 외람되이 합격하여 금방(金牓)에 이름이 올려져[13] 중원의 뛰어난 선비들과 서로 만날 수 있었다. 간혹 동인의 문자를 보고자 청하는 자가 있으면, 나는 다만 완성된 책이 없다고만 답하고 물러나와 또 부끄러워하였다. 이에 비로소 (시문을) 가리고 분류하여 책으로 모을 뜻이 있었는데, 동으로 돌아온 지 10년이 되도록[14] 일찍이 잊지 아니하였다. 지금 곧 집에 소장된 문집을 찾아내고, (집에) 없는 것은 두루 다른 사람에게 빌려서 모아 선별하고 묶어서 그 다르고 같음을 교열하였다. 신라의 최고운[15]에서 시작하여 충렬왕대에 이르기까지 무릇 명문장가의 시 약간 수를 얻어 오칠이라 제목하고[16] 글 약간 수를 천백이라 제목하고[17] 변려문[18] 약간 수를 사륙이라 제목하고[19] 총괄하여 그 제목을 『동인지문』이라고 하였다. 아아! 이 책은 본래 내가 병란에 불타다 남은 것과 좀먹은 문서를 초록한 나머지를 얻은 것이니, 감히 스스로 집성(集成)한 책이라고 말할 수는 없다. 그러나 동방의 작문 체제를 보고자 한다면 이것을 버리고는 달리 구할 수가 없다. 또 (내가) 일찍이 말하기를, "말은 입에서 나와 그 글을 이루는데, 화인(華人)의 학문은 본래 가지고 있는 것으로부터 (배워) 나아가므로 정신을 많이 소비하지 않아도 세상에 뛰어난 인재는 앉아서도 헤아릴 만하다. 우리 동인은 언어가 이미 화와 이의 구별이 있어서, 타고난 자질이 진실로 밝고 치밀하여 백배천배의 노력을 다하여도 그 학문에 어찌 성공이 있을 수 있겠는가. 그러나 마음은 같다는 오묘함에 의지하면 천지 사방을 통틀어 털끝만큼도 차이가 없으니, 그 뜻을 얻음에 이르러서는 다만 어찌 스스로 굴하여 저들에게 많이 겸양하겠는가."라고 하였다. 이 책을 보는 자는 먼저 이와 같은 점을 알아야

할 따름이다.

[註解]

1) 東人之文: 崔瀣(1287~1340)가 신라 崔致遠에서 고려 충렬왕대까지 名文章家의 시문을 모아 간행한 詩文選集으로, 詩를 모은 五七과 文을 모은 千百, 四六文을 모은 四六의 순으로 구성되어 있다. 『東人之文』 가운데 五七이 9권, 千百이 1권, 四六은 모두 15권으로 총 25권이었던 것으로 추정된다. 『東人之文』의 편찬시기는 『拙藁千百』에 수록되어 있는 「東人之文序」와 「東人四六序」 및 李穀의 『稼亭集』에 전하는 崔君墓誌 등의 내용을 통해 볼 때 1331년(충혜왕 1)부터 1338년(충숙왕 후7) 사이의 일로 생각된다. 이 책은 우리나라에서 현존하는 最古의 시문선집으로 시문학 및 서지학 연구에 많은 자료를 제공할 뿐만 아니라 외교문서 및 각 인물의 小傳 등이 수록되어 있어 『高麗史』의 기록을 보완하는 자료로서 사료적 가치가 매우 높다.

尹炳泰, 1978, 「崔瀣와 그의 『東人之文四六』」, 『東洋文化研究』 5.

千惠鳳, 1981, 「麗刻本 東人之文四六에 대하여」, 『東洋文化研究』 14.

辛承云, 1991, 「麗刻本 「東人之五七」 殘本(卷7~卷9)에 對하여」, 『圖書館學』 20.

呂運弼, 1995, 「『東人之五七』의 面貌와 『東文選』과의 關聯樣相」, 『韓國漢詩研究』 3.

朴漢男, 1997, 「14세기 崔瀣의 『東人之文四六』 편찬과 그 의미」, 『大東文化研究』 32.

채상식, 2013, 「『東人之文四六』의 자료가치—특히 金富軾 『文集』의 복원 시도—」, 『최해와 역주 『졸고천백』』, 혜안.

2) 箕子: 생몰년 미상. 중국 殷代의 賢人으로 紂王의 諸父였다고 한다. 그에 대한 기록은 『史記』, 『尙書』, 『漢書』 등에 전한다. 이에 의하면 箕子는 주왕의 실정을 간언하다가 감옥에 갇혔다. 이후

周 武王이 은을 멸망시키고 기자를 석방하였으나 조선으로 망명하여 나라를 세웠다고 한다. 한편 고려시대에는 숙종대에 祀典을 유교식으로 재정비하는 과정에서 기자에 대한 제사를 주관하게 되었는데, 이때의 기자숭배는 고려의 교화와 예의를 창시한 문화군주로서의 의미를 가지는 것이었다.

『史記』 권38, 宋微子世家8.

千寬宇, 1974, 「箕子攷」, 『東方學志』 15 ; 1989, 『古朝鮮·三韓史硏究』, 一潮閣.

韓永愚, 1982, 「高麗~朝鮮前期 箕子認識」, 『韓國文化』 3.

3) 宿衛院: 현재 숙위원의 담당 업무 등에 대한 구체적인 내용은 알 수 없다. 다만 『東文選』에 수록된 「謝不許北國居上表」에 의하면 897년에 기록된 「宿衛院狀報」에 발해의 賀正使 大封裔가 狀을 올려 발해 사신의 반열을 신라보다 앞자리에 위치하게 해줄 것을 요청하였으나 唐 昭宗에 의해 받아들여지지 않은 일이 있었다고 한다.

『東文選』 권33, 「謝不許北國居上表」.

4) 在昔新羅全盛時 …… 置宿衛院以隸業焉: 신라는 640년에 처음으로 子弟를 唐의 國學에 입학시켜 수학하게 하였으며, 이후 많은 학생들이 宿衛學生으로서 당에서 유학하였다. 신라의 숙위학생은 律學·書學·算學 등의 전문학제보다는 國子學·太學·四門學에 편제되었다. 숙위학생으로 파견되는 자의 신분은 신라 초기에는 왕족의 자제들 중에서 문장이 뛰어난 인물을 선발해 파견하였으나 하대에는 6두품 계열이 중심을 이루었다.

李丙燾, 1961, 『韓國史』(古代篇), 震檀學會, 乙酉文化社, 672쪽.

申瀅植, 1969, 「宿衛學生考─羅末麗初의 知識人의 動向에 대한 一齣─」, 『歷史敎育』 11·12合 ; 1984, 『韓國古代史의 新硏究』, 一潮閣.

申瀅植, 1984, 「韓國古代國家에 있어서의 儒敎」, 『韓國古代史의 新硏究』, 一潮閣, 433~436쪽.

장일규, 2003, 「최치원의 入唐 修學과 활동」, 『정신문화연구』 91, 117쪽.

黨銀平, 2009, 「최치원과 당대 빈공 진사의 특수 체제 고찰」, 『중국의 최치원 연구』, 심산.

5) 賓貢科: 唐代에 외국인을 위하여 실시한 과거를 말한다. 이에
대해서는 권2 3, 주해 9) 참조.

6) 牓無闕名: 다수의 신라 유학생이 唐의 賓貢科에 급제하였음
을 표현한 것이다. 신라의 숙위학생 중에 당의 빈공과에 급제한 이
는 821년(헌덕왕 13)에 金雲卿이 처음이며, 이후 金文蔚, 崔承祐,
崔致遠 등 많은 사람이 급제하였다.

『東文選』권84, 序「送奉使李中父還朝序」.
申瀅植, 1984, 「韓國古代國家에 있어서의 儒敎」, 『韓國古代史의 新硏究』,
　一潮閣, 444～453쪽.

7) 神聖: 高麗 太祖(877～943, 재위 기간 918～943)를 말한
다. 神聖은 태조의 첫 번째 시호이다. 이에 대해서는 권1 14-(1),
주해 11) 참조.

8) 以逮神聖開國 …… 寔襲新羅之舊: 『高麗史』百官志 序文에
의하면 고려 태조는 개국 후에 泰封의 제도와 함께 新羅의 제도 또
한 채용하였다고 한다.

『高麗史』권76, 志30 百官1.
李泰鎭, 1972, 「高麗 宰府의 成立―그 制度史的 考察―」, 『歷史學報』
　56.
邊太燮, 1981, 「高麗初期의 政治制度」, 『韓㳓劢博士停年紀念史學論叢』,
　知識産業社, 159쪽.

9) 而又中葉失御武人 變起所忽: 1170년(의종 24)에 발생한 무
신정변을 말한다. 의종의 실정과 무신에 대한 낮은 처우에 불만을
품은 上將軍 鄭仲夫와 李義方, 李高 등이 왕이 和平齋에 행차했을
때 함께 반역을 모의하고, 이어서 왕이 普賢院에 행차하자 수행하던
문신과 환관 등을 살해하였다. 이후 정중부 등은 개경으로 들어와
대소의 문신 50여 명을 죽인 다음 의종을 巨濟縣으로, 태자를 珍島
縣에 내쫓고, 의종의 아우 翼陽公 王晧를 明宗으로 옹립한 뒤 무신

정권을 수립하였다.

『高麗史』 권19, 世家19 毅宗 24년 8월 丁丑.

『高麗史』 권128, 列傳41 叛逆2 鄭仲夫.

『高麗史節要』 권11, 毅宗 24년 하4월.

한편 무신정변의 발생 배경에 대해서는 다음과 같은 연구가 있다.

尹瑢均, 1930, 「高麗毅宗朝 鄭仲夫亂 要因 影響」, 『靑丘學叢』 2 ; 1933, 『尹文學士遺稿』, 朝鮮印刷株式會社, 148~150쪽.

邊太燮, 1961, 「高麗朝의 文班과 武班」, 『史學硏究』 11 ; 1971, 『高麗政治制度史硏究』, 一潮閣, 280~290쪽.

李基白, 1968, 「高麗軍班制下의 軍人」, 『高麗兵制史硏究』, 一潮閣, 296쪽.

河炫綱, 1981, 「高麗 毅宗代의 性格」, 『東方學志』 26 ; 1988, 『韓國中世史硏究』, 一潮閣, 421~423쪽.

채웅석, 1993, 「의종대 정국의 추이와 정치운영」, 『역사와 현실』 9, 130쪽.

金塘澤, 1993, 「高麗 毅宗代의 정치적 상황과 武臣亂」, 『震檀學報』 75, 49쪽.

박옥걸, 2000, 「武臣亂과 鄭仲夫政權」, 『白山學報』 54, 83쪽.

10) 昆岡玉石 遽及俱焚之禍: 昆岡玉石은 崑崙山에서 생산되는 名玉을 가리킨다. 본문은 "불이 곤륜산을 태워 옥과 돌이 모두 타버렸다[火炎崐岡 玉石俱焚]."라는 『書經』의 내용을 인용한 것으로, 여기서는 고려의 훌륭한 문장이 무신난으로 인해 모두 사라진 것을 이와 같이 표현하였다.

『書經』 夏書 胤征.

諸橋轍次, 1985, 「昆岡」, 『大漢和辭典』 6, 大修館書店, 755쪽.

11) 因而繼有權臣擅國 …… 竄匿島嶼: 고려가 몽골의 침입에 대응하기 위해 1232년(고종 19) 6월에 개경에서 강화로 천도한 것을 말하는 것으로, 이는 당시의 무신집정 崔怡에 의해 단행되었다.

『高麗史』 권23, 世家23 高宗 19년 6월 乙丑·추7월 丙戌.

최씨정권의 강화천도 배경 및 과정에 대해서는 다음의 연구가 있다.

尹龍爀, 1977, 「崔氏武人政權의 對蒙抗戰姿勢」, 『史叢』 21.

尹龍爀, 1986, 「對蒙抗爭과 江都時代의 展開」, 『高麗對蒙抗爭史硏究』, 一志社.

김윤곤, 2004, 「삼별초정부의 대몽항전과 국내외 정세 변화」, 『한국중세사연구』 17.

12) 設科取士已七擧矣: 몽골에서는 1213년에 거란 출신 中書令 耶律楚材가 한인 거주 지역의 원활한 통치를 위해 元 太宗에게 유학으로 인재를 선발할 것을 건의함에 따라 최초로 과거가 시행되었다. 그러나 이내 정지되었다가 1314년에 다시 시행되는 등 시행과 중지를 반복하였다. 원은 과거를 실시하면서 고려에도 이 사실을 알리고 고려인 또한 원의 회시─鄕試·會試·殿試의 三層 가운데 제2단계─에 응시하도록 하였다. 이에 고려인은 1315년(충숙왕 2)부터 1353년(공민왕 2)까지 12회에 걸쳐 원의 회시에 응시하였다. 한편 본문에서 "과거를 설치하여 선비를 뽑은 것이 벌써 일곱 차례가 된다."라고 한 내용으로 보아, 이는 1333년(충숙왕 후2)에 시행된 과거를 말하며 동인지문이 그때 이후에 편찬되었음을 알려준다.

『高麗史』 권74, 志 28 選擧2 科目2 制科 忠肅王 후2년.
『元史』 권81, 志31 選擧1.
高惠玲, 2001, 「高麗 士大夫와 元의 科擧」, 『高麗後期 士大夫와 性理學 受容』, 一潮閣, 94~102쪽.
裵淑姬, 2008, 「元代 科擧制와 高麗進士의 應擧 및 投官」, 『東洋史學研究』 104, 129~131쪽.

13) 顧以予之疎淺 …… 掛名金牓: 崔瀣가 元의 制科에 응시하여 급제한 사실을 말한다. 그는 1320년(충숙왕 7)에 安軸, 李衍宗 등과 함께 원의 제과에 응시하였고, 이듬해인 1321년에 급제하였다(①). 金牓은 과거 급제자의 이름이 게시된 금색으로 만든 편액을 가리키며, 여기에 이름이 올랐다는 말은 곧 과거에 급제했음을 의미한다(②).

① 『高麗史』 권35, 世家35 忠肅王 7년 동10월 丁巳.
　　『高麗史』 권74, 志28 選擧2 科目2 制科 忠肅王 7년 10월·8년.
② 諸橋轍次, 1985, 「金牓」, 『大漢和辭典』 11, 大修館書店, 478쪽.

14) 東歸十年: 최해는 1321년(충숙왕 8)에 원의 제과에 급제하

여 遼陽路盖州判官에 임명되었으나 부임한 지 5개월 만에 병을 핑계로 고려에 귀국하였다(①). 연구에 의하면 그가 遼陽路盖州判官을 사직한 시기는 1321년 10월 이후의 일이므로, "고려에 돌아 온 지 10년이다."라고 한 시기는 1332~1333년 무렵이라는 견해가 있다(②).

① 『高麗史』 권109, 列傳22 崔瀣.
② 尹炳泰, 1978, 「崔瀣와 그의 『東人之文四六』」, 『東洋文化研究』 5, 190·201쪽.

15) 崔孤雲: 崔致遠(857~?)을 말하는 것으로, 孤雲은 그의 자이다. 이에 대해서는 권2 3, 주해 36) 참조.

16) 題曰五七: 崔瀣가 편찬한 詩選集으로 현재 제7권부터 제9권에 이르는 3卷 1册의 殘本이 전하여 보물 제1089호로 지정되었다. 그러나 간기가 남아있지 않아 정확한 간행연도와 간행지는 알 수 없다. 여기에는 신라 최치원으로부터 고려 충렬왕대의 吳漢卿, 洪侃 등에 이르는 총 26명의 五言詩와 七言詩를 選集하고 批點과 注解를 더한 詩 159首가 수록되어 있다.

辛承云, 1991, 「麗刻本 「東人之五七」 殘本(卷7~卷9)에 對하여」, 『圖書館學』 20.
呂運弼, 1995, 「『東人之五七』의 面貌와 『東文選』과의 關聯樣相」, 『韓國漢詩研究』 3.
朴漢男, 2002, 「崔瀣의 『東人之文五七』 편찬과 사료적 가치」, 『史學研究』 67.

17) 題曰千百: 崔瀣가 東人의 文을 모아 편찬한 것으로 언급되는 文集이다. 현재 전하지 않는다.

尹炳泰, 1978, 「崔瀣와 그의 『東人之文四六』」, 『東洋文化研究』 5, 17쪽.

18) 騈儷之文: 騈四儷六 또는 四六文이라고도 한다. 이를 四六이라 한 것은 한 句마다 四字 혹은 六字로 글자를 맞추었음을 말하며, 騈은 두 마리의 말을 나란히 마차에다 이은 것을 말하고 儷는

두 사람이 나란히 밭을 간다는 뜻으로써 對句를 의식적으로 많이
사용했음을 나타낸다.

尹炳泰, 1978, 「崔瀣와 그의 『東人之文四六』」, 『東洋文化研究』 5, 202쪽.

19) 題曰四六: 崔瀣가 四六文을 選集하여 편찬한 것으로 현재
총 15권이 전한다. 그 중 고려대학교 도서관 소장본 15권 4책이 보
물 제710-1호(권1~3, 4~6, 10~12, 13~15), 보물 제710-2호
(권1~6), 보물 제710-5호(권7~9)이며, 개인 소장본 또한 보물
제710-3호(권10~12), 보물 제710-4호(권13~15)로 지정되었
다. 이 가운데 보물 제710-1 및 제710-2호는 福州板으로 고려대학
교 소장본 권12와 권15의 말미에 "至正 15년 乙未 正月 福州開
板"이라는 刊記가 기록되어 있어 1355년(공민왕 4) 1월에 복주에
서 간행되었음을 알 수 있다. 그리고 보물 제710-5호는 晉州板으
로, 권7의 말미에 "晉州牧開板"이라는 간기가 있어 그 간행지가 확
인되었으나, 복주판과는 판식이 다르며 간기가 없어 정확한 간행연
대는 알 수 없다. 다만 『拙藁千百』에 "至正 14년 甲午 晉州開板"
이란 간기가 있고 刻手名, 版式 등이 일치하는 점으로 미루어 볼 때
『拙藁千百』을 개판할 때에 함께 간행되었거나 그때를 전후하여 간
행된 것으로 추정된다. 여기에는 崔致遠, 朴寅亮, 金富軾, 崔惟淸,
金克己, 李奎報, 朴昇中, 鄭沆 등 총 71명의 四六文 493편이 수록
되어 있다.

朴漢男, 1997, 「14세기 崔瀣의 『東人之文四六』 편찬과 그 의미」, 『大東
文化研究』 32.

채상식, 2013, 「『東人之文四六』의 자료가치—특히 金富軾 『文集』의 복
원 시도—」, 『최해와 역주 『졸고천백』』, 혜안.

7. 唐城郡夫人洪氏墓誌

[原文]

唐城郡夫人洪氏墓誌

故延興君杏山老先生有孫, 名文珤, 以其客西原鄭誧狀先夫人之行, 來泣而言曰, 惟先生甞與吾父與吾舅俱有年契. 吾母之藏, 不可無銘, 非先生誰謁焉. 予曰, 嗚嗟, 其然. 鄙文安足惜. 按唐城洪氏爲東方望族. 祖諱子藩, 相忠烈王, 爲國大宰十五年, 位僉議中賛. 考諱敬, 階其先積, 官至賛成事.

夫人年十三, 選故朴氏, 爲杏山冢婦, 實匡靖大夫前政堂文學遠之妻, 封唐城郡夫人. 長子仁龍, 故版圖正郎, 次子卽文珤, 爲典儀寺丞. 次德龍, 東部副令, 次壽龍, 千牛衛別將, 次天龍, 綏陵直. 女配王氏璡, 爲益興君夫人, 次嫁士族, 爲散員許齡妻. 夫人之生在至元戊子, 至後至元丙子, 春秋四十有九而病, 卒以七月辛酉. 葬以十一月甲戌, 宅兆某山之原. 其葬也, 仁龍已卒, 而政堂公赴輦下不及臨, 悲哉.

銘曰. 粤若洪宗, 貴擅天東, 匪積匪厚, 曷股而豐, 維文維武, 有德有功, 力賛靑社, 世濟以忠, 大宰之孫, 有夫人美, 幼奉酒親, 愛鍾冢子, 爰擇所從, 適于朴氏, 自其入門, 舅姑以喜, 旣敦女範, 又婉婦儀, 承事夫子, 以箴以規, 董治家政, 有備無虧, 亦克多慶, 二女五兒, 謂言夫人, 享祿未艾, 胡哲其身, 年則不逮, 夫子出游, 歸也無待, 泉路幽幽, 留恨千載, 嗚嗟哀哉.

[譯文]

당성군부인홍씨[1] 묘지[2]

고 연흥군 행산 노선생[3]의 손자는 이름이 문보[4]인데, 문객인 서원 정포[5]가 지은 선부인의 행장을 가져와서 울며 말하기를, "생각건대 선생께서는 일찍이 저의 아버지[6]와 외숙과 함께 동년계이셨습니다.[7] 제 어머니의 장례에 명이 없을 수 없으니, 선생 말고 누구에게 부탁하겠습니까."라고 하였다. 내가 답하기를, "아아, 그러한가.

비루하지만 글을 어찌 아끼겠는가."라고 하였다. 살피건대, 당성홍
씨[8]는 동방의 명망 있는 가문이다. (홍씨의) 조부인 휘 자번[9]은 충
렬왕[10]을 도와 나라의 큰 재상으로 15년간 있으면서 지위가 첨의중
찬[11]에 이르렀다.[12] 아버지 휘 경[13]은 선친의 행적을 이어 관직이
찬성사[14]에 이르렀다.

부인은 나이 13세에 박씨 집안에 시집와서 행산 선생의 맏며느리
가 되었으니, 바로 광정대부[15]·전 정당문학[16] 원의 부인으로, 당성
군부인에 봉해졌다. 장자 인룡[17]은 고 판도정랑[18]이고, 다음 아들은
곧 문보로 전의시승[19]이 되었다. 다음 덕룡[20]은 동부부령[21]이고,
다음 수룡[22]은 천우위별장[23]이며, 다음 천룡[24]은 수릉직[25]이다. 딸
은 왕련[26]의 배필이 되어 익흥군부인[27]이 되었고, 다음은 사족에게
시집갔으니 산원 허령[28]의 처가 되었다. 부인은 지원 무자년(1288,
충렬왕 14)에 태어나서 후지원 병자년(1336, 충숙왕 후5) 춘추 49
세에 병이나 7월 신유일(18일)에 졸하였다. 11월 갑술[29]에 장례를
지내니, 무덤은 어느 산 언덕이다. 장례 때에 인룡은 이미 죽었고
정당공은 원에 가서 이르지 못했으니, 슬프구나. 명에 이른다.

> 아아, 홍씨 가문은 귀함이 하늘 동쪽을 차지하였네.
> 쌓은 것이 두텁지 않았다면 어찌 번성하고 풍성하였겠는가.
> 문과 무로 덕과 공이 있도다.
> 힘써 나라[靑社]를 도와 대대로 충성을 다했네.
> 수상[大宰]의 손녀가 부인의 미덕이 있구나.
> 어려서 부모를 봉양하니 여러 자식 중에 사랑받았네.
> 이에 좇을 바를 택하여 박씨에게 시집왔구나.
> 문에 들어설 때부터 시부모님 기뻐하였네.
> 아녀자의 규범에 힘쓰고 또한 부인의 절의에 곡진하였구나.
> 남편을 받들어 섬김에 경계와 규범으로 하였네.
> 집안일을 감독하여 다스림에 갖춤이 있고 흠이 없구나.

복도 많아서 2녀 5남을 두었네.

사람들이 부인을 일러 말하기를 복록을 누림이 끝이 없다 하네.

어찌하여 현철한 몸처럼 수명이 따르지 못했는가.

남편은 멀리 나갔다 돌아왔는데 기다려주는 이 없구나.

저승 길 아득하여 남은 한이 천 년이네.

아아, 슬프구나.

[註解]

1) 唐城郡夫人洪氏: 朴遠의 부인이다. 唐城은 부인의 본관으로
현재 경기도 화성 남양읍 일대이다. 군부인은 정4품 이상 관원의 배우
자에게 내려진 封號이다. 이에 대해서는 권1 6-(1), 주해 19) 참조.

『高麗史』 권77, 志31 百官2 內職.

2) 唐城郡夫人洪氏墓誌: 이 글은 『東文選』과 『竹山朴氏大司憲
公譜』에 전한다. 『東文選』의 내용은 본문과 동일하지만 『竹山朴氏
大司憲公譜』에 실린 墓誌는 다소 차이가 있다. 족보에 의하면 부인
의 葬地가 三郎山으로 되어 있고, 묘지명의 작성연대도 '丙子十一
月 日'이라고 구체적으로 적혀 있다.

『東文選』 권123, 「唐城郡夫人洪氏墓誌」.

金龍善, 1988, 「新資料 高麗 墓誌銘 17點」, 『歷史學報』 117, 166쪽.

3) 故延興君杏山老先生: 朴全之(1250~1325)를 말한다. 본관
은 竹州이고 자는 返圓이며 아버지는 典法判書를 지낸 朴暉이다.
자신을 가리켜 杏山蒙泉無垢居士라고 하였기 때문에 사람들은 그를
杏山이라고 불렀다. 1268년(원종 9)에 과거에 급제하였고 史翰의
관직을 역임하였다. 1279년(충렬왕 5)에 원에 들어가 侍衛하고 王
之綱 등 원의 학자들과 교유하였다. 1286년에 고려로 돌아온 뒤에
殿中尹·知製敎가 되었고, 世子의 侍講을 맡았다. 1298년에 충선왕
이 즉위하여 詞林院을 설치할 때 崔昷·吳漢卿·李瑱 등과 함께 詞
林院學士에 임명되어 銓注를 담당하였다. 이후 三司左使·詞林學士

承旨, 密直副使·中京留守를 역임하였으나, 충렬왕이 복위하자 참소를 입고 파면되었다. 충선왕 복위 후 다시 기용되었으며 1319년(충숙왕 6)에는 推誠贊化功臣·藝文館大提學·檢校僉議政丞·監春秋館事·延興君이 되었다. 1324년에 瀋王의 당여가 원에 충숙왕을 무고하는 글에 서명할 것을 강요하였으나 이를 거부하였다. 충숙왕이 환국하여 그에게 일을 보게 하였으나 병이 있어 사양하자, 다시 三重大匡·守僉議政丞·右文館大提學·監春秋館事·上護軍을 더하여 치사하게 하였다. 시호는 文匡이다.

『高麗史』 권109, 列傳22 朴全之.

「朴全之墓誌銘」.

李起男, 1971, 「忠宣王의 改革과 詞林院의 設置」, 『歷史學報』 52, 94·95쪽.

박재우, 1993, 「고려 충선왕대 정치운영과 정치세력동향」, 『韓國史論』 29.

홍완표, 2002, 「고려시대 竹山 朴氏 家門 연구」, 『湖西史學』 33, 45~49쪽.

4) (朴)文珤: 생몰년 미상. 朴遠의 둘째 아들로 典儀寺丞을 역임하였다.

「朴遠墓誌銘」.

5) 鄭誧: 1309~1345. 1326년(충숙왕 13)에 과거에 급제하였는데, 당시 同知貢擧가 朴遠이었다. 정포가 그의 문생이 되므로 박원의 墓誌銘과 박원 처 홍씨의 행장을 작성한 것으로 보인다. 정포에 대한 자세한 내용은 2권 1, 주해 1) 참조.

『高麗史』 권73, 志27 選擧1 科目1 凡選場 忠肅王 13년.

『高麗史』 권106, 列傳19 鄭誧.

「鄭誧墓誌銘」

6) 吾父: 朴遠(?~1341)을 가리킨다. 초명은 瑗이다. 과거에 급제하고 司僕寺丞, 典儀注簿, 摠部直郎 등을 지냈다. 瀋王의 당여가 충숙왕을 참소하려하자 아버지인 朴全之의 명으로 元에 가서 충숙왕에게 이 사실을 알렸으며, 충숙왕이 환국하자 그 공을 인정받아

右副代言이 되었다. 이후 충숙왕이 원에 있을 때 시종한 공으로 2
등 공신에 책봉되었다. 관직은 政堂文學에 이르렀으며 시호는 文康
이다. 한편 당성군부인 홍씨 이외에 문화유씨 柳湜의 딸을 두 번째
부인으로 두었으며, 그 사이에서 1남 1녀를 낳은 것으로 보인다.

　　『高麗史』 권35, 世家35 忠肅王 11년 2월 丁丑·14년 11월 戊子.
　　『高麗史』 권109, 列傳22 朴全之.
　　「朴遠墓誌銘」·「洪敬妻金氏墓誌銘」.
　　홍완표, 2002, 「고려시대 竹山 朴氏 家門 연구」, 『湖西史學』 33, 50쪽.

　7) 先生嘗與吾父與吾舅俱有年契: 박문보가 자신의 아버지인 박
원과 외숙이 최해와 동년이었음을 근거로 어머니의 銘을 부탁하는
내용이다. 舅는 사전적인 의미로 장인과 외숙이라는 두 가지 뜻이
있는데(①) 박문보의 장인이 누구인지 남아있는 자료가 소략하여
알 수 없으며, 본문은 어머니와 관련되는 내용이므로 외숙으로 보는
것이 자연스럽다. 박문보의 외숙으로는 洪承緖, 洪承贊, 洪承烈, 洪
承祚가 있다. 한편, 年契는 同年契를 의미하는 것으로 보인다. 同年
은 같은 해 과거에 급제한 자를 가리키는 말로, 고려시대에는 同年
끼리 同年會를 만들어서 유대감을 키웠다(②). 박문보의 외숙 중
과거에 급제한 것이 확인되는 사람은 홍승서이며(③), 박원 역시
과거 급제자이다. 하지만 세 사람의 급제시기가 최해는 1303년(충
렬왕 29)으로 명확히 알 수 있는 반면에 홍승서는 충렬왕대, 박원
은 충숙왕대로 비정되므로(④) 과거 급제를 기준으로 同年이라고
판단하기는 어렵다. 고려시대에는 국자감시의 경우도 동년록이 있었
고(⑤), 조선시대의 일이지만 생원시 동년을 '年契'라고 한 사례가
있으므로(⑥) 세 사람은 국자감시 동년이었을 가능성이 있다.

　　① 檀國大學校 東洋學硏究所, 2007, 「舅」, 『漢韓大辭典』 11, 檀國大學校
　　　　出版部, 639쪽.
　　② 曺佐鎬, 1958, 「麗代의 科擧制度」, 『歷史學報』 10, 162~164쪽.
　　　　許興植, 1979, 「高麗의 科擧와 門蔭制度와의 比較」, 『韓國史硏究』

27 ; 2005, 『고려의 과거제도』, 일조각, 290·291쪽.

③ 『高麗史』 권105, 列傳18 洪子藩 附承緒.

④ 朴龍雲, 1990, 「〈資料〉: 科試 設行과 製述科 及第者」, 『高麗時代 蔭敍制와 科擧制 研究』, 一志社, 450·465쪽.

⑤ 許興植, 1996, 「1377년 國子監試 同年錄의 分析」, 『書誌學報』 17 ; 2005, 『고려의 과거제도』, 일조각.

⑥ 『國朝人物考』 권40, 士子 趙光憲.

8) 唐城洪氏: 당성은 南陽의 옛 이름이며 당성 홍씨보다 남양홍씨로 잘 알려져 있다. 남양 홍씨의 연원은 삼국시대 唐에서 파견된 才士 8인 중 하나라고 전해지고, 鼻祖는 신라말~고려초의 인물인 洪殷悅이다. 남양홍씨 가문이 번성하게 된 것은 고려후기에 와서이다. 洪斯胤은 고종대에 尙書左僕射, 樞密院副使를 지내며 가문이 도약할 기반을 다졌고 그 아들 洪縉과 洪裔도 고위 관직을 역임하였으며, 손자인 洪子藩은 충렬왕대에 僉議中贊을, 洪奎는 충선왕대에 僉議政丞을 지내어 남양 홍씨는 수상을 배출한 가문이 되었다. 특히 홍규 집안은 忠宣王·忠肅王과 혼인관계를 맺는 등 소위 충선왕 복위교서에 보이는 '宰相之宗'으로 선정되었다.

金光哲, 1984, 「洪子藩研究―忠烈王代 政治와 社會의 一側面―」, 『慶南史學』 1.

金塘澤, 1991, 「忠宣王의 復位敎書에 보이는 '宰相之宗'에 대하여―소위 '權門勢族'의 구성분자와 관련하여―」, 『歷史學報』 131 ; 1998, 『元干涉下의 高麗政治史』, 一潮閣.

9) (洪)子藩: 1237~1306. 자는 雲之이고, 아버지는 洪裔이다. 과거에 응시하였으나 급제하지 못하였고 南京留守判官, 廣州通判을 지냈다. 元宗代에 右副承宣, 左承宣을 거쳐 1278년(충렬왕 4)에 知密直司事가 되어 왕을 시종하여 원에 갔다. 이듬해에 判密直司事가 되었으며, 원이 일본정벌을 준비하자 全羅道都指揮使가 되어 전함 修造를 담당하였다. 이후 知僉議府事, 僉議贊成事를 거쳐서 1294년에 僉議中贊에 임명되었다가 이듬해에 치사하였다. 1296년

에 다시 右中贊에 임명되었고 便民18事를 왕에게 상주하였다.
1298년에 충선왕이 즉위하자 左僕射·僉知光政院事가 되었으며, 충
렬왕이 복위하면서 壁上三韓盡忠同德佐理功臣號를 받고 慶興郡開
國侯로 봉해졌다. 1303년에 吳祁와 石胄, 石天補 등이 국왕 부자를
이간하자 이들을 잡아 원에 호송하였다. 1305년에 충렬왕을 따라
원에 입조하였다가 이듬해에 원에서 졸하였다. 시호는 忠正이고 후
에 충선왕 묘정에 배향되었다.

> 『高麗史』 권28, 世家28 忠烈王 4년 2월 丁卯·12월 辛卯·5년 2월 丙午.
> 『高麗史』 권31, 世家31 忠烈王 20년 12월.
> 『高麗史』 권105, 列傳18 洪子藩.
> 金光哲, 1984, 「洪子藩研究―忠烈王代 政治와 社會의 一側面―」, 『慶南
> 史學』 1.
> 盧鏞弼, 1984, 「洪子藩의 「便民十八事」에 대한 硏究」, 『歷史學報』 102.
> 金光哲, 1986, 「高麗 忠宣王의 現實認識과 對元活動―忠烈王 24年 受禪
> 以前을 중심으로―」, 『釜山史學』 11.

10) 忠烈王: 고려의 25대 국왕이다. 그에 대해서는 권1 3-(1),
주해 5) 참조.

11) 僉議中贊: 고려후기 僉議府의 종1품 관직으로, 전기의 門下
侍中에 해당한다. 이에 대해서는 권1 14-(1), 주해 28) 참조.

12) 爲國大宰十五年 位僉議中贊: 홍자번이 1291년(충렬왕 17)
9월에 判典理司事로 임명되어 首相이 된 이래 그가 졸한 1306년까
지 약 15년간 재상의 지위에 있었던 것을 의미한다.

> 『高麗史』 권30, 世家30 忠烈王 17년 9월 乙未.

13) (洪)敬: 생몰년 미상. 홍자번의 아들이고 경주 김씨 金佺의
딸과 혼인하였다. 「朴全之墓誌銘」에는 洪敬一로 기록되어있다.
1304년(충렬왕 30)에 右承旨에 임명되었고, 관직은 僉議贊成事에
이르렀다. 시호는 良順이다.

> 『高麗史』 권32, 世家32 忠烈王 30년 춘정월 丙子.

『高麗史』권105, 列傳18 洪子藩.

「朴全之墓誌銘」·「洪敬妻金氏墓誌銘」.

14) 贊成事: 고려후기 僉議府의 정2품 관직으로, 전기의 平章事에 해당한다. 이에 대해서는 권1 6-(1), 주해 2) 참조.

15) 匡靖大夫: 고려후기 종2품 문산계이다. 이에 대해서는 권1 6-(2), 주해 33) 참조.

16) 政堂文學: 고려후기 僉議府의 종2품 관직으로, 전기의 政堂文學에 해당한다. 이에 대해서는 권1 10-(2), 주해 9) 참조.

17) (朴)仁龍: 박원의 첫째 아들이다. 그에 대해서는 권2 5-(2), 주해 35) 참조.

18) 版圖正郎: 고려후기 版圖司의 정5품 관직으로, 전기의 戶部郎中에 해당한다. 이에 대해서는 이에 대해서는 권2 5-(1), 주해 51) 참조.

19) 典儀寺丞: 고려후기 典儀寺의 정5품 관직으로 정원은 1인이다. 丞은 1298년(충선왕 즉위)에 처음 설치되었고, 후에 종5품으로 내렸으나 그 시기는 명확하지 않다. 典儀寺에 대해서는 권1 14-(2), 주해 18) 참조.

『高麗史』권76, 志30 百官1 典儀寺.

朴龍雲, 2005, 「『高麗史』百官志 譯註(4)」,『고려시대연구』IX, 한국학중앙연구원 ; 2009, 『『高麗史』百官志 譯註』, 신서원, 268~275쪽.

20) (朴)德龍: 생몰년 미상. 박원의 셋째 아들로 東部副令, 起居郎·知製教를 역임하였다.

「朴遠墓誌銘」.

21) 東部副令: 고려후기 개경 東部의 종6품 관직이다. 문종 때에 副使 1인을 5품 이상의 품관권무로 정하였다가, 1287년(충렬왕 13)에 副令으로 고쳤다. 한편, 개경의 5부는 919년(태조 2)에 태조가 수도를 松嶽으로 옮기고 開州라고 칭하면서 5部와 坊里로 행정구역을 구분하였던 것에서 비롯하였다. 이후 몇 차례의 개정을 거

쳐서 1024년(현종 15)에 5部坊里制가 완성되었으며 東部는 7坊,
70里로 구성되었다.

　　『高麗史』 권56, 志10 地理1 王京開城府.

　　『高麗史』 권77, 志31 百官2 五部.

　　개경의 5部坊里制에 관해서는 다음의 연구가 참고 된다.

　　朴龍雲, 1999,「開京의 部坊里制」,『고려시대 開京 연구』, 一志社.

　　홍영의·정학수, 2002,「5부방리·4교·경기」,『고려의 황도 개경』, 창작과
　　　　비평사.

　　김창현, 2002,「개경 행정구역의 편제와 그 이념」,『고려 개경의 구조와
　　　　그 이념』, 신서원.

　22) (朴)壽龍: 생몰년 미상. 박원의 넷째 아들로 千牛衛別將,
通禮門判官을 역임하였다.

　　「朴遠墓誌銘」.

　23) 千牛衛別將: 국왕 측근에서 시위하는 儀仗 부대인 千牛衛의
정7품 무반직이다. 천우위는 중국의 兵制에 기원을 두고 있는데, 千
牛는 국왕을 경호할 때 사용하는 칼을 의미한다. 즉 千牛刀를 가지
고 국왕의 옆에서 시종하고 숙위하는 군사가 千牛衛였다. 천우위는
常領 1領, 海領 1領으로 구성되어 있는데, 상령이 국왕의 시종을 담
당한 陸軍이라면, 해령은 해상에서 시종을 담당한 水軍이다. 별장은
1령마다 5인을 두었다.

　　『高麗史』 권77, 志31 百官2 西班 千牛衛.

　　李基白, 1960,「高麗 軍人考」,『震檀學報』21 ; 1968,『高麗兵制史研究』,
　　　　一潮閣, 90쪽.

　　鄭景鉉, 1992,『高麗前期 二軍六衛制 研究』, 서울대학교 국사학과 박사
　　　　학위논문, 106쪽.

　24) (朴)天龍: 생몰년 미상. 박원의 다섯째 아들이다.

　25) 綏陵直: 수릉은 睿宗妃인 文敬太后 李氏의 능이다. 고려는
왕족의 능을 관할하는 기구로 諸陵署를 설치하고, 여러 陵을 관리하
는 관직으로 陵直―雜權務―을 두었다.

『高麗史』 권77, 志31 百官2 諸司各色都監 諸陵直.

朴龍雲, 2007, 「『高麗史』百官志(二) 譯註(6-7)」, 『고려시대연구』 XIII,
  한국학중앙연구원 : 2009, 『『高麗史』 百官志 譯註』, 신서원,
  627·628쪽.

26) 王璉: 생몰년 미상. 神宗의 5세손이다. 益陽侯 王玢의 아들
로 益興君에 책봉되었고, 아들은 福安君 王愼이다.

『高麗史』 권91, 列傳4 宗室2 襄陽公恕.

27) 益興君夫人: 생몰년 미상. 王璉의 부인이자 朴遠의 딸이다.
군부인은 종실처의 외명부이다. 益興은 王璉의 봉작호로 현재 강원
도 원주 일대이다. 원주는 1291년(충렬왕 17)에 거란군을 물리친
공로로 익흥도호부가 되었다.

『高麗史』 권56, 志10 地理1 楊廣道 忠州牧 原州.

28) 許齡: 생몰년 미상. 본관은 陽川이며 찬성사를 지낸 許伯의
아들로 『高麗史』 列傳에는 許絅으로 되어 있다. 박원의 사위이며
1336년(충숙왕 후5)에 과거에 급제하고 이후 崇福都監判官, 成均
司藝 등을 역임하였다.

『高麗史』 권105, 列傳18 許珙 附冠.

「朴遠墓誌銘」.

許興植, 1981, 「高麗禮部試同年錄」, 『高麗科擧制度史研究』, 一潮閣 :
  2005, 『고려의 과거제도』, 일조각, 516·517쪽.

29) 葬以十一月甲戌: 『竹山朴氏大司憲公波譜』에 전하는 묘지명
에 의하면 장례일이 甲戌이 아니라 甲辰으로 되어 있다. 부인 홍씨
가 사망한 후지원 병자년(1336, 충숙왕 후5) 11월에는 갑술일이
없으므로 갑진일(2일)이 옳다고 판단된다.

金龍善, 1988, 「新資料 高麗 墓誌銘 17點」, 『歷史學報』 117, 165·166쪽.

8. 故杞城君尹公墓誌

[原文]

故杞城君尹公墓誌

公諱莘傑, 字伊之. 初以文學, 輔王於江陵府, 逮王嗣位, 驟6)擢登宰府, 身爲舊臣. 年七十二, 後至元丁丑二月廿四日, 病卒. 夫人朱氏, 以予嘗友其姪暉, 俾暉來請曰, 妾事夫子五十四年, 今亡矣. 不幸無子獨葬, 不可以緩, 將卜用三月十三日行事. 願刻文納隧, 以圖其不朽, 惟君之託焉. 予與暉厚, 安可拒之.

公之先, 雞林杞溪縣人, 盖其始由鄉擧而入仕. 曾祖良庇, 故檢校詹事, 祖維楨, 故閤門祗候, 考玞, 故監察史. 祖及考皆登科, 前輩有稱其文者. 監察公娶壽城賓氏女, 生子五人, 公爲長.

生廿歳, 擧司馬試中魁, 廿五, 赴禮圍擢乙科. 至元卅一年, 任南京留守司錄, 罷秩, 國學學諭. 轉四門大學博士, 遷崇慶府丞. 大德十一年, 拜左正言左司諫左史郎, 皆帶知製敎. 至大元年, 革官爲右献納江陵府翊善成均樂正, 階奉善大夫. 皇慶元年, 轉典儀副令選部議郎知製敎, 階奉常. 延祐元年, 累遷至奉順大夫密直司右代言藝文提學知製敎同知春秋館事, 三年, 拜通憲大夫密直副使兼選部典書, 遷同知密直知密直密直使. 陞藝文大提學知春秋館, 階匡靖, 又錫號純誠輔理功臣. 泰定元年, 拜大匡三司使進賢館大提學上護軍, 冬, 封杞城君, 階陞重大匡.

公資嚴重, 訥於言, 人望之若泥塑, 莫知其中何有也. 大德間, 爲學官, 時執政以博士只占一經, 多非其人, 聞於王嚴其選, 必通六經者, 然後除之. 公獨以兼明得補, 見稱於一時. 大尉先王因擧以傅王, 善事父子兩王. 久主銓選, 不以自意輕重之, 皆目爲長者. 自謝事後, 遂閉門杜絶賓客, 常塊然獨處, 不問外事. 如是十餘年而終, 嗚嘑, 公可謂篤愼君子者矣. 朱氏考諱悅, 諡文節, 忠烈王時名大夫也. 公喪, 朱氏命公姪衡希甫二人主焉, 又命其姪暉佐之, 其

---

6) 驟: 원본에는 躁로 되어 있으나 내용상 驟가 옳으므로, 驟로 교감하였다.

皆從理命也歟.

銘曰. 予於天下之理, 未敢自謂其窮, 盖亦粗知其如是而已. 獨於人之有子與無, 其不可理推而知知[7]矣. 當謂賢者有後而却無, 何不肖者宜絶而寔蕃乎. 此所以反覆三思, 而未得其辭者也. 今夫尹氏之喪, 予又不覺有言. 嗚呼, 公有猶子二人焉, 亦豈云公杞之不存.

[譯文]

고 기성군 윤공[1] 묘지[2]

공의 휘는 신걸이며, 자는 이지이다. 이전에 문학으로 강릉부에서 충숙왕을 보좌하였는데,[3] 왕이 왕위를 잇게 되자 갑자기 발탁되어 재부에 올라 몸소 구신(舊臣)이 되었다.[4] 나이 72세인 후지원 정축년(1337, 충숙왕 후6) 2월 24일에 병으로 졸하였다. 부인 주씨[5]는 내가 일찍이 그 조카 휘[6]와 벗으로 지냈으므로 휘를 시켜 와서 청하기를, "제가 지아비를 모신 것이 54년인데,[7] 지금 돌아가셨습니다. 불행히 자식이 없어서 홀로 장사를 지내야 하는데, (장사를) 늦출 수 없어서 장차 날을 잡아 3월 13일에 일을 치르기로 하였습니다. 원컨대, 글을 새겨 무덤에 넣어서 길이 전하고자 군에게 부탁을 드립니다."라고 하였다. 나는 휘와 (정이) 두터운 사이이니 어찌 거절할 수 있겠는가.

공의 선조는 계림 기계현[8] 사람으로 대개 처음에 향거[9]를 거쳐 입사하였다. 증조 양비[10]는 고 검교첨사[11]이고, 조부 유정[12]은 고 합문지후[13]이고, 부친 후[14]는 고 감찰사[15]이다. 조부와 부친은 모두 과거에 급제하였는데,[16] 선배들이 그 문장을 칭송하였다. 감찰공이 수성 빈씨의 딸[17]을 맞아 아들 다섯을 낳았는데, 공이 장자였다.[18]

---

7) 知: 衍字로 파악된다.

(공은) 20세에 사마시에 응시하여 일등으로 합격하였으며,[19] 25
세에 예부시에 나아가 을과로 뽑혔다.[20] 지원 31년(1294, 충렬왕
20)에 남경유수사록[21]에 임명되었으며, 임기를 마치고 국학학유[22]
가 되었다. 사문대학박사[23]가 되었다가 숭경부승[24]으로 옮겼다. 대
덕 11년(1307)에 좌정언,[25] 좌사간,[26] 좌사랑[27]에 제수되었는데
모두 지제교[28]를 겸하였다. 지대 원년(1308)에 관제가 개편되자[29]
우헌납[30]·강릉부익선[31]·성균악정[32]이 되었으며, 관계는 봉선대부[33]
였다. 황경 원년(1312, 충선왕 4)에 전의부령,[34] 선부의랑[35]·지제
교로 옮겼으며 관계는 봉상대부[36]가 되었다. 연우 원년(1314, 충숙
왕 1)에 여러 차례 옮겨 봉순대부[37]·밀직사우대언[38]·예문제학[39]·
지제교·동지춘추관사[40]가 되었으며, (연우) 3년(1316)에 통헌대
부[41]·밀직부사[42] 겸선부전서[43]에 제수되었다가 동지밀직사사,[44] 지
밀직사사,[45] 밀직사[46]로 옮겼다. 예문대제학[47]·지춘추관사[48]로 승
진하였고, 관계는 광정대부[49]였으며, 또 순성보리공신의 호를 받았
다. 태정 원년(1324)에 대광[50]·삼사사[51]·진현관대제학[52]·상호군[53]
에 제수되었으며, 겨울에 기성군[54]에 봉해지고 관계는 중대광[55]에
올랐다.

공은 타고난 성품이 엄중하고 말이 적어서 사람들이 흙으로 빚은
인형처럼 바라보고 그 심중에 무엇이 있는지 알지 못하였다. 대덕
연간에 학관이 되었는데, 당시 집정자들이 박사를 단지 하나의 경전
만으로 시험해 뽑아서 적임자가 아닌 경우가 많으니, 왕에게 아뢰어
선발을 엄격히 하여 반드시 육경을 통달한 경우에만 연후에 제수하
도록 하였다. 공이 홀로 여러 경전에 밝아 임명될 수 있었으니 당시
에 칭송을 받았다.[56] 충선왕[大尉先王]이 이로 인하여 (공을) 충
숙왕의 스승으로 삼으니, 부자 두 왕을 잘 섬겼다. 오랫동안 관원의
선발을 주관하면서 자기 마음대로 (인재를) 경시하거나 중시하지

않아서 모두 장자(長者)라고 하였다.[57] 벼슬에서 물러난 후에는 마침내 문을 닫고 빈객을 거절하며, 항상 홀로 거처하며 바깥일에 대해서는 묻지 않았다. 이렇게 10여 년 동안 하다가 돌아가시니 아아, 공은 독실하고 삼가는 군자라 이를 만하다. (부인) 주씨의 부친 휘 열[58]은 시호가 문절이며 충렬왕 때의 이름난 대부이다. 공의 상례는 주씨가 공의 조카인 형과 희보[59] 두 사람에게 명하여 주관하게 하고, 또 주씨의 조카 휘로 하여금 돕게 하였으니, 모두 유언을 따랐을 것이다. 명에 이른다.

> 내가 천하의 이치에 대하여
> 감히 스스로 궁구했다고 말할 수 없으나
> 대개 또한 이러하다는 것만은 아네.
> 유독 사람에게 자식이 있는가 없는가는
> 이치를 미루어 알 수가 없구나.
> 응당 현자에게는 후손이 있어야 하는데 오히려 없고,
> 어찌하여 불초한 자는 마땅히 후손이 끊어져야 하는데도 번성하는가.
> 이것이 내가 반복해서 계속 생각해도
> 이해할 수 없는 것이네.
> 지금 윤씨의 상례에 나도 모르게 또 이 말을 하네.
> 아아, 공에게 조카[猶子][60] 두 명이 있으니
> 또 어찌 공의 제사가 없어진다고 말하겠는가.

[註解]

1) 杞城君尹公: 본 묘지명의 주인공인 尹莘傑을 가리킨다. 그는 1290년(충렬왕 16)에 과거에 급제하여 南京司錄에 임명되었다. 『高麗史』尹莘傑傳에 의하면 당시에 박사를 경서 하나만으로 시험하여 뽑았으므로 적당한 인물이 임명되지 않게 되자 五經에 통달한 사람을 선발하여 임명하게 하였으며, 윤신걸이 천거되어 四門太學博士

에 임명되었다고 한다. 본문에는 六經을 시험하여 선발하였다고 하여 『高麗史』 尹莘傑傳의 기록과 약간의 차이가 있다. 또 충숙왕대에 충선왕이 윤신걸과 이제현을 試官으로 임명하였는데, 윤신걸은 選部가 정권을 잡고 있는 것을 기회로 州·郡에 부탁하여 재물을 모아 學士宴을 열고자 하였다. 충숙왕은 이를 충선왕이 명령한 것으로 여기고 윤신걸이 다른 마음을 품고 있다고 의심하여 윤신걸 대신 朴孝修를 시관으로 삼았다. 이후 윤신걸은 여러 관직을 거쳐 관직이 僉議評理에 이르렀다. 시호는 莊明이다.

　　　『高麗史』 권109, 列傳22 尹莘傑.

　2) 故杞城君尹公墓誌: 이 글은 『東文選』에도 전한다.

　　　『東文選』 권123, 墓誌 「故杞城君尹公墓誌」.

　3) 輔王於江陵府: 王은 충숙왕을 말하고, 江陵府는 충숙왕의 王子府이다. 고려에서는 王子가 封爵을 받으면 府를 두고 僚屬을 갖추도록 하였으며, 충숙왕은 충선왕의 둘째 아들로 충렬왕대에 江陵侯에 봉해졌으므로, 이때에 江陵府를 세운 것으로 보인다. 이후 1310년(충선왕 2)에 충선왕의 첫째 아들인 世子 王鑑이 사망하였고, 1313년에 충선왕으로부터 선위를 받아 왕위에 올랐다. 한편, 윤신걸은 1308년에 江陵府翊善에 임명되었다. 王子府에 대해서는 권16-(1), 주해 24) 참조. 충숙왕에 대해서는 권1 2-(3), 주해 2) 참조.

　　　『高麗史』 권32, 世家32 忠烈王 31년 11월 戊午.

　　　『高麗史』 권91, 列傳4 宗室2 世子鑑.

　4) 初以文學 …… 身爲舊臣: 忠肅王이 즉위한 것은 1313년(충선왕 5)의 일로, 충선왕이 충숙왕에게 양위하고 大都로 가게 되면서부터이다. 갑자기 왕위에 등극한 충숙왕은 자신의 정치적 후원세력을 마련하고자 하였는데, 시종 신료이자 사부였던 尹莘傑도 그 중 하나였다. 元에 체류하면서도 고려 국정에 영향력을 행사하던 충선

왕은 이러한 충숙왕의 측근세력 양성에 불만을 드러내어 윤신걸을
폄출시키기도 하였다. 그러나 충숙왕이 정국을 주도하게 되면서 윤
신걸은 소환되어 점차 승진하게 된다. 본문의 내용은 윤신걸의 이러
한 경력을 간결하게 표현한 것이다.

『高麗史』권109, 列傳22 尹莘傑.

鄭希仙, 1990, 「高麗 忠肅王代 政治勢力의 性格」, 『史學研究』42, 6～11쪽.
그밖에 충선왕과 충숙왕대의 정치세력과 관련된 내용은 다음의 연구가
참고된다.

姜順吉, 1985, 「忠肅王代의 察理辨違都監에 대하여」, 『湖南文化研究』
15.

金光哲, 1990, 「高麗 忠肅王 12年의 改革案과 그 性格」, 『考古歷史學志』
5·6合.

金塘澤, 1993, 「高麗 忠肅王代의 瀋王 옹립 운동」, 『歷史學研究』12 ;
1998, 『元干涉下의 高麗政治史』, 一潮閣.

李益柱, 2000, 「14세기 전반 高麗·元關係와 政治勢力 동향—忠肅王代의
瀋王擁立運動을 중심으로—」, 『한국중세사연구』9.

李命美, 2003, 「高麗·元 王室通婚의 政治的 의미」, 『韓國史論』49.

5) 夫人朱氏: 생몰년 미상. 본관은 綾城이며, 아버지는 朱悅이다.

『高麗史』권106, 列傳19 朱悅.

6) 其姪暉: 朱暉(생몰년 미상)를 말한다. 본관은 綾城이고, 朱
印遠의 아들이다. 윤신걸의 부인 朱氏는 그에게 고모가 된다.

『高麗史』권123, 列傳36 嬖幸1 朱印遠.

7) 妾事夫子五十四年: 이 내용을 통해 윤신걸과 부인 주씨의 혼
인시기를 알 수 있다. 54년 전은 1283년(충렬왕 9)이 되며, 당시
윤신걸의 나이는 18세로 出仕하기 전이었다.

8) 杞溪縣: 지금의 경상북도 포항시 북구 기계면 일대이다. 본래
신라의 芼兮縣으로 경덕왕때 기계현이라고 하였다. 1018년(현종
9)에 경주의 속현으로 삼았다.

『高麗史』권57, 志11 地理2 慶尚道 東京留守官慶州 杞溪縣.

『新增東國輿地勝覽』권21, 慶尚道 慶州府.

9) 鄕擧: 鄕貢試―界首官試―를 뜻한다. 고려시대에는 지방 州縣에서 과거 응시자들이 1차로 京·牧·都護府 등 界首官의 주관 하에 시험을 보았는데, 이를 향공시라 하였다. 합격한 자들은 수도로 보내져 예비고시인 國子監試를 치러서 통과해야만 본고시인 禮部試에 나아갈 수 있었다. 또한, 지방에서 선발할 수 있는 향공의 숫자도 정해져 있었다.

『高麗史』 권73, 志27 選擧1 科目1.

趙東元, 1974, 「麗代 科擧의 豫備考試와 本考試에 對한 考察」, 『圓光大論文集』 8, 222·223쪽.

許興植, 1974, 「高麗 科擧制度의 成立과 發展」, 『韓國史硏究』 10 : 2005, 『고려의 과거제도』, 일조각, 46~48쪽.

朴龍雲, 1988, 「高麗時代 科擧의 考試와 體系에 대한 檢討」, 『韓國史硏究』 61·62合 ; 1990, 『高麗時代 蔭敍制와 科擧制 硏究』, 一志社, 183~186쪽.

10) (尹)良庇: 尹莘傑의 증조부이다. 杞溪 尹氏의 시조이며, 檢校太子詹事를 지냈다.

『氏族源流』 杞溪尹氏.

11) 檢校詹事: 太子詹事의 산직이다. 太子詹事는 1068년(문종 22)에 정3품 1인을 두었으며, 첨사부의 제반업무를 총괄하는 한편 태자 책봉에 관한 의례를 관장하기도 했다. 檢校에 대해서는 권16-(4), 주해 11) 참조.

『高麗史』 권77, 志31 百官2 東宮官.

李鎭漢, 2000, 「고려시대 東宮 3品職의 除授와 祿俸」, 『震檀學報』 89, 32쪽.

12) (尹)維楨: 尹莘傑의 조부이다. 과거에 급제하여 閤門祗候를 역임했으며, 延日 鄭氏인 太學博士 鄭麟信의 딸과 혼인했다는 기록이 전한다.

『氏族源流』 杞溪尹氏.

13) 閤門祗候: 고려전기 閤門―閣門―의 정7품 관직이다. 이에

대해서는 권1 14-(1), 주해 17) 참조.

14) (尹)珝: 尹莘傑의 부친으로, 監察史를 지냈다. 『氏族源流』
에는 翊으로 기록되어있다.

> 『氏族源流』杞溪尹氏.

15) 監察史: 고려후기 監察司의 종6품 관직으로, 전기의 監察御
史에 해당한다. 이에 대해서는 권1 10-(1), 주해 9) 참조.

16) 祖及考皆登科: 尹維楨은 고종대에, 尹珝는 원종대에 급제한
것으로 여겨진다.

> 朴龍雲, 1990,「〈資料〉: 科試 設行과 製述科 及第者」,『高麗時代 蔭叙制
> 와 科擧制硏究』, 一志社, 424·433쪽.

17) 壽城賓氏女: 생몰년 미상. 윤신걸의 어머니이다.

18) 生子五人 公爲長: 尹珝와 賓氏는 슬하에 5男을 두었는데,
장남 尹莘傑 외에 尹莘有, 尹莘係, 尹莘甫, 尹莘起가 있었다.

> 『氏族源流』杞溪尹氏.

19) 生廿歲 擧司馬試中魁: 尹莘傑이 司馬試—國子監試—에 합
격한 것은 1285년(충렬왕 11) 4월이다. 당시 知貢擧는 判秘書省
事 安戩이었다. 司馬試에 대해서는 권1 7-(2), 주해 1) 참조.

> 『高麗史』권30, 世家30 忠烈王 11년 하4월 丁卯.
> 『高麗史』권74, 志28 選擧2 科目2 凡國子試之額 忠烈王 11년 4월.

20) 廿五 赴禮闈擢乙科: 尹莘傑이 禮部試—禮闈—에 급제한
것은 1290년(충렬왕 16)으로 당시 知貢擧는 政堂文學 鄭可臣, 同
知貢擧는 判秘書省事 金賆이었다. 禮闈는 예부시, 즉 과거를 뜻하
는 말로 禮闈, 春闈, 春場 등으로도 불렸다. 이에 대해서는 권1
15-(1), 주해 29) 참조.

> 『高麗史』권109, 列傳22 尹莘傑.
> 『高麗史』권73, 志27 選擧1 科目1 凡選場 忠烈王 16년 5월.

21) 南京留守司錄: 南京—지금의 서울—의 司錄叅軍事를 말한
다. 문종때 楊州를 南京留守로 고치면서 7품 이상이 임명되는 司錄

叅軍事를 두었다(①). 사록참군사는 外官을 보좌하는 屬官의 하나
로 京·牧·大都護府에만 있었고, 주로 대민 행정업무 및 수취업무를
담당하였다(②). 한편, 사록참군사는 과거합격자의 初仕外官職으로
도 기능하였는데(③), 尹莘傑이 급제하여 처음 남경유수사록이 된
것도 이러한 점을 잘 보여준다.

    ① 『高麗史』 권77, 志31 百官2 外職 南京留守官.

    ② 金晧東, 1987, 「高麗 武臣政權時代 地方統治의 一斷面―李奎報의 全
            州牧 '司錄兼掌書記'의 活動을 중심으로―」, 『嶠南史學』 3,
            6~12쪽.

       박종기, 1997, 「고려시대의 지방관원들―속관(屬官)을 중심으로―」,
            『역사와 현실』 24, ; 2002, 『고려의 지방사회』, 푸른역사,
            293~298쪽.

       최혜숙, 2004, 「南京의 行政組織과 官員」, 『高麗時代 南京 研究』, 景
            仁文化社.

       金甲童, 2002, 「고려시대의 南京」, 『서울학연구』 18, 100쪽.

    ③ 朴龍雲, 1990, 「高麗時代의 科擧 : 製述業의 運營」, 『高麗時代 蔭敍
            制와 科擧制의 研究』, 一志社, 277~302쪽.

  22) 國學學諭 : 고려후기 儒學을 가르치는 國學의 종9품 관직으
로, 전기의 國子學諭에 해당한다. 學諭는 학생들의 생활 및 교과활
동을 보조하는 업무를 담당했다. 국자감은 성종대 처음 설치되었으
며, 1275년(충렬왕 1)에 國學, 1298년에는 成均監으로 개칭되었다
가 1308년에 成均館이 되었다.

    『高麗史』 권76, 志30 百官1 成均館.

    申千湜, 1983, 「高麗 國子監職官 變遷考」, 『史學研究』 36 ; 1983, 『高麗
         教育制度史研究』, 螢雪出版社, 138쪽.

  23) 四門大學博士 : 國學의 四門博士와 太學博士를 뜻한다. 문종
때 종7품 太學博士 2인, 정8품 四門博士를 두었으며, 이들은 모두
교수직이었다.

    『高麗史』 권76, 志30 百官1 成均館.

    朴龍雲, 2004, 「『高麗史』 百官志 譯註(3)」, 『고려시대연구』 Ⅶ, 한국정

신문화연구원 ; 2009, 『『高麗史』百官志 譯註』, 신서원, 244～
246쪽.

24) 崇慶府丞: 崇慶府는 忠宣王妃 薊國公主의 府로 『高麗史』에
는 崇敬府로 되어 있다. 丞은 諸妃主府의 僚屬으로 충렬왕 때 1인
을 두었다. 『高麗史』百官志에 의하면, 妃·主를 책봉하면 殿을 세
우고 府를 두며 僚屬을 갖추게 하였다고 한다. 여기서 妃·主는 王
后, 諸妃, 宮主·院主 등의 后妃를 뜻한다. 그런데, 사례를 보면 고
려전기에는 太后의 경우만 府를 설치한 것이 확인되며, 충렬왕 이후
元 公主 출신이 王妃가 되면서 비로소 王妃府가 두어진 것으로 이
해된다.

『高麗史』 권77, 志31 百官2 諸妃主府.

이정란, 2006, 「고려시대 后妃府에 대한 기초적 검토」, 『한국중세사연구』
20, 69쪽.

이정란, 2008, 「忠烈王代 薊國大長公主의 改嫁運動」, 『韓國人物史研究』
9, 134쪽 ; 2015, 『고려의 왕비—내조자와 국모로서의 삶』, 景
仁文化社.

25) 左正言: 고려후기 僉議府의 종6품 관직으로, 전기의 左拾遺
에 해당한다. 이에 대해서는 1권 3-(2), 주해 12) 참조.

26) 左司諫: 고려후기 僉議府의 정6품 관직으로, 전기의 左補闕
에 해당한다. 이에 대해서는 권1 15-(1), 주해 41) 참조.

27) 左史郎: 어떤 관직인지 알 수 없다. 尹莘傑 외에도 崔瑞의
장남 崔仲濡가 左史郎知內旨에 임명된 기록이 보인다.

「崔瑞墓誌銘」.

28) 知製教: 詞命을 制撰하는 관직이다. 이에 대해서는 권1
3-(2), 주해 13) 참조.

29) 至大元年 革官: 1308년(충렬왕 34)에 충선왕이 복위하면
서 시행한 관제개편을 말한다. 고려의 관제는 1275년에 元의 간섭
으로 한 차례 개편되었고, 1298년에 충선왕이 잠시 즉위하면서 또

바뀌었다. 그러나 충렬왕이 복위하면서 충렬왕 원년의 관제로 복구
되었다가 이때에 이르러 다시 개편된 것이다. 따라서 1308년의 관
제개편은 충선왕의 퇴위로 복구되었던 충렬왕 원년의 관제를 대상
으로 한 것이었다(①). 한편, 이러한 개혁조치의 원인에 대해서 충
선왕이 당시 元의 국정지향 및 정치개혁을 참조한 결과로 파악한
견해가 있다(②).

① 李起男, 1971, 「忠宣王의 改革과 詞林院의 設置」, 『歷史學報』 52.

李益柱, 1992, 「충선왕 즉위년(1298) '개혁정치'의 성격」, 『역사와
현실』 7.

朴宰佑, 1993, 「高麗 忠宣王代 政治運營과 政治勢力 動向」, 『韓國史
論』 29.

② 이강한, 2008, 「고려 충선왕의 정치개혁과 元의 영향」, 『한국문화』
43.

30) 右獻納: 고려후기 僉議府의 정5품 관직으로, 전기의 右補闕
―右司諫―에 해당한다.

『高麗史』 권76, 志30 百官1 門下府.

31) 江陵府翊善: 江陵府―충숙왕의 王子府―의 僚屬으로 1308
년(충렬왕 34)에 정5품 1인을 두었다. 王子府에 대해서는 권1
6-(1), 주해 24) 참조.

32) 成均樂正: 고려후기 유학 교육을 관장한 成均館의 종4품 관
직으로 정원은 1인이며, 전기의 國子司業에 해당한다.

『高麗史』 권76, 志30 百官1 成均館.

33) 奉善大夫: 고려후기 종4품 문산계이다. 이에 대해서는 권1
14-(2), 주해 5) 참조.

34) 典儀副令: 고려후기 祭祀와 贈諡를 관장한 典儀寺의 정4품
관직으로 정원은 2인이며, 전기의 太常少卿에 해당한다. 전의시에
대해서는 권1 14-(2), 주해 18) 참조.

『高麗史』 권76, 志30 百官1 典儀寺.

朴龍雲, 2005, 「『高麗史』 百官志 譯註(4)」, 『고려시대연구』 IX, 한국학
　　중앙연구원 ; 2009, 『『高麗史』 百官志 譯註』, 신서원, 268~
　　275쪽.

35) 選部議郎: 고려후기 選部의 정4품 관직으로 1308년(충렬왕
34)에 3人을 두었다. 이에 대해서는 권2 5-(1), 주해 57) 참조.

36) 奉常: 고려후기 정4품 文散階인 奉常大夫를 말한다. 이에
대해서는 권2 5-(1), 주해 55) 참조.

37) 奉順大夫: 고려후기 정3품下 文散階이다. 이에 대해서는 권
2 5-(1), 주해 58) 참조.

38) 密直司右代言: 고려후기 왕명출납과 宿衛, 軍機의 임무를
맡은 密直司의 정3품 관직으로, 전기의 右承宣에 해당한다. 1276년
(충렬왕 2)에 승선을 承旨로 고쳤으며, 1310년(충선왕 2)에 承旨
를 代言이라고 하였다(①). 한편, 尹莘傑에 대한 『高麗史』 기록에
는 右代言이 아닌 右副代言에 임명된 사실만 확인된다(②).

　　① 『高麗史』 권76, 志30 百官1 密直司.
　　　邊太燮, 1976, 「高麗의 中樞院」, 『震檀學報』 41.
　　　朴龍雲, 1976, 「高麗의 中樞院 研究」, 『韓國史研究』 12 ; 2001, 『高
　　　　麗時代 中樞院 研究』, 高麗大學校 民族文化研究院.
　　② 『高麗史』 권34, 世家34 忠肅王 원년 12월 己酉.
　　　『高麗史』 권109, 列傳22 尹莘傑.

39) 藝文提學: 고려후기 藝文春秋館의 정3품 관직이다. 한림원
은 왕명을 制撰하는 일을 맡은 곳으로 1275년(충렬왕 1)에 文翰署
라고 하였으며, 1298년에 잠시 詞林院으로 고쳤다. 1308년에 文翰
署에 史館을 합병하여 예문춘추관이라 하면서 정3품 詞伯 2인을 두
었는데, 1311년(충선왕 3)에 詞伯을 提學으로 고쳤다.

　　『高麗史』 권76, 志30 百官1 藝文館.
　　朴龍雲, 2004, 「『高麗史』 百官志 譯註(3)」, 『고려시대연구』 VII, 한국정
　　　신문화연구원 ; 2009, 『『高麗史』 百官志 譯註』, 신서원, 206~
　　　217쪽.

40) 同知春秋館事: 고려후기 春秋館의 관직으로 2품 이상이 겸임하였다. 국초에 史館이 있었는데, 1308년(충렬왕 34)에 文翰署에 합병되어 藝文春秋館이 되었다가 1325년(충숙왕 12)에 분리되어 春秋館이 되면서 同知春秋館事가 두어졌다. 그러나 본문에 의하면 尹莘傑이 同知春秋館事에 임명된 것은 1314년의 일이므로 『高麗史』 百官志의 설명과는 차이가 있다.

『高麗史』 권76, 志30 百官1 春秋館.

朴龍雲, 2004, 「『高麗史』 百官志 譯註(3)」, 『고려시대연구』 Ⅶ, 한국정신문화연구원 ; 2009, 『『高麗史』 百官志 譯註』, 신서원, 217~222쪽.

41) 通憲大夫: 고려후기 종2품 문산계이다. 이에 대해서는 권16-(4), 주해 8) 참조.

42) 密直副使: 고려후기 密直司의 정3품 재상직으로, 전기의 中樞副使에 해당한다. 이에 대해서는 권1 3-(2), 주해 7) 참조.

43) 選部典書: 고려후기 選部의 정3품 관직으로 1308년(충렬왕 34)에 3인을 두었다. 이에 대해서는 권2 5-(2), 주해 1) 참조.

44) 同知密直: 고려후기 密直司의 종2품 재상직인 同知密直司事로, 전기의 同知中樞院事에 해당한다. 尹莘傑이 同知密直司事에 임명된 것은 1319년(충숙왕 6) 2월의 일이다. 同知密直司事에 대해서는 권1 6-(4), 주해 9) 참조.

『高麗史』 권34, 世家34 忠肅王 6년 2월 戊戌.

45) 知密直: 고려후기 密直司의 종2품 재상직인 知密直司事로, 전기의 知中樞院事에 해당한다. 尹莘傑이 知密直司事에 임명된 것은 1318년(충숙왕 5) 6월이다. 知密直司事에 대해서는 권1 7-(1), 주해 2) 참조.

『高麗史』 권34, 世家34 忠肅王 5년 6월 丁巳.

46) 密直使: 고려후기 密直司의 종2품 재상직인 密直司使로, 전기의 中樞院使에 해당한다. 尹莘傑이 密直使에 임명된 것은 1320

년(충숙왕 7) 7월이다. 密直司使에 대해서는 권1 15-(2), 주해
26) 참조.

『高麗史』 권35, 世家35 忠肅王 7년 추7월.

47) 藝文大提學: 고려후기 詞命을 制撰하는 藝文館의 종2품 관
직으로 1362년(공민왕 11)에 두었다. 그런데, 이러한 『高麗史』 百
官志의 서술과는 달리 尹莘傑은 1316년에서 1324년 사이에 藝文
大提學을 제수받았다.

『高麗史』 권76, 志30 百官1 藝文館.

朴龍雲, 2004, 「『高麗史』 百官志 譯註(3)」, 『고려시대연구』 Ⅶ, 한국정
신문화연구원 ; 2009, 『『高麗史』 百官志 譯註』, 신서원, 206~
217쪽.

48) 知春秋館: 고려후기 春秋館의 관직으로, 정식 명칭은 知春
秋館事이며, 2품 이상이 겸임하였다. 史館이 1308년(충렬왕 34)에
文翰署에 합병되어 藝文春秋館이 되었다가 1325년(충숙왕 12)에
분리되어 春秋館이 되면서 知春秋館事가 두어졌다. 그러나 본문에
의하면 尹莘傑이 知春秋館事에 임명된 것은 1325년 이전의 일이므
로 『高麗史』 百官志의 설명과는 차이가 있다.

『高麗史』 권76, 志30 百官1 春秋館.

49) 匡靖: 고려후기 정2품 문산계인 匡靖大夫를 말한다. 이에
대해서는 권1 6-(2), 주해 33) 참조.

50) 大匡: 고려후기 정2품상 문산계이다. 이에 대해서는 권1
15-(3), 주해 9) 참조.

51) 三司使: 고려후기 중앙과 지방의 전곡 출납 회계의 일을 맡
은 三司의 정3품 관직이다. 三司는 宋制를 모방한 것으로 宋에서는
三司가 度支部·戶部·鹽鐵部로 구성되어 각각 재정업무를 분담하였
다. 하지만 고려의 三司는 戶部가 별도의 기관으로 독립되어 있는
점에서도 알 수 있듯이, 宋과는 차이가 있었다. 戶部가 戶口와 土地
등 각종 稅源을 파악하여 稅役을 부과하는 업무를 담당한 것에 비

해 三司에서는 戶部에서 부과한 稅役의 징수·운반·저장, 예산의 수
립과 집행 및 그에 따른 회계업무를 관장한 것으로 파악된다(①).
한편, 尹莘傑이 三司使에 임명된 것은 1324년(충숙왕 11) 2월이다
(②).

    ① 『高麗史』 권76, 志30 百官1 三司.

        周藤吉之, 1975, 「高麗朝のおける三司とその地位─宋の三司との
              關連において─」, 『朝鮮學報』 77 ; 1980, 『高麗朝官僚制
              の研究』, 東京法政大學出版局.

        邊太燮, 1975, 「高麗의 三司」, 『歷史敎育』 17.

        朴鍾進, 1990, 「高麗前期 中央官廳의 財政構造와 그 運營」, 『韓國史
            論』 23.

        權寧國, 2005, 「고려전기의 戶部와 三司─당·송제도와의 비교─」, 『歷
            史學報』 188.

    ② 『高麗史』 권35, 世家35 忠肅王 11년 2월 丁卯.

52) 進賢館大提學: 고려후기 進賢館의 종2품의 관직이다. 이에
대해서는 권2 5-(2), 주해 14) 참조.

53) 上護軍: 고려후기 정3품 무반직으로 전기의 上將軍에 해당
한다. 이에 대해서는 권1 6-(1), 주해 3) 참조.

54) 封杞城君: 杞城君은 尹莘傑의 봉군호이다. 封君에 대해서는
권1 1, 주해 9) 참조.

55) 重大匡: 고려후기의 종1품 문산계이다. 이에 대해서는 권1
6-(1), 주해 1) 참조.

56) 大德間 …… 見稱於一時: 大德은 元 成宗의 연호로 129
7~1307년에 사용되었다. 尹莘傑이 임명되었다는 博士는 앞에서
언급한 四門·大學博士이다. 한편, 『高麗史』 尹莘傑傳에는 박사 선
발시 6經이 아닌 5經을 통달한 경우에 임명하였다고 되어 있어 본
문과 차이가 있다.

    『高麗史』 권109, 列傳22 尹莘傑.

57) 久主銓選 …… 皆目爲長者: 長者는 덕이 높은 사람을 일컫

는 말이다. 이는 尹莘傑이 관원의 선발을 담당하는 選部의 관직인 議郞과 典書를 역임하며 銓選을 오랫동안 주관했다는 사실과 관련된 설명이다.

諸橋轍次, 1985, 「長者」, 『大漢和辭典』 11, 大修館書店, 676쪽.

金昌賢, 1998, 「정방의 성격변화와 재상의 인사참여」, 『高麗後期 政房 研究』, 高麗大學校 民族文化研究院, 108쪽.

58) 朱氏考諱悅: 朱悅(?~1287)을 말한다. 본관은 綾城이며, 자는 而和이다. 고종 때 급제하여 國學學錄, 監察御史 등을 역임하고 羅州, 靜州, 昇天府, 長興府 등의 수령이 되어 모두 치적이 있었다. 원종 때 兵部郞中으로 충청·경상·전라도의 按察使가 되어 명성을 떨쳐 禮部侍郞이 되었으나 권신 林衍에 의해 해도에 유배되었다가 이듬해 임연이 죽자 東京留守가 되었다. 이후 禮賓卿, 諫議大夫, 判秘書省事, 翰林學士, 三司使, 版圖判書 등을 두루 거치고 知都僉議府事로 치사하였다. 용모는 추하지만 문장과 글씨에 능했고, 높은 자리에 있으면서도 근검하고 공평하였다고 한다.

『高麗史』 권27, 世家27 元宗 12년 2월 辛亥·13년 5월 戊午.

『高麗史』 권106, 列傳19 朱悅.

59) 公姪衡希甫: 둘 다 어떤 인물인지 자세히 알 수 없다. 尹莘傑의 조카라면 앞의 주해 18)에서 밝힌 것처럼 그의 동생들 중 누군가의 아들이었을 것이다.

『氏族源流』 杞溪尹氏.

60) 猶子: 형제의 자녀로 조카를 말한다.

檀國大學校 東洋學研究所, 2006, 「猶子」, 『漢韓大辭典』 9, 檀國大學校出版部, 244쪽.

9. 有元故武德將軍西京等處水手軍万戶兼提調征東行中書省都鎭撫司事高麗宰相元公墓誌

[原文]

有元故武德將軍西京等處水手軍万戶兼提調征東行中書省都鎭撫司事高麗宰相元公墓誌

王京之南, 距城三十里有山, 蜿蜒若行若伏, 若顧而住. 水自艮涓涓潛洩, 至坤流爲溝瀆, 合大江入于海. 背山面水, 宅得其勢,[8] 不曰蓄德之丘乎. 玆故征東万戶宰相元公之藏, 藏用後至元丁丑六月丁酉. 其里人崔某, 受諸孤之謁, 不敢拒, 直敍公, 且爲銘詩, 以慰其孤之心焉.

敍曰. 公諱忠, 字正甫. 先世盖新羅北原人, 十一代祖克猷, 始仕本國, 爲正議大夫. 祖諱傅, 相忠烈王, 爲僉議中贊, 謚文純. 考諱瓘, 故僉議贊成事, 大夫人金氏, 封樂浪郡, 故承旨諱信之女也. 公生於至元二十七年庚寅. 八歲, 以廕[9]補東面都監判官, 十八, 始召入事太尉先於京師之邸, 擢授禮賓內給事. 日見寵愛, 賜姓王氏, 改名曰鑄. 遷中門副使, 轉典符令司僕正穠華右司尹, 階由奉常, 至奉順大夫. 而王益欲貴異之, 特除密直代言, 公辭曰, 臣齒少無知, 驟登三品, 取譏多矣. 若夫喉舌之任, 淸望攸屬, 願乞擇人. 因忤王旨, 命復其姓名, 降職知鐵州, 促登之, 實至大三年八月也. 理鐵四年, 政簡而民便之. 皇慶二年, 王及今王歸國, 公迎拜鴨江上, 待遇如初, 命從歸王京, 授典儀令兼中門副使密直代言世子右司尹知惣部事. 延祐三年, 拜通憲大夫密直副使左常侍上護軍, 七年, 陞密直使, 階匡靖. 尋出爲商議評理. 至治元年, 從王朝天子所. 時太尉王有吐蕃之行, 又見留京師, 傾危之徒謀覆宗社, 從行大臣亦皆革面, 勢至不測. 公獨左右於王, 終始無二心, 朝廷識者稱之. 至泰定元年,

---

8) 勢: 원본에는 執으로 되어있으나 내용상 勢가 옳으므로, 勢로 교감하였다. 『東文選』 권123, 「有元故武德將軍西京等處水手軍萬戶兼提調征東行中書省都鎭撫司事高麗宰相元公墓誌」에도 勢로 되어 있다.

9) 廕: 蔭과 통용된다.

太尉王得西廻, 王復爵, 授公推誠佐理功臣重大匡僉議贊成事判民部事上護軍. 明年, 王就國, 父王臨辭, 目王曰, 元忠是世祿舊家, 且連外戚, 近又盡匡救之力, 非他臣比. 宜聽其言. 又戒公曰, 尒亦永肩乃心, 以輔於王. 然而自歸國後, 言入見疏, 閑居五年. 至順元年, 前王嗣封, 起公任以前職, 陞判軍簿監察司事. 而今王入朝, 冬公奉賀年表赴都. 至三年, 王又復位, 而前王入朝, 因替職留都下. 元統二年, 欽受宣命, 帶虎符爲武德將軍西京等處水手軍万戶兼提調征東都鎭撫司事, 至後至元二年, 奉徽政院差使, 乘馹東歸. 自是見事至無可奈何, 而志在求田問舍而已. 明年遘疾, 召醫無驗, 至五月己酉不起, 春秋四十有八.

公天性端實, 胷無堂府, 處事之變, 若有學然. 其始辭代言, 意在忌滿, 至治戴君, 又執不移之節, 事出誠心, 俱亦可尙. 一時之人, 皆謂之良宰相, 而方强遽止. 嗚呼, 其不謂之命也而何. 娵室洪氏, 封南陽郡夫人, 考故南陽府院君諱奎, 於王德妃爲女兄也. 男三人, 曰顥, 前興威衛護軍, 曰詡, 備巡衛別將, 曰顗, 未仕. 女五人, 長適親禦軍別將金光利, 次適前左右衛護軍洪瑜, 次適管高麗軍万戶羅英傑, 次適正尹王謂, 爲國宗, 季幼在室.

銘曰, 吁其道無偏, 物難以兩全, 得位又得壽, 豈可多責天, 公旣貴富矣, 所未究在年, 安得知命者, 與之論自然.

[譯文]

원의 고 무덕장군[1] 서경등처수수군만호[2] 겸 제조정동행중서성도진무사사[3] 고려 재상 원공[4] 묘지[5]

왕경의 남쪽에 도성으로부터 30리 거리에 산이 있는데,[6] 뱀이 기어가듯 구불구불 하기가 서서 가는 것 같기도 하고 엎드려 있는 것 같기도 하며 돌아보다가도 머문 것 같다. 물은 북동쪽[艮]에서 졸졸 스미어 흐르다가 서남쪽[坤]에 이르러 흐름이 개울을 이루고 큰 (임진)강과 합하여 바다로 들어간다. 산을 등지고 물을 마주하여 묏자리가 그 지세를 얻었으니 덕을 쌓는 자리라고 하지 않겠는가. 여

기가 고 정동만호 재상 원공의 산소이며, 산소를 쓴 것은 후지원 정
축년(1337, 충숙왕 후6) 6월 정유(28일)이다. 한마을 사람인 최해
[崔某]가 여러 자식들의 부탁을 받고 감히 거절하지 못하여, 공에
대해 그대로 서술하고 또한 명시(銘詩)를 지어 그 자식들의 마음을
위로하노라.

서술하여 이른다. 공의 휘는 충이고 자는 정보이다. 선대는 무릇
신라 북원[7] 사람으로 11대조 극유[8]가 처음으로 본국에 벼슬하여
정의대부[9]가 되었다. 조부 휘 부[10]는 충렬왕[11]을 도와 첨의중찬[12]
이 되었고 시호는 문순이다. 부친 휘 관[13]은 고 첨의찬성사[14]이고
대부인 김씨[15]는 낙랑군(부인)에 봉해졌는데 고 승지[16] 휘 신[17]의
따님이다. 공은 지원 27년 경인년(1290, 충렬왕 16)에 태어났다. 8
세에 음서로 동면도감판관[18]에 보임되었고, 18세에 처음으로 불려
들어가 연경[京師]의 관저[19]에서 충선왕[太尉先]을 섬기니 발탁되
어 예빈내급사[20]를 제수받았다. 날로 총애를 받아 왕씨의 성을 받고
이름을 고쳐 주(鑄)로 하였다. 중문부사[21]로 옮겼다가 전부령,[22] 사
복정,[23] 농화우사윤[24]으로 옮겼고, 관계는 봉상대부[25]를 거쳐 봉순
대부[26]에 이르렀다. 그러나 왕은 더욱 귀하게 우대하고자 특별히 밀
직대언[27]에 제수하였는데, 공이 사양하며 말하기를, "신은 나이가
어려 아는 것이 없는데 갑자기 3품에 오르면 많은 비난을 받을 것
입니다. 무릇 후설[28]의 직임은 깨끗하고 명망 있는 사람이 속할 바
이니 원하옵건대 다른 사람을 택하시기 바랍니다."라고 하였다. 이
로 인해 왕의 뜻을 거스르니 본래의 성명으로 되돌리도록 명하고 관
직을 지철주사[29]로 낮추어 부임하도록 재촉하였으며, 이때가 지대 3
년(1310, 충선왕 2) 8월이다. 철주를 다스린 지가 4년이며 정사를
간략하게 하니 백성들이 편하게 여겼다. 황경 2년(1313, 충숙왕 즉
위)에 충선왕[王]과 충숙왕[수王]이 귀국하자 공이 압록강 가에서

영접하였더니 대우가 처음과 같아져 왕경으로 함께 돌아가도록 명하고 전의령[30) 겸중문부사·밀직대언·세자우사윤[31)·지총부사[32)를 제수하였다. 연우 3년(1316)에 통헌대부[33)·밀직부사[34)·좌상시[35)·상호군[36)으로 임명되었고, (연우) 7년(1320)에 밀직사[37)로 승진하고 관계는 광정대부[38)였다. 얼마 뒤 (밀직에서) 나와서 상의평리[39)가 되었다. 지치 원년(1321)에 왕을 따라 천자가 계신 곳으로 조회하였다. 당시에 충선왕[太尉王]이 토번(吐蕃)으로 (유배를) 가고 또 (충숙왕이) 연경에 억류당하자 위험한 무리들이 종사의 전복을 도모하니 수종한 대신들도 역시 모두 안면을 바꾸어 형세를 헤아릴 수 없는 지경이었다.[40) 공이 홀로 왕의 곁에 있으면서 시종 두 마음이 없었으므로 조정의 식자들이 칭송하였다. 태정 원년(1324)에 이르러 충선왕이 서쪽에서 돌아오고 왕이 작위를 회복하자 공에게 추성좌리공신·중대광[41)·첨의찬성사·판민부사[42)·상호군을 제수하였다. 이듬해에 왕이 귀국하고 충선왕[父王]이 전별하면서 왕을 보고 이르기를, "원충은 대대로 벼슬한 오래된 가문이고 또한 외척으로 이어지는데[43) 근래에 다시 나라를 바로잡으려고 힘을 다하였으니 다른 신하와 비할 바가 아니다. 마땅히 그의 말을 듣도록 하라."라고 하였다. 또 공에게 경계하여 이르기를, "그대 역시 이러한 마음을 영원토록 깊어지고 왕을 도우라."라고 하였다. 그러나 귀국한 뒤로는 (참소하는) 말이 들어가 소외를 당하고 5년을 한가로이 지냈다. 지순 원년(1330, 충혜왕 즉위)에 충혜왕[前王]이 왕위를 계승하자 공을 기용하여 예전의 관직을 임명하고[44) 판군부감찰사사[45)로 승진시켰다. 충숙왕[수王]이 입조하자 겨울에 공이 신년을 하례하는 표문을 받들고 황도로 갔다.[46) (지순) 3년(1332, 충숙왕 후1)에 이르러 왕이 다시 복위하고 충혜왕[前王]이 입조하니 이로 인해 관직을 버리고 연경 아래[都下]에 머물렀다. 원통 2년(1334)에 황제의

명을 받아 호부[47]를 차고 무덕장군·서경등처수수군만호·겸제조정동
도진무사사가 되었으며, 후지원 2년(1336)에 휘정원차사[48]의 임무
를 받들어 역마를 타고 고려로 돌아왔다.[49] 이때부터 사세를 보니
어찌할 수가 없는 지경이어서 땅을 구하고 집을 사는데 뜻을 둘 뿐
이었다. 다음해에 병이 들어 의원을 불러도 효험이 없다가 5월 기유
(9일)에 이르러 일어나지 못하였으니 춘추가 48세였다.

공은 천성이 단정하고 진실하여 가슴속에 담아두는 것이 없었으
며, 갑작스런 일에 대처하면서도 마치 배워놓은 것이 있는 듯하였다.
그 처음에 대언을 사양한 일은 분수에 넘치는 것을 꺼리는 데에 뜻
이 있었으며, 지치 연간에 임금을 받들고 또한 변치 않는 절개를 지
킨 일은 진실한 마음에서 나온 행동이었으니 모두 역시 숭상할 만하
다. 한 시대의 사람들이 모두 그를 일컬어 어진 재상이라고 하였는
데, 바야흐로 강건할 때에 갑자기 돌아가셨다. 아아, 그것을 천명이
라고 말하지 않는다면 무엇이라고 하겠는가. 부인 홍씨는 남양군부
인에 봉해졌으며, 부친은 고 남양부원군 휘 규[50]이니 왕비인 덕비
[王德妃][51]에게 언니가 된다. 아들은 세 명으로 호[52]는 전 흥위위
호군[53]이고, 후[54]는 비순위별장[55]이고, 의[56]는 아직 출사하지 못하
였다. 딸은 다섯 명으로 장녀는 친어군별장[57] 김광리[58]에게 시집갔
고, 다음은 전 좌우위호군[59] 홍유[60]에게 시집갔고, 다음은 관고려군
만호[61] 나영걸[62]에게 시집갔고, 다음은 정윤[63] 왕서[64]에게 시집가
서 종친이 되었으며, 막내는 어려서 집에 있다. 명에 이른다.

> 아, 하늘의 도는 치우침이 없어서 만물이 모두 갖기는 어렵다.
> 지위를 얻고 또 장수도 누리는 일을 어찌 하늘에 많이 바랄 수 있겠는가.
> 공은 이미 부귀를 이루었으나 다하지 못한 건 수명이구나.
> 어찌하면 천명을 아는 이를 만나 함께 자연의 이치를 논할 수 있을까.

[註解]

1) 武德將軍 : 元의 武散官으로 정5품에 해당한다.

　『元史』권91, 志41上 百官7 武散官.

2) 西京等處水手軍万戶 : 충렬왕대 元이 西京에 설치한 萬戶府의 관직이다. 이에 대해서는 권2 2, 주해 9) 참조.

3) 提調征東行中書省都鎭撫司事 : 征東行中書省은 1280년(충렬왕 6)에 元이 日本遠征을 추진하기 위해 고려에 세운 기구이며, 都鎭撫司는 정동행성의 屬官으로 군인의 훈련과 파병 등 통솔을 감독한 관서이다. 提調征東行中書省都鎭撫司事는 都鎭撫司를 관장한 직책이다. 元卿이 처음으로 제수되었으며, 그의 사후에는 아들인 元善之가 이어받았고 다시 조카인 원충과 원선지의 아들 元松壽가 세습하였다. 본문에서 고려의 관직을 적지 않은 것은 현직이 없었기 때문이며, 元의 세습직을 기록하여 원충의 지위를 과시하려는 의도가 있었던 듯하다. 이에 대해서는 권1 14-(1), 주해 1) 및 권1 14-(2), 주해 10) 참조.

　征東行省은 주인공의 주 활동 시기를 포함한 1321~1356년 사이에 원의 강력한 통제를 받으며 左·右司와 理間所를 주축으로 운영되었으며, 여타 관서는 형식상으로 존재할 뿐이고 관원의 임명도 제대로 이루어지지 않았다. 또한 都鎭撫司의 관직은 원주원씨의 세습직으로 유명무실한 것에 지나지 않아 별다른 활동이 보이지 않았다는 견해가 있다.

　　高柄翊, 1962,「麗代 征東行省의 硏究(下)」,『歷史學報』19 ; 1970,『東
　　　　亞交涉史의 硏究』, 서울大學校出版部, 225·256쪽.

　　張東翼, 1990,「征東行省의 硏究」,『東方學志』67 ; 1994,『高麗後期外
　　　　交史硏究』, 一潮閣, 96·97쪽.

4) 元公 : 元忠(1290~1337)을 말한다. 본관은 原州이고 자는 正甫이다. 그는 8세에 음서로 東面都監判官에 임명되었으며, 18세

에는 燕邸로 소환되어 忠宣王에게 男色으로 총애를 얻었고 사성받아 王鑄로 개명하였다. 1310년(충선왕 2)에 21세의 나이로 충선왕이 정3품 代言에 제수한 것을 사리에 맞지 않다고 사양하여 知鐵州事로 폄출되었다. 몇 년 후 다시 왕경으로 복귀하였고 이후 여러 차례 승진하여 관직이 贊成事에 이르렀다.

원에서의 활동으로는 吐蕃으로 유배된 충선왕을 수종하여 推誠佐理功臣에 책봉되었고, 1334년(충숙왕 후3)에 武德將軍·西京等處水手軍萬戶兼提調征東都鎭撫司事로 임명되었다. 1336년에는 徽政院差使가 되어 고려로 돌아왔다. 그는 성품이 단정하고 마음을 터놓고 사람을 대했으며, 학문은 뛰어나지 못하였으나 일처리는 잘했다고 한다.

> 『高麗史』 권107, 列傳20 元傅 附忠.
> 「元瓘墓誌銘」.
> 李仁在, 1999,「高麗末 元天錫의 生涯와 社會思想」,『韓國思想史學』12, 44쪽.

5) 有元 …… 元公墓誌: 이 글은 『東文選』에도 전한다.

> 『東文選』 권123, 墓誌「有元故武德將軍西京等處水手軍萬戶兼提調征東行中書省都鎭撫司事高麗宰相元公墓誌」.

6) 王京之南 距城三十里有山: 왕경에서 남쪽으로 30리 지점이라고 기록된 점을 감안한다면 지금의 황해북도 개풍군 일대에 해당하는데, 본문의 내용만으로는 정확히 어느 산인지 알기 어렵다.『新增東國輿地勝覽』에 의하면 豐德郡—開豐郡—이 북으로 개성부계까지 15리 떨어져 있으며, 다시 군에서 남쪽 15리 거리에 白馬山이 있다고 한다. 이외에도 德水縣에서 남쪽 5리의 三聖堂과 서남쪽 10리의 馬群山—馬蹄山— 등이 있으나 문헌상 정확히 30리 거리에 있는 산은 백마산 뿐이다.

1174년(명종 4)에 武臣亂으로 인해 왕권이 약화되자 쇠약한 개경의 地德을 되살리기 위해서 세 곳에 새로 궁궐을 지었는데, 이를

三蘇라고 부르며 백마산은 右蘇로서 左蘇 白岳山·北蘇 箕達山과
함께 명당으로 손꼽혔다. 또한 『大東輿地圖』에서 백마산을 찾아보
면 위의 기록에서 산천을 묘사한 내용과 흡사한 지형이므로 백마산
또는 그와 산줄기가 이어진 지역을 말하는 것일 가능성이 높다.

『高麗史節要』 권12, 明宗 4년 5월.

『新增東國輿地勝覽』 권13, 京畿 豊德郡.

李丙燾, 1948, 「明宗의 世와 三蘇造成」, 『高麗時代의 研究—特히 圖讖思
想의 發展을 中心으로—』, 乙酉文化社.

7) 北原: 통일신라시대의 5小京 가운데 하나인 北原京을 줄인
말로, 지금의 강원도 원주시 지역이다. 이에 대해서는 권1 14-(1),
주해 8) 참조.

8) (元)克猷: 생몰년 미상. 원충의 11대조로, 태조를 도와 三韓
功臣에 책봉되었고 관직은 兵部令에 이르렀다. 원주원씨의 家勢에
대해서는 권1 14-(1), 주해 9) 참조.

『高麗史』 권107, 列傳20 元傳.

9) 正議大夫: 고려전기의 문산계로 정4품상이다. 이에 대해서는
권1 14-(1), 주해 12) 참조.

10) (元)傅: 1220~1287. 원충의 조부로, 관직은 僉議中贊에
이르렀다. 그에 대해서는 권1 14-(1), 주해 29) 참조.

11) 忠烈王: 1236~1308. 고려의 제25대 왕이다. 그에 대해서
는 권1 3-(1), 주해 5) 참조.

12) 僉議中贊: 고려후기 僉議府의 종1품 관직으로, 전기의 門下
侍中에 해당한다. 이에 대해서는 권1 14-(1), 주해 28) 참조.

13) (元)瓛: 1247~1316. 원충의 부친이다. 그에 대해서는 권2
2, 주해 21) 참조.

14) 僉議贊成事: 고려후기 僉議府의 정2품 관직으로, 전기의 平
章事에 해당한다. 이에 대해서는 권1 6-(1), 주해 2) 참조.

15) 大夫人金氏: 생몰년 미상. 元瓘의 세 번째 부인으로, 본관은 慶州이고, 부친은 左承旨 金信이다. 원관과 혼인하여 2남 3녀를 낳았는데, 장남이 바로 본 묘지명의 주인공인 원충이다. 그에 대해서는 권2 2, 주해 22) 참조.

16) 承旨: 고려후기 密直司의 정3품 관직으로, 정원은 좌·우 각 1인이며, 전기의 承宣에 해당한다. 이에 대해서는 1권 14-(2), 주해 7) 참조.

17) (金)信: 생몰년 미상. 원충의 외조부이다. 그에 대해서는 권 2 2, 주해 24) 참조.

18) 東面都監判官: 동면도감은 四面都監 중의 하나로, 판관은 갑과권무이고 정원은 4인이었다. 사면도감에 대해서는 권1 14-(2), 주해 1) 참조.

19) 京師之邸: 충선왕은 카이샨(海山)을 元 武宗으로 옹립한 공으로 瀋陽王에 책봉되면서 연경에 田宅을 하사받았는데, 이것이 고려국왕과 왕세자가 원에 체류하는 동안 머무르는 장소가 되었다. 일반적으로 燕邸라고 많이 불렀으며, 그밖에 王所·元邸·行邸, 瀋王府로 부르기도 하였다. 1314년에는 이곳에 濟美基德이라는 현판을 내건 萬卷堂을 건립하여 많은 학자를 불러 모아 儒風을 진작시키려고 하였다. 토지의 경우 저택 부근에 있었을 것으로 추정되며 그 위치는 연경에서 4~50여 리 정도 떨어진 거리로 通惠河의 관문인 通州 남쪽에 있는 高麗莊일 가능성이 높다.

金庠基, 1964,「李益齋의 在元 生涯에 對하여—忠宣王의 侍從의 臣으로 서—」,『大東文化研究』1 ; 1974,『東方史論叢』, 서울大學校 出版部, 234쪽.

張東翼, 1992,「麗·元 文人의 交遊—性理學 導入期 高麗文人의 學問的 基盤 檢討를 위해—」,『國史館論叢』31 ; 1994,『高麗後期外交 史研究』, 一潮閣, 204쪽.

金惠苑, 1998,『高麗後期 瀋王 研究』, 이화여자대학교 사학과 박사학위논문, 32~34쪽.

張東翼, 1999,「新資料를 통해 본 忠宣王의 在元活動」,『歷史敎育論集』
  23·24合, 726·727쪽.

20) 禮賓內給事:『高麗史』百官志에 의하면, 內給事는 殿中省
에만 있고 禮賓寺에는 없다. 그러나『高麗史』列傳에도 충렬왕대
李兆年이 禮賓內給事로 임명된 기록이 있는 것으로 보아, 백관지에
서 해당 관직에 대한 내용이 누락되었던 것 같다.

『高麗史』권77, 志30 百官1 禮賓寺.

『高麗史』권109, 列傳22 李兆年.

21) 中門副使: 고려후기 中門의 정4품 관직으로, 전기의 閣門引
進使에 해당한다. 中門—閣門—에 대해서는 권1 6-(2), 주해 12)
참조.

22) 典符令: 고려후기 典符寺 소속 관원으로 품질과 정원은 기
록이 미비하여 알기 어렵다. 다만 禮賓寺, 內府寺의 令이 정3품 관
직이었던 것으로 미루어 볼 때 典符令 또한 정3품급에 해당하는 관
직이었을 것이다. 典符寺에 대해서는 권1 10-(1), 주해 10) 참조.

『高麗史』권76, 志30 百官1 禮賓寺·內府寺.

23) 司僕正: 고려후기 司僕寺의 관직으로 정원은 2인이고 그 중
하나는 겸관이었다. 전기의 太僕卿에 해당한다. 이에 대해서는 권1
14-(2), 주해 8) 참조.

24) 穠華右司尹: 穠華는 꽃이 만발하여 아름답다는 뜻으로 公主
를 지칭하는 말로 쓰이기도 하였다. 본문에서 원충이 임명되는 관직
가운데 世子右司尹이 있는데, 이것이 東宮官인 점을 감안한다면, 穠
華右司尹은 公主府의 官屬으로 추정된다. 또한 공민왕 때이기는 하
지만 諸妃主府에 정3품 左·右司尹을 두었다는 기록을 통해서 대략
적인 관품을 참고할 수 있다.

諸橋轍次, 1985,「穠華」,『大漢和辭典』8, 大修館書店, 633쪽.

『高麗史』권77, 志31 百官2 諸妃主府.

25) 奉常: 고려후기 정4품 문산계인 奉常大夫를 말한다. 이에 대해서는 권2 5-(1), 주해 55) 참조.

26) 奉順大夫: 고려후기 정3품下 문산계이다. 이에 대해서는 권2 5-(1), 주해 58) 참조.

27) 密直代言: 고려후기 密直司의 정3품 관직으로 정원은 좌·우 각 1인이며, 전기의 承宣에 해당한다. 이에 대해서는 권2 8, 주해 38) 참조.

28) 喉舌: 代言—承宣—을 가리킨다. 『高麗史』에 의하면 승선은 왕명을 출납하여 "왕의 목구멍과 혀[喉舌]와 같아[承宣王之喉舌]"라는 기록이 있다. 이처럼 대언은 왕의 至近에서 왕의 의사를 대변하였기 때문에 喉舌 또는 龍喉라고도 하였다.

『高麗史』 권19, 世家19 明宗 원년 9월 戊子.

朴龍雲, 2001, 「高麗時代의 中樞院에 대한 고찰」, 『高麗時代 中樞院 研究』, 高麗大學校 民族文化研究院, 44쪽.

29) 知鐵州: 鐵州는 지금의 평안북도 철산군 일대이고, 知事는 5품 이상이 임명되었다. 철주는 본래 고구려의 長寧縣이며 성종대에 江東 6州의 하나로 수복되었고 1018년(현종 9)에는 防禦使를 두었다.

『高麗史』 권58, 志12 地理3 北界 安北大都護府寧州 鐵州.

『高麗史』 권77, 志31 百官2 外職 知州郡.

30) 典儀令: 고려후기 典儀寺의 정3품 관직으로, 전기의 太常卿에 해당한다. 한편, 『高麗史』 元忠傳에는 원충이 압록강 가에서 충선왕 부자를 영접한 뒤에 代言으로 임명되었다고 전한다. 典儀令에 대해서는 권2 5-(1), 주해 60) 참조.

『高麗史』 권107, 列傳20 元傅 附忠.

31) 世子右司尹: 고려후기 世子의 官屬인 東宮官으로 생각되는데, 원충의 이전 관직과 명칭의 유사성 등을 고려하면 문종대 太子左·右庶尹(정4품)의 후신으로 추정된다.

『高麗史』권77, 志31 百官2 東宮官.

32) 知惣部事: 惣部는 摠部를 말한다. 知惣部事는 전기의 知兵部事에 해당한다. 摠部에 대해서는 권1 6-(1), 주해 4) 참조.

33) 通憲大夫: 고려후기의 종2품 문산계이다. 이에 대해서는 권1 6-(4), 주해 8) 참조.

34) 密直副使: 고려후기 密直司의 정3품 관직으로, 전기의 中樞院副使에 해당한다. 이에 대해서는 권1 3-(2), 주해 7) 참조.

35) 左常侍: 고려후기 僉議府의 정3품 관직으로, 전기의 左散騎常侍에 해당한다. 이에 대해서는 권1 7-(1), 주해 3) 참조.

36) 上護軍: 고려후기의 정3품 무반직으로, 전기의 上將軍에 해당한다. 이에 대해서는 권1 6-(1), 주해 3) 참조.

37) 密直使: 密直司使를 의미한다. 고려후기 密直司의 종2품 관직으로, 전기의 中樞院使에 해당한다. 密直司에 대해서는 권1 3-(2), 주해 7) 참조.

38) 匡靖: 고려후기 정2품 문산계인 匡靖大夫를 말한다. 이에 대해서는 권1 6-(2), 주해 33) 참조.

39) 商議評理: 고려후기 僉議府의 종2품 관직으로, 전기의 叅知政事에 해당한다. 1308년에 충선왕이 評理로 고치고 정원을 3인으로 늘렸다. 商議는 충렬왕대 관제 개편 이후에 치사 등으로 직사를 수행하지 않는 재상들이 국정 운영에 참여할 수 있도록 재상직에 '商議'를 더한 일종의 宰相職이다. 이에 대해서는 권1 15-(3), 주해 10) 참조.

40) 時太尉王 …… 勢至不測: 『高麗史』 등에 의하면 元 英宗이 즉위하자 충선왕은 평소 사이가 좋지 않았던 宦者 임바얀퇴귀스 (任伯顏禿古思)로부터 참소를 당해 吐蕃 撒思結로 유배되었다고 한다. 당시 원의 정국동향을 살펴보면 영종은 즉위 과정에서 仁宗의 母后인 興聖太后 세력의 도움을 많이 받았으나 즉위 이후부터는 국

정운영의 주도권을 완전히 장악하기 위해 테무테르(鐵木迭兒)를 비롯하여 興聖太后 세력을 점차 숙청하였다. 영종과 바이주(拜住)를 비롯한 측근세력은 충선왕이 홍성태후를 이용하여 바얀퇴귀스를 究治하고 행성의 승상을 격하시킬 때도 정동행성만 이를 모면하는 것을 보았으므로 충선왕을 興聖太后의 세력으로 간주하였다. 이에 대해 충선왕은 위기를 모면하고자 降香을 구실로 삼아 강남으로 내려갔으나 결국 체포되어 토번으로 유배를 가게 되었다.

한편 충선왕은 高麗王位는 충숙왕, 瀋王位는 조카 延安君 王暠에게 傳位하였는데, 영종이 즉위하자 瀋王 王暠를 고려국왕으로 책봉하려는 모의가 일어났다. 이는 충선왕의 토번 유배를 계기로 고려 내의 정치세력이 분열되어 정치적 입지가 불안해진 충선왕 측근세력의 일부가 영종의 총애를 받던 瀋王 暠를 새롭게 고려왕으로 추대하여 자신들의 정치적 실권을 되찾으려고 했기 때문이다.

金庠基, 1964, 「李益齋의 在元 生涯에 對하여―忠宣王의 侍從의 臣으로서―」, 『大東文化研究』 1 ; 1974, 『東方史論叢』, 서울大學校出版部.

김광철, 1996, 「14세기초 元의 政局動向과 忠宣王의 吐藩 유배」, 『한국중세사연구』 3.

金惠苑, 1998, 『高麗後期 瀋王 研究』, 이화여자대학교 사학과 박사학위논문.

李益柱, 2000, 「14세기 전반 高麗·元關係와 政治勢力 동향―忠肅王代의 瀋王擁立運動을 중심으로―」, 『한국중세사연구』 9.

李命美, 2012, 『고려―몽골 관계와 고려국왕 위상의 변화』, 서울대학교 국사학과 박사학위논문.

41) 重大匡: 고려후기의 종1품 문산계이다. 이에 대해서는 권16-(1), 주해 1) 참조.

42) 判民部事: 고려후기 民部의 관직으로, 전기의 判尙書戶部事에 해당한다.

『高麗史』 권76, 志30 百官1 戶曹.

43) 且連外戚: 원주원씨 가문은 원충의 4女가 正尹 王諿와 혼인
하였고, 원충의 누이인 平原郡夫人 元氏의 3女가 樂浪君 王瑈와 혼
인하였다. 또한 원충의 부인인 南陽郡夫人 洪氏가 忠宣王妃인 順和
院妃, 忠肅王妃인 德妃—明德太后—와 자매간이므로 왕실과 밀접
한 관계가 있었다.

　「朴居實妻元氏墓誌銘」.

44) 前王嗣封 起公任以前職: 충혜왕은 1330년(충혜왕 즉위) 4
월의 인사에서 당시 세족으로서의 사회적 지위를 유지하고 있던 가
문의 인물들을 대거 기용하여 즉위초 왕권의 안정을 도모하였다. 이
때 기용된 인물들이 金深·元忠·權謙·韓渥·尹安庇·李齊賢 등으로
대부분 충숙왕대 이래 정계에서 활동했던 경우이지만, 충숙왕 측근
으로 기울지 않거나 충선왕의 토번 유배와 충숙왕의 원도 억류에서
절의를 지켰음에도 권력 행사에 깊숙이 개입하지 않았던 사람들이
다. 원충은 충숙왕이 원도에 억류되었을 때 왕을 시종하며 절의를
지켰고, 충숙왕은 환국한 뒤에 그를 찬성사에 임명하였다. 그러나
원충은 곧 관직에서 물러났고 충혜왕 즉위초에 다시 기용될 때까지
5년간을 한거하였는데, 아마도 충숙왕 측근세력의 견제에 의한 것으
로 보인다.

　김광철, 1996,「고려 충혜왕대 측근정치의 운영과 그 성격」,『國史館論
叢』71, 155·156쪽.

45) 判軍簿監察司事: 判軍簿司事와 判監察司事를 연칭한 것이
다. 判軍簿司事는 고려후기 軍簿司의 관직으로, 전기의 判兵部事에
해당한다. 判監察司事는 고려후기 監察司의 정3품 관직으로, 전기의
判御史臺事에 해당한다. 兵部에 대해서는 권1 20-(1), 주해 1) 참
조. 司憲府에 대해서는 권1 6-(2), 주해 27) 참조.

46) 而今王入朝 多公奉賀年表赴都: 今王인 충숙왕이 입조한 것
은 1330년(충숙왕 17) 윤7월 갑신일이고, 원충이 신년을 하례하기

위해 사신으로 원에 간 것은 1331년(충혜왕 1) 11월 신축일이다.

『高麗史』권35, 世家35 忠肅王 17년 윤7월 甲申.

『高麗史』권36, 世家36 忠惠王 원년 11월 辛丑.

47) 虎符: 원대에는 金虎符, 金符—金牌—, 銀符—銀牌—가 품
계에 따라 차등 있게 지급되었는데, 『元史』百官志에 의하면 金虎
符는 종3품 이상의 達魯花赤이나 萬戶가 착용하였다. 이는 평상시
에 사신이나 軍官—당시의 民官—이 역마를 이용할 경우에 지급되
었고 사신의 경우에는 업무를 마치면 곧바로 회수하는 것이 원칙이
었으나 세습 군관의 경우에는 직함을 승계하여 패용할 수 있었다.

『元史』권91, 志41上 百官7 諸路萬戶府.

箭內亘, 1922,「元朝牌符考」,『滿鮮地理歷史究報告』9 ; 1930,『蒙古史
研究』, 刀江書院.

48) 徽政院差使: 휘정원은 본래 元 世祖가 太子 眞金을 보좌하
기 위해 세운 詹事院인데, 태자가 즉위하지 못하고 훙거하자 첨사원
의 인사와 재물은 모두 太子妃이자 成宗의 母后인 裕聖皇后에게 귀
속되었으며, 이를 관리하고자 첨사원을 휘정원으로 개편하였다. 이
후 휘정원은 황태후의 봉지와 재물 등 경제적 자산을 관리하는 기능
을 하였다.『元史』百官志에는 휘정원의 관직으로 差使가 확인되지
않는데, 아마도 휘정원의 관리를 어떠한 목적에 따라서 차정하여 使
命을 띠고 파견한 것으로 생각된다.

『元史』권89, 志39 百官5 儲政院.

李龍範, 1962,「奇皇后의 冊立과 元代의 資政院」,『歷史學報』17·18合
: 1976,『中世東北亞細亞史研究』, 亞細亞文化社.

49) 至後至元二年 …… 乘馹東歸:『拙藁千百』에만 있는 기록
으로『高麗史』와『高麗史節要』에는 해당 기사가 없어서 자세한 내
용은 알 수 없다.

50) 南陽府院君諱奎: 洪奎(?~1316)를 말한다. 본관은 南陽이
고 아버지는 同知樞密院事 洪縉이며 초명은 文系이다. 원종 때에

권신 林衍의 사위로 御史中丞에 있다가 임연이 죽고 姊夫 林惟茂가 정권을 장악하자 宋松禮와 함께 계책을 세워 그를 몰아내고 무신정권을 끝냈으므로 左副承宣에 임명되었다. 충렬왕이 제국대장공주와 함께 貢女를 선발할 때 자신의 딸이 포함되자 딸의 머리카락을 잘라 피하려고 하였으나, 공주에게 발각되어 혹독한 고문을 당하고 해도로 유배되었다. 얼마 지나지 않아 洪子藩의 요청으로 소환되어 僉議侍郎贊成事·判典理司事로 치사하였다. 이후 中贊 致仕로 올려주었고 충선왕 때에 益城君으로 봉해지고 僉議政丞이 되었다. 1316년(충숙왕 3)에는 推誠陳力定安功臣에 봉해지고 南陽府院君·商議僉議都監事가 되었다가 죽으니 시호를 匡定이라고 하였다. 그는 사소한 일에 개의치 않고 욕심이 적었으며 명리를 추구하지 않았다고 한다.

『高麗史』권106, 列傳19 洪奎.

金光哲, 1984, 「洪子藩硏究─忠烈王代 政治와 社會의 一側面─」, 『慶南史學』 1.

51) 德妃: 1298~1380. 충숙왕의 妃로, 충숙왕이 왕위에 오르자 첫 혼인 상대로 간택되어 德妃로 책봉되었으며, 왕의 총애를 받아 王禎─忠惠王─과 王祺─恭愍王─를 낳았다. 충혜왕이 즉위하자 明德太后가 되었고 1372년(공민왕 21)에 다시 존호를 올려 崇敬王太后라고 하였다. 천성이 총명하고 단정하였으며 시호는 恭元이다. 덕비는 충선왕비인 順和院妃와 자매간으로 자매가 양대에 걸쳐 왕비가 된 경우이다. 당시 정치권력이 주로 원과 관련되어 있었고 역대 왕들이 원 공주와 정략적 결혼을 통해 맺어지고 있었으므로 고려 국왕과 권문·세족의 혼인은 원 공주의 투기심을 불러 일으켜 자칫 왕의 정치적 위치를 불안하게 하는 중요한 요소가 될 수 있었다. 그러나 두 왕이 자매를 왕비로 맞았다는 것은 정치적 의도에서 맺어진 혼인으로 보기는 어렵고 자매의 자질이 특히 돋보였기 때문

이었을 것이다. 이로 인해 충숙왕이 원 공주와 결혼한 후에는 공주
의 질투를 피하기 위해 定安公의 집에 나가 있었고, 충혜왕이 즉위
하였을 때에는 충숙왕이 명덕태후를 田里로 내보내 아들인 충혜왕
을 만나지 못하게 하는 고초를 겪게 하였다.

> 『高麗史』 권89, 列傳2 后妃2 明德太后洪氏.
> 정용숙, 1992, 「元 公主 출신 왕비의 등장과 정치세력의 변화」, 『고려시
>   대의 后妃』, 民音社, 254·255쪽.
> 이숙경, 2006, 「고려 충숙왕비 명덕태후의 정치적 역할」, 『韓國人物史研
>   究』 6 ; 2015, 『고려의 왕비—내조자와 국모로서의 삶』, 景仁
>   文化社.

52) (元)顥: ?~1356. 18세에 蔭補로 護軍이 되었고 누차 승
진하여 공민왕 때에 贊成事로 임명되었다. 1354년(공민왕 3)에 원
에서 張士誠을 토벌하기 위해 장수를 모집한다는 소문을 듣고는 楊
廣道都巡問使가 되어 회피하고자 하였으나, 왕이 허락하지 않고 일
단 成安府院君으로 봉한 뒤에 柳濯·廉悌臣과 함께 원으로 보냈다.
이듬해 귀국하여 判三司事로 임명되었다. 그는 정권을 장악하고자
洪彦博과 韓可貴, 具榮儉 등을 참소하였는데, 공민왕이 본래 그를
싫어하였으므로 모두 하옥하여 대질시키고는 李蒙古大를 보내 그를
쇠몽둥이로 때려 죽였다.

> 『高麗史』 권107, 列傳20 元傅 附顥.
> 『氏族源流』 原州元氏.

53) 興威衛護軍: 고려후기 興威衛의 정4품 무반직으로, 전기의
將軍이다. 興威衛에 대해서는 권1 6-(1), 주해 34) 참조.

54) (元)詡: 생몰년 미상. 『氏族源流』에는 翊으로 기록되었다.
李彦冲의 딸과 혼인하였으며, 관직은 判三司事에 이르렀다.

> 『拙藁千百』 권2, 「故政堂文學李公墓誌」.
> 『氏族源流』 原州元氏.

55) 備巡衛別將: 고려후기 備巡衛의 정7품 무반직으로 매 領마

다 5인을 두었다. 備巡衛는 전기의 金吾衛에 해당된다. 이에 대해서
는 권1 15-(1), 주해 7) 참조.

56) (元)顗: ?~1358. 공민왕 초에 監察大夫로 재임 중 왕과
왕후에게 신년 하례를 올릴 때에 執義 慶千興과 함께 왕후의 戚屬
으로서 왕후에게 먼저 하례하였으므로, 左政丞 印承旦에게 미움을
사서 탄핵당할 뻔하였다. 이후 1353년(공민왕 2)에 典理判書에 임
명되었고, 관직은 判樞密院事에 이르렀다.

『高麗史』 권38, 世家38 恭愍王 2년 춘정월 戊子.
『高麗史』 권123, 列傳36 嬖幸1 印侯 附承旦.
『氏族源流』 原州元氏.

57) 親禦軍別將: 고려후기 親禦軍의 정7품 무반직이다. 親禦軍
은 전기의 龍虎軍에 해당한다. 고려후기의 경군인 2軍의 하나로 鷹
揚軍과 함께 국왕의 친위군으로서 近仗으로도 칭해졌다. 충선왕 때
에 虎賁軍으로 고쳤다가 뒤에 親禦軍으로 고쳤으며, 후에 다시 龍
虎軍으로 고쳤다. 2領의 단위부대로 구성되었다.

『高麗史』 권77, 志31 百官2 西班 鷹揚軍·龍虎軍.
李基白, 1956, 「高麗 京軍考」, 『李丙燾博士華甲紀念論叢』, 一潮閣 ;
　　　1968, 『高麗兵制史研究』, 一潮閣, 68·69쪽.
朴龍雲, 2009, 『『高麗史』 百官志 譯註』, 신서원, 641~645쪽.

58) 金光利: 생몰년 미상. 본관은 光山으로 초명은 光理이며 부
친은 政堂文學 金積이다. 1352년(공민왕 1)에 左副代言으로 임명
되었으며, 관직이 典理判書에 이르렀다.

『高麗史』 권38, 世家38 恭愍王 원년 동10월 丙午.
『氏族源流』 光州金氏.

59) 左右衛護軍: 고려후기 左右衛의 정4품 무반직으로 매 領마
다 1인을 두었다. 左右衛에 대해서는 권1 6-(2), 주해 4) 참조.

60) 洪瑜: 생몰년 미상. 본관은 南陽으로 부친은 僉議評理 洪鐸
이다. 그의 증조인 洪百壽는 洪福源의 동생이지만 형과는 달리 고

려에 남아 관직에 진출하였으며, 후손들이 계속하여 고급관인을 배출함으로써 世族이 되었다. 홍유는 1350년(충정왕 2)에 密直副使로 임명되었고, 1356년(공민왕 5)에는 萬戶로 있다가 가산이 적몰되어 빈민들을 위한 구제미로 쓰였다는 기록이 확인된다.

『高麗史』 권37, 世家37 忠定王 2년 5월 乙亥.

『高麗史』 권39, 世家39 恭愍王 5년 6월 丁丑.

金光哲, 1991, 「高麗後期 世族의 家系와 그 특징」, 『高麗後期 世族層研究』, 東亞大學校出版部, 71쪽.

61) 管高麗軍万戶: 羅英傑이 그의 부친 羅益禧로부터 세습받은 만호직이다. 이에 대해서는 권2 5-(2), 주해 18) 참조. 萬戶에 대해서는 권2 2, 주해 9) 참조.

62) 羅英傑: 생몰년 미상. 본관은 羅州이고 부친은 僉議叅理 羅益禧이다. 1343년(충혜왕 후4)에 충혜왕이 원으로 압송될 때에 萬戶 權謙과 함께 押領官이 되었고 이듬해에는 鷹揚軍上將軍으로 書筵에 참여하였다. 1352년(공민왕 1)에 왕이 趙日新을 제거할 때에 당여로 하옥되었으며, 1354년에는 복귀하여 원이 장사성의 토벌을 위해 군사를 모집할 때에 선발되어 원으로 파견되기도 하였다.

『高麗史』 권36, 世家36 忠惠王 후4년 11월 甲申.

『高麗史』 권37, 世家37 忠穆王 즉위년 6월 乙卯.

『高麗史』 권38, 世家38 恭愍王 원년 동10월 乙巳·3년 6월 癸卯.

『高麗史』 권104, 列傳17 羅裕 附益禧.

63) 正尹: 고려후기 宗室封君의 종2품 封君號이다. 宗室封爵에 대해서는 권1 1, 주해 9) 참조.

64) 王諿: 생몰년 미상. 淮安大君 王珣의 셋째 아들로 益城君에 봉해졌다가 鶴城侯로 고쳤다. 이에 대해서는 권2 4, 주해 34) 참조.

10. 故密直副使致仕朴公墓誌

[原文]

故密直副使致仕朴公墓誌

公諱華, 姓朴氏, 先世密城郡籍. 曾祖奇輔, 嘗以中軍錄事死於國事, 官至大觀殿直, 贈某官. 祖洪升, 故衛尉注簿同正, 贈衛尉丞. 父誠, 故檢校軍器監, 贈禮賓尹. 禮賓府君取陰竹安氏女, 封陰平郡夫人, 是生公, 實元朝憲宗皇帝第二年壬子歲也.

至元十五年, 由典理司書員, 任全州臨陂縣尉, 罷秩入內侍積年勞, 歷板積窯直供驛司醞署令紫雲坊判官. 至大三年, 拜司憲糾正, 出使慶尙道, 照刷諸州架閣文卷, 摘發無隱. 被効者側目, 反爲所攻見免. 延祐三年, 長子仁幹赴召太尉瀋王邸, 起以選部散郎, 出知慶原府, 尋致仕. 泰定元年, 仁幹從太尉王廻自吐蕃, 於是又起任廣州牧, 明年, 以通憲大夫密直副使上護軍致仕. 至後至元二年正月十二日, 病卒, 享年八十有五. 越三月八日, 葬于京東大德山感恩寺之北麓.

夫人趙氏, 封金堤郡, 爲故相文良公諱簡之姊也, 先公四年而卒. 子男五人女二人. 仁幹登庚子科, 又中乙卯應擧試魁, 盡誠秉義翊贊功臣匡靖大夫僉議評理, 見任漢陽府尹. 仁祉, 辛未科, 司設署令, 仁杞, 左右衛散員, 仁翊, 軍簿佐郎, 仁宇, 乙卯科, 知丹陽郡事. 女嫁中門祗候柳韶版圖佐郎徐坪. 孫男有六人女二人.

公性恭勤, 莅事惟謹, 而廉於進取. 其處家敎諸幼, 槩以慈祥, 必勸之從學曰, 人無學, 無以立. 苟有過, 則又嚴加切責, 故五子奉承, 不敢怠忽. 至於三人登科, 皆以良能見稱, 而其長公從先王於絶域, 艱險万狀, 主耳忘軀, 卒就功名, 盖由義方夙激而成之也. 少從仕, 官雖低回未達, 晚因子貴, 乃得高資厚祿以養, 年及九秩而終. 嗚呼, 又多望乎哉. 予聞死事者其後必大, 亦其先報不騫也歟.

銘曰. 嗚呼, 公之次子仁祉, 在大德六禩, 嘗與予同擧司馬試爲進士, 距今三十有四年矣. 予旣與其子而爲友, 則不得不拜公猶諸父. 故其長公弟畜我,

我視其弟, 又自處以兄, 其誰曰不可. 是以公之一門父子弟昆, 於歿於存, 義密情惇. 玆其歸土宜有銘, 我秉其筆, 尙無媿于幽明.

[譯文]

밀직부사[1]로 치사한 고 박공[2] 묘지[3]

공의 휘는 화이고 성은 박씨이며 선대는 밀성군[4]에 적을 두었다. 증조부 기보[5]는 일찍이 중군녹사[6]로서 나랏일을 하다가 돌아가셨는데, 관직이 대관전직[7]에 이르렀고 모관에 추증되었다. 조부 홍승[8]은 고 위위주부동정[9]으로 위위승[10]에 추증되었다. 부친 함[11]은 고 검교군기감[12]으로 예빈윤[13]에 추증되었다. 예빈부군은 음죽안씨[14]의 딸에게 장가들었으며, (부인은) 음평군부인[15]에 봉해졌고 이분이 공을 낳으니 이때가 원 헌종황제[16] 2년 임자년(1252, 고종 39)이다.

지원 15년(1278, 충렬왕 4)에 전리사서원[17]을 거쳐 전주[18] 임피현위[19]에 임명되었으며 임기를 마치고[罷秩] 내시[20]로 들어가 해마다 공로를 쌓아 판적요직,[21] 공역서령,[22] 사온서령,[23] 자운방판관[24] 등을 역임하였다. 지대 3년(1310, 충선왕 2)에 사헌규정[25]에 제수되어 경상도에 사신으로 나아가 여러 주의 가합문서를 조사하여[照刷] 들추어 드러냄에 숨김이 없었다.[26] 탄핵을 입은 자들이 분하게 여겨[側目] 도리어 공격을 당하여 면직되었다. 연우 3년(1316, 충숙왕 3)에 맏아들 인간[27]이 충선왕[太尉瀋王]의 관저로 소환되자 선부산랑[28]으로 기용되어 지경원부사[29]로 나갔으나 얼마 지나지 않아 치사하였다. 태정 원년(1324, 충숙왕 11)에 인간이 충선왕[太尉王]을 시종하여 토번에서 돌아오니[30] 이에 다시 기용되어 광주목사[31]에 임명되었다가 다음해에 통헌대부[32]·밀직부사·상호군[33]으로 치사하였다. 후지원 2년(1336, 충숙왕 후5) 정월 12일

에 이르러 병으로 졸하니 향년 85세였다. 이에 3월 8일에 왕경 동
쪽 대덕산 감은사[34]의 북쪽 산기슭에 장사를 지냈다.

부인 조씨[35]는 김제군부인에 봉해졌으며 (부인은) 고 재상 문양
공 휘 간[36]의 누이로, 공보다 4년 먼저 졸하였다. 자식은 아들이 5
명이고 딸이 2명이다. 인간은 경자년(1300, 충렬왕 26) 과거에 급
제하였고[37] 또 을묘년(1315, 충숙왕 2) 응거시(應擧試)에 장원으
로 급제하였으며[38] 진성병의익찬공신[39]·광정대부[40]·첨의평리[41]를
지내고 지금 한양부윤[42]을 맡고 있다. 인지[43]는 신미년(1331, 충혜
왕 1) 과거[44]에 급제하였으며 사설서령[45]이고, 인기[46]는 좌우위산
원[47]이며, 인익[48]은 군부좌랑[49]이고, 인우[50]는 을묘년(1315, 충숙
왕 2) 과거[51]에 급제하여 지단양군사[52]이다. 딸들은 중문지후[53] 유
소[54]와 판도좌랑[55] 서평[56]에게 시집갔다. 자손은 손자가 6명이고
손녀가 2명이다.

공은 성품이 공손하고 부지런하여 일을 시작함에 매우 삼가하였
으며 나아가서 일을 처리함에 청렴하였다. 집안에서 여러 아이들을
가르치는데 대개 자상하게 하고, 반드시 학문을 좇기를 권하면서 말
하기를 "사람이 배움이 없으면 설 수도 없다."라고 하였다. 만약 잘
못이 있으면 또 엄격하게 꾸짖어 다섯 아들들이 받들어 이음에 감히
게으르고 소홀히 하지 않았다. 세 아들이 과거에 급제하였고 모두
어질고 능력이 있다고 칭송을 받았는데, 인간[長公]이 먼 지역에서
충선왕[先王]을 시종하여 만사가 어렵고 험난했지만 군주만 알 뿐
자신은 잊고 마침내 공명을 이루었으니 대개 아버지에게 제대로 규
범과 도리를 배워[義方] 일찍이 힘쓴 데에서 말미암아 이루었다.
젊어서 입사하여 관직이 비록 낮게 맴돌며 현달하지 못했더라도 만
년에 아들이 귀해졌기 때문에 이에 높은 자급과 후한 복록을 얻어
봉양 받았으며 나이가 90에 이르러 세상을 떠났다. 아아, 또 더 바

라겠는가. 내가 듣기로 나랏일을 하다가 돌아가신 분은 그 후손이
반드시 크게 된다고 하니 역시 그 선대의 보답이 이지러지지 않은
것인가. 명에 이른다.

> 아아, 공의 차남 인지는
> 대덕 6년에
> 일찍이 나와 함께 사마시에 응시하여 진사가 되었으니
> 지금으로부터 34년이 되네.[57]
> 나는 이미 그 아들과 벗이므로
> 공에게 집안 어른[諸父]과 같이 공경하지 않을 수 없네.
> 그러므로 맏형은 나를 동생처럼 아끼고
> 나는 그 동생들을 대하면서
> 또 형으로 자처하였으니
> 그 누가 아니된다 하겠는가.
> 이로써 공의 집안 부자 형제와
> 죽어서도 살아서도
> 의리가 깊고 정이 돈독하구나.
> 지금 흙으로 돌아가시는 길에 마땅히 명이 있어야 하니
> 내가 붓을 잡아
> 오히려 저승과 이승에 부끄러움이 없을 것이다.

　[註解]

　1) 密直副使: 고려후기 密直司의 정3품 재상직으로, 전기의 中
樞院副使에 해당한다. 이에 대해서는 권1 3-(2), 주해 7) 참조.

　2) 朴公: 朴華(1252～1336)를 가리킨다. 본관은 密陽이고, 衛尉
丞에 추증된 朴洪升의 손자이며 禮賓尹에 추증된 朴諴의 아들이다.
　　「朴華墓誌銘」.

　3) 故密直副使致仕朴公墓誌: 본 묘지명은『東文選』에서도 전한다.
　　『東文選』 권123, 墓誌「故密直副使致仕朴公墓誌」.

4) 密城郡: 지금의 경상남도 밀양시 일대이다. 본래 신라의 推火
郡으로 995년(성종 14)에 密州刺史가 되었다가 1018년(현종 9)
에 知密城郡事로 바뀌었다. 1271년(원종 12)에 密城郡人 趙仟이
三別抄에 호응하였던 전력으로 인해 1275년(충렬왕 1)에 歸化部
曲으로 강등되어 鷄林에 예속되었다. 얼마 후에 密城縣으로 승격되
었고 1285년에 密城郡으로 재차 승격되었으나 다시 縣으로 강등되
었다.

『高麗史』 권27, 世家27 元宗 12년 춘정월 丙戌.

『高麗史』 권57, 志11 地理2 慶尙道 東京留守官慶州 密城郡.

5) (朴)奇輔: 생몰년 미상. 본관은 密陽이며 朴華의 曾祖이다.

『氏族源流』 密陽朴氏.

6) 中軍錄事: 中軍兵馬錄事를 말한다. 中軍은 五軍 또는 三軍의
하나로, 평상시의 군사조직이라기보다 비상시가 되면 元帥·副元帥
및 各軍兵馬使 등의 지휘체계가 이루어지는 전투에 동원하기 위한
편제였다. 中軍兵馬錄事는 中軍의 실무행정과 전투를 담당하였을
것으로 짐작되며 1107년(예종 2)의 여진 정벌에 拓俊京이 중군병
마녹사로서 활약하였던 사례가 보인다. 본문에서 朴奇輔가 '중군녹
사로서 나랏일을 하다가 돌아가셨다'고 한 것으로 보아 어떠한 전투
에 출전하여 사망하였다고 여겨진다.

『高麗史』 권81, 志35 兵1 兵制 五軍.

『高麗史』 권127, 列傳40 叛逆1 拓俊京.

李基白, 1968, 「高麗軍役考」, 『高麗兵制史研究』, 一潮閣, 136~138쪽.

7) 大觀殿直: 大觀殿의 관리를 맡은 權務官이다. 본래 대관전은
국왕이 재상들에게 연회를 베풀거나 사신을 접대하던 乾德殿을
1138년(인종 16)에 고친 것이다. 건덕전은 1126년에 李資謙의 난
으로 소실되었다가 1131년 복구되었다. 1138년에 대관전으로 개칭
되면서 乾德殿直 역시 大觀殿直이 되었다.

『高麗史』 권5, 世家5 顯宗 14년 12월 丁丑.

『高麗史』 권56, 志10 地理1 王京開城府.

『高麗圖經』 권5, 宮殿1 乾德殿.

朴龍雲, 1996, 「開京 定都와 시설」, 『고려시대 開京 연구』, 一志社, 26~30쪽.

8) (朴)洪升: 생몰년 미상. 본관은 密陽이며 朴華의 祖父이다.

9) 衛尉注簿同正: 衛尉注簿의 산직이다. 위위주부는 儀物과 器械를 관장하는 衛尉寺의 종7품 관직이며 정원은 2인이다. 1308년(충렬왕 34)에 충선왕의 관제개편으로 衛尉寺가 吏部에 합병되었다가 1331년(충혜왕 1)에 다시 설치되면서 주부도 종전대로 종7품으로 하였다. 同正職에 대해서는 권2 5-(2), 주해 32) 참조.

『高麗史』 권76, 志30 百官1 衛尉寺.

朴龍雲, 2009, 『『高麗史』 百官志 譯註』, 신서원, 281~287쪽.

10) 衛尉丞: 고려후기 衛尉寺의 종6품 관직이며 정원은 2인이다. 1298년(충렬왕 24)에 1인으로 줄었고, 1308년에 위위시가 吏部에 합병되었다가 1331년에 다시 설치되면서 종전대로 종6품으로 하였다.

『高麗史』 권76, 志30 百官1 衛尉寺.

11) (朴)誠: 생몰년 미상. 본관은 密陽이며 朴華의 아버지이다.

12) 檢校軍器監: 軍器監의 산직이다. 軍器監은 兵器의 제작을 담당한 軍器監의 정4품 관직이며 정원은 1인이다. 檢校職에 대해서는 권1 6-(4), 주해 11), 군기감에 대해서는 권1 2-(2), 주해 30) 참조.

13) 禮賓尹: 고려후기 禮賓寺의 종3품 관직으로, 전기의 禮賓卿에 해당한다. 이에 대해서는 권1 6-(2), 주해 19) 참조.

14) 陰竹安氏: 竹山安氏를 말한다. 부인 安氏가 받은 봉군호가 陰平郡夫人이며, 음평은 竹州―지금의 경기도 安城市 竹山面 일대―의 별호이다. 한편, 陰竹은 지금의 경기도 利川市 長湖院邑 일대이다.

『高麗史』 권56, 志10 地理1 楊廣道 廣州牧 竹州·忠州牧 陰竹縣.

15) 陰平郡夫人: 생몰년 미상. 본관은 陰竹이며 朴華의 어머니이다. 郡夫人은 封郡號인데 4품 이상 관인의 처에게 주어졌다.

『高麗史』권77, 志31 百官2 內職.

16) 憲宗皇帝: 1208~1259. 재위기간은 1251~1259년이다. 몽골의 4대 황제이고 휘는 뭉케(蒙哥)이며 칭기즈칸의 넷째 아들인 톨루이(拖雷)의 장자이다. 1248년에 貴由―元 定宗―가 죽자 칸의 자리를 놓고 분쟁이 일어났는데 母인 소르칵타니베키(唆魯禾帖尼)의 노력과 바투(拔都)의 지원으로 쿠릴타이에서 칸으로 즉위할 수 있었다. 그는 동생인 쿠빌라이(忽必烈)와 훌라구(旭烈兀)에게 각기 南宋과 페르시아 정벌을 맡겼는데 남송친정 중에 釣魚山 전투에서 전사하였다.

『元史』권3, 本紀3 憲宗.

라시드 앗 딘, 김호동 譯, 2005, 「뭉케 카안紀」, 『라시드 앗 딘의 집사 (3) : 칸의 후예들』, 사계절.

17) 典理司書員: 고려후기 典理司의 吏屬職이다. 전리사는 전기의 吏部로, 박화가 과거에 급제하였다는 기록이 없으므로 蔭職으로 제수받은 것으로 추정된다.

『高麗史』권76, 志30 百官1 吏曹.

18) 全州: 지금의 전라북도 전주시 일대이다. 936년(태조 19)에 태조가 甄萱의 후백제를 멸망시킨 후 安南都護府로 삼았다가 940년(태조 23)에 전주로 개칭하였다. 983년(성종 2)에 崔承老의 외관 파견 건의에 따라 全州牧이 되었다. 993년에 承化節度安撫使로 고쳤고 995년에 節度使로 삼아 順義軍이라 하였으며 江南道에 예속시켰다. 1018년(현종 9)에 安南大都護府가 되었고 1022년에 다시 전주목으로 고쳐졌다.

『高麗史』권57, 志11 地理2 全羅道 全州牧.

19) 臨陂縣尉: 臨陂縣의 외관직이다. 縣에는 縣令과 縣尉가 있었으며 각각 8품 이상과 9품 이상이 임명된다고 하였으나, 실제로

初仕外官職으로 기능하기도 했다. 임피현은 지금의 전라북도 군산시 임피면 일대이다. 본래 백제의 屎山郡으로, 신라 경덕왕 때 이름을 임피로 고쳐 郡으로 하였으나 고려 때 임피현으로 강등되었고 縣令이 파견되었다.

『高麗史』 권57, 志11 地理2 全羅道 全州牧 臨陂縣.
『高麗史』 권77, 志31 百官2 外職 諸縣.
이진한, 2002, 「고려시대 守令職의 제수 자격」, 『史叢』 55, 27쪽.

20) 內侍: 국왕을 侍奉하거나 호종하는 일을 맡은 近侍職을 말한다. 이에 대해서는 권1 6-(1), 주해 32) 참조.

21) 板積窯直: 고려시대 중앙으로 공급할 기와를 굽던 諸窯 또는 六窯의 하나인 板積窯의 관리를 맡았으며 雜權務였다. 판적요의 기와는 2007년부터 2011년까지 이루어진 개성 만월대 발굴조사에서 '板積○○'이 표기된 명문기와 15점이 발견되었는데 이를 통해 판적요의 기와가 주로 궁궐과 사원 건축에 이용되었음이 확인된다. 또한 기와의 공급이 소비처인 개경으로 지속적으로 이루어져야 했으므로 판적요직이 가마 관리 이외에도 기와의 원료가 되는 흙과 땔나무를 충당하고 소비처로 운송하는데 책임을 졌다. 한편 1165년 (의종 19)에 의종이 板積窯池에서 배를 띄우고 宦者·內侍와 酒宴을 즐겼고, 1167년에 판적요에 萬春亭을 지으면서 延興殿을 세워 宰樞·侍臣과 함께 연회를 베풀었던 사실이 확인된다.

『高麗史』 권18, 世家18 毅宗 19년 하4월 戊申·21년 하4월 戊寅.
金光洙, 1980, 「高麗時代의 權務職」, 『韓國史研究』 30.
홍영의, 2013, 「개성 고려궁성 출토 명문기와의 유형과 窯場」, 『개성 고려궁성 남북공동 발굴조사 보고서』 1, 318~320쪽.

22) 供驛: 供驛署의 장관이었던 供驛署令(종7품)을 가리킨다. 전국의 22驛道 525驛을 관장하며 역마를 제공하는 업무를 담당하였는데 尙書兵部에 속하여 주로 행정적인 직임을 수행하였다.

『高麗史』 권77, 志31 百官2 供譯署.

정요근, 2008, 『高麗·朝鮮初 驛路網과 驛制 研究』, 서울대학교 국사학과 박사학위논문, 65~68쪽.

朴龍雲, 2009, 『『高麗史』 百官志 譯註』, 신서원, 403·404쪽.

23) 司醞署令: 고려후기 酒醴의 공급을 관장하는 司醞署의 정8품 관직이며 정원은 2인으로, 전기의 良醞署令에 해당한다. 1308년에 정5품으로 올렸으며 1인은 兼官으로 하였다.

『高麗史』 권77, 志31 百官2 司醞署.

朴龍雲, 2009, 『『高麗史』 百官志 譯註』, 신서원, 361~366쪽.

24) 紫雲坊判官: 紫雲坊의 정7품 관직으로 정원은 2인이다. 자운방은 1308년에 설치된 기구로, 종래 음악을 가르치고 악대를 훈련하는 일을 관장하였던 大樂署를 典樂署로 고치고 자운방을 소속시켰으나 얼마 안되어 혁파되었다. 한편, 자운방이 敎坊의 倡妓를 핵심으로 하여 管絃房까지 아울러 통합시킨 기구로 이해하는 견해가 있다.

『高麗史』 권76, 志30 百官1 典樂署.

金昌賢, 2000, 「고려시대 음악기관에 관한 제도사적 연구」, 『國樂院論文集』 12 ; 2007, 『高麗의 女性과 文化』, 신서원.

25) 司憲糾正: 고려후기 司憲府의 종6품 관직으로, 전기의 監察御史에 해당한다. 1275년(충렬왕 1)에 監察史로 고쳐졌고, 1298년에 충선왕이 다시 고쳐 監察內史라고 하면서 정원을 6인으로 줄였으나 얼마 후에 다시 감찰사로 바뀌었다. 1308년에 충선왕이 복위하면서 사헌규정으로 고치고 정원을 14인으로 대폭 늘렸으며 그 중 4인은 兼官으로 하였다. 한편 司憲府에 대해서는 권1 6-(2), 주해 27) 참조.

『高麗史』 권76, 志30 百官1 司憲府.

朴龍雲, 1980, 「臺諫의 職制」, 『高麗時代 臺諫制度 研究』, 一志社.

26) 至大三年 …… 摘發無隱: 1309년(충선왕 1)에 충선왕이 司憲糾正에 제수된 인물들을 전국 각지에 파견하여 지방관을 감찰

하여 왕권강화와 지역안정을 꾀한 바 있다. 1310년에 朴華가 사헌 규정으로서 慶尙道에 파견된 것은 충선왕의 정책과 관련이 있었다. 박화가 조사한 架閣文卷은 架閣庫가 소장하고 관리한 帳籍·文案으로 여겨지는데 경상도 소재 州의 것으로 판단된다. 여기서는 박화가 開京의 가각고에 소장된 문권을 살피고 경상도에 파견되어 지방관들의 불법행위를 감찰했던 사실을 기록한 것이다.

『高麗史』 권29, 世家29 忠烈王 6년 동10월.
『高麗史』 권33, 世家33 忠宣王 원년 동10월 己卯.
『高麗史』 권77, 志31 百官2 架閣庫.
諸橋撤次, 1985, 「架閣」, 『大漢和辭典』 6, 大修館書店, 253쪽.
南權熙, 1986, 「架閣庫考」, 『書誌學研究』 1, 131쪽.
朴宰佑, 1993, 「高麗 忠宣王代 政治運營과 政治勢力 動向」, 『韓國史論』 29, 37·38쪽.

27) (朴)仁幹: ?~1343. 본관은 密陽이고 朴華의 장남이다. 1315년(충숙왕 2)에 예부시에 장원으로 급제하고, 같은 해에 元 制科에 응시하였으나 급제하지 못했다. 直寶文閣을 지내다가 1320년에 충선왕이 吐蕃으로 유배되자 시종하였다. 1324년에 吐蕃으로부터 돌아와서 盡誠秉義翊贊功臣·知密直司事에 임명되었다. 1341년(충혜왕 후2)에 원이 江陵大君 王祺—공민왕—에게 입조할 것을 명하여 다시 시종길에 올랐다.

『高麗史』 권34, 世家34 忠肅王 2년 춘정월 辛酉.
『高麗史』 권35, 世家35 忠肅王 7년 12월 戊申·11년 2월 丁卯.
『高麗史』 권36, 世家36 忠惠王 후2년 5월 癸酉·후4년 11월 壬辰.
『高麗史』 권73, 志27 選擧1 科目1 凡選場 忠肅王 2년 정월.
『高麗史』 권74, 志28 選擧2 制科 忠肅王 2년 정월.

28) 選部散郎: 고려후기 選部의 정6품 관직으로, 전기의 吏部員外郎에 해당한다. 1308년(충렬왕 34)에 충선왕이 이부·병부·예부를 병합하여 선부라 하고 選軍·堂後官·衛尉寺를 합병시켰다. 이때 원외랑을 散郎으로 고쳐 3명을 그대로 두었다.

『高麗史』 권76, 志30 百官1 吏曹.

29) 知慶原府: 慶原에 파견된 知事를 말하는데, 각각 5품 이상
과 6품 이상이 부임하는 使와 副使가 그것에 해당된다. 한편 慶原
은 곧 仁州이며 지금의 인천광역시 남구 일대이다. 신라 경덕왕 때
에 邵城縣이었으며 1018년(현종 9)에 樹州에 예속되었는데 숙종
때 仁睿太后 李氏의 본관이라고 하여 慶原郡으로 승격되었다. 그리
고 인종 때 順德王后 李氏의 본관이라고 하여 수령을 知州事로 삼
았다.

　　『高麗史』 권56, 志10 地理1 楊廣道 南京留守官楊州 仁州.
　　『高麗史』 권77, 志31 百官2 外職 知州郡.

30) 仁幹從太尉王廻自吐蕃: 元 英宗이 즉위한 후 충선왕이 임
바얀뙤귀스(任伯顔禿古思)의 참소를 받아 吐蕃으로 유배된 바 있
다. 이 때 朴仁幹이 충선왕을 시종하였으며, 元 晉宗—泰定帝—이
즉위한 후 충선왕이 사면되자 함께 元都로 복귀하게 되었다. 그리고
박인간은 1324년(충숙왕 11)에 張公允을 따라 고려로 돌아왔으며
충선왕을 시종한 공을 인정받아 盡誠秉義翊贊功臣·知密直司事에
임명되었다. 충선왕의 토번 유배에 대해서는 권1 4, 주해 9) 참조.

　　『高麗史』 권35, 世家35 忠肅王 11년 2월 丁卯.
　　김광철, 1996, 「14세기 초 元의 政局動向과 忠宣王의 吐蕃 유배」, 『한국
　　　중세사연구』 3.

31) 廣州牧: 廣州에 파견된 牧使를 말하며, 京職 3품 이상의 관
리가 임명되었고 정원은 1인이다. 한편 廣州는 지금의 경기도 광주
시 일대로, 신라 때 漢州였고 983년(성종 2)에 12牧使가 파견되어
광주목이 되었다. 995년에 節度使가 되어 奉國軍으로 불렸으며 關
內道에 예속되었다. 1012년(현종 3)에 절도사가 폐지되어 按撫使
가 되었다가 1018년에 다시 광주목으로 고쳐졌다. 광주목은 속군 4
개와 속현 3개를 관할하였다.

　　『高麗史』 권56, 志10 地理1 楊廣道 廣州牧.

『高麗史』 권77, 志32 百官2 外職 諸牧.

32) 通憲大夫: 고려후기 종2품 문산계이다. 이에 대해서는 권1
6-(4), 주해 8) 참조.

33) 上護軍: 고려후기 정3품 무반직으로, 전기의 上將軍에 해당
한다. 이에 대해서는 권1 6-(1), 주해 3) 참조.

34) 大德山感恩寺: 대덕산은 묘지명에서 표현하기에 따라 '王京
東大德山'이라고도 하고 '松林縣大德山'이라고도 한다. 고려시대 관
인들이 이곳 기슭에 다수 매장되었던 것으로 보이며 感恩寺, 感應
寺, 禪寂寺 등의 사찰이 있었다. 대덕산에 대해서는 권1 7-(3), 주
해 10) 참조.

「李德孫妻庾氏墓誌銘」·「金汴妻許氏墓誌銘」.
『大東輿地圖』.

35) 夫人趙氏: 생몰년 미상. 본관은 金堤이고 趙運璧의 딸이며
박화의 부인이다. 金堤郡夫人에 봉해졌다.

『高麗史』 권77, 志31 百官2 內職.
『氏族源流』 金堤趙氏.

36) (趙)簡: 1264~1325. 본관은 金堤이다. 1279년(충렬왕
5)에 장원급제하여 書籍店錄事에 보임되었다가 이듬해에 親試에서
1등하여 黃牌를 받고 內侍가 되어 補闕에 임명되었다. 부친상을 당
해 3년간 廬墓살이를 했는데 충렬왕이 가상하게 여겨 특별히 起居
注에 임명하였으며 후에 僉議舍人과 慶尙道按廉使를 역임하였다.
1298년에 충선왕이 즉위했을 때 刑曹侍郞·右諫議大夫가 되었으며
選法을 주관토록 명을 받았는데 內僚 李之氏의 임명장에 告身을 거
부하여 정치적 위기에 처하기도 하였다. 같은 해 충렬왕이 복위하면
서 右副承旨로 승진하여 銓注를 주관하였으며 1301년에 同知貢擧
가 되어 盧承綰 등 33인을 선발했다. 이 때 급제한 이들을 이끌고
壽寧宮에서 충렬왕을 알현하자 급제자들을 殿試門生으로 삼았다.

1307년에 右常侍·權授密直副使에 임명되었으며, 이후 密直副使,
檢校僉議平理, 僉議贊成事 등을 역임하였다. 시호는 文良이다.

> 『高麗史』권29, 世家29 忠烈王 6년 5월 癸卯.
> 『高麗史』권32, 世家32 忠烈王 33년 3월 辛卯.
> 『高麗史』권34, 世家34 忠宣王 5년 3월 辛亥.
> 『高麗史』권73, 志27 選擧1 科目1 凡選場 忠烈王 27년 5월.
> 『高麗史』권106, 列傳19 趙簡.
> 이형성, 2013,「고려 후기 趙簡의 行誼와 그 계승성에 대한 小攷」,『韓
>   國思想과 文化』69.

37) 庚子科: 박인간이 합격한 1300년(충렬왕 26)의 國子監試
를 가리킨다. 당시 右副承旨 吳潛이 주관하였고 金琅韻 등 69명을
뽑았다.

> 『高麗史』권74, 志28 選擧2 科目2 凡國子試之額 忠烈王 26년 3월.

38) 乙卯應擧試: 1315년(충숙왕 2)에 충선왕이 東堂試의 명칭
을 應擧試로 바꾸었다. 당시에 충선왕은 高麗國王位를 충숙왕에게
물려주고 元에서 上王으로서 고려정세에 깊이 관여하였는데 고려
동당시의 명칭을 元의 과거에 호응하여 바꾼 것으로 추측된다. 한편
1315년 응거시에서는 李瑱이 考試官, 尹奕이 同考試官으로서 박인
간 등 33명에게 급제를 주었다.

> 『高麗史』권73, 志27 選擧1 科目1 凡選場 忠肅王 2년 정월·忠肅王 2년
>   정월.
> 朴龍雲, 1988,「高麗時代 科擧의 考試와 體系에 대한 檢討」,『韓國史研
>   究』61·62合 ; 1990,『高麗時代 蔭敍制와 科擧制 研究』, 一志
>   社, 127~129쪽.

39) 盡誠秉義翊贊功臣: 1324년(충숙왕 11)에 박인간이 토번으
로 유배되었던 충선왕을 호종했던 공으로 하사받은 功臣號이다. 충
선왕의 토번 유배에 대해서는 권1 4, 주해 9) 참조.

> 『高麗史』권35, 世家35 忠肅王 11년 2월 丁卯.

40) 匡靖大夫: 고려후기 정2품 문산계이다. 이에 대해서는 권1

6-(2), 주해 33) 참조.

41) 僉議評理: 고려후기 첨의부의 종2품 관직으로, 전기의 叅知
政事에 해당한다. 이에 대해서는 권1 14-(1), 주해 3) 참조.

42) 漢陽府尹: 고려후기 漢陽府의 외관직으로, 전기의 南京留守
官이다. 1067년(문종 21)에 楊州가 南京으로 승격되면서 南京留守
를 설치하여 관내의 업무를 총괄케 하였다. 1096년(숙종 1)에 衛
尉丞同正 金謂磾의 건의에 따라 남경에 궁궐을 창건하면서 남경유
수의 위상도 어느 정도 상승된 것으로 보인다. 1308년(충렬왕 34)
에 남경을 漢陽府로 개편하면서 漢陽府尹이 되었다.

『高麗史』 권77, 志31 百官2 南京留守官.

『高麗史』 권80, 志34 食貨3 外官祿.

邊太燮, 1968,「高麗前期의 外官制」,『韓國史研究』2 ; 1971,『高麗政治制度史
研究』, 136〜144쪽.

이진한, 2002,「고려시대 守令職의 제수자격」,『史叢』55, 54·55쪽.

최혜숙, 2004,「南京의 建置」,『高麗時代 南京 研究』, 景仁文化社, 14〜
33쪽.

43) (朴)仁祉: 생몰년 미상. 본관은 密陽이고 朴華의 둘째 아들
이다. 1302년(충렬왕 28) 國子監試에서 崔瀣와 함께 합격하였다.

『高麗史』 권74, 志28 選擧2 凡國子試之額 忠烈王 28년 3월.

44) 辛未科: 1331년(충혜왕 1)의 科擧를 가리킨다. 당시 密直
提學 韓宗愈가 知貢擧를, 右代言 李君侅가 同知貢擧를 맡아 周贇
등 33인에게 급제를 주었다.

『高麗史』 권73, 志27 選擧1 科目1 凡選場 忠惠王 원년 4월.

45) 司設署令: 고려후기 司設署의 정5품 관직이며 정원은 2인이
다. 司設署는 전기의 尙舍局으로, 왕이 의례에 친행할 때 大次·小
次를 설치하거나, 拜陵할 때 行宮과 王座를 설치하였다.

『高麗史』 권77, 志31 百官2 司設署.

朴龍雲, 2009,『『高麗史』 百官志 譯註』, 신서원, 378·379쪽.

46) (朴)仁杞: 생몰년 미상. 본관은 密陽이고 朴華의 셋째 아들

이다. 版圖摠郞을 지냈으며 1388년(우왕 14)에 명과 鐵嶺衛 철폐에 관한 교섭을 한 朴宜中의 아버지이다.

『高麗史』 권112, 列傳25 朴宜中.

47) 左右衛散員: 左右衛의 정8품 무반직이다. 左右衛에 대해서는 권1 6-(2), 주해 4) 참조.

『高麗史』 권77, 志31 百官2 左右衛.

48) (朴)仁翊: 생몰년 미상. 본관은 密陽이고 朴華의 넷째 아들이다.

49) 軍簿佐郞: 고려후기 軍簿司의 정5품 관직으로, 전기의 兵部員外郞에 해당한다. 1274년(충렬왕 1)에 尙書兵部를 군부사로 고치고 원외랑을 좌랑이라 하였다. 軍簿司에 대해서는 권1 20-(1), 주해 1) 참조.

50) (朴)仁宇: 생몰년 미상. 본관은 密陽이고 朴華의 다섯째 아들이다. 1315년(충숙왕 2)에 급제하여 知丹陽郡事를 지냈다.

『高麗史』 권73, 志27 選擧1 科目1 凡選場 忠肅王 2년 춘정월.

51) 乙卯科: 乙卯年은 1315년(충숙왕 2)을 가리킨다. 당시 과거에서 李瑱이 考試官을, 尹奕이 同考試官을 맡아 朴仁幹 등 33인을 급제시켰다.

『高麗史』 권73, 志27 選擧1 科目1 凡選場 忠肅王 2년 춘정월.

52) 知丹陽郡事: 1318년(충숙왕 5)에 丹陽郡—지금의 충청북도 단양군 일대—에 파견된 5품 이상 外官職이다. 단양군은 고려 초의 丹山縣으로 1018년(현종 9)에 원주에 내속하였다. 1291년(충렬왕 17)에 哈丹의 침입을 막아낸 공로로 監務가 파견되었으며, 1318년(충숙왕 5)에 知事郡으로 승격되었다.

『高麗史』 권56, 志10 地理1 楊廣道 忠州牧 原州 丹山縣.
『新增東國輿地勝覽』 권14, 忠淸道 丹陽郡.

53) 中門祗候: 고려후기 中門의 종6품 관직으로 정원은 14인이며 4인은 郞將이 겸임하였다. 전기의 閤門祗候에 해당한다. 이에 대

해서는 권1 14-(1), 주해 17) 참조.

『高麗史』 권76, 志30 百官1 通禮門.

朴龍雲, 2009, 『『高麗史』 百官志 譯註』, 신서원, 261~268쪽.

54) 柳韶: 생몰년 미상. 박화의 사위이다.

55) 版圖佐郎: 고려후기 版圖司의 정6품 관직으로, 전기의 戶部
員外郎에 해당한다. 1275년(충렬왕 1)에 尙書戶部가 판도사로 개
칭되자 員外郎이 佐郎으로 바뀌었다.

『高麗史』 권76, 志30 百官1 戶曹.

朴龍雲, 2002, 「譯註 『高麗史』 百官志(1)」, 『고려시대연구』 Ⅴ, 한국정
신문화연구원 ; 2009, 『『高麗史』 百官志 譯註』, 신서원, 160~
165쪽.

56) 徐玶: 생몰년 미상. 박화의 사위이다.

57) 公之次子仁祉 …… 距今三十有四年矣: 大德 6년은 1302
년(충렬왕 28)이다. 당시 國子監試는 朴顥이 梁成梓 등 70명을 선
발하였는데, 이 때 박인지와 최해가 함께 급제하였음을 알 수 있다.

『高麗史』 권74, 志28 選擧2 科目2 凡國子試之額 忠烈王 28년 3월.

11. 國王與中書省請刷流民書

[原文]

國王與中書省請刷流民書【泰定乙丑】

竊念, 本國屬大祖龍興, 肇造區宇. 時有契丹遺民, 奉其主後金山, 僞署官
吏, 自號大遼收國王, 驅掠人物, 東來據險陸梁逆命重煩. 朝廷遣帥臣合臣扎
臘等致討, 我高祖太師忠憲王, 供偫大犒掎角而滅之. 自是擧國內附, 恪修職
貢, 歲無有闕. 以至世祖回自征南, 將登寶位, 我曾祖太師忠敬王, 以世子入
朝, 迎拜於梁楚之郊, 欽遇聖恩, 許以己未二月以後逃虜人口歸元. 而我祖大
師忠烈王, 得尙皇姑齊國大長公主, 生我父太尉藩王. 累蒙朝廷特遣使臣, 與

遼陽省及征東委官會刷歸之, 而每緣土官占吝, 刷之不悉. 又予至治元年入朝
以後, 五載之間, 國人失於防閑, 逃入遼瀋開元地面, 不知其數. 今者欽具表
文, 遣人聞奏. 伏望上念累朝字小之本意, 下察小國勤王之微勞, 導降兪音,
使散渙之民, 得令復業, 則海隅小邦, 永荷覆育, 不勝幸甚. 不宣.

[譯文]

국왕이 중서성[1]에 유민의 추쇄를 청하는[2] 글[3]【태정 을축년
(1325, 충숙왕 12)】

삼가 생각건대 본국은 태조[4]께서 흥기하여 처음으로 나라[區宇]
를 세우실 때에 복속하였습니다. 당시 거란의 유민들이 그들 임금의
후손인 금산[5]을 받들어 허위 관서와 관리를 두고 스스로 대요수국
왕이라 칭하며 백성들을 몰아내고 물자를 약탈하였으며, 동쪽으로
와서는 험준함에 의거하여 반란을 일으키고 명령을 거역하기를 거
듭했습니다.[6] (몽골) 조정에서 원수 카치운(合臣)[7]과 차라(扎
臘)[8] 등을 보내어 토벌하기에 이르렀으니 우리 고조 태사 충헌왕
―고종―[9]이 많은 군량을 갖추어 기다렸다가 협공하여[掎角] 그들
을 멸하였습니다.[10] 이때부터 나라를 들어 따르고 삼가 공물을 갖추
어 해마다 빠뜨리지 않았습니다. 세조[11]께서 남쪽을 정벌하고 돌아
와 장차 보위에 오르실 때에[12] 우리 증조 태사 충경왕―원종―[13]
이 세자로서 입조하여 양초의 교외[14]에서 맞이하여 배알하였으므로[15]
삼가 성은을 입어 기미년(1259, 고종 46) 2월 이후에 도망가거나
포로가 된 백성들을 원래대로 돌려 보내줄 것을 허락받았습니다.[16]
그리고 우리 조부 태사 충렬왕[17]은 황고(皇姑)이신 제국대장공주[18]
에게 장가를 들어 우리 부친 태위심왕―충선왕―[19]을 낳았습니다.
누차 은혜를 입어 (원)조정이 특별히 사신을 보내어 요양성[20]과 정
동성[21]의 위임받은 관원과 함께 쇄환하여 귀환시킬 것을 회의하였
으나 매번 토관이 점유하고 인색하게 굴어 추쇄가 모두 이루어지지

못하였습니다. 또한 제가 지치 원년(1321, 충숙왕 8)에 입조한 이후 5년 동안 나라 사람을 지키는데 실패하여[22] 요동, 심양, 개원 방면[23]으로 도망해 들어간 자가 그 수를 알 수 없습니다. 이번에 삼가 표문을 갖추어 사람을 보내 아뢰옵니다. 삼가 바라옵건대 위로는 누차 조정이 소국을 사랑하신 본뜻을 생각하시고, 아래로는 소국이 황제께 충성한 작은 노고를 살피시어, 황제께서 승낙하는 명령[兪音]을 내리시도록 인도하여, 흩어진 백성들로 하여금 생업을 다시 회복하게 해주신다면, 곧 바다 한 구석의 작은 나라는 돌보아 준 은혜를 오래도록 입을 것이니 매우 다행함을 이길 수 없습니다. 이만 줄입니다.

[註解]

1) 中書省: 元 중앙의 최고 통치기구이다. 원은 대고려 정책을 시행하는 통로로 정동행성을 활용하거나 황제의 명으로 사신을 파견하였으나, 세부적인 시행문제는 中書省을 통해서 처리하였다. 고려는 일이 있을 때마다 원 중서성을 통해 공식적인 연락을 문서로 주고받았다.

　　『元史』 권85, 志35 百官1.
　　張東翼, 1992, 「元의 政治的 干涉과 高麗政府의 對應」, 『歷史敎育論集』
　　　　17, 16·17쪽.
　　朴玉杰, 2001, 「高麗末 北方 流民과 推刷」, 『白山學報』 60, 91·92쪽.

2) 請刷流民: 당시 流民 발생으로 인한 고려의 인구감소는 매우 심하였는데 특히 북방지역 주민들은 전쟁으로 인한 식량난과 생활고 등으로 몽골에 투항하는 일이 허다하였고 몽골에 투항한 洪福源이나 崔坦 등 반란 주모자들에 의해 집단적으로 옮겨지기도 하였다. 고려정부는 강화 성립 직후부터 공민왕때 반원개혁을 단행할 때까지 원으로 유망한 민호를 추쇄하려고 지속적으로 노력했으나, 유민

추쇄가 결정되었어도 현지관리들에 의한 재조사 및 보고 과정이 있어 절차가 복잡하였고 현지관리의 방해가 빈번하여 제대로 이루어지지 못하였다.

> 梁元錫, 1956, 「麗末의 流民問題」, 『李丙燾博士華甲紀念論叢』, 一潮閣.
>
> 崔在晋, 1992, 「元干涉初期 北方政策의 成果」, 『史學志』 25, 62~68쪽.
>
> 김순자, 1994, 「원 간섭기 민의 동향」, 『14세기 고려의 정치와 사회』, 민음사, 400~405쪽.
>
> 朴玉杰, 2001, 「高麗末 北方 流民과 推刷」, 『白山學報』 60, 112~123·138~143쪽.
>
> 김호동, 2007, 『몽골제국과 고려』, 서울대학교출판부.

3) 國王與中書省請刷流民書: 이 글은 『東文選』에도 전한다.

> 『東文選』 권62, 書 「國王與中書省請刷流民書」.

4) 大祖: 1167(?)~1227. 재위기간은 1206~1227년이다. 몽골의 황제 칭기스칸을 가리킨다. 이름은 테무진(鐵木眞)이다. 1189년에 부족회의인 쿠릴타이를 소집하여 칸의 칭호를 얻었으며, 1206년에는 몽골의 모든 부족을 통일하고 제위에 올라 칭기스칸이 되었다. 1209년에 西夏를 공격하고 1211년에는 金과의 전쟁을 시작하였으며 1219년에는 호라즘 제국을 정벌하기 시작하여 유라시아 전역에 걸친 거대한 제국을 형성하였다. 1227년에 호라즘 원정을 돕지 않은 서하를 공격하다가 사망하였다. 쿠빌라이(忽必烈)—世祖—가 국호를 元으로 고친 이후 칭기스칸을 태조로 추존하였다.

> 『元史』 권1, 本紀1 太祖.
>
> 金浩東, 1989, 「몽고제국의 형성과 전개」, 『講座 中國史』 3, 지식산업사, 253~263쪽.
>
> 라츠네프스키, 김호동 譯, 1992, 『칭기스칸』, 지식산업사.
>
> 라시드 앗 딘, 김호동 역주, 2003, 『라시드 앗 딘의 집사(2) : 칭기스칸기』, 사계절.

5) 金山: 생몰년 미상. 거란의 遺種으로 王子이다. 『高麗史』 기록에 의하면 당시 금의 지배에 불만을 품은 金山과 金始가 그의 무

리 鵝兒, 乞奴를 장수로 삼아 반란을 일으킨 뒤 거란의 세력을 회복
한다는 의미에서 大遼收國을 세우고 연호를 天成이라고 했다고 한
다. 그러나 거란 반란의 지도자에 대해서는 반란을 이끌었던 耶律留
哥가 칭기스칸에게 투항한 뒤, 耶斯不이 乞奴와 금산 등에게 추대
되어 대요수국을 세웠다고 보는 견해가 있고(①), 지도자가 耶律留
哥, 야사불, 乞奴, 금산 등의 순으로 변화했다고 보는 견해가 있다
(②).

　　『高麗史』 권22, 世家22 高宗 3년 8월 乙丑.

　　『高麗史節要』 권14, 高宗 3년 윤7월.

　　① 金庠基, 1985, 『(新編)高麗時代史』, 서울大學校出版部, 373쪽.

　　② Henthorn.W.E., 1963, *Korea : The Mongol Invasion*, E.J. Brill,
　　　5·6·13쪽.

　　李宰瑄, 2009, 「高麗 高宗代 對東眞關係의 추이와 성격」, 고려대학교 한
　　　국사학과 석사학위논문, 4·5쪽.

　6) 時有契丹遺民 …… 逆命重煩: 1212년에 耶律留哥는 금에
대해 반란을 일으키고 거란족을 규합하였으나 곧 칭기스칸에게 투
항하였다. 이후 1216년에 耶斯不이 거란족을 이끌고 澄州에서 大遼
收國의 왕을 칭했는데, 부하에게 피살되어 대신 승상 乞奴가 뒤를
이었다. 이들 거란족은 耶律留哥가 이끄는 몽골군에게 패해 압록강
서안에 이르렀고 1216년부터 9만 여명이 강을 건너 고려 영토로 들
어왔으며 義州, 靜州, 麟州, 寧德城 등을 함락시킨 뒤 忠州, 原州,
楊州 등 한반도 중부 지역까지 유린했다.

　　『高麗史』 권22, 世家22 高宗 3년 8월 乙丑·4년 9월 丁酉·5년 하4월 丙
　　　寅.

　　『東國李相國集』 권41, 「同前攘丹兵天帝釋齋疎」.

　　『元史』 권208, 列傳95 外夷1 高麗 太祖 11년.

　　箭內亘, 1930, 「蒙古の高麗經略」, 『蒙古史研究』, 刀江書院.

　　이개석, 2013, 『고려─대원 관계 연구』, 지식산업사, 67쪽.

　　李宰瑄, 2009, 「高麗 高宗代 對東眞關係의 추이와 성격」, 고려대학교 한

국사학과 석사학위논문, 7~12쪽.

7) 合臣: 생몰년 미상. 몽골 이름의 한자 음차로 哈眞, 合車, 哈只吉, 合赤吉, 合嗔, 合齊齊, 浩心 등 여러 이칭이 사용되고 있으나 가장 대표적인 것은 『高麗史』의 카치운(哈眞)이다. 1218년(고종 5)에 거란족을 몰아낸다는 명분으로 차라(扎臘)과 함께 파견되어 고려에 들어왔다. 고려와 연합하여 강동성 전투를 벌였고 이후 고려와 형제맹약을 추진하였다.

> 『高麗史』 권22, 世家22 高宗 6년 춘정월 辛巳.
> 高柄翊, 1969, 「蒙古·高麗의 兄弟盟約의 性格」, 『白山學報』 6 ; 1970, 『東亞交涉史의 研究』, 서울大學校出版部, 161·162쪽.
> 周采赫, 1977, 「札剌와 撒禮塔」, 『史叢』 21·22合, 285쪽.
> 李宰璥, 2009, 「高麗 高宗代 對東眞關係의 추이와 성격」, 고려대 한국사학과 석사학위논문, 7~12쪽.

8) 扎臘: 생몰년 미상. 몽골 이름의 한자 음차로 札拉, 札剌, 剳剌, 札臘 등 여러 이칭이 사용되고 있으나 가장 대표적인 것은 『高麗史』의 차라(札剌)이다. 한편 1218년에 강동성 전투를 벌인 扎臘과 1231년에 고려에 침입한 몽골군 元帥 살리타이(撒禮塔)을 다른 인물로 보기도 하지만(①), 札剌는 씨족명이고 撒禮塔은 이름을 나타낸 것이라고 하여 양자를 동일인물로 보는 견해(②)도 있다.

> 『高麗史』 권103, 列傳16 金就礪.
> ① 箭內亘, 1918, 「蒙古의 高麗經略」, 『滿鮮地理歷史研究報告』 4, 280쪽.
> ② 周采赫, 1977, 「札剌와 撒禮塔」, 『史叢』 21·22合.

9) 我高祖太師忠憲王: 고려의 제23대 왕인 고종(1192~1259)으로 재위기간은 1213~1259년이다. 1310년(충선왕 2)에 원 황제는 조서를 통해 충선왕의 3대 조상을 추증하였다. 이때 고종은 과거 몽골과 함께 거란을 섬멸하는데 협조한 공로가 인정되어 太師·開府儀同三司·尙書右丞相·上柱國·高麗國王으로 추증되었으며 忠憲이라는 시호를 받았다. 이에 대해서는 권1 6-(1), 주해 21) 참조.

『高麗史』 권33, 世家33 忠宣王 2년 추7월 乙未.

10) 朝廷遣帥臣合臣扎朧等致討 …… 供侍大犒掎角而滅之: 1218년(고종 5) 12월에 카치운과 차라가 이끈 1만 명의 몽골 군대와 完顔子淵이 이끈 2만 명의 東眞 군대가 거란 적도를 토벌한다는 명분을 내세우며 東界의 和州 등으로 들어왔다. 이때 폭설이 내려 향도가 끊기자 카치운은 고려를 위협하여 군량을 요구했으며 이에 협공작전을 전개하여 江東城에서 거란족을 무찔렀다. 한편 강동성 전투 직전에 카치운과 차라 등은 고려에 편지를 보내 적을 격파한 후 형제맹약을 맺도록 하라는 몽골 황제의 명을 통보하였고 거란족 공동 진압이 계기가 되어 1219년에는 여몽 형제맹약이 맺어졌다.

『高麗史』 권22, 世家22 高宗 5년 12월 己亥.

『高麗史』 권103, 列傳16 趙冲.

高柄翊, 1969, 「蒙古·高麗의 兄弟盟約의 性格」, 『白山學報』 6 ; 1970, 『東亞交涉史의 研究』, 서울大學校出版部, 161·162쪽.

윤용혁, 2011, 『여몽전쟁과 강화도성 연구』, 혜안, 89~94쪽.

이개석, 2013, 『고려─대원 관계 연구』, 지식산업사, 67·68쪽.

11) 世祖: 1215~1294. 元의 제5대 황제로 재위기간은 1260~1294년이다. 이에 대해서는 권2 2, 주해 3) 참조.

12) 以至世祖回自征南 將登寶位: 당시 몽골은 南宋 정벌 중이던 몽골의 憲宗이 1259년 9월에 병사하자, 공석이 된 칸의 자리를 두고 그의 동생들인 쿠빌라이와 아릭부케(阿里孛哥)의 대결구도가 형성되었다. 이때는 몽골제국의 유수로서 뭉케의 장례절차를 논의하고 있던 아릭부케가 정통성을 인정받고 있는 상황이었는데, 남송을 공격하던 쿠빌라이는 칸이 되기 위해 악주에서 회군하여 급히 북상하였다.

윤은숙, 2007, 「옷치긴家 타가차르의 활동과 쿠빌라이의 카안위 쟁탈전」, 『몽골학』 22.

김호동, 2007, 『몽골제국과 고려』, 서울대학교출판부.

이개석, 2013, 『고려—대원 관계 연구』, 지식산업사.

13) 我曾祖太師忠敬王: 고려의 제24대 왕인 원종(1219~1274)으로 재위기간은 1259~1274년이다. 원이 1310년(충선왕 2)에 충선왕의 3대 조상을 추증하였다. 이때 원종은 太師·開府儀同三司·尙書右丞相·上柱國·高麗國王으로 추증되는 동시에 忠敬이라는 시호를 받았다. 이에 대해서는 권1 6-(1), 주해 27) 참조.

『高麗史』권33, 世家33 忠宣王 2년 추7월 乙未.

14) 梁楚之郊: 梁과 楚는 각각 중국의 옛 지명으로, 梁은 지금의 중국 河南省 汝州市 西南쪽 일대이고 楚는 지금의 중국 河南省 滑縣 東北쪽 일대이다. 『高麗史』에는 당시 태자—元宗—와 쿠빌라이가 만난 지역이 梁楚之郊 또는 汴梁으로 기록되어 있다. 참고로 汴梁은 지금의 중국 河南省 開封市 일대이다.

『高麗史』권31, 世家31 忠烈王 23년 2월 甲午.
戴均良 외 주편, 2005, 「汴梁」, 『中國古今地名大辭典』中, 上海辭書出版社, 1570쪽.
戴均良 외 주편, 2005, 「梁」·「楚」, 『中國古今地名大辭典』下, 上海辭書出版社, 2786·3005쪽.
김호동, 2007, 『몽골제국과 고려』, 서울대학교출판부, 84·85쪽.

15) 以世子入朝 …… 迎拜於梁楚之郊: 대몽강경론을 주도하던 최씨정권이 무너지자 강화론이 대세를 이루게 되어, 고종은 태자를 몽골로 보내어 투항의 뜻을 밝히기로 결정하였다. 1259년(고종 46) 4월에 강화를 떠난 태자일행은 남송을 정벌 중인 뭉케를 만나기 위해 泗川으로 가다가 六盤山에 이르렀을 때 뭉케가 사망했다는 소식을 듣게 되었고, 급히 북상하던 쿠빌라이를 梁楚의 근교에 가서 만나고 강화를 맺었다. 당시 쿠빌라이는 "고려는 萬里나 떨어진 나라이다. 唐 太宗 때부터 복속시킬 수 없었는데 이제 그 태자가 나에게 오다니 이는 하늘의 뜻이 아닐 수 없다."라고 하였다고 한다. 이는 쿠빌라이가 아릭부케와의 대결을 앞두고 고려가 자발적으로 와

서 복속함으로써 자신의 정통성을 내외에 과시하려는 정치적 선전
으로 이용하였음을 뜻한다. 또한 고려의 입장에서도 자발적 결단에
의한 것임을 강조하기 위한 의도가 내포되어 있었다.

『高麗史』 권25, 世家25, 元宗 원년 3월 丁亥.

『櫟翁稗說』 前集1.

윤용혁, 2000, 『고려 삼별초의 대몽항쟁』, 일지사, 93～100쪽.

김호동, 2007, 『몽골제국과 고려』, 서울대학교출판부, 91·92쪽.

16) 許以己未二月以後逃虜人口歸元: 고려 태자와 쿠빌라이 사
이에 양국의 유민을 처리하는 것과 관련된 내용은 1260년(원종 1)
4월에 전달된 원 世祖의 조서에서 확인된다. 강화 이후로 원은 流
民, 전쟁포로 등을 고려로 돌려보낼 것을 약속했는데, 이보다 앞선
기미년(1259, 고종 46) 2월을 기점으로 하여 적용되었다. 이 시기
는 태자가 친조하기 위해 몽골로 출발하기 2개월 전이며 당시 고려
주둔군 사령관이던 쟈릴타이(車羅大)와 고려 강화사절 사이에 전쟁
종식과 철군에 관한 조건들을 합의한 시점이다. 따라서 고려와 원이
강화한 기미년을 기준으로 하여 그 이후에 원으로 유입된 고려민의
지배권이 고려에 있다는 것을 추인하였던 것이다.

『高麗史』 권25, 世家25 元宗 원년 하4월 辛酉.

김순자, 2006, 「고려, 원(元)의 영토정책, 인구정책 연구」, 『역사와 현실』
60, 261·262쪽.

17) 我祖大師忠烈王: 고려의 제25대 왕인 충렬왕(1236～
1308)이다. 원은 1310년(충선왕 2)에 충렬왕을 太師·開府儀同三
司·尙書右丞相·上柱國·駙馬高麗國王으로 추증하였다. 그에 대해서
는 권1 3-(1), 주해 5) 참조.

『高麗史』 권33, 世家33 忠宣王 2년 추7월 乙未.

18) 齊國大長公主: 1259～1297. 충렬왕의 妃이자 충선왕의 母
이다. 이에 대해서는 권1 6-(2), 주해 2) 참조.

19) 我父太尉瀋王: 고려의 제26대 왕인 충선왕(1275～1325)

으로 재위기간은 1298년 1～8월, 1308～1313년이다. 이에 대해서
는 권1 4, 주해 6) 참조.

　20) 遼陽省: 원의 기구인 遼陽行省을 가리킨다. 원 조정의 10개
行中書省 중의 하나로 1287년에 설치되어 7路, 1府, 12屬州 10屬
縣을 관할하였다. 요양행성이 관할하는 7路 가운데 遼陽路, 瀋陽路
와 1府인 東寧府 지역에는 여몽전쟁으로 발생한 고려 流民이 많이
거주하고 있었다.

　　　『元史』 권59, 志11 地理2 遼陽等處行中書省.
　　　張東翼, 1990, 「元에 진출한 高麗人」, 『民族文化論叢』 11, 44～51쪽 ;
　　　　　1994, 『高麗後期外交史研究』, 一潮閣.
　　　김혜원, 1994, 「원 간섭기 立省論과 그 성격」, 『14세기 고려의 정치와
　　　　　사회』, 민음사, 51쪽.
　　　崔允精, 2010, 「元代 동북지배와 遼陽行省 ─行省 建置 과정과 治所 문
　　　　　제를 중심으로─」, 『東洋史學研究』 110.

　21) 征東: 征東行中書省을 가리키며 줄여서 征東行省이라고도
부른다. 정동행성은 원이 1280년(충렬왕 6)에 제2차 일본원정을
준비하기 위하여 고려에 설치하였는데, 전쟁이 끝난 이후에는 고려
의 내정에 대한 강력한 통제와 간섭을 수행하게 되었다. 충숙왕대
이후로는 고려 王位重祚, 부원배의 입성책동 및 원의 내정간섭 강화
등으로 행성의 권한이 강화되어 대원외교의 창구로서 고려에서 원
의 여러 압제와 징구를 담당하는 등 행성 본연의 사무를 넘어 고려
의 田民·司法·租稅 등에 참여하는 기관으로 변모하였다. 이에 대해
서는 권1 14-(1), 주해 1) 참조.

　　　高柄翊, 1961·1962, 「麗代 征東行省의 研究(上)·(下)」, 『歷史學報』 14·
　　　　　19 ; 1970, 『東亞交涉史의 研究』, 서울大學校出版部, 190·204
　　　　　쪽.
　　　張東翼, 1990, 「征東行省의 研究」, 『東方學志』 67 ; 1994, 『高麗後期外
　　　　　交史研究』, 一潮閣, 47～52쪽.

　22) 又予至治元年入朝以後 …… 國人失於防閑: 충숙왕은 1321

년(충숙왕 8)에 원에 입조하여 5년간 元에 머물렀다. 고려에 대한 元의 압력이 매우 심했던 시기로, 고려의 국왕권은 약화된 반면 정동행성의 권한은 더욱 강화되었다. 이에 대해서는 권1 15-(3), 주해 19) 참조.

　23) 遼瀋開元地面: 遼陽, 瀋陽, 開元 지역을 가리킨다. 遼陽은 지금의 중국 遼寧省 遼寧市일대이다. 金이 遼陽府를 두었다가 후에 東京으로 고쳐 貴德州, 澄州, 復州 등을 속하게 했으며 1287년에 行省을 설치하였다. 瀋陽은 지금의 중국 遼寧省의 省都이다. 開元은 지금의 중국 黑龍江省 일대이다. 1267년에 開元 일대에 遼東路 總管府를 두었고 1286년에 開元路로 고쳤다. 瀋陽에 대해서는 권1 21, 주해 7) 참조.

　　『元史』 권59, 志11 地理2 遼陽等處行中書省.
　　戴均良 외 주편, 2005,「開元路」,『中國古今地名大詞典』上, 上海辭書出
　　　　版社, 345쪽.
　　戴均良 외 주편, 2005,「瀋陽路」,『中國古今地名大詞典』中, 上海辭書出
　　　　版社, 1032·1574쪽.

12. 又謝不立行省書

[原文]

又謝不立行省書【是年】

　伏念小邦世荷, 累朝涵育, 國中君臣之分, 一皆依舊. 不料邇年, 樂禍之人間起, 以致朝廷有議立省, 百姓聞之, 人不自安. 近者欽蒙聖旨, 一切禁之, 擧國上下實獲再生, 唯知蹈舞而已. 玆遣小介, 奉表進謝. 伏望善爲聞奏, 永示字小之仁, 不勝忻慶. 不宣.

[譯文]

또한 행성을 설치하지 않은 것¹⁾을 사례하는 글²⁾【이 해³⁾(1325, 충숙왕 12)】

삼가 생각건대 작은 나라가 대대로 은혜를 입고 누차 원 조정에 함양되어 나라 안에 군신의 직분이 하나같이 모두 옛 것을 따랐습니다.⁴⁾ (그런데) 생각지 않게 근년에 분란을 즐기는 사람들이 간간이 일어나 조정에서 행성을 세우자는 논의가 있게 되었으며,⁵⁾ 백성들이 이를 듣고 사람마다 스스로 편안하지 못했습니다. 근자에 성지를 받았는데 (이러한 논의를) 일절 금한다 하시니⁶⁾ 온 나라 백성이 실로 거듭나게 되어 오직 춤추는 것만을 알 뿐이었습니다. 이에 저희 사신[小介]⁷⁾을 보내어 표를 올려 감사를 드립니다. 삼가 바라건대 잘 아뢰어주셔서 소국을 사랑하시는 인정을 길이 보여주신다면 매우 기쁘고 다행일 것입니다. 이만 줄입니다.

[註解]

1) 不立行省: 行省은 行中書省의 약칭으로 元 中書省의 출장기관을 일컫는 말이다. 元은 南宋지역을 정복하기 시작하면서 정복지역에 行省을 세우고 임시적으로 재상을 파견하여 관할하였으며, 이후 임시적인 행성을 점차 지방통치기구로 변화시켰다. 고려에도 역시 征東行省이 설치되었으며 간접적으로 행정업무를 수행할 뿐이고 실제로 고려를 통치하는 기구로서 운영되지는 않았다. 그러나 이러한 정동행성의 특수한 성격이 입성론을 제기하는 구실이 되었다. 즉 형식적 존재인 정동행성을 실질적 존재로 만들고자 하거나 새로운 행성을 만들자는 입성론이 수차례 제기된 것이다. 그 중에서도 본문에 언급된 입성론은 새로운 행성을 만들자는 논의로써 三韓省이라는 구체적인 명칭까지 제기되었다. 이러한 입성론은 고려국왕 및 신

료들의 적극적인 반대에 따라 저지되었으며 몽골조정에서도 적극적
으로 받아들이기 어려운 상황이었다.

『元史』 권178, 列傳65 王約.

池內宏, 1931, 「始建の征東行省と其の廢置について」, 『桑原博士還曆記
念 東洋史論叢』, 弘文堂書房 ; 1963, 『滿鮮史硏究』 中世編 第3
冊, 吉川弘文館.

靑木福太郞, 1940, 「元初行省考」, 『史學雜誌』 51編45號.

前田直典, 1945, 「元初行省の成立過程」, 『史學雜誌』 56編6號.

高柄翊, 1961·1962, 「麗代 征東行省의 硏究(上)·(下)」, 『歷史學報』 14·
19 ; 1970, 『東亞交涉史의 硏究』, 서울大學校出版部.

北村秀人, 1965, 「高麗末に入省問題について」, 『北海道大學文學部紀要』
14-1.

張東翼, 1990, 「征東行省의 硏究」, 『東方學志』 67 ; 1994, 『高麗後期外
交史硏究』, 一潮閣.

김혜원, 1994, 「원 간섭기 入省論과 그 성격」, 『14세기 고려의 정치와
사회』, 민음사.

張金銑, 2001, 『元代地方行政制度硏究』, 安徽大學出版社.

李治安, 2002, 『元代行省制度硏究』, 南京大學出版社.

2) 又謝不立行省書: 이 글은 『東文選』에도 전한다. 여기서 '又'
는 바로 앞의 「國王與中書省請刷流民書」에 이어 元 中書省에 보내
는 글이라는 뜻이다. 서찰의 수신처가 앞의 글과 동일한 元 中書省
이므로 간단히 '又'라고만 표기한 것이다. 바로 뒤에 이어지는 「又
與翰林院爲太尉王請諡書」의 '又'도 같은 의미이다.

『東文選』 권62, 書 「又謝不立行省書」.

3) 是年: 앞의 글인 「國王與中書省請刷流民書」와 같은 해에 작
성되었다는 의미로 1325년(충숙왕 12)을 뜻한다.

4) 一皆依舊: 고려가 본연의 옛 풍속을 그대로 유지할 수 있게
되었다는 표현으로 소위 '不改土風'이라고 한다. 몽골은 정복지역에
대해 일반적으로 納質, 助軍, 輸糧, 設驛, 供戶數籍, 置達魯花赤의
6가지 사항을 요구하였으나 고려와 장기간 전쟁을 하는 과정에서

강화조건으로 太子의 親朝, 出陸還都, 納質, 貢納을 제시하게 되었
다. 이에 따라 1259년(고종 46)에 원종은 태자의 신분으로 몽골과
전쟁 강화를 위해 입조하여 쿠빌라이를 만났다. 이후 진행된 양국
간의 교섭에서 고려가 거둔 가장 큰 외교적 성과는 '衣冠 등 風俗은
本國의 것을 따르도록 한다'는 것인데, 이것이 不改土風이다. 이로
인해 강화조건으로 제시되었던 조건들도 상당히 완화되었다. 不改土
風의 원칙은 이후 매우 포괄적인 의미로 해석되어 정치·경제·사회·
문화 등 각 부분에서 몽고풍으로 變改를 강요받지 않을 뿐 아니라,
더 나아가 고려가 國體의 존속을 보장받는 중요한 근거가 되었다.

『元高麗紀事』世祖 中統 元年 庚申 4월 2일.

李益柱, 1996, 「高麗·元關係의 構造에 대한 硏究—소위 '世祖舊制'의 분
　　석을 중심으로—」, 『韓國史論』 36.

김순자, 2006, 「고려 원(元)의 영토정책, 인구정책 연구」, 『역사와 현실』
　　60, 261·262쪽.

김호동, 2007, 『몽골제국과 고려』, 서울대학교출판부, 83~92쪽.

森平雅彦, 2008, 「事元期高麗における在來王朝体制の保全問題」, 『北東
　　アジア研究』 1 ; 2013, 『モンゴル覇權下の高麗』, 名古屋大學
　　出版會.

　5) 以致朝廷有議立省: 1323년(충숙왕 10)부터 柳淸臣·吳潛 등
이 일으킨 입성책동을 의미한다. 충숙왕은 즉위 후에도 충선왕의 정
치적 간섭을 받고 있었는데, 충선왕이 토번으로 유배를 가게 되자
전주권을 장악하고 자신의 측근 세력을 기용하여 세력개편을 꾀하
였다. 이 때 불만을 품은 충선왕의 측근 세력 일부가 심왕을 지지하
면서 충숙왕을 고려 왕위에서 축출하고 권력을 다시 장악하고자 했
다. 이 과정에서 유청신과 오잠이 입성책동을 주도하였다. 입성책동
은 1323년 정월에 처음 이루어졌으며 元 英宗이 죽고 泰定帝가 즉
위하자 다시 시도되었다.

『高麗史』 권35, 世家35 忠肅王 10년 춘정월·11년 춘정월 甲寅.

『高麗史』 권125, 列傳38 姦臣1 吳潛·柳淸臣·蔡河中.

『高麗史節要』 권24, 忠肅王 10년 춘정월·12월·11년 춘정월.

高柄翊, 1962, 「麗代 征東行省의 硏究(下)」, 『歷史學報』 19, 148~152쪽.

北村秀人, 1965, 「高麗末に入省問題について」, 『北海道大學文學部紀要』 14-1.

鄭希仙, 1990, 「高麗 忠肅王代 政治勢力의 性格」, 『史學硏究』 42, 16~25쪽.

김혜원, 1994, 「원 간섭기 入省論과 그 성격」, 『14세기 고려의 정치와 사회』, 민음사.

金惠苑, 1999, 『高麗後期 藩王 硏究』, 이화여자대학교 사학과 박사학위 논문, 107쪽.

金昌賢, 1998, 「정방의 성격변화와 재상의 인사참여」, 『高麗後期 政房 硏究』, 高麗大學校 民族文化硏究院.

이명미, 2012, 『고려―몽골 관계와 고려국왕 위상의 변화』, 서울대학교 국사학과 박사학위논문, 181~183쪽.

6) 近者欽蒙聖旨一切禁之: 충숙왕 재위기간에 이루어진 입성책동은 원 조정에 의해 구체적인 논의의 과정을 거쳐 三韓省이라는 명칭까지 제시되었다. 그러나 이러한 입성책동의 논의에 대해 李齊賢·金怡·崔有渰 등의 강력한 반대가 있었으며 원 조정 내부에서도 반발에 부딪혔다. 당시 원의 中書省 丞相이던 拜住와 集賢殿學士 商議中書省事 王約, 參議中書省事 回回, 通事舍人 王觀 등이 입성론을 반대하였으며 그 중에 왕관은 다음과 같은 6가지 이유를 들어 구체적인 반론을 제기하였다. (1) 세조황제의 신성하신 계책과 같지 않으며, (2) 풍토가 이미 다르고 습속이 역시 다르며, (3) 고려의 경제 수준이 낮아 뜻밖의 걱정을 불러일으킬 수 있으며, (4) 조정에서 정동성을 돕기 위해 원조를 해주어야 하므로 국가의 경비를 소모하게 될 것이며, (5) 군사를 주둔시켜야 하는데 여러 가지 문제가 있으며, (6) 입성을 제안한 자들의 의도가 원에 충성을 바치려는 것이 아니다. 여기에는 고려를 직접 지배하는 것이 이른바 '世

祖舊制'에도 어긋날 뿐만 아니라 경제적으로도 이득이 없음이 잘 드
러나 있다. 결국 입성책동은 1년여 간의 논의 끝에 중지되었으며 그
내용이 황제의 성지로 고려에 전달되었다.

『高麗史』권35, 世家35 忠肅王 12년 윤정월 庚申·13년 추7월 丁卯.
『高麗史』권108, 列傳21 金怡.
『高麗史』권110, 列傳23 李齊賢.
『高麗史』권125, 列傳38 姦臣1 柳淸臣.
『高麗史節要』권24, 忠肅王 10년 춘정월·12년 3월.
『元史』권178, 列傳65 王約.

7) 小介: 보잘 것 없는 미천한 사신을 뜻한다. 몽골에 대해 고려
가 스스로 使臣을 낮춰 부른 것이다.

諸橋轍次, 1984, 「小介」, 『大漢和辭典』4, 大修館書店, 62쪽.

13. 又與翰林院爲太尉王請謚書

[原文]

又與翰林院爲太尉王請謚書 【丙寅】

伏. 以聖朝功臣世家, 例得贈謚, 而先太尉瀋王薨逝逾年, 尙未擧行, 今具
表文啓省上聞. 外念先王歷事六朝, 實多勞績, 累被天獎, 元臣懿戚, 無有不
知. 若蒙平生行跡得列華藻, 以示將來, 則先王可爲死而不死, 其於存歿, 爲
榮莫大. 伏惟照察. 不宣.

【上三書, 皆藝文應敎所製, 追錄.】

[譯文]

또한 한림원[1]에 태위왕을 위한 시호를 청하는 글[2]【병인년
(1326, 충숙왕 13)】

삼가 아룁니다. 성조의 공신과 세가는 법식에 따라 시호를 받는

데 돌아가신 태위심왕은 훙서하신지 해가 지났는데도 아직 (시호의 추증을) 거행하지 못하였으니[3] 이번에 표문을 갖추어 (중서)성[4]에 보고하여 황제께 아룁니다. 이밖에 생각해보면 선왕은 여섯 황제[5]를 대대로 섬기면서 진실로 애쓴 공적이 많고 누차 천자의 장려[天獎]를 받았으니[6] 대신[元臣][7]과 친족[懿戚][8]도 모르는 이가 없습니다. 만약 은혜를 입어 평생의 행적을 아름다운 문장으로 꾸며[華藻][9] 후세에 보일 수 있다면 선왕은 죽어도 죽지 않았다고 할 수 있으며 그 생사에 있어서 영예가 무엇보다 클 것입니다. 삼가 잘 살펴주시길 바랍니다. 이만 줄입니다.

【이상 세 편의 글은[10] 모두 예문응교[11]때 지었던 것으로 추가하여 수록한다.】

[註解]

1) 翰林院: 元의 蒙古翰林院으로 종2품의 관부였다. 번역 및 황제의 명령을 문서로 반포할 때 몽골의 문자 및 각국의 언어를 병기하는 업무를 담당하였다. 1271년에 처음으로 國史院에 新字學士를 두었으며 1275년에 따로 한림원을 세우고 承旨 1인, 直學士 1인, 待制 2인, 修撰 1인, 應奉 4인 등을 두었다.

『元史』 권87, 志37 百官3 蒙古翰林院.
山本隆義, 1968, 『中國政治制度の研究』, 同朋舍出版.

2) 又與翰林院爲太尉王請諡書: 이 글은 『東文選』에도 전한다.

『東文選』 권62, 書「又與翰林院爲太尉王請諡書」.

3) 而先太尉瀋王薨逝逾年 尙未擧行: 충선왕은 1325년(충숙왕 12)에 사망하였으며, 이듬해에 충숙왕이 선왕에 대한 시호를 내려주기를 청하였으나 받지 못하였다. 본문은 바로 이때 시호를 청하는 내용이다. 한편 1342년(충혜왕 후3)에 王煦가 원나라에 가 충선왕과 충숙왕의 시호를 청하였으나 당시 집권하고 있던 톡토(脫脫)의

반대가 있었다. 이에 王煦가 많은 비용을 써서 노력하였으며, 마침
내 1344년(충목왕 즉위)에 忠宣이라는 시호를 받게 되었다.

『高麗史』 권35, 世家35 忠肅王 12년 5월 辛酉.

『高麗史』 권36, 世家36 忠惠王 후3년 2월 庚戌.

『高麗史』 권37, 世家37 忠穆王 즉위년 12월 丁丑.

『高麗史』 권110, 列傳23 王煦.

金光哲, 1996,「고려 충혜왕대 측근정치의 운영과 그 성격」,『國史館論
叢』71, 174쪽.

4) 省: 元의 中書省을 말한다. 이에 대한 자세한 내용은 권2 11,
주해 1) 참조.

5) 先王歷事六朝: 충선왕(1275~1325)의 생애동안 元의 世祖,
成宗, 武宗, 仁宗, 英宗, 泰定帝의 여섯 황제가 재위하였음을 의미
한다.

6) 實多勞績 累被天獎: 天獎은 천자로부터의 장려를 뜻한다
(①). 충선왕은 1298년 정월에 즉위한 후 8개월 만에 元에 의해
폐위되었다. 이후 재원활동을 통해 원 황실과의 관계 개선에 힘썼으
며 특히 무종 옹립에 큰 공을 세우게 된다. 이에 따라 충선왕은 開
府儀同三司·太子太傅·上柱國·駙馬都尉를 제수받고 심양왕에 책봉
되었으며 중서성에서 국정 논의에 참여할 수 있게 되는 등 정치적
지위가 강화되었다. 또한 金虎符·玉帶·七寶帶·碧鈿金帶와 황금 오
백 냥·은 오천 냥을 하사받는 등 황후와 황태자의 총애를 받았다
(②).

① 諸橋轍次, 1984,「天獎」,『大漢和辭典』3, 大修館書店, 488쪽.

②『高麗史節要』 권23, 忠烈王 34년 5월.

高柄翊, 1962,「高麗 忠宣王의 元 武宗 擁立」,『歷史學報』17·18合 ;
1970,『東亞交涉史의 研究』, 서울大學校出版部.

金光哲, 1986,「高麗 忠宣王의 現實認識과 對元活動 : 忠烈王 24年 受
禪以前을 중심으로」,『역사와 경계』11.

李昇漢, 1988,「高麗 忠宣王의 瀋陽王 被封과 在元 政治活動」,『歷史學

研究』 2.

張東翼, 1999,「新資料를 통해 본 忠宣王의 在元活動」,『歷史教育論集』 23·24合.

7) 元臣: 大臣을 뜻한다.

諸橋轍次, 1984,「元臣」,『大漢和辭典』1, 大修館書店, 985쪽.

8) 懿戚: 懿親과 같은 말로 매우 친밀한 친족을 뜻한다.

諸橋轍次, 1984,「懿戚」,『大漢和辭典』5, 大修館書店, 1233쪽.

9) 華藻: 글로 아름답게 꾸미는 것을 뜻한다.

諸橋轍次, 1985,「華藻」,『大漢和辭典』9, 大修館書店, 713쪽.

10) 上三書:「國王與中書省請刷流民書」,「又謝不立行省書」,「又與翰林院爲太尉王請諡書」의 세 글을 말한다. 앞의 두 글에 대해서는 권2 11·권2 12 참조.

11) 藝文應敎: 고려후기 藝文春秋館의 정5품 관직으로 정원은 2명이며 겸직이었다. 藝文春秋館에 대해서는 권1 2-(3), 주해 7) 참조.

『高麗史』 권76, 志30 百官1 藝文館.

14. 代權一齋祭母文

[原文]

代權一齋祭母文

月日. 孤子某敢告亡母故永嘉郡大夫人之靈. 嗚呼, 人無不死, 理豈有長生. 其短折者已不復言, 幸而至於壽考, 間或疾瘵纏綿, 臥床呻吟, 乞絶而不能者多矣. 至如吾母, 九十五歲, 論其平昔, 其有異於此輩.

方年十餘, 歸于我氏, 至其劬勞二十有二載, 調琴瑟餘五十年. 追惟先子, 公正勤儉, 天所扶佑, 七十有五, 忽焉見背, 是時母年又七十二. 自此私心一懼一喜, 豈知兒年七旬又四, 而且僥倖身居上相, 手假省權, 富貴之極, 而母尙康寧, 得終于此.

嗚呼哀哉. 玆實聖善夙鍾陰德, 故受介福以至今日, 所謂視死如歸, 胡有歉
然於心哉. 第余一身, 無姊妹弟兄, 少從婚官,[10) 晚泥功名, 離家去國三十餘
年, 徒倚顯榮. 是爲養志, 溫凊旨甘, 實負中心, 逮于不諱, 謂之何哉. 人或來
慰, 死生之理猶如旦夕, 皓首丁憂, 世不多見, 無以死傷生, 聖有明誡. 嗚呼,
孰知母子之[11)情, 方老益篤, 而不以衰謝而可已乎. 玆值百日, 就龍泉佛寺修
齋薦福, 謹用茶果時羞之奠, 敬告靈筵. 嗚呼哀哉. 尙饗.

迎魂辭. 波沄沄而東注, 景翳翳以西沉, 魂敀來兮何所, 淚承睫以霑襟.

送魂辭. 若有遇而不睹, 慨欲聞其無音, 忽出門而自失, 竟安究而安尋.

[譯文]

권일재[1)를 대신하여 지은 어머니를 제사드리는 글[2)

월일. 어머니를 여읜 아들[孤子] 모가 감히 돌아가신 어머니 고
영가군대부인[3)의 혼령께 고합니다. 아아, 사람은 죽지 않음이 없으
니 이치상 어찌 영원한 삶이 있겠습니까. 요절한 이는 이미 다시 말
할 것도 없지만, 다행이 오래 살더라도 간혹 병이 들어 오랫동안 낫
지 못하고[疾瘝纏綿] 병상에 누워 신음하면서 죽기를 빌어도 그럴
수 없는 이들이 많습니다. 우리 어머니께서는 아흔다섯 해를 사셨으
니, 그 지난 날[平昔]을 논하자면 이러한 무리와는 다릅니다.

나이 10여 세에 우리 집안에 시집을 와서 저를 낳아 기른 노고가
22년이고,[4) 부부가 함께 살았던 것이 50여 년이 됩니다. 돌이켜 보
면 선친[5)께서는 공정하고 근검하셔서 하늘이 도운 바가 있더니 75
세에 문득 돌아가셨으며, 이때 어머니의 연세가 또한 72세였습니다.
이로부터 제 마음이 한편으로 두렵고 한편으로 기뻐하였는데[6) 제
나이 74세가 되고 또한 요행히 몸은 수상[上相]의 자리에 있으며

---

10) 官:『東文選』권109,「代權一齋祭母文」에는 宦으로 되어 있다.
11) 之: 원본에는 결락이나,『東文選』권109,「代權一齋祭母文」에는 之로 되어 있어
    보충하였다.

손은 임시로 정동행성의 권한을 맡아서[7] 부귀가 지극해졌고 어머니께서도 건강하시더니 이번에 돌아가실지 어찌 알았겠습니까.

아아, 슬픕니다. 이는 실로 어머니[聖善]께서 일찍이 음덕을 쌓았기 때문에 큰 복을 받아 오늘에 이르렀고, 이른바 '죽는 것을 고향에 돌아가는 것처럼 여긴다.'라고[8] 하였으니 어찌 마음에 유감이 있겠습니까. 다만 저는 혼자의 몸으로 형제자매도 없고, 젊어서는 처가살이와 관직에 매달렸으며[9] 만년에는 공명에 빠져 집과 나라를 떠나 30여 년 동안 헛되이 현달함과 영화로움에 의지하였습니다.[10] 이것을 효도[養志]로 여겨 (어머니 거처하심에) 따뜻함과 시원함을 살피고 맛있는 음식을 올리는 일에는[11] 실로 진심을 저버렸는데 돌아가셨으니 말해본들 어찌 하겠습니까. 사람들이 혹 와서 위로하기를, "죽고 사는 이치는 마치 아침과 저녁의 변화와 같고, 백발에 부모상을 당함은 세상에 흔치 않으며, 죽은 사람 때문에 산 사람을 해치지 말라는 성현의 밝은 가르침이 있다."라고[12] 하였습니다. 아아, 모자간의 정이 늙을수록 더욱 돈독해지고 노쇠하다고 해서 그만둘 수 없음을 누가 알겠습니까. 이번에 (돌아가신 지) 백일되는 날을 맞아 용천불사[13]에 가서 재를 올려 복을 빌고, 삼가 다과와 제철 음식을 올려 정중히 영연(靈筵)에 고합니다. 아아, 슬픕니다. 흠향하소서.

영혼사. 물결은 굽이굽이 동쪽으로 흐르고 햇빛은 어둑어둑 서쪽으로 잠깁니다. 혼령이 돌아온 들 어느 곳일지 눈물이 속눈썹을 타고 옷깃을 적십니다.

송혼사. 만약 만났다 해도 보지 못하고 슬퍼서 그 없는 소리라도 듣고 싶습니다. 홀연히 문을 나서 망연자실 할 뿐 끝내 어찌 헤아리고 어찌 찾으려 하겠습니까.

[註解]

1) 權一齋: 權漢功(?～1349)을 말하며 一齋는 그의 호이다. 본
관은 安東이고, 아버지는 權頊이다. 1284년(충렬왕 10)에 급제하
고 直史館에 임명되었으며 1294년에 賀聖節使로 원에 다녀왔다. 후
에 충선왕을 시종하여 왕의 총애를 받았다. 충선왕이 복위한 후에
崔誠之와 함께 銓選을 장악하였으며, 1313년(충숙왕 즉위) 8월에
지공거로 과거를 주관하기도 하였다. 이어 知密直司事, 密直使, 僉
議評理, 三司使, 贊成事 등을 역임하였고, 1319년에 충선왕이 御香
使로 寶陀山에 갔을 때 李齊賢과 함께 시종하였다. 1320년에 충선
왕이 토번에 유배되자 그 이듬해에 충숙왕이 父王의 寵臣들에 대한
숙청을 단행할 때 권한공도 遠島에 유배되었다. 얼마 후 원 황제의
명으로 사면을 받고 원으로 가서 蔡洪哲과 함께 瀋王 王暠의 옹립
에 주도적으로 참여하여 많은 문제를 일으켰다. 1343년(충혜왕 후
4)에 충혜왕이 폐위되어 원으로 압송되자 고려의 대신들이 원 중서
성에 충혜왕을 용서해 줄 것을 요청하는 글을 작성하였으나 그는 이
문서에 서명하지 않았다. 관직이 都僉議政丞에 이르렀고 醴泉府院
君으로 봉해졌으며 원에서 太子左贊善 관직을 받았다. 시호는 文坦
이다.

『高麗史』 권31, 世家31 忠烈王 20년 추7월 丙子.
『高麗史』 권34, 世家34 忠宣王 3년 하4월 壬戌·추7월 辛未·4년 6월 壬
　　辰·忠肅王 2년 추7월 乙卯·4년 11월 辛卯.
『高麗史』 권35, 世家35 忠肅王 11년 2월 丁卯.
『高麗史』 권74, 志28 選擧1 凡選場 忠宣王 5년 8월.
『高麗史』 권125, 列傳38 姦臣1 權漢功.
『高麗史節要』 권24, 忠肅王 6년 3월.
『安東權氏成化譜』.
朴龍雲, 2005, 「安東權氏의 사례를 통해 본 高麗社會의 一斷面―'成化
　　譜'를 참고로 하여―」, 『歷史敎育』 94 ; 2010, 『고려시기 역사

의 몇 가지 문제』, 일지사.

張東翼, 2011, 「權漢功의 生涯와 行蹟」, 『大丘史學』 104.

2) 代權一齋祭母文: 이 글은 『東文選』에도 같은 내용이 전한다.

『東文選』 권109, 祭文 「代權一齋祭母文」.

3) 故永嘉郡大夫人: 생몰년 미상. 권한공의 어머니이다. 權濟의
딸로 權頔과 혼인하여 權漢功, 權漢有를 낳았다. 永嘉는 안동의 옛
지명으로, 부인의 본관 지역이다.

『氏族源流』 安東權氏.

4) 至其劬勞二十有二載: 본문의 내용은 어머니가 자신을 양육한
세월이 22년인 점을 특기하고 있다. 권한공이 22세에 어떤 계기로
어머니와 떨어져 살게 된 것은 분명한데, 장성하여 혼인하고 처가살
이를 한 것이나 과거에 급제한 시점을 표현한 내용으로 추정된다.
한편, 이를 그가 과거에 급제한 시기까지로 보고, 그의 과거 동년과
의 연배 등을 추산하여 권한공이 출생한 연도를 1263년(원종 4)으
로 보는 견해가 있다.

張東翼, 2011, 「權漢功의 生涯와 行蹟」, 『大丘史學』 104, 14~16쪽.

5) 先子: 權漢功의 아버지인 權頔(생몰년 미상)을 말한다. 본관
은 安東이며 초명은 允宜이다. 權子輿의 장남이며, 僉議評理를 역
임하였는데 이외 자세한 행적은 알 수 없다. 다만, 그의 초명과 비
슷한 인물로서 충렬왕대 이래 활약한 權宜가 보이는데, 允宜에서 宜
로 개명하였을 가능성이 있으므로 그를 權頔과 같은 인물로 보는
견해가 있다.

『高麗史』 권125, 列傳38 權漢功.

『安東權氏成化譜』.

『氏族源流』 安東權氏.

朴龍雲, 2005, 「安東權氏의 사례를 통해 본 高麗社會의 一斷面—‘成化
譜’를 참고로 하여—」, 『歷史敎育』 94, 72쪽 ; 2010, 『고려시기
역사의 몇 가지 문제』, 일지사.

張東翼, 2011, 「權漢功의 生涯와 行蹟」, 『大丘史學』 104, 10쪽.

6) 一懼一喜: 『論語』 里仁편에 "부모의 나이는 몰라서는 안 되니, 한편으로는 기쁘고 한편으로는 두렵다[父母之年 不可不知也 一則以喜 一則以懼]."라는 구절을 인용한 것이다. 이는 항상 부모의 나이를 알고 있으면 장수하심이 기쁘고 노쇠하신 것이 슬퍼서 날짜를 아끼는 정성으로 봉양하게 될 것임을 나타내는 말이다. 본문은 권한공 또한 어머니께서 72세로 장수함을 기뻐하는 마음과 동시에 언제 돌아가실지 모르는 두려움을 가지고 있었다는 점을 드러낸 것이다.

　　『論語』 里仁.

7) 而且僥倖身居上相手假省權: 上相에 거하였다는 것은 수상이었다는 것을 말하며, 임시로 行省의 권한을 맡았다는 것은 權知征東行省事를 맡았음을 의미한다. 권한공은 1335년(충숙왕 후4)에 정동행성에 사명을 받들고 왔다가 원으로 돌아가는 이곡을 위하여 送詩를 지었는데 이때 政丞이었고, 1338년에도 정승직을 띠고 있었다. 이 기간 중에 1336년 12월에 충숙왕이 원에 행차하여 1년 후에 귀국하였다. 이를 통해 볼 때 1336년 12월 이후 1337년 12월까지 권한공이 上相인 政丞으로서 權知征東行省事에 임명되었을 가능성이 있다.

　　『高麗史』 권35, 世家35 忠肅王 후7년 추7월 乙卯.
　　『稼亭集』 雜錄, 「送奉使李中父還朝序」.
　　張東翼, 2011, 「權漢功의 生涯와 行蹟」, 『大丘史學』 104, 15·16쪽.

8) 視死如歸: 『史記』 蔡澤傳에 "군자는 난세에 의로써 죽는데, 죽음을 고향으로 돌아가는 것처럼 여긴다[子以義死難 視死如歸]."라는 구절이 있다. 이는 죽음을 두려워하지 않음을 나타내는 말이다.

　　『史記』 권79, 范雎蔡澤列傳19 蔡澤.
　　박진훈, 2006, 「고려 사람들의 죽음과 장례—官人 가족을 중심으로—」, 『韓國史研究』 135.

9) 第余一身 …… 少從婚官: 여기에는 권한공이 형제자매가 없

이 혼자인 것으로 기록되어 있는데, 『安東權氏成化譜』와 『氏族源流』에는 그의 형제로 權漢有가 확인된다. 그리고 권한공의 처와 관련하여서는 그의 所生이 仲達과 孼子 仲化가 있었다고 하므로 妻와 천계 출신의 妾이 있었음을 알 수 있다.

한편, 권한공이 처가살이를 하였다는 본문의 내용은 고려의 혼인 풍속인 婿留婦家婚과 관련된 서술이다. 고려시대에는 부부가 혼인한 뒤에 그대로 妻家에 머물기도 하고, 얼마 동안 처가에서 생활하다가 夫家로 돌아가기도 했으며, 夫家나 다른 장소에 살다가 처가 지역으로 이주하거나 처부모를 봉양하기도 하였다. 이는 양가의 경제력이나 관직 생활, 처가의 가족 구성 등의 요인에 의해 결정되었다.

> 『高麗史』 권125, 列傳38 權漢功.
>
> 「蔡謨墓誌銘」.
>
> 『安東權氏成化譜』.
>
> 『氏族源流』 安東權氏.
>
> 朴龍雲, 2005, 「安東權氏의 사례를 통해 본 高麗社會의 一斷面―'成化譜'를 참고로 하여―」, 『歷史敎育』 94, 72쪽 ; 2010, 『고려시기 역사의 몇 가지 문제』, 일지사, 244쪽.
>
> 張東翼, 2011, 「權漢功의 生涯와 行蹟」, 『大丘史學』 104, 71·72쪽.
>
> 권순형, 1997, 「고려시대 婿留婦家婚에 대한 연구」, 『梨大史苑』 30 ; 2006, 『고려의 혼인제와 여성의 삶』, 혜안.

10) 晩泥功名 …… 徒倚顯榮: 본문의 내용은 권한공이 원에서 체류한 시간이 길었음을 말한다. 권한공은 원에서 충선왕을 시종하면서 관직생활을 하였다. 충선왕이 복위한 1308년부터 고려로 귀국하지 않고 원에 머물며 전선을 장악하였으며 1320년(충숙왕 7) 충선왕이 토번으로 유배될 때까지 약 12년간 원에서 체류하였다. 이후, 귀국하였다가 1321년 2월에 유배되었고, 같은 해 8월에 원 황제의 명령으로 원으로 소환되어, 다시 원에 체류하며 재기를 도모한 것으로 이해된다. 그 후 1343년(충혜왕 후4)에 충혜왕이 원으로 압

송되자 재상과 耆老들이 旻天寺에서 왕을 용서해주기를 청원하고자
의논할 때 권한공도 그 자리에 있었으므로, 그 이전에 다시 고려로
돌아왔을 것이다.

> 『高麗史』권125, 列傳38 權漢功.
>
> 『高麗史節要』권24, 忠肅王 8년 2월·8월.
>
> 鄭希仙, 1990, 「高麗 忠肅王代 政治勢力의 性格」, 『史學硏究』42.
>
> 朴宰佑, 1993, 「高麗 忠宣王代 政治運營과 政治勢力 動向」, 『韓國史論』
> 29.
>
> 김광철, 1996, 「14세기초 元의 政局동향과 忠宣王의 吐蕃 유배」, 『한국
> 중세사연구』3.
>
> 張東翼, 2011, 「權漢功의 生涯와 行蹟」, 『大丘史學』104, 17~19쪽.

11) 溫凊旨甘: 『禮記』曲禮上에는 "겨울에는 따뜻하게 해 드리
고 여름에는 시원하게 해 드리며, 저녁에는 (잠자리를) 준비하고 아
침에는 문안을 드린다[冬溫而夏凊 昏定而晨省]."라는 구절이 있다.
또 『禮記』內則에는 "새벽에 (부모님께) 아침 문안을 하고 맛좋은
음식을 올리며, 해가 뜨면 물러나 각자 일에 종사하다가, 해가 지면
저녁 문안을 하고 맛좋은 음식을 올린다[昧爽而朝 慈以旨甘 日出
而退 各從其事 日入而夕 慈以旨甘]."라는 구절이 있다. 이는 모두
부모님을 잘 섬기는 도리에 대하여 말한 것이다.

> 『禮記』曲禮上.
>
> 『禮記』內則.

12) 無以死傷生聖有明誡: 『禮記』喪服四制의 내용에 아버지나
임금이 돌아가실 경우 "사흘 만에 먹고 석 달 만에 목욕하고 기년
에 연복하며 몹시 슬퍼 몸이 쇠약해져도 性命을 다하지 않는 것은
죽음을 가지고 삶을 해치지 않는 것이다[三日而食 三月而沐 期而
練 毁不滅性 不以死傷生也]."라는 구절에서 인용한 듯하다. 혹자가
권한공 또한 연로하였는데 어머니가 돌아가심을 너무 슬퍼하여 몸
이 상할 것을 염려하여 위로한 말이다.

『禮記』 喪服四制.

13) 龍泉佛寺: 정확한 위치는 알 수 없으나, 『高麗史』에 1313
년(충숙왕 즉위)에 충선왕이 행차하였다는 기록이나 1319년에 충
숙왕이 용천사 앞에서 사냥하였다는 기사가 있다.

　　『高麗史』 권34, 世家34 忠肅王 즉위년 9월 癸丑·6년 8월 乙未.

15. 送張雲龍國琛西歸序

[原文]

送張雲龍國琛西12)歸序

予在少日始讀書, 盖知有天下之廣, 則有四方之志焉. 及仕王國, 迺爲職縻,
切抱飛不越階之歎. 至治中, 濫應賓興, 觀光天子之庭, 喜或其如願. 顧因科
劣, 得倅下州, 碌碌奔走, 非性所堪, 移病而免. 今玆下喬入幽, 跧伏里閭, 夐
不與天朝士夫相訊, 已有十五年之久. 於戲, 士生一世, 有志不就, 齒髮日益
衰, 君子之弃, 小人之故, 能無鬱鬱於此乎. 是故, 時聞有客至自中原, 則輒往
候之, 冀得餘論, 以寫平生之懷焉. 咸有偉量, 善自爲謀, 至如胷襟坦蕩, 而無
苟然者, 予未得覿也. 豫章張國琛以今年七月, 至寓王京一覽樓者數月. 予徵
諸主人, 國琛終日危坐, 若無言者, 有來問以事, 則亦一一說之, 其學本吾儒,
兼通蒙古字語, 旁出入術數中. 自言, 甞爲江西擧子入其選, 又爲朝貴薦, 祗
勑欽宣者再. 其遊觀幾遍天下, 由都南至庾嶺, 西至華峯, 北至和林, 其間風
俗異同, 皆採而有記, 名山勝境, 無不登覽. 自去年東遊, 歷遼陽抵王京, 玆又
西故. 其來也無求, 其去也亦無所戀, 卷舒自由, 翔集有所. 要之非池籠中可
畜養者也. 予旣不逐四方之志, 則得四方之士而與之遊斯可矣. 愛莫從之, 情
見于辭.

其辭曰, 有美斯人兮來從西, 翩然散步兮下雲階, 星月爲佩兮帶虹霓, 有美

---

12) 西: 원본에는 而로 되어 있으나, 『東文選』 권84 「送張雲龍國琛西歸序」에는 西
로 되어 있고 내용상 西가 옳으므로, 西로 교감하였다.

斯人兮從西來, 愛此松山兮乍徘徊, 忽然輕擧兮不可陪, 我齒方壯兮志四方, 縱觀九州兮故13)鄕, 而今身老兮願未償, 惜此美人兮我欲留, 留不肯住兮却掉頭, 獨立道周兮雙淚流.

[譯文]

　서방으로 돌아가는 장운룡국침[1]을 떠나보내며 쓴 서[2]

　나는 젊은 날에 책을 읽기 시작하면서 대략 천하의 광대함이 있음을 알고 곧 사방에 뜻[3]을 두었다. (그러나) 우리나라[王國]에서 벼슬을 하게 되어 이내 직무에 얽매이게 되니 날아도 계단을 넘지 못한다는 한탄[4]을 간절히 품었다. 지치 연간에 외람되이 정동행성 향시[賓興]에 응시하여[5] 천자의 궁정을 살펴보고 혹여 소원대로 된 것을 기뻐하였다. 다만 과거 성적이 낮은 탓에 작고 구석진 고을[下州][6]의 수령이 되어 자잘한 일에 분주하게 되니 천성이 견딜 바가 아니므로 병을 핑계로 (관직을) 그만두었다.[7] 지금은 높은 나무에서 내려와 깊은 골짜기로 들어가[下喬入幽][8] 시골에 은거하며 아득히 중국[天朝]의 사대부들과 서로 소식을 전하지 못한지 이미 15년이 되었다.[9] 아, 선비가 한 세상에 나서 (품은) 뜻이 있으나 이루지 못한 채 몸[齒髮]이 날로 더욱 쇠약해져 군자를 버리고 소인으로 돌아가니 이에 답답한 마음이 어찌 없겠는가. 이런 까닭에 때때로 중원에서 손님이 왔다고 들으면 번번이 가서 만나보고 식견이 넓은 의논[餘論]을 얻어서 평생의 회포를 풀기를 기대하였다. (그들은) 모두 훌륭한 도량이 있어 스스로 도모하기를 잘하지만, 가슴에 품은 생각에 이르러서는 꾸밈이 없고 광대하여 구차스럽지 않은 자를 나는 아직 보지 못하였다. 예장[10] 장국침이 금년 7월에 와서 왕경의 일람루[11]에 머무른 지 수개월이다. 내가 주인에게 들으

────────────

13) 故: 원본에는 敊로 되어 있으나, 『東文選』 권84 「送張雲龍國琛西歸序」에는 故로 되어 있고 내용상 故가 옳으므로, 故로 교감하였다.

니, 국침은 종일토록 단정히 앉아 말이 없는 사람 같지만 일을 물으
러 오면 또 일일이 설명해 주었으며, 그 학문은 우리 유학을 근본으
로 하고 겸하여 몽고의 글과 말에 능통하고 두루 방술[12]에도 드나
들었다고 한다. 스스로 말하기를, "일찍이 강서[13] 지방의 거자가 되
어 급제하였고 또 조정 귀인의 천거로 황제의 명[祇衳欽宣]을 받은
것이 두 번이다. 그 유람은 거의 두루 천하를 보았는데, 연경[都]으
로부터 남쪽으로 유령(庾嶺)[14]에 이르고 서쪽으로 화봉(華峯)[15]에
이르며 북쪽으로는 화림(和林)[16]에 이르니, 그 사이의 풍속이 다르
고 같은 것을 모두 가려내어 기록으로 남겼고, 이름난 산과 경치가
빼어난 곳은 오르고 보지 않은 곳이 없다. 작년부터 동방을 유람하
여 요양[17]을 거쳐 왕경에 이르렀다가 이내 다시 서방으로 돌아간
다."라고 하였다. (그는) 올 때에도 구하는 것이 없었고 갈 때에도
또한 연연한 바가 없어 출입을 드러내고 감추는 것[卷舒]에 자유로
이 하고 배회하다가도 이르는 곳이 있었다. 요컨대 (그는) 연못이나
새장[18] 속에서 기를 수 있는 인물이 아니다. 나는 이미 사방에 품은
뜻을 이루지 못하였으니, 사방의 선비를 만나 더불어 교류한다면 이
로써 족하다. 사모하나 따를 수 없으니, (그) 심정을 사(辭)[19]에
나타낸다. 사에 이른다.

> 아름다운 이 사람이여 서방에서 오셔서
> 나는 듯이 구름계단 내려와
> 별과 달을 달고 무지개로 띠를 했네
> 아름다운 이 사람이여 서방에서 오셔서
> 이 송악을 사랑하여 잠시 노닐다가
> 홀연히 떠나가니 함께할 수 없네
> 내 나이 한창 때에 사방에 뜻을 두어
> 구주[20]를 맘껏 보고 고향으로 돌아오려 했으나
> 이제는 몸이 늙어 소원해도 허사라네

애석하다! 아름다운 사람이여 내가 붙잡으려 하였으나
붙잡아도 머물지 않으려 물러나며 고개를 저으니
홀로 길가에 서서 두 줄기 눈물 흘리네.

[註解]

1) 張雲龍國琛: 생몰년 미상. 본문에 따르면, 그는 元 강서지방 출신의 학문과 재능이 뛰어난 인물로 묘사되어 있다. 그러나 본 기록 외에 자세한 행적은 알 수 없다. 한편 國琛은 나라의 보배로 삼을 만한 賢人으로, 덕망과 재능이 있는 사람을 가리킨다. 여기서는 張雲龍이 원의 과거에 급제하고 여러 지역을 여행하여 학문과 견문을 두루 갖춘 인물이므로, 그를 국침이라 지칭한 듯하다.

諸橋轍次, 1984, 「國琛」, 『大漢和辭典』 3, 大修館書店, 83쪽.

2) 送張雲龍國琛西歸序: 『東文選』에도 같은 내용이 전한다.

『東文選』 권84, 序 「送張雲龍國琛西歸序」.

3) 四方之志: ‘천하의 諸國을 遊歷해 천하를 경영하려는 원대한 뜻’을 말하며, ‘四方을 征服하려는 뜻’이라는 의미이기도 하다. 이는 重耳―晉 文公―가 齊나라로 피신하였을 때에 桓公의 후한 대우에 예전의 원대한 포부를 잊고 안주하려 하자, 그의 아내 姜氏가 “당신은 천하를 경영하려는 원대한 뜻을 가지고 계십니다[子有四方之志].”라고 하며 제나라를 떠나도록 권한 것에서 유래한다. 여기서는 최해가 일찍이 사방에 큰 뜻을 펼치고자 하는 포부가 있었음을 고사에 빗대어 표현한 것이다.

『春秋左氏傳』 僖公 23년.

諸橋轍次, 1984, 「四方之志」, 『大漢和辭典』 3, 大修館書店, 36쪽.

4) 飛不越階之歎: 前漢 王褒의 「四子講德論」에 의하면, 微斯文學이 虛義夫子에게 두문불출하고 학문에만 전념해서는 이름을 드날리고 공적을 세우기가 어렵지 않겠는가라고 한 물음에 “무릇 모기와 등에는 종일토록 노력해도 계단과 상방을 넘지 못하지만, 준마의

꼬리에 붙으면 천리를 갈 수 있고 큰 기러기의 날개에 올라타면 사해를 날 수 있다[夫蚊虻終日經營 不能越階序 附驥尾 則涉千里 攀鴻翮 則翔四海]."라고 답하였다. 여기서는 최해가 사방으로 널리 뜻을 펼치지 못한 자신의 처지, 즉 고려의 관리에 그친 것을 빗대어 표현하였다.

『文選』 권51, 「四子講德論」.

5) 應賓興: 賓興은 周代에 鄕大夫가 그 지방의 小學에서 유능한 인재를 천거하여 빈례로 맞이한 뒤 國學에 입학시키는 것에서 유래하는 말로, 지방관이 주재하는 鄕試를 가리킨다. 본문에 "賓興에 응시하였다."라고 한 것은 최해가 1320년(충숙왕 7)에 정동행성 향시에 합격하고 다음해 元 制科에 급제한 사실을 말한다.

『高麗史』 권74, 志28 選擧2 科目2 制科 忠肅王 7년 10월.

『周禮』 地官 大司徒.

諸橋轍次, 1985, 「賓興」, 『大漢和辭典』 10, 大修館書店, 765쪽.

裵淑姬, 2008, 「元代 科擧制와 高麗進士의 應擧 및 授官」, 『東洋史學研究』 104, 132쪽.

6) 下州: 하주(당) 원래는 唐 開元 연간에 전국의 주를 나눈 등급의 하나이다. 그런데 『元史』에 의하면 江南, 平陽 등의 縣을 州로 승격시킬 때에 戶가 4~5만에 이르는 곳을 下州, 5~10만에 이르는 곳을 中州로 삼았다고 하므로, 여기서는 인구가 적고 경사에서 떨어진 궁벽한 지역을 의미하는 듯하다. 이러한 언급은 최해가 자신이 元의 遼陽路盖州判官으로 부임하였던 사실을 빗대어 겸손하게 표현한 것이다.

『元史』 권18, 本紀18 成宗 원년 5월 庚辰.

檀國大學校 東洋學研究所, 1999, 「下州」, 『漢韓大辭典』 2, 檀國大學校出版部, 813쪽.

7) 至治中 …… 移病而免: 최해의 「送奉使李中父還朝序」에 의하면, 그는 1320년(충숙왕 7) 10월에 元의 制科에 응시하여 이듬

해에 43명 중 21등으로 합격하여 盖牟別駕에 제수되었으나, 부임한
지 몇 개월 만에 병을 핑계로 사직하고 귀국하였다. 『高麗史』選擧
志에는 당시 그가 遼陽路盖州判官에 제수되었던 것으로 전한다.

『高麗史』권74, 志28 選擧2 科目2 制科 忠肅王 7년 10월·8년.

『拙藁千百』권2, 「送奉使李中父還朝序」.

박한남, 1997, 「崔瀣의 生涯와 仕宦」, 『成大史林』12·13合, 136쪽.

8) 下喬入幽: 『孟子』滕文公上에 의하면, 맹자가 본래 추구하던
학문을 버리고 許行의 학설을 따르는 陳相을 책망하며 "나는 깊은
골짜기에서 나와 큰 나무 위로 날아간다는 말은 들었어도 큰 나무
위에서 내려와 깊은 골짜기로 들어간다는 말은 듣지 못했다[吾聞出
於幽谷 遷于喬木者 未聞下喬木而入於幽谷者]"라고 하였다. 여기서
는 최해가 元의 관직을 사직하고 高麗로 돌아와 향리에 은거한 것
을 위의 고사에 빗대어 표현하였다.

『孟子』滕文公上.

9) 已有十五年之久: 「送奉使李中父還朝序」에 의하면, 최해는
원의 관직을 사직하고 고려로 돌아온 지 13년이 되는 1335년(충숙
왕 後4)에 「送奉使李中父還朝序」를 작성하였다. 본문에서 그가
"이미 15년이 되었다."라고 한 것을 통해 보면, 최해가 「送張雲龍
國琛西歸序」를 작성한 시기는 1337년으로 추정된다.

10) 豫章: 지금의 중국 江西省 南昌市를 말한다. 본문에서는 張
雲龍이 강서성 출신이므로, 그를 가리켜 豫章이라 표현한 것이다.
豫章에 대해서는 권1 16, 주해 5) 참조.

戴均良 외 주편, 2005, 「豫章」, 『中國古今地名大辭典』中, 上海辭書出版
社, 3248쪽.

11) 王京一覽樓: 王京은 고려시대의 수도 開京을 말한다. 고려
시대에는 수도를 王京 외에도 王都·松都·松京·松嶽·京城·京師·京
都·都城 등으로 칭하였다. 본문에서 張雲龍이 王京에 와서 머물렀
다고 하는 一覽樓의 위치는 알 수 없다.

朴龍雲, 1996, 「開京 定都와 시설」, 『고려시대 開京 연구』, 一志社, 44~48쪽.

金昌賢, 2002, 「개경 사원·궁궐·성곽의 조영」, 『고려 개경의 구조와 그 이념』, 신서원, 25쪽.

12) 術數: 자연현상을 관찰하여 사람의 길흉을 추측하는 星占·卜筮·風水 등의 方術을 가리킨다.

諸橋轍次, 1985, 「術數」, 『大漢和辭典』 10, 大修館書店, 154쪽.

13) 江西: 지금의 중국 동남부 江西省 長江 중하류 지역이다. 隋·唐 이전에는 長江 하류의 북쪽과 淮水 이남지역 또는 長江 이북을 두루 가리켰다. 元代에는 이 지역에 江西等處行中書省을 두었다.

『元史』 권62, 志14 地理5 江西等處行中書省.

戴均良 외 주편, 2005, 「江西」, 『中國古今地名大辭典』 下, 上海辭書出版社, 1252쪽.

14) 庾嶺: 지금의 중국 江西省 大庾縣 남쪽에 위치하는 산의 이름으로, 大庾嶺 또는 梅嶺으로도 불린다.

戴均良 외 주편, 2005, 「庾嶺」, 『中國古今地名大辭典』 下, 上海辭書出版社, 2735쪽.

15) 華峯: 지금의 중국 陝西省 동부에 위치하는 五岳 중의 하나인 西岳을 가리키는 것으로, 華山이라고도 한다.

戴均良 외 주편, 2005, 「華山」, 『中國古今地名大辭典』 中, 上海辭書出版社, 1181쪽.

16) 和林: 지금의 몽골공화국 오보칸가이(Örörhangai)주에 있었던 몽골제국의 首都인 카라코룸(哈拉和林)을 말한다. 1235년에 몽골 태종이 建都하였고, 이후 1260년에 수도를 大興—지금의 중국 북경—으로 천도하였으며 宣慰司都元帥府를 두었다가 1307년에 和林等處行中書省을 세웠다. 1312년에는 嶺北等處行中書省으로 고쳤다.

『元史』 권58, 志10 地理1 嶺北等處行中書省.

戴均良 외 주편, 2005, 「和林」, 『中國古今地名大辭典』 下, 上海辭書出版

社, 1822쪽.

李玠奭, 1996,「元代의 카라코룸, 그 興起와 盛衰」,『몽골학』4.

17) 遼陽: 지금의 중국 吉林省 遼陽市를 가리킨다. 이에 대해서
는 권1 19, 주해 6) 참조.

18) 池籠: 중국 西晉 때의 潘嶽이 지은「秋興賦」에 "마치 연못
의 물고기와 새장의 새가 강호와 산림을 생각하는 것과 같다[譬猶
池魚籠鳥 有江湖山藪之思]"라고 한 것에서 유래한다. 여기서는 장
운룡이 연못의 물고기와 새장의 새처럼 한 곳에 가두어 기를 수 있
는 인물이 아니라는 의미로 사용되었다.

潘嶽,「秋興賦」.

諸橋轍次, 1985,「池魚籠鳥」,『大漢和辭典』6, 大修館書店, 935쪽.

19) 辭: 文體의 하나로, 구의 중간이나 끝에 어조사인 '兮'를 사
용한다. 楚나라의 屈原과 宋玉 등에 의하여 시작되었으며, 漢代 이
후 더욱 성행하였다. 屈原의「漁父辭」와 漢 武帝의「秋風辭」, 陶淵
明의「歸去來辭」등이 대표적인 작품이다.

諸橋轍次, 1985,「辭」,『大漢和辭典』10, 大修館書店, 1087쪽.

신희천·조성준 편저, 2001,『문학 용어 사전』, 청어, 262·263쪽.

20) 九州: 고대에 중국의 전토를 나누어 아홉 곳의 州로 삼은
것에서 유래하며, 후에 온 나라 또는 천하를 의미하게 되었다. 여기
서는 천하를 의미한다.

諸橋轍次, 1984,「九州」,『大漢和辭典』1, 大修館書店, 369·370쪽.

16. 東人四六序

[原文]

東人四六序

後至元戊寅夏, 予集定東文四六訖成. 竊審國祖已受冊中朝, 奕世相承, 莫

不畏天事大, 盡忠遜之禮, 是其章表得體也. 然陪臣私謂王, 曰聖上, 曰皇上,
上引堯舜, 下譬漢唐. 而王或自稱朕予一人, 命令曰詔制, 肆有境內曰大赦天
下, 署置官屬, 皆倣天朝. 若此等類, 大涉僭14)踰, 實駭觀聽, 其在中國, 固待
以度外, 其何嫌之有也. 逮附皇元, 視同一家, 如省院臺部等號早去, 而俗安
舊習, 玆病尙在. 大德間, 朝廷遣平章闊里吉思釐正, 然後渙然一革, 無敢有
蹈襲之者. 今所集定, 多取未臣服以前文字, 恐始寓目者不得不有驚疑. 故題
其端以引之. 拙翁書.

[譯文]

동인사륙[1] 서문[2]

후지원 무인년(1338, 충숙왕 후7) 여름에 나는 우리나라의 글로
사륙을 모아 정리하여 완성하였다. 삼가 살피건대, 태조[國祖][3]께
서 일찍이 중국[中朝]으로부터 책봉을 받으시고 대대로 서로 이어,
천명을 경외하고 대국을 섬기어 충성과 공손의 예를 다하지 않음이
없으니, 이로 장·표의 체재를 얻었다.[4] 그러나 배신이 사사로이 왕
을 일컬어 성상이나 황상으로 부르며 위로는 요와 순을 끌어오고 아
래로는 한과 당에 비유하였다. 그리고 왕은 혹 스스로 짐이나 여일
인(予一人)[5]이라고 칭하고 (왕의) 명령은 조·제라고 하고 방자하
게 나라 안에 (죄수를) 용서하면서 천하에 크게 사면한다고 하며[6]
관서를 설치하고 관원을 두는 것은 모두 중국[天朝]을 모방하였다.
이와 같은 종류들은 매우 참람되어 실로 눈과 귀를 놀라게 하지만,
중국에서 굳이 관심이 없었으니 무슨 꺼림이 있겠는가. 원에 귀부한
이후 한 집안으로 여겨 성·원·대·부와 같은 호칭은 일찌감치 없앴
으나,[7] 풍속은 옛 습속을 편안히 여겨 이런 병폐가 여전히 존재하
였다. 대덕 연간에 조정에서 평장사 활리길사[8]를 보내어 바로잡으

---

14) 僭: 원본에는 譖으로 되어 있으나, 『東文選』권84 「東人四六序」에는 僭으로 되
어 있고 내용상 僭이 옳으므로, 僭으로 교감하였다.

니,[9] 그제야 환연히 모두 고쳐져 감히 답습하는 자가 없었다. 지금 모아 정리한 것들은 (원에) 아직 신복하지 않은 이전의 문구[文字]를 많이 취하였으니 아마 처음 보는 자는 반드시 놀라 의혹이 있을 것이다. 그러므로 이 단서를 적어 인용한다. 최해[拙翁]가 쓰다.

[註解]

1) 東人四六: 신라의 崔致遠, 고려의 朴寅亮, 金富軾, 崔惟淸, 李奎報 등 71인의 문사들이 국가 공무와 관련하여 쓴 四六騈儷文 494首를 문체별로 정리한 책으로, 1338년(충숙왕 후7)에 완성되었고 총 15권이다. 이 문집에는 신라말 對唐 외교문서와 고려가 宋·遼·金·元에 보낸 表狀 및 陪臣表狀, 册文, 制誥, 敎書, 批答, 祝文, 詞疏, 樂語, 上樑文, 表, 牋, 狀, 啓 등이 실려 있다. 현재 1354년(공민왕 3)에 晋州牧에서 판각된 판본과 1355년에 福州에서 판각된 판본이 남아있다. 이에 대해서는 권2 6, 주해 1) 참조.

尹炳泰, 1978, 「崔瀣와 그의 『東人之文四六』」, 『東洋文化研究』 5.
朴漢男, 1997, 「14세기 崔瀣의 『東人之文四六』 편찬과 그 의미」, 『大東文化研究』 32 : 2002, 『高麗名賢 崔瀣 研究』, 國學資料院.

2) 東人四六序: 이 글은 『東人之文四六』과 『東文選』에도 전한다.

『東人之文四六』 序.
『東文選』 권84, 序 「東人四六序」.

3) 國祖: 고려를 건국한 太祖 王建(877~943, 재위 918~943)을 가리킨다. 그에 대해서는 권1 14-(1), 주해 11) 참조.

4) 國祖已受册中朝 …… 是其章表得體也: 태조는 933년(태조16)에 後唐으로부터 特進·檢校太保·使持節·玄菟州都督·上柱國·充大義軍使·高麗國王으로 책봉되었으며, 이것이 태조가 중국으로부터 받은 최초의 책봉이다. 이후 고려의 국왕들은 後晋·後周·宋·遼·金·元 등 중국의 여러 왕조로부터 지속적으로 책봉을 받았다. 이와

같이 고려는 중국과의 책봉-조공 관계를 통해 국제질서를 형성하였
으며, 외교문서도 피책봉국의 국왕이 책봉국의 황제에게 보내는 表
를 사용하였다. 章 역시 신하가 왕에게 사용하는 문서를 뜻하므로
본문에서 장·표의 체재를 얻었다고 표현한 것이다.

> 『高麗史』권1, 世家1 太祖 16년 3월 辛巳.
> 諸橋轍次, 1985, 「章」, 『大漢和辭典』 8, 大修館書店, 706·707쪽.
> 全海宗, 1977, 『韓中關係史研究』, 一潮閣.
> 沈載錫, 2002, 『高麗國王 册封 研究』, 혜안.

5) 予一人: 나 한 사람이라는 뜻으로 帝王이 자신을 지칭하는
말이다.

> 檀國大學校 東洋學研究所, 1999, 「予一人」, 『漢韓大辭典』 1, 檀國大學校
> 出版部, 608쪽.

6) 然陪臣私謂王 …… 肆宥境內曰大赦天下: 배신은 제후의 신
하를 의미하며, 여기서는 고려국왕을 지칭한다. 고려는 중국으로부
터 책봉을 받으면서도 자국의 독자적인 황제국체제를 유지하였다.
이는 본문의 용어에서도 드러나는데, 고려국왕에게 사용된 聖上과
皇上은 황제에 대한 존칭이고, 朕과 予一人은 황제가 자신을 지칭
하는 말이며, 詔와 制는 황제가 내리는 명령이고, 大赦天下 역시 황
제가 죄인을 사면할 때 사용하는 것이다. 이외에도 고려는 국내에서
封爵制를 시행하고, 고려에 來朝한 거란과 여진의 추장에게 官爵을
수여하여 고려의 국왕이 천명을 받아 독자적인 천하를 지배하였음
을 드러내었다.

> 諸橋轍次, 1985, 「陪臣」, 『大漢和辭典』 11, 大修館書店, 838쪽.
> 金基德, 1997, 「高麗의 諸王制와 皇帝國體制」, 『國史館論叢』 78.
> 盧明鎬, 1999, 「高麗時代의 多元的 天下觀과 海東天子」, 『韓國史研究』
> 105.
> 秋明燁, 2005, 「高麗時期 '海東' 인식과 海東天子」, 『韓國史研究』 129.
> 박재우, 2005, 「고려 君主의 국제적 위상」, 『韓國史學報』 20.

7) 如省院臺部等號早去: 고려후기 원과의 관계가 정립된 이후,

1275년(충렬왕 1)에 원은 고려의 관제가 원의 그것과 같음을 비난
하며 관제를 고칠 것을 요구하였다. 이에 고려는 왕실용어와 관제를
제왕·제후국의 위상에 맞추어 격하하였다. 이후 祖·宗은 王으로, 朕
은 孤로, 陛下는 殿下로, 太子는 世子로 바뀌었으며, 관제 역시 고
려전기의 3성·6부체제는 僉議府·4司體制로, 御史臺는 監察司로 翰
林院은 文翰署로 바뀌어 省·院·臺·部가 府·司·署로 개편되었다.

『高麗史』 권28, 世家28 忠烈王 원년 동10월 庚戌·壬戌.

이익주, 1992, 「충선왕 즉위년(1298) '개혁정치'의 성격―관제(官制) 개
편을 중심으로―」, 『역사와 현실』 7, 122~126쪽.

8) 闊里吉思: 생몰년 미상. 고르기스(闊里吉思)는 元의 관인이
다. 按赤歹 부족 출신으로 증조부는 八思不化이고 조부는 忽押忽辛
이며 아버지는 藥失謀이다. 그는 숙위로서 博兒赤가 되었고, 1298
년에 福建行省平章政事가 되었다가 얼마 뒤 福建道宣慰使都元帥가
되었다. 1299년에 征東行省平章政事가 되어 고려에 부임하였다. 당
시 고려는 충렬왕과 충선왕 사이의 갈등이 심하여 국정이 불안정하
였기 때문에 원에서는 이의 해결을 위하여 원 관리를 고려로 파견하
여 그 지배를 공고히 하려고 하였다. 고르기스는 고려의 풍속과 제
도를 개혁하려했으나 실패하고 원으로 소환되었다. 이후 雲南諸路
行中書省左丞相으로 졸하였다.

『高麗史』 권31, 世家31 忠烈王 25년 동10월 甲子·26년 동10월.

『高麗史』 권32, 世家32 忠烈王 27년 3월 壬辰·하4월 己丑.

『元史』 권134, 列傳21 闊里吉思.

高柄翊, 1961, 「麗代 征東行省의 硏究(上)」, 『歷史學報』 14 ; 1970, 『東
亞交涉史의 硏究』, 서울大學校出版部, 200~216쪽.

張東翼, 1990, 「征東行省의 硏究」, 『東方學志』 67 ; 1994, 『高麗後期外
交史硏究』, 一潮閣, 83~87쪽.

李益柱, 1996, 『高麗·元關係의 構造와 高麗後期 政治制度』, 서울대학교
국사학과 박사학위논문, 122~125쪽.

李康漢, 2007, 「征東行省官 闊里吉思의 고려제도 개변 시도」, 『韓國史硏

究』 139.

9) 朝廷遣平章闊里吉思釐正: 고르기스(闊里吉思)는 정동행성관
으로 부임한 후 노비법 등 고려의 제도를 개변하는 등 고려의 내정
에 간섭하려하다가 완강한 저항에 부딪쳐서 원으로 소환되었다. 그
는 원에 돌아가서 錄連事目을 제출하여 고려 내의 여러 문제점을
지적하였으며, 이에 원은 타차르(塔察兒)와 王泰亨을 고려에 보내
이 문제를 개혁할 것을 요구하였다. 당시 고르기스가 지적한 문제점
은 고려의 예식절차가 천자의 의식과 제도를 사용한 점, 형벌의 불
공평성, 관원과 백성 수의 불균형 등이었다. 본문에서 고르기스를
보내 바로잡았다는 것은 고르기스가 고려에 와서 시도한 개변이 어
느 정도 효과를 거두었거나, 혹은 그가 제출한 錄連事目의 문제점을
고려에서 받아들여 개정하였던 것으로 생각된다.

『高麗史』 권32, 世家32 忠烈王 27년 하4월 己丑.

金炯秀, 1997, 「13世紀 後半 高麗의 奴婢辨正과 그 性格」, 『慶北史學』
19 ; 2013, 『고려후기 정책과 정치』, 지성인, 86~98쪽.

李康漢, 2007, 「征東行省官 闊里吉思의 고려제도 개변 시도」, 『韓國史研
究』 139.

이강한, 2010, 「고려·원간 '交婚' 법제의 충돌」, 『東方學志』 150.

17. 猊山隱者傳

[原文]

猊山隱者傳

隱者名夏屆, 或稱下逮, 蒼槐其氏也. 世爲龍伯國人. 本非覆姓, 至隱者, 因
夷音之緩, 倂其名而易之. 隱者方孩提, 已似識天理, 及就學, 不滯於一隅, 纔
得旨飯, 便無卒業, 其汎而不究也. 稍壯, 慨然有志於功名而世莫之許也. 是
其性不善於伺候而又好酒, 數爵而後, 喜說人善惡, 凡從耳而入者, 口不解藏,

故不爲人所愛重, 輒擧輒斥而去. 雖親友惜, 其欲改, 或勸或責, 不能納.

　中年頗自悔, 然人已待以非可牢籠, 未果用, 而隱者亦不復有意於斯世矣. 甞自言, 吾所甞往來者, 皆善人, 而其所不與者多, 欲得衆允難矣. 此其所短, 迺其所以爲長也. 晚從師15)子岬寺僧, 借田而耕, 開園曰取足, 自號猊山農隱. 其銘座右曰, 尒田尒園, 三寶重恩. 取足奚自, 愼勿可諼. 隱者素不樂浮屠而卒爲其佃戶, 蓋訟夙志之爽, 以自戱云.

[譯文]

예산은자전1)

　은자의 이름은 하계이고 혹은 하체라고도 칭하며, 창괴는 그의 성씨이다.2) 대대로 용백국3) 사람이었다. 본래는 복성이 아니었는데 은자에 이르러서 우리나라[夷]의 음이 느리기 때문에 그 이름과 나란히 하여 바꾼 것이다. 은자는 어린 아이일 적에 이미 하늘의 이치를 아는 듯 하였으며, 학문을 하게 되어서는 한 쪽에 머무르지 않았지만 겨우 요지를 얻기만 하는데 그쳐서 끝까지 마친 것이 없었으니, 폭넓게는 하였으나 궁구하지 않았다. 차츰 장성하면서 개연히 공명에 뜻을 두었으나 세상 사람들이 인정해주지 않았다. 이는 그의 성격이 남의 비위를 잘 맞추지 못하고 또 술을 좋아하여 몇 잔만 마시면 다른 사람의 선·악을 말하기 좋아하며, 무릇 귀로 들어간 것은 입에 담아 둘 줄 몰랐으므로 사람들로부터 아낌과 존중을 받지 못하여 문득 관직에 등용이 되었다가도 번번이 배척을 받아 쫓겨나곤 했다. 비록 친구들이 애석히 여겨 (그의 성격을) 고쳐주려고 혹 권유하고 혹은 책망도 하였으나 받아들이지 못하였다.

　중년에는 자못 스스로 후회를 하였으나 사람들은 이미 그를 마음대로 할 수 없는 사람[非可牢籠]4)으로 대우하여 끝내 등용하지 않

15) 師: 『高麗史』 崔瀣傳 및 『稼亭集』 권100 「猊山隱者傳」에는 獅로 되어 있다.

았고, 은자 역시 더 이상 이 세상에 뜻을 두지 않았다. 일찍이 스스로 말하기를, "내가 전에 왕래했던 사람들은 모두 선한 사람들이었는데도 그 곳에 함께 하지 않는 사람들이 많았으니, 여러 사람들에게 미쁨을 얻으려 하는 것은 어려운 일이다."라고 하였다. 이는 그의 단점이자 곧 장점이 되기도 하였다. 만년에는 사자갑사[5]의 승려에게 토지를 빌려 경작을 하였는데,[6] 농원을 만들어 취족이라 하고 자신을 예산농은[7]이라고 불렀다. 좌우명에 이른다.

> 그대의 땅과 그대의 농원은
> 삼보[8]의 두터운 은혜로다.
> 취족이 어디에서 말미암은 것인지
> 삼가 잊지 말지어다.

은자가 평소 불교를 좋아하지 않다가[9] 결국에는 그 전호[10]가 되었으니 대개 평소 품은 뜻이 어긋난 것을 자책하며 스스로 희롱하여 말한 것이다.

[註解]

1) 猊山隱者傳: 이 글은 『高麗史』 崔瀣傳과 『東文選』에도 동일한 내용이 전한다.
　　『高麗史』 권109, 列傳22 崔瀣.
　　『東文選』 권100, 傳 「猊山隱者傳」.

2) 隱者名夏屆或稱下逮 蒼槐其氏也: 이 글의 주인공인 猊山隱者는 곧 崔瀣 자신을 가리킨다. 그의 열전에 의하면, 최해는 만년에 도성 남쪽 獅子山 아래에 살면서 스스로 「猊山隱者傳」을 지었다고 한다(①). 그러므로 하계와 하체라는 이름이나 창괴라는 성씨는 최해와 관련지어 생각해 볼 필요가 있다. 하계와 하체는 反切 倂音으로 '해'음을 나타내며, 창괴 역시 '최'음을 나타낸 것으로 최해가 자

신의 성명을 해학적으로 서술한 것이다(②). 夏屆나 下逮는 '安居
에 이른다'는 불교적 색채가 짙은 의미이고, 蒼槐는 太尉·司徒·司
空의 三公을 뜻한다고 보아 삼공처럼 높은 지위를 추구한 사람이
지금은 안거하고 있음을 표현한 것으로 이해하기도 한다(③).

① 『高麗史』권109, 列傳22 崔瀣.

② 呂增東, 1968, 「崔拙翁과 猊山隱者傳 考―韓國文學系譜 樹立을 爲한
試論―」, 『晉州教大論文集』 2-1, 14쪽.

동아대학교 석당학술원 역, 2006, 『국역 고려사』 23, 경인문화사,
321쪽.

③ 李九義, 1999, 「拙翁 崔瀣의 삶과 「猊山隱者傳」 攷」, 『語文學』 66,
355쪽.

3) 龍伯國: 전설상의 거인국을 뜻한다. 『列子』에 의하면, "渤海
동쪽에 岱輿·圓嶠·方壺·瀛洲·蓬萊의 다섯 仙山이 있었는데, 용백
국의 거인이 와서 이 산들을 떠받치고 있던 자라 가운데 여섯 마리
를 낚시로 낚아서 가버리자 대여와 원교 두 산이 바다 밑으로 가라
앉았다."라는 내용이 전한다. 한편 이 구절을 인용하여 최해가 자신
의 정신이 초월세계에 머물고 있으며, 그의 포부 또한 三公보다 위
에 있음을 드러낸 것으로 보는 견해도 있다.

『列子』권5, 「湯問」.

李九義, 1999, 「拙翁 崔瀣의 삶과 「猊山隱者傳」 攷」, 『語文學』 66, 356쪽.

4) 牢籠: 다른 사람을 자기 마음대로 하거나 농락한다는 의미이다.

諸橋轍次, 1985, 「牢籠」, 『大漢和辭典』 7, 大修館書店, 630쪽.

5) 師子岬寺: 최해가 만년에 은거한 사찰이다. 그의 열전에는 獅
子岬寺가 개경의 남쪽에 있었다고 전하는데, 정확히 어느 곳인지는
알 수 없다.

「崔瀣墓誌銘」.

『高麗史』권109, 列傳22 崔瀣.

6) 晚從師子岬寺僧 借田而耕: 崔瀣가 사자갑사의 승려로부터 토
지를 빌려 농사를 지었다는 내용이다. 이러한 자료를 통해 고려후기

의 사원경제 및 농업경영을 파악할 수 있다. 연구에 의하면, 고려후기 寺院田에서는 竝作制가 시행되었으며(①), 토지의 경작자도 일반 民 뿐만 아니라 僧徒, 몰락한 文人처럼 다양한 부류가 있었다고 한다(②). 그리고 농사를 짓는 일은 최해 자신이 아니라 그의 솔거노비였으며, 고려후기에 이르러 개경에 거주하던 양반 귀족층 가운데 일부가 시골에 가서 농경에 힘쓰는 현상이 두드러졌다고 보기도 한다(③).

① 李炳熙, 2008, 「高麗後期 寺院經濟의 問題와 對策」, 『高麗後期 寺院
   經濟 研究』, 景仁文化社, 46쪽.
② 裵象鉉, 1996, 「高麗後期의 寺院 佃戶」, 『嶠南史學』 7 ; 1998, 『高麗
   後期寺院田研究』, 國學資料院, 140~147쪽.
③ 洪承基, 1983, 「奴婢의 社會經濟的 役割과 地位의 變化」, 『高麗貴族
   社會와 奴婢』, 一潮閣, 188쪽.
   李景植, 2012, 「高麗時期의 '佃戶' 農民」, 『高麗時期土地制度研究—
   土地稅役體系와 農業生產—』, 지식산업사, 524쪽.
   박경안, 2012, 「安牧의 坡州 西郊別墅」, 『여말선초의 농장 형성과
   농학 연구』, 혜안, 35쪽.

7) 猊山農隱: 猊山의 '猊'는 '獅'와 뜻이 같으므로 猊山은 곧 獅子山을 뜻한다. 그러므로 猊山農隱은 최해가 사자산 취족농원에서 은거한다는 의미로 스스로를 부른 호칭이라고 할 수 있다.

8) 三寶: 불교도의 세 가지 근본 귀의처가 되는 佛寶·法寶·僧寶를 뜻한다. 여기서는 부처를 의미하는 뜻으로 쓰였다.

諸橋轍次, 1984, 「三寶」, 『大漢和辭典』 1, 大修館書店, 174쪽.

9) 隱者素不樂浮屠: 최해의 저서 『拙藁千百』에는 불교에 대해 비판하는 글들이 일부 실려 있다. 이를 통해 그가 평소 불교를 좋아하지 않았음을 알 수 있는데, 이는 단순히 종교적 취향에서 비롯된 것이 아니라 성리학적 소양과 관계되어 있었다. 즉 고려후기에 성리학이 도입되면서 유학자들 사이에 불교 비판론이 대두하였고, 최해역시 이와 같은 입장에서 불교를 비판하였다.

高惠玲, 1994, 「崔瀣(1287~1340)의 생애와 사상」, 『李基白先生古稀紀
　　　念 韓國史學論叢』(上), 一潮閣 ; 2001, 『高麗後期 士大夫와 性
　　　理學 受容』, 一潮閣, 259~262쪽.
　　邊東明, 1995, 「性理學의 初期 受容者와 佛敎」, 『高麗後期 性理學受容硏
　　　究』, 一潮閣, 111~119쪽.

　　10) 佃戶 : 일반적으로 다른 사람의 토지를 빌려서 농사를 짓고
地代를 내는 借耕農民─小作農─을 말한다. 그러나 고려시대 전호
에 대해서는 다양한 논의가 진행되어 그 의미를 쉽게 단정하기 어렵
다. 1940년대까지의 초기연구에서 고려의 佃戶는 耕作權을 보유한
自作農民으로 파악되었다(①). 土地國有制라는 개념 하에 國有地
를 경작하여 田租를 국가 또는 양반과 같은 收租權者에게 납부하는
존재로 본 것이다. 이러한 인식은 1960년대 이후 토지국유제설이
비판받으면서 사라졌다. 이후 전호를 地主佃戶制에서의 小作農이자
田主佃客制에서의 納租者를 뜻하는 것으로 이해하거나(②), 收租
地에 差定된 小作人으로 보는 견해(③)가 등장하였다. 國田制 이
념에 의한 농민규정상 전호는 나라의 땅을 차경하는 農民戶였다는
견해도 있다(④). 여기서는 崔瀣가 사자갑사의 승려로부터 토지를
빌려 農園을 만든 것을 佃戶가 되었다고 표현한 것이다. 흥미로운
점은 최해가 사원이 아닌 소속 승려에게 토지를 빌렸다는 사실로,
이것은 사원전이 아니라 승려가 조상으로부터 물려받은 민전이었을
것이다.

　　① 周藤吉之, 1940, 「高麗朝より朝鮮初期に至る田制の改革─特に私田
　　　　の變革過程と其封建制との關聯に就いて─」, 『東亞學』 3.
　　　深谷敏鐵, 1941, 「朝鮮の土地慣行 '幷作半收' 試論」, 『社會經濟史學』
　　　　11-9.
　　② 李成茂, 1978, 「高麗·朝鮮初期의 土地所有權에 대한 諸說의 檢討」,
　　　　『省谷論叢』 9, 57쪽.
　　　金容燮, 1983, 「前近代의 土地制度」, 『韓國學入門』, 學術院.
　　　李景植, 1983, 「高麗末期의 私田問題」, 『東方學志』 40 ; 1986, 『朝

鮮前期土地制度硏究—土地分給制와 農民支配—』, 一潮閣, 17쪽.

安秉佑, 1997,「高麗時期 民田의 經營」,『韓國 古代·中世의 支配體制와 農民』, 知識産業社, 206~214쪽.

李景植, 2004,「高麗前期의 勸農과 田柴科」,『東方學志』 128 ; 2007,『高麗前期의 田柴科』, 서울大學校出版部, 178~184쪽.

李景植, 2012,「高麗時期의 '佃戶'農民」,『高麗時期土地制度硏究—土地稅役體系와 農業生産—』, 지식산업사.

③ 姜晋哲, 1963,「高麗初期의 軍人田」,『淑明女大論文集』 3, 42·43쪽.

李佑成, 1965,「高麗의 永業田」,『歷史學報』 28 ; 1991,『韓國中世社會硏究』, 一潮閣, 22~27쪽.

浜中昇, 1981,「高麗田柴科の一考察」,『東洋學報』 63-1·2 ; 1986,『朝鮮古代の經濟と社會』, 法政大學出版局, 142~149쪽.

姜晋哲, 1989,「高麗後期의 地代에 대하여—農莊과 地代問題를 중심으로—」,『韓國中世土地所有硏究』, 一潮閣, 126~128쪽.

魏恩淑, 2004,「고려시대 토지개념에 대한 재검토」,『韓國史硏究』 124, 92~98쪽.

이상국, 2006,「고려시대 토지소유관계 재론」,『역사와 현실』 62.

吳致勳, 2013,「『高麗史』食貨志 陳田 개간 判文의 '私田' 검토」,『史學硏究』 110.

④ 李榮薰, 1999,「高麗佃戶考」,『歷史學報』 161.

18. 故政堂文學李公墓誌

[原文]

故政堂文學李公墓誌

人稟陰陽以生, 生爲氣聚, 散則爲死. 其間窮達得喪脩短遲疾, 亦各因其所稟, 無可怪者. 苟委其然, 不加以脩, 則其卒與草木同腐, 泯焉無聞, 又非所謂叅二儀妙万物者矣. 古之死而不死者, 匪德則功. 如大山靜而不動, 人知膚寸之興, 澤周四海之謂德. 事機之會, 雷風相盪, 振民塗炭, 利在社稷之謂功. 是

則身幽而道彌著, 事遠而名愈彰, 千載之下, 日月爭光, 尙何平昔出處險易之
足論哉. 余老矣, 所閱者多矣. 方見炎炎赫赫, 可愛可畏, 曾不旋踵, 淪謝已盡,
未及問其行業, 俱可哀已. 越若三韓宰相李公, 雅爲一國所稱尙, 而余又嘗從
容後者, 宜軫其悼, 而其孤謁以隱道之文, 則安敢自重而拒之乎.

公之始仕, 在忠烈王時, 太尉王已引以爲屬, 因久任羈靮之勞, 致位高顯.
及結今王之知, 特置政府, 待以文學, 與評治道. 替遇前王, 復仍厥任. 凡事四
王, 每承寵接, 勝如前日, 自非詞采風流有動人主, 疇克如是耶. 公諱彦沖, 字
立之. 先世淸之全義縣人, 爲國近時名宰諱混謚文莊公猶子也. 故鷹揚軍大將
軍諱任, 故直文翰署贈大司成諱蕆, 爲公祖考也. 故檢校軍器監金惟銑之女,
封永嘉郡夫人, 爲公妣也. 公擧壬辰司馬試中魁, 又登甲午年第. 自入內侍興
信宮錄事, 累轉軍簿佐郎, 正獻大夫大司成進賢館提學知製敎, 通憲大夫檢校
選部典書行典儀令, 平壤道存撫使行平壤尹, 慶尙道鎭邊使行金海牧. 內徙開
城府尹, 改左常侍判繕工[16]寺密直副使上護軍, 匡靖大夫政堂文學僉議評理
藝文大提學知春秋館事, 爲公平日所歷官也.

金氏封化平郡, 故僉議評理諱禧之女, 洪氏封江寧郡, 今王京等處巡軍万戶
綏之女, 爲公兩夫人也, 金先而洪繼. 前神虎衛中郞將[17]光起, 前興威衛郞
將[18]光翊, 前典儀寺注簿俟傑, 上元方成童, 三寶纔十歲, 爲公子也. 見任僉
議贊成事閔祥正, 管高麗軍千戶李乙年, 前備巡衛別將元詡, 昌陵直尹希甫,
爲公壻也. 又三女處而幼. 歲癸酉月丁巳日乙卯,[19] 爲公生也, 歲戊寅月癸亥
日庚戌, 爲公卒也, 是歲月乙丑日丁酉, 爲公葬也.

銘曰, 見君子之未亡, 有神氣兮揚揚, 謂言福祿久彌昌, 恨君子之已亡, 討

---

16) 工: 원본에는 二로 되어 있으나 『高麗史』 百官志에 기록된 관부의 명칭을 살펴
　　보면 工이 옳으므로, 工으로 교감하였다.
17) 前神虎衛中郞將: 국립중앙박물관 소장 「大元高麗國匡靖大夫政堂文學藝文館提學
　　知春秋館事上護軍李公墓誌」(本13869)에는 前左右衛中郞將으로 기록되어 있다.
18) 前興威衛郞將: 원본에는 前○○衛郞將으로 되어 있으나 국립중앙박물관 소장
　　상기 묘지명에는 前興威衛郞將으로 기록되어 있어 이에 맞게 교감하였다.
19) 月丁巳日乙卯: 원문에는 月○○日○○로 되어 있으나 국립중앙박물관 소장 상
　　기 묘지명에는 月丁巳日乙卯로 기록되어 있어 이에 맞게 교감하였다.

大空兮芒芒, 信乎人生不可常.

[譯文]
고 정당문학[1] 이공[2] 묘지[3]

사람은 음과 양의 기운을 타고 태어나는데 나면서는 기가 모여 있다가 흩어지면 곧 죽게 된다. 그 사이에 곤궁과 현달, 얻음과 잃음, 장점과 단점, 더딤과 빠름이 역시 각각 그 타고난 데에서 연유하니 괴상할 만한 것이 없다. 다만 있는 그대로 두고 더욱 수양하지 않는다면 마침내 초목과 같이 썩어서 어디에도 알려지지 않고 사라질 것이니, 또한 이른바 음양[二儀]에 간여하고 만물에 오묘하다는 사람이 아닌 것이다. 예로부터 죽어도 죽지 않는 것은 덕(德)이 아니면 공(功)이다.[4] 예컨대 태산은 고요하고 움직이지 않으나 사람들은 구름을 모아 비를 일으키는 것[膚寸之興][5]을 알고 있으니 은택이 사방에 두루 미치는 것을 가리켜 덕이라고 한다. 일이 이루어지는 시기를 만나서 우레와 바람이 서로 몰아치듯 할 때에 백성을 도탄에서 건지고 사직을 이롭게 하는 것을 가리켜 공이라고 한다. 이는 곧 몸은 갇히어 있어도 도(道)는 두루 나타나고 일은 멀어지더라도 이름은 더욱 드러나서 천년 뒤에라도 해·달과 빛을 다투는 것이니, 오히려 어찌 평소[平昔]에 나아가고 물러나는데[出處] 험하고 쉬운지 만을 논하겠는가. 나는 늙었으니 본 것이 많다. 바야흐로 권세가 혁혁한 모습[炎炎赫赫]을 보면 아끼거나 두렵기도 할 만하나 아직 발길을 돌리지 않았는데도 쇠락하고 이미 없어져서 그 행한 업적을 묻지도 못하는 것이 모두 슬플 따름이다. 삼한 재상 이공과 같은 분은 본래 온 나라가 칭송하고 존경하였으며 나도 또한 일찍이 조용히 뒤를 따랐던 사람이었으니 마땅히 그 죽음이 슬픈데, 자식이 묘지명[隧道之文]을 청하니 어찌 감히 삼가며 거절하겠는가.

공이 처음으로 벼슬한 것은 충렬왕 때로 충선왕[太尉王]이 이미
불러들여 요속으로 삼았고, 이로 인하여 오랫동안 수행하는 일[羈鞅
之勞]을 맡아 높고 현달한 지위에 이르렀다. 충숙왕[今王]과 지우
로 맺어지니 특별히 정부(政府)에 두어서 문학으로 대우하고[6] 함
께 통치의 도를 평하였다. 왕위가 바뀌어 충혜왕[前王]을 만났어도
다시 그대로 그 일을 하였다. 무릇 네 임금을 섬기는 동안 매번 공
경하며 대우하는 것이 모두 전날보다 나았으니, 문장과 풍류가 임금
을 감동시키지 않았다면 누가 이와 같을 수 있겠는가. 공의 휘는 언
충이고 자는 입지이다. 선대는 청주[7] 전의현[8] 사람이며 나라를 위
한 근래의 명재상으로 휘가 혼[9]이고 시호가 문장인 분의 조카이다.
고 응양군대장군[10] 휘 천[11]과 고 직문한서[12]를 지내고 대사성[13]으
로 추증된 휘 자원[14]은 공의 조부와 아버지이다. 고 검교군기감[15]
김유선[16]의 따님은 영가군부인[17]으로 봉해졌는데 공의 어머니이다.
공은 임진년(1292, 충렬왕 18) 사마시에 1등으로 합격하였고[18] 또
한 갑오년(1294, 충렬왕 20) 과거에도 급제하였다.[19] 내시[20]에 들
어가 홍신궁녹사[21]가 되고 누차 옮겨서 군부좌랑,[22] 정헌대부[23]·대
사성·진현관제학[24]·지제교,[25] 통헌대부[26]·검교선부전서[27]·행전의
령,[28] 평양도존무사[29]·행평양윤,[30] 경상도진변사[31]·행김해목[32]을
지냈다. 안으로 옮겨서 개성부윤[33]이 되었다가 좌상[34]·판선공시[35]·밀
직부사[36]·상호군,[37] 광정대부[38]·정당문학·첨의평리[39]·예문대제학[40]·
지춘추관사[41]가 되었으니 (이것이) 공이 평생 역임한 관직이다.

김씨는 화평군부인[42]에 봉해졌고 고 첨의평리 휘 희[43]의 따님이
며, 홍씨는 강녕군부인[44]에 봉해졌고 지금 왕경등처순군만호[45] 수[46]
의 따님인데, 공의 두 부인으로 김씨가 전처이고 홍씨가 후처이다.
전 신호위중랑장[47] 광기,[48] 전 흥위위낭장[49] 광익,[50] 전 전의시주
부[51] 사걸,[52] 상원[53]은 이제 15세[成童]이고, 삼보[54]는 겨우 10세

이니, 공의 아들들이다. 현임 첨의찬성사[55] 민상정,[56] 관고려군천호[57] 이을년,[58] 전 비순위별장[59] 원후,[60] 창릉직[61] 윤희보[62]는 공의 사위들이다. 또한 세 딸은 집에 있고 어리다. 계유년(1273, 원종 14) 정사월(4월) 을묘일에 공이 태어났고, 무인년(1338, 충숙왕 후7) 계해월(10월) 경술일(20일)에 공이 졸하였으며, 이해 을축월 정유일에 공을 장사를 지냈다. 명에 이른다.

> 군자께서 돌아가시지 않았을 때에 뵈오니
> 신령스러운 기운이 양양하여
> 복록이 오래오래 창성한다고 하였는데
> 군자가 이미 돌아가신 것이 한스럽네
> 넓은 하늘을 원망해보아도 아득할 뿐이니
> 정말로 인생은 무상하도다.

[註解]

1) 政堂文學: 고려후기 都僉議使司의 종2품 관직이다. 이에 대해서는 권1 10-(2), 주해 9) 참조.

2) 李公: 李彦冲(1273~1338)을 말한다. 본관은 全義이며 자는 立之이고 호는 芸齋이다. 묘지명에 나타난 이언충의 관력은 華要職을 경유하는 극히 순탄한 승진 양상을 보이고 있어서, 본인의 탁월한 역량과 함께 명문 출신의 특혜를 향유했던 정황을 알려준다. 특히 이언충의 조부보다 당세의 명사인 숙부 李混을 앞서서 명기한 점은 재상출신가임을 지목하여 명문을 드러내고자 하는 의도가 있는 것이다. 한편, 이외의 행적으로 1321년(충숙왕 8) 10월에 원에 賀正使로 다녀오기도 하였다.

『高麗史』 권35, 世家35 忠肅王 8년 동10월 己亥.

『東文選』 권10, 五言律詩 「芸齋李政堂彦冲夫人挽章」.

朴天植, 1990, 「高麗時代 地方人의 中央進出과 全北士族의 編成」, 『全羅

文化論叢』4, 113~115쪽.

3) 故政堂文學李公墓誌: 같은 내용이 『東文選』에도 전한다.

『東文選』권123, 墓誌「故政堂文學李公墓誌」.

4) 古之死而不死者 匪德則功: 『春秋左氏傳』에 "덕을 세우는 것이 최상이고 공을 세우는 것이 그 다음이며 말을 세우는 것이 그 다음인데, 비록 오래되더라도 없어지지 않으니 이를 일러 썩지 않는다고 한다[太上有立德 其次有立功 其次有立言 雖久不廢 此之謂不朽]."라고 한 데서 나온 말이다.

『春秋左氏傳』, 襄公 24년.

5) 膚寸之興: 膚는 손가락 넷을 나란히 한 길이이고 寸은 손가락 하나의 길이로 膚寸은 짧음을 뜻한다. 膚寸之興은 바로 짧거나 작은 조각들이 모여서 크게 이루어지는 모양을 말한다. 『春秋公羊傳』에 "구름이 바위에 부딪쳐 나오고 조금씩 모여들어 아침이 끝나기도 전에 천하에 두루 비를 내리는 것은 오직 태산뿐이다[觸石而出 膚寸而合 不崇朝而徧雨乎天下者 惟泰山爾]."라고 한 데서 나온 말이다.

『春秋公羊傳』僖公 31년.

諸橋轍次, 1985, 「膚寸」·「膚寸而合」, 『大漢和辭典』9, 大修館書店, 360쪽.

6) 特置政府 待以文學: 政府는 政堂 또는 宰府를 의미하는 것으로 당시의 都僉議使司를 말하며, 文學은 재부에서 문학을 주로 하는 宰臣職인 政堂文學을 말한다. 여기에서는 이언충이 정당문학을 지냈기 때문에 이렇게 표현한 것이다.

朴龍雲, 2002, 「譯註『高麗史』百官志(1)」, 『고려시대연구』V, 한국정신문화연구원 ; 2009, 『『高麗史』百官志 譯註』, 신서원, 88쪽.

7) 淸: 淸州를 가리키며, 지금의 충청북도 청주시 일대이다. 940년(태조 23)에 淸州로 고쳤고 983년(성종 2)에 12州牧의 하나가 되었으며 995년에는 全節軍節度使가 되어 中原道에 속하였다. 1012년(현종 3)에 절도사를 폐지하고 安撫使를 파견했으며, 1018

년에 다시 전국에 8목을 설치하면서 淸州牧이 되었다. 屬郡이 2개이고 屬縣이 7개이며, 1개의 知事府와 1개의 知事郡, 2개의 縣令官을 관할하였다.

『高麗史』 권56, 志10 地理1 楊廣道 淸州牧.

淸州市誌編纂委員會 編, 1976,『淸州市誌』, 韓國文化財保護協會 淸州市 支部.

8) 全義縣: 지금의 세종특별자치시 전의면 일대이다. 고려 건국 이후에 全義縣으로 고치고 청주목에 소속되었다.

『高麗史』 권56, 志10 地理1 楊廣道 淸州牧 全義縣.

9) (李)混: 1252~1312. 자는 去華 또는 太初이고 호는 蒙菴이며 이언충의 숙부이다. 1268년(원종 9)에 17세의 나이로 과거에 급제하였고 충렬왕대에 國學學正, 僉議舍人, 右副承旨, 判密直司事 등을 역임하였다. 1296년(충렬왕 22)에 都堂이 국왕 측근의 횡포를 논한 일이 문제가 되어서 堂吏 李紆가 체포되었는데, 그가 고문을 이기지 못하고 주모자로 이혼을 무고하자 파직을 당하게 되었다. 이후에도 충선왕의 총신으로서 충선왕의 정치적 위치에 따라서 파직과 복직을 여러 차례 반복하여 겪었으나, 충선왕이 복위한 뒤에는 측근세력 가운데 핵심인물의 하나로 활동하였다. 1307년에 충선왕은 원에 있으면서 賀正使로 불러들여 관제 개정을 논의하였고 이듬해 그 결과를 본국에 가서 알리도록 하였다. 충선왕이 돌아오자 大詞伯으로 임명되고 壁上三韓功臣에 녹훈되었으나 淑妃의 모함으로 좌천되었고 그 후 소환되어 僉議政丞으로 있다가 치사하였다. 성품이 너그럽고 인정이 있었으나 청렴하지 않아 재물을 낭비하였다. 또한 손님 접대하기를 좋아하고 거문고와 바둑을 즐겼다고 한다.

『高麗史』 권108, 列傳21 李混.

『高麗史節要』 권21, 忠烈王 22년 2월.

『高麗史節要』 권23, 忠烈王 33년 11월·34년 5월.

朴天植, 1990,「高麗時代 地方人의 中央進出과 全北士族의 編成」,『全羅

文化論叢』4, 114·115쪽.

10) 鷹揚軍大將軍: 고려의 경군인 鷹揚軍의 종3품 무반직이다. 이에 대해서는 권1 20-(2), 주해 6) 참조.

11) (李)仟: 생몰년미상. 이언충의 조부이다. 다른 기록에서는 李阡으로 되어 있다. 1256년(고종 43)에 將軍으로서 舟師 2백여 명을 이끌고 溫水縣에서 몽골군과 싸웠으며, 수십 급을 베고 사로잡혔던 남녀 1백여 명을 구출하였다.

『高麗史』 권24, 世家24 高宗 43년 6월 庚申·壬午.

『高麗史節要』 권17, 高宗 43년 6월.

『氏族源流』 全義李氏.

12) 直文翰署: 文翰署의 權務職으로, 전기의 직한림원이다. 이에 대해서는 권1 15-(1), 주해 36) 참조.

13) 大司成: 고려후기 유학의 교육을 담당한 成均館의 정3품 관직으로, 전기의 判國子監事에 해당한다. 1116년(예종 11)에 겸관이었던 判事가 大司成으로 개칭되면서 국자감 업무의 총 책임을 담당하게 되었다. 이후 대사성은 1298년(충렬왕 24)에 정3품으로 개정되었다.

『高麗史』 권76, 志30 百官1 成均館.

申千湜, 1983, 「高麗 國子監職官 變遷考」, 『史學研究』 36 ; 1995, 『高麗 教育史研究』, 景仁文化社, 221~224쪽.

朴龍雲, 2004, 「『高麗史』 百官志 譯註(3)」, 『고려시대연구』 Ⅶ, 한국정신문화연구원 ; 2009, 『『高麗史』 百官志 譯註』, 신서원, 246·247쪽.

14) (李)子蒝: 생몰년미상. 이언충의 부친이다.

15) 檢校軍器監: 軍器監의 산직이다. 軍器監은 軍器監의 정4품 관직이다. 檢校에 대해서는 권1 6-(4) 주해 13), 軍器監에 대해서는 권1 2-(2), 주해 30) 참조.

16) 金惟銑: 이언충의 외조부이다. 본관은 안동이다.

朴天植, 1990, 「高麗時代 地方人의 中央進出과 全北士族의 編成」, 『全羅文化論叢』 4, 114쪽.

17) 永嘉郡夫人: 永嘉郡은 지금의 경상북도 안동시 일대를 말하며, 郡夫人은 고려시대에 종4품 이상 관인의 배우자에게 내려진 명부이다.

18) 公擧壬辰司馬試中魁: 『高麗史』 選擧志에 의하면 1292년(충렬왕 18) 6월에 左承旨 鄭瑎가 주관하여 이언충 등 61인을 선발하였다고 한다. 司馬試에 대해서는 권1 7-(2), 주해 1) 참조.

『高麗史』 권74, 志28 選擧2 科目2 凡國子試之額 忠烈王 18년 6월.

19) 又登甲午年第: 『高麗史』 選擧志에 의하면 1294년(충렬왕 20) 10월에 시행되었는데 知貢擧는 安珦이고 同知貢擧는 閔漬이며 尹安庇 등 33인이 급제하였다고 한다.

『高麗史』 권73, 志27 選擧1 科目1 凡選場 忠烈王 20년 10월.

20) 內侍: 국왕을 侍奉하거나 扈從하는 일을 맡은 近侍職이다. 이에 대해서는 권1 6-(1), 주해 32) 참조.

21) 興信宮錄事: 興信宮은 고려 말의 왕실 私藏庫이던 5庫 7宮의 하나이다. 5고는 義成·德泉·內藏·保和·義順庫 등 왕실의 內用을 위한 창고이고, 7궁은 延慶·延福·興信宮과 이름을 알 수 없는 4개가 있다. 『高麗史』 百官志에는 興信宮에 관한 기록이 없으며, 권무직으로 추정된다.

周藤吉之, 1939, 「高麗朝より朝鮮初期に至る王室財政―特に私藏庫の研究―」, 『東方學報』 10―1.

22) 軍簿佐郎: 고려후기 軍簿司의 정6품 관직으로, 전기의 兵部員外郎에 해당한다. 이에 대해서는 권1 20-(1), 주해 1) 참조.

23) 正獻大夫: 고려후기의 문산계로 종3품에 해당한다. 『高麗史』 百官志에는 1298년(충렬왕 24)에 충선왕이 관제 개혁을 추진하면서 文散階를 개정하였고 이후에 榮列·正獻·朝顯大夫의 階號가 있었다고 간단히 기술하였다. 그러나 충렬왕 초기에도 榮列大夫·正獻

大夫·朝顯大夫 등이 사용된 기록이 확인되므로 1275년에 기존의
종3품 光祿大夫가 正獻大夫로 변경된 것으로 추정된다.

　　『高麗史』 권77, 志31 百官2 文散階.

　　　朴龍雲, 1981, 「高麗時代의 文散階」, 『震檀學報』 52 ; 1997, 『高麗時代
　　　　官階·官職 硏究』, 고려대학교 출판부, 72쪽.

　　24) 進賢館提學: 進賢館의 정3품 관직으로 전기의 學士에 해당
한다. 進賢館에 대해서는 권1 15-(4), 주해 21) 참조.

　　25) 知製敎: 詞命의 制撰을 맡은 관직이다. 知制誥에 대해서는
권1 3-(2), 주해 13) 참조.

　　26) 通憲大夫: 1308년(충렬왕 34)에 충선왕이 복위하여 개정한
종2품 문산계이다. 이에 대해서는 권1 6-(4), 주해 8) 참조.

　　27) 檢校選部典書: 選部典書의 산직이다. 選部典書는 고려후기
選部의 정3품 관직이다. 檢校에 대해서는 권1 6-(4) 주해 11), 選
部典書에 대해서는 권2 5-(2), 주해 1) 참조.

　　28) 行典儀令: 고려후기 典儀寺의 정3품 관직으로 정원은 1인이
고, 전기의 太常卿에 해당한다. 行守法은 階品과 本品 사이의 불일
치 현상을 해결해 보려는 제도인데, 階高職卑한 경우에 관직명 앞에
行을 붙였고 階卑職高한 경우는 守를 넣어 표시하였다. 그런데 고
려시대에는 官階와 官職 간의 關係를 나타내는 제도가 아니라 오히
려 散職과 實職 사이의 관계를 표시하는 법제였다. 즉 行은 검교나
동정에 대비되어 실제 임무를 수행하는 관직이라는 의미를 담고 있
다. 典儀令에 대해서는 권2 5-(1), 주해 60) 참조.

　　　朴龍雲, 1981, 「高麗時代의 文散階」, 『震檀學報』 52 ; 1997, 『高麗時代
　　　　官階·官職 硏究』, 고려대학교 출판부, 105쪽.

　　29) 平壤道存撫使: 平壤道는 서북계 지역을 말하며 存撫使는 백
성들의 疾苦를 묻고 수령들의 殿最도 살피는 임무를 맡았다. 1270
년(원종 11)에 북계 지역은 東寧府와 雙城摠管府의 설치로 인해서

兩界制가 붕괴되고 兵馬使가 소멸되었는데, 1290년(충렬왕 16)에
동녕부가 반환되어 서북면 지방이 회복되자 西京留守를 西北面都指
揮使로 삼아 관리하게 하였다. 이후 충선왕이 복위하자 양계의 長官
으로서 동북면에 江陵道存撫使를 설치하였고, 서북면에는 平壤府尹
이 平壤道存撫使를 겸하고 평양에 置司하도록 하였다.

『高麗史』 권33, 世家33 忠宣王 2년 동10월 戊辰.
『高麗史』 권77, 志31 百官2 安撫使.
邊太燮, 1971, 「高麗兩界의 支配組織」, 『高麗政治制度史硏究』, 一朝閣,
　　230·231쪽.
朴龍雲, 2009, 『『高麗史』 百官志 譯註』, 신서원, 671·672쪽.

30) 平壤尹: 平壤은 지금의 평양특별시 일대를 말하며, 平壤尹
은 平壤府의 종2품 관직이다. 이에 대해서는 권2 2, 주해 11) 참조.

31) 慶尙道鎭邊使: 鎭邊使의 정식직함은 巡問鎭邊使이고 巡問
使라고도 불렀다. 고려후기에 임시적 사행으로 파견되었고 연변의
반란을 진압하기 위해서 도내를 순행하며 국방을 담당하던 직책이
다. 당시 남방 제도 연변의 요충지에는 防護所와 萬戶府가 설치되
고 군사력이 배치되어 외적을 막는 기능을 하였다. 金海는 1012년
(현종 3)에 金州防禦使를 두었고 1078년(문종 32)에는 東南海船
兵都部署使本營을 설치해 동남해를 방비하는 기지가 되었고, 후기
에는 金海牧이 慶尙道鎭邊使를 겸직하였다고 추정된다.

吳宗祿, 1986, 「高麗末의 都巡問使—下三道의 都巡問使를 中心으로—」,
　　『震檀學報』 62, 14·15쪽 ; 2014, 『여말선초 지방군제 연구』, 국
　　학자료원.

32) 金海牧: 지금의 경상남도 김해시 일대를 가리킨다. 940년
(태조 23)에 金海府가 되었고 이후 臨海縣으로 강등되었으나 다시
臨海郡으로 승격했으며, 995년(성종 14)에 金州安東都護府가 되었
다가 1012년(현종 3)에 金州로 고쳐졌다. 1270년(원종 11)에 防
禦使 金暄이 密城의 반란을 평정하고 三別抄의 진출을 막는 공로가

있다고 하여 金寧都護府로 승격되었으나 1293년(충렬왕 19)에 按廉使 劉顯가 살해되는 사건으로 현으로 강등되었고 1308년에 다시 金州牧으로 승격되었다. 1310년(충선왕 2)에 전국의 牧을 폐지하면서 金海府가 되었다. 屬郡 2개와 屬縣 3개가 있었다. 한편, 牧使의 제수자격은 3품 이상이다.

『高麗史』 권57, 志11 地理2 慶尙道 東京留守官慶州 金州.

李炳泰, 1991, 『金海地理志』, 金海文化院.

33) 開城府尹: 고려후기 開城府의 정3품 관직이며 정원은 2인을 두었는데 그 중 하나는 겸관이었다.

『高麗史』 권76, 志30 百官1 開城府.

34) 左常侍: 고려후기 僉議府의 정3품 관직이며 정원은 1인으로, 전기의 左散騎常侍에 해당한다. 常侍에 대해서는 권1 7-(1), 주해 3) 참조.

35) 判繕工寺: 고려후기 繕工寺의 종3품 관직이며 정원은 1인으로, 전기의 判將作監에 해당한다. 이에 대해서는 권1 14-(2), 주해 15) 참조.

36) 密直副使: 고려후기 密直司의 정3품 재상직으로, 전기의 中樞副使에 해당한다. 한편 1321년(충숙왕 8) 10월에 이언충이 朴孝修, 林仲沈과 함께 密直副使로 임명된 기사가 확인된다. 이에 대해서는 권1 3-(2), 주해 7) 참조.

『高麗史』 권35, 世家35 忠肅王 8년 동10월 庚戌.

37) 上護軍: 고려후기 경군의 정3품 무반직으로, 전기의 上將軍에 해당한다. 이에 대해서는 권1 6-(1), 주해 3) 참조.

38) 匡靖大夫: 1275년(충렬왕 1)에 개정된 문산계 가운데 세 번째 등급의 階號이다. 이에 대해서는 권1 6-(2), 주해 33) 참조.

39) 僉議評理: 고려후기 僉議府의 종2품 관직으로, 전기의 祭知政事에 해당한다. 이에 대해서는 권1 15-(3), 주해 12) 참조.

40) 藝文大提學: 고려후기 藝文館의 종2품 관직이다. 이에 대해
서는 권2 8, 주해 47) 참조.

41) 知春秋館事: 고려후기 時政을 기록하는 春秋館의 관직으로
2품 이상이 겸임하였다. 이에 대해서는 권2 8, 주해 47) 참조.

42) 化平郡: 이언충의 부인 金氏가 받은 封號이다. 化平郡은 지
금의 광주광역시 일대를 말한다. 940년(태조 23)에 光州라고 하였
으며 995년(성종 14)에 刺史로 하였다가 후에 다시 낮추어서 海陽
縣으로 삼았다. 1259년(고종 46)에 金仁俊의 外鄕이라고 하여 知
翼州事로 승격시켰고 뒤에 光州牧이 되었다. 1310년(충선왕 2)에
전국의 牧을 폐지하면서 化平府가 되었다. 별호로 光山 또는 翼陽
이라고도 불렀다.

『高麗史』 권57, 志11 地理2 全羅道 羅州牧 海陽縣.
光州市史編纂委員會 編, 1965, 『光州市史』, 光州市史編纂委員會.

43) (金)禧: 생몰년 미상. 본관은 光山으로 충렬왕 때에 郎將이
었고 인척인 金周鼎의 도움을 받아 牽龍行首가 되었다. 1303년(충
렬왕 29)에 元冲甲 등 50명이 간신 吳潛의 비행을 알리고 처벌을
요구하고자 당시 고려에 있던 원의 사신인 帖木兒不花를 찾아간 일
이 있었는데, 이때 김희도 尹萬庇·鄭僐 등과 함께 사신에게 편지를
보내어 동조하였다.

『高麗史』 권104, 列傳17 金周鼎.
『高麗史節要』 권22, 忠烈王 29년 추7월.

44) 江寧郡: 이언충의 부인 洪氏가 받은 封號이다. 江寧郡은 지
금의 경기도 화성시 남양읍 일대를 말한다. 본래 고구려의 唐城郡으
로 757년(경덕왕 16)에 唐恩郡으로 고쳤다. 1018년(현종 9)에 水
州의 속군이 되었다가 후에 仁州에 속하였다. 1172년(명종 2)에
監務를 두었고 1290년(충렬왕 16)에 洪茶丘의 內鄕이라는 이유로
知益州事로 승격되었고 뒤에 거듭 승격하여 江寧都護府가 되었다.

1308년에 益州牧이 되었는데 1310년(충선왕 2)에 전국의 牧을 폐지하면서 南陽府가 되었다.

『高麗史』권56, 志10 地理1 楊廣道 南京留守官楊州 仁州 唐城郡.

화성시사편찬위원회 편, 2005,『華城市史』, 화성시사편찬위원회.

45) 王京等處巡軍万戶: 巡軍萬戶府의 萬戶를 말한다. 충렬왕 초기에 원의 다루가치(達魯花赤)가 야간의 순찰과 경비를 위해서 그들의 제도에 의거하여 巡馬所를 설치하였는데, 여기에 배속된 군인을 巡軍이라고 불렀으며 千戶와 指諭 등의 직임이 있었다. 이것이 1300년(충렬왕 26) 이후에 合浦·全羅·耽羅·西京 등지에 諸萬戶府가 설치되면서 巡軍萬戶府로 개편되었고 都萬戶, 上萬戶, 萬戶, 副萬戶, 鎭撫, 千戶, 提供 등의 軍官을 두었다.

韓㳓劤, 1961,「麗末鮮初 巡軍硏究」,『震檀學報』22, 23~31쪽.

오종록, 2014,『여말선초 지방군제 연구』, 국학자료원.

46) (洪)綏: 생몰년 미상. 본관은 南陽이며 江寧君 洪詵의 아들로 韓希愈의 딸과 혼인하였다. 충선왕이 세자로서 元都에 있을 때 시종하였고, 1310년(충선왕 2)에 右副代言에 임명되었다. 충숙왕 때에는 瀋王 王暠에게 마음을 두어 金之謙·金千鎰과 함께 원 조정에 충숙왕을 무고하였으며, 1332년(충숙왕 후1)에는 金深과 함께 權行征東省事가 되기도 하였다.

『高麗史』권33, 世家33 忠宣王 2년 9월 乙酉.

『高麗史』권35, 世家35 忠肅王 15년 8월 丙辰.

『高麗史節要』권21, 忠烈王 21년 8월.

『高麗史節要』권25, 忠肅王 후원년 5월.

47) 神虎衛中郎將: 고려의 경군인 神虎衛의 정5품 관직이다. 이에 대해서는 권1 7-(2), 주해 5) 참조.

48) (李)光起: 생몰년 미상. 이언충의 長男이다.『氏族源流』에는 判事를 역임한 사실과 貢文伯의 딸과 혼인하여 1녀를 낳았고, 許寵의 딸과 혼인하여 3남 3녀를 낳은 사실이 기록되어 있다.

『氏族源流』 全義李氏.

49) 興威衛郞將: 고려의 경군인 興威衛의 정6품 관직이다. 홍위위
에 대해서는 권1 6-(1), 주해 34) 참조.

50) (李)光翊: 생몰년 미상. 이언충의 2男이다. 『氏族源流』에
密直副使를 역임한 사실과 자식은 5男이 확인된다.

『氏族源流』 全義李氏.

51) 典儀寺注簿: 고려후기 典儀寺의 정6품 관직이며, 전기의 太
常府注簿이다. 전의시에 대해서는 권1 14-(2), 주해 18) 참조.

52) (李)俟傑: 생몰년 미상. 이언충의 3男이며 아들은 李陽生이다.

『氏族源流』 全義李氏.

53) (李)上元: 생몰년 미상. 이언충의 4男이다.

『氏族源流』 全義李氏.

54) (李)三寶: 생몰년미상. 이언충의 5男이다.

『氏族源流』 全義李氏.

55) 僉議贊成事: 고려후기 都僉議使司의 정2품 관직으로, 전기
의 平章事에 해당한다. 이에 대해서는 권1 6-(1), 주해 2) 참조.

56) 閔祥正: 1281~1352. 이언충의 長壻이다. 본관은 驪興으로
閔漬의 아들이다. 1301년(충렬왕 27)에 과거 급제하고 이듬해의
殿試에도 급제했다. 이후 碩州, 寶城, 江華의 수령을 지냈고 西海道
와 楊廣道를 안무하기도 하였으며 司憲掌令, 知密直司事, 贊成事
등을 역임하였다. 성품이 강직하여 남의 잘못을 용인하지 못하였고
비록 골육이더라도 조금도 봐주지 않았다고 한다.

『高麗史』 권107, 列傳20 閔漬 附祥正.
『氏族源流』 全義李氏.

57) 管高麗軍千戶: 이을년이 先代로부터 세습한 元의 군직이었
을 것이다.

58) 李乙年: 생몰년 미상. 이언충의 2壻이다. 『氏族源流』에는
李漬으로 되어 있으며, 본관은 延安으로 護軍을 역임했다고 한다.

『氏族源流』全義李氏.

59) 備巡衛別將: 고려후기 경군인 備巡衛의 정7품 관직이며 정
원은 5인으로, 전기의 金吾衛別將이다. 이에 대해서는 권2 5-(2),
주해 37) 참조.

60) 元詡: 생몰년 미상. 이언충의 3壻이다. 본관은 原州로 元忠
의 아들이다. 그에 대해서는 권2 9, 주해 54) 참조.

『氏族源流』全義李氏.

61) 昌陵直: 昌陵을 관리하는 관직으로 雜權務였다. 창릉은 世
祖 王隆의 능으로 지금의 황해북도 개풍군 남포리 영안성 안에 있
으며 북한 보존급 문화재 제554호로 지정되었다. 陵直에 대해서는
권2 7, 주해 25) 참조.

『高麗史』권77, 志31 百官2 諸司各色都監 諸陵直.

조선과학백과사전출판사·한국평화문제연구소 편, 2005, 『조선향토대백
과』2(남포시·개성시·라선시), 평화문제연구소.

62) 尹希甫: 생몰년 미상. 이언충의 4壻이다. 본관은 杞溪로 尹莘傑
의 조카이다.

『氏族源流』全義李氏.

19-(1). 全柏軒墓誌

[原文]

全柏軒墓誌

至元大德間, 上有天子之明, 四海乂安, 而太師忠烈王以世勳懿戚之重, 坐
鎭東方三十有五年. 是時士習忠厚, 不勸自修, 其登天朝者, 已不在論, 降而
仕於王國, 人皆謹飭, 恥爲浮薄邪[20]僻之行. 自三二十年來, 俗風日潰, 無隄

---

20) 邪: 원본에는 雅로 되어 있으나, 『東文選』 권123 「全柏軒墓誌」에는 邪로 되
어 있고 내용상 邪가 자연스러우므로, 邪로 교감하였다.

可遏, 間有擧其當時事者, 莫不嗤點以爲固. 然見遺老, 典刑猶在, 近又相繼
隕謝, 風流頓盡, 嗚呼, 可勝嘆也哉.

　故會議宰相全公, 其逮事先王者. 公謹厚君子人也, 諱信, 字而立. 先世天
安府籍, 太僕少卿諱世柱, 閤門祇候贈左僕射諱仁亮, 密直使大寶文諱昇, 公
三世祖父也. 先夫人崔氏, 大宰文淸公諱滋之孫, 封齊安郡.

　　[譯文]
　전백헌[1)]묘지[2)]

　지원과 대덕 연간[3)]에 위로는 천자가 밝은 덕을 지니시어 천하가
태평[乂安][4)]해졌고, 태사 충렬왕[5)]은 대대로 공을 세우고 황실의
외척이라는 중임으로서[6)] 우리나라[東方]를 35년 동안 다스렸다.[7)]
이때에는 선비의 습속이 충성스럽고 독실하여 권면하지 않아도 스
스로 수양하였는데 원[天朝]에서 등용된 자는 이미 논할 것도 없고,
내려와 고려[王國]에서 벼슬하더라도 사람들이 모두 삼가고 경계하
여 경박하고 부정[邪僻][8)]한 행동을 부끄럽게 여겼다. (그러나) 2·
30년 이래로 풍속은 날이 갈수록 무너져서 무엇으로도 막을 수 없
게 되었고, 간혹 그 당시의 일을 거론하는 자가 있으면 비웃고 손가
락질 하며 고루하다 여기지 않는 이가 없었다.[9)] 그러나 남아 있는
원로들을 뵈면 모범이 될 만한 이가 오히려 있었는데, 근래에는 잇
달아 죽거나 물러나서 풍류가 거의 사라졌으니, 아아, 탄식할만한
일이로다.

　고 회의재상[10)] 전공은 충렬왕[先王][11)]을 섬긴 분이었다. 공은 신
중하고 돈후한 군자로 휘는 신이고, 자는 이립이다. 선대는 천안부[12)]
에 적을 두었는데[13)] 태복소경[14)] 휘 세주와,[15)] 합문지후[16)]를 지내고
좌복야[17)]에 추증된 휘 인량[18)]과, 밀직사[19)]·보문각대제학[大寶
文][20)]을 지낸 휘 승[21)]이 공의 증조, 조, 부이다. 돌아가신 어머니
최씨[22)]는 대재상[23)] 문청공 휘 자[24)]의 손녀로서 제안군에 봉해졌다.

[註解]

1) 全栢軒: 이 묘지명의 주인공인 全信(1276~1339)을 가리키며 栢軒은 그의 호이다. 본관은 天安, 자는 而立이고, 密直司使 全昇의 아들이다. 門蔭으로 관직에 진출했다가 1301년(충렬왕 27)에 內衣直長으로서 과거에 급제하였는데 당시 知貢擧는 密直司事 權永이고, 同知貢擧는 左副承旨 趙簡이었다. 여러 관직을 거쳐 同知密直司事·商議會議都監事에 이르렀고, 시호는 文孝이다.

『高麗史』 권73, 志27 選擧1 科目1 凡選場 忠烈王 27년 5월.
『東文選』 권123, 墓誌「全栢軒墓誌」.

2) 全栢軒墓誌: 이 묘지명은 『東文選』에도 같은 내용이 전한다.

『東文選』 권123, 墓誌「全栢軒墓誌」.

3) 至元大德間: 至元은 元 世祖의 연호로 1264년에서 1294년까지 사용되었고, 大德은 元 成宗의 연호로 1297년에서 1307년까지 사용되었다. 따라서 至元에서 大德 연간은 1264년에서 1307년 동안의 43년간을 말한다.

4) 乂安: 천하가 태평하게 다스려지거나 태평하여 안정된 시기를 의미한다.

諸橋轍次, 1984,「乂安」,『大漢和辭典』1, 大修館書店, 338쪽.

5) 太師忠烈王: 太師는 元의 정1품 관직으로 太傅·太保와 함께 三公의 하나이며 정원은 각각 1인이다. 1295년(충렬왕 21)에 충렬왕은 원에 太師·尙書令의 관직을 요청하였으나, 허락되지 않았다가 사후인 1310년(충선왕 2)에서야 太師로 추증되었다. 충렬왕에 대해서는 권1 3-(1), 주해 5) 참조.

『高麗史』 권31, 世家31 忠烈王 21년 5월 丁亥.
『高麗史』 권33, 世家33 忠宣王 2년 추7월 乙未.
『元史』 권85, 志35 百官1 三公.

6) 懿戚之重: 懿戚은 皇族, 皇親, 諸王의 외척을 의미하거나 친밀한 친족 사이의 관계를 뜻하며, 懿親이라고도 한다. 여기서는 忠

烈王이 元 世祖의 사위로서 황실의 姻戚이라는 사실을 가리킨다. 충렬왕은 1260년(원종 1)에 태자로 책봉되었으며, 1274년 5월에 元 世祖의 딸 쿠투루칼리미쉬(忽都魯揭里迷失)—齊國大長公主—와 혼인하였다.

諸橋轍次, 1984, 「懿戚」, 『大漢和辭典』 4, 大修館書店, 1233쪽.
『高麗史』 권28, 世家28 忠烈王 序.

7) 坐鎭東方三十有五年: 충렬왕이 35년간 고려를 다스렸다는 내용이다. 충렬왕의 재위기간은 1274년 6월에서 1298년 정월까지, 다시 1298년 8월부터 1308년 7월까지이므로 대략 35년이 된다.

『高麗史』 권32, 世家32 忠烈王 34년 추7월 己巳.

8) 雅僻: 본문에는 雅僻으로 되어 있으나 邪僻이 문맥상 자연스럽다. 邪僻이란 常道에 어긋나고 바르지 못하거나 품행이 단정하지 않은 사람을 뜻한다. 또 '옳지 않거나 한쪽으로 치우치다', '비뚤어지다'라는 의미도 있다. 여기서는 바로 앞의 謹飭과 호응하여 품행이 부정하거나 단정치 못하다는 의미이다.

諸橋轍次, 1985, 「懿戚」, 『大漢和辭典』 11, 大修館書店, 225쪽.

9) 自三二十年來 …… 莫不嗤點以爲固: 문맥상 충렬왕 사후의 상황으로, 이 글이 작성된 시점인 1339년(충숙왕 후7)을 기준으로 역산하면, 30년 전은 1309년(충선왕 1)으로 1308년에 忠烈王이 사망하고 元에서 忠宣王이 귀국하여 복위한 시기이다. 또한 20년 전은 1319년(충숙왕 6)으로 忠宣王이 1316년에 瀋王의 지위를 조카인 王暠에게 내려준 후 고려왕과 심왕 사이에 갈등이 심화되는 시기였다. 이처럼 이 시기에는 고려 국왕 부자간 또는 고려국왕과 심왕 간의 갈등이 많았다.

李益柱, 1988, 「高麗 忠烈王代의 政治狀況과 政治勢力의 性格」, 『韓國史論』 18.
朴宰佑, 1993, 「高麗 忠宣王代 政治運營과 政治勢力 動向」, 『韓國史論』 29.
李命美, 2012, 『고려—몽골 관계와 고려국왕 위상의 변화』, 서울대학교 국사학과 박사학위논문, 126~141쪽.

10) 會議宰相: 고려후기 재상회의에 참여하는 商議會議都監事를 의미한다. 『高麗史』百官志에 따르면 정원에 관계없이 국가사무에 정통한 사람을 회의도감에 충원하였으며, 이 기구가 문종 때 정해졌다고 하는데 실제로 관직명이 등장하는 시기는 충렬왕 때부터이다. 이와 관련하여 會議都監을 都評議使司의 별칭으로 간주하고 商議會議都監事를 宰樞의 겸직으로 파악하는 견해가 있다. 이 경우 商議는 商議會議都監事의 약칭이다(①). 반면에 商議를 하나의 관직으로 간주하여 관직, 행정관청, 회의기구 등과 결합된 형태로 파악하는 견해도 있는데, 이에 따르면 商議會議都監事는 '商議+會議都監事'가 결합된 형태로서 고려후기 宰樞의 인적 증가로 인해 判事나 使가 되지 못한 실직 宰樞들에게 부여한 명칭이 된다(②).

『高麗史』권77, 志31 百官2 都評議使司·會議都監.

① 邊太燮, 1995,「高麗의 會議都監」,『國史館論叢』61.

② 李貞薰, 2013,「원간섭기 商議 관직의 설치와 변화」,『韓國史研究』163.

11) 先王: 선대의 임금이라는 뜻이다. 본 墓誌가 작성된 것은 1339년으로 충혜왕이 복위한 해이다. 따라서 작성 시점의 先王은 충숙왕으로 보는 것이 자연스럽다. 그러나 후반부에 '공의 선친 밀직―全昇―은 선왕이 재위할 때 임금의 가까운 자리에 있으면서 전선을 맡았다.'라는 내용이 선왕이 충렬왕임을 알려준다. 실제로 全昇은 충렬왕대 政色承宣에 임명되어 전주권을 관장했으며, 1302년(충렬왕 28)에 사망하기 때문이다. 또한 묘지의 초반부터 태사 충렬왕과 그의 재위 시절에 대한 이야기가 전개되고 있다는 점에서도 선왕은 충렬왕이 분명하다.

12) 天安府: 지금의 충청남도 천안시 일대이다. 930년(태조 13)에 東·西兜率을 통합하여 天安府로 하고, 都督을 두었다. 995

년(성종 14)에 懽州都團練使로 고쳤으나, 1005년(목종 8)에 단련
사를 폐지하였고, 1018년(현종 9)에는 명칭을 복구하면서 知天安
府事를 두었다. 1310년(충선왕 2)에 寧州로 고쳤다가 1362년(공
민왕 11)에는 다시 天安府로 개칭되었다. 屬郡이 1개, 屬縣이 7개
이며, 별호는 任歡이다.

『高麗史』 권56, 志10 地理1 楊廣道 淸州牧 天安府.

13) 先世天安府籍: 全信의 선대가 天安府에 編籍되었으며, 이는
곧 全信의 本貫이 天安임을 의미한다. 고려의 본관제는 국초의 특
수한 상황에서 성립된 것이었다. 후삼국을 통일한 뒤 고려정부는 지
역의 여러 공동체를 국가 질서내로 편입시키면서 戶口와 量田을 시
행하고 籍을 작성하였다. 이 때 편적의 기준지가 바로 본관이었다.

『世宗實錄』 권149, 地理志 忠淸道 淸州牧 天安郡.

『氏族源流』 天安全氏.

『增補文獻備考』 권51, 帝系考 附氏族6 天安全氏.

金壽泰, 1981, 「高麗本貫制度의 成立」, 『震檀學報』 52.

許興植, 1981, 「高麗時代의 本과 居住地」, 『高麗社會史硏究』, 亞細亞文
化社.

李樹建, 1984, 「土姓硏究序說」, 『韓國中世社會史硏究』, 一潮閣.

蔡雄錫, 1986, 「高麗前期 社會構造와 本貫制」, 『高麗史의 諸問題』, 三英社.

14) 太僕少卿: 고려후기 太僕寺의 종4품 관직이다. 太僕寺에 대
해서는 권1 2-(2), 주해 9) 참조.

15) (全)世柱: 생몰년 미상. 全信의 증조부이며, 太僕少卿을 지
냈다.

『氏族源流』 天安全氏.

16) 閤門祗候: 閤門―閣門―의 정7품 관직이다. 이에 대해서는
권1 14-(1), 주해 17) 참조.

17) 左僕射: 정무를 관장하던 尙書省의 정2품 관직이다. 이에
대해서는 권1 2-(2), 주해 16) 참조.

18) (全)仁亮: 생몰년 미상. 全信의 조부이다. 閤門祗候를 지냈
으며, 후에 左僕射로 추증되었다. 『氏族源流』 天安全氏조에는 부인
尹氏 사이에 전승 외에도 3남 1녀를 두었다고 한다.

『氏族源流』 天安全氏.

19) 密直使: 고려후기 密直司의 종2품 관직인 密直司使로, 전기
의 中樞院使에 해당한다. 밀직사에 대해서는 권1 3-(2), 주해 7)
참조.

20) 大寶文: 고려후기 寶文閣의 종2품 관직인 大提學으로, 전기
의 大學士에 해당한다. 이에 대해서는 권1 2-(2), 주해 14) 참조.

21) (全)昇: ?~1302. 본관은 천안이고, 全信의 아버지이며, 崔
滋의 사위이다. 1297년(충렬왕 23)에 右副承旨에 오르고, 政房에
참여하여 정색승지로서 銓注權을 행사하였다. 1298년에 政房이 폐
지되고, 전주권이 詞林院으로 이관될 때에도 여전히 4學士와 함께
銓選을 관장하였다. 1298년 5월에 崇文館學士·兵曹尙書가 되었다
가 같은 해 6월에 承旨房이 복설되자 다시 承旨가 되었으며, 이어
7월에는 左副承旨·判秘書寺事·寶文閣直學士를 제수받았다. 1300
년 9월에는 知貢擧가 되어 李資歲 등 33人을 선발하였으며, 1302
년에 密直司使로 졸하였다.

『高麗史』 권31, 世家31 忠烈王 23년 12월 壬寅.

『高麗史』 권32, 世家32 忠烈王 28년 춘정월 辛酉.

『高麗史』 권33, 世家33 忠宣王 즉위년 하4월·5월 辛卯·6월 癸亥·추7월
戊戌.

『高麗史』 권73, 志27 選擧1 科目1 凡選場 忠烈王 26년 9월.

『高麗史節要』 권22, 忠烈王 28년 춘정월.

李起男, 1971, 「忠宣王의 改革과 詞林院의 設置」, 『歷史學報』 52.

張東翼, 1978, 「高麗後期 銓注權의 行方—銓注參與官僚들을 中心으로—」,
『大丘史學』 15·16合.

金昌賢, 1994, 「고려후기 政房의 구성과 성격」, 『韓國史硏究』 87 ;
1998, 『高麗後期 政房 硏究』, 高麗大學校 民族文化硏究院.

22) 先夫人崔氏: 생몰년 미상. 全信의 어머니이며, 崔滋의 손녀이다.

23) 大宰: 반차 제1의 宰臣을 말한다. 門下侍中, 또는 문하시중이 闕位인 때는 判吏部事를 겸임하는 재신이 班次가 제1위로서 大宰 또는 冢宰가 되었다. 崔滋의 경우 당시 門下侍郞同中書門下平章事로서 判吏部事를 겸하였기 때문에 大宰라고 표현한 것이다.

> 邊太燮, 1967, 「高麗宰相考―3省의 權力關係를 중심으로―」, 『歷史學報』 35·36合 ; 1971, 『高麗政治制度史研究』, 一潮閣, 79쪽.
> 朴龍雲, 1998, 「高麗時代의 門下侍中에 대한 검토」, 『震壇學報』 85 ; 2000, 「고려시대의 門下侍中」, 『고려시대 中書門下省宰臣 연구』, 一志社.

24) (崔)滋: 1188~1260. 본관은 海州, 초명은 宗裕·安, 자는 樹德, 호는 東山叟이다. 崔沖의 후손으로 부친은 尙書右僕射 崔敏이다. 1212년(강종 1)에 급제하고 尙州司錄을 거쳐 國學學諭가 되었으나, 중용되지 못하다가 李奎報에 의해 천거되어 給田都監錄事로 임명되었다. 1250년(고종 37)에 樞密院副使로서 中書舍人 洪縉 등과 몽골에 파견되었으며, 여러 관직을 거쳐 守太師·門下侍郞同中書門下平章事·判吏部事에 올랐다. 1247년에 太僕卿으로서 國子監試를 주관하였고, 1252년과 1258년에는 각각 樞密院副使와 平章事로서 知貢擧가 되어 예부시를 주관하였다. 1257년에는 樞密院使 金寶鼎과 함께 몽골에 항복하여 강화할 것을 주장하였으며, 1258년에 金俊이 집권하자 首相으로서 난국을 잘 수습하였다. 李奎報, 李仁老 등과 함께 詩文에 뛰어났으며, 저서로는 『崔文忠公家集』·『續破閑集』·『補閑集』 등이 있다. 『三韓詩龜鑑』과 『東文選』에 그의 詩·賦 10여 편이 수록되어 있다. 시호는 文淸이다.

> 『高麗史』 권23, 世家23 高宗 37년 2월 己未
> 『高麗史』 권24, 世家24 高宗 43년 동10월 乙酉·44년 추7월.
> 『高麗史』 권73, 志27 選擧1 科目1 凡選場 高宗 39년 4월·45년 6월.

『高麗史』 권74, 志28 選擧2 科目2 凡國子試之額 高宗 34년 4월.
『高麗史』 권102, 列傳15 崔滋.
『高麗史』 권106, 列傳19 金坵.

19-(2).

[原文]

公之始仕, 用父任, 大德辛丑, 以內侍內衣直長, 赴禮闈登科. 明年, 除崇慶
府丞, 仍預政房, 官再轉爲秘書郎. 甲辰, 試國學直講, 賜服金紫. 丁未, 出爲
安東府判官. 至大己酉, 以典儀副令召, 階加奉常大夫, 三改官爲摠部21)議郎.
辛亥, 出知金海府, 明年, 移成安府, 又二年, 移水原府. 延祐甲寅, 以司憲掌
令召, 轉讞部選部議郎. 丁巳, 授寶文閣提學奉順大夫判內府寺肅寧府右司尹
知製敎知民部提擧有備倉兼選軍別監使. 己未, 出尹雞林府, 辛酉, 徙牧福州.
至泰定甲子, 免, 至順庚午, 起, 拜監察大夫進賢館大提學上護軍, 階奉翊. 明
年, 罷監察, 爲同知密直司事商議會議都監事. 壬申, 又罷, 閑居八年而歿, 實
後至元己卯七月七日也, 春秋六十有四.

[譯文]

공이 처음 벼슬한 것은 아버지의 음서였으며,[1] 대덕 신축년
(1301, 충렬왕 27)에는 내시·내의직장[2]으로서 예부시에 응시하여
급제하였다.[3] 이듬해에 숭경부승[4]에 제수되었고, 이어 정방[5]에 참
여하였다가 관직이 거듭 바뀌어 비서랑[6]이 되었다. 갑진년(1304)
에 시국학직강[7]에 제수되고 금자복[8]을 받았다. 정미년(1307)에는
안동부판관[9]이 되어 나갔다. 지대 기유년(1309, 충선왕 1)에 전의
부령[10]으로 소환되었고, 관계는 봉상대부[11]가 더해졌으며, 세 차례

---

21) 部: 『東文選』 권123 「全栢軒墓誌」에도 郎으로 되어 있으나, 문맥상 하나의 관
   직명을 의미하는 것으로 생각되므로, 部로 교감하였다.

관직이 바뀌어 총부의랑[12])이 되었다. 신해년(1311)에는 지김해부사[13])로 나갔다가 이듬해에 성안부[14])로 옮겼으며, 2년을 더하고 수원부[15])로 옮겼다. 연우 갑인년(1314, 충숙왕 1)에 사헌장령[16])으로 소환되었고, 언부와 선부의 의랑[17])으로 옮겼다. 정사년(1317)에 보문각제학[18])·봉순대부[19])·판내부시[20])·숙령부우사윤[21])·지제교[22])·지민부[23])·제거[24]) 유비창[25]) 겸선군별감사[26])에 제수되었다. 기미년(1319)에 계림부윤[27])이 되어 나갔으며, 신유년(1321)에는 복주목사[28])로 옮겼다. 태정 갑자년(1324)에 이르러 면직되었다가, 지순 경오년(1330)에 기용되어 감찰대부[29])·진현관대제학[30])·상호군[31])에 임명되었는데, 관계는 봉익대부[32])였다. 이듬해에 감찰대부는 파직되고, 동지밀직사사[33])·상의회의도감사[34])가 되었다. 임신년(1332, 충숙왕 후1)에 또 파직당하여 한가롭게 8년을 지내다가 세상을 떠나니, 실로 후지원 기묘년(1339) 7월 7일이고, 춘추는 64세이다.

[註解]

1) 父任: 全信은 1301년(충렬왕 27)에 급제하였는데, 그 이전에 부친의 蔭敍로 입사하여 內侍·內衣直長에 있었던 것을 말한다. 蔭敍制度에 대해서는 권1 14-(2), 주해 1) 참조.

2) 內侍內衣直長: 內侍로서 內衣直長을 겸했다는 의미이다. 內侍는 국왕을 侍奉하거나 扈從하는 일을 맡은 近侍職이다. 그런데 내의직장은 『高麗史』 백관지와 고려시대의 관직체계에서는 확인되지 않으며, 충선왕 때에 典儀寺, 司僕寺 및 司醞署, 司膳署, 奉醫署, 掌服署, 司設署 등의 관서에 直長이 설치되어 있었다. 직장은 대개 7품관이 임명되었으며, 정원은 1~2인이었다. 內衣라는 語義를 고려하면, 宮內의 衣服을 관장하는 전기의 상의국과 관련이 있을 것 같다. 內侍에 대해서는 권1 6-(1), 주해 32) 참조.

『高麗史』권76, 志30 百官1 典儀寺·司僕寺.

『高麗史』권77, 志31 百官2 司醞署·司膳署·奉醫署·掌服署·司設署·掌冶
署·都校署·典樂署·都染署·長興庫·常滿庫·掖庭局.

朴龍雲, 2012, 『『高麗史』選擧志 譯註』, 景仁文化社, 376쪽.

金甫桃, 2011, 『高麗 內侍 研究』, 고려대학교 한국사학과 박사학위논문,
278～281쪽.

3) 赴禮闈登科: 禮闈는 禮部試를 뜻한다. 全信이 과거에 급제한
것은 1301년(충렬왕 27)이며 당시 知貢擧는 密直司事 權永, 同知
貢擧는 左副承旨 趙簡이었다. 全信의 同年으로는 장원을 차지한 盧
承綰을 비롯하여 李齊賢, 朴元桂, 閔祥正, 王白 등이 있었다. 예부
시는 全信과 같은 在官者도 응시자격이 있었는데 이들은 예비고시
를 거치지 않고 바로 본고시에 응시할 수 있었다. 다만 그 상한은
叅外官이었다.

『高麗史』권73, 志27 選擧1 科目1 忠烈王 27년 5월.

許興植, 1981, 「高麗 禮部試 同年錄」, 『高麗科擧制度史研究』, 一潮閣 ;
2005, 『고려의 과거제도』, 일조각, 512·513쪽.

朴龍雲, 1990, 「高麗時代의 科擧―製述科의 應試資格―」, 『高麗時代 蔭
敍制와 科擧制研究』, 一志社.

4) 崇慶府丞: 고려후기 諸妃主府의 하나인 崇慶府의 업무를 담
당하던 僚屬으로 품계는 알 수 없고, 충렬왕 때 1인을 두었다. 崇慶
府는 忠宣王妃 薊國公主의 府로 『高麗史』에는 崇敬府로 되어 있
다. 이에 대해서는 권2 8, 주해 24) 참조.

5) 政房: 1225년(고종 12)에 崔瑀―崔怡―가 자신의 私第에
설치한 인사 담당 기관이었다. 그 명칭에 있어서도 政堂, 政事堂,
竹堂 등으로 불리다가 고려 말에는 知印房, 箚子房으로도 불리었으
며, 창왕 때에 '尙瑞司'로 개칭되었다. 『櫟翁稗說』에 의하면 정방의
구성은 政色承宣과 政色尙書(3품), 政色少卿(4품 이하), 政色書題
의 네 부류로 구분되었다고 한다. 최고 책임자인 政色承宣은 樞密
院의 承宣 5인 가운데 국왕의 신임을 받은 자가 임명되었으며,

1278년(충렬왕 4) 경에는 宰相이 정방에 참여하게 되면서 정방의 구성은 재상, 정색승선, 실무진 등으로 변화되었다. 정방에는 충렬왕의 측근세력들이 포진하고, 인사권을 남용하여 많은 폐단을 낳았다. 1298년(충선왕 즉위) 4월에 충선왕은 政房을 폐지하고 文翰署가 전주권을 주관하게 하였으며, 동년 5월에는 詞林院으로 고치고 承旨房의 왕명출납 기능까지 흡수하여 개혁을 추진하였다. 하지만 얼마 지나지 않아 충렬왕이 복위하면서 정방은 다시 설치되었다. 全信이 급제 후 崇慶府丞으로서 정방에 간여하였다는 것은 정색소경 이하 실무진의 일원으로서 정방에 참여하였다는 의미일 것이다.

『櫟翁稗說』 前集1.

『高麗史』 권76, 志30 百官1 藝文館.

『高麗史』 권77, 志31 百官2 尙瑞司.

金成俊, 1962, 「高麗政房考」, 『史學研究』 13 ; 1985, 『韓國中世政治法制史研究』, 一潮閣.

金潤坤, 1964, 「麗末鮮初의 尙瑞司─政房에서 尙瑞司로의 變遷過程을 中心으로─」, 『歷史學報』 25 ; 2001, 『韓國 中世의 歷史象』, 영남대학교 출판부.

李起男, 1971, 「忠宣王의 改革과 詞林院의 設置」, 『歷史學報』 52.

朴龍雲, 1976, 「高麗의 中樞院 研究」, 『韓國史研究』 12 ; 2001, 『高麗時代 中樞院 研究』, 高麗大學校 民族文化研究院.

金塘澤, 1987, 「崔氏政權과 文臣」, 『高麗武人政權研究』, 새문社 ; 1999, 『高麗의 武人政權』, 國學資料院.

金昌賢, 1994, 「고려후기 政房의 구성과 성격」, 『韓國史研究』 87 ; 1998, 『高麗後期 政房 研究』, 高麗大學校 民族文化研究院.

6) 秘書郎: 고려후기 秘書監의 종7품 관직으로, 전기의 秘書郎에 해당한다. 비서감에 대해서는 권1 2-(2), 주해 18) 참조.

7) 試國學直講: 國學直講의 試職이다. 國學直講은 고려후기 국립교육기관인 國學의 종5품 관직으로 정원은 1인이며, 전기의 國子丞에 해당한다. 試를 앞에 붙인 것은 이것이 試職이라는 뜻으로 眞

職과는 구별되며 녹봉이 조금 적었다. 『高麗史』 백관지에 따르면 國子監은 고려후기에 이르러 여러 차례 개편되었는데, 1275년(충렬왕 1)에 國學으로 바뀌었고, 1298년에는 成均監, 1356년(공민왕 5)에는 다시 國子監, 1362년에 成均館이 되었다. 이 과정에서 1308년에 成均監의 종5품 관직인 丞을 直講으로 고쳤다. 그런데 1275년에 개편된 국학 직제에서 直講 설치 여하를 확인할 수 없고, 1308년 이후에 成均監丞을 直講으로 고치면서 관청명도 국학으로 개칭했던 것인지 분명하지 않다. 이 글에서 全信이 1304년에 '試國學直講'이었으므로 國學直講은 이전부터 사용되었을 것이며, 실제로 묘지명 등에는 의종 때부터 사례가 확인된다. 試職에 대해서는 권25-(1), 주해 50) 참조.

「崔允儀墓誌銘」・「柳公權墓誌銘」・「高瑩中墓誌銘」・「琴儀墓誌銘」.
『高麗史』 권76, 志30 百官1 成均館.
『高麗史』 권106, 列傳19 金坵.
閔丙河, 1969, 「高麗時代 成均館의 成立과 發展」, 『大東文化研究』 6・7合.
申千湜, 1983, 「高麗 國子監職官 變遷考」, 『史學研究』 36 ; 1983, 『高麗敎育制度史研究』, 螢雪出版社, 138쪽.

8) 賜服金紫: 服金紫는 紫服과 金魚袋를 의미한다. 고려시대의 공복 규정을 정확히는 알 수 없다. 그러나 의종 때 정해진 규정에는 文官에 한하여 4품 이상은 紫色 옷의 붉은 허리띠에 金魚를 차고, 6품 이상은 緋紅色 옷의 붉은 허리띠에 銀魚를 착용하도록 하였으며, 6품 이하의 관인이라도 국왕의 特賜가 있으면, 상정한 例에 구애받지 않게 하였다. 이에 따르면 全信은 종5품인 試國學直講으로 4품 이상의 공복을 착용하게 된 것이므로 국왕으로부터 특사를 받은 것이라 판단된다. 魚袋制에 대해서는 권1 6-(2), 주해 9) 참조.

『高麗史』 권72, 志26 輿服1 官服 公服.
이현숙, 2014, 「금석문으로 본 고려후기 어대제의 변화」, 『역사와 현실』

91.

9) 安東府判官: 判官은 고려시대 都護府, 牧, 都督府, 防禦鎭, 知州郡에 파견되어 使 또는 副使를 보좌하는 外官職이다. 安東府는 지금의 경상북도 안동시 일대이다. 신라의 古陁耶郡으로 경덕왕 때 古昌郡으로 개칭되었는데 후삼국시기에 이 지역 호족인 金宣平·金幸·長吉이 태조 왕건을 도와 전공을 세웠으므로 安東府로 승격되었다. 995년(성종 14)에 吉州刺史를 두었다가 1030년(현종 21)에는 知安東府事로 고쳤다. 1197년(명종 27)에 南賊을 평정하는데 협조하여 都護府로 승격되었고, 1204년(신종 7)에는 東京別抄 孛佐 등의 반란을 무마하여 大都護府가 되었다. 1308년에 福州牧이 되었으며, 1361년(공민왕 10)에 홍건적의 침입으로 왕이 이곳에 피난했을 때 극진하게 접대한 공으로 인해 이듬해에 安東大都護府로 승격되었다. 屬郡이 3개, 屬縣은 11개이다. 判官—通判—에 대해서는 권1 11, 주해 6) 참조.

『高麗史』 권57, 志11 地理2 慶尙道 尙州牧 安東府.

『高麗史』 권77, 志31 百官2 外職.

박종기, 2002, 「지방 지배기구-속관제와 속관」, 『지배와 자율의 공간, 고려의 지방사회』, 푸른역사.

朴宗基, 2008, 「『高麗史』 地理志 譯註(8)—京山府·安東府編—」, 『韓國學論叢』 30.

10) 典儀副令: 고려후기 典儀寺의 종4품 관직으로, 전기의 太常少卿에 해당한다. 이에 대해서는 권5-(1), 주해 56) 참조.

『高麗史』 권76, 志30 百官1 典儀寺.

11) 奉常大夫: 고려후기의 문산계로 정4품에 해당한다. 1308년 (충렬왕 34)에 충선왕이 복위하여 관제를 정비하면서 정4품으로 하였다.

『高麗史』 권77, 志31 百官2 文散階.

12) 摠部議郞: 고려후기 武選, 軍務, 儀衛, 郵驛 등을 관장하던

摠部의 정4품 관직으로 정원 2인이며, 전기의 兵部侍郞에 해당한다.
摠部에 대해서는 권1 20-(1), 주해 1) 참조.

『高麗史』 권76, 志30 百官1 兵曹.

　13) 知金海府: 고려후기 金海府에 파견된 외관직인 知金海府事
를 가리킨다. 『高麗史』 백관지에 의하면 제수자격은 5품 이상이다.
金海는 지금의 경상남도 김해시 일대이다. 金海에 대해서는 권2 18,
주해 32) 참조.

『高麗史』 권77, 志31 百官2 外職 知州郡.

　14) 移成安府: 全信이 知金海府事에서 知成安府事가 되었다는
표현이다. 知成安府事는 成安府에 파견된 외관직으로 知金海府事와
마찬가지로 제수자격은 5품 이상이다. 成安府는 지금의 강원도 원
주시 일대이다. 이에 대해서는 권1 14-(1), 주해 8) 참조.

『高麗史』 권56, 志10 地理1 楊廣道 忠州牧 原州.
『高麗史』 권77, 志31 百官2 外職 知州郡.

　15) 移水原府: 全信이 知金海府事에서 知成安府事를 거쳐 知水
原府事로 옮긴 것을 뜻한다. 知水原府事는 水原府에 파견된 외관직
으로 제수자격은 5품 이상이다. 水原府는 지금의 경기도 수원시 일
대이다. 본래 신라의 水城郡이었으나 940년(태조 23)에 고을 사람
金七, 崔承珪 등 2백여 명이 고려에 귀부하여 협조한 공으로 인해
水州로 승격되었다. 995년(성종 14)에 都團練使를 두었으며 1018
년(현종 9)에 水州가 되었다. 1271년(원종 12)에 副使 安悅이 공
을 세워 水原都護府로 승격되었으며, 뒤에 水州牧이 되었다가 1310
년(충선왕 2)에 전국의 牧을 폐지하면서 水原府가 되었다. 1362년
(공민왕 11)에 郡으로 강등되었다가 府로 복구되었다. 별호는 漢
南, 隋城이며, 屬縣이 7개이다.

『高麗史』 권56, 志10 地理1 楊廣道 南京留守官楊州 水州.
『高麗史』 권77, 志31 百官2 外職 知州郡.

　16) 司憲掌令: 고려후기 時政의 論執과 풍속의 교정 및 百官을

糾察·彈劾하는 업무를 관장하던 司憲府의 종4품 관직으로 정원은
2인이며, 전기의 侍御史에 해당한다. 사헌부의 관리들을 臺官이라고
불렀는데, 이들은 中書門下省의 諫官과 함께 臺諫이라 불리었으며,
言官으로서 諫爭·署經·封駁 등의 직임을 수행하였다.

『高麗史』 권76, 志30 百官1 司憲府.

崔承熙, 1976,「臺諫制度의 成立과 그 機能의 分析」,『朝鮮初期 言官·言
論研究』, 서울大學校出版部, 41쪽.

朴龍雲, 1980,「臺諫의 職制」,『高麗時代 臺諫制度 研究』, 一志社, 82～
85쪽.

박재우, 2014,『고려전기 대간제도 연구』, 새문사.

17) 讞部選部議郎: 讞部와 選部의 議郎이다. 讞部議郎은 讞部
의 정4품 관직으로, 전기의 刑部侍郎에 해당한다. 選部議郎은 選部
의 정4품 관직으로, 전기의 吏部侍郎에 해당한다. 讞部와 選部議郎
에 대해서는 권1 3-(2), 주해 8) 및 권2 5-(1), 주해 57) 참조.

18) 寶文閣提學: 고려후기 寶文閣의 정3품 관직으로, 전기의 寶
文閣學士에 해당한다. 이에 대해서는 권1 2-(2), 주해 24) 참조.

『高麗史』 권76, 志30 百官1 寶文閣.

19) 奉順大夫: 고려후기의 문산계로 정3품下에 해당한다. 1308
년(충렬왕 34)에 충선왕이 복위하여 관제를 정비하면서 정3품下로
설정되었다.

『高麗史』 권77, 志31 百官2 文散階.

20) 判內府寺: 고려후기 왕실에 공급되는 財貨와 廩藏을 관장하
던 內府寺의 정3품 관직인 判內府寺事로, 전기의 判大府寺事에 해
당한다. 大府寺는 문종 때에 判事(정3품), 卿 1인(종3품), 少卿 2
인(종4품), 知事 兼官, 丞 2인(종6품), 注簿 4인(종7품)으로 정비
되었다. 충선왕이 外府寺로 고치면서 判事는 혁파되었으며, 이후에
大府寺, 內府司, 內府寺, 太府監 등으로 개편되었다.『高麗史』 百
官志에는 1308년 이후 언제인가 內府司가 內府寺로 개칭되면서 판

사가 다시 설치된 것으로 기술되어 있다. 그런데, 全信이 1317년 (충숙왕 4)에 判內府寺事에 임명되고 있으므로 判事가 다시 설치된 시기는 적어도 1317년 이전이다.

『高麗史』권76, 志30 百官1 內府寺.

朴龍雲, 2005, 「『高麗史』百官志 譯註(4)」, 『고려시대연구』IX, 한국학중앙연구원 ; 2009, 『『高麗史』百官志 譯註』, 신서원, 309쪽.

21) 肅寧府右司尹: 고려시대의 肅寧府라는 이름은 禑王의 후비인 憲妃가 거처했던 궁 이외에는 확인되지 않는다. 시기는 다르지만 憲妃의 사례를 통해 볼 때, 肅寧府도 역시 諸妃主府의 하나라고 생각된다. 諸妃主府의 司尹은 『高麗史』 백관지에 의하면 공민왕의 관제개편시 만들어진 것으로 정3품에 해당한다. 하지만 본문에서 알 수 있듯이 그 이전에 임명 사례가 확인된다.

『高麗史』권77, 志31 百官2 諸妃主府.

『高麗史』권136, 列傳49 辛禑4 禑王 12년 8월.

22) 知製敎: 고려후기 文翰署의 관직으로, 전기의 知制誥에 해당한다. 이에 대해서는 권1 3-(2), 주해 13) 참조.

23) 知民部: 고려후기 民部의 知事로, 전기의 知戶部事에 해당한다.

『高麗史』권76, 志30 百官1 戶曹.

24) 提擧: 고려후기 충선왕의 宮인 延慶宮의 업무를 관장하던 延慶宮提擧司의 관직이다. 延慶宮은 1313년(충선왕 5)에 충숙왕이 즉위하면서 上王—충선왕—의 宮이 되었는데, 이 때 提擧司를 설치하고 관원을 두어 사무를 담당하도록 하였다. 全信이 提擧에 임명되는 것은 1317년으로 延慶宮提擧司가 설치된 지 4년 뒤의 일이다.

『高麗史』권30, 世家30 忠烈王 15년 9월

『高麗史』권77, 志31 百官2 延慶宮提擧司.

『高麗史』권34, 世家34 忠肅王 즉위년 9월 丁酉.

25) 有備倉: 有備倉使를 말한다. 고려후기 농사를 권장하고 荒

政과 기근을 진휼하기 위해 설치된 有備倉의 종5품 관직이다. 有備倉은 忠宣王 때에 설치한 구휼기관으로 공민왕 때까지 유지되었으나, 寶興庫와 같이 왕실 私庫의 성격을 지녔기 때문에 왕실재정이 악화됨에 따라 구휼보다는 토지탈점의 도구로 변질되었다.

　　　『高麗史』 권77, 志31 百官2 寶興庫.
　　　『高麗史』 권108, 列傳21 裵廷芝.
　　　朴鍾進, 1983,「忠宣王代의 財政改革策과 그 性格」,『韓國史論』9, 87～90쪽.
　　　박종진, 2000,『고려시기 재정운영과 조세제도』, 서울대학교출판부, 188쪽.

　　26) 選軍別監使: 고려후기 2군6위의 京軍에 결원이 발생할 때 군인을 簡選하여 보충하던 選軍 또는 選軍都監의 장관으로 選軍使 혹은 選軍別監으로도 불리었다. 選軍別監에 대해서는 권1 6-(2), 주해 23) 참조.

　　27) 尹雞林府: 鷄林府—東京—에 파견된 외관인 尹을 말하며, 『高麗史』 백관지의 제수자격은 3품 이상이다. 1308년(충렬왕 24)에 東京을 鷄林府로 고치고 외관의 명칭도 留守使에서 尹으로 개칭하였다. 東京에 대해서는 권1 6-(2), 주해 18) 참조.

　　　　『高麗史』 권77, 志31 百官2 外職 東京留守官.

　　28) 牧福州: 福州에 파견된 외관직으로 使 또는 副使를 가리킨다.『高麗史』 백관지의 牧使 제수자격은 3품 이상이다. 福州는 지금의 경상북도 안동시 일대이다. 福州에 대해서는 권1 10-(2), 주해 7) 참조.

　　　　『高麗史』 권77, 志31 百官2 外職 諸牧.

　　29) 監察大夫: 고려후기 監察司의 정3품 관직으로, 전기의 御史大夫에 해당한다. 이에 대해서는 권1 6-(2), 주해 32) 참조.

　　30) 進賢館大提學: 고려후기 進賢館의 종2품 관직으로, 전기의 延英殿—集賢殿—大學士에 해당한다. 進賢館大提學에 대해서는 권2 5-(2), 주해 14) 참조.

31) 上護軍: 고려후기 2군 6위의 정3품 무반직으로 정원은 각 1인이며, 전기의 上將軍에 해당한다. 上護軍에 대해서는 권1 6-(1), 주해 3) 참조.

32) 奉翊: 고려후기의 문산계로 종2품下에 해당하는 奉翊大夫이다. 이에 대해서는 권1 3-(2), 주해 6) 참조.

33) 同知密直司事: 고려후기 密直司의 종2품 재상으로, 전기의 同知中樞院事에 해당한다. 이에 대해서는 권1 6-(4), 주해 9) 참조.

34) 商議會議都監事: 고려후기 會議都監의 관직이다. 商議에 대해서는 권1 15-(3), 주해 10) 참조.

19-(3).

[原文]

夫人李氏, 封上黨郡, 版圖摠郎諱昌祐之女, 先卒. 又娶金氏, 封咸昌郡, 神虎衛大護軍諱孝進之女. 男成安, 爲司儀署丞, 次出家, 名希璨, 爲曹溪僧, 次佛奴, 未仕. 女壻前宗簿令韓大淳, 次壻行中書省知印李冲仁. 次幼, 孫一人亦幼. 公之先密直, 在先王時處邇密, 掌題品, 人稱其平. 及公繼入, 又以克肯見重. 未幾, 王倦親政, 公出爲郡. 後數更官, 雖至華顯, 而其政迹多在於外, 民去益思. 寂後主憲府, 發老贓數人, 抑隸竪擅勢, 欲焚其元役之籍以脫者, 稍振頹綱, 而未一年罷. 公凡莅事, 務盡己, 而以嚴重處之. 故請謁不得行, 其家貧, 又不以生產爲意. 嗚呼, 此所以爲君子者矣. 晚自號栢軒, 以寓歲寒後凋之意. 與彝齋竹軒益齋三先生交甚懽, 每相會, 不以予爲狂鄙, 引與游. 故得接從容焉. 成安等卜用八月二十八日, 將擧柩遷葬京東禪興寺之後洞, 南距夫人李氏之墓若干步. 見託以銘, 其安敢辭. 銘曰. 噫予之文, 奚以自秘. 亦或爲人, 刻銘于隧. 意在重違, 詞豈無媿. 追惟公生, 恥蹈非義. 第短於才, 書懼未備. 泉臺冥冥, 尙視不異.

[譯文]

부인 이씨는 상당군부인에 봉해졌으며,[1] 판도총랑[2]인 휘 창우[3]의 딸인데 먼저 세상을 떠났다. 다시 김씨[4]를 취하였는데 함창군부인에 봉해졌으며, 신호위대호군[5]인 휘 효진[6]의 딸이다. 아들 성안[7]은 사의서승[8]이 되었고, 다음은 출가하여 법명은 희찬[9]이고 조계종[10]의 승려가 되었으며, 그 다음 불노[11]는 아직 벼슬하지 않았다. 사위는 전 종부령[12]인 한대순[13]이고, 다음 사위는 행중서성지인[14] 이충인[15]이다. 다음은 어리고, 손자 한 사람 역시 어리다.[16] 공의 선친 밀직은 충렬왕[先王]이 재위할 때 임금의 가까운 자리에 있으면서 전선[銓品]을 맡았는데,[17] 사람들이 그 공평함을 칭송하였다. 공도 이어받아 들어가니, 또한 아버지와 닮았다고 하여 중시되었다.[18] 얼마 지나지 않아 왕이 친히 정사를 돌보는 일을 게을리 하자 공은 나가서 고을[郡]을 맡았다.[19] 뒤에 여러 번 관직이 바뀌어 비록 귀하고 높은 지위에 이르렀으나, 그 정치적 업적은 외방에 많이 있었으며, 백성들은 그가 떠난 뒤에 더욱 그리워하였다. 최후에는 헌부를 주관하여 오랫동안 뇌물을 받은 여러 명을 적발하였고, 내수[隷竪]들이 권세를 천단하여 자신의 본래 역이 기재된 문건을 불태우고 탈역하려는 것을 억제하여 조금이나마 허물어진 기강을 바로잡았으나, 1년도 안되어 파직되었다. 공은 대체로 일을 맡으면 온몸을 다해 힘쓰면서 엄중하게 처리하였다. 그러므로 청탁이 행해지지 못하였으며, 자기 집안은 가난해도 생산으로써 뜻을 삼지 않았다. 아아, 이 때문에 군자라고 할 수 있는 것이다. 만년에 스스로 호를 백헌이라 하였으니 '한해의 혹한이 지난 뒤에 시든다'라는 뜻에서 붙인 것이다.[20] 이재,[21] 죽헌,[22] 익재[23] 세 선생과 교유하며 매우 즐거워하였는데 서로 모일 때마다 본인을 학식이나 경험이 부족하다고 여기지 않고 불러서 함께 어울렸다. 그러므로 차분히 그분들을 대할 수가 있었다. 성안 등이 8월 28일로 날을 잡고, 장차 관을 옮기어 개경 동쪽의 선흥사[24] 뒤 언덕에서 장례를 지내려 하였는데, 남쪽으로 부인 이씨의 묘와 몇 걸음 거리이다. 묘지명을 부탁받고 어찌 감히 사양하겠는가. 명에 이른다.

아, 나의 글이여, 어찌하여 스스로 감추겠는가.
더러는 다른 사람을 위해, 가는 길에 명문을 새긴다네.
뜻을 어기지 않으려 함이니, 글에 어찌 부끄러운 마음 없겠는가.
공의 평생을 회상하니, 의가 아닌 것을 행하는 것을 부끄럽게 여겼다네.
다만 재주가 부족하여, 쓰면서도 미비할까 염려되네.
황천길이 어둡고 아득해도, 평소와 다름없이 보아주시리라.

[註解]

1) 夫人李氏封上黨郡: 생몰년 미상. 全信의 前室 부인으로 版圖摠郞을 지낸 李昌祐의 딸이다. 본관이 淸州이므로 上黨郡夫人에 봉해졌다고 생각한다. 淸州는 본래 백제 上黨縣이었는데 940년(태조 23)에 淸州가 되었다.

　『高麗史』 권56, 志10 地理1 楊廣道 淸州牧.
　『氏族源流』 淸州李氏.

2) 版圖摠郞: 고려후기 版圖司의 정4품 관직으로, 전기의 戶部侍郞에 해당한다. 이에 대해서는 권1 15-(2), 주해 3) 참조.

3) (李)昌祐: 생몰년 미상. 全信의 장인이며, 版圖摠郞을 지냈다. 『氏族源流』에는 匡靖大夫·判密直司事·上護軍에 추증된 것으로 기록되어 있다.

　『氏族源流』 淸州李氏.

4) 又娶金氏封咸昌郡: 생몰년 미상. 全信의 後室로 神虎衛大護軍을 지낸 金孝進의 딸이다. 본관은 咸昌이다. 咸昌은 본래 고령가야국으로 신라가 합병하여 경덕왕때 古寧郡이라 하였다. 964년(광

종 15)에 咸寧郡으로 하였고, 1018년(현종 9)에 尙州牧에 소속시
켰다. 그 이후에 咸昌郡이 되었는데, 1172년(명종 2)에 監務를 두
었다.

『高麗史』 권57, 志11 地理2 慶尙道 尙州牧 咸昌郡.

『氏族源流』 咸昌金氏.

5) 神虎衛大護軍: 고려후기 神虎衛의 종3품 관직으로, 전기의
大將軍에 해당한다. 神虎衛에 대해서는 권1 7-(2), 주해 5) 참조.

6) (金)孝進: 생몰년 미상. 全信의 장인이며, 大護軍을 지냈다.

『氏族源流』 咸昌金氏.

7) (全)成安: 생몰년 미상. 全信의 아들이다. 1347년(충목왕 3)
에 整治都監의 관원으로서 奇皇后의 族弟였던 奇三萬이 취조 중에
사망한 사건에 연루되어 장형에 처해지고, 수감되었다가 얼마 뒤에
석방되었다. 이 사건으로 인해 충목왕 때에 개혁정치를 시도했던 정
치도감은 폐지되었다. 그는 左常侍 權衡의 딸과 혼인하였는데, 얼마
후 그의 가문이 불초하다는 이유로 이혼을 당하였으며, 부인 권씨는
나중에 충숙왕의 妃가 되어 壽妃로 봉해졌다.

『高麗史』 권37, 世家37 忠穆王 3년 3월 戊辰·동10월 甲午·忠定王 원년
8월 甲辰.

『高麗史』 권89, 列傳2 后妃2 壽妃權氏.

『高麗史』 권110, 列傳23 王煦.

『高麗史節要』 권25, 忠穆王 3년 6월·동10월.

閔賢九, 1980, 「整治都監의 性格」, 『東方學志』 23·24合.

이강한, 2008, 「정치도감(整治都監) 운영의 제양상에 대한 재검토」, 『역
사와 현실』 67.

8) 司儀署丞: 고려후기 儀禮와 儀式을 돕는 일을 관장하던 司儀
署의 종9품 관직으로 정원은 2인이다. 문종대 정해진 품질은 정9품
이었으나 1308년(충렬왕 34)에 종9품으로 낮추었다.

『高麗史』 권77, 志31 百官2 司儀署.

9) 希璨: 생몰년 미상. 全信의 둘째 아들이며, 출가 이후의 활동

은 알 수 없다.

『氏族源流』 天安全氏.

10) 曹溪: 曹溪라는 명칭은 唐代 禪宗의 제6조 慧能이 머물렀던 산명으로 고려시대에는 숙종 때 이후부터 禪宗의 한 종파를 의미하는 용어로 사용되었다. 그러나 고려후기에 종파로서 曹溪宗은 없었으므로 여기서는 禪宗의 의미로 생각된다. 禪宗은 무신정권기에 무신들의 지원을 받아 성장하였고, 사상적으로도 知訥이 頓悟漸修와 定慧雙修를 표방하면서 看話禪을 바탕으로 禪·敎의 일치를 추구하였다. 知訥은 曹溪山에서 修禪社를 열고 禪風을 크게 진작시켰으며, 이후에도 그의 사상은 제자들에 의해 계승·발전되었다. 원간섭기에 들어오면 정치적 사회적 변동의 영향을 받아 불교계도 변화·변질되었으며, 지눌의 계승자임을 자처한 一然의 활약으로 인해 迦智山門이 대표적인 교단세력으로 등장하게 되었다. 유명한 승려로는 일연을 비롯하여 混丘, 普愚 등이 있다.

張元圭, 1963, 「曹溪宗의 成立과 發展에 對한 考察」, 『佛敎學報』 1.
安啓賢, 1973, 「曹溪宗과 五敎兩宗」, 『한국사』 7, 국사편찬위원회.
金煐泰, 1978, 「高麗의 曹溪宗名考」, 『東國思想』 10·11合.
許興植, 1981, 「13세기 高麗 佛敎界의 새로운 傾向」, 『韓㳽劤停年記念史學論叢』, 知識産業社 ; 1986, 『高麗佛敎史硏究』, 一潮閣.
蔡尙植, 1984, 「高麗後期 佛敎史의 전개양상과 그 경향」, 『歷史敎育』 35.

11) (全)佛奴: 생몰년 미상. 全信의 셋째 아들이다. 『氏族源流』에는 諿으로 되어 있다.

『氏族源流』 天安全氏.

12) 宗簿令: 고려후기 왕실 族屬의 譜牒을 관장하던 宗簿寺의 종3품 관직으로 정원은 1인이며, 전기의 殿中監에 해당한다.

『高麗史』 권76, 志30 百官1 宗簿寺.

13) 韓大淳: ?~1355. 全信의 첫째 사위이다. 본관은 淸州이며, 忠惠王의 配享功臣이 된 都僉議右政丞 韓渥의 아들이다. 1349년

(충정왕 1) 7월에 同知密直司事가 되었다가 이듬해에 判密直司事
에 올랐다. 1351년에는 知都僉議事가 되었으나, 恭愍王이 즉위하여
前代의 權臣을 숙청하는 과정에서 監務로 좌천되었다.

『高麗史』 권37, 世家37 忠定王 원년 윤7월 己巳·2년 5월 乙亥·3년 8월
丙申.

『高麗史』 권38, 世家38 恭愍王 즉위년 11월.

『高麗史』 권107, 列傳20 韓康 附渥.

14) 行中書省知印: 征東行中書省의 知印을 가리킨다. 『元史』
百官志에 따르면 中書省의 경우 知印은 省의 印章을 執用하는 일
을 담당하였으며, 정원은 4인이었다. 征東行中書省에 대해서는 권2
11, 주해 21) 참조.

『元史』 권85, 志35 百官1 中書省掾屬.

『元史』 권91, 志41上 百官7 行中書省.

15) 李冲仁: 생몰년 미상. 全信의 둘째 사위이며, 征東行中書省
의 知印을 지냈다. 『氏族源流』에는 李仲仁으로 되어 있다.

『氏族源流』 天安全氏.

16) 次幼 孫一人亦幼: 『氏族源流』에는 딸 한 명이 확인되며 손
자는 성안의 아들이 德方이라고 되어 있다.

『氏族源流』 天安全氏.

17) 在先王時處邇密掌題品: 충렬왕 재위시 全昇이 政房의 政色
承宣으로서 銓注權을 관장했던 것을 가리킨다. 全昇은 政房이 폐지
된 이후에도 4學士와 함께 文翰書에서 전주권을 관장하였다.

『高麗史』 권31, 世家31 忠烈王 23년 12월 壬寅.

『高麗史』 권33, 世家33 忠宣王 즉위년 6월 癸亥·추7월 戊戌.

18) 及公繼入又以克肖見重: 全信은 1302년(충렬왕 28)에 崇慶
府丞으로서 政房에 참여하였다. 政房은 당시 銓注權을 행사하던 기
관으로 全信이 부친인 全昇을 이어 정방에 들어가게 된 것을 이와
같이 표현한 것이다. 충렬왕은 정방을 통해 인사권을 장악하면서 동

시에 정방의 구성원을 국왕의 측근세력으로 삼았는데, 全信과 全昇
도 대표적인 인물이었다.

金昌賢, 1994, 「고려후기 政房의 구성과 성격」, 『韓國史硏究』 87 ;
1998, 『高麗後期 政房 硏究』, 高麗大學校 民族文化硏究院, 87～
91·99쪽.

19) 王倦親政 公出爲郡: 全信이 外職으로 나간 것은 1311년(충
선왕 3)부터 1314년까지의 기간이었다. 이 시기는 충렬왕 사후 충
선왕이 등극하여 국정을 장악해 나가던 때이므로 충렬왕의 측근이
었던 全信에게 험난한 관직생활이 이어졌다. 본문에는 국왕이 정사
를 돌보지 않아 全信이 자발적으로 외직에 나간 것으로 표현되어
있으나 실제로는 충렬왕과 충선왕의 권력다툼으로 좌천된 것이다.
왜냐하면 그가 역임한 외직이 정4품 관직을 지낸 全信이 부임하기
에는 너무 낮은 것이기 때문이다. 그 후 전신은 김해에서 원주로,
다시 수원으로 점차 개경의 가까운 곳으로 옮기었다가 마침내 1314
년(충숙왕 1)에 京職을 제수받게 되었다. 이처럼 全信의 관력이 순
탄치 못했던 것은 충렬왕과의 깊은 관계에서 비롯된 것이다.

高柄翊, 1962, 「高麗 忠宣王의 元 武宗 擁立」, 『歷史學報』 17·18合 ;
1970, 『東亞交涉史의 硏究』, 서울大學校出版部.
金光哲, 1984, 「洪子藩硏究―忠烈王代 政治와 社會의 一側面―」, 『慶南
史學』 1.
李昇漢, 1988, 「高麗 忠宣王의 瀋陽王 被封과 在元 政治活動」, 『全南史
學』 2.
李益柱, 1988, 「高麗 忠烈王代의 政治狀況과 政治勢力의 性格」, 『韓國史
論』 18.
朴宰佑, 1993, 「高麗 忠宣王代 政治運營과 政治勢力 動向」, 『韓國史論』 29.
李益柱, 1994, 「충선왕 즉위년 관제개편의 성격」, 『14세기 고려의 정치
와 사회』, 민음사.
김광철, 1996, 「14세기초 元의 政局동향과 忠宣王의 吐蕃 유배」, 『한국
중세사연구』 3.

20) 晩自號柏軒以寓歲寒後凋之意: 『論語』 子罕編에 "한해의

혹한이 지난 뒤에야 소나무와 잣나무가 뒤늦게 시듦을 알게 된다 [子曰歲寒然後 知松栢之後凋也]."라는 구절이 있다.

『論語』 子罕.

21) 彛齋: 白頤正(1247~1323)을 말한다. 자는 若軒, 호는 彛齋, 본관은 藍浦이며, 安珦의 문인이다. 1284년(충렬왕 10)에 급제하였으며, 당시 知貢擧는 金周鼎이고, 同知貢擧는 權呾이었다. 여러 관직을 거쳐 忠肅王 때 僉議評理·商議會議都監事에 올랐다. 1298년에 忠宣王을 시종하여 元의 燕京에서 10년 간 머물렀으며, 귀국할 때에 성리학 관련 서적과 『家禮』 등을 가지고 돌아왔다. 安珦의 뒤를 이어 性理學을 본격적으로 연구하고 문하에 李齊賢을 비롯하여 朴忠佐·李穀·李仁復·白文寶 등의 名儒를 배출하였다. 遺稿로는 「燕居詩」·「詠唐堯」·「寒碧樓」·「與洪厓集句」 등의 시구가 전해지고 있다. 시호는 文憲이다.

『高麗史』 권34, 世家34 忠肅王 원년 춘정월 戊戌.

『高麗史』 권106, 列傳19 白文節 附頤正.

『淡庵逸集』 권2, 行狀 「文憲公彛齋先生行狀」.

許興植, 1981, 「高麗 禮部試 同年錄」, 『高麗科擧制度史硏究』, 一潮閣 ; 2005, 『고려의 과거제도』, 일조각, 509쪽.

朴龍雲, 1990, 「〈資料〉: 科試 設行과 製述科 及第者」, 『高麗時代 蔭敍制와 科擧制硏究』, 一志社, 438쪽.

李炳赫, 1983, 「程朱學 傳來와 麗末 漢文學」, 『東方學志』 36·37合.

邊東明, 1995, 「高麗後期 性理學의 受容과 그 主導階層」, 『高麗後期 性理學 受容 硏究』, 一潮閣.

이원명, 2000, 「麗末鮮初 性理學 이해과정 연구 ―學風의 변화와 科擧 策問을 중심으로―」, 『國史館論叢』 92.

22) 竹軒: 金倫(1277~1348)을 말한다. 자는 無己, 호는 竹軒이며, 본관은 彥陽이다. 都僉議贊理 金賆의 아들이며 蔭敍로 出仕하여 鹵簿判官을 시작으로 여러 관직을 거쳐 神虎衛護軍이 되었다. 洪子藩의 천거로 辨正都監副使에 임명되었다가 뒤에 監察侍丞이

되었다. 성격이 올곧아서 內臣의 불의를 보고 관련자들을 탄핵하였
다가 좌천되어 외직으로 나가기도 하고, 1321년(충숙왕 8)에 瀋王
을 고려국왕으로 옹립하려는 사건이 발생하였을 때 동생 金禑와 함
께 瀋王의 옹립을 청원하는 문서에 서명하는 것을 거부하기도 하였
다. 이후 僉議評理·商議會議都監事·三司右使에 제수되었으며, 1339
년(충숙왕 후8)에 충혜왕을 폐위하고 瀋王 暠를 고려 국왕으로 옹
립하려는 '曹頔의 亂'이 일어나고 그와 관련하여 충혜왕이 元에 소
환되자 왕을 시종하여 의혹을 해명하였다. 귀국하자 충혜왕이 一等
功臣으로 삼고 彦陽君에 봉하였으며, 推誠贊理功臣號를 내렸다.
1344년(충목왕 즉위)에는 贊成事로 승진하였고, 그 뒤 左政丞에
제수되었다. 충목왕 초에 사직을 청하였으나 府院君에 봉해졌으며,
補理 공신호가 더해졌다. 1348년에 72세의 나이로 충혜왕의 諡號
를 청하러 元에 가려다가 풍질에 걸려 얼마 뒤에 졸하였다. 시호는
貞烈이다.

  『高麗史』 권110, 列傳23 金倫.
  『高麗史』 권125, 列傳38 姦臣1 權漢功.
  「金倫墓誌銘」·「金倫妻崔氏墓誌銘」.

  23) 益齋: 李齊賢(1287~1367)을 말한다. 초명은 之公, 자는
仲思, 호는 益齋·櫟翁, 본관은 경주이다. 그에 대해서는 권1 4, 주
해 2) 참조.

  24) 禪興寺: 개경 東郊에 위치한 선종계통의 사찰로 추정된다.
1304년(충렬왕 30) 7월에 강남에서 鐵山和尙 紹瓊이 오자 權旵이
그를 스승으로 섬기려 출가했던 곳이기도 하다. 李齊賢이 찬한 「光
祿大夫平章政事上洛府院君方公祠堂碑」에 의하면 1330년(충숙왕
17)에 方臣祐가 元에서 돌아와 禪興寺를 매우 웅장하고 화려하게
중수하였으며, 후일 그의 묘와 사당도 이곳에 두었던 것으로 보아
方臣祐의 원찰이었다고 생각한다. 그러나 조선초 卞季良이 쓴 「題

禪興寺」에는 禪興寺가 황폐하여 석탑과 비석만이 남아있다고 되어
있어 여말선초에 폐사가 된 것으로 짐작된다.

『高麗史』권107, 列傳20 權旵.

『益齋亂藁』권7, 碑銘「光祿大夫平章政事上洛府院君方公祠堂碑」.

『春亭集』권2, 詩「題禪興寺」.

李炳熙, 2008,『高麗後期 寺院經濟 研究』, 景仁文化社, 245쪽.

김창현, 2011,『고려의 불교와 상도 개경』, 신서원, 148·154쪽.

20. 永州利旨銀所陞爲縣碑

[原文]

永州利22)旨銀所陞爲縣碑【代權一齋作】

至元後元年, 上護軍安子由等朝京師廻,23) 以天后命復駙馬先王. 若曰, 永
州利旨銀所古爲縣, 中以邑子違國命, 廢而藉民稅白金, 稱銀所者久. 今其土
人那壽也先不花幼官24)禁中, 積給使勞, 其以25)功陞鄕貫復爲縣. 於是王敎有
司行之如中26)中旨.

明年那壽奉使東歸, 爲鄕里榮, 以故處庳狹, 相地徙居州之西, 距故所若干
步, 置縣司長吏咸若初. 又五年也先不花函香繼至, 謂本縣興復遷徙顚末不可
無述, 謁嗣王俾書之碑. 予不得以老辭, 則爲之銘, 有以警夫觀者焉. 那壽官
奉議大夫甄用大監, 也先不花官中議大夫中瑞司丞, 姓皆李氏. 本國又封那壽
號27)信安君, 也先不花號永利君, 以逮三代, 俱得追封. 其以子貴, 當更受天
朝封贈, 此在所略.

---

22) 利:『新增東國輿地勝覽』권27 慶尙道 河陽縣·新寧縣條에는 梨로 되어 있으며『高
麗史』에도 마찬가지로 梨로 표시되어 있다.

23) 廻:『新增東國輿地勝覽』권27 慶尙道 河陽縣·新寧縣條에는 回로 되어 있다.

24) 官:『新增東國輿地勝覽』권27 慶尙道 河陽縣·新寧縣條에는 宦으로 되어 있다.

25) 以:『新增東國輿地勝覽』권27 慶尙道 河陽縣·新寧縣條에는 以其로 되어 있다.

26) 中:『新增東國輿地勝覽』권27 慶尙道 河陽縣·新寧縣條에는 中이 없다.

27) 號:『新增東國輿地勝覽』권27 慶尙道 河陽縣·新寧縣條에는 號가 없다.

銘曰. 若國先君, 誕奠東表, 隨厥山川, 相勢大小, 立縣置州, 明訓以曉, 曰毋減增, 命或自剗, 維縣利旨, 隷永之州, 傳昔邑子, 有不自修, 擧縣顚覆, 帶累承羞, 廢爲銀戶,28) 世載悠悠, 不有挺然, 昭雪者孰, 狐正首丘, 斯義允篤, 后命旣優, 國恩孔縟, 噫嘻我知, 理固盈縮, 一夫不慧, 受屈幾人, 久而能復, 賴此二君, 惟人善否, 惟革惟因, 善觀變者, 視此刻文.

[譯文]

영주[1] 이지은소[2]가 현으로 승격된 비[3] 【권일재[4]를 대신하여 짓다】

지원후 원년(1335, 충숙왕 후4)에 상호군[5] 안자유[6] 등이 연경[京師]에 조회하고 돌아와서 천후의 명을 충숙왕[駙馬先王][7]에게 고하였다. 간략하게 이르기를 "영주 이지은소는 옛날에 현이었으나 중도에 고을사람[邑子]이 국명을 어겨서 (현을) 폐하고 백성들을 편적하여 백금을 내도록 하고 은소[8]로 칭한 것이 오래 되었다. 지금 이곳 사람인 나수[9]와 야선불화[10]는 어려서부터 (원) 황궁에서 벼슬하여 급사의 노고를 쌓았으니, 그 공으로 향관을 올려 다시 현으로 삼으라."라고 하였다.[11] 이에 왕이 해당관청에 교서를 내려 천후의 뜻[中旨]대로 시행하였다.

이듬해에 나수가 사명을 받들고 고려로 돌아와서 고향 마을이 영화롭게 되었으나 옛 터가 낮고 좁다하여 땅을 살펴서 주의 서쪽으로 옮겼으니, 옛 소에서 얼마 되지 않은 거리이며 현사와 장리는 모두 처음과 같이 두었다.[12] 또 (후지원) 5년(1339)에 야선불화가 어향을 담은 함을 가지고 이어서 왔는데[13] 본 현이 다시 현으로 승격되어[興復] (치소를) 옮겼다는 전말을 짓지 않을 수 없다고 하여, 충혜왕[嗣王][14]께 (이 사실을) 기록한 비석을 세울 것을 아뢰었다.

---

28) 戶:『新增東國輿地勝覽』권27 慶尙道 河陽縣·新寧縣條에는 所로 되어 있다.

나는 늙었다고 사양할 수가 없어서 곧 명을 작성하여 무릇 보는 자
들을 깨우치고자 한다. 나수의 벼슬은 봉의대부[15]·견용대감[16]이고
야선불화의 벼슬은 중의대부[17]·중서사승[18]이며 성은 모두 이씨이
다. 본국은 또 나수를 신안군에 봉하였고 야선불화를 영리군에 봉하
였으며 3대까지 모두 추봉하였다. 그 자손들이 귀해져 곧 다시 원에
서 봉군과 증직을 받았는데 여기서는 생략한다. 명에 이른다.

> 무릇 나라의 선왕께서 동쪽 끝에 터를 정하시고
> 그 산천을 따르고 지세의 크고 작음을 살피셨네.
> 현을 세우고 주를 두어 밝은 훈계로 깨우치시길
> 줄이거나 더하지 말라하셨으나 명이 혹 스스로 끊기도 하였네.
> 이 이지현이 영주에 예속됨은
> 전하기를 예전에 고을사람이 자기수양을 못함이 있다네.
> 온 고을이 전복되고 죄에 연루되어 치욕을 당했으며
> 폐하여 은소가 된지 대대로 오래되었다네.
> 뛰어난 자 있지 않으면 원한을 씻어 줄 사람 누구인가.
> 여우가 언덕에 머리를 바르게 두니[19] 이 의리가 진실로 두텁구나.
> 천후의 명령이 이미 두텁고 나라의 은혜도 크게 입었으니
> 아아, 나는 알았도다. 이치는 진실로 참과 모자람이 있음을.
> 한 사람의 어리석음으로 몇 사람이 굴욕을 받았는가.
> 오랜 뒤에 회복할 수 있었으니, 이 두 군들 덕분이네.
> 혹 사람이 잘하고 못함으로 혁파되거나 유지되기도 하니
> 변한 것을 잘 보려거든 이 새겨진 글을 보라.

[註解]

1) 永州: 지금의 경상북도 영천시 일대이다. 고려 초에 신라의
臨皐郡과 道同, 臨川을 병합하여 永州를 설치하였다. 995년(성종
14)에 刺史를 두었으며 1018년(현종 9)에 慶州에 내속되었다.
1172년(명종 2)에 監務가 파견되고 후에 知州事로 승격되었다. 별

호는 益陽 또는 永陽이다.

『高麗史』권57, 志11 地理2 慶尙道 東京留守官慶州 永州.

2) 利旨銀所: 지금의 경상북도 영천시 신녕면 일대이며, 梨旨銀
所라고도 한다. 본래 利旨縣이었으나 銀所로 강등되었다가, 1335년
(충숙왕 후4)에 원의 고려출신 환관 那壽와 也先不花의 본향이라
하여 이지현으로 승격되었다.

『高麗史』권57, 志11 地理2 慶尙道 東京留守官慶州 永州.

『新增東國輿地勝覽』권27, 慶尙道 河陽縣 古蹟 梨旨廢縣·慶尙道 新寧縣
古蹟 梨旨廢縣.

3) 永州利旨銀所陞爲縣碑: 본 비문은 『新增東國輿地勝覽』에도
전한다.

『新增東國輿地勝覽』권27, 慶尙道 河陽縣 古蹟 梨旨廢縣·慶尙道 新寧縣
古蹟 梨旨廢縣.

4) 權一齋: 權漢功(?～1349)을 가리킨다. 一齋는 그의 號이다.
그에 대해서는 권2 14, 주해 1) 참조.

5) 上護軍: 고려후기의 무반직으로, 전기의 上將軍(정3품)에 해
당한다. 이에 대해서는 권1 6-(1), 주해 3) 참조.

6) 安子由: 생몰년 미상. 1335년(충숙왕 후4)에 元에 다녀온
上護軍 安士由와 동일인물로 보인다. 1342년(충혜왕 후3)에 曹頔
의 난이 평정된 후 원에 소환된 忠惠王을 시종한 공으로 2등 공신
이 되었다. 軍簿判書, 整治都監官, 僉議僉理 등을 역임하였다.
1347년(충목왕 3)에 왕을 대신하여 太廟에 제사를 지내면서 희생
을 죽이지 않고 원찰 승려에게 준 일로 탄핵을 받았는데, 충혜왕에
대한 공이 있고 원에 사신으로 가 있다는 이유로 용서받았다. 이후
僉議贊成事로 승진하였다.

『高麗史』권35, 世家35 忠肅王 후4년 12월 丙午.

『高麗史』권36, 世家36 忠惠王 후3년 6월 庚子.

『高麗史』권37, 世家37 忠穆王 3년 6월 戊子.

『高麗史』 권124, 列傳37 嬖幸2 康允忠.

7) 駙馬先王: 충숙왕(1294~1339)을 가리킨다. 재위기간은 1313~1330년, 1332~1339년이다. 본문에서 충숙왕을 부마선왕이라 칭한 것은 營王 에센테무르(也先帖木兒)의 딸인 濮國長公主와 혼인하였기 때문이다. 충숙왕에 대해서는 권1 2-(3), 주해 2) 참조.

8) 銀所: 고려시대 銀을 생산하여 공납하던 특수행정구역이다. 고려는 국가에서 필요한 광산물, 수산물, 특수농산물, 수공업 제품 등을 확보하기 위하여, 그 주요 물자 생산지를 所로 편제하여 별도의 수취체계를 마련하였는데, 은소도 그 중 하나이다. 은소에서는 所吏의 감독 하에 은제련 기술자인 銀匠과 은광석이나 柴木을 마련하는 銀所民으로 분화되어 은을 생산하였고, 은소가 편성되어있는 군현의 지방관이 수취액에 맞추어 은을 중앙정부로 전송하였다. 고려시대 은소는 약 13개의 지역이 찾아지는데, 대표적으로 淸州 楸子銀所, 谷州 赤谷所, 遂德 尒磨谷所 등이 있었다.

『新增東國輿地勝覽』 권7, 京畿道 驪州牧 古蹟 登神莊.
이정신, 2010, 「고려시대 금 은채굴과 금소·은소」, 『역사와 담론』 57 ; 2013, 『고려시대의 특수행정구역 所 연구』, 혜안.

9) 那壽: 생몰년 미상. 永州 利旨銀所 출신이며 元 환관으로 활동하였다. 본문의 기록 외에 자세히 알 수 없다.

10) 也先不花: 생몰년 미상. 永州 利旨銀所 출신이며 元 환관으로 활동하였다. 1313년(충숙왕 즉위년)에 충숙왕이 즉위하여 고려로 환국할 때 충숙왕을 호송한 徽政院 소속의 에센부카(也先不花)와 동일인물로 보이며, 1281년(충렬왕 7)과 1370년(공민왕 19)에도 也先不花의 이름이 확인되지만 후자와는 시기적으로 차이가 있어 동일인물일 가능성이 낮다.

『高麗史』 권29, 世家29 忠烈王 7년 8월 庚午.

『高麗史』 권34, 世家34 忠肅王 즉위년 하4월 丙戌.
『高麗史』 권42, 世家42 恭愍王 19년 3월 庚寅.
『高麗史』 권114, 列傳27 池龍壽.

11) 今其土人那壽也先不花幼官禁中 …… 其以功陞鄕貫復爲縣: 이는 永州 利旨銀所가 현으로 승격된 직접적인 이유를 밝힌 구절이다. 이와 유사한 사례로 1321년(충숙왕 8)에 伯顔夫介가 원에 있으면서 고려에 공을 세워 그의 본향인 道乃山銀所를 龍安縣으로 승격시킨 경우가 있다. 한편, 고려가 원과 전쟁을 치루면서 은소의 주민들이 유리되어 은 공납이 제대로 이루어지지 못하였기 때문에 고려후기에 은소가 해체되었다고 보는 견해도 있다.

『高麗史』 권57, 志11 地理2 全羅道 全州牧 咸悅縣.
이정신, 2010, 「고려시대 금 은채굴과 채굴과 금소·은소」, 『역사와 담론』
        57 ; 2013, 『고려시대의 특수행정구역 所 연구』, 혜안, 322·323쪽.
이개석, 2010, 「元 宮廷의 高麗 출신 宦官과 麗元關係」, 『東洋史學硏究』
        113, 167쪽.

12) 置縣司長吏咸若初: 이지은소가 현으로 승격되면서 예전에 현이었을 때와 같이 邑司와 鄕吏를 두었음을 밝힌 기록이다. 이는 소가 현으로 승격되자 치소를 옮겨 새로운 邑司를 만든 것이며, 향·소·부곡 등에도 司가 존재하였다.

李樹健, 1984, 「土姓의 形成過程과 內部構造」, 『韓國中世社會史硏究』,
        一潮閣, 77~84쪽.

13) 又五年也先不花函香繼至: 에센부카(也先不花)는 元 황실의 명을 받고 御香使에 임명되어 利旨縣을 방문한 것으로 짐작된다. 원 황실에서는 어향사를 보내 사찰에서 공양토록 하여 황실 성원의 長壽와 安寧을 기원하였다. 다만, 어향사는 고려의 여러 군현을 돌면서 수령들에게 재물을 착복하여 지방민들의 불만을 샀으며 비판을 받기도 하였다.

『高麗史』 권37, 世家37 忠定王 2년 2월 壬辰.
『高麗史』 권122, 列傳35 宦者 李淑·方臣祐.

14) 嗣王: 고려의 28대 국왕인 충혜왕(1315~1344)을 가리킨
다. 재위기간은 1330~1332, 1339~1344이다. 휘는 禎이며, 몽고
식 이름은 寶塔失里이다. 부친은 충숙왕이고 모친은 明德太后 洪氏
이다. 성품은 豪俠하고 말타기와 활쏘기를 좋아하였으며 사리에 밝
았다. 한편 본문에서 충혜왕을 嗣王이라 한 것은 본문이 작성된 시
기가 1339년(충혜왕 후1)이므로 충숙왕이 죽은 후 충혜왕이 왕위
를 이었음을 알려준다.

『高麗史』 권36, 世家36 忠惠王.

『高麗史節要』 권25, 忠惠王.

金塘澤, 1994, 「高麗 忠惠王과 元의 갈등」, 『歷史學報』142 ; 1998, 『元
干涉下의 高麗政治史』, 一潮閣.

권용철, 2014, 「大元帝國末期 政局과 고려 충혜왕의 즉위, 복위, 폐위」,
『韓國史學報』56.

15) 奉議大夫: 元의 文散官으로 정5품에 해당한다.

『元史』 권91, 志41上 百官7 散官 文散官.

16) 甄用大監: 元 甄用監의 정3품 관직이며, 정원은 2인이었다.
供須庫·文成庫·藏珍庫의 출납을 관장하였다. 『元史』에는 甄用監이
1308년에 설치되었다가 1323년에 폐지되었다고 나와 있어, 본문이
작성된 1339년과는 시기적으로 맞지 않는다. 나수가 이전에 역임한
관직을 썼을 가능성이 있으나 확실하지 않다.

『元史』 권89, 志39 百官5 儲政院 徽政院司屬 甄用監.

17) 中議大夫: 元의 文散官으로 정4품에 해당한다.

『元史』 권91, 志41上 百官7 散官 文散官.

18) 中瑞司丞: 寶册의 관리를 관장한 元 中瑞司의 정4품 관직으
로 정원은 2인이었다.

『元史』 권88, 志38 百官4 中政院 中瑞司.

19) 狐正首丘: 동일한 표현으로 狐死正丘首와 狐死首邱가 있다.
『禮記』에는 "옛 사람이 한 말에, '여우는 죽어서 머리를 언덕에 바

르게 두니 인이라고 한다.'라고 하였다[古之人有言曰 狐死正丘首
仁也]."고 서술되어 있고, 『淮南子』에는 "새는 날아서 고향에 돌아
가고 토끼는 뛰어서 굴에 돌아가며 여우는 죽어서 언덕에 머리를 둔
다[鳥飛反鄕 兎走歸窟 狐死首邱]."라고 하였다. 이는 동물조차 죽
어서도 고향을 그리워 한다는 것을 비유적으로 표현한 문구이다.

　　『禮記』檀弓上.
　　『淮南子』說林訓.

21. 崔御史爲大人慶八十詩序

[原文]

崔御史爲大人慶八十詩[29]序

　今夫起迹東方, 仕于天子之朝, 踐歷淸華, 以廉謹自持, 而爲時論所稱首者,
有監察御史崔大中公焉. 公之尊公, 嘗仕王國位宰相, 而用子貴, 再封東陵郡
侯, 春秋登八十. 公使遼陽, 因謁告過庭, 以今月十七日, 稱觴獻壽以慶, 親媚
畢至, 國族聚觀, 莫不齎容, 歎未曾見. 國中冠儒冠者咸賦詩, 而以予於公家
有宗盟之篤, 屬以題辭. 予不可[30]辭而謂之曰, 士生有遭遇, 宦達而祿逮親,
斯固天下所欲而願者也. 然見去家遠遊四方萬里, 而親有菽焉無依, 音耗至不
相聞, 晩或得霑一命, 曾何足償平生所負哉. 比諸菽水之樂, 盖[31]難語以同日.
尙且夸衒, 自以爲榮, 嗚呼, 獨無內媿於心乎.[32] 吾宗家則不然. 郡侯有子五
人, 公次二, 四人亦仕本國, 秩皆大夫, 被服金紫. 公旣兄弟在親側, 左右無違,
而初出仕本乎尊命, 非有專也. 客京師雖久, 使驛往來, 家書月再至, 間又奉
使, 屢爲榮覲, 則與足不越門限, 徒以時其寒煖爲親悅者, 爲有間矣. 古人事

---

29) 詩: 원본에는 詩가 없으나, 詩가 누락된 것으로 판단되므로 보충하였다. 『東文選』
　　권84에 실린 글에도 崔御史爲大人慶八十詩序로 되어 있다.
30) 可: 『東文選』 권84 「崔御史爲大人慶八十詩序」에는 敢으로 되어 있다.
31) 盖: 『東文選』 권84 「崔御史爲大人慶八十詩序」에는 蓋로 되어 있다.
32) 乎: 『東文選』 권84 「崔御史爲大人慶八十詩序」에는 乎가 없다.

親先養志, 公可謂克當, 而更兼郡侯起居如壯年, 食飮不少殺, 天畀愷悌康寧
之福. 由玆以往, 公爵益崇位益重, 而復來思慶九旬慶百歲, 眞未艾也. 吾宗
先世培植, 必高厚悠遠, 而俾父子方享之. 其視世之故倦遊以僥倖於顯親者,
爲何如也. 諸公稱道歌詠, 豈止此而已乎. 衆曰, 子之言然矣, 於是乎書. 至元
後己卯十二月日, 至治進士前遼陽盖牟別駕鷄林崔某, 序.

[譯文]

최어사[1]가 부친[大人][2]의 80세를 경하 드리기 위한 시의 서[3]

지금 대저 우리나라[東方] 출신으로 천자의 조정에서 벼슬하여
청화한 관직[4]을 두루 역임하고 청렴함과 삼감으로써 스스로를 지켜
당시 여론에 으뜸으로 칭송받는 이로는 감찰어사[5] 최대중공이 있다.
공의 부친[尊公]은 일찍이 우리나라[王國]에서 벼슬하여 재상의
지위에 올랐는데, 아들이 귀하게 쓰이자 다시 동릉군후[6]에 봉해졌
으며 춘추가 80에 이르렀다. 공이 요양[7]에 사신으로 가게 되어 휴
가를 청하여[謁告] 부친을 뵙게 되어[過庭] 이달 17일에 술잔을
올리면서 장수를 기원하며[稱觴獻壽] 경하 드리자, 친인척이 모두
오고 나라의 빈객들[國族]이 모여 구경하며 감탄해 마지않으니 일
찍이 보지 못한 일이라고 탄복하였다. 나라 안에 유관을 쓴 자가 모
두 시를 지었는데,[8] 내가 공의 집안과 같은 성씨의 돈독함이 있어
제사(題辭)[9]를 부탁받았다. 나는 사양할 수 없어 다음과 같이 말했
다. "선비가 태어나서 때를 만나 벼슬이 현달하여 녹이 어버이에게
이르렀으니, 이것은 진실로 세상이 바라고 원하는 것이다. 그러나
보건대 집을 떠나게 되어 멀리 사방 만 리에서 떠도느라 어버이에게
소홀히 하여 의지할 수 없게 하고 소식조차 서로 전하지 않음에 이
른다면, 늦게나마 혹 낮은 관직[一命][10]의 은혜를 입게 된다고 한
들 이미 평생에 진 빚을 어찌 족히 갚을 수 있겠는가. (부모를 저버
렸으니) 숙수지락[11]에 비유하기에는 대개 같은 경우라고 말하기 어

렵다. 오히려 (낮은 관직이나마) 구차하게 자랑하며 스스로 영화롭게 여기니 아아, 어찌 마음속에 부끄러움이 없겠는가. 우리 종가는 그렇지 않다. 군후는 아들 다섯을 두었는데, 공이 둘째요, (나머지) 네 사람 역시 고려[本國]에서 벼슬하여 관질이 모두 대부[12]이고 금자복[13]을 받았다. 공은 이미 형제들이 어버이 곁에 있어 좌우에서 (뜻을) 어김이 없었고 처음 벼슬길에 나아간 것도 부친의 말씀[尊命]에 근본한 것이지 마음대로 한 것이 아니었다. 객으로 연경[京師]에 있은 지 비록 오래지만 역인[使驛]이 왕래하여[14] 집에 편지를 달마다 두 차례 보내고 간간히 또 사명을 받들어 누차 영화롭게 뵈오니, 즉 족적이 문지방을 넘지 않고 다만 때맞춰 춥고 더움을 살핌으로써 어버이가 기뻐한다고 여기는 자와는 차이가 있다. 옛 사람들은 어버이를 섬길 때 뜻을 봉양하는 것을 우선으로 하였으니[15] 공이 (여기에) 해당된다고 할 수 있으며 더구나 군후의 생활이 장년기와 같아 먹고 마시는 것이 조금도 줄지 않았으니, 하늘이 화락하고 강녕한 복을 내려준 것이다. 이로 말미암아 공의 벼슬이 더욱 높아지고 지위가 더욱 중해져서 다시 와 구순을 경하 드리고 백세를 경하 드리게 될 것을 생각하니 참으로 끝이 없을 것이다. 우리 일족의 선대가 심고 배양한 것이 반드시 높고 두터우며 아득하고 멀어 부자로 하여금 한껏 누리게 한 것이다. 세상의 일을 한다는 이유로 한가히 떠돌아다니면서 요행으로 어버이를 현달하게 하는 자에 비하면 어떠한가. 여러 공들이 칭송하고 노래한 것이 어찌 이에 그칠 뿐이겠는가."라고 하였다. 모두 말하기를, "그대의 말이 맞다."라고 하므로, 이에 쓴다. 후지원 기묘년(1339, 충숙왕 후8) 12월 모일, 지치 연간에 급제한 전 요양개모별가[16] 계림[17]최해[崔某]가 적다.

[註解]

1) 崔御史: 崔璔(생몰년 미상)을 가리킨다. 본관은 慶州이고, 伯淵은 그의 자인 것으로 짐작된다. 弱冠의 나이에 元에 들어갔다. 이후의 행적은 자세히 알 수 없다. 한편 『稼亭集』에 의하면, 1337년(충숙왕 後6)에 元의 中政院使 李信으로부터 大都 大興縣에 위치하였던 龍泉寺의 관리를 부탁받은 고려인 僉湖北道廉訪司事 崔伯淵이라는 인물이 있는데, 본문의 崔御史와 동일 인물일 가능성이 있다.

『稼亭集』 권6, 碑 「大都大興縣重興龍泉寺碑」.
『東文選』 권6, 七言古詩 「崔御史伯淵壽親還朝」.
『東文選』 권15, 七言古詩 「送崔御史伯淵璔還朝」.

2) 大人: 부모에 대한 존칭으로, 여기서는 최어사의 父인 東陵郡侯를 가리킨다.

檀國大學校 東洋學研究所, 2000, 「大人」, 『漢韓大辭典』 3, 檀國大學校出版部, 883쪽.

3) 崔御史爲大人慶八十詩序: 이 글은 『東文選』에도 전한다.

『東文選』 권84, 序 「崔御史爲大人慶八十詩序」.

4) 淸華: 고려에서는 '깨끗하면서도 중요한 관직'을 가리켜 淸華 또는 淸要, 淸望 등으로 표현하였는데, 주로 臺諫·政曹·學士·知制誥 등의 관직이 포함되었다. 최어사가 元 御史臺 소속의 監察御史를 지냈으므로 이와 같이 표현하였다. 이에 대해서는 권2 5-(2), 주해 41) 참조.

朴龍雲, 1997, 「고려시대의 淸要職에 대한 고찰」, 『高麗時代 官階·官職研究』, 고려대학교 출판부, 214~234쪽.

5) 監察御史: 元 御史臺의 屬司인 察院의 정7품 관직으로, 정원은 32인이었다. 주로 관리를 감찰하는 임무를 담당하였다. 1268년에 처음으로 御史 12인을 두었는데 모두 漢人이었다. 1271년에 6인을 더 두었으며, 1282년에는 16인을 증치하고 처음으로 蒙古人

을 參用하였다. 이후 1285년에 南儒 2인을 참용하였다.

『元史』권86, 志36 百官2 御史臺.

6) 東陵郡侯: 최어사의 아버지를 가리킨다. 최어사의 관직이 높아짐에 따라 부친이 東陵郡侯에 봉해진 듯하다.

7) 遼陽: 지금의 중국 遼寧省 遼陽市 일대이다. 이에 대해서는 권2 11, 주해 20) 참조.

8) 國中冠儒冠者咸賦詩: 1339년(충숙왕 후8)에 원에 체류 중이던 최어사가 고려에 돌아와 부친의 80세 생신을 축하드리기 위해 연회를 열었으며, 이때에 安震, 梁溫, 李穀 등이 이를 경하하는 시를 지었다.

『稼亭集』권15, 律詩「題崔御史慶親詩卷」.
『東文選』권6, 七言古詩「崔御史伯淵壽親還朝」.
『東文選』권15, 七言律詩「送崔御史伯淵璿還朝」.

9) 題辭: 책의 첫머리에 그 책의 요지나 품평 등을 적은 글을 가리킨다.

檀國大學校 東洋學研究所, 2008,「題辭」,『漢韓大辭典』15, 檀國大學校出版部, 109쪽.

10) 一命: 周代의 1命에서 9命의 官階 중 가장 낮은 官階를 가리키는 것으로, 가장 낮은 관직 또는 처음 관직을 받는다는 뜻으로도 쓰인다.

『左傳』昭公 7년.

11) 菽水之樂: 菽水는 콩과 물만 먹는 청빈한 생활을 표현하는 말이다.『禮記』檀弓下에 의하면 子路가 가난으로 인해 부모를 제대로 봉양하지 못함을 한탄하자, 孔子가 콩을 먹고 물을 마셔도 그 즐거움을 다하는 것이 孝라고 하였다. 본문에서는 관직을 얻은 자식이라고 한들 집을 떠나 부모를 저버렸으니 효도하였다고 할 수 없음을 이에 빗대어 표현하였다. 집이 가난하여도 즐거운 마음으로 부모를 봉양하는 것이 효도이니 더욱이 菽水之樂과도 비교할 수가 없음

을 나타낸 것이다.

　　『禮記』 檀弓下.

　12) 大夫: 고려후기 문산계의 종4품 이상의 계를 가리킨다. 고려
시대 문산계는 상층의 大夫階와 하층의 郎階로 구성되었는데, 전기
에는 5품과 6품이 그 경계가 되었으나, 1308년(충렬왕 34)에 충선
왕이 이를 상향조정함에 따라 大夫階는 종4품 이상, 郎階는 정5품
이하가 되었다.

　　　　朴龍雲, 1981, 「高麗時代의 文散階」, 『震檀學報』 52 ; 1997, 『高麗時代
　　　　　官階·官職 硏究』, 고려대학교 출판부, 78·79쪽.
　　　　李康漢, 2012, 「고려후기 '충렬왕대 문산계(文散階)'의 구조와 운용—대
　　　　　부계(大夫階)에 대한 검토를 중심으로—」, 『震檀學報』 116.

　13) 金紫: 金魚袋와 紫服을 의미한다. 고려에서는 문반 4품 이
상은 자색 옷의 붉은 허리띠에 金魚를 착용하도록 규정하였다. 이에
대해서는 권1 6-(2), 주해 9) 참조.

　14) 使驛往來: 고려의 개경과 원의 대도는 간선교통로에 설정된
역을 통해 양 지역 간에 傳命이나 使臣의 왕래 등이 이루어졌는데,
본문의 최어사 역시 大都에서 벼슬하였지만 역을 통해 아버지가 계
신 곳으로 사자가 왕래하였던 것 같다.

　　　　『高麗史』 권82, 志36 兵2 站驛.
　　　　姜英哲, 1984, 「高麗 驛制의 成立과 變遷」, 『史學硏究』 38, 92~95쪽.
　　　　趙炳魯, 2002, 「高麗後期 驛制의 변화」 『高麗驛制史』 마문화연구총서
　　　　　Ⅳ, 한국마사회 마사박물관.
　　　　정요근, 2007, 「고려 역로망 운영에 대한 원(元)의 개입과 그 의미」, 『역
　　　　　사와현실』 64, 161~167쪽.

　15) 事親先養志: 養志는 『孟子』 離婁上에 나오는 말로, 曾子는
아버지-曾點-의 밥상을 물릴 때마다 나눌 곳이 있는지 뜻을 여쭈
었다고 한다. 이후 曾子의 아들인 曾元 역시 아버지를 봉양하는 것
은 마찬가지였으나 밥상을 물릴 때 나눌 곳이 있는지는 여쭙지 않았
으니, 아버지가 음식이 남았는지 물으면 다시 올리려 했다고 한다.

孟子는 曾子와 같이 부모의 뜻을 받듦으로써 봉양하는 것을 養志라
고 하였다. 여기서는 최어사가 어버이의 뜻을 봉양하는 것을 우선으
로 하는 효를 행한 것을 표현한 것이다.
　　『孟子』離婁上.

　16) 至治進士前盖牟別駕: 최해는 1321년(충숙왕 8, 至治 1)에
원나라의 과거에 급제하여 遼陽路盖州判官으로 임명되었다. 이에
대해서는 권1, 주해 2) 및 권1 19, 주해 8) 참조.

　17) 鷄林: 신라 또는 신라의 수도인 경주를 의미한다. 여기서는
최해의 본관이 경주이므로 이와 같이 표현하였다. 이에 대해서는 권
1 1, 주해 4) 참조.

22-(1). 崔大監墓誌

[原文]

崔大監墓誌

　予性嬾而怯於鬪. 憶在十年, 時見誣於一隷堅得幸於王者, 雖予之嬾, 不得
不一往見之. 則時賢士大夫咸在客次, 其門如市. 少頃堅出, 客延拜曲膝, 猶
恐爲後. 予謂士不當如是, 欲以禮相見, 堅漫視之, 遂上馬不顧而去. 予且媿
且恨而退曰, 事來旣非意, 雖無辨奚傷. 聞崔密直日接於王, 言無不納, 克著
時譽. 或有勸令謁而別白之, 予從而候於門墻之側. 密直望見予於衆人之中,
特降位次, 先爲之禮, 問所以來意, 乃曲爲之地. 時堅勢方熾, 而抑之甚力, 故
事終於不直而已. 然感密直無爲先容而接納士流, 有古義俠風, 自是每往, 每
見殊禮. 密直王國官, 其仕天子之朝, 位三品. 今而遽然, 予獨不念之哉. 宜受
其孤之屬, 論次行實而爲之文, 以寓予之悲也.

　公諱安道, 姓崔氏, 小字那海. 先世海州人, 後徙龍州, 因占籍, 其昭穆則遠
不可考. 曾祖諱光, 爲州副戶長, 祖諱大富, 始仕爲檢校大將軍. 考諱玄, 爲匡

靖大夫檢校僉議評理上護軍, 用公貴, 朝廷贈朝請大夫大都路同知驍騎尉, 追封大興縣男, 妣金氏, 追封大興縣君.

至大元年, 公年十五, 以散員擢爲郎將. 延祐四年, 拜護軍, 階奉常大夫, 賜服金紫. 陞累大護軍上護軍, 階三轉至正順. 泰定四年, 主鷹揚軍判軍簿書. 至順33)年, 登副密直司, 階奉翊, 尋改監察大夫同知密直司事, 錫協謀同德功臣之號. 又受勑于朝, 征東行省左右司員外郎. 二年, 奉旨入朝, 克宿衛. 元統元年, 特除中尙監丞, 官奉議大夫. 至元34)二年, 轉太府監少監, 官朝請. 六年, 又轉本監大監, 官中議. 凡官京師九年, 三轉官, 再奉詔書, 爲鄕國榮, 前以至順三年, 後以至元五年. 明年春, 已使事欲還朝而感疾, 七日而卒, 年四十有七, 實庚辰三月卄七日也.

[譯文]

최태감[1]묘지[2]

나는 성품이 게으르고 다투는 것을 겁낸다. 10년 전을 생각해보면 그 때에 왕에게 총애를 받는 한 내수[隸竪][3]에게 무고를 당하여 비록 내가 게으르지만 한번 가서 그를 만날 수밖에 없었다. 당시에 어진 선비와 대부들이 모두 손님들을 위한 처소[客次]에 있으니 그 문이 저자와 같았다. 곧 내수가 나오자 손님들이 연이어 절하고 무릎을 꿇음에 마치 뒤처지는 것을 두려워하는 것과 같았다. 나는 선비가 이와 같은 것은 이치에 맞지 않다고 여겨 예로써 서로 만나고자 하였으나 내수는 거만하게 바라보고는 마침내 말에 올라 돌아

---

33) 元: 원본에는 九로 되어 있으나, 至順은 1330년부터 1332년까지 3년간 사용된 元 文宗의 연호이므로 옳지 않다. 또한 뒤에 至順 2년이 있으므로 至順 元年의 오기로 추정되므로 元으로 교감하였다. 최옥환 편저, 2013, 『慶州崔氏 文正公派彙報』, 高麗名賢 文正公 崔瀣先生記念事業會, 259쪽 참조.

34) 元: 원본에는 大로 되어 있으나 至大 元年은 1308년이므로 내용상 옳지 않다. 앞 뒤 내용과 시기를 통해 至元 元年으로 보는 것이 타당하므로 元으로 교감하였다.

보지 않고 가버렸다. 나는 또한 부끄럽고 또한 원통하여 물러나며 말하기를, "(무고당한) 일로 온 것이 이미 내키지 않았으니 비록 바로잡지 못하여도 어찌 상심하겠는가." 라고 하였다. 들으니 최밀직이 매일 왕과 함께 있어 말이 받아들여지지 않는 것이 없다 하였으며 당시에 명성이 널리 알려졌다.[4] 어떤 이가 (최안도에게) 찾아가서 따로 해명하도록 권하니 내가 (이를) 쫓아 문 담장 옆에서 기다렸다. 밀직이 여러 사람 가운데에서 나를 바라보고는 특별히 위차(位次)를 낮추어 먼저 예로써 대하고 찾아온 이유에 대하여 물었고 이에 그 처지를 자세히 (설명)하였다. 당시에 내수의 권세가 한창 강하여 억제하기가 매우 힘이 들었으므로 일을 끝내 바로잡지 못하였다. 그러나 밀직이 미리 소개받지 않았는데 사류를 맞이함에[接納] 옛 의협의 풍모가 있었다는 것을 느꼈으며 이로부터 갈 때마다 매양 극진한 예우를 받았다. 밀직은 고려의 관직이고 원 조정에서 벼슬하여 지위가 3품이었다. 지금 갑자기 세상을 떠나니[遽然] 내가 어찌 마음에 두지 않겠는가. 마땅히 그 아들의 부탁을 받아들여 차례대로 행실을 논해 그것으로 글을 지어 나의 슬픔을 대신하고자 한다.

공의 휘는 안도로 성은 최씨이며 어릴 적의 이름은 나해이다. 선대는 해주[5] 사람이었는데 후에 용주[6]로 옮겨져 이로 인하여 편적되었으며[7] 그 선대[昭穆]는 멀어서 살필 수 없다. 증조부 휘 광[8]은 주의 부호장[9]이었으며 조부 휘 대부[10]가 처음으로 벼슬하여 검교대장군[11]이 되었다. 아버지 휘 현[12]은 광정대부[13]·검교첨의평리[14]·상호군[15]이었는데 공이 귀해짐에 따라 (원) 조정에서 조청대부[16]·대도로동지[17]·효기위[18]로 추증하였고 대흥현남[19]으로 추봉하였으며 어머니 김씨[20]는 대흥현군[21]으로 추봉하였다.

지대 원년(1308, 충렬왕 34)에 공의 나이 15세에 산원[22]으로 발탁되어 낭장[23]이 되었다. 연우 4년(1317, 충숙왕 4)에 호군[24]에 임명되었고 관계는 봉상대부[25]였으며 금자복을 하사받았다.[26] 누차 승진하여 대호군,[27] 상호군이 되었고 관계도 세 번 바뀌어 정순대부[28]에 이르렀다. 태정 4년(1327)에 응양군[29]·판군부서[30]를 맡았다. 지순 원년(1330)에 부밀직사사[31]에 오르고 관계는 봉익대부[32]였으며 곧 감찰대부[33]·동지밀직사사[34]로 바뀌었고 협모동덕공신의 호를 받았다. 또한 조정에서 칙명을 받아 정동행성좌우사원외랑[35]이 되었다. (지순) 2년(1331, 충혜왕 1)에는 성지를 받들고 입조하여 숙위를 하였다. 원통 원년(1333, 충숙왕 후2)에 특별히 중상감승[36]에 제수되었으며 관계는 봉의대부[37]였다. 지원 2년(1336)에 태부감소감[38]으로 옮겼으며 관계는 조청대부였다. (지원) 6년(1340, 충혜왕 후1)에 또 본감의 태감[39]으로 옮겼으며 관계는 중의대부[40]였다. 무릇 대도[京師]에서 9년 동안 벼슬하여 세 번 관직을 옮겼으며 두 차례 조서를 받들어 우리나라[鄕國]의 영광이 되었으니 첫번째는 지순 3년(1332)이고 두번째는 지원 5년(1339)이었다. 이듬해 봄에 사신의 일을 마치고 원 조정으로 돌아가고자 하였으나 병에 걸려 7일 만에 졸하니 나이는 47세였으며 실로 경진년(1340, 충혜왕 후1) 3월 27일이었다.

[註解]

1) 崔大監: 崔安道(1294～1340)를 가리킨다. 본관은 龍州이며 內僚로 燕京에서 忠宣王을 섬겨 蒙古語와 漢語에 능숙해졌고 후에는 忠肅王의 僚屬이 되어 총애를 받았다. 충숙왕이 참소를 당해 元에 5년간 억류당했을 때에 시종하였으며 귀국한 이후 金之鏡·申時用·승려 祖倫 등과 함께 권력을 휘둘렀다. 고려의 벼슬은 同知密直司事에 이르렀고 協謀同德功臣의 호를 받았으며 元으로부터 征東

行省左右司員外郎에 임명되었다. 이후 元에 가서 宿衛를 하였으며 中尙監丞이 되었다가 太府太監으로 옮겼다. 곧 조서를 받들고 고려에 왔으며 1340년(충혜왕 후1)에 병이 나서 돌아가지 못하고 졸하였다.

『高麗史』권35, 世家35 忠肅王 15년 추7월 丙子.
『高麗史』권124, 列傳37 嬖幸2 崔安道.
『高麗史節要』권24, 忠肅王 16년 2월.
『高麗史節要』권25, 忠惠王 원년 8월.

　2) 崔大監墓誌: 동일한 묘지명이 『東文選』에도 수록되어 있다.

『東文選』권123, 墓誌「崔太監墓誌」.

　3) 隷竪: 환관을 말한다. 본문에서 언급한 10년 전인 1330년은 충혜왕의 즉위년으로, 충혜왕이 측근들에게 정치를 맡긴 채, 內竪와 씨름에 빠져있다는 비판이 있는 상황이었다. 충혜왕은 미약한 자신의 정치적 기반을 강화하기 위해 측근세력을 형성하였고, 여기에는 內竪와 같은 미천한 신분이 포함되어 있었다. 최해가 隷竪라는 표현을 한 것은 사류인 자신에게 모욕을 준 내수들을 업신여기는 한편, 최안도는 신분이 비교적 나았다는 사실을 강조하기 위한 것이라고 생각된다.

『高麗史』권36, 世家36 忠惠王 즉위년 3월.
전병무, 1993,「고려 충혜왕의 상업활동과 재정정책」,『역사와 현실』
　　　10, 251~255쪽.

　4) 聞崔密直日接於王 …… 克著時譽: 최안도가 충혜왕에게 총애를 받은 사실은 그의 아들인 崔璟의 사례를 통해 확인된다.『高麗史』에 따르면 최안도는 1331년(충혜왕 1)에 열 살 남짓한 어린 나이의 아들 崔璟을 과거에 급제시켜 獻納 許邕과 正言 趙廉 및 鄭天濡 등의 탄핵을 받았으나 오히려 왕의 비호를 받았으며 그 후에도 同知密直司事를 지내고 恊謀同德功臣의 호를 받았다.

『高麗史』권124, 列傳37 嬖幸2 崔安道.

5) 海州: 지금의 황해남도 해주시 일대이다. 高麗 太祖가 남쪽이 바닷가와 맞닿아 있다고 하여 海州라는 이름을 내려주었으며 983년 (성종 2)에 12牧을 설치하면서 海州牧이 되었다. 995년에 12주 절도사를 설치하면서 右神策軍이라 칭하고 楊州와 함께 개경의 左·右輔로 삼았다. 1012년(현종 3)에 절도사를 폐지하였다. 1018년에 海州安西都護府가 되었으며 1122년(예종 17)에 大都護府로 승격되었다가 1247년(고종 34)에 海州牧이 되었다. 1373년(공민왕 22)에 왜구가 침입해 牧使 嚴益謙을 죽였는데, 州吏들이 嚴益謙을 구해주지 않았다하여 州에서 郡으로 강등되었다가 후에 다시 牧으로 승격시켰다. 大寧, 西海 또는 孤竹이라고도 불렀다. 속현이 3개이고 관할하는 방어군이 1, 현령관이 1, 진이 1개이다.

『高麗史』 권58, 志12 地理3 西海道 安西大都護府海州.

6) 龍州: 지금의 평안북도 용천군 일대이다. 본래는 安興郡이었는데 1014년(현종 5)에 龍州防禦使라 칭했다. 후에 龍灣府로 고쳤다가, 1310년(충선왕 2)에 다시 龍州가 되었다.

『高麗史』 권58, 志12 地理3 北界 安北大都護府寧州 龍州.

7) 後徙龍州 因占籍: 해주최씨가 용주로 이주되어 편적된 내용이다. 『世宗實錄』 地理志에 따르면 해주 최씨는 龍州 伊彦의 入鎭姓 중 하나이다. 그러므로 『氏族源流』에는 최안도의 가계를 용성최씨로 기록하고 있다.

『世宗實錄』 권154, 地理志 平安道 義州牧 龍川郡.
『氏族源流』 龍城崔氏.
李樹健, 1984, 「高麗後期 支配勢力과 土姓」, 『韓國中世社會史硏究』, 一潮閣, 333쪽.

8) (崔)光: 생몰년 미상. 龍城崔氏의 시조이며, 崔安道의 증조부이다. 그에 대해서는 기록이 소략하여 잘 알 수 없다.

9) 副戶長: 高麗의 鄕吏職이다. 태조의 통일 이후 고려왕조의 중앙집권적 통치체제가 갖춰지자 호족세력이 향리신분으로 변화하

게 되었으며 983년(성종 2)에는 鄕吏職을 대대적으로 개편하면서
大等을 대신하여 副戶長이라는 명칭이 정식으로 사용되기 시작하였
다. 1018년(현종 9)에는 군현의 크기에 따라 정원이 정해졌는데
1000丁 이상의 주·부·군·현에는 4명, 500丁 이상은 2명, 300丁
이상은 2명, 100丁 이하는 1명을 두었다. 한편 향리의 대부분은 고
려초기의 호족으로 당시의 지배층에 속하던 인물이었으며 이들의
신분이 향리로 변화한 이후에도 일반 백성과는 달리 지배신분층에
속하고 있었다. 그 중에서도 부호장은 호장 다음 단계의 직으로써
두 번째의 위치에 있으며 그 손자는 과거의 제술과와 명경과를 통해
중앙으로 진출이 가능하였다. 이들 戶長層은 주·부·군·현에서 印信
의 관리, 租稅·貢賦의 수취, 徭役의 징발을 담당하고 있었다. 또한
유사시에는 州縣軍의 지휘관이 되어 자기 고을을 방어하고 외적을
물리치는 역할을 담당하기도 하였다. 고려후기에는 수취제도의 문란
과 자연지리적 조건, 郡縣의 이동 등으로 호장층의 몰락이 진행됨에
따라 재지세력의 재편이 이루어졌다.

『高麗史』권75, 志29 選擧3 銓注 鄕職.

李純根, 1983,「高麗初 鄕吏制의 成立과 實施」,『金哲埈博士華甲紀念史
　　學論叢』, 知識産業社.

尹京鎭, 1997,「高麗前期 鄕吏制의 구조와 戶長의 직제」,『韓國文化』
　　20.

김갑동, 1998,「고려시대의 戶長」,『韓國史學報』5.

姜恩景, 1998,「高麗後期 戶長層의 變化와『世宗實錄地理志』의 土姓·亡
　　姓」,『東方學志』99.

강은경, 2000,「高麗 戶長制의 成立과 戶長層의 形成」,『韓國史의 構造
　　와 展開』, 혜안 ; 2002,『高麗時代 戶長層 硏究』, 혜안.

박경자, 2001,「鄕吏制度의 運用」,『고려시대 향리연구』, 국학자료원.

10) (崔)大富: 생몰년 미상. 崔安道의 조부로 그에 대해서는 기
록이 소략하여 잘 알 수 없다.

11) 檢校大將軍: 大將軍의 散職이다. 檢校에 대해서는 권1

6-(4), 주해 11) 참조.

『高麗史』 권77 志31 百官2 西班.

李基白, 1956, 「高麗 京軍考」, 『李丙燾博士華甲紀念論叢』, 一潮閣 ; 1968, 『高麗兵制史研究』, 一潮閣.

鄭景鉉, 1988, 「高麗前期 武職體系의 成立」, 『韓國史論』 19.

12) (崔)玄: 생몰년 미상. 崔安道의 부친이다. 1308년(충선왕 복위) 10월에 忠宣王이 중문에 방을 붙여 王輪寺의 주지 仁照 및 崔湍, 權漢功 등과 함께 궁궐에 자유롭게 출입할 수 있게 해준 인물 중 하나이다.

『高麗史』 권33, 世家33 忠宣王 복위년 동10월 己丑.

13) 匡靖大夫: 고려후기 정2품 문산계이다. 이에 대해서는 권1 6-(2), 주해 33) 참조.

14) 檢校僉議評理: 고려후기 僉議評理는 僉議府의 종2품 재신으로 전기의 叅知政事에 해당한다. 고려후기 재상의 검교직은 산직이 아니라 정상 실직보다 조금 낮은 관직이어서 녹봉이 지급되기도 하였다. 첨의평리에 대해서는 권1 14-(1), 주해 3) 참조.

15) 上護軍: 고려후기의 정3품 무반직으로 전기의 上將軍에 해당한다. 이에 대해서는 권1 6-(1), 주해 3) 참조.

16) 朝請大夫: 元의 종4품에 해당하는 文散階이다.

『元史』 권91, 志41上 百官7 散官 文散官.

17) 大都路同知: 大都路는 지금의 중국 北京市 일대이다. 대도로는 唐代에는 幽州 范陽郡이었으며 遼代에 燕京으로 고쳤다가 金代에 수도로 삼고 大興府라 하였다. 1215년에 원이 燕京路라 하였으며 1264년(至元 1)에 中都로, 1273년에 大都로 고쳤다. 원대에는 지방을 효율적으로 통치하기 위하여 각 지역에 최고 행정 단위인 行中書省을 설치하고 산하에 여러 개의 路를 관할하게 하였는데, 대도로는 中書省에 소속되어 그 통할을 받았다. 한편 大都路同知는 元의 大都路都總管府의 관직으로 정원은 2인이었다. 대도로총관부

는 1284년에 처음 설치되었다. 1290년에 대도로도총관부로 승격시
켰으며 1개의 부와 11개의 주를 총괄하여 路의 행정을 전담하였다.

『元史』 권58, 志10 地理1 中書省 大都路.

『元史』 권90, 志40 百官6 大都路都總管府.

戴均良 외 주편, 2005, 「大都路」, 『中國古今地名大詞典』 上, 上海辭書出
版社, 160쪽.

18) 驍騎尉: 元의 勳으로 정5품이다.

『元史』 권91, 志41上 百官7 勳爵.

19) 大興縣男: 縣男은 원의 爵으로 종5품이다. 大興縣은 지금의
중국의 北京市 大興縣지역이다. 春秋時代에 燕의 도읍이었으며 金
代에 처음으로 大興이라 부르고 大興府를 두어 다스렸다. 元代에
치소를 지금의 북경 지역으로 옮겼다.

『元史』 권91, 志41上 百官7 勳爵.

戴均良 외 주편, 2005, 「大興縣」, 『中國古今地名大詞典』 上, 上海辭書出
版社, 136쪽.

20) 妣金氏: 생몰년 미상. 崔安道의 어머니 金氏로 宮婢 출신이
었다.

『高麗史』 권124, 列傳37 嬖幸2 崔安道.

21) 大興縣君: 縣君은 唐의 경우 5품 관직자의 母와 妻에 주어
지는 외명부였다. 원에서도 이와 유사하게 운영되었던 것으로 짐작
된다.

『新唐書』 권46, 志36 百官1 尙書省 吏部.

22) 散員: 정8품의 무반직이다. 이에 대해서는 권1 14-(2), 주
해 2) 참조.

23) 郎將: 정6품의 무반직이다. 이에 대해서는 권1 14-(2), 주
해 3) 참조.

24) 護軍: 고려후기의 정4품의 무반직으로 전기의 將軍에 해당
한다. 이에 대해서는 권1 6-(1), 주해 3) 참조.

25) 奉常大夫: 고려후기의 문산계로 정4품에 해당한다. 이에 대해서는 권2 5-(1), 주해 55) 참조.

26) 賜服金紫: 자색 관복과 금어대를 하사받았다는 의미이다. 이에 대해서는 권1 6-(2), 주해 9) 참조.

27) 大護軍: 고려후기의 종3품 무반직으로 전기의 大將軍에 해당한다. 『高麗史』 百官志에 의하면 공민왕 때에 장군을 護軍으로 개칭했다는 기사가 있어 대호군도 대장군이 바뀐 명칭으로 짐작된다.

　　『高麗史』 권77, 志31 百官2 西班.

28) 正順: 고려후기의 문산계로 정3품上에 해당한다.

　　『高麗史』 권77, 志31 百官2 文散階.

29) 主鷹揚軍: 鷹揚軍의 최고 지휘관인 上將軍으로 軍簿判書를 겸하여 班主가 되었다는 의미이다. 鷹揚軍上將軍에 대해서는 권1 20-(2), 주해 6) 참조.

30) 判軍簿書: 고려후기 軍簿司의 정3품 관직으로 정원은 1인이며 전기의 兵部尙書에 해당한다. 軍簿司에 대해서는 권1 20-(1), 주해 1) 참조.

31) 副密直司使: 고려후기 密直司의 정3품 관직인 密直副使를 가리키며 전기의 中樞副使에 해당한다. 이에 대해서는 권1 3-(2), 주해 7) 참조.

32) 奉翊: 고려후기의 문산계로 정3품에 해당하며, 1310년(충선왕 2)에는 종2품하가 되었다. 奉翊大夫에 대해서는 권1 3-(2), 주해 6) 참조.

33) 監察大夫: 고려후기 監察司의 정3품 관직으로 정원은 1인이며 전기의 御史大夫에 해당한다. 이에 대해서는 권1 6-(2), 주해 32) 참조.

34) 同知密直司事: 고려후기 密直司의 종2품 관직으로 전기의 同知中樞院事에 해당한다. 이에 대해서는 권1 6-(4), 주해 9) 참조.

　35) 征東行省左右司員外郞: 征東行省左右司의 종6품 관직으로 정원은 2인이다. 左右司에 대해서는 권1 15-(3), 주해 32) 참조.

　36) 中尙監丞: 元 中尙監의 정5품 관직으로 정원은 2인이다. 中尙監은 元의 정3품의 관부로 大斡耳朶 아래의 怯憐口의 여러 업무를 관장하고 資成庫의 氈作을 통령하였으며 內府의 휘장·장막·수레·비웃들의 사용을 지원하였다. 1278년에 尙用監을 두었다가 1283년에 폐지되었으며 1287년에 다시 두어 中尙監이라 고쳐졌다. 1308년에 中尙院으로 올렸다가 후에 다시 中尙監이라 하였다.

　　『元史』 권90, 志40 百官6 中尙監.

　37) 奉議大夫: 元의 정5품에 해당하는 文散階이다.

　　『元史』 권91, 志41上 百官7 散官 文散官.

　38) 太府監少監: 元 太府監의 종4품의 관직으로 정원은 5명이다. 太府監은 元의 정3품 관부로 左·右藏庫를 통령하였으며 錢帛의 출납의 수효를 관장하였다. 1263년에 설치되었으며, 1305년에 太府院으로 개칭했다. 이후 1311년에 다시 太府監으로 고쳐졌다.

　　『元史』 권90, 志40 百官6 太府監.

　39) 本監大監: 本監은 태부감을 말한다. 즉 太府大監은 太府監의 종3품 관직으로 정원은 6명이다. 太府監에 대해서는 위의 주해 38) 참조.

　　『元史』 권90, 志40 百官6 太府監.

　40) 中議: 元의 정4품에 해당하는 文散階이다.

　　『元史』 권97, 志41上 百官7 散官 文散官.

22-(2).

[原文]

公幼穎, 隨朝請公事太尉藩王于京邸, 遂通三國語. 敍爲先王官屬, 而服事

久, 用其勞, 賜田一百結【東俗, 以五畝減百弓爲結, 斞除一斗爲苫, 文昌侯云.】, 奴婢一十口. 至治中, 先王爲不臣所構, 留京師, 公執靮無二心, 賜田二百結, 奴婢二十口. 泰定初, 朝廷採畔人言, 議置征東省官例同天下, 而公與故相金怡等力辨能止之, 論其功, 賜田一百結, 奴婢一十口. 以逮嗣王莅國, 躩拜密直之除, 倚任無居右者. 又至順間, 今上在海上, 供御所需, 出私力爲多. 後正宸極, 錫賚甚厚, 蒙降璽書, 凡土田産業, 人勿得侵奪. 其官于朝, 實基於此. 烏虖, 觀此槃足見其爲人, 他不論也.

妻具氏, 故奉翊大夫諱藝之女也, 亦以公貴, 封博陵郡君. 生四男四女, 男長曰濡, 今上護軍. 次曰源, 今護軍. 次曰淑臣, 次曰文丘, 俱未仕. 女長適前護軍印瑠, 次適前郞將金有溫, 次適前別將林熙載, 季未有適. 是五月, 葬公于某地之原, 禮也.

銘曰, 仕王國爲王之臣, 仕天子之朝爲天子之臣, 彼輕此重, 曾何足計乎吾身, 古語云, 有一國之士, 有天下之士, 才非有兼人, 其孰能如此, 惜也, 慮甚長而年則不長, 所未可恃者, 其曰不在於蒼蒼, 其曰不在於蒼蒼.

[譯文]

공은 어려서부터 총명하여 조청공을 따라 경저[1]에서 충선왕[太尉瀋王]을 섬기니 마침내 세 나라의 말을 통달하였다. 충숙왕[先王]의 관속으로 서용되어 복무한 지 오래되자 그 노고로써 전지 100결【우리나라의 풍속에 5무에서 100궁을 감한 것을 결이라 하고[2] 유에서 1두를 제한 것을 섬이라 한다고[3] 문창후[4]가 말했다.[5]】과 노비 10구를 하사하였다. 지치연간에 충숙왕이 역신[不臣]들이 꾸며낸 일로 대도[京師]에 억류되니[6] 공이 가까이 모심[執靮]에 다른 마음이 없으므로 전지 200결과 노비 20구을 하사하였다.[7] 태정 초에 원 조정이 배반한 사람들의 말을 듣고 정동성을 두어 관제와 법식이 원과 같게 할 것을 의논하니[8] 공과 돌아가신 재상 김이[9] 등이 힘써 따져 그치게 할 수 있었으니 그 공을 헤아려 전지

100결과 노비 10구를 하사하였다.[10] 충혜왕[嗣王]이 (왕위를) 이 어받아 나라를 다스리게 되니 갑자기 올라 밀직에 임명되었을 즈음에 의지하고 신임하여 (공보다) 위에 있는 자가 없었다. 또한 지순 연간에 원 순제[今上]가 섬에 있을 때에는 필요한 것을 바침에 개인적인 노력에서 나온 것이 많았다.[11] 후에 황위가 바르게 되니 하사받은 것이 매우 두터웠으며, 황제의 조서를 내려 받는 은혜를 입어 무릇 토지와 재산을 다른 사람이 침탈할 수 없게 하였다. 그가 (원) 조정에서 벼슬한 것도 실로 여기에서 기인한 것이다. 아아, 이를 보면 대개 그 사람됨을 볼 수 있으니 다른 것은 논하지 않는다.

부인 구씨는 고 봉익대부 휘 예[12]의 따님이며, 역시 공이 귀해지자 박릉군군[13]에 봉해졌다. 4남 4녀를 낳았으니 장남은 유[14]이며 지금은 상호군이다. 다음은 원[15]이고 지금은 호군이며 다음은 숙신[16]이고 다음은 문구[17]인데 모두 아직 벼슬하지 않았다. 장녀는 전 호군 인당[18]에게 시집갔고 다음은 전 낭장 김유온[19]에게 시집갔으며 다음은 전 별장[20] 임희재[21]에게 시집갔으며 막내는 아직 시집가지 않았다.[22] 이 해 5월에 어느 곳 언덕에 공을 장사지냈는데 예에 따랐다. 명에 이른다.

> 왕국에서 벼슬할 때는 왕의 신하가 되었고 천자의 조정에서 벼슬할 때는 천자의 신하가 되었네.
> 저것은 가볍고 이것은 무겁다고 해서 이를 어찌 내 몸에서 족히 헤아릴 수 있겠는가.
> 옛 말에 이르기를 일국의 선비가 있고 천하의 선비가 있다고 하였네.
> 재주를 겸할 수 있는 사람이 아니라면 그 누가 이와 같이 할 수 있겠는가.
> 애석하구나, 생각은 매우 장대하였으나 수명은 길지 못하였네.
> 믿을 수가 없구나. 그것은 하늘에 있지 않았단 말인가, 그것은 하늘에 있지 않았단 말인가.

[註解]

1) 事太尉瀋王于京邸: 충선왕이 연경에 있을 당시 최안도가 그를 보위했던 것을 말한다. 충선왕은 1298년 1월에 즉위한 후 8개월만에 폐위되었다. 이후 충선왕은 원에서 자신의 세력을 형성하기 위해 노력하였으며 특히 무종옹립에 큰 공을 세움으로써 복위의 결정적 발판을 마련하였다.

『高麗史』 권32, 世家32 忠烈王 34년 5월.

高柄翊, 1962, 「高麗忠宣王의 元武宗擁立」, 『歷史學報』 17·18合 ; 1970, 『東亞交涉史의 研究』, 서울大學校出版部.

김광철, 1996, 「14세기초 元의 政局동향과 忠宣王의 吐藩 유배」, 『한국중세사연구』 3.

張東翼, 1999, 「新資料를 통해 본 忠宣王의 在元活動」, 『歷史敎育論集』 23·24合.

2) 五畝減百弓爲結: 통일신라시대의 結의 면적을 당의 면적단위인 畝와 비교하여 설명한 것이다. 중국에서는 漢代 이후 240步＝1畝의 양전식을 사용하고 있었으므로 唐代의 5畝는 1200步²을 의미한다. 이에 따라 5畝(1200步²)에서 100弓(步)²을 감한 1100步²이 신라시대에 사용한 대략적인 1結임을 알 수 있다.

李宗峯, 2001, 「結負制의 변화와 성격」, 『韓國中世度量衡制研究』, 혜안, 241·242쪽.

3) 斛除一斗爲苫: 통일신라시대의 용적을 설명한 것이다. 그 내용에 따르면 斛에서 1斗를 제한 것이 苫인데 1斛는 16斗를 의미하므로 1苫(＝石)은 15斗라 할 수 있다. 즉 이를 통해 「崇福寺碑文」이 작성된 신라시대 말기에는 1석＝15두가 사용되었음을 알 수 있다.

李宗峯, 2001, 「量制와 容積의 변화」, 『韓國中世度量衡制研究』, 혜안, 129·130쪽.

4) 文昌侯: 崔致遠(857~?)을 말한다. 그에 대해서는 권2 3, 주해 36) 참조.

5) 文昌侯云: 최해가 숭복사비문에 담긴 최치원의 註를 인용한

것이다. 「崇福寺碑文」은 896년(新羅 眞聖女王 10년)에 최치원이 撰한 四山碑銘의 하나이며 그 註에 대해서는 내용을 신뢰하는 견해와(①) 이에 대한 신빙성을 부정하는 견해가 존재한다(②). 최해가 이러한 註를 인용한 이유에 대해서는 최해가 중국 관료로써의 자부심을 표출하기 위함이었다는 견해와(③) 최치원의 후예임을 자부하는 모습이라는 견해가 있다(④). 한편 동문선의 같은 글에는 이와 같은 細註가 빠져있다.

① 呂恩映, 1987, 「高麗時代의 量制─結負制 이해의 기초로서─」, 『慶尙史學』 3.

尹善泰, 2000, 「新羅 '崇福寺碑'의 復元─結·苫의 細註와 관련하여─」, 『佛敎美術』 16.

李宗峯, 2001, 『韓國中世度量衡制研究』, 혜안.

② 李丙燾, 1959, 『韓國史』(古代篇), 震檀學會.

③ 李宗峯, 2001, 「量制와 容積의 변화」, 『韓國中世度量衡制研究』, 혜안, 129·130쪽.

④ 尹善泰, 2000, 위의 논문, 122~130쪽.

6) 至治中 …… 留京師: 1321년(충숙왕 8)에 충숙왕이 瀋王 및 조적·채하중 등의 참소로 원에 소환되어 약 4년간 在元生活을 했던 것을 가리킨다. 이에 대해서는 권1 6-(4), 주해 2) 참조.

7) 賜田二百結 奴婢二十口: 충숙왕이 4년간의 在元生活 이후 자신을 보위한 신하들을 공신으로 책봉하고 토지와 노비를 내려준 것은 1327년(충숙왕 14) 11월 戊子(24일)의 일이다. 이처럼 고려후기 공신에게 토지와 노비를 10:1의 비율로 하사하는 사례가 많았다.

『高麗史』 권35, 世家35 忠肅王 14년 11월 戊子.

8) 泰定初 …… 例同天下: 1323년(충숙왕 10)에 유청신과 오잠에 의해 일어난 入省策動을 의미한다. 이에 대해서는 권2 12, 주해 5) 참조.

9) 金怡: 1265~1327. 福州 春陽縣 사람으로 자는 悅心 또는

隱之이고 초명은 金之玎이었다. 후에 金廷美로 이름을 고쳤다가 충선왕에게 怡라는 이름을 받았다. 10여 세에 都評議司의 掾吏가 되었으며 1292년(충렬왕 18)에 내시가 되었다. 1306년에 충렬왕이 충선왕을 폐하려는 시도를 무마시켰으며 그 후 거듭 승진하여 版圖正郎이 되었다. 충선왕이 복위한 이후에는 국용의 부족을 충당하기 위해 開城少尹·豊儲倉廣興倉義盈庫濟用司事가 되어 전곡의 출납을 담당하였다. 충숙왕이 왕위에 오르자 김이는 同知密直司事로 임명되었다가 僉議評理를 지냈으며 輸誠保節功臣으로 책봉되었다. 1321년(충숙왕 8)에 入省문제가 발생하자 최성지, 이제현 등과 더불어 원 중서성에 상서를 올려 중지시켰으며 그 공으로 1326년에 推忠保節同德功臣으로 책봉되었다. 시호는 匡定이다.

　　『高麗史』 권35, 世家35 忠肅王 13년 7월 丁卯·14년 5월.
　　『高麗史』 권108, 列傳21 金怡.

　10) 賜田一百結 奴婢一十口: 충숙왕이 원에 구류되어 있는 기간에 이루어진 입성책동을 저지한 것에 대한 포상은 1326년(충숙왕 13) 7월 丁卯(25일)에 이루어진 일이다.

　　『高麗史』 권35, 世家35 忠肅王 13년 7월 丁卯.

　11) 又至順間 今上在海上: 今上은 당시의 원 황제인 순제 토곤테무르(妥懽貼睦爾)를 말한다. 그는 명종의 첫째 아들로 명종이 엘테무르(燕帖木兒)에 의해 독살당한 이후 반역사건에 연루되어 1330년(충혜왕 즉위) 7월부터 1331년 12월까지 고려의 대청도—지금의 인천광역시 옹진군 대청면—에 유배되어 있었는데 본문의 내용은 이때의 상황을 언급하고 있다. 그러나 고려가 토곤테무르를 받들어 반란을 일으킨다는 무고가 발생하자 1년여 만에 다시 원으로 송환되었다. 이후 토곤테무르는 1333년에 즉위하였으며 1368년에 명나라의 공격으로 원이 멸망하자 응창부로 도주한 후 1년 만에 병으로 사망하였다. 한편 원간섭기에 고려에 온 원나라 유배자들은

반역·모반이나 정치적 역학관계와 관련된 경우가 대부분이었다. 이들은 보통 섬으로 유배되었으며, 대개 종신형이 아닌 유기형이었다.

『高麗史』 권36, 世家36 忠惠王 즉위년 추7월 丁巳.

『高麗史』 권36, 世家36 忠惠王 원년 12월 甲寅.

『元史』 권47, 本紀47 順帝 至正 28년.

김난옥, 2005, 「원나라 사람의 고려 유배와 조정의 대응」, 『韓國學報』 118.

이개석, 2013, 「몽골의 고려변경 지배와 고려안의 몽골인, 몽골문화」, 『고려-대원 관계 연구』, 지식산업사, 331쪽.

권용철, 2014, 「大元帝國 末期 政局과 고려 충혜왕의 즉위, 복위, 폐위」, 『韓國史學報』 56, 78·79쪽.

12) (具)藝: 생몰년 미상. 본관은 綾城으로 具珦의 아들이다. 과거에 급제하였으며 벼슬이 重大匡·沔城府院君에 이르렀다.

『澤堂集別集』 권10, 「綾城府院君具公謚狀」.

『新增東國輿地勝覽』 권40, 全羅道 綾城縣.

『氏族源流』 綾城具氏.

13) 博陵郡君: 박릉군은 지금의 평안북도 박천군 일대이다. 본래 博陵郡 혹은 古德昌이었으며, 995년(성종 14)에 博州防禦使가 되었다. 1231년(고종 18)에 몽고군을 피해 해도입보 했다가 1261년(원종 2)에 육지로 나왔을 때 嘉州에 속하게 되었다. 1371년(공민왕 20)에 다시 博陵郡이 되었다.

『高麗史』 권58, 志12 地理3 北界 安北大都護府寧州 博州.

『高麗史』 권77, 志31 百官2 內職.

14) (崔)濡: ?~1364. 崔安道의 첫째 아들로 몽골식 이름은 테무르부카(帖木兒不花)이다. 충혜왕 때에 軍簿判書를 지냈으며, 조적의 난이 일어났을 때 왕을 호종한 공로로 1등 공신에 책봉되었고 원으로부터 御使에 임명되었다. 후에 忠定王을 따라 원에 간 공으로 鷲城君으로 봉해졌고, 誠勤翊戴協贊保定功臣의 호를 받고 僉理에 임명되었다. 그러나 최유는 부녀자를 강간하고 관리들을 구타하는

등 만행을 일삼았으며 결국 탄핵당하여 국문을 당하다가 아우 최원과 최유룡을 데리고 원으로 달아났다. 공민왕이 즉위한 후에는 기황후를 설득해 덕흥군을 왕으로 세우려는 음모를 꾸몄으며 1364년 (공민왕 13) 정월에 군사 1만을 거느리고 의주를 포위하였으나 크게 패하였다. 그 뒤 최유는 다시 고려에 침입하기 위해 황제에게 군사를 요청하였으나, 원의 감찰어사 紐憐의 상소 이후 고려로 송환되어 처형당하였다.

『高麗史』 권36, 世家36, 忠惠王 후3년 6월 庚子.
『高麗史』 권40, 世家40 恭愍王 13년 춘정월 丙寅.
『高麗史』 권131, 列傳44 叛逆5 崔濡.
閔賢九, 2004, 「新主(德興君)와 舊君(恭愍王)의 對決—元의 國王廢立 획책에 대한 高麗의 軍事的 대응—」, 『高麗政治史論-統一國家의 확립과 獨立王國의 시련』, 고려대학교 출판부.
李命美, 2010, 「奇皇后세력의 恭愍王 폐위시도와 高麗國王權 : 奇三寶奴 元子책봉의 의미」, 『歷史學報』 206, 14·15쪽.

15) (崔)源: ?～1378. 崔安道의 둘째 아들로 崔璟이라고도 기록되었다. 1349년(충정왕 1)에 左代言에 임명되었으며, 후에 版圖判書가 되었다. 1352년(공민왕 1)에 喬洞 甲山倉에 왜적이 침입했을 때 이를 격파하여 密直副使에 제수되었고 陳力協謀功臣의 칭호를 하사받았다. 崔瑩·安祐 등과 함께 趙日新의 난을 평정하여 왕의 총애를 받았으나 무고를 받아 光陽監務로 좌천되었다. 1354년 원에서 張士誠을 토벌하기 위한 군대를 보내줄 것을 요청하자 龍城君으로 봉해져 파견되었다가 전사하였다.

『高麗史』 권37, 世家37 忠定王 원년 윤7월 乙巳.
『高麗史』 권124, 列傳37 嬖幸2 崔安道.
金塘澤, 1996, 「高麗 恭愍王初의 武將勢力—恭愍王 3년(1354)元에 파견된 武將들을 중심으로—」, 『韓國史研究』, 93.

16) (崔)淑臣: 생몰년 미상. 최안도의 셋째 아들이다.
17) (崔)文丘: 생몰년 미상. 최안도의 넷째 아들이다.

18) 印璫: ?~1356. 본관은 喬桐으로 印份의 9세손이다. 1343
년(충혜왕 후4)에 충혜왕이 원에 잡혀갈 때 왕의 嬖臣인 林信 등 9
인을 잡아 원에 압송하였으며 1345년(충목왕 1)에는 密直使에 임
명되었다. 1351년(충정왕 3)에 萬戶로서 西江에서 왜구를 방비하
였으며, 1354년(공민왕 3)에 원의 요청으로 張士誠을 토벌하는 부
대를 보낼 때 함께 파견되었다. 1356년에는 공민왕이 반원개혁을
진행함에 따라 姜仲卿과 함께 西北面兵馬使에 임명되어 압록강 건
너의 세 站을 격파하였다. 이 해 7월에 인당은 參知政事에 제수되
었으나 원이 이러한 공격에 대해 사신을 파견하여 책망하자 곧 처형
당하였다.

『高麗史』 권36, 世家36 忠惠王 후4년 12월 辛丑.

『高麗史』 권37, 世家37 忠穆王 원년 하4월 丁卯·忠定王 3년 8월 戊子.

『高麗史』 권38, 世家38 恭愍王 원년 추7월 丁丑·3년 6월 癸卯·4년 5월
乙巳.

『高麗史』 권39, 世家39 恭愍王 5년 6월 癸丑·추7월 丁亥·戊申.

金塘澤, 1996, 「高麗 恭愍王初의 武將勢力―恭愍王 3년(1354) 元에 파
견된 武將들을 중심으로―」, 『韓國史研究』 93.

19) 金有溫: 생몰년 미상. 최안도의 둘째 딸과 혼인하였다.

20) 別將: 정7품의 무반직으로 매 領마다 5인을 두었다. 이들은
200명으로 조직된 부대의 부지휘관이었다.

『高麗史』 권77, 志31 百官2 西班.

李基白, 1956, 「高麗京軍考」, 『李丙燾博士華甲記念論叢』, 一潮閣 ;
1968, 『高麗兵制史研究』, 一潮閣, 73쪽.

21) 林熙載: ?~1371. 濟州牧使, 定州牧使 등을 역임하였으며
1363년(공민왕 12)에 홍건적이 침입하자 병사를 모아 군대를 지원
한 공으로 簽兵濟師二等功臣에 책봉되었다. 1371년에 신돈의 당여
라고 하여 辛純, 辛貴, 奇叔倫들과 함께 처단되었다.

『高麗史』 권39, 世家39 恭愍王 6년 9월 庚寅.

『高麗史』 권40, 世家40 恭愍王 12년 11월 壬申.

『高麗史』 권43, 世家43 恭愍王 20년 8월 辛卯.
閔賢九, 1968, 「辛旽의 執權과 그 政治的 性格(上)·(下)」, 『歷史學報』
38·40.
朱碩煥, 1986, 「辛旽의 執權과 失脚」, 『史叢』 30.
22) 季未有適: 묘지명이 작성될 시기에는 아직 혼인하지 않았다
고 하나 다른 기록을 통해 王詗과 혼인한 사실이 확인된다. 王詗은
평양공 왕기의 9대 손으로 昌寧君에 봉해진 인물이다.

『高麗史』 권190, 列傳3 宗室1 平壤公基.
『氏族原流』 龍城崔氏.

『拙藁千百』 刊記

역주

『拙藁千百』刊記

[原文]

拙藁千百刊記

至正十四年甲午八月日晉州開板

色戶長正朝鄭吉

刻手正連行明思遠高淸烈

司錄叅軍事兼掌書記通仕郞典校寺校勘金乙珍

判官通直郞版圖正郞兼勸農使李臣傑

牧使中正大夫典校令兼管內勸農使崔龍生

按廉使奉善大夫內書舍人藝文應敎知製敎兼春秋館編修官郭忠守

[譯文]

졸고천백 간기

지정 14년 갑오년(1354, 공민왕 3) 8월 일에 진주[1]에서 개판하
였다.

색 호장[2] 정조[3] 정길[4]

각수 정련,[5] 행명,[6] 사원,[7] 고창렬[8]

사록참군사[9] 겸장서기[10] 통사랑[11] 전교시교감[12] 김을진[13]

판관[14] 통직랑[15] 판도정랑[16] 겸권농사[17] 이신걸[18]

목사[19] 중정대부[20] 전교령[21] 겸관내권농사최용생[22]

안렴사[23] 봉선대부[24] 내서사인[25] 예문응교[26] 지제교[27] 겸춘추관편수
사[28] 곽충수[29]

[註解]

1) 晉州: 지금의 경상남도 진주시 일대이다. 고려 태조 때 康州
였고 983년(성종 2)에 12목 중 하나가 설치되었으며 995년에 12
주 절도사를 설치하면서 진주 定海軍이라 부르고 山南道에 속하게
하였다. 1012년(현종 3)에 안무사로 하였다가, 1018년에 목으로
고쳤다. 속군이 2개, 속현이 7개이며 관할하는 지사군이 1개, 현령
관이 3개이다. 별호는 晉康, 菁州, 晉陽 등이다.

『高麗史』 권57, 志11 地理2 慶尙道 晉州牧.

2) 戶長: 高麗의 鄕吏職이다. 태조의 통일 이후 고려왕조의 중앙
집권적 통치체제가 갖춰지자 호족세력이 향리신분으로 변화하게 되
었으며 983년(성종 2)에는 鄕吏職을 대대적으로 개편하면서 堂大
等을 대신하여 戶長이라는 명칭이 정식으로 사용되기 시작하였다.
1018년(현종 9)에는 군현의 크기에 따라 정원이 정해졌는데 1000
丁 이상의 주·부·군·현에는 8명, 500丁 이상은 7명, 300丁 이상은
5명, 100丁 이하는 4명을 두었다. 한편 향리의 대부분은 고려초기
의 호족으로 당시의 지배층에 속하던 인물이었으며 이들의 신분이
향리로 변화한 이후에도 일반 백성과는 달리 지배신분층에 속하고
있었다. 그 중에서도 호장은 첫 번째의 위치에 있으며 그 손자는 과
거의 제술과와 명경과를 통해 중앙으로 진출이 가능하였다. 한편 戶
長層에 대해서는 권2 22-(1), 주해 9) 참조.

『高麗史』 권75, 志29 選擧3 銓注 鄕職.
李純根, 1983, 「高麗初 鄕吏制의 成立과 實施」, 『金哲埈博士華甲紀念史
學論叢』, 知識産業社.
尹京鎭, 1997, 「高麗前期 鄕吏制의 구조와 戶長의 직제」, 『韓國文化』
20.
김갑동, 1998, 「고려시대의 戶長」, 『韓國史學報』 5.
姜恩景, 1998, 「高麗後期 戶長層의 變化와 『世宗實錄地理志』의 土姓·亡
姓」, 『東方學志』 99.

강은경, 2000, 「高麗 戶長制의 成立과 戶長層의 形成」, 『韓國史의 構造
　　와 展開』, 혜안 ; 2002, 『高麗時代 戶長層 研究』, 혜안.
박경자, 2001, 「鄕史制度의 運用」, 『고려시대 향리연구』, 국학자료원.
　3) 正朝: 고려시대 향직으로 7품상에 해당한다. 왕건이 태봉의
관계를 이어받아 사용하였으며 초기에는 문무관의 위계로 사용되었
다. 이후 995년(성종 14)에 중국식 문산계가 도입됨에 따라 향직으
로 변화하였으며 향리 뿐 아니라 無官의 노인·무산계를 가진 자·군
인·양반·서리 및 여진의 추장 등에게 주어졌다.

　　『高麗史』 권75, 志29 選擧3 銓注 鄕職.
　　武田幸男, 1964, 「高麗時代の鄕職」, 『東洋學報』47-2.
　　박용운, 1997, 「高麗時代의 官職과 官階」, 『高麗時代 官階·官職 研究』,
　　　고려대학교 출판부, 48~52쪽.

　4) 鄭吉: 생몰년 미상. 위의 기록 외에 다른 기록이 찾아지지 않
아 구체적인 행적을 알기는 어렵다.
　5) 正連: 생몰년 미상. 晋州에서 개판된『東人之文四六』의 版心
上의 黑魚尾에 陰刻된 刻手의 頭字인 '正'이 字樣과 刻法이 同一하
므로 이를 같은 인물로 파악하기도 한다.

　　千惠鳳, 1981, 「麗刻本 東人之文四六에 대하여」, 『大東文化研究』
　　　14, 148쪽.

　6) 行明: 생몰년 미상. 위의 기록 외에 다른 기록이 찾아지지 않
아 구체적인 행적을 알기는 어렵다.
　7) 思遠: 생몰년 미상. 위의 기록 외에 다른 기록이 찾아지지 않
아 구체적인 행적을 알기는 어렵다.
　8) 高淸烈: 생몰년 미상. 晋州에서 개판된『東人之文四六』의 版
心上의 黑魚尾에 陰刻된 刻手의 頭字인 '高'가 字樣과 刻法이 同一
하므로 이를 같은 인물로 파악하기도 한다.

　　千惠鳳, 1981, 「麗刻本 東人之文四六에 대하여」, 『大東文化研究』
　　　14, 148쪽.

9) 司錄參軍事: 고려시대 경·도호부·목에 설치되어 수령을 보좌하던 관원으로 정7품의 외직이었다. 이에 대해서는 권2 8, 주해 21) 참조.

10) 掌書記: 고려시대 경·도호부·목에 설치되어 수령을 보좌하던 관원으로 정7품의 외직이었다. 군현에서 조정에 올리는 표문이나 하표 등을 작성하거나, 주변의 명산대천이나 성황당 등에 제문을 작성하는 임무를 맡았다. 한편 목과 대도호부에서는 사록참군사가 장서기를 겸하였다.

> 박종기, 1997, 「고려시대의 지방관원들─속관(屬官)을 중심으로─」, 『역사와 현실』 24, ; 2002, 『고려의 지방사회』, 푸른역사, 293~298쪽.

11) 通仕郎: 1308년(충렬왕 34)에 충선왕이 복위하여 개정한 문산계에서 종9품계의 계호이다.

> 『高麗史』 권28, 世家28 忠烈王 원년 동10월.
> 『高麗史』 권77, 志31 百官2 文散階.
> 『益齋亂藁』 권9上, 忠憲王 世家.
> 朴龍雲, 1981, 「高麗의 文散階」, 『震檀學報』 52 ; 1997, 『高麗時代 官階·官職 研究』, 고려대학교 출판부, 37~43 및 68~78쪽.
> 이강한, 2012, 「고려후기 '충렬왕대 문산계(文散階)'의 구조와 운용 ─ 대부계(大夫階)에 대한 검토를 중심으로─」, 『震檀學報』 116.

12) 典校寺校勘: 고려후기 典校寺의 정9품 관직이다. 이에 대해서는 권1 10-(2), 주해 12) 참조.

13) 金乙珍: 생몰년 미상. 위의 기록 외에 다른 기록이 찾아지지 않아 구체적인 행적을 알기는 어렵다.

14) 判官: 고려후기 牧에 파견된 외관직이다. 이에 대해서는 권1 11, 주해 6) 참조.

15) 通直郎: 고려후기의 문산계로 정5품에 해당한다. 이에 대해서는 권1 10-(2), 주해 2) 참조.

16) 版圖正郎: 고려후기 版圖司의 정5품 관직인 版圖正郎을 말
한다. 이에 대해서는 권2 5-(1), 주해 51) 참조.

17) 勸農使: 고려시대 농업을 관장하기 위해 5도 양계에 파견한
관리이다. 1173년(명종 3)에 7도 안찰사와 5도 감창사가 모두 권
농사를 겸하도록 했다가 뒤에 따로 권농사를 두었다. 1287년(충렬
왕 13)에 권농사가 백성들에게 피해를 입힌다 하여 안렴사가 그 임
무를 보게 하였다.

　　『高麗史』 권77, 志31 百官2 勸農使.
　　金南奎, 1989, 「勸農使와 그 機能」, 『高麗兩界地方史研究』, 새문社.
　　李正浩, 1993, 「高麗前期 勸農策에 관한 一考察」, 『史學研究』 46.

18) 李臣傑: 생몰년 미상. 위의 기록 외에 다른 기록이 찾아지지
않아 구체적인 행적을 알기는 어렵다.

19) 牧使: 고려시대의 외직으로, 정원은 1인이며 3품 이상을 임
명하였다.

　　『高麗史』 권77, 志31 百官2 諸牧.

20) 中正大夫: 1308년(충렬왕 34)에 충선왕이 복위하여 개정한
종3품상의 문산계이다.

　　朴龍雲, 1981, 「高麗의 文散階」, 『震檀學報』 52 : 1997, 『高麗時代 官
　　　　階·官職 研究』, 고려대학교 출판부, 37~43·68~78쪽.

21) 典校令: 고려후기 典校寺의 종3품 관직으로, 전기의 秘書監
에 해당한다. 典校寺에 관해서는 권1 6-(4), 주해 13) 참조.

22) 崔龍生: 생몰년 미상. 1350년(충정왕 2)에 지평으로 경상
도 안렴사로 부임하였다. 그는 환관들이 원나라의 총애를 믿고 백성
들을 괴롭히는 것을 미워하여, 환관들의 악행을 글로 써 방으로 붙
혀 나라사람들에게 보였다. 이에 어향사로 온 환관 주울제이테무르
(朱完之帖木兒)가 왕과 공주에게 그를 헐뜯자 김유겸을 그 대신 지
평으로 삼았다. 이외의 행적은 알기 어렵다.

　　『高麗史』 권37, 世家37 忠定王 2년 2월 壬辰.

23) 按廉使: 고려후기에 한 道를 맡아 수령의 考課와 獄訟 등에
관한 일을 담당하였다. 이에 대해서는 권1 15-(4), 주해 3) 참조.

24) 奉善大夫: 고려의 문산계로 종4품에 해당한다.
『高麗史』 권77, 志31 百官2 文散階.

25) 內書舍人: 고려후기 僉議府의 종4품 관직으로, 전기의 中書
舍人에 해당한다.
『高麗史』 권76, 志30 百官1 門下府 舍人.

26) 藝文應敎: 고려후기 藝文館의 정5품 관직으로 정원은 2명이
며 겸직이었다. 藝文館에 대해서는 권1 2-(3), 주해 7) 참조.

27) 知製敎: 詞命의 制撰을 맡은 관직이다. 知制誥에 대해서는
권1 3-(2), 주해 13) 참조.

28) 春秋館編修官: 고려후기 춘추관의 관직으로 3품 이하의 관리
가 일을 맡았다. 藝文春秋館에 대해서는 권1 2-(3), 주해 7) 참조.

29) 郭忠守: 생몰년 미상. 위의 기록 외에 다른 기록이 찾아지지
않아 구체적인 행적을 알기는 어렵다.

찾아보기

찾아보기

가

바

사

아

차